Joseph Jay Deiss

**»ICH WOLLTE HEILAND SEIN
UND WURDE HAMMER«**

Joseph Jay Deiss

»ICH WOLLTE HEILAND SEIN UND WURDE HAMMER«

*Der Roman
Kaiser Friedrichs II.*

Herbig

Titel der amerikanischen Originalausgabe
The Great Infidel
Aus dem Amerikanischen von Herbert Roch

Lizenzausgabe für Langen Müller
in der F. A. Herbig Verlagsbuchhandlung GmbH, München
© 1963 by Joseph Jay Deiss
Alle Rechte der deutschsprachigen Ausgabe bei Universitas
Umschlaggestaltung: Kaselow Design, München
Druck und Binden: Wiener Verlag, Himberg
Printed in Austria 1993
ISBN 3-7766-1824-8

Inhalt

Prolog

Bis auf den heutigen Tag geht das Gerücht, meine Mutter sei eine Nonne gewesen und von einem Dämon verführt worden; meine unnatürliche Geburt hätte unter seltsamen Zeichen und Wundern gestanden.

Bei meiner Geburt war meine Mutter über vierzig. Fast zehn Jahre war sie mit meinem Vater verheiratet, ohne ein einziges Mal schwanger gewesen zu sein. Mein Vater war erst neunundzwanzig und wünschte sich sehnlichst einen Sohn; er ließ meine Geburt im ganzen Reich durch einen von Ort zu Ort ziehenden Trupp sarazenischer Trompeter verkünden. Was meine Mutter betrifft, so sagt man, daß sie mich trotz des winterlichen Windes (es war am Tage nach Weihnachten) in einem offenen Zelt auf dem Marktplatz zur Welt brachte, damit alle Zweifler meine normale Geburt und ihre milchstrotzenden Brüste mitansehen könnten. Später hieß es in ganz Italien, auf der Piazza sei himmlische Musik erklungen, die Erde habe gebebt, und Heilige und Zauberer hätten augenblicklich Kunde von meiner Geburt erhalten. Der berühmte Abt Joachim von Kalabrien sah in mir einen zukünftigen ›Weltzüchtiger‹, während mich am anderen Ende Europas der bretonische Zauberer Merlin als ›wundersam und unerhofft‹ begrüßte und erklärte, daß aus mir ein zweiter Heiland, ein ›Friedenskaiser‹ werden würde.

Meine eigene Reaktion auf meine Geburt ist etwas anderes. Ich kam zur Welt: soviel ist gewiß. Von Legenden umwoben, deren Wert ich nicht unterschätze, da sie mich von Anfang an mit dem Nimbus eines Herrenmenschen umgaben, und ich habe nie das geringste unternommen, diese märchenhaften Geschichten zu zerstreuen, die ich selbst nicht glaubte. Andererseits ist es kein

Zufall, daß ich weit und breit als *Stupor Mundi* gelte — als Weltwunder. Indem ich jetzt über mich selbst an mich selber schreibe, sehe ich keinen Grund, mein Verhalten und meine Ansichten zu verschleiern oder zu verhehlen, daß ich stolz auf meine Leistungen bin. Was die Reichweite meiner Leidenschaften betrifft, so nehme ich sie als Tatsache hin, genauso wie ich die Tatsache meiner königlichen Geburt hinnehme. Angesichts all dieser Dinge bin ich, was man auch sonst von mir sagen mag, wahrhaftig ein Weltwunder.

In diesem Augenblick schreibe ich in einem anderen Zelt, einem königlichen Zelt, demjenigen vielleicht nicht unähnlich, in dem ich angeblich zur Welt kam. Mein Lager ist in den kühlen Voralpen hoch über Turin aufgeschlagen, denn es ist Juli, und ich ziehe es vor, der verpesteten Luft und den Insekten der Poebene zu entfliehen. Abgesehen von Bewaffneten, Pferden und Hunden habe ich nur Bücher und meine geliebten Falken mitgebracht. Aus Gründen der Zweckdienlichkeit habe ich meine übliche Reisebegleitung hinter mir zurückgelassen — einen Elefanten, eine Giraffe, eine Anzahl von Kamelen, fünf Leoparden, Bären, Löwen, Affen, Eunuchen, Tänzerinnen, Astrologen, Mauren, Zwerge und Hofnarren — ein solcher Troß hemmt einen nur in der Bewegungsfreiheit. Und wer weiß, vor welche unvorhergesehenen, dringlichen Dinge ich plötzlich gestellt werde . . .?

Meine bewaffneten Sarazenen halten Wache vor dem königlichen Zelt, die Seidenvorhänge am Eingang sind dicht zugezogen. Aus verschiedenen Gründen schreibe ich diese persönlichen Aufzeichnungen allein, insgeheim und eigenhändig in Arabisch. Ich sage ›persönlichen Aufzeichnungen‹, weil die Geschichte meines öffentlichen Wirkens von den Chronisten geschrieben werden wird, von meinen Feinden sowohl wie von meinen Parteigängern; und weil ein ›Privatleben‹ anders als in Gedanken für einen Mann in meiner Stellung kaum möglich ist. Selbst unbedeutende Könige sind fast völlig Männer der Öffentlichkeit, deren Tun und Lassen von Chronisten, Klatschmäulern, Gesandten und Spionen verfolgt und aufgezeichnet wird. Wieviel aufmerksamer werden dann erst die Taten eines Mannes beobachtet, der nicht nur König vieler Königreiche, sondern auch Heiliger Römischer Kaiser ist — ein Cäsar im alten, klassischen Sinne!

Während meine Feder über das Papier kratzt, ist weiter nichts zu hören als die Geräusche eines militärischen Lagers spät in der Nacht: Hundegebell, Pferdegewieher, das Flattern von Wimpeln im Wind, hin und wieder das Geklirr von Rüstungen, die Schritte von Wachtposten gedämpft zu mir hereinklingend wie eine ferne Brandung. Mitunter zuckt Omar, mein Wolfshund, der zu meinen Füßen schläft, leicht zusammen und stöhnt leise. Er ist nach dem bemerkenswerten Mathematiker-Dichter Omar Chajjam benannt (da die Priester es nicht gern sehen, wenn man Tieren christliche Namen gibt, so ergötze ich mich, indem ich moslemische Namen für diejenigen wähle, die ich am liebsten habe). Wenn mein Omar stöhnt, seufze ich und halte im Schreiben inne. Ich sehe, wie die große Kerze aufflackert, wenn Motten unwiderstehlich in die Flamme gerissen werden; wie Schatten über den violett und weiß gestreiften Zeltstoff huschen; wie das Kerzenlicht auf der goldenen Kette glitzert, die ich wie einen Gurt über meiner scharlachroten Seidentunika trage; wie die Edelsteine am Griff meines Dolches schimmern (Steine, denen magische Kräfte zugeschrieben werden); wie die Adern schwellen und die feinen blonden Härchen sich von meinen Handrücken abheben ...

Ich schreibe, um Klarheit über mein Leben zu erlangen, um mich aus der Perspektive der Zeit zu betrachten und um zu sehen, ob ich einen Sinn in dem Ganzen entdecken kann. Ich schreibe, um mich in einer Periode fürchterlicher Spannung zu beruhigen, obwohl ich weniger gespannt bin als meine Umgebung. Und schließlich schreibe ich, um dem Gebrauch des königlichen ›Wir‹ zu entgehen, des *pluralis majestatis*, um ausschließlich *Friedrich* sein zu können. Daher sind alle Bekenntnisse, die ich ablegen werde, wie meine Träume, für mich allein gedacht. Was die Nachwelt angeht — wer vermöchte es zu sagen? So vergänglich ist Menschenwerk, daß die Worte der mächtigsten Cäsaren, in Stein gemeißelt, jetzt von Schutt bedeckt, von Ranken verhüllt oder von Taubendreck entstellt sind. Dennoch kann niemand behaupten, ich verachte Ruhm und Ehre und mir läge nichts an meinem zukünftigen Ruf.

Wäre es nicht wegen der damit verbundenen Gefahren, hätte ich am liebsten in der Sprache geschrieben, die mir am besten gefällt, der alltäglichen Umgangssprache meines *bellissima Italia*, der Sprache meiner Gedichte und Liebeslieder, der Sprache meiner angebeteten Bianca, der Sprache, die an Schönheit alle anderen übertrifft. Oder in zweiter Wahl in Lateinisch mit seinem Rhythmus und seinem Gefälle, der Sprache meiner Gerichte, aber leider auch der Sprache jedes neugierigen Priesters und diplomatischen Geheimagenten. Als nächste hätte ich gern Griechisch gewählt, seiner treffenden Ausdrücke und seiner Genauigkeit wegen, eine Sprache, die noch von meinen Untertanen in Kalabrien gesprochen wird und die ich in ihrer klassischen Form von einem griechischen Sklaven gelernt habe. Auch gegen die Sprache der Provence, die so hell und melodiös von den Lippen der Troubadours fließt, hätte ich nichts einzuwenden gehabt. Ich ziehe sie sogar dem normannischen Französisch vor, das mich meine Mutter vor ihrem frühzeitigen Tode gelehrt hat, als ich vier Jahre alt war; oder dem Deutschen, das mir beigebracht wurde auf Befehl meines Hohenstaufen-Vaters, eines Schwaben, der kein Italienisch konnte und ein Jahr vor meiner Mutter starb. Mit einiger Mühe hätte ich auch in Spanisch schreiben können, der Sprache, in der ich mich manchmal mit meiner ersten Frau unterhielt, der ernsten Konstanze von Aragon, die ich auf Verlangen meines Vormundes, Papst Innozenz III. heiratete, als ich vierzehn und Konstanze nicht nur Witwe war, sondern volle zehn Jahre älter als ich. Ich hätte sogar ein paar Seiten in Englisch schreiben können, einer komplizierten, umständlichen angelsächsischen Sprache, verwirrend mit normannischem Französisch und Latein durchsetzt, einer Sprache, die ich nur bruchstückhaft von meiner dritten Frau gelernt habe, der schönen apfelblütenwangigen jungen Prinzessin Isabella, der Schwester König Heinrichs III. von England. Oder um spionierende Augen schließlich vollends zu verwirren, hätte ich mich in Hebräisch versuchen können, das ich mir als eine Art intellektuelle Übung während meines Kreuzzuges in das Heilige Land aneignete.

Aber für meine Zwecke ist Arabisch keine schlechte Wahl. Ich lernte diese Sprache in der lehrreichsten Epoche meines Lebens, von sieben bis zwölf, als ich, obwohl ein König, nicht viel mehr war als ein fahrender Bettlerjunge. Oft durchstreifte ich die Straßen Palermos, ohne etwas im Magen zu haben, von niemandem umsorgt und ungeliebt, bis auf die Augenblicke, da gewöhnliche

Leute Mitleid mit mir empfanden und ihr Essen und ihre Zutraulichkeiten mit mir teilten. In den engen *vicoli* des Hafens, auf der *vucciria* (jenem lärmerfüllten Markt, wo alle käuflichen Dinge — einschließlich Männern und Frauen, Knaben und Mädchen — gekauft und verkauft wurden) lauschte ich den arabischen Mundarten. Soldaten, Matrosen, Händler, Sklaven, Heilige, Zauberer — von ihnen hörte ich die Märchen aus Tausendundeiner Nacht, wie sie am Hofe Harun al Raschids erzählt wurden sowie das lange poetische *Luzumiyat* des skeptischen al-Maarri. Ich ahmte die Muezzins, die ihre Gebete von den Minaretten ausriefen, bis zur Vollkommenheit nach, ebenso das eintönige Geleier des Imams unter den Palmen. Ich trieb mich mit Araberjungen herum, beging Diebstähle mit ihnen und frönte geschlechtlichen Ausschweifungen. Mit einem gleichaltrigen Arabermädchen entdeckte ich die zärtlichen Worte der ersten Liebe; so wurde aus dem Königskind ein Mann.

Ja, für mich ist Arabisch eine Sprache vieler Mitbedeutungen. Es war die Wahlsprache im Schlafzimmer meiner zweiten Braut, der vierzehnjährigen Jolante von Syrien; und auch im Schlafzimmer ihrer Schwägerin, die ich trotz der wahnsinnigen Eifersucht des Gatten zu meiner Mätresse machte. Arabisch ist die Sprache der Liebe und lyrischen Schönheit und, noch bedeutsamer, die gegenwärtige Sprache der Mathematik und Astronomie, der Philosophie und der Wissenschaften. Sie hat sich von höchstem Wert für mich erwiesen, indem sie mich befähigte, mich mit dem mächtigen Sultan al-Kamil in einem Augenblick größter Krisis für uns beide zu verständigen. Es ist die Sprache meiner Leibwächter, die unbestechlich sind. Aber die Bedeutung des Arabischen liegt für mich jetzt in der Tatsache, daß nur wenige meiner intimsten Freunde es fließend beherrschen (nicht einmal Piero, mein *alter ego*) — und keiner meiner Todfeinde.

Das ist das einzige Geheimnis, das ich vor den Augen Pier della Vignas — meines Piero — habe. Alles andere über mich, mit Ausnahme meiner Träume, ist ihm bekannt. Warum also diese plötzliche Zurückhaltung meinerseits? Er ist mein vertrautester Ratgeber, mein anderes Ich, mein Spiegel. Seit unserer ersten Begegnung in der Blüte unserer Jugend haben wir mit denselben

Augen gesehen. Intuitiv wußte er das niederzuschreiben, was ich dachte. Als Rechtsgelehrter und Dichter hat er im Bereich meiner Gerichtsbarkeit einen Kanzleistil von einer Distinktion geschaffen, der seinesgleichen in Europa sucht. Ich habe ihm einen besonderen Rang eingeräumt: er ist mein *Logothet*, mein ›Wortkünstler‹. Er ist berühmt geworden. Ich habe ihn mit Ehren und Reichtümern überschüttet; und nach mir ist er der mächtigste Mann im Reiche. Bei Hofe hieß es, Piero ›habe die beiden Schlüssel zu Friedrichs Herzen — wie der Papst die beiden Schlüssel zum Himmel hat. Ich bin nur über Piero zu erreichen; und deswegen wird er gehaßt, gefürchtet und umschmeichelt. Immer wieder habe ich meine Ohren vor denjenigen verschlossen, die mir aus Neid (dieser höfischen Hure) etwas gegen ihn einflüstern wollten. Selbst Königinnen können ihre Gatten verraten; für die Treue Pier della Vignas würde ich mein Leben verbürgen.

Aber gegenwärtig ist Piero seelisch und körperlich viel zu erschöpft, um noch eine Bürde zu tragen, selbst das geringfügigste persönlichste Geheimnis. Er brütet; das hagere, sauber rasierte Gesicht wird düsterer, der feingeschwungene Mund zieht sich zusammen, die gefühlvollen Augen, so klug und nachdenklich, sind von Melancholie verschleiert. Er spricht wenig, geht auf und ab, und will weder von Wein noch Geschlecht etwas wissen. Er wendet sich nach innen und zehrt an sich selber. Vielleicht ist das alles nur der Beginn des Alters, eine furchtbare Zeit für manche Männer, zu alt, um jung, und zu jung, um alt zu sein. Es tut mir bitter weh, wenn ich sehe, wie sich die Falten in seinem Gesicht vertiefen, wie sein kurzgeschnittenes Haar sich immer grauer färbt. Er ist nur noch ein Schatten jenes jungen, leichtfertigen, stattlichen Pier della Vigna, der mich einst geistig und physisch in so große Erregung versetzt hat. In diesem Fremdling erkenne ich meinen Piero kaum wieder. Auch ich spüre, daß ihn weit mehr bedrückt als nur das Gewicht der Zeit und die Last der Erinnerung. Ich entdecke jetzt in Piero eine tiefe seelische Erschöpfung, als hätte ich zuviel verlangt und zuwenig gegeben.

Auch habe ich es bis jetzt noch nicht über mich gebracht, von der Gefühlsverwirrung zu sprechen, die ich in ihm spüre. Es kommt mir wie eine Verleumdung vor, fast als beschuldigte ich ihn der Untreue. Ach, selbst zwischen den vertrautesten Freunden, den unzertrennlichsten Liebenden bleiben Vorbehalte bestehen — Gedanken und Gefühle, die man andeutet, aber nicht ausspricht. Wie erschreckend würde es klingen, wenn man derartige Gedanken und Gefühle manchmal in die grobe und unwiderrufliche Form von Worten kleidete! Das wage ich nicht, will ich nicht. Aber nicht durch Worte, nicht durch Handlungen, nur in seinen Träumen offenbart sich ein Mensch völlig; und die Träume eines Menschen gehören ihm allein . . . Piero hat seine . . . ich meine — und so bewahre ich dieses mein einziges Geheimnis.

Ich strich mir nachdenklich über die Wangen. Sie sind glatt, da ich mich täglich rasiere. Mein deutscher Großvater, Kaiser Friedrich I., Barbarossa genannt, war berühmt seines roten Bartes wegen. Vielleicht wird in kommenden Jahrhunderten der Ruhm seines Bartes den Ruhm meiner Taten überschatten, aber ich hoffe nicht — denn er war ein brutaler Eroberer, ein gewalttätiger Mann des Feuers und des Schwertes, in ganz Italien verhaßt. Wie ich seinen Bart nicht kopiert habe, so habe ich bisher auch nicht versucht, zum Nachahmer seiner Handlungen zu werden, und mich bemüht, durch Überredung und Vernunft zu regieren. Meine Kriege sind mir ausnahmslos aufgezwungen worden. Aber das soll nicht heißen, daß ich nicht auch grausam werden könnte, wenn man mich reizt; einmal habe ich mit einem einzigen Tritt meines gepanzerten Fußes einem vertrauten Emir, der mich hintergangen hatte, den Bauch aufgeschlitzt. Und einige von mir errichtete Galgen waren sehr hoch.

Während der Charakter Barbarossas für alle so erkenntlich war wie sein Bart, steht es mit meinem Charakter ganz anders. Ich stelle für alle etwas anderes dar. Es ist nicht weiter überraschend, obwohl oft lästig, daß sie von mir und meinen Gewohnheiten in ihrer Ausdrucksweise reden. Prostituierte beispielsweise beklagen sich, daß ich die Anwendung von Liebestränken und Zaubermitteln für den Phallus verboten habe, weil ich selber keine Stimulanzien brauche. (Dabei trage ich mit einem gewissen bitteren Humor — wie so viele Männer in Italien — einen winzigen *corno* aus Korallen längs des Kreuzes an der goldenen Kette um meinen Hals; es ist ein hornförmiges Gebilde und gleicht dem Phallus eines Satyrs und soll das Böse abwenden, potent machen und Glück bringen.) Die Bettelmönche, die nicht besonders wählerisch sind und denen ich verboten habe, ›Wunder‹ zu vollbringen, beschweren sich darüber, daß ich täglich bade, selbst zu Weihnachten und Ostern. Die Klosterbrüder, denen es an Wohlbeleibtheit nicht gerade mangelt, klagen über den Luxus an meinem Hofe und über die reichbesetzte Tafel, obwohl ich selber kaum trinke und nur eine einfache Mahlzeit täglich zu mir nehme. Die Ärzte murren, daß ich das Verhältnis zwischen ihnen und ihren Patienten gefährdet hätte, indem ich eine feste Gebührenordnung eingeführt habe; reiche Grundbesitzer klagen, ich lähme den Anreiz durch Steuereinziehung; wohlhabende Kaufleute klagen, ich zerstöre die Initiative durch Organisation eines Staatsmonopols für den Handel. Nur die Anwälte preisen mich als einen Monarchen, der sich nicht auf Launen, sondern auf das Gesetz verläßt.

Bischöfe und Kardinäle, in Nachahmung der deutschen Barone, klagen, daß ich zuviel Zeit auf Gelehrsamkeit verschwende, und sind nicht etwa entsetzt darüber, daß ich so viele Sprachen beherrsche, sondern daß ich überhaupt lesen und schreiben kann. Anklagend weisen sie darauf hin, daß Charlemagne kaum seinen Namen schreiben konnte (in Wahrheit tauchte er einen Gänsekiel in ein Tintenfaß, und die Kleckse waren seine Unterschrift). Und mehr als einmal hat sich der Heilige Vater darüber beschwert, daß ich Ovid und Catull läse, wo ich die Bibel und Augustinus lesen sollte; daß ich die Maler ermutigte, weltliche Gemälde zu malen, und die Steinmetze, den nackten menschlichen Körper darzustellen; daß ich mich zu sehr mit der Herrlichkeit des alten Griechenland und des alten Rom beschäftige und zu wenig mit *gloria in excelsis* und der ›Gottesstadt‹.

Einer meiner Feinde hat mich in einem abgefangenen Briefe unbarmherzig, listig, durchtrieben und sinnlich genannt — mir aber dann ein Kompliment gemacht, indem er sagte, daß ich gnädig, freundlich und gütig sein könnte, wenn ich mich gefällig zeigen wollte. Er hat auch hervorgehoben, daß ich mit einer zwingenden, schwer zu widerlegenden Logik spreche, obwohl ich kaum je öffentlich das Wort ergreife und lieber andere für mich reden lasse. Einer meiner Freunde war so aufrichtig, meinen Blick in die Gesichter anderer so direkt, so fest und so durchdringend zu nennen, daß meine Augen denen einer Schlange glichen. Das erklärt vielleicht, warum einige meiner Untertanen in meiner Gegenwart vor Furcht zittern, wenn auch die vorherrschende Meinung, daß ich von einer übernatürlichen — fast göttlichen — Aura umgeben sei, selbstverständlich schmeichelhafter ist.

Jetzt, da mein fünfzigster Geburtstag hinter mir liegt, sehe ich mich selber, wie ich hoffe, im nüchternen Licht der Realität. Merkwürdigerweise habe ich mich rein äußerlich seit meiner Jugend kaum verändert, obwohl ich mit den Jahren an Schlankheit verloren habe. Ich habe noch denselben federnden Schritt, denselben klaren Blick, dieselbe stetige Hand — und dasselbe entwaffnende Lächeln, wenn ich mich beliebt machen oder mich erkenntlich zeigen möchte. Sonne und frische Luft bräunen mich noch immer. Der Harnisch drückt mich nicht, auch in der Liebe bin ich noch leistungsfähig. Damals wie heute kann ich noch vierundzwanzig Stunden im Sattel verbringen, ohne übermäßig erschöpft zu sein, mit dem Pfeil ins Schwarze treffen, und einen Mann mit dem Schwert gegen die Wand nageln. Verwickelte mathematische Probleme kann ich jetzt viel besser lösen; ich habe viel in den alten Dichtern und Philosophen gelesen und viele Experimente gemacht, um schwierige wissenschaftliche Fragen zu klären. Damals wie heute liebe ich alles Schöne. Somit hat mein Körper nichts von seiner jugendlichen Elastizität eingebüßt, und meine Wißbegierde ist mir geblieben. In dem Maße, wie ich körperlich kräftiger geworden bin, ist auch mein geistiger Horizont weiter geworden. Bei alledem habe ich mir meinen Sinn für *jovialitas* und mein ruhiges Selbstvertrauen bewahrt, die sich in vielen dunklen und gefahrvollen Stunden als wertvoll erwiesen haben.

Als Jüngling nannte man mich ›den goldhaarigen Knaben aus Apulien‹. Es stimmt, daß ich eitel auf mein Haar war, das mir damals bis auf die Schultern fiel, genau wie ich jetzt stolz auf die Größe meines Reiches bin. Es ist bezeichnend, daß ich mir, als ich die Goldmünzen prägen ließ, die als *augustales* bekannt sind, meine Locken nach dem Vorbild des Kaisers Augustus zurechtstutzte und kämmte und einen Lorbeerkranz und eine Toga trug. Trotzdem sind der gedrungene Hals, das vorgereckte Kinn, der ironische aber sinnliche Mund, die gerade Nase, die weit auseinanderstehenden, suggestiv lächelnden Augen unverkennbar mein. Ist es ein schönes Gesicht? Ich glaube ja, denn nach der herrschenden Norm kann man es gewiß nicht als häßlich bezeichnen. Ist es ein edles Gesicht? Ich glaube ja — nicht weil ich Sohn und Enkel von Königen bin, sondern weil es einen edlen Ausdruck hat.

Aber der edelste König vergießt Tinte wie der gewöhnlichste Schmierer. Ich muß warten, bis sie trocken geworden ist. Mein Blick wandert und verfolgt die orientalischen Muster in den dikken Perserteppichen auf dem Zeltboden ... die kunstvolle arabische Stickerei auf den ausgestopften Seidenkissen ... die verschiedenen Wasserzeichen in meinem Schreibpapier. In dem Papier sind Figuren: eine Burg, ein Adler, ein sechszackiger Stern. Ich denke über die Bedeutung dieser Symbole nach und staune, daß das Geheimnis der Papierherstellung über die Araber aus dem weit entfernten China zu uns gekommen ist. Traumhafte Erinnerungen suchen mich heim: blonder Knabenkönig ... gebräunter Kaiser im ersten Mannesalter ... purpurroter Cäsar ... Triumphe, Triumphe ... Liebe und Ruhm ...

Und jetzt?

Ach! Für mich gibt es den Luxus der Phantasie nicht mehr. Im Gegensatz zu den flammenden Leidenschaften meiner Feinde muß ich die Ereignisse, die mich bis zu diesem Punkt gebracht haben, mit meiner eigenen kühlen Logik abwägen. Ich muß die starken Kräfte, die mir durch all die Jahre entgegenwirkten und mich mit anscheinender Unvermeidlichkeit wie eine Motte ins Licht trieben, mit nüchternem Realismus betrachten. Selbst der waghalsigste Astrologe schreckt jetzt davor zurück, mein Horoskop zu stellen. Aber ich nicht! Ich sehe einen Titanenkampf voraus; aber der Ausgang — der Ausgang ist ungewiß.

Heut nacht, wie schon seit einer Weile, warte ich. Ich warte auf Nachrichten, die den Verlauf der restlichen Jahre meines Lebens bestimmen werden. Ich warte voller Ungeduld und einer deutlichen Vorahnung von Gefahr. Ich warte auf die Rückkehr der Abgesandten, die ich nach Frankreich geschickt habe auf das Konzil, das in Lyon von Papst Innozenz IV. einberufen worden ist. Von Innozenz, meinem einstigen Freund, der geharnischt aus Rom geflüchtet ist — um jetzt Vergeltung an mir zu üben. Das

Konzil einer Handvoll von Papstanhängern, mit der Bitterkeit des Hasses gesalbt! Gehässige Zusammenkunft, ausdrücklich einberufen, um die weltliche Gewalt zu ergreifen und mich von dem römischen Thron zu stoßen! Wir — *Fridericus Secundus, Heiliger Römischer Kaiser, erhabener Cäsar, König von Deutschland und der Lombardei, der Toskana und Italiens, Kalabriens und Siziliens, König von Jerusalem, Stütze des römischen Pontifikats, Verfechter des christlichen Glaubens.* Wahrhaftig ein Konzil der Innozenz! Hinter den Alpen verschanzt, haben die Söldner des Papstes bereits eine Anklageschrift gegen mich aufgesetzt. Eine Anklage, darauf berechnet, die grundlegende Frage des Verhältnisses von Kirche und Staat zu verwirren. Scheinheilig veröffentlichen sie eine solche Liste mir zugeschriebener Verbrechen, daß es dem Verbrecher selbst den Atem verschlägt:

Der Kaiser hat seine Ehefrauen ermordet beschuldigen sie mich. Von Eunuchen und sarazenischen Wächtern umgeben, wären die Kaiserinnen eine nach der anderen im ›Labyrinth des kaiserlichen Gomorrha‹ verschwunden und durch Hexerei oder Gift ums Leben gekommen.

Der Kaiser hält sich einen Harem mit unzüchtigen Sarazenenweibern beschuldigen sie mich. Dieser Harem heiße das ›Labyrinth von Gomorrha‹ und darin würden sämtliche Fleischessünden verübt. (Aber kein Wort über die christlichen Mätressen des Kaisers, die Sünde des Ehebruchs, oder seine natürlichen Söhne und Töchter.)

Der Kaiser verübt ›kaum verhüllte Sodomie‹ beschuldigen sie mich. Er habe nicht nur ein Gomorrha, sondern auch ein Sodom. Sie verweisen auf die schönen Knabenpagen, die aus allen Gesellschaftsschichten stammen, aus Adels- und Sklavenkreisen, und daß das jugendliche Element bei Hofe überwiege, auf die staatliche Unterstützung von außergewöhnlich begabten Schülern, auf die eleganten jungen Negermusikanten, prächtig gekleidet, die zum ausschließlichen Vergnügen des Kaisers das Blasen auf Silbertrompeten lernen müßten. Auch auf Petrus de Vinea wird offen oder verhüllt angespielt; so wird Freundschaft in Verleumdung umgewandelt.

Der Kaiser hat seinen erstgeborenen Sohn ermordet beschuldigen sie mich. Nach einem bewaffneten, gegen seinen Vater

17

gerichteten Aufstand sei der heroische Jüngling, als König von Deutschland, gefangengenommen, in einen Kerker geworfen und auf Befehl seines blutdürstigen Vaters grausam hingerichtet worden.

Der Kaiser hat weder Kirchen noch Klöster gebaut beschuldigen sie mich. Statt dessen habe er Lustschlösser für seine vielen Konkubinen errichtet; eine ganze Stadt mit Moscheen und allem aus dem Boden gestampft, die nur von Sarazenen bewohnt wird; ein medizinisches Institut für das Sezieren von Kadavern eingerichtet; eine Universität gegründet, wo Freidenker- und Apostatentum gefördert werden. In des Papstes eigenen Worten: ›Er hat Schulen zur ewigen Verdammnis der Seelen gebaut.‹

Der Kaiser hat kostbare Geschenke von mohammedanischen Fürsten angenommen beschuldigen sie mich. Er habe das tragische Abschlachten von christlichen Kreuzfahrern ignoriert; seine eigenen Sarazenenkrieger vergewaltigten christliche Frauen und Mädchen auf die brutalste Weise in den Moscheen. Noch schlimmer, er treibe willig Handel mit Ungläubigen.

Der Kaiser schützt Ketzer, duldet Moslems, verteidigt die Juden beschuldigen sie mich. Er habe absichtlich Gelehrte, Mathematiker, Astronomen und Philosophen, die neue und ketzerische Bücher verfaßt haben, an seinen Hof gerufen; oder die ältere Werke aus dem Arabischen, Hebräischen oder Griechischen übersetzt hätten — heidnische, unchristliche Bücher, gewißlich vom Teufel inspiriert. Er ziehe keine deutliche Trennungslinie zwischen Christen, Moslems und Juden, behandele sie alle gleich.

Der Kaiser hat sich durch seinen Umgang mit Ketzern selbst der Ketzerei schuldig gemacht beschuldigen sie mich. Seine Gesetze gegen Ketzerei seien keine Sühne für seine eigenen ketzerischen Ansichten; er habe die Unsterblichkeit der Seele geleugnet, die Unbefleckte Empfängnis angezweifelt, die heiligen Sakramente verspottet. Mit seinen Zauberern habe er gotteslästerliche Experimente unternommen, um die Existenz der menschlichen Seele zu widerlegen. Er glaube weder an Gott noch an die Dogmen der alleinseligmachenden Kirche.

Der Kaiser hat vorsätzlich Krieg gegen die Kirche geführt beschuldigen sie mich. Er habe gegen den Heiligen Vater, die Kardinäle und Bischöfe zu den Waffen gegriffen und verlangt, sie sollten arm sein und zu Fuß gehen. Er möchte sich die Reichtümer und Schätze der Kirche aneignen, die ihn und seine Söhne mit Segnungen und göttlicher Gnade überhäuft hat. Er habe hohe Würdenträger verhaftet und eingekerkert und einen Papst ins Grab getrieben.

Der Kaiser ist der Antichrist, wie vorausgesagt beschuldigen sie mich. ›Der Kaiser‹, schreibt Kardinal Raniero, dem päpstlichen Haß freien Lauf lassend, ›hat drei Reihen Zähne im Rachen: wider die Mönche, die Kleriker und die unschuldigen Laien, sowie mächtige Klauen aus Eisen. Einige fraß er und tötete andere durch andere Strafen, und die übrigen zertrampelte er in den Kerkern mit Füßen. Hündischer als Herodes sollte er heißen! Grausamer auch als Nero sei er bekannt. Und da er das freche Stirnhorn der Macht hat und einen Mund, der Ungeheuerlichkeiten hervorbringt, so glaubt er, Gesetze und Zeiten verwandeln zu können, daß die Wahrheit im Staube liege. Vernichtet Namen und Leib, Sproß und Samen dieses Babyloniers! Die Barmherzigkeit möge seiner vergessen!‹

Vor Zorn halte ich inne, ich würge an solchen Worten. Ich ziehe den schweren goldenen Siegelring von meinem linken kleinen Finger und betrachte ihn aufmerksam. Er zeigt einen Adler im Fluge. Soll die päpstliche Tiara, frage ich mich, zum politischen Siegel für die ganze Welt werden? Schon zweimal bin ich in meinen Kämpfen gegen die weltliche Macht des Papsttums exkommuniziert worden. In sämtlichen Kirchen der Christenheit, außer in meinem eigenen Reiche, wurde der Bannfluch von den Priestern bei flackerndem Kerzenlicht und unter Glockengeläut verlesen. Alle meine Anhänger wurden exkommuniziert. Keine Messen, keine Heiraten, keine Absolution, keine Totenfeiern in irgendeiner Stadt, die meiner Fahne treu blieb. Die Tore der Hölle öffneten sich; die Hitze züngelnder Flammen wurde zu einer schrecklichen Drohung. Auch ist mir bis jetzt noch keine Absolution erteilt worden. Was steht mir noch bevor — Verdammnis und Entthronung zugleich? Das wäre der allerletzte Schlag, aber was für einer!

Nur ein Mittel blindwütiger Raserei wäre noch gegen mich anzuwenden: Mord. Schon oft bin ich tätlichen Drohungen nur um Haaresbreite entgangen, und ich frage mich, ob meine Feinde wieder zu der Methode von Dolch oder Gift greifen werden. Ich schöpfe Beruhigung aus dem Orakel, das meinen Tod *sub flore* vorausgesagt hat, ohne jegliche Anspielung auf den Verlust meiner Krone. Bitterer als die Aussicht des Todes selbst ist die apokalyptische Vorstellung eines Kaisers, der zugleich ein moralischer Aussätziger und ein physisches Ungeheuer ist — eine Vorstellung, die sich zweifellos in den Köpfen kommender Generationen fortsetzen wird. Denn die Scharen der Priester — wenn nicht Teufel — werden meiner Seele keine Ruhe gönnen.

Mein Leben selbst, das Verzeichnis meiner Taten ist die beste Antwort auf die Verbrechen, deren man mich bezichtigt. In jeder Halbwahrheit ist eine Lüge enthalten, in jeder Lüge eine Halbwahrheit. Dämonen, heißt es, wären einst Engel gewesen, die der Gnade verlustig gingen. Ich bin weder ein Dämon noch ein Engel — sondern ein Mensch.

Erstes Kapitel

Agnello fra i lupi

– Lamm unter Wölfen –

1.

In Wahrheit gibt es viele unaufgeklärte Geheimnisse über meine Geburt, aber sie berühren mehr das Persönliche und Politische als das Übernatürliche. Wie wurde meine Mutter aus dem Kloster geholt und dazu gezwungen, meinen Vater zu heiraten? Warum vergingen so viele Jahre, ehe ich gezeugt wurde? (Ich glaube nicht, daß diese Verzögerung zufällig war.) Wie kam es, daß ich nicht an einem Hofe oder in einer von den Städten, sondern in einem versteckten Flecken in der Nähe von Ancona, weit, weit entfernt von Sizilien, das Licht der Welt erblickte? Warum ließ mich meine Mutter, noch ehe sie sich recht von der Niederkunft erholt hatte, in aller Eile auf eine Burg in Foligno bringen und überantwortete mich der Obhut der Herzogin von Spoleto, während sie selbst auf schnellstem Wege nach Palermo zurückkehrte? Warum hat mich mein Vater nur einmal gesehen? Warum hat mich meine Mutter bis nach meines Vaters Tode in Foligno gelassen? Und warum nannte sie mich Konstantin, obwohl ich auf den Namen Fridericus getauft war?

Alle diese Fragen habe ich dem guten Erzbischof Berard von Palermo gestellt; aber, obwohl er ein Freund meiner Mutter war, kann er mir keine Auskunft geben. Zur Zeit dieser Ereignisse war er Bischof von Bari und kam erst später nach Palermo, nachdem meine Mutter ihren Einfluß auf den Papst geltend gemacht hatte. Erst bei meiner Krönung — als ich noch fast im Kindesalter war — trat er in mein Leben ein. Andere Personen, die vielleicht Auskunft geben könnten, sind entweder tot oder verschollen oder stellen sich unwissend.

Meine Mutter war eine Hauteville: Konstanze, Tochter Rogers II., des letzten denkwürdigen normannischen Königs von Sizilien. Als ich ein armer Knabe war, der durch die Straßen Palermos streifte, ging ich mitunter zu der Kirche der Martorana; mit ihren drei konischen Kuppeln wirkte sie wie eine Märchenmoschee. Dort saß ich, auf ein Wunder hoffend, wie ich annehme, stundenlang in stiller Abgeschiedenheit zwischen einem Wald von Marmorsäulen, immerzu auf das Mosaik starrend, auf welchem Christus meinen Großvater Roger krönt. Der Christus hatte riesige Ausmaße; mein Großvater war viel kleiner, aber in ein leuchtendes byzantinisches Gewand aus Gold gehüllt. Abgesehen von dem Heiligenschein Christi und der Tatsache, daß der Bart meines Großvaters blond war, waren die Gesichter nicht sehr verschieden; und ich gelangte zu dem Schluß, daß mein Großvater nicht durch Zufall so christusähnlich dargestellt war. Noch interessanter war die Krone meines Großvaters. Damals wäre ich dankbar für einen einzigen Edelstein daraus gewesen. Methodisch rechnete ich den Wert der einzelnen Steine in Brot und Kleidung um. (Vielleicht bin ich nur deswegen heute als großzügig bekannt, weil ich weiß, was Armut ist.) Obwohl ich mir sagte, daß auch ich ein König sei, konnte ich nicht umhin, über den Niedergang meiner Familie nachzudenken; und immer hatte ich Sehnsucht nach der Mutter, die ich nur ganz kurz gekannt hatte.

Nach dem Tode meines Großvaters Roger zerfiel das Königreich unter einer Folge von schwächlichen Herrschern — wie geschaffen zu neuer Unterjochung. Keine dreißig Jahre vergingen, da streckte mein Großvater Barbarossa (durch meinen Vater) eine gewinnsüchtige Hand danach aus. Aber obwohl reif, war die Frucht noch nicht fällig.

Es war nicht leicht für die Normannen gewesen, Sizilien ursprünglich den Arabern zu entreißen, nicht wie die Unterwerfung der rohen Angelsachsen von Britannien durch Wilhelm ungefähr zur gleichen Zeit. Die Araber hatten Sizilien zweihundertfünfzig Jahre lang beherrscht und die Zivilisation auf dem Vermächtnis von Byzanz, Rom und Karthago sowie Griechenland vorangetrieben, denn die Zivilisation selber war früh nach Sizilien gekommen. Die arabischen Waffen und ihre strategische Anwendung spiegelten die Erfahrung von Methoden wider, die sich durch

Jahrhunderte entwickelt hatten. Aber sie unterlagen. Der normannische Feldzug begann unter Roger de Hauteville, der für die Historiker die Tatsache vermerkt hat, daß er nicht einmal ein Pferd besaß und sich gezwungen sah, eins zu stehlen. Es muß ein sehr gutes Pferd gewesen sein, seinem Herrn ebenbürtig, denn Rogers Feldzug verlief äußerst erfolgreich. Nach dem Fall Palermos war an dem Endausgang kaum noch zu zweifeln, obwohl es vieler Jahre bedurfte, den völligen Sieg zu erringen.

Einige Chronisten haben behauptet, die Normannen seien nichts weiter als kreuzfahrende Abenteurer gewesen, die sich in das halbtropische Paradies verliebt und es nur erobert hätten, um nicht heimkehren zu müssen. In einem Sinne stimmt das sogar. Aber Normannen landeten schon lange vor dem ersten Kreuzzug in Apulien. In Sizilien waren sie nur deshalb siegreich, weil sie mit unverbrauchter Kraft in ein dekadentes Land eindrangen und ihm durch ihre Politik und ihr Blut neue Kraft und Größe einhauchten. Für über ein Jahrhundert war die normannische Herrschaft hervorragend. Normannen und Araber lebten harmonisch zusammen und duldeten sich gegenseitig; die Gelehrsamkeit blühte; eine prächtige neue Architektur entstand; normannische Waffen schienen auf ewig unbesiegbar. Doch gegen Ende der Regierungszeit meines Großvaters hatte der Verfall bereits eingesetzt; das reiche, schöne, schlaffe, tragische Sizilien stand wieder einmal am Rande des Chaos.

Meine arme Mutter, die im selben Jahr zur Welt kam, da ihr berühmter Vater starb (er hatte die Sechzig überschritten), wurde von den Winden des Mißgeschicks wild hin und her geworfen. Obwohl die letzte legitime Thronerbin, sah sie sich, als sie älter wurde, durch die Streitigkeiten unter dem Adel häufig gezwungen, Zuflucht in Klöstern zu suchen, oder vielleicht zog sie auch ein Leben in Abgeschiedenheit und Ruhe vor. Warum verschmähte sie es, zu heiraten? Hatte sie schließlich den Schleier genommen, wie gerüchtweise verlautet, oder nur die ersten Gelübde abgelegt? Aus dem Kloster Santa Chiara in Neapel wurde sie als Braut für meinen Vater entführt. Als ich einst durch Neapel kam, suchte ich die Äbtissin auf und verlangte die Urkunden zu sehen. Leider, so erklärte man mir, seien die alten Urkunden im selben Jahr durch ein Feuer zerstört worden, da die Königin Konstanze aufgebrochen sei, um den Sohn des deutschen Kaisers zu heiraten. Mit nicht mehr Substanz in den Händen als die Rauchfahne des Vesuvs zog ich mich, ohne Antwort auf meine Fragen, aus dem Kloster zurück.

Sie wurden in Mailand auf der Piazza der Kirche Sant'ambrogio getraut; unter der Kirche ruhten die Gebeine des Heiligen, ausgebleicht und grausig, in ein scharlachrotes Gewand gehüllt, eine edelsteinbesetzte Krone und bestickte, mit Wolle ausgestopfte Handschuhe daneben. Unter kahlen Ulmen und Pappeln von der Höhe des Glockenturms wurde ein besonderer Pavillon errichtet, damit Tausende zuschauen konnten. Mit all dem Gepränge, das mein Großvater Barbarossa liebte, wurde meine Mutter von hundertfünfzig Rittern begleitet, deren Rösser mit Gold und Silber verziert und in Seide und Pelze gehüllt waren.

In der alten Steinkirche selber befand sich eine magische Figur, ein erschreckend nackter Herkules, eine Marmorplastik, die sich aus antiken Zeiten erhalten hatte. Solange diese Statue in der Basilika stehe, behauptete die Legende, würde das Reich Bestand haben. Es ist Grund zu der Annahme vorhanden, daß meine Mutter auf ihrem Wege zur Beichte vor der Hochzeit alles in ihrer Macht Stehende unternahm, um die Statue von ihrem Sockel zu stürzen, und daß sie sie, als es ihr mißlang, mit den Fäusten bearbeitete und sie mit ihren Nägeln zerkratzte.

Meine Mutter mochte die Deutschen nicht, wie es scheint. Sie fand sie roh und unkultiviert und soll geäußert haben, ihre gutturale Sprache klänge ihr wie Hundegebell in ihren Ohren. Obwohl sie meinen Vater, der soviel jünger war, nie gesehen hatte, muß sie gewußt haben, daß man ihn in ganz Italien ›Heinrich den Grausamen‹ nannte. Er war ein mürrischer Autokrat, schwermütig, hager, schwächlich, mit dem Gebaren und den Bewegungen eines alten Mannes, obwohl er noch nicht zwanzig war. Sein Bartwuchs war spärlich, sein Gesicht blaß, seine Augen von einem eisigen Gletscherblau. Nie hatte man ihn lächeln oder lachen sehen. Der Gedanke an seine erste Nacht mit meiner Mutter ist mir unerträglich, wie kalt und lustlos muß er meine Empfängnis berechnet haben, wie widerwärtig muß er ihr gewesen sein!

Nach dem Tode des alten ungestümen Mannes, meines Großvaters Barbarossa, bestieg mein Vater als Heinrich VI. den Thron.

Mein Großvater befand sich auf einem Kreuzzug ins Heilige Land, das er jedoch nie erreichte, da er kurz vor seinem Ziel beim hastigen Durchqueren eines Flusses ertrank. Das Ereignis trug sich nur vier Jahre vor meiner Geburt zu. Mein Vater schmiedete sofort Eroberungspläne, die ihn zum Oberlehnsherrn der Länder zwischen Britannien und der Normandie bis Konstantinopel, vom polnischen Osten bis Marokko, von Antiochia bis Jerusalem und Ägypten machen sollten. Er war es, der Richard Löwenherz gefangennahm und auf diese Weise England zeitweilig in einen zinspflichtigen Vasallenstaat verwandelte.

Was Sizilien angeht, so fiel ihm dessen Krone als Teil der Mitgift meiner Mutter zu — nur aus diesem Grunde heiratete er sie. Trotzdem mußte er um Sizilien kämpfen, und die Unterwerfung erforderte Zeit und dazu das meiste von dem Geld, das er als Lösegeld für Richard bekam. Erst am Weihnachtstage des Jahres 1194 zog er unter Glockengeläut, dem Geklirr von Rüstungen und Trompetengeschmetter siegreich in Palermo ein.

Am nächsten Tage, obwohl er nichts davon wußte, gebar seine Königin einen Erben. In Norditalien, in der Mark Ancona in der Nähe der Adria liegt das Dörfchen Jesi, dessen ausgezackte Mauern sich wie eine steinerne Krone um den Gipfel eines dunstigen blauen Berges ziehen. Seit damals gilt Jesi als heiliger Ort, eine Art zweiten Bethlehems, und wird jährlich von Tausenden von Pilgern besucht. Ich war selbst einmal inkognito dort, um das Schauspiel zu beobachten; und dann später noch einmal in voller kaiserlicher Pracht, um ihm zusätzliche Würde zu verleihen.

In Palermo rief mein Vater an meinem Geburtstag alle normannischen Verwandten meiner Mutter zusammen, desgleichen sämtliche normannischen Feudalherren, die keinen Deutschen auf ihrem Thron sehen wollten, und entledigte sich ihrer, indem er sie einfach lebendig verbrennen ließ. Er ließ den Leichnam Tankreds ausgraben, der, obwohl illegitim, für kurze Zeit auf dem Thron gesessen hatte, und ihn öffentlich enthaupten. Der einzige überlebende Erbe, Tankreds Sohn und Halbneffe meiner Mutter, ein Knabe von sechs oder sieben Jahren, wurde zuerst geblendet und dann kastriert, was er glücklicherweise nicht überstand. Schließlich fühlte sich mein Vater sicher in seinem neuen sizilianischen Herrschaftsbereich, zumal er von meiner Geburt erfuhr.

Auf einem Fürstentreffen in Frankfurt ließ mich mein Vater unverzüglich zum König von Deutschland wählen und erreichte auf diese Weise, daß mit meinem Erbland, dem Königreich Sizilien, eine Union zwischen Norden und Süden zustande kam. Diese Politik behagte dem Papst (Zölestin III., damals ein hinfälliger Achtziger) gar nicht, dem bewußt wurde, daß die Grenzen des Königreiches Sizilien nicht in Sizilien, sondern nahe bei Rom lägen und die Länder der Kirche wie von einem Nußknacker zermalmt wurden. Auch meiner Mutter behagte diese Politik nicht. Sie sah voraus, daß man mich alsbald nach Deutschland bringen würde, nach Schwaben, der Heimat der Hohenstaufen, um dort auf der düsteren Burg von Waiblingen heranzuwachsen, in nichts weiter geübt als im Gebrauch der Waffen und ›wie ein Hund zu bellen‹. Warum ließ sie mich in Foligno, so weit von Palermo entfernt, so weit weg von ihren Brüsten? Ich kann nur annehmen, daß ich bei meinem Vater Deutsch als Muttersprache gelernt haben würde, eine Sprache, die sie verabscheute. (Sie setzte alle Deutschen und die deutsche Sprache selbst gleich mit ihrer Abneigung gegen meinen Vater, ein Irrtum, den ich bedauere.) Was meinen Vater betrifft, so war er zufrieden, mich allein zu lassen — je näher an Deutschland heran, um so besser, mochte er denken.

Nicht lange nach meinem zweiten Geburtstag befahl mein Vater meinem Onkel Philipp von Schwaben, einem freundlichen Mann, der lieber mit den Chorknaben Stundengebete und Responsorien sang als an Turnieren teilzunehmen, befahl er ihm, sage ich, in aller Eile nach Italien zu kommen und mich zurück nach Deutschland zu holen. Aber aus irgendeinem Grunde, vielleicht aus Vorliebe für die Chorknaben oder aus Furcht vor dem Wege, zögerte sich sein Kommen hinaus, und plötzlich erkrankte mein Vater so heftig, daß man sein Ableben befürchtete.

Heute besteht kaum noch Zweifel darüber, daß der Papst mit Unterstützung meiner Mutter — oder meine Mutter unterstützt von dem altersschwachen Papst — darauf sannen, meinen Vater zu vergiften. Durch seine Spione erfuhr mein Vater die Wahrheit. Als er sich erholte, ließ er alle Beteiligten, Adlige und Geistliche gleicherweise (mit Ausnahme der beiden Schlüsselfiguren) öffentlich foltern und hinrichten. Er ließ eine Reihe Galgen errichten und Verdächtige zu zweit und dritt daran aufknüpfen. Er zwang meine Mutter, mitanzusehen, wie die Verschwörer mit geschmolzenem Blei verbrüht, wie sie auf die Folterbank gespannt, von Pferden in Stücke gerissen, lebendig auf Räder, die auf hohen Stangen ruhten, geflochten wurden, damit ihnen Aasgeier die Augen auspicken konnten. Sie weinte und bedeckte ihr Gesicht; aber er verlangte von ihr, zuzuschauen, ohne mit der Wimper zu zucken. Als er seine Hofnarren herbeirief, damit sie ihre Scherze mit den zuckenden Gliedmaßen, den blutigen Köpfen und zitternden Körpern treiben sollten, fiel meine Mutter in Ohnmacht. Danach soll sie, wie es heißt, wochenlang die Nächte hindurch Schreie vernommen haben; sie wurde bleich und ihre Augen lagen tief in den Höhlen.

Ein paar Monate später, im September, als er sich auf einer Eberjagd in den Wäldern an den Hängen des Ätna befand, wurde mein Vater von heftigen Magenkrämpfen und von der Ruhr befallen. Er wurde von Markward von Anweiler, seinem Dolmetscher, Hauptberater und Jagdgenossen, nach Messina gebracht. Ein paar Tage lang ging es ihm besser, dann starb er. Er war erst zweiunddreißig. Sogleich bot sich Markward von Anweiler, ein bärtiger Mann mit einem Bauch wie eine Biertonne, der so ehrgeizig wie dick war, meiner Mutter als Verweser an. Er stieß Drohungen aus und prophezeite allerlei Unglück, falls seine Dienste nicht angenommen werden sollten. Zuerst in aller Heimlichkeit, dann in aller Offenheit zog er alle deutschen Edelleute in Sizilien, die Lehen unter meinem Vater innegehabt hatten, zu einer Kampfgruppe zusammen.

Schließlich war mein Onkel Philipp von Schwaben auftragsgemäß aufgebrochen und hatte nicht nur Italien erreicht, sondern lagerte an den schilfigen Ufern des Lago di Bolsena, kaum zwei Tagesmärsche von mir entfernt. Dort erreichte ihn die Kunde vom Tode meines Vaters und gleichzeitig die Nachricht, daß sich ganz Italien gegen die Deutschen erhoben hätte. Seine Leute wurden aus dem Hinterhalt beschossen, Felsblöcke rollten steile Hänge herab, Feuersbrünste brachen im Lager aus. Mein Onkel wandte sich nordwärts die Via Cassia entlang und flüchtete.

War das unabwendbar notwendig? Ein direkter Eingriff des Schicksals? Oder der Sterne, wie manche behaupten? So wurde durch die Unterlassung eines kurzen Marsches über meine Zukunft entschieden; ich sollte Italiener werden, kein Deutscher. Ich sollte in den tropischen Gärten Siziliens aufwachsen, nicht im deutschen Schwarzwald; unter üppigen roten Geranien statt unter Edelweiß und Kohl; unter blauen, sonnenheißen Himmeln statt unter grauen Schneewolken; in eleganten und schönen Palästen wie dem Castello della Zisa (*Aziz* — auf arabisch; auf italienisch — *Splendido*), mit seiner berühmten Mosaik-Auffahrt in Form eines schimmernden Springbrunnens, statt in öden und häßlichen, an Abgründen klebenden Steinhaufen; unter dem kultiviertesten und vielsprachigsten Volk des damaligen Europa und nicht unter innen und außen erstarrten Rittern — mit ihren Harnischen, ihrer Unwissenheit und ihrem lächerlichen Ehrenkodex.

Ohne Verzögerung schickte meine Mutter nach mir, und obwohl ich noch nicht ganz drei Jahre alt war, gehört diese unsere erste Begegnung zu meinen lebhaftesten Kindheitserinnerungen. Sie empfing mich als Königin, auf dem normannischen Thron aus buntem arabischen Mosaik sitzend, im Vorsaal ihres Stammschlosses. Sie war ganz in Schwarz gekleidet und trug eine lange spitze Haube auf dem Kopf, von welcher ein dünner schwarzer Schleier herabfiel. Als sie den Schleier lüftete, kamen ein blasses Gesicht und dunkelblaue, von tiefen Ringen beschattete Augen zum Vorschein.

›Nimm meine Hand und küsse sie, Konstantino‹, sagte sie. ›Ich bin deine Mutter, die Königin. Ich habe alle Deutschen verbannt, und bald sollst du zum König von Sizilien gekrönt werden!‹ Dann schloß sie mich in die Arme, drückte mich ab und erstickte mich mit Küssen.

Ich fühlte mich wunderbar sicher und erwiderte die Küsse. Wie hätte ich ahnen sollen, daß die Verbannung der Deutschen nicht von Dauer sein würde?

2.

Erst am Pfingstsonntag des folgenden Jahres wurde ich zum König gekrönt. In der Zeit vor der Krönung trugen sich einige Dinge in Rom und in Deutschland zu, die von größter Bedeutung für meine Zukunft waren. Aber davon wußte ich natürlich nichts und spürte nur die zunehmende Erregung, die der Krönung selbst vorausging, die mir wie das Epiphaniasfest vorgekommen sein muß, an dem die Kinder beschenkt werden.

Was bedeutete es meinem kindlichen Sinn schon, als ich die Glocken hörte, die die Wahl eines neuen Papstes verkündeten? Die Nachricht, daß der berühmte Kardinal Lotario dei Conti als Innozenz der Dritte den päpstlichen Stuhl besteigen sollte, ein Papst, jung und energisch und fähig, dem es danach gelüstete, zu herrschen? Oder schenkte ich dem Eintreffen eines Kuriers aus Deutschland die geringste Aufmerksamkeit, der meiner Mutter die Kunde brachte, daß Otto, der Welf, ein ungeschlachter Klotz von einem Mann, meinem Onkel Philipp von Waiblingen das Reich streitig machte, die beide die Tatsache offen ignorierten, daß *ich* zum König der Deutschen gewählt worden war und Anspruch auf den Kaisertitel hatte? Wer hätte voraussehen und es einem Kind erklären können, daß Ströme von Blut zwischen Welfen und Waiblingern fließen würden, den Guelfen und Ghibellinen, wie sie genannt wurden, als der Streit, dank der Einmischung Innozenz', über die Alpen getragen wurde? Feuer und Wasser; Schwarz und Weiß; Kalt und Heiß; Tod und Leben; Guelfen und Ghibellinen — alles Gegensätze! Es sollte nicht lange dauern, bis selbst Kinder meines Alters dieses neue Kriegsspiel spielten, sich zuerst gegenseitig beschimpften und sich dann mit Steinen bewarfen. Wie klein ist der Schritt vom Schwert aus Holz zu Damaskusstahl — Du *Guelfe!* Du verfluchter *Ghibelline!* Blinder Haß — eines Namens, eines Banners, einer Farbe, einer Partei, einer Politik, eines Papstes, eines Königs wegen. Liebe verleiht Leben, aber Haß bringt Tod. Schon umwehten die häßlichen Winde des Hasses meine Krönung.

Inzwischen gingen die Vorbereitungen in fieberhafter Eile weiter. Meine Mutter war, obwohl es ihr an Rittern und Fußvolk mangelte, fest entschlossen, der Welt zu zeigen, welche Pracht das normannische Königreich Sizilien noch entfalten konnte. Kunsthandwerker waren Tag und Nacht mit dem Einfassen von Edelsteinen beschäftigt; Weber woben Gewänder aus Gold und Silber; Schneider verfertigten neue Kleider aus Seide und Satin; Bäcker erfanden neue Rezepte für Kuchen und Torten; Jäger scheuchten die seltensten Vögel und das seltenste Wildbret auf; Zimmerleute mit Hämmern und Trummsägen errichteten hohe Stände längs des schattigen Weges zur Kathedrale; Teppichweber fertigten einen einzigen karmesinroten Teppich von der Länge des Chorganges an. Aber am liebsten belauschte ich heimlich die *trovatori*, die mir zu Ehren neue Lieder einstudierten.

All dies zu meiner Ehre! Ich kam mir natürlich sehr bedeutend vor, bereits größer als ein Mann, stärker als ein Ritter, gewitzter als ein Zauberer. Fast so mächtig wie ein Sultan. Als man sich vor mir verneigte (was außer meiner Mutter alle taten), sehnte ich mich danach, ein Sultan zu *sein*, damit ich ihnen befehlen könnte, mit den Köpfen gegen die faszinierenden bunten Kacheln zu stoßen, die in geometrischen Mustern in die Fußböden des Palastes eingelassen waren. Alles was mir fehlte, war die Fähigkeit zu fliegen, wie es schien; doch das vollbrachte ich in meinen Träumen und fragte mich beim Erwachen, ob ich es nicht auch in Wirklichkeit mit künstlichen Flügeln vollbringen könnte.

Endlich kam der große Tag heran. Ich wurde gebadet, gesalbt und in ein Gewand aus Purpur und Gold gekleidet, das mit sechs emaillierten byzantinischen Heiligenbildern und sechs goldenen Adlern mit Flügeln aus Lasurstein verziert war. Meine Mutter, die die ganze Nacht gebetet und gefastet hatte, war verzückt; sie sagte, ich sähe aus wie ein Engel und meine kurzen blonden Lokken seien wie geschaffen für die Krone. In der Kavalkade wurde ich im hellen vormittäglichen Junisonnenschein in einer Sänfte getragen, damit Tausende mich sehen und mich hochleben lassen könnten.

Hinter mir, hochgehalten wie eine heilige Reliquie, trug man den Krönungsmantel, angefertigt für meinen Großvater König Roger und für mich als erwachsenen Mann bestimmt. Meine Mutter hatte mir viel über diesen Mantel erzählt, und ich war sehr aufgeregt, als ich ihn zuerst sah; viele Leute glaubten, es sei ein magisches Kleidungsstück. So nachhaltig wirkte die Legende, daß ich selbst ihn Jahre später den Krönungsinsignien des Heiligen Römischen Reiches zufügte, und seitdem genießt er Weltruf als *der Kaisermantel*. Es war ein großer Mantel aus scharlachroter Seide, auf dem zwei Gruppen von wilden Tieren, getrennt durch eine Palme (ohne Zweifel den Baum des Lebens), dargestellt waren. In jeder Gruppe stürzte sich ein Löwe auf ein bereits in die Knie gesunkenes Kamel. Sie waren goldgestickt und von blauen Seidenfäden sowie Abertausenden von winzigen Perlen umrissen. Die einzigen Edelsteine waren drei gewaltige Rubine; die Spangen waren aus gediegenem Gold. Um den perlenbesetzten Saum zog sich eine kufische Inschrift, die meine Mutter zum Teil übersetzt hatte: ›Möge der König geliebt werden und gedeihen, in Pracht, Ruhm und Herrlichkeit leben; mögen seine Tage und Nächte ihm unwandelbare Freuden ohne Ende bringen; mögen Edelmut, Ehre und Glück ihn sein Lebtag lang begleiten. Verfaßt in der Hauptstadt Siziliens im Jahre 528 der Hedschra.‹ Als der Mantel in der Prozession vorübergetragen wurde, verstummte das Volk plötzlich ehrfürchtig.

Was mich angeht, so lächelte ich weder, noch winkte ich, sondern saß, wie geheißen, stumm und majestätisch und mit der Würde eines gesalbten Gottes da. Nur einmal kam ich mir klein und unbedeutend vor, als mein Blick nämlich durch Zufall an den mächtigen normannischen Türmen der Kathedrale haftenblieb. Soviel Steine übereinander gehäuft, dachte ich, um so hoch emporzugelangen; mir wurde schwindlig bei dem Gedanken, mir, der ich mir Flügel gewünscht hatte, und plötzlich empfand ich Sorge um die Steinmetze und war froh, ein König zu sein. Aber der singende Chor und die glitzernde Pracht all der gold- und juwelengeschmückten Gewänder der Priester verdrängten alle anderen Gedanken aus meinem Kopf. In wenigen Augenblicken würde ich König sein...!

Zuerst empfing ich das Heilige Abendmahl, damit ich bei der Krönung das Fleisch und das Blut unseres Herrn und Erlösers Jesus Christus in mir hätte. Als ich den Chorgang hinabschritt, um das Abendmahl zu nehmen, verschwammen die Gesichter vor mir, und ich weiß nur noch, daß meine Mutter hinter mir herkam, in Silber gekleidet und weiße Lilien in der Hand wie eine Braut. Der hohe Gesang der Priester schlug an mein Ohr, und mein Lateinisch war so gut, daß ich die Worte mühelos verstehen konnte:

›Agnus Dei, qui tollis peccata mundi: miserere nobis.
Agnus Dei, qui tollis peccata mundi: miserere nobis.
Agnus Dei, qui tollis peccata mundi: dona nobis pacem.‹

Agnus Dei, dachte ich. Das befremdete mich. Wer war das Lamm Gottes? War ich es? Konnte ein Lamm König sein? Oder war Jesus das Lamm, Er, der König des Himmels? Dann mußte sein Volk aus Schafen bestehen und nicht aus grimmigen Rittern, wie ich sie geharnischt und mit Federbüschen auf den Helmen hatte einhertorkeln sehen. Nur Schafe? Aber ich war nur König geworden, weil mein Vater gestorben war, während Jesus König war, nur weil man ihn selbst ans Kreuz geschlagen hatte. Ich fühlte mich schuldig am Tode meines Vaters und an der Kreuzigung Jesu. So verwirrt war ich, daß ich mich an meiner Oblate und dem Wein verschluckte. Und dies ist die erste Erinnerung, die ich an Berard habe.

»Ruhe, mein Sohn«, hörte ich eine Stimme, eine freundliche, beruhigende Stimme flüstern, »immer mit der Ruhe, langsam.«

Ich warf einen Blick auf das prächtige Gewand, auf den Krummstab, die Mitra, die Handschuhe und den Ring; ich hob den Kopf und schaute in das bärtige Gesicht des Erzbischofs. Seine Augen, unter Brauen wie zwei umgekehrte V, waren ernst, lächelten jedoch, und plötzlich zwinkerte er! Mir kam er uralt vor (obwohl er nur etwa dreißig war), und ich war baß erstaunt, daß ein Mann Gottes zwinkerte. Doch von diesem Augenblick an war ich so fest überzeugt davon, als wäre es mir von der Jungfrau offenbart worden, daß wir das ganze Leben hindurch Freunde sein würden. Was für einen großartigen Vater würde er abgeben, dachte ich; warum hatte meine Mutter nicht *ihn* geheiratet?

Und von diesem Augenblick an war mein Verhältnis zu ihm das eines Sohnes zu einem geachteten Vater, ein Respekt, den kein natürlicher Vater einflößen konnte, weil dabei weder Eifersucht noch Haß eine Rolle spielte. Merkwürdigerweise ist mir Berard immer alt vorgekommen, selbst als sein Vollbart noch braun und seidig war, nicht erst als er bereits weiß wie der eines Propheten schimmerte. Scharfsinnig, weltlich, langmütig, sollte er derjenige sein, der mich eines Tages das Schachspiel lehren würde und nicht lockerließ, bis ich fähig war, drei Partien aus fünfen zu gewinnen, bei jedem Sieg in die arabo-persischen Worte *schah mat* ausbrechend, ›der König ist tot!‹.

Aber der König war nicht tot — der neue König war quicklebendig. Die normannische Krone — ein schmaler Eisenreif mit

einigen großen einfachen Edelsteinen besetzt und dreigezackt —
ich sah sie vor mir. Dann spürte ich plötzlich ihr Gewicht auf meinem Kopf. Ich sehe das Gesicht des Erzbischofs Berard noch deutlich vor mir; er lächelte beruhigend. Alles war gut. Von der Zeremonie selber weiß ich kaum noch etwas, nur daß es nach Weihrauch roch, daß unzählige Kerzen flackerten, die mich an das Blin-
zeln des Erzbischofs erinnerten . . .

In jener Nacht, nach dem Pomp und der Aufregung des Tages,
träumte ich, Berard wäre beides, Gott und mein Vater. Ich
schwebte auf dem karmesinroten Krönungsmantel wie auf einem
fliegenden Teppich. Und fortwährend vernahm ich die freudigen
Rufe meines Volkes: »*Christus vincit, Christus regnat, Christus
imperat* . . .!«

3.

Der Tod meiner Mutter, ein paar Monate nach meiner Krönung, änderte alles. Es bleibt unerklärlich, warum ich nicht augenblicklich ermordet wurde, daß ich meine Kindheit überstand. Ich
kann nur folgern, daß ich für gewisse Verschwörer lebendig wert-
voller war als tot. Wie hilflos ist ein Kind-König!

Es war Berard, der mir die Nachricht überbrachte, als die
Glocken zur Frühmette läuteten. Ich entsinne mich, daß sich ihr
Rhythmus plötzlich änderte und in ein düsteres Trauergeläut
überging. Berard verneigte sich leicht, nahm mich in die Arme
und hielt mich so, daß ich etwas von dem Weihrauchduft spürte,
der aus seinem Bart stieg. »Mein hochgeschätzter junger Herr«,
sagte er mit einer Stimme, die gefaßt klang, aber dennoch bewegt
war, »geklagt sei's, mein Sohn, Gott hat deine Mutter heute bei
Tagesanbruch zu sich genommen. Aber da es Gottes Wille ist,
dürfen wir nicht jammern.«

Trotz seiner Einschärfung vergoß ich reichliche und bittere
Tränen. »Ich will meine Mutter wiederhaben«, rief ich. »Gott soll
sie nicht haben! Du mußt ihm das sagen, Berard, weil ich der
König bin!«

In jener Nacht tröstete mich Lucia, meine Kinderfrau, mit
warmen Küssen und beruhigenden Worten. Lucia war klein,
dunkel, behaart, fett und trug, wie alle Sizilianerinnen, winzige

goldene Ohrringe. »Deine Mutter befindet sich im Paradies und sitzt zu Füßen Jesu, zusammen mit der Heiligen Jungfrau, Seiner Mutter«, flüsterte sie und reichte mir ein Kruzifix zum Küssen. »Engel sind um sie herum, Engel mit weißen Federn in den Flügeln, sie wedeln mit Palmenzweigen und singen Hosianna. Deine Mutter sieht und weiß alles, was du tust. Eines Tages wirst du ein großer König sein, und sie wird sehr stolz auf dich sein . . .«

Langsam beruhigte ich mich und sah mich bereits als Mann, mir dabei dauernd wünschend, meine Kinderfrau würde ihre *pasta* nicht gar so stark mit Knoblauch würzen. Am nächsten Tage war ich, obwohl Erzbischof Berard amtierte, tief verstört von der Totenmesse; es glich alles zu sehr meiner Krönung, wenn es auch meine Mutter war, die mit gekreuzten Händen regungslos vor dem Altar lag — und nicht ich. Vielleicht habe ich deswegen später nie eine Messe bis zu Ende hören können, ohne trübselig zu werden und ein schmerzhaftes Unbehagen zu empfinden. Ich beherrsche dieses Gefühl, indem ich im Kopfe mathematische Probleme löse oder über Kunst und Wissenschaft nachdenke. Ich mag jedoch keine politischen Entscheidungen treffen, solange die Priester ein derartiges Getöse vollführen; dann neige ich dazu, zu streng zu werden. Rückblickend sehe ich das liebe, vertrauensvolle Gesicht meiner toten Mutter vor mir . . .

Denn sie setzte ihr ganzes Vertrauen in keine geringere Person als den Papst. In ihrem Testament hatte sie Innozenz III. zu meinem Vormund ernannt; auch sollte er Oberlehnsherr von Sizilien und Regent des Königreichs werden, obwohl er selbstverständlich weiter in Rom verblieb. Uneingedenk dessen, daß wir erbärmlich verarmt waren, sollte der Papst auf Wunsch meiner Mutter all seine Auslagen zurückerstattet erhalten und zusätzlich jährlich dreißigtausend Goldstücke erhalten, kein geringer Betrag für irgendein Land. Was mich betrifft, so wurde ich einem Bischofskonzil überantwortet; und der Bischof von Troia, Gualtiero di Palearia, wurde zum Kanzler ernannt. Warum wurde Berard aus dem Staatsrat ausgelassen? Offenbar war das Testament mit Billigung des Papstes aufgesetzt worden, und aus irgendeinem Grunde hatte Berard keine Gnade beim Papst gefunden.

Kaum eine Woche verging, als Berard auch schon so etwas wie Hausarrest erhielt. Mich aufzusuchen, war ihm bei Todesstrafe verboten. Er war völlig hilflos und schwebte selbst ständig in Gefahr, ermordet zu werden. Später berichtete er mir, daß er von seinem Essen jedesmal erst etwas seinem schwarzweißen Fuchshündchen vorgesetzt habe, das dauernd um ihn war; aber er habe nicht gewußt, wer den Wein vorher probieren sollte, bis er auf den Ausweg verfallen sei, seinen Sittich zum Trinken zu zwingen. (Und schon bald habe das unglückselige Geschöpf derartigen Gefallen daran gefunden, daß es wie ein Silen gesoffen habe — armer *pappagallo*!)

Möglicherweise verdanke ich die Errettung meines Lebens der Tatsache, daß ich das Mündel das Papstes war. In späteren Jahren erfuhr ich, daß ein päpstlicher Legat, der Kardinal Cencio Savelli (nachmals Papst Honorius III.) mit meinem physischen Schutz beauftragt war, eine Aufgabe, die ihm wenig behagte. Es steht fest, daß ich für Innozenz, der zwar scharfsinnig aber unaufrichtig war, lebendig von größerem Nutzen war als tot, denn er trug sich mit dem großartigen Plan eines weltweiten Reiches, in dem mir eine Rolle zugedacht war. Was die untergeordneten Instanzen anging, jene Männer, die das Königreich in meinem Namen regierten, so war mein Name für sie ein wahres ›Sesam öffne dich‹, wenn es darauf hinauslief, sich Ländereien, Lehen, Titel und Vermögen für ihre Verwandten und Freunde anzueignen. Einige Jahre später kostete es mich gewaltige Anstrengungen, ihr Werk rückgängig zu machen. Noch ein anderer Faktor kam hinzu: der Aufstand der sizilianischen deutschen Magnaten unter Markward von Anweiler. Die Bischöfe ließen erklären, sie wären zu meiner Verteidigung bereit; aber in Wirklichkeit verteidigten sie das päpstliche Lehngut, da Markward sowohl dem Papst als auch mir feindlich gesonnen war. Ich sei nicht der Landesherr, behauptete Markward, sondern nur der ›angenommene‹ Sohn meines Vaters; und da er diese große Lüge anscheinend selbst glaubte, verbreitete er das Gerücht, ich sei von einem Metzger gezeugt worden. Er, Markward, wäre von Kaiser Heinrich zum Regenten des Königreichs bestellt, das wäre sein Rechtsanspruch. So griffen die deutschen Ritter zu den Waffen, während meine Verteidiger sich überhaupt nicht um mich kümmerten.

Um mich loszuwerden, ließen mich die Bischöfe zusammen mit meiner Kinderfrau in aller Stille aus dem königlichen Palast in das Castello di Maredolce überführen, für mich eine günstige Maßnahme, wie sich erwies. Dort fand ich einen Freund, und die Erinnerung daran ist so süß wie die Wasser des künstlichen Sees in dem Schloß. Das Castello selbst hatte schon die Normannen entzückt, die es wohlerhalten vorfanden, als sie Palermo einnahmen, und die später alles taten, um es in diesem Zustand zu erhalten. Das Castello war um das Jahr 1000 von einem sarazenischen Emir in Erfüllung eines Traumes erbaut worden. Es war so angelegt, daß sich in den frischen, klaren Wassern eines künstlichen Sees nicht nur die leichten Bögen und rosigen Kuppeln des Gebäudes selbst spiegelten, sondern auch die grünen Palmen, die weißen Oleander und scharlachroten Eibische des Gartens. Zweihundert Jahre lang besangen arabische Reisende die Wonnen seiner Springbrunnen, die Düfte seiner Blumen, die Eleganz seiner Pfauen und Paradiesvögel, die Verzauberung, die von seinem schimmernden Spiegelbild ausging.

Als ich ankam, verneigte sich der Kastellan förmlich vor mir; er war ein alter Mann, der noch von den letzten Normannen ernannt worden war. Er war kurzbärtig und ungeheuer würdevoll. Nur mit Mühe vermochte er sich aus seiner Verbeugung wieder aufzurichten. »Mein Enkel und ich fühlen uns hochgeehrt«, sagte er und deutete auf einen hinter ihm stehenden Jüngling, »hochgeehrt durch die Gegenwart Euer Majestät in dem Castello. Ihr werdet uns treu und ergeben finden. Mit Eurer Erlaubnis möchten wir Euch zum Willkommen ein kleines Geschenk überreichen . . .«

Der Jüngling trat vor, verbeugte sich und überreichte mir eine Papyrusrolle mit vergoldeten Knöpfen oben und unten sowie einen Streifen vergilbten Pergaments, auf dem in roter Farbe ein Wort geschrieben stand. Ich hielt es sehr behutsam, als ob es gefährlich sein könnte.

»Es ist ein altes Buch«, sagte der Jüngling, »die *Aeneis* des Dichters Virgil; es ist die Geschichte des größten römischen Helden, eines Schicksalsmenschen, Äneas —«

Virgil — den Namen kannte ich bereits und hatte ihn schon oft gehört. Virgil und seine Werke wurden mit Ehrfurcht betrachtet, und er galt als der größte aller Magier. In einem seiner Gedichte, der vierten Ekloge (die ich später begierig lesen sollte), habe er, so hieß es, die Geburt Christi vorausgesagt, obwohl er zur Zeit des

Kaisers Augustus lebte und schrieb. In kommenden Jahren meinte man, dieses selbe Gedicht wäre auch auf mich anwendbar — o weitblickender Virgil! Aber davon ahnte ich jetzt noch nichts.

»Ein Buch!« sagte ich bestürzt. »Ich kann nicht lesen.«

»Wir werden es zusammen lesen«, erklärte der Jüngling und fuhr beruhigend fort: »Bald werdet Ihr es selbst lesen können, und dann werdet Ihr die Gabe würdigen.«

»Nur ein Buch —«, murmelte ich, und der Jüngling lachte. Ich hob den Kopf, und da ich bemerkte, daß er nicht unfreundlich lachte, lachte ich ebenfalls.

Guglielmo Franciscus war ein Student, der wie sein Großvater ein Gelehrter werden wollte. Obwohl erst ungefähr achtzehn, kam er mir äußerst weise und ebenso bewunderungswürdig vor. Ein Gelehrter, aber kein Mönch, trug er rotgelbe Strumpfhosen, ein rotes Wams und eine gekräuselte gelbe Feder auf einer roten Mütze. Seine Locken waren schwarz und unordentlich wie Lava, während seine Augen so dunkel und leuchtend und neugierig wie die eines Vogels waren. Was mochte er sein? Sarazene? Grieche? Oder ein Nachfahre der alten Sikuler, die lange vor den Griechen auf der Insel lebten? Dieses letztere glaube ich, denn er war von kleiner Statur, obwohl sein Körper vollkommen geformt harmonisch und anmutig war. Ich pflegte seinen Gang nachzuahmen sowie seine Handbewegungen beim Sprechen. Gewöhnlich trug er ein strahlendes Lächeln zur Schau, wurde jedoch ernst, sobald er mich aufforderte, in meinen Studien fortzufahren, was ich willig tat, denn ich verehrte ihn.

Sein Großvater hatte die Bischöfe darauf hingewiesen, daß mir nur ein Heiligenkalender zur Verfügung stünde, um daraus das Abc zu erlernen, und angefragt, ob mir nicht der junge Maestro Franciscus Unterricht erteilen könnte. Die Bischöfe hielten es nicht einmal für erforderlich, einen Mönch zu schicken, um mich in der Heiligen Schrift zu unterweisen, stellten jedoch Guglielmo als Hauslehrer in allen Fächern für mich an und bezahlten ihn sogar dann und wann, je nach Lust und Laune. Sie müssen das als reine Geldverschwendung betrachtet haben, da sie ganz gewiß nicht damit rechneten, daß ich am Leben bleiben würde. Ich jedoch war sehr glücklich, befand ich mich doch endlich im Schoße einer Familie; ich hatte Lucia, meine Kinderfrau; den Alten, zu dem ich schon sehr bald *nonno* sagte; und Guglielmo, mein Idol. Ich lernte sehr rasch lesen, und Guglielmo meinte, ich sei frühreif; ich wußte nicht, was das Wort bedeutete, aber sein Klang gefiel mir.

Sonntags warfen sich sämtliche Christen in ihre besten Kleider und unternahmen am Spätnachmittag weite Spaziergänge, machten Besuche, flirteten und tauschten Klatschgeschichten aus. Die Mädchen gingen Arm in Arm; die Jünglinge gingen ebenfalls untergehakt und starrten den Mädchen nach. Stets wimmelte es von Menschen auf den Straßen. Oft nahm mich Guglielmo mit. Er meinte, ich müßte etwas von der Welt außerhalb des Castello kennenlernen, wenn aus mir eines Tages ein großer Herrscher werden sollte. Wenn wir in die Stadt gingen, überquerten wir den Oreto auf dem Ponte dell'Ammiraglio, einer Brücke, die für ihre breiten und harmonischen Bögen berühmt sei, wie mir Guglielmo erklärte.

»Diese Brücke wurde von Eurem Großvater, König Roger, errichtet«, sagte Guglielmo, »zu Ehren seines berühmten Admirals Giorgio von Antiochien. In der Flotte Eures Großvaters gab es viele prächtige Galeeren.«

»Wo liegt denn Antiochien?« erkundigte ich mich.

»In der Levante«, sagte Guglielmo, »— einem arabischen Lande. Dort, wo auch das heilige Jerusalem liegt.«

»Eines Tages werde ich nach Jerusalem gehen«, behauptete ich steif und fest. »Du wirst schon sehen.«

»Ich werde Euch begleiten«, sagte er.

»Du darfst mich nie verlassen, Lielmo«, sagte ich. »Ich befehle es!«

Aber meine Befehle galten wenig, denn während der Spielzeit alberte er mit mir mehr wie mit einem jungen Hund als einem König herum. Dennoch spürte ich, daß er mir eine gewisse Hochachtung, fast Ehrerbietung entgegenbrachte, als sei ich kein gewöhnlicher *fanciullo*, sondern etwas Besonderes. Er redete mich nie ›Euer Gnaden‹ an wie die anderen, sondern nannte mich stets ›Federico‹, aber es lag etwas Eigenartiges in der Art, wie er den Namen aussprach.

Ich vergaß alle meine Leiden und spielte und arbeitete drei Jahre lang mit großem Eifer, und meistens waren Spiel und Arbeit für mich nicht zu unterscheiden. Ich lernte nicht nur lesen, sondern auch die Anfangsgründe des Fechtens, des Bogenspannens und ritt auf einer ungesattelten, schönen kleinen Araberstute. Ich sprang, rannte, kletterte, rang, schwamm und übte mich auf der *balestra* (obwohl ich den Pfeil rasch und akkurat einlegen konnte, waren meine Hände noch nicht kräftig genug, um die *girelle* aufzuziehen, die die stählerne Armbrust spannte). Ich war geschmeidig und braun wie ein junger Grieche aus alter Zeit, als man nackt turnte. Außerdem mußte ich mich auf Guglielmos Geheiß mit Olivenöl einreiben und mich mit einer *strigilis* abschrubben, ebenfalls im Sinne der Alten. Krankheit kannte ich nicht. Ich war niemals einsam, weil Guglielmo stets um mich war.

Was die Jahrhundertwende angeht, das Kommen des Jahres 1200, so habe ich nur ganz undeutliche Erinnerungen daran. Am *capo d'anno* ging ich mit Nonno und Guglielmo in die Mitternachtsmesse, und ich weiß noch, daß überall die Glocken läuteten und überall auf den Straßen Töpfe, Teller und Flaschen zerschmettert wurden. Überall herrschte Freude, anscheinend weil wieder hundert Jahre ohne das Jüngste Gericht vergangen waren, denn bei der Jahrtausendfeier vor zweihundert Jahren hatten die Leute eine solche Furcht gehabt, daß sie vergaßen, die Kühe zu melken und ihre Webstühle zu bedienen, und die Frommen hatten Leichentücher angefertigt und sich auf das Sterben vorbereitet.

Während ich spielte, schmiedete der Papst andere Ränke. Ich hatte meinen Vormund völlig vergessen, er mich jedoch nicht. Weil ich König von Sizilien war, wünschte er unter allen Umständen zu verhindern, daß ich Heiliger Römischer Kaiser würde. Auch wünschte er keinen Staufer auf dem Kaiserthron zu sehen, solange ein anderer Staufer König von Sizilien war. Er glaubte an den Grundsatz ›teile und herrsche‹, und obwohl mein Onkel Philipp von Waiblingen ganz gewiß größere Anrechte auf das Reich hatte als Otto der Welf, sprach sich der Papst plötzlich für Otto aus und belegte meinen Onkel Philipp mit dem Bann. Für diese Gunst grenzte Otto in einem Dokument die Ländereien der Kirche ab und verzichtete für immer auf alle Ansprüche seitens des Reiches. Damit wurde der grausame Krieg zwischen Welfen und Waiblingern, Guelfen und Ghibellinen entfesselt, in dem auch ich Blut lassen sollte.

Später fand ich die Rechtfertigung des Papstes für meine Nichtanerkennung — die seines Mündels — als König der Deutschen und Anwärter auf den kaiserlichen Thron höchst interessant. Ich sei zur Zeit meiner Wahl noch nicht getauft gewesen, behauptete er. Auch hätten die deutschen Fürsten, die mich wählten, angenommen, meine Thronbesteigung würde erst mit meiner Mündigkeit erfolgen, und diese Bedingung hätte ich damals nicht erfüllen können. Auch hätte man mich damals, auf Wunsch meiner Mutter, Konstantino genannt, ein griechischer Name, ungeeignet für einen deutschen König. Und schließlich beraube er mich meines deutschen Erbteils keineswegs, weil er nicht zu meinem Vormund ernannt worden sei, um das Reich für mich zu sichern, sondern um mein sizilianisches Erbe zu verteidigen.

Diese Erklärungen gab er öffentlich ab, während er sich im selben Augenblick privat also äußerte: »Wenn der Knabe erst in ein verständiges Alter gekommen sein wird und wahrnimmt, daß er seiner Ehren als Kaiser durch die römische Kirche beraubt worden ist, wird er ihr sicherlich den Respekt verweigern und sie mit allen Mitteln bekämpfen. Er wird Sizilien von den feudalen Fesseln befreien und der römischen Kirche die Huldigung verweigern . . .«

So sah Innozenz ohne einen Astrologen die Zukunft voraus. Um diese Zukunft zu neutralisieren, verblieben ihm zwei Alternativen: mein Tod oder meine Unterwerfung vom Mündel zum Vasallen. Ersteres würde einen Hexenkessel voller Schwierigkeiten für ihn zum Überlaufen gebracht haben. Letzteres schien — da ich noch so jung und fügsam war — der leichtere Weg.

Woher sollte er wissen, da er mich noch nie gesehen hatte, daß ich *Ich* war — oder die Kräfte abschätzen können, die sich bereits in mir regten? Wäre er klüger gewesen, hätten ihm einige Ereignisse, die sich eines Novembernachmittags kurz vor meinem siebenten Geburtstag im Castello di Maredolce zutrugen, zur Warnung dienen müssen.

In den Straßen von Palermo herrschte Aufruhr, denn die deutschen Ritter Markwards von Anweilers waren in die Hauptstadt eingedrungen, hatten den normannischen Palast besetzt und die Bischöfe vertrieben (erst Jahre später erfuhr ich, daß Gualtiero di Palearia gegen deutsches Gold Verrat geübt hatte). Im Castello hatten wir nur eine Handvoll Leute zu unserer Verteidigung, und es blieb Guglielmos Großvater überlassen, den Befehl zur Verrammelung der Pforten zu geben. Guglielmo bewaffnete sich und gab mir einen Dolch. Dann begaben wir uns in ein Turmzimmer, das die staubige Straße nach dem Ponte dell'Ammiraglio überblickte. Ich starrte hinunter auf den verzauberten Weg, den ich so oft Hand in Hand mit Guglielmo gegangen war, dessen Hand ich auch jetzt wieder ergriff. Während wir Ausschau hielten, schlug Nonno das Zeichen des Kreuzes, und die Kinderfrau Lucia fing an zu jammern und zu weinen. Ich spürte, wie die Adern auf Guglielmos Hand pulsierten, und mein Herz schlug im selben Rhythmus dazu.

Wir brauchten nicht lange zu warten. Zuerst vernahmen wir von ferne den Wirbel der deutschen Trommeln ... alsbald blitzte Stahl in der Herbstsonne auf ... dann erblickten wir die gepanzerten Rosse, die Banner, die Lanzen, die Hellebarden, die Kampfkeulen, die Äxte ... dann die raubgierigen, unheimlich schwarzen Adler mit Drachen gepaart auf langen gelben Schilden ... und schließlich die kalten eisernen Topfhauben mit den schmalen Augenschlitzen.

Unter Hufgedröhn, Trommelwirbel und Schwertergeklirr stürmten sie in den Hofraum vor dem Tor ... zu Hunderten und Aberhunderten wie es schien.

4.

Wir wurden verraten. Die Tore des Castello waren so stark, daß wir uns unter Umständen mehrere Tage lang gehalten hätten; aber ein Kastellan verriet uns an die Deutschen.

Als wir sahen, daß die Soldaten durch eine kleine Eisenpforte eindrangen, die man ihnen geöffnet hatte, wußten wir, daß die Tore alsbald aufgetan und die Reiter in die stillen Gärten des Emirs preschen würden. Schon hatten sich einige unserer Leute und ein Großteil der Dienerschaft feige ergeben.

Guglielmo, Nonno, meine Kinderfrau und ich flüchteten aus dem Turm in ein inneres, fensterloses Zimmer, wo der Emir seine Edelsteine aufbewahrt hatte. Aus diesem Zimmer führte ein geheimer Gang nach außerhalb der Mauern, und nur Nonno hatte einen Schlüssel dazu. Es war unsere einzige Fluchtmöglichkeit. Als wir schwitzend und atemlos hinkamen, stellten wir zu unserer Bestürzung fest, daß die Tür von der anderen Seite verrammelt war. Unser Verräter hatte eine sorgfältig gestellte Falle vorbereitet.

Jetzt verspürten wir die entsetzliche Enttäuschung der Hilflosen, die den Untergang erwarten. Lucia kreischte, warf sich vor einem Kruzifix auf die Knie, murmelte hastige Ave-Marias und hämmerte dabei mit den Fäusten gegen ihre Schläfen. Rasch küßte Guglielmo den lieben Nonno auf beide Wangen. Der Alte fing an zu weinen, lautlos und würdevoll, ohne zu schluchzen. Dann gab Guglielmo auch mir einen flüchtigen Kuß und flüsterte dicht an meinem Ohr: »Ihr werdet tapfer sein. Ich kenne Euch, mein Herr und Gebieter!« Irgendwie waren diese an meine Königswürde gerichteten Worte von ungeheurer Bedeutung.

Deutlich vernahmen wir das Getrampel von Eisenschuhen auf den fliesenbelegten Gängen. Unbarmherzig näherten sich die Schritte. Ich machte mir Gedanken, wie warm es den Deutschen unter ihren Rüstungen sein müsse, und hoffte, daß sie darunter ersticken würden. Aber nichts dergleichen. Mit gezogenen Schwertern rückten sie im Laufschritt heran und schnauften laut durch die Löcher in ihren Helmen. Die Helme selber glichen spitzen Schweineschnauzen oder den Schnäbeln von Riesenvögeln. Ihr Anführer war der größte Mann, der mir je zu Gesicht gekommen war, ein Drittel so breit wie hoch, mit einem Hals so dick wie sein Kopf, der in einer doppelgehörnten Topfhaube steckte. Er war schwer geharnischt. Ich erinnere mich an das Hervorragen seiner stählernen Hosenklappe, die erste Rüstung dieser Art, die ich erlebte; desgleichen entsinne ich mich an ein auf seinem Brustharnisch eingraviertes Kruzifix, das einen Ritter (ihn selber natürlich) darstellte, der Christus anbetet. Ein Riese, ging es mir durch den Sinn, ein riesiger gepanzerter Bulle. Später erfuhr ich, daß es sich dabei um Markward von Anweiler handelte.

Sie schrien auf deutsch, und ich verstand kein einziges Wort. Die kreischende Lucia wurde fortgeschleift. Ohne Warnung, aus purem Vergnügen, wie es schien, streckte der Anführer unseren Nonno nieder, indem er ihm den Schädel mit einem kräftigen Schwertstreich spaltete. Zischend entwich die Luft aus den Lungen des Alten, blutüberströmt sank er nieder; sein Gehirn spritzte über den schönen, kühlen, fliesenbelegten Boden. Zum erstenmal war ich Zeuge eines Mordes; mein Herz klopfte wild, und eine wilde Wut packte mich. Ich wollte schreien, brachte jedoch keinen Laut hervor. Die Handfläche, mit der ich den Griff meines Dolches umklammert hielt, war feucht von Schweiß. Plötzlich stürzten sich zwei Krieger auf Guglielmo, packten ihn von hinten und verdrehten seine Arme derart brutal, daß ich glaubte, sie würden zerbrechen. Er stöhnte vor Schmerz. Mit panischem Entsetzen wurde mir wiederum bewußt, daß ich ganz allein in der Welt stand.

Auf einen Befehl des Anführers wollte mich ein Hauptmann ergreifen. Zitternd zückte ich meinen Dolch. »Wenn du mich anrührst, töte ich dich!« schrie ich, obwohl es mir fast den Atem verschlug. »Ich bin König von Gottes Gnaden!«

Zu meinem Erstaunen zögerte der Hauptmann, offensichtlich von Scheu ergriffen. Deutlich entsinne ich mich seiner ausgestreckten Panzerfäuste. In diesem Augenblick schlug der Anführer mit der flachen Klinge seines Schwertes auf meinen Arm, und der Dolch entfiel meiner Hand. Ich war hilflos.

»Hauptmann«, brüllte der Anführer, »dem Jungen wird kein Leid zugefügt!«

Ich vernahm die Worte in dem Getöse, das durch meine Schreie und das Gegrunze meines Gegners verursacht wurde, den ich mit bloßen Händen, Zähnen und Füßen angriff. Guglielmo hat die Szene später in einer an den Papst, meinen Vormund, gerichteten Depesche beschrieben; und als ich schließlich selbst dem Papst gegenüberstand, schenkte er mir diesen Brief. Er gehört zu meinen Schätzen und existiert noch heute. Aber in jenem Moment dachte ich nicht darüber nach, was für einen Eindruck ich auf die anderen machte. Mit der instinktiven Furcht eines Tieres spürte ich, daß ich in die Enge getrieben war; und hatte nur den einen Gedanken, bis zum letzten Lebensfunken zu kämpfen. Ich biß, stieß mit den Beinen, kratzte und versuchte dem Hauptmann, der nur eine gepanzerte Kappe und keinen Helm aufhatte, ins Gesicht zu springen. Wäre er nicht durch Stahl geschützt gewesen, hätte ich ihm in die Geschlechtsteile getreten; mit einem Tritt traf ich ihn jedoch so, daß er aufheulte. Ein anderer Krieger zerrte mich zurück. Da keine Fluchtmöglichkeit mehr bestand, riß ich mir die Kleider vom Leibe und zerkratzte, vor Erniedrigung, Wut und Zorn bebend, mein eigenes Fleisch mit meinen Nägeln, als wollte ich mich selber zerstören, ehe meine Feinde wieder Hand an mich legen könnten. Ich konnte, wollte diese Schmach nicht dulden.

Trotzdem wurde ich schließlich überwältigt. Aber man band mir die Hände nicht mit den Stricken zusammen, die man bei sich hatte, und trug mich auch nicht davon. Von vier Kriegern eskortiert, zerschrammt und blutend, aber aufrecht und stolz ging ich auf eigenen Füßen.

5.

Man sperrte mich in eine Vorratskammer mit Lehmfußboden — einen nackten Raum, in dem es jedoch kräftig nach Zitronen und frisch gepflückten blutroten Apfelsinen, nachreifenden Melonen und geflochtenen Knoblauchschnüren roch, die an der Wand hingen. Auf allen Seiten blühten gelb und frisch die Mimosen; Bougainvilleae fiel violett schäumend von Terrasse zu Terrasse; weiße Schmetterlinge gaukelten zwischen den Blumen. Nirgends ein Anzeichen für eine Krise, für Aufruhr oder Gewalt.

Die Einrichtungsgegenstände meines Zimmers bestanden aus einem Tisch, einer Öllampe, aus Ton modelliert und genauso geformt wie die antiken Lampen, einer zerbeulten Kohlenpfanne, einem dreibeinigen Schemel mit einem zu kurz geratenen Bein sowie einem hölzernen Bettgestell, das mit Hanfstricken verschnürt und mit einer Matratze aus trockenem Gras bedeckt war. Alle Gärtner behaupteten, ich könne von Glück sagen, über ein Bett zu verfügen; die meisten Gefangenen schliefen auf Steinböden und etwas Stroh. Aber war ich ein Gefangener? Meine Fenster waren unvergittert; die Soldaten hatten mich in die Kammer gestoßen und mir erklärt, mich um mich selbst zu kümmern.

Die Gärtner waren barsch, aber nicht feindselig, obwohl sie mir sämtliche verbliebenen Wertgegenstände stahlen und unter sich verlosten. Sollten sie Mitleid mit mir gehabt haben, so hatten sie Angst es zu zeigen, denn das Castello war von Deutschen besetzt. Doch brachten mir die Gärtner täglich eine Schüssel *pasta* mit irgendeiner geschmacklosen Soße, obwohl sie keinerlei Anweisung hatten, mir etwas zu essen zu geben. Trotzdem schien ich nie genug zu bekommen. Ich wurde gefräßig. Und so war es der Hunger, der mich zum ersten Male heimlich in die Stadt trieb; und dann wieder und wieder, bis ich merkte, daß mir die Gärtner absichtlich keine Beachtung schenkten.

Damit begann der außergewöhnlichste Abschnitt meines Lebens, als ich umherstreifte, wie es den Winden beliebte, ein Kind mit dem Herzen eines Mannes; ein Bettler mit der Krone eines Königs. Fünf Jahre lang sollte ich, von meinen Häschern kaum zur Kenntnis genommen, unter meinem Volke leben, von seinen Speisen essen, seine Sachen tragen, dieselben Gerüche riechen, dieselben Schmerzen erleiden und dieselben Dialekte sprechen. Ich glaube, in der ganzen Geschichte gibt es keinen Fürsten, der eine ähnliche Erziehung durchmachen mußte.

Ich war, wie es allgemein hieß, ein *agnello fra i lupi* — ein Lamm unter Wölfen. *Agnus Dei* — fügte ich selbst ironisch hinzu. Schon waren die päpstlichen Legaten tätig gewesen, und Markward wurde als Regent an meiner Statt akzeptiert, obwohl derselbe Markward seinen Helfershelfer Gualterio di Palearia und die Bischöfe, die in meinem Namen regierten, verbannt hatte. Während des Durcheinanders der Besatzungszeit war Berard geflüchtet, als Bauer verkleidet und auf einem *asino* reitend. Eines Tages erhielt ich Nachricht von ihm durch einen alten Mönch, der mir unter seiner Kapuze geheimnisvoll zuflüsterte: »Euer lieber Freund, der gern zwinkerte und dessen Bart nach Weihrauch roch, lebt im Verborgenen; verzweifelt nicht, denn einst werdet Ihr ihn wiedersehen.«

Das richtete mich auf, aber ich trauerte Tag und Nacht um Guglielmo. Ich erkundigte mich nach ihm und erfuhr schließlich durch einen Freund seines Großvaters, daß Guglielmo sich im Gefängnis befände. Aber was ich auch anstellte, ich konnte nicht ausfindig machen, auf welche Festung man ihn gebracht hatte. Er war zu unbedeutend, als daß sich jemand um seinen Verbleib gekümmert hätte. Nichts konnte die Flamme in meinem Herzen auslöschen.

Die erste Lektion, die ich auf den Straßen lernte, war die Wichtigkeit des Essens. Ich aß, was mir in die Hände fiel. Obst irgendwelcher Art reifte zu jeder Jahreszeit in den riesigen königlichen Parkanlagen. Nie untersagte mir einer von den Gärtnern das Pflücken von *nespoli*, Erdbeeren, Kirschen, Pflaumen, Maulbeeren, Pfirsichen, Birnen, Trauben, Persimonen, Apfelsinen, Pomeranzen und Feigen, hellen und dunklen, in jeder Menge. Während der Reifezeit gab es Melonen aller Art, Oliven, Datteln, Mandeln, Walnüsse sowie die *zibibbo* genannten Rosinen. Da ich energiegeladen war, verlangte mein Körper auch nach anderer Kost, und ich aß mit Vorliebe *gamberi* oder *calamari* oder auch Tiefseefische, wenn sie gerade zu haben waren. Als ich größer und stattlicher wurde, fand sich immer häufiger irgendeine *donna*, der mein hungriger Blick auffiel, und so saß ich des öfteren in der Küche, wo ich während des Wartens die Fliegen verscheuchte, indes ein großer Topf mit *minestrone* auf dem Holzkohlenherd brodelte. Manchmal ließ ein hübsches junges Mädchen aus einem höher gelegenen Fenster ein Körbchen an einer Leine herab, um von mir ein gestohlenes Schmuckstück in Austausch für eine Portion *capretto* zu empfangen, obwohl mir Ziegenfleisch nie recht gemundet hat, auch nicht, als ich noch klein und schmächtig war. Meistens kaute ich jedoch wie irgendein Bauer oder Fischer die *ceci* genannten Kichererbsen oder schwarzes, mit Olivenöl und einigen Sardinen bestrichenes Brot. Mitunter, wenn mir das Glück hold war, bekam ich süße Mandelpaste, die so ausgewirkt und gefärbt war, daß sie irgendeiner Frucht ähnelte.

Meine Kleidung (was von meinen Seiden- und Wollsachen übrig war) war bald abgetragen oder paßte mir nicht mehr. Dann pries ich mich glücklich, wenn mir jemand einen zerschlissenen Rock oder ein Leinenhemd zuwarf, das in den steinernen Bottichen einer Gemeinschafts-*lavatoio* oder auf dem Felsen am Flußufer noch nicht völlig durchgescheuert war. Selbst heute kann ich nicht an einer Gruppe von Waschfrauen vorübergehen, ohne an meine Nacktheit als Kind zu denken, und ich kenne die Refrains ihrer Lieder genauso gut wie sie. Erst vor kurzem blieb ich stehen, um einer singenden neapolitanischen Waschfrau zuzuhören:

>›Tu m'aje prommiso quatto moccatora
>oje moccatora, oje moccatora . . .‹

Meine Füße, die winters mit Schnabelschuhen aus weichem Hirschleder bedeckt gewesen waren und sommers mit handgearbeiteten vergoldeten Sandalen, waren jetzt nur durch *zoccoli* geschützt — jenen schweren Holzpantinen, die man schon von weitem klappern hört. Kein Dieb oder Räuber trägt *zoccoli:* dessen darf man gewiß sein. Auch ich ging, wie ein Dieb, des öfteren barfuß, bis meine Fußsohlen so hart waren, daß ich befürchtete, die Hufe eines *asino* zu bekommen.

Daß ich verdreckt gewesen wäre, ist mir nicht mehr bewußt. Vielleicht war ich es, denn Schmutz ist selbst für ein Königskind bedeutungslos; vielleicht war ich es nicht, denn ich schwamm häufig in Binnengewässern und im Meer. Ich bin jedoch überzeugt, daß meine Mutter mit meinem Aussehen nicht einverstanden gewesen wäre, denn ich kämmte mich nur selten und ging fast nackt.

Mein ständiger Begleiter war ein lächerlicher, kurzhaariger gelber Köter, dumm und verspielt und ebenso heimatlos wie ich. Seine ungewisse Abstammung war so plebejisch wie meine königlich war, und wir verstanden uns vollkommen. Aus unbewußter Ironie auf meine Lage nannte ich ihn ›Rex‹. Er war hochbeinig und so mager, daß man die Rippen zählen konnte; er hatte eine schmale, spitze Schnauze, aufrecht stehende Ohren, viel zu groß für seinen Kopf, und wedelte ununterbrochen mit dem Schwanze. Wenn er auf den Hinterbeinen stand, war er so groß wie ich und schaute mit seinen großen gelben Augen bewegt in meine. Am liebsten legte er seine Pfoten auf meine Schultern, leckte mir das Gesicht mit seiner beweglichen rosigen Zunge ab, zeigte die Zähne, drehte sich, vollführte Sprünge und unternahm, wenn ich ihn nicht entschlossen abwehrte, recht eindeutige Annäherungsversuche. *Amore,* dachte ich, ist der einzige Sinn seines Lebens; denn obwohl er halb verhungert war, ließ er, sobald es um Zerstreuung ging, jeden Knochen im Stich. Er schien stets glücklich, und ich liebte und beneidete ihn deswegen.

Dies waren die Jahre der ersten Entdeckungen und Erkundungen — Jahre, in denen alles wunderbar anzusehen war. Meine Beobachtungsgabe schärfte sich, ohne daß ich etwas dazu tat. Ich beobachtete bärtige alte Weiber beim Wollekrempeln und am Spinnrocken. Ich beobachtete unruhige junge Mädchen, die Makkaroni um zähe *busa*-Stengel rollten und Liebes- und Wiegenlieder dazu summten. Ich beobachtete muskulöse, fast nackte

Männer beim Drehen der schweren Steinpressen, die das Öl aus den Oliven quetschten. Ich beobachtete braungebrannte junge Bacchi, deren Arme und Füße von Traubensaft besudelt waren; während sie Weinfässer in Seewasser ausspülten, sangen sie: »Ich möchte eine süße rote Traube in deinen Mund stecken . . . deinen Mund der tausend Küsse.« Ich beobachtete Ziegenhirten, die aussahen wie Pan selber, wenn sie auf ihren Pfeifen bliesen, und auch so rochen. Ich beobachtete Handwerker, die Karren in grellem Rot und Gelb mit Straßenräuberszenen bemalten. Hingerissen beobachtete ich die *Opera dei Pupi*, die Marionettenritter, die Tag um Tag die Kriege Karls des Großen ausfochten, und hielt ihn für einen unmittelbaren Vorgänger meines Großvaters Barbarossa, obwohl vierhundert Jahre dazwischen lagen. Dabei dachte ich wohl auch: eines Tages, wenn du erwachsen sein wirst . . . warum nicht ich . . .?

Für eine Weile trieb ich mich am Hafen herum und mischte mich unter Seeleute und Fischer. Ich lernte die Einrichtung einer Galeere so gründlich kennen wie ein Admiral, studierte die Takelage, die Ruder, die Beleuchtung, als sollte ich später einmal selber eine Flotte kommandieren. Was das Meer angeht, so lernte ich seine verschiedenen Stimmungen kennen sowie eine Reihe von den Lebewesen, die es beherbergte. Da ich wie ein Delphin schwamm, fiel es mir nicht schwer, *frutta del mare* zu ergattern, jene köstlichen Schalentierchen, kaum größer als ein Daumennagel; oder *polipi* zu fangen, die unter Wasser so prächtig schimmern, daß ich es bedauerte, den Tintenfischen die Augen auszubeißen, das sicherste und rascheste Mittel, sie zu töten, ehe sie einem mit ihrem papageienähnlichen Schnabel Schaden zufügen können. Ich lernte, wie man den Seeigel greift, ohne sich die Hände dabei zu zerstechen, und wie man das ungenießbare Männchen von dem eßbaren Weibchen unterscheidet. Auch erlebte ich das Gelächter, als einmal eine große Seegurke in einem der Netze heraufgezogen wurde (obwohl ich noch zu jung war, um zu begreifen, was so komisch daran sein sollte). Die Fischer nannten das Geschöpf *cazzo del mare* – Penis des Meeres.

Meine Wißbegierde regte mich zu allerlei Unternehmungen an. Ich sah mich im Gestein nach grünen Eidechsen um und beobachtete ihr blitzartiges Züngeln, wenn sie nach Insekten schnappten, sowie ihre Kampfmethode, die darin bestand, daß sie sich gegenseitig in die Schwänze bissen. Sie sollen die Seelen von Menschen sein, die nicht in den Himmel kommen, aber ich fand keinerlei Beweise dafür. Ich kletterte auf riesige Feigenbäume, von Wurzeln wie Dschungelschlangen umwunden, und schwang mich affenartig von einem herabhängenden Ast zum anderen. Stundenlang hockte ich regungslos da und beobachtete die Vögel, besonders die langbeinigen Reiher, die Feldlerchen, die Finken und sogar Nachtigallen. Ich entsinne mich deutlich, daß ich mich wunderte, warum ich den Kuckuck nie beim Nestbau sah, eine Frage, auf die ich erst Jahre später eine Antwort finden sollte.

Ich streifte auf dem Monte Pellegrino umher, über seine Hänge, zwischen Agaven und den stachligen Kakteen, die man *fichi d'India* nennt. Von der Höhe sah ich die Stadt in ihrer weitberühmten goldenen Muschelschale liegen, der buntschillernden *Conca d'Oro*. Die Türme normannischer Kirchen und die Minarette sarazenischer Moscheen überragten selbst die höchsten Palmen und Feigenbäume. Bei Sonnenuntergang, wenn sich der Himmel gelblichviolett färbte, kam mir Palermo mitunter wie eine magische Stadt des Ostens vor, aus einer Koboldlaterne hervorgezaubert, grenzenlos wunderbar.

Einmal erkletterte ich einen Felsen und entwendete aus einem Falkenhorst ein kostbares Ei. In ein Tuch gewickelt, band ich es unter meine Jacke, um es warmzuhalten. Dann stieg ich behutsam hinunter und lief so rasch ich konnte, um das Ei einer brütenden Henne unterzulegen. Nach Tagen endlich schlüpfte der Vogel aus, ich nahm ihn der Henne weg und fütterte ihn mit Fleischbrocken, da ich bemerkte, daß er nicht umherlaufen konnte wie ein Küken. Ich war gespannt, ob er mit den Gewohnheiten eines Huhnes heranwachsen würde, da dieser verwaiste Nestfalke sonst niemand hatte. Er war schon fast voll gefiedert, ehe er starb. Er sah wie ein Falke aus, obwohl er sich nicht wie einer benahm, auch nicht wie ein Huhn. Er war mein Lieblingstier und gehorchte meinen Befehlen. Er spielte gern mit Marmorkügelchen und glitzernden Glasscherben und beschaute sich gern im Spiegel. Stets begrüßte er mich mit lautem Gekrächze und pickte liebevoll nach meiner Hand. Die Klauen an den hellgelben Füßen waren wie

Rasiermesser, und ich mußte mich vor ihnen in acht nehmen. Ich nannte ihn *Freccia*, weil er wie ein Pfeil flog. Als er starb, weinte ich und fragte mich, an welcher Krankheit er eingegangen sein mochte, denn ich war überzeugt, daß eine Krankheit und nicht Hexerei daran schuld war. Wer hätte auch einen bloßen Vogel verhexen sollen, der einem fast völlig vergessenen König gehörte . . .?

Doch wie sich zeigen sollte, war ich nicht so vergessen, wie ich glaubte. Eines Tages hörte ich auf der *vucciria*, wo ein wahres Sprachengewirr herrschte, daß Markward von Anweiler tot sei. Er hätte unter Gallensteinen gelitten, hieß es, und seine Ärzte angefleht, seinen Leib aufzuschneiden und die Steine zu entfernen. Dieser Operation erlag er; sein letzter Atemzug war ein Schmerzensschrei.

Bei dieser Nachricht fing mein Herz heftig an zu pochen, aber ich fürchtete mich mehr, als daß ich mich freute. Ich war überzeugt, daß in meinem Schicksal jetzt bald eine Wendung eintreten würde; wahrscheinlich nicht zum Besseren. Ohne Guglielmo und Berard war ich so gut wie schutz- und beistandslos. Meine Vereinsamung trat mir immer wieder deutlich vor Augen. Am Totenfest erschien kein Toter, um mir Spielsachen und andere Geschenke zu bringen; selbst die *festa di San Giuseppe* verlieh mir nicht das sichere Gefühl, daß der gute Heilige über mich wache.

Ich stand auf Zehenspitzen, um mich größer zu machen; ich spannte meine Arm- und Beinmuskeln. Ich vertraute nur mir selbst, auf meine Fähigkeit zum Ausweichen, zum Rennen und zum Verstecken, denn diese Gaben hat die Natur allen ständig gehetzten Tieren verliehen . . .

6.

Vielleicht waren Vorahnungen die Ursache dafür, daß ich in der Nacht von Markwards Tode so unruhig war, daß ich plötzlich von Schritten auf dem Kiespfad aufwachte. Denn die Schritte klangen nicht, als käme ein Gärtner in seinen Holzpantinen daher.

Ich sprang aus dem Bett, breitete die Decke so darüber, daß es aussah, als hätte ich nicht darin geschlafen, raffte meine Sachen zusammen (ich schlief nackt) und kletterte wie Ali Baba in einen von den riesigen Blumenkübeln, die in meinem Zimmer aufbewahrt wurden. Zitternd kauerte ich mich auf den Boden des Gefäßes nieder, mein Kleiderbündel zum Schutz über dem Kopf. Durch einen Riß in dem Kübel sah ich wenige Augenblicke später zwei Männer auf Zehenspitzen über die Schwelle treten. Deutlich hoben sich ihre Gestalten im Mondlicht ab. Sie trugen Überwürfe anstelle von Gärtnerkitteln, und ihre Dolche glitzerten im Mondlicht. Mir sträubten sich die Haare, es überlief mich kalt: Mörder!

Ich atmete kaum. Ich saß so steif, daß eine Grille in dem Kübel zu zirpen begann — für meine Ohren ein wahres Getöse. Die Männer fuhren erschreckt zusammen. Dann durchbohrte der eine das Bett mit seinem Dolch. Nur eine nichtige Gebärde, fragte ich mich, oder wollte er sich überzeugen, daß ich nicht unter der Matratze stecke? Doch sie wandten sich um und verschwanden.

Ich war überrascht, daß sie es so eilig hatten, fortzukommen. Seither weiß ich, daß Mörder eines Königs von Gottes Gnaden der Gefahr ausgesetzt sind, die Folter zu erleiden, sowohl in dieser als auch in der nächsten Welt. Dies war der erste Anschlag auf mein Leben. Als er mißglückte, verspürte ich eine große Erleichterung; und ich kann nicht behaupten, daß ich je gelernt hätte, derartige Anschläge als etwas Selbstverständliches hinzunehmen. Am nächsten Tage trug mir der Riß in dem Laken eine Rüge von einer Gärtnersfrau ein. Ich nahm sie schweigend hin . . .

Unter großer Mühe verschaffte ich mir Papier und Tinte, denn ich wollte einen Protestbrief schreiben. Sobald er fertig war, wollte ich ihn durch Kuriere hinausgehen lassen, falls ich jemand finden könnte, der diese Botengänge ohne Entgelt übernähme. In einem sehr eleganten Stil schrieb ich:

>*An alle Könige der Welt und an alle Fürsten des Universums von dem unschuldigen Knaben, dem König von Sizilien, Federico genannt — Gottes Gruß zuvor.* Versammelt Euch, Ihr Völkerschaften; eilt herbei, Ihr Könige; kommt hierher, Ihr Fürsten, und überzeugt Euch, ob mein Leid seinesgleichen hat! Meine Eltern starben, ehe ich ihre Zärtlichkeiten kennenlernen konnte; hab ich nicht verdient, ihr Antlitz zu sehen? Und ich,

wie ein sanftes Lamm unter Wölfen, bin in sklavische Abhängigkeit von Männern verschiedener Abstammung und Sprache geraten. Ich, der Abkömmling einer hehren ehelichen Verbindung, bin Dienstboten aller Arten überantwortet worden, die sich angemaßt haben, um meine Kleidungsstücke und um meine königliche Person zu losen. Deutsche, Toskaner, Sizilianer, Barbaren haben sich verschworen, mich zu ängstigen. Mein täglich Brot ist knapp bemessen, desgleichen meine Getränke und meine Bewegungsfreiheit. Ich bin kein König; ich werde von Durchschnittsmenschen beherrscht; ich muß um Gunst betteln, statt sie zu gewähren. Meine Edelleute sind einfältig und streitsüchtig. Da mein Erlöser lebt und mich aus diesem Elend befreien kann, so ersuche ich Euch immer wieder, o Fürsten dieser Erde, mir gegen die Sklaven beizustehen, dem Sohne Cäsars die Freiheit wiederzugeben, die Krone meines Königreiches aus dem Staub zu heben und die verstreuten Völkerschaften zusammenzuziehen. Wenn Ihr mich nicht rächt, drohen Euch ähnliche Gefahren . . .‹

Über einen Monat schlief ich nicht mehr in meinem Bett, sondern zog ein entlegenes Fleckchen in einem Oleandergebüsch vor. Ich hob eine Vertiefung aus, um mich vor Skorpionen zu schützen. Ich schlief in ein Laken gehüllt, um mich nachts vor den Moskitos und frühmorgens vor den Fliegen zu schützen. Als ich meine Kammer schließlich wieder bezog, errichtete ich ein Fallensystem mit verborgenen Stricken und Glöckchen, die mich vor jedem Eindringling warnen sollten. Weder bei Tage noch bei Nacht trennte ich mich von meinem Dolch.

Dabei waren meine Vorsichtsmaßnahmen überflüssig, da die Deutschen, die nach Markward kamen, so damit beschäftigt waren, sich gegenseitig zu zerstören, daß sie keine Zeit fanden, an mich zu denken. Wäre ich ihnen ausgeliefert gewesen, hätten sie sich meiner wahrscheinlich entledigt. Aber aus den Augen, aus dem Sinn, wie das alte Sprichwort sagt, so geriet ich in Vergessenheit. Logischerweise hätte man mich in das Schloß irgendeiner adligen normannischen Familie bringen müssen; aber von denen, die noch existierten, wollte niemand ein solches Risiko auf sich nehmen. So streifte ich weiter durch die Straßen.

Ich hatte Zugang zu allen von meinem Großvater Roger eingerichteten Bibliotheken. Er hatte veranlaßt, daß viele Werke von Plato, Aristoteles und Ptolemäus aus dem Griechischen ins Lateinische übersetzt wurden, und viele andere aus dem Arabischen ins Lateinische. Auch hatte er die jetzt so berühmte *Geographie* in Auftrag gegeben, an welcher der Gelehrte Al-Idrisi fünfzehn Jahre arbeitete und die den griechischen Gedanken von der Kugelgestalt der Erde wieder aufgriff. Ich las das *Satyricon* des Petronius Arbiter im lateinischen Original sowie, mit Anleitung, *Den goldenen Esel* des Apulejus (obgleich ich noch skeptischer war als der heilige Augustinus, daß der Held tatsächlich in einen Esel verwandelt worden sei, zweifelte ich nicht, daß ihn sein Buhler als Esel lieber hatte denn als Mann). Noch sollten Jahre vergehen, ehe ich diese Werke voll auskosten konnte; kein Knabe ist mit dem geistigen Rüstzeug eines Mannes versehen . . . geschweige denn ein Esel.

Während dieser Epoche lag mein Hauptinteresse jedoch auf dem Gebiet der Historie. Besonders begierig war ich, alles nur Erdenkliche über Rom in Erfahrung zu bringen, und saß manche Nacht hindurch bei flackernden Öllampen über den Lebensläufen von Augustus, Hadrian und Justinian. Meine *Aeneis* — für mich das wertvollste aller Bücher — las ich immer wieder. Die Worte *Caesar Imperator* verfolgten mich bis in meine Träume.

Neben vielen Sprachen lernte ich auf den Straßen ebensoviel wie aus Büchern, einschließlich meiner besonderen Ausbildung. Es erforderte wenig Anstrengung, an schläfrigen Nachmittagen auf einer Mauer zu liegen und dem monotonen Geleier eines Imam zuzuhören, der sich über das islamische Recht und die Fünf Säulen des Islam verbreitete. Das Wort Moslem bedeutet einfach ›Gläubiger‹. Um ein Moslem zu werden, brauchte man nur die Worte zu sprechen: »Ich glaube, daß es außer Allah keinen Gott gibt und daß Mohammed sein Prophet ist.« Die anderen vier Säulen, die ich auswendig lernte, waren die fünf täglichen Gebete; die jährliche Fastenzeit, in der man sich während des Monats Ramadan zwischen Sonnenauf- und -untergang jeglicher Speise, jeglichen Trankes und jeglichen Geschlechtsverkehrs enthalten muß; die Pilgerfahrt nach Mekka; die Almosenspende für die Armen. Als ich vor den Fenstern einer Synagoge lauschte, fand ich, daß das Mosaische Gesetz, das die Rabbis verkündeten, so ziemlich mit den islamischen Gesetzesvorschriften übereinstimmte. Beide verboten das Essen von Schweinefleisch, Glücksspiele und die Darstellung von Tieren oder der menschlichen Gestalt in der Kunst.

Für meinen Teil hielt ich das Verbot von Götzenbildern für töricht; auch gefiel mir der Nachdruck nicht, den der Katholizismus auf die Kasteiung des Fleisches legte. Schon hatte ich einen Blick für die Schönheit der menschlichen Gestalt gewonnen, wie sie in den griechischen Plastiken zum Ausdruck kommt, und konnte nichts Verwerfliches darin finden. Auch behagte mir die moslemische Abneigung gegen den Wein nicht, denn ich hatte bereits die Wohltaten des Rausches verspürt. Andererseits war ich stark an den vier rechtmäßigen Ehefrauen und der unbeschränkten Anzahl von Konkubinen interessiert, die der Islam jedem Mann gestattete; und an der erstaunlichen Einfachheit der Scheidung sowohl bei Mohammedanern als auch bei Juden. »Ich trenne mich von dir, mein Weib«, sagte der Mann, mehr war dazu nicht erforderlich.

Auf dem Marktplatz hörte ich die Anhänger des Franziskus von Assisi — damals vom Papst mit viel Argwohn und Feindseligkeit betrachtet — sich für die Rückkehr zu Armut, Buße und Gebet innerhalb der römischen Kirche einsetzen. Hätte ich geahnt, daß ich eines Tages eine außergewöhnliche Unterhaltung mit diesem Mann haben sollte, so hätte ich den Argumenten seiner Anhänger nicht aufmerksamer folgen können. Andere Ketzer, wie die Waldenser und Albigenser, waren vor den Inquisitoren des Papstes nach Norden geflüchtet; aber in Frankreich waren die Albigenser noch immer so zahlreich, daß der Papst einen gewaltigen Kreuzzug gegen sie eingeleitet hatte. Mit Augen, die von reformatorischem Feuer glühten, und Stimmen, die wie Trompetenstöße klangen, protestierten diese Ketzer dagegen, daß es eines Priesters als Vermittler zwischen Gott und Mensch bedürfe, daß nicht das Wort des Papstes, sondern das Wort Gottes gelten sollte. Die Waldenser leugneten sogar die Existenz eines Fegefeuers.

Der interessanteste von allen war für mich ein Mann, der sich zu Fra Arnaldo da Brescia bekannte, den mein Großvater

Barbarossa auf dringendes Verlangen des Papstes hatte hängen lassen. Fra Arnaldo hatte aus der Heiligen Schrift gepredigt — gegen Habgier, Krieg, Haß, Fleischeslust, Meineid, Mord, Diebstahl, Betrug und sinnliche Begierden. Für den Papst war jedoch ausschlaggebend, daß er auch gegen die Korruption innerhalb der Kirche predigte. Jetzt setzte Fra Arnaldos Schüler, der ihn noch persönlich gekannt hatte, sein Werk fort und redete also:

»Die römische Kirche ist korrupt! Sie riecht nach Geld und stinkt nach Habgier! Vorteile und Absolutionen können mit Gold erkauft werden. Selbst die Heilige Messe ist käuflich! Für dreißig aufeinanderfolgende, im voraus bezahlte Messen kann eine Seele aus dem Fegefeuer direkt in den Himmel gelangen. Jedes Gebet, jede Eheschließung, jeder Tod, jede Kerze hat ihren Preis! Und am Ende fließt das Geld nicht etwa Gott oder den Armen zu — sondern den Priestern! In sämtlichen Mönchs- und Nonnenklöstern biegen sich die Tische unter Fleisch und Käse und Wein, während die Leibeigenen, die für die Kirche arbeiten, Hunger leiden. Die Kirche ist reich und weltlich geworden, sie besitzt riesige Ländereien, Paläste und Schätze. Während wir uns mit den Fingern in den Zähnen stochern, verwenden die Kardinäle ein neues silbernes Instrument, Gabel genannt! Die Kirche spricht nicht mehr mit Gottes Stimme, sondern mit der des Papstes! Der Papst ist ein klerikaler Kaiser, dem es nach Weltherrschaft gelüstet ...!«

Gemurmel begrüßte seine Worte, unterbrochen von Zurufen wie »Eine Schande!« und »Erhebt euch dagegen!« und »Dieser Mann spricht die Wahrheit!«. Ich entsinne mich, daß der Bruder erklärte, Kaiser Barbarossa habe zu spät Mitleid empfunden und die Hinrichtung Arnaldos beklagt. Ich identifizierte mich nicht damit; aber auch mir tat es leid.

Meine Straßenkurse in vergleichender Religionswissenschaft hörten jedoch mit den zeitgenössischen Abarten keineswegs auf. Mehr als einmal hörte ich einen persischen Teppichhändler behaupten, unser blutiger Kult mit einem gekreuzigten Gott sei nur eine Abwandlung ihrer alten Sonnengott-Religion des Mithras, und daß es nichts Neues unter der Sonne gäbe — nicht einmal Götter. Andere waren weitgereist und nannten sich Agnostiker und leugneten die Existenz jeglichen Gottes. Wieder andere behaupteten, den Leib eines Gottes zu essen und zu trinken, selbst symbolisch, wie es die Christen beim Abendmahl tun, sei Kannibalismus — sie lehnten das strikt ab. Einige meinten, Christus sei wie Dionysos von seinen Anhängern verschlungen worden, aber in Trübsal und nicht in wilder Lust. Und die Griechen, dem Rufe nach Mitglieder der östlichen Orthodoxie, hatten nichts von ihren antiken Mythen vergessen.

Einst trottete ich neben einer Frau her, die auf dem Kopf einen Krug mit Wasser vom öffentlichen Brunnen trug. Sie hatte die großen Augen und die glatte Olivenhaut der Dorer. Sie erklärte mir, ich gliche einem Knaben aus der Zeit der Olympischen Spiele und hätte sicherlich einen Preis errungen. Irgendwie war sie so ergriffen, daß sie den Krug absetzte, um mit mir zu sprechen. Noch immer sehe ich die üppigen blonden Haare unter ihren Achselhöhlen vor mir. Sie erzählte mir viel von Griechenland, wo sie herstammte, und wie sie zu ihrer Überraschung antike griechische Tempel auf Sizilien wiedergefunden hätte — deren Ruinen man überall sehen konnte —, und zwar genauso große wie die Tempel in Athen. In Syrakus wäre der Tempel jedoch nicht zerstört, sondern in eine christliche Kirche umgewandelt worden. Und so hinge Jesus jetzt unter griechischen Göttern an seinem Kreuz. Was die Madonna angehe, so wäre sie eine Göttin ähnlich der Hera. Oft werde sie mit einem Säugling im Arm dargestellt, in das blaue, sternenbesäte Gewand der Nacht gehüllt, einen Granatapfel in der Hand (ein antikes Symbol der Fruchtbarkeit), auf den Hörnern der Mondsichel stehend (wie die ägyptische Göttin Isis), während ein Cherub (ein kleiner Eros) die Wolken des Himmels wie einen Vorhang aufschlüge. Unerhört!

»Deswegen«, schloß meine Gewährsmännin und rückte das Polster zurecht, um den Wasserkrug erneut auf ihrem Kopf zu balancieren, »beten die Italienerinnen Hera an.« Ich entsinne mich noch ihres lüsternen, erfahrenen Gelächters, als sie hinzufügte: »Und was die italienischen Männer betrifft, so beten sie Priapus an.«

Sie hatte keine Zeit, sich näher über Priapus auszulassen, und erst viel später kam ich dahinter, wer damit gemeint war, obwohl fast alle Knaben und Männer meiner Bekanntschaft sich in seinem Namen vergnügten, privat und mitunter öffentlich.

Das Geschlechtliche war weniger Gesprächsstoff als vielmehr Teil des täglichen Lebens. Genau wie die Armut, der Gestank und der Schmutz in den Nebenstraßen und engen Gassen. Dort wimmelte es von verstümmelten Bettlern, aufgedunsenen nackten Säuglingen, räudigen gelben Kötern, dürren *asini* mit Glöckchen um den Hals, halbverhungerten wilden Katzen *(brutti gatti)*, Singvögeln und Sittichen in Käfigen, die an den Seitenpfosten hingen, ganzen Fliegenschwärmen, Kupplern und Prostituierten. Inmitten all diesem fluchten, lachten und spuckten Männer, und Weiber kreischten, und das junge Volk sang Liebeslieder und liebte. Von frühester Kindheit an waren die Kinder mit allem Geschlechtlichen vertraut.

Auf meinen Streifzügen wurde ich oft von Männern angesprochen, die sich meines Körpers bedienen wollten; und als ich mich meinem zwölften Lebensjahr näherte, auch von Frauen, die mich für älter hielten. Schon mit neun Jahren wußte ich alles, ohne etwas zu wissen, und hatte eigentlich noch nichts erlebt.

7.

Als ich älter wurde, las ich weniger und war weniger draußen in der Natur, dafür aber mehr mit Menschen zusammen. Da man allerorts wußte, daß ich der Thronerbe war, abgesetzt von den verhaßten Deutschen, wurde ich im allgemeinen gut behandelt, wenn auch nicht wie es einem König gebührte. Es wäre zuviel, ja herabsetzend gewesen, unter diesen Umständen Ehrenbezeigungen zu erwarten. Man stelle sich vor, ein Fischer hätte mir zugerufen: »Hier, Euer Majestät, fangt diese Sardine!« oder irgendeine Frau hätte gesagt: »Hier, Euer Majestät, ist eine abgelegte Jacke meines Sohnes. Sie ist zwar schon geflickt, aber bei Regenwetter immer noch ganz brauchbar . . .« Das nicht ganz einfache Problem meines Namens wurde gelöst durch die schlichte Anrede »Junge«. Alle älteren Leute nannten mich so — *ragazzo* so oder *ragazzo* soundso; für die jüngeren Zeitgenossen dagegen war ich Costantino, das war leichter auszusprechen für sie.

Allmählich geriet ich unter den Einfluß eines um etliche Jahre älteren Araberjungen, den seine Anhänger einfach *Al-Kaid* nannten — den Anführer. Er war waghalsig und flink und hatte ein gewinnendes, leicht verzerrtes Lächeln, bei dem außergewöhnlich weiße Zähne zum Vorschein kamen. Besonders genau ist mir seine schmale, spitze Arabernase in Erinnerung geblieben sowie seine langen, schlanken und geschickten Finger. Er muß sehr gut ausgesehen haben, denn er zog überall die Aufmerksamkeit der Erwachsenen auf sich. Oft trug er eine zerschlissene, wallende *taghis*, in der er verwegen und wie ein Wüstenscheich wirkte.

Unter seiner Anleitung lernte ich, wie man kleine Diebstähle auf dem Markt begeht, ohne dabei erwischt zu werden, und wie man sich verstellen mußte, wenn wir von Bewaffneten allzu streng ins Verhör genommen wurden. Einmal entdeckten wir im Schieferton die geheimnisvollen Knochen eines schon lange toten Tieres. Aus seinem Schädel sproß ein einziges Horn hervor. Einige Jungen meinten, es sei ein Drache; aber ich hielt es eher für ein afrikanisches Großtier, von dem ich gelesen hatte. Al-Kaid schlichtete den Streit, indem er behauptete, es wäre ein Einhorn, dem ein neues Horn wüchse. Ungeachtet seiner Autorität hatte ich weiter meine Zweifel.

Ich empfand große Bewunderung für Al-Kaid, und für eine Weile hatte ich keinen größeren Ehrgeiz, als ihm gleich zu werden und ihn dann als Anführer zu verdrängen. Sorgfältig übte ich den genauen Tonfall seines Grußes, *salam aleikum*, das aus meinem Munde bald ebenso reizvoll klang. Er lehrte mich ein fließenderes Arabisch, brachte mir bei, wie man tief taucht, indem man Luft auf eine bestimmte Weise anhält, und wie man die grünblauen unterseeischen Grotten sorgfältig sondiert, in denen Schätze ruhen könnten, wie er sagte. Er lehrte mich das Lautespielen. Voller Eifer übte ich täglich und brachte meine Zuhörer damit in Verzweiflung. Die Bezeichnung dafür interessierte mich ebenso sehr wie das Instrument selber. Aus dem arabischen *al'ud* war das italienische *liuto* und das französische *leüt* abgeleitet. Ich achtete sorgfältig auf alle Wörter, die sich auf diese Art von selber wandelten.

Beim Eintritt in mein elftes Lebensjahr war ich der Führungsrolle Al-Kaids überdrüssig geworden und wollte meine eigenen Wege auf dem Monte Pellegrino gehen und unterseeische Höhlen nach eigenem Belieben auskundschaften. Zuerst kam es zum Wortstreit, dann zum Kampf; aber so stark und behende ich auch war, er, als der Ältere, war mir überlegen. Aus Notwendigkeit unterwarf ich mich seinen Befehlen. Dann änderte sich die Situation mit einem Male.

Wir schwammen unter Wasser in der Nähe einer noch unerforschten Grotte, als Al-Kaid plötzlich ohne Vorwarnung von einem Raubfisch angegriffen wurde, der es an Mordgier mit jedem Hai aufnimmt — einer armlangen Muräne. Zuerst nur aufgewühltes Wasser, dann wirbelnde Blutwolken. Irgendwie gelang es uns, mit ihm aufzutauchen. Sein rechter Arm samt der Hand waren fürchterlich zugerichtet, und er wäre am Strand verblutet, wenn ihm nicht ein Fischer eine Aderpresse angelegt hätte. Ich sah zu dabei — bebend vor Wut, Liebe und Furcht.

Wie unter einem Zwang entfernte ich mich von dem schluchzenden, stöhnenden Jungen, und alles Folgende geschah wie in einem Traum. Ich fand einen angeschwemmten Stecken und band meinen Dolch mit einer Angelschnur daran fest. Ohne ein Wort stürzte ich mich erneut in die See und tauchte hinab bis vor den Eingang zu der gefährlichen Grotte. Alles war ruhig und klar; dann blitzte plötzlich etwas Grünliches auf, und ich sah etwas Braungeflecktes, Gelbes — den Kopf der Muräne mit grotesk vergrößerten Zähnen. Mit voller Wucht stieß ich mit meinem Speer zu. Ich durchbohrte ihre Kiemen und brachte den sich windenden Fisch nach oben. Beim Auftauchen mit dem zappelnden Aal stieß ich einen triumphierenden Schrei aus. Und der Schrei wurde tausendfältig von dem Jubel am Ufer zurückgeworfen.

In den folgenden Monaten, während Al-Kaid langsam genas, war ich der Anführer. Aber erst als ich den Falkenhorst erklomm und mit einem Falkenei zurückkam, erkannte man meine Führerschaft an und verlieh mir den Namen *Al-Tair* — der Adler.

Es traf sich, daß Al-Kaid eine Zwillingsschwester hatte. Sie hieß Aïscha, ein Name, der Leben bedeutet. Die sarazenischen Weiber lebten in Abgeschiedenheit, mußten verschleiert gehen und durften sich kaum auf den Straßen zeigen, obgleich derartige Beschränkungen unter der ärmeren Bevölkerung nicht immer funktionierten. Al-Kaids Schwester trug noch keinen Schleier, und dieselben Züge, die ihn stattlich erscheinen ließen, verliehen ihr Schönheit. Als ich ihn im Kreise seiner Familie besuchte — das Haus war mit einer Halbkuppel versehen und bestand nur aus zwei kleinen Räumen —, war das Mädchen ständig um uns, und ich war sehr angetan von ihrem Aussehen. Sie trug ein Gewand, das ihre Formen verbarg. Aber selbst wenn sie eine nur leicht verschleierte Tänzerin gewesen wäre, hätte sie meine Neugierde nicht lebhafter erregen können. Ich spürte das darunter Verborgene mehr, als daß ich es wahrnahm. Aber als ich mich mit ihr zu unterhalten versuchte, wandte sie zu meiner Bestürzung den Kopf ab und gab keine Antwort.

Eines Abends kam ich hin, um Al-Kaid aufzufordern, sich mit mir die Vorstellung einer fahrenden Schauspielertruppe anzusehen. Ich hoffte, ihn aufzuheitern. Die Verletzungen hatten ihm schwer zu schaffen gemacht, und er war sehr niedergeschlagen, da er befürchtete, seine Hand würde steif bleiben, daß er den Beruf seines Vaters, die Mosaiklegerei, nicht ergreifen könne. An jenem Abend hatte er wieder Fieber und wälzte sich in seinem Bett.

»Nimm meine Schwester Aïscha mit«, sagte er. »Sie hat schon den ganzen Tag um Erlaubnis gebettelt. Ich mag nichts mehr davon hören! Mein Vater ist in Monreale, um dort die Mosaiken auszubessern. Er hat meine Mutter mitgenommen, da er sich nur ein Weib und keine Konkubinen leisten kann.«

Mein Herz vollführte einen förmlichen Sprung. »Wenn deine Schwester tatsächlich mit mir kommen will . . .?«

»Aber ja, gern«, sagte sie. »Ich werde den Schleier meiner Mutter anlegen. Kein Mensch wird mich erkennen . . .«

Außer mir, dachte ich; ich kann durch den Schleier hindurchsehen — auch durch das Gewand.

Die Vorstellung fand in dem rechteckigen Garten vor dem normannischen Palast statt, einem Garten, in dem die Palmen so dicht standen, daß er einer Oase glich. Ich beachtete die Steinmassen des Palastes kaum, da es mir unwirklich vorkam, daß ich je innerhalb dieser Mauern gelebt haben sollte — und Aïscha darauf hinzuweisen, wäre lächerlich gewesen und hätte wie Prahlerei geklungen. Wer von den Schauspielern hätte geglaubt, daß sie ihre Talente vor einem König entfalteten?

Vorhänge umgaben eine kleine, von Öllampen erleuchtete Bühne, und die Zuschauer — die mehr bezahlen konnten — saßen auf Bänken. Ich konnte gerade für Stehplätze bezahlen. Das Stehen machte mir nichts aus, da ich dicht neben Aïscha stand, und im Schatten hielten wir uns an den Händen. Der Druck unserer Finger drückte unsere Verzauberung durch die Darbietungen aus. Ich bin überzeugt, daß wir den Mund aufrissen, als wir die Springakrobaten in ihren Pluderhosen beobachteten, die rauchgeschwärzten Feuerfresser, die hochbeturbanten Schlangenbeschwörer, die bis an den Gürtel nackten Trommler, die spiralförmig gewundene Armbänder hatten. Am besten gefiel uns ein von einer Laute begleiteter Sänger, denn bei seinem Vortrag schlossen sich unsere Hände fest zusammen. In einer hohen, monotonen Stimme, die wir herrlich fanden, trug der Sänger die Verse eines Liebesgedichts von dem sizilianisch-arabischen Poeten Abual-Hassan vor:

›Ein Trunk kühlendes Wassers ist nichts
Im Vergleich zu der Wonne, die ich empfinde,
Wenn ich die Lippen meiner Geliebten küsse . . .
Ihr Atem duftet nach Ambra,
Und sein Wohlgeruch verrät mir,
Daß sie bei mir ist . . .‹

Nach der Vorstellung liefen Aïscha und ich, verträumt und ein wenig benommen, kaum ein Wort wechselnd, unter den Palmen auf und ab. Von dem Rest meines Geldes kaufte ich Zuckerwerk und Salzmandeln bei den fliegenden Händlern; aber irgendwie hatten wir keinen Appetit.

Dann kam es im Flüsterton hinter dem schwarzen Schleier hervor: »Ich habe keine Lust, nach Hause zu gehen . . .«

»Komm mit mir«, erwiderte ich, ebenfalls flüsternd. Ich nahm ihre Hand, und die Berührung war alle Verständigung, die wir brauchten.

Wir begaben uns in einen anderen Garten, nicht weit von den Palastmauern entfernt — den kleinen Garten San Giovanni degli Eremiti. Die Kirche war bis vor kurzem eine Moschee gewesen, und selbst jetzt beherbergte sie keine Eremiten. Das fein gearbeitete schmiedeeiserne Tor war verschlossen; aber als wahrer Straßenbengel kannte ich einen Weg, denn ich hatte schon so manchen schwülen Nachmittag friedlich unter dem dichten Laubwerk verschlafen.

Jetzt waren die rosigen flachen Kuppeln der Moschee und die kleine Kuppel auf dem rechteckigen Turm nur im Schein der Fakkeln auf den Straßen zu erkennen. Die Stille von Jahrhunderten durchdrang den schattigen Garten. Hohe Zypressen hoben sich, sanft schwankend, vom Himmel ab und schoben sich vor die Sterne. Der süße Duft von Zitronenblüten und Jasmin hüllte meine Geliebte ein. Wir legten uns hin und spannen uns in ihr Gewand wie in einen Seidenkokon ein. Es schien, als hätten wir unser Leben lang nur auf diesen Augenblick gewartet, aber wir ließen uns Zeit. Es war zu schön.

Nachdem wir unsere Lust wiederholt voll ausgekostet hatten, fanden wir endlich wieder Worte.

»Wie alt bist du, Al-Tair?« flüsterte Aïscha. »Ich bin dreizehn.«

»Ich —?« Ich zögerte und sagte in würdevollem Ton: »Ich werde bald zwölf.«

Wer von uns hätte in jener sternhellen Nacht vorausahnen können, daß sie zur ersten Konkubine eines Königs bestimmt war?

8.

An einem kalten, regnerischen Januarmorgen, nicht lange nach meinem zwölften Geburtstag, erwachte ich frierend, da ich nur spärlich zugedeckt war. Ich raffte mich auf, um das Holzkohlenfeuer in dem Dreifuß in Gang zu bringen. Plötzlich fiel alle Schläfrigkeit von mir ab. Zwei Bewaffnete hatten vor meiner Tür Posten bezogen.

»He!« rief ich. »Was soll das?«

Ich hatte das Aufstellen von Fallen aufgegeben, da ich glaubte, niemand außer mir erinnere sich noch daran, daß ich König sei. Außerdem hatte ich mich mehr und mehr auf jenen anderen Rex verlassen, meinen hochgewachsenen gelben Hund; aber er war bald danach verschwunden und irgendeinem kurzlebigen Abenteuer nachgejagt.

An jenem Morgen nahm ich mir endgültig vor, es nie wieder an Wachsamkeit fehlen zu lassen. Deswegen bin ich auch heute so unduldsam meinen Repräsentanten gegenüber, die ihre Fehlschläge mit langatmigen Reden zu entschuldigen suchen und in rührseligem Tonfall um eine zweite Chance betteln. Wenn ich ihnen noch einmal eine gebe, dann nur auf einem untergeordneten, weniger verantwortlichen Posten, und die Missetäter preisen sich noch glücklich, in meinen Diensten bleiben zu dürfen.

Zum Glück waren meine Befürchtungen unbegründet. Ein dritter Mann erschien, ein Mann mit einem rundlichen, freundlichen Gesicht. Er schüttelte die Nässe aus seinem Mantel und verbeugte sich. »Mein Herr und Gebieter«, sagte er in einem so ergebenen Ton, daß ich auf der Stelle spürte, meine Verlassenheit würde ein Ende haben, »mein Herr und Gebieter, ich bin Riccardo, der Kammerherr des normannischen Palastes, ursprünglich von Eurer gesegneten Mutter, der Königin, ernannt. Man hat mich geschickt, Euch in den Palast zu bitten. Euer Freund und Beschützer Gualtiero di Palearia ist zurückgekehrt und ist begierig auf eine Audienz mit Eurer Majestät.«

Mein Freund und Beschützer! Riccardo wiederholte natürlich nur, was man ihm aufgetragen hatte, aber in einem negativen Sinne stimmte es. Gualtiero hatte mir gegenüber mehr als auftragsgemäß aus Unterlassung gesündigt, und ich schätzte mich glücklich, am Leben zu sein. So kehrte ich in mein früheres Heim, den Palast der normannischen Könige, zurück, wo ich so kurze Zeit mit meiner Mutter zusammengelebt hatte. Diesmal kam er mir nicht so groß vor, auch die Zimmer erschienen mir nicht so geräumig; und obwohl eine Menge Leute dort ein- und ausgingen, empfand ich eine gewisse Leere.

Meine alte Kinderfrau Lucia war während der Unruhen verschollen. Als Kammerdiener wurde mir ein Mann zugeteilt, der früher ein griechischer Ringkämpfer gewesen und von türkischen Piraten in die Sklaverei verschleppt worden war. Er wurde wegen seiner Stärke und Klugheit hochgeschätzt und trug einen gekräuselten Bart genau wie die griechischen Krieger auf antiken Vasen. Während meiner ersten Stunde im Palast warf er meine alten Kleidungsstücke weg (zum Verbrennen, weil sie wahrscheinlich voller Ungeziefer steckten, wie er sagte) und schrubbte mich von oben bis unten ab, so daß meine Haut brannte. Dann ließ er den Palastbarbier kommen, der mir meine langen, unordentlichen Haare schneiden und in Wellen legen mußte. Wenn der Grieche grob mit mir verfuhr, so wahrscheinlich deswegen, weil auch ich grob zu ihm war wie ein junger, widerspenstiger Löwe.

Als ich sauber war, mein blondes Haar fein und glänzend, wurde ich in ein weiches blaugrünes Samtgewand, das mit Perlen und Goldborten besetzt war, und in eine lange wollene Strumpfhose von leuchtendem Scharlachrot gekleidet. Meine Mütze war gelb, mit einer Straußenfeder verziert. Wieder trug ich weiche weiße Schnabelschuhe und weiße Handschuhe mit Gold und Halbedelsteinen geschmückt. Eine schwere Goldkette wurde mir um den Hals gelegt; Ringe, mit Rubinen, Smaragden und Amethysten besetzt, wurden mir angesteckt; man umgürtete mich mit einem kunstvoll gearbeiteten arabischen Wehrgehenk und einer Scheide, in welcher ein Schwert mit einem Griff aus eingelegtem Gold steckte. Ich war zur Audienz mit Gualtiero di Palearia bereit.

Er kam zu mir. Er trug eine schwarze Soutane und sonst nur ein riesiges Kruzifix und einen Bischofsring, um auf seinen Rang hinzudeuten. Er war klein, dürr, salbungsvoll, fast kahl; er roch aus dem Munde und rieb sich dauernd die Hände. Ich empfand sogleich eine derart heftige Abneigung gegen ihn, daß ich am liebsten mein Schwert gezogen und ihm das Elend vergolten hätte, das ich durchgemacht. Vielleicht wäre es für meine Zukunft besser gewesen, wenn ich dieser Regung nachgegeben hätte.

Er verbeugte sich, hieß mich im Palast willkommen und erklärte mir das ›Wunder‹ seiner Rückkehr. Ich hatte keine Erinnerung, ihn je zuvor gesehen zu haben, obgleich er mir versicherte, er sei ein ergebener Diener meiner Mutter gewesen und vor dem katastrophalen Sieg der Deutschen ständig an meiner Seite. Wie ich mich vorher nur mit Mühe zurückgehalten hatte, mein Schwert zu ziehen, so mußte ich jetzt meinen Gesichtsausdruck beherrschen, um mir meine Zweifel nicht anmerken zu lassen. Ich muß ihm wohl wie ein einfältiger zwölfjähriger Junge vorgekommen sein, mit dem man machen kann, was man will.

»Mein Herr und Gebieter«, sagte er und rieb sich selbstzufrieden die Hände, »durch die Vermittlung unseres gnädigsten Heilands sind wir glücklicherweise wieder zusammengeführt worden. Da Eure verehrte Mutter, die Königin, Sizilien der Kirche als Lehngut überlassen hat, hat der Heilige Vater es für angemessen befunden, meine Wenigkeit bis zum Eintritt Eurer Volljährigkeit zum Kanzler zu ernennen. Ich hoffe aufrichtig, daß sich alle Wünsche Eurer Majestät verwirklichen lassen, aber im Namen des Heiligen Vaters habe ich Euch mitzuteilen, daß er sich, als Euer Vormund, die letzten Entscheidungen in allen Regierungsfragen vorbehält, die deshalb stellvertretend bis zu Eurer Volljährigkeit in meinen Händen ruhen. Ich werde mir alle Mühe geben, Euer Majestät treu zu dienen und all Eure Interessen wahrzunehmen, und Ihr könnt versichert sein, daß alles Erforderliche mit Gottes Hilfe getan werden wird, zu Eurem und des Staates Bestem.«

In meiner Erwiderung gebrauchte ich erstmalig den *pluralis majestatis*. »Bis zu Unserer Volljährigkeit«, sagte ich mit einer Stimme, die klar, fest und kalt klang, aber nichts von Erbitterung verriet, »werden Unsere Forderungen leicht zu erfüllen sein. Auch verlangen Wir keinen genauen Rechenschaftsbericht über die Maßnahmen, die Ihr als oberster Verwaltungsbeamter trefft, da Wir überzeugt sind, daß Unser Vormund, der Heilige Vater, ständig Unser Wohl im Auge hat und Uns in seine Gebete einschließt; Ihr seid also als Kanzler nur Ihm und Christus verantwortlich. Wir selbst werden, so Gott will, die Geschicke des Königreiches zur rechten Zeit lenken. Wir können warten.«

Mit einer langsamen, würdevollen Geste hielt ich ihm die linke Hand zum Kuß hin (ich zog es vor, meinen Schwertarm freizuhalten). Er war überrascht, hauchte jedoch, ohne zu zögern, seinen stinkenden Atem auf meine Hand und zog sich zurück.

So wurde in kürzester Zeit aus einem verwahrlosten Kind ein König; aber noch war ich weit davon entfernt, König zu sein. Ich hatte nur den Titel inne, nicht die Macht. In meinen Augen war ich ein Spottgebilde meiner selbst.

9.

Ich mußte mich mit allen meinen Wünschen an den Kanzler wenden. Fast augenblicklich traf ich Vorkehrungen für die Aufnahme Al-Kaids in die königliche Mosaikwerkstatt und verschaffte seiner Schwester Aïscha einen Platz unter den königlichen Spinnerinnen – der Anfang meines Harems. Von größerer Bedeutung war, daß ich mich sofort um die Freilassung meines einstigen Hauslehrers Guglielmo Franciscus bemühte und die Begnadigung (für welche Verbrechen eigentlich?) des Erzbischofs Berard forderte. Als Antwort auf meine Fürbitte für Berard bekam ich nichts als

Ausreden zu hören und die Zuweisung eines Erzpriesters als Beichtvater. Aber Guglielmo wurde rasch ausfindig gemacht und zu mir gebracht.

Sein Aussehen erschütterte, nein, entsetzte mich. All seine frühere *gioia di vivere* war dahin. Seine Haut war so bleich, daß man fast hindurchschauen konnte. Seine Augen waren von tiefen, dunklen Ringen umgeben. Nur die ungebärdigen schwarzen Locken waren noch dieselben. Er war am ganzen Körper derart abgemagert, daß man die Knochen zählen konnte. Schon immer hager, schien er jetzt noch dünner als ich. Ein dumpfer, hohler Husten drang tief aus seinen Lungen. Sein Kerker war ein Gewölbe in den feuchten Kellern des Castellammare del Golfo gewesen, und seit seiner Gefangennahme hatte er das Licht der Sonne kaum erblickt. Um seinen Mund zuckte es, und ich weinte vor Bestürzung und Freude, als wir einander in die Arme sanken.

»'Lielmo!« rief ich laut.

Er hustete, bezwang sich jedoch und riß sich aus meinen Armen. »Mein Herr und Gebieter«, sagte er, sich verneigend. »Ich hätte Euch kaum wiedererkannt. Ihr seid kein Kind mehr. Ihr seid — Ihr seid herangewachsen!«

»'Lielmo!« rief ich wiederum, zog ihn erneut an mich und küßte ihn vor Wiedersehensfreude. »Ich hätte dich überall sofort wiedererkannt«, log ich, »selbst in der Finsternis deines Kerkers. Der wirkliche 'Lielmo hat sich nicht geändert. Das spüre ich . . .«

Ich trug meine Liebe zu ihm offen und leidenschaftlich zur Schau, und das verlieh ihm Kraft. Er mußte dauernd um mich sein, soweit sein Zustand es erlaubte. Er war mir Vater, Mutter, Liebhaber, alles. Wenn er konnte, erteilte er mir Unterricht, und er schien ein fieberhaftes Bedürfnis zu verspüren, mir alles mitzuteilen, was er je gelernt. Er war es, der mich zum ernsten Studium des Aristoteles anregte; und das war gut so, denn alsbald sollte der Papst die Lektüre des Aristoteles verbieten und alle Exemplare seiner Werke, deren er habhaft werden konnte, beschlagnahmen oder verbrennen lassen. Beseligt und voller Eifer gab ich mich dem Studium hin. Allen meinen anderen Lehrern bereitete ich Kummer; unter Guglielmo war ich ein Musterschüler.

Außerdem wurde ich noch von keinem Geringeren als Gualtiero di Palearia selbst unterrichtet. Einmal täglich nahmen wir eine gemeinsame Mahlzeit ein — manchmal die *meranda* in den Vormittagsstunden, aber gewöhnlich den *pranzo* des Abends. Als nomineller König saß ich in der Mitte des Tisches auf einem erhöhten Sitz; Gualtiero, als Kanzler, saß zu meiner Rechten, so dicht neben mir, daß mir sein übler Mundgeruch stets bewußt war. Eines Abends, nachdem Fruchtschalen herumgereicht worden waren, wandte er sich an mich und sagte: »Euer Gnaden, mit Eurer Erlaubnis möchte ich im Auftrage des Heiligen Vaters ein Wort über gute Manieren mit Euch sprechen.«

»Sprecht«, sagte ich und wandte den Kopf ab.

»Euer Gnaden«, sagte er leise, »ich bin überzeugt, Euer Vormund wäre tief betrübt, wenn er ansehen müßte, wie Ihr Euer Essen verschlingt — wie ein ständiger Hungerleider. Nehmt deshalb im Gedenken an Eure verehrte Mutter kleinere Bissen und beschmiert Euch nicht so. Ein König sollte mit Eleganz speisen.«

Ich wurde rot, meine Ohren glühten, ich würgte ganze Stücke einer Mandarine hinunter. Natürlich hatte er recht, aber ich nahm die Ermahnung schon deswegen übel, weil sie von ihm kam. Für junge Menschen existieren feinere Unterscheidungen nicht; ich sah in Gualtiero nur Böses, nichts Gutes. Er stocherte mit einem angespitzten Federkiel in seinen Zähnen wie wir alle, und in meinem Ungestüm wünschte ich, daß er auf der Stelle ersticken möchte.

Später sollte ich mit einer Mischung aus Belustigung und Rührung die Abschrift eines Briefes lesen, den ein Palastspitzel an den Papst gerichtet hatte und der eine Beschreibung von mir aus diesem Lebensabschnitt enthielt:

›Von Statur ist der König weder kleiner noch größer, als von seinem Alter zu erwarten. Der Urheber aller Dinge hat ihm kräftige Gliedmaßen und einen starken Körper verliehen, mit denen sein lebhafter Geist alles erreichen kann. Er ist nie müßig, sondern stets mit irgend etwas beschäftigt; um in Form zu bleiben, trainiert er ständig und übt sich im Gebrauch der Waffen. Mit dem Kurzschwert versteht er meisterhaft umzugehen und verteidigt sich damit gegen imaginäre Angreifer. Oft übt er sich auch im Bogenschießen und ist ein vortrefflicher Armbrustschütze. Er liebt reinrassige, schnelle Pferde, und niemand übertrifft ihn darin, sie zu zügeln und dann mit ihnen im vollen Galopp davonzupreschen. So verbringt er seine Tage, einen wie den anderen.

Er strahlt etwas wahrhaft Königliches aus, das noch durch ein freundliches Wesen, einen heiteren Gesichtsausdruck, durchdringende Augen, einen feurigen Geist und große Schlagfertigkeit unterstrichen wird. Dennoch benimmt er sich mitunter recht seltsam und rüpelhaft, obwohl ihm das nicht angeboren, sondern auf seinen Umgang zurückzuführen ist . . .

Er läßt sich nicht gern ermahnen und glaubt, fähig zu sein, nach eigenem Ermessen zu handeln, und empfindet es als schmachvoll, bevormundet und als Knabe behandelt zu werden — was zur Auflehnung gegen seine Lehrer führt. Er spricht mit all und jedem und vertritt seine Meinung in einer Art und Weise, die die Verehrung seiner Majestät vermindert.

Dabei ist er weit über sein Alter hinaus tugendhaft und besitzt, obwohl noch nicht erwachsen, die Gabe der Weisheit. Seine Jahre zählen also nicht, auch braucht man nicht darauf zu warten, daß er zur Reife komme, weil er bereits die Kenntnisse eines Mannes und das Bewußtsein eines Herrschers hat . . .‹

Einen Punkt hat der Papstspitzel jedoch unerwähnt gelassen: die Nächte nämlich, in denen ich alles verschlang, was mit römischer Geschichte zu tun hatte. Polybius, Livius, Julius Cäsar, Plinius, Cicero, Dio Cassius, Aurelius Victor, Prokopios — ich las sie alle. Und ich war mir der Tatsache klar bewußt, daß auf der Höhe von Roms Ruhm in Rom kein Papst existierte, daß der Kaiser selber *Pontifex Maximus* war.

Um die Lücken in meiner katholischen Bildung auszufüllen, mußte ich jeden Morgen in der Palastkapelle die Heilige Messe hören und am Abendgottesdienst teilnehmen. Die Kapelle war ein prächtiger Raum, in dem es von arabisch-normannisch-byzantinischen Mosaiken schimmerte. Im Gegensatz dazu war der Erzpriester ein melancholischer, kahlköpfiger Mann mit einer Adlernase, eine wahrhafte Sklavenseele, vom Papst persönlich ausgewählt. Er erklärte mir nicht nur, was es mit dem Rosenkranz, dem Paternoster und Ave-Maria auf sich habe, sondern unterwies mich auch in Themen wie: der mystische Leib Christi, die heilige

Dreieinigkeit, die göttliche Gnade und die heiligen Sakramente als Mittel zur Erlösung. Der Heilige Geist selbst machte mir am meisten zu schaffen, und ich verband stets eine etwas gespenstische Vorstellung damit.

Während der Beichte gab ich, dazu angestachelt, unbedachterweise zu, daß ich intime Beziehungen zu Guglielmo unterhielte, was einen solchen Vortrag über den Geschlechtsverkehr nach sich zog, daß ich ihn bis auf den heutigen Tag nicht vergessen habe. »Bei unverheirateten Personen«, erklärte mein Beichtvater, »ist jegliche geschlechtliche Betätigung, ganz gleich, ob man sie sucht oder dazu verführt wird, eine Todsünde!«

»Aber Vater«, protestierte ich, »in meinen Adern fließt heißes Blut; ich bin zwar ein König, aber deswegen nicht weniger ein Mann!«

»Ihr habt eine Seele!« antwortete er.

Kurz danach erhielt der Kanzler einen Brief vom Papst, in dem dieser schrieb, er hielte die ausschließlich männliche Atmosphäre, in der ich heranwüchse, weder für angemessen noch wünschenswert. In dieser Hinsicht müsse bald etwas unternommen werden, legte er nahe. Eine Verlobung ...

»Aber der Papst ist doch selber ausschließlich von Männern umgeben«, sagte ich fluchend zu Guglielmo.

»Daher vielleicht seine Besorgnis«, erwiderte Guglielmo. »Die Zölibatsgelübde sind nicht stärker als die Männer, die sie ablegen!«

Ich überlegte, ob ich meinen Beichtvater in mein Verhältnis zu Aïscha einweihen sollte — daß ich sie regelmäßig und mit großem Vergnügen in einem abgelegenen Turmzimmer besuchte (um ihretwillen wollte ich sie noch nicht vor aller Öffentlichkeit in meine Gemächer nehmen). Ich unterließ es jedoch, denn er hätte dieses Verhältnis bestimmt noch verwerflicher gefunden, da sie nicht nur eine Frau, sondern dazu noch Mohammedanerin war. Obwohl mir mein Verhalten vernünftig und ganz natürlich vorgekommen war, hatte ich in Wirklichkeit vielleicht doch gesündigt. So erbat ich Vergebung, ohne einen Priester zu Rate zu ziehen, und rief Jehova, Allah und Jesus an, um meine Unparteilichkeit zu beweisen und ganz sicherzugehen. Die Madonna ließ ich außer Spiel, da ich dies für eine reine Männerangelegenheit hielt.

Noch etwas anderes bekümmerte mich: Ich hätte eine Seele. Was hieß das? Konnte eine Seele von anderen Seelen geschwängert werden, oder war die Seele etwas, das man auf geheimnisvolle Weise gleich nach der Geburt erwarb? Warum erklärte die Kirche (durch den Mund meines Beichtigers), daß Tiere keine Seelen hätten, wo ich doch selbst die Beobachtung gemacht hatte, daß Tiere sich vielfach ganz erstaunlich menschlich benehmen? Wie groß war eine Seele? Wie viele Seelen hatten auf einer Nadelspitze Platz? — wie ich den großen Wortstreit innerhalb der Kirche über die Anzahl von Engeln umschrieb, die auf einer Nadelspitze Platz hätten. Diese Fragen veranlaßten mich in späteren Jahren zu sorgfältigen medizinischen Experimenten, um den Sitz der Seele im menschlichen Körper zu determinieren — oder um festzustellen, ob er sich überhaupt finden ließe.

Aber ich war auch ein König, ein Daseinszustand, den nicht viele Menschen für sich in Anspruch nehmen konnten, Tiere schon gleich gar nicht, wie groß ihre Überlegenheit auch immer sein mochte. Meine Überlegenheit war angeboren und von Gottes Gnaden, wie die Kirche verkündete, und brachte eine enorme Verantwortung für das Wohl meiner Untertanen mit sich. Ich war mir dieser Bürde bereits bewußt und entschlossen, ein Mensch zu werden, groß genug, um ein König zu sein, und ein König, groß genug, um ein Herrscher zu sein.

Manchmal während der langen Nachmittage, wenn die Priester schliefen, schlich ich in die leere Königliche Kapelle zu einer Privatprobe. Wie man mich gelehrt hatte, tauchte ich meine Finger in das Weihwasserbecken, bekreuzigte mich, beugte die Knie in Richtung des Altars und schritt dann würdevoll und majestätisch die fünf Stufen hinauf, die zu dem großen, aus Marmor und Mosaik bestehenden königlichen Thron führten. Es war jedoch schwierig, würdevoll auf dem Thron zu sitzen, da er breit genug für fünf oder sechs von meinesgleichen war, offensichtlich für einen König und seine Gemahlin in vollem Krönungsschmuck gedacht. Auch befanden sich weder Unterlagen noch Kissen auf dem Thron, und ich hatte die Wahl, entweder zu stehen oder mit angezogenen Knien auf dem harten Marmor zu sitzen. Ich zog es vor, mich genau in die Mitte zwischen die beiden aufgerichteten Mosaiklöwen zu stellen und die ganze glitzernde Szene mit der nachdenklichen Miene zu überschauen, die einem König, nach meinem damaligen Empfinden, am besten ansteht.

Die ganze Kapelle war verschwenderisch mit Mosaiken ausgelegt, die Wände hauptsächlich in goldenen, der Fußboden in grünen und roten geometrischen, in weißen Marmor eingelassenen Figuren. Oben unter dem Dach lief eine arabische Inschrift entlang, und das Gewölbe war mit kunstvollen Holzschnitzereien versehen, ähnlich den Stalaktiten in arabischen geometrischen Mustern. Die Säulen paßten, wie ich bemerkte, weder in der Art des verwendeten Marmors noch in der Größe zusammen, und daraus entnahm ich, daß sie aus antiken Bauten, wahrscheinlich römischen Tempeln, stammten. Die Wände waren völlig mit Heiligenbildern und Episoden aus dem Alten und Neuen Testament bedeckt, alles in buntem Mosaik. Vor dem bärtigen Sankt Peter und dem kahlköpfigen Sankt Paul wirkten die abgezehrten frommen Heiligen blaß. Was die biblischen Geschichten anbelangt, so kam ich damit nicht weiter als bis zu Adam und Eva über mir zur Linken, denn auf der ganzen Welt ist nie ein Mensch mit so groteskem Körperbau geboren worden, wie sie ihn aufwiesen, und zu behaupten, sie wären so erschaffen worden, war reine Gotteslästerung. Evas Brüste hingen wie leere Säcke herab, und der arme Adam wies nicht die geringsten Geschlechtsmerkmale auf. Angeekelt wandte ich mich ab, beunruhigt durch den Gedanken, daß ich wahrscheinlich gezwungen sein würde, diese Mißgestalten noch viele Jahre hindurch betrachten zu müssen. Auch half mir das Wissen nichts, daß das Gewölbe mit Malereien orientalischer Tänzerinnen bedeckt war; man hatte sie sorgfältig übertüncht.

Ein anderer Anblick war jedoch noch weit verwirrender als der entmannte Adam. Über der Apsis, dem Altar, dem Kruzifix und sechs hohen, flackernden Wachskerzen und der Heiligen Jungfrau war eine kolossale Christusbüste angebracht. In seiner Linken hielt er das Evangelium, und mit seiner Rechten vollführte er das Zeichen des bischöflichen Segens. Mochte das Gesicht Heiterkeit ausstrahlen, die Augen taten es nicht: böse und streng bewegten sie sich mit den Augen des Betrachters. Ich fragte mich, ob dieser hebräische Jesus, der so reinen und einfältigen Herzens war, Mißvergnügen über den Prunk der Kapelle empfinden mochte, die zu seinen Ehren errichtet war. Ich fragte mich, ob er

71

die lateinischen Gesänge des Chors verstehen mochte, ob ihn das
strenge, unveränderliche Ritual langweile, ob er den Weihrauch
riechen mochte, die kostbaren Gewänder bewundern, den goldenen Kelch und den edelsteinbesetzten Weihwedel billigen oder
das Holz in dem Reliquienkästchen als Splitter des Kreuzes anerkennen mochte, an dem er gestorben war.

Dann ging mir auf, daß er als ein König über der Apsis
angebracht worden war. Mehr König als Gegengewicht zu dem
Thron, denn er wirkte viel großartiger, als die physische Gegenwart irgendeines lebenden Königs je wirken konnte. An einem
Ende der Kapelle der Thron des irdischen Königs; am anderen
der Altar des himmlischen Königs. Die beiden Herrscher über die
Menschen. Ganz klar trat in dieser königlichen Kapelle zutage,
daß die Kirche das Supremat anstrebte. Die Kirche... der Papst...

Ich muß sehr klein und verlassen gewirkt haben, als ich dort
auf dem Thron stand, schweigend dastand, von Gedanken bedrückt. Noch ein Knabe, meine einzigen Aktiva mein Titel und
das Blut, das durch meine Adern floß..., und doch noch etwas
mehr: mein Geist und mein Wille.

Langsam schritt ich die Stufen hinab. Diesmal blieb ich nicht
stehen, um die Knie am Altar andächtig zu beugen.

10.

An meinem vierzehnten Geburtstage, am Tage nach Weihnachten, stieg ich die fünf Stufen zu dem Thron in der Palastkapelle wiederum hinauf; diesmal hatte ich eine Krone auf und
Staatskleider an und trug ein Zepter aus Gold und Elfenbein in
der Rechten. Nach sizilianischem Recht war ich jetzt volljährig,
und die Vormundschaft des Papstes war erloschen. Ich war wahrhaftig ein Mann. Ich war wahrhaftig König. Mein Herz quoll mit
den feierlichen aber freudigen Klängen von Orgel und Chor über;
gnädig nahm ich die Treuehuldigungen aller entgegen und bedauerte nur, daß meine Mutter diesen Tag nicht miterleben konnte
und daß Guglielmo zu krank war, um teilzunehmen. Von diesem
Tage an ließ ich mich rasieren; obwohl ich keinen starken Bartwuchs hatte, mußte jeden Morgen ein Barbier kommen, eine Art
Ritual für mich.

Die Feierlichkeiten dauerten bis Neujahr. Wie bei einer religiösen *festa* ließ ich Laternen und Kerzen anstecken; und überall zeigte ich mein Emblem — einen Adler mit halb ausgestreckten Flügeln, der sich zum Flug erhebt. Ich ritt ungeharnischt durch die Straßen Palermos, die Krone auf dem Haupt, nach allen Seiten winkend, und verteilte Brot, Wein und Almosen. Die Hirten, die (wie immer zu *natale)* mit Sackpfeifen aus den Bergen kamen, erhielten besondere Geschenke, denn sie feierten beides: die Geburt des Christkindes und meine. Ich erließ eine Amnestie für alle, die wegen kleinerer Vergehen verurteilt worden waren, und gelobte, sämtliche verbleibenden Fälle zu überprüfen. Aus Prinzip zog ich durch die Moslemviertel, denn die Anhänger Mohammeds waren unter den Bischöfen mißhandelt worden, und ich wollte zeigen, daß ich sowohl König der Moslems als auch der Christen war. Mir lag daran, daß man meine deutschen Vorfahren vergessen und in mir hauptsächlich den Enkel Rogers des Großen sehen sollte. Innerhalb einer einzigen Stunde hielt ich in fünf Sprachen Reden an das Volk; die Begeisterung war groß, und ein Schauer von Blumenblättern, Geranien und Rosen, regnete auf mich nieder. Am selben Nachmittag blühten sämtliche Knospen eines Mandelbaumes auf, was als gutes Zeichen gedeutet wurde.

Mitternacht des ersten Tages, als meine Gefolgsleute bereits erschöpft waren, verspürte ich noch keine Müdigkeit und ließ Gualtiero in meine Gemächer rufen. Ich war in die kleine Zimmerflucht meines Großvaters Roger übergesiedelt; aus den Räumen mit ihren gotischen Bögen und kostbaren Mosaiken von Vögeln und Tieren blickte man auf der einen Seite auf die Kuppeln von San Giovanni degli Eremiti, die so viele zärtliche Erinnerungen für mich bargen. Der Kanzler erschien sogleich, und ich empfing ihn im vorderen Audienzzimmer.

Er war offensichtlich beunruhigt und verstimmt, zu einer solchen Stunde gerufen zu werden. Oder vielleicht war er auch nur bestürzt über die Schnelligkeit, mit der ich das geistige Erbe meines Großvaters angetreten hatte; aber er verhehlte es und zwang sich zu einem unterwürfigen Lächeln.

»Unser edler Kanzler«, sagte ich, »von Euch, als von einem Genie, hätten Wir gern drei Wünsche erfüllt. Erstens einen genauen Rechenschaftsbericht über den Stand der Finanzen. Zweitens ein Protokoll über die Verwendung Unserer erblichen königlichen Ländereien. Drittens die sofortige Zurückberufung Unseres geliebten Freundes, des Erzbischofs Berard.«

Im flackernden Schimmer der antiken Öllampen bemerkte ich, daß er sichtlich erbleichte. Er erhob keine Einwände, sondern versprach eine sofortige Erledigung, obgleich ich sehr wohl wußte, daß er nichts unternehmen würde, ohne sich vorher mit Rom in Verbindung zu setzen. So bekam der Streit mit dem Papst ein amtliches Gepräge. Das Erzbistum von Palermo war vakant geworden, und die erste Machtprobe stand bevor.

Inzwischen wäre der Papst, wie er schrieb, in meinem Interesse rührig gewesen: er hätte eine *fidanzata* für mich gefunden. Ihr Name wäre Konstanze, Tochter des Königs von Aragón. Sie wäre zehn Jahre älter als ich, die Witwe des Königs von Ungarn und hätte ein Kind zur Welt gebracht. Ihr Alter störte mich weniger, da ich aus Erfahrung wußte, wie vernarrt ältere Frauen in Jünglinge sein konnten; aber nach einem anderen König mit ihr ins Bett zu steigen, schien meiner Würde nicht gerade förderlich. Dennoch war Aragón mächtig, und das Versprechen, daß Prinzessin Konstanzes Mitgift aus fünfhundert voll bewaffneten Rittern bestehen sollte, gab den Ausschlag. Nachdem ich mich aus Gründen der Klugheit eine Weile gesträubt hatte, erklärte ich dem Papst schließlich mein Einverständnis; und während ich mich noch in meinem dreizehnten Lebensjahr befand, wurden Konstanze und ich in Stellvertretung in der Kathedrale von Saragossa in Spanien einander anverlobt. Jetzt war ich höchst begierig auf ihre Ankunft in Palermo — oder vielmehr konnte ich das Eintreffen der Ritter kaum erwarten. Fünfhundert Ritter! *Hòi!* . . .

Vor dem Erscheinen meiner Braut gab es im Hause eine Menge aufzuräumen; aber in den Schränken war wenig umzuordnen. Die Schatzkammer war praktisch leer, wie aus dem Bericht des Kanzlers hervorging, und meine Kronländereien waren durch Beschlagnahmungen seitens der Deutschen und die Abtretung von Ländereien an sizilianische Magnaten arg zusammengeschrumpft. Sämtliche Verwandten und Freunde des Rates der Bischöfe waren wohlversorgt, wie ich alsbald herausfand, und saßen hinter Festungsmauern verschanzt.

Ich, ein König ohne Geld oder Schätze, und ein König ohne Land, war ich auch ein König ohne Heer. Mir standen nur eine Handvoll Ritter zur Verfügung, die der normannischen Tradition treu geblieben waren, sowie ein paar Fußtruppen und einige lecke alte Galeeren. Meine Ruder hatten Risse und waren zersplittert, meine Lanzen und Schwerter verrostet, meine Banner zerschlissen und ausgebleicht. Die Befestigungsanlagen zerbröckelten, Vorräte waren keine vorhanden, die Arsenale leer. Das ganze Land befand sich im Verfall. Die hohen Steuern blieben in Händen der Einnehmer; Mönche, Nonnen und Priester sogen die Bauern aus; die Moslems im Landinneren rebellierten; die Straßen wurden durch Banditen unsicher gemacht; Piraten suchten die Küste heim; in den Städten wurde gemordet und geplündert; der Handel lag danieder; überall herrschte Hungersnot; das Wort Gerechtigkeit wurde als Witz verlacht.

Lange war Sizilien ein Königreich ohne König gewesen. Jetzt war ich zwar König, aber nur mit dem Schatten eines Königreichs.

Mit vierzehn König — ohne einen einzigen politischen Berater, dem ich trauen konnte. Daher erschien mir Berard immer mehr als ein göttlicher Vater. In meinen wirren Träumen nahm er bald die Gestalt von Zeus, Jupiter, Allah und die meiner beiden berühmten Großväter an. Obwohl ich mir nach außen nichts davon anmerken ließ, wünschte ich innerlich seine Rückkehr verzweifelt herbei. Ich schien voller unerschütterlichem Selbstvertrauen, aber in Wahrheit bedurfte ich dringend Berards zügelnder Hand. Vierzehn Tage lang wartete ich geduldig; dann handelte ich.

»Warum haben Wir nichts von der Person des Erzbischofs Berard zu Gesicht bekommen?« fragte ich den Kanzler gebieterisch und mit betont strenger Miene.

Er machte eine kriechende Verbeugung. »Euer Gnaden, drei von den fünf Mitgliedern des Domkapitels haben sich geweigert, entsprechend den Anweisungen Euer Majestät zu wählen und sich direkt an Seine Heiligkeit den Papst gewandt.«

Wieder packte mich die alte Wut, die Wut, die mich ergriffen hatte, als Markwards schwitzende Knechte Hand an mich gelegt hatten. Ich war mir über die Regeln dieses neuen Spiels völlig im klaren und wußte, daß die drei Dissidenten ihre Stimmen entsprechend den Anordnungen des Papstes abgegeben hatten.

»Verbannt sie!« rief ich. »Wenn sie die Wünsche ihres Königs nicht respektieren, haben sie kein Recht, sich im Königreich aufzuhalten. Wenn sie bis Sonnenuntergang nicht an Bord eines Schiffes sind, ist ihr Leben verwirkt!« Ich machte eine Pause und fuhr dann in ruhigem Ton fort: »Und Euch, guter Kanzler, lege Ich nahe, Berard ausfindig zu machen und ihn in seine rechtmäßige Stellung einzusetzen — oder Euer eigenes Leben ist verwirkt.« Mit wahrhaft gehässigem Vergnügen bemerkte ich, daß er aufhörte, sich die Hände zu reiben; statt dessen zuckte er sichtlich zusammen.

Ich war bis zum Kern der Dinge vorgestoßen. Innozenz III. beabsichtigte, die Bischofswahlen in allen Ländern zu kontrollieren, über den Kopf des weltlichen Herrschers hinweg. Mit der absoluten Macht zur Ernennung, Versetzung und Entlassung beherrschte Innozenz auf diese Weise einen Kirchenstaat innerhalb des weltlichen Staates, mit Treueansprüchen nicht so sehr dem weltlichen Herrscher als dem Papst gegenüber. Bei dem Großgrundbesitz der Kirche und ihren sonstigen Reichtümern konnte die Macht des Kirchenstaates sehr leicht die weltliche Macht überwiegen. Damit befand sich ein neues, heimtückischeres trojanisches Pferd innerhalb der Pforten des Königreichs, ein Pferd, angefüllt mit Priestern und Mönchen, wie zugegeben werden muß, die jedoch nicht weniger eroberungssüchtig waren, als wären sie mit dem bloßen Schwert anstelle des Kreuzes gekommen. Schon war Innozenz III. unter dem ominösen Namen eines *Verus Imperator* der gesamten Christenheit bekannt.

Noch andere Maßnahmen waren ergriffen worden, um Innozenz' Stellung als Herrscher eines klerikalen Überstaates zu festigen. Er hatte die Doktrin der Transsubstantiation zum Dogma erhoben — den Glauben an die Wesensumwandlung von Brot und Wein in den Leib und das Blut Christi beim Abendmahl. Es war Innozenz, der daraufhin anordnete, der Priester habe die Mysterien dem Altar zugewandt zu vollenden, der Gemeinde den Rükken zukehrend — der Priester als Vertreter des Papstes, der Papst als Repräsentant Christi. Alle Macht leitet sich von Gott ab. Aber, sagte Innozenz, der Papst ›ist Mittler zwischen Gott und Mensch; näher als Gott, entfernter als Mensch; weniger als Gott, aber mehr als Mensch‹. Auch verabsäumte Innozenz nicht, die logische Schlußfolgerung daraus zu seinen eigenen Gunsten zu ziehen: ›Gott wird in Uns geehrt, wenn Wir geehrt werden, und in Uns verachtet, wenn Wir verachtet werden.‹ Wen könnte dann der Schluß noch verwundern, den die Kirche daraus zog, daß Unterwerfung unter den Papst von wesentlicher Bedeutung für das Seelenheil eines jeden Menschen sei? *Eines jeden* Menschen — Könige und Kaiser einbegriffen . . .

Noch in derselben Stunde setzte ich den Papst von meinem Bannspruch in Kenntnis. Ich schrieb ihm, meine Nachsicht in dieser Angelegenheit beruhe nur auf der Achtung und Dankbarkeit, die ich ihm gegenüber als meinem einstigen Vormund empfände, sowie auf dem Respekt und meiner Ergebenheit der Heiligen Kirche gegenüber. Ich schickte den Brief durch einen Sonderbeauftragten mittels des schnellsten kleinen Schiffes, das ich im Hafen von Palermo auftreiben konnte.

Ich brauchte nicht lange auf Antwort zu warten.

Das Antwortschreiben des Papstes war dick verschnürt und versiegelt, offenbar von gewichtigem Inhalt. Als ich die Blätter entfaltete, zitterten meine Hände vor unterdrückter Gewaltsamkeit, als stünde mein Gegner leibhaftig vor mir. Es war ein seltsamer Brief in einem Ton schmerzerfüllter Überraschung gehalten: ich dürfte mir über die Bedeutung meiner Handlung wohl kaum im klaren gewesen sein und wäre wahrscheinlich von unklugen, heißköpfigen Ratgebern verleitet worden. Der Ton war ermahnend, väterlich.

›Es hätte Euch wohlangestanden, darüber nachzudenken‹, schrieb der Papst, ›und es Euch zur Lehre gereichen zu lassen, wie Eure Vorfahren dadurch, daß sie sich geistliche Autorität anzumaßen versuchten, Euer Königreich in Chaos und Verwirrung gestürzt haben.‹ Die eigentliche Unruhe werde, so hieß es weiter, durch Übergriffe der weltlichen Macht auf die geistige verursacht; nie wieder, warnte man mich, sollte ich mich eines derart schwerwiegenden Verstoßes schuldig machen. Überdies habe meine hochverehrte Mutter, die Königin, ein Konkordat mit der Kirche abgeschlossen und dem König nur ein Zustimmungsrecht bei den Bischofswahlen zediert. Kein Gewählter könne sein Amt ausüben, es sei denn, er wäre *persona grata* beim Papst. Ich hätte keinerlei Recht, die Mitglieder des Domkapitels zu verbannen, mit denen ich unzufrieden wäre; sie müßten sofort zurückgerufen werden. Sofort!

Wieder war ich nicht Herr im eigenen Hause noch König in meinem Königreich. Mir blieb nichts anderes übrig, als zu gehorchen. Einen so hohen Preis hatte meine Mutter, außer Gold, für meine Vormundschaft zahlen müssen! In den ersten Wochen meiner Regierung sah ich mich von allen Seiten bedrängt und zur Ohnmacht verurteilt.

In dieser düsteren Stimmung suchte ich Ablenkung in der Natur und ritt auf Falkenbeize, was allmählich zu meinem Lieblingssport wurde. Aber bei dieser Gelegenheit empfand ich Unwillen über den ersten Falkner, und meine Laune besserte sich nicht. Ich merkte, daß die Vögel unruhig waren, und befahl, sie mit Wasser zu bespritzen, um sie zu beschwichtigen. Der Falkner verabsäumte es jedoch, vor dem Spritzen seinen Mund richtig zu säubern, und die Vögel schienen noch ruheloser als zuvor. Mir mißfiel auch, wie ungeschickt einigen Vögeln die Augenlider zwecks Abrichtung zusammengenäht waren; ich hielt das Zusammennähen der Augenlider nicht nur für grausam, sondern auch für gefährlich. Nach meiner Meinung sehen Vögel besser als Menschen; wie kann man sich also unterstehen, derart wunderbare und empfindliche Organe zu verderben?

Aus einer Gruppe, unter welcher sich ein Gierfalke, ein weiblicher Würgfalke, ein Wanderfalke und ein Hühnerhabicht befanden, wählte ich den Wanderfalken. Dieser ›Pilger‹ war ein kräftiger, alter Vogel und nach Aussage des ersten Falkners gut abgerichtet. Als wir auf Jagd ritten, trug ich ihn auf meiner dickbehandschuhten linken Hand und hielt den Wurfriemen kurz. Er war ein Prachtexemplar, und ich war begierig, ihn im Flug zu erleben.

Er kreiste auf mächtigen Schwingen über einer Bergschlucht und stieß dann hinab. Fast augenblicklich stieg er wieder auf, seine Beute in den Klauen — zwei schwarze Flecke, die vor dem blauen Himmel in einen verschmolzen. Als dann die Lockspeise ausgeworfen wurde, kehrte er gehorsam zurück.

Seine Beute bestand aus einem jungen Adler!

Unter den Falknern herrschte Überraschung und Bestürzung, als er den Boden berührte; mir krampfte sich das Herz zusammen. Was für ein schlimmes Omen! Ich zog mein Kurzschwert und schlug dem respektlosen Vogel mit einem pfeifenden Streich den Kopf ab.

11.

In den Monaten, die der mir durch den Papst zugefügten Niederlage folgten, hatte ich mich mit aller Energie beschäftigt. Sobald ich etwas zu tun hatte, war ich mir der Demütigung weniger bewußt. Neben meinen Studien, zu denen jetzt auch (freiwillig) Kirchengeschichte und die Schriften so früher Väter wie Irenäus und Tertullian gehörten, konzentrierte ich mich auf die Ausbildung von Hunden, arabischen Pferden und Soldaten.

Vielleicht hatte ich nur aus Vereinsamung ständig eine Hundemeute um mich; aber bei den Pferden lag mir daran, sie leistungsfähig zu machen und sie an die ungünstigsten Bedingungen auf dem Marsch und im Kampf zu gewöhnen. Was die Männer betraf, so wollte ich eine Kerntruppe sowohl für Vorhutgefechte als auch zum Schutz meiner eigenen Person zusammenstellen. Aus Verläßlichkeitsgründen wählte ich junge Sarazenen von der Art, wie ich sie gekannt hatte, als ich auf den Straßen lebte. Als Mohammedaner waren sie unempfindlich gegen Drohungen seitens der Priester oder päpstliche Intrigen, als Reiter, Bogenschützen und Lanciers waren sie unübertroffen; und rein körperlich in prächtigem Zustand, fähig, die größten Strapazen zu ertragen. Mir kam es mehr auf schnelle Beweglichkeit als auf schwere Panzerung an, und ich rüstete meine Leute mit Kettenhemden, mit Brustharnischen nach Art der Römer aus sowie mit *bacinetti* genannten Sturmhauben und mit den dünnen aber starken Armschienen, die als *bracchieri* bekannt sind.

Derartige Gruppen, die anfangs sehr klein waren, erprobte ich im Einsatz gegen Unruheherde: gelegentliche Räuberbanden, Tumulte und Piratenüberfälle. In den meisten Fällen genügte eine Demonstration von Macht und Autorität, um Resultate zu erzielen; aber mitunter wurden wir in regelrechte Schlachten verwickelt, und ich befand mich in der Rolle eines Generals, der einen Miniaturkrieg führt. Auf einer solchen Expedition gelangte ich auch nach Segesta, wo ich den ersten griechischen Tempel zu Gesicht bekam. Obwohl tief beeindruckt von seinem Alter, war ich noch viel zu jung, um seine reine, klare Schönheit vollauf würdigen zu können.

Eine weitere Expedition fand statt, als Piraten Cefalù belästigten. Aus verschiedenen Gründen war ich mehr als froh, gerade diese Stadt zu verteidigen. Mein Großvater Roger hatte dort in Erfüllung eines Gelübdes, das er nach seiner Errettung aus Seenot abgelegt hatte, eine Kathedrale errichtet; und mein Großvater und meine Eltern waren dort begraben. Ich begab mich sogleich in die Kathedrale, um Blumen hinzubringen und den Toten meine Ehrerbietung zu erweisen. Sie waren einzeln in schweren Sarkophagen beigesetzt, die mein Großvater entworfen und die unter seiner Anleitung in rotem ägyptischem Porphyr ausgeführt worden waren. Zu meinem Erstaunen fand ich einen anderen Sarkophag leer vor. Sogleich beschloß ich, diesen leeren für mich selbst zu bestimmen, da mir seine etwas seltsame Konstruktion gefiel. Es war ein dreieckiger Ziergiebel, der auf einem halbkreisförmigen Postament ruhte, gestützt von vier Löwen und mit geheimnisvollen, alten heidnischen Symbolen versehen. Ich befahl, sämtliche Sarkophage in den Dom von Palermo zu überführen: die toten Fürsten sollten ihre letzte Ruhestätte in der Hauptstadt finden. Nachdenklich fuhr ich über die kalte, glatte Oberfläche des Gesteins und gedachte der Worte aus dem Psalm: ›Ihre Grüfte sollen ihre Heimstatt sein auf immerdar . . .‹, schweigend und sinnend verließ ich die Krypta.

Bei glühender Hochsommerhitze bezog ich eine uneinnehmbare Stellung auf dem großen gelbgrauen Felsen, der das Städtchen Cefalù beherrscht und vor dem selbst die hohen Spitztürme der normannischen Kathedrale zwergenhaft wirken. Zu meinem privaten Hauptquartier erkor ich, vornehmlich aus Respekt vor der Vergangenheit, die Ruinen des Tempels der Diana, der ganz gewiß Tausende von Jahren vor Christus errichtet worden sein muß. Von diesem Fels aus hatten wir einen ausgedehnten Überblick über das Land und das Meer. Es gehörte zu meiner Theorie, daß genaue Beobachtungen von Feindbewegungen die halbe Schlacht waren, und ich — der ich unter leichter Kurzsichtigkeit litt — hatte als Wachmannschaften nur Männer eingeteilt, die mit bloßem Auge den winzigen Stern im Schwengel des Großen Bären erkennen konnten. Darüber hinaus hielten wir ständig nach allen Richtungen Ausschau. So entdeckten wir eine kleine Gruppe von Reitern, die sich auf der gewundenen, felsigen Messinastraße näherten, und fast im selben Augenblick das Schimmern eines dreieckigen Segels längs der Küste. Piraten! Bei näherer Beobachtung schien es, als träfen die Piraten Vorbereitungen, in einer entfernten Bucht zu landen, wo die Straße dicht an das Meer herankam — ein natürlicher Hinterhalt. Wenn wir rasch handelten, so hatten wir mit unseren schnellen Pferden Aussicht, den Piraten in den Rücken zu fallen und die Reisenden zu retten.

Ich wollte gerade das Kommando zum Aufsitzen geben, als ein atemloser Späher mit einer Meldung eintraf. Eine bedeutende Persönlichkeit befände sich auf dem Wege, keuchte der Späher, aber die Reisenden hätten keine bewaffnete Eskorte. Die Gestalten, die wir für bewaffnete Gefolgsleute gehalten hätten, wären weiter nichts als Mönche, und die Persönlichkeit trüge die langen dunklen Gewänder und den breitkrempigen, niedrigen Hut eines hohen kirchlichen Würdenträgers. Der Späher hatte das Familienwappen nicht ausmachen können, aber die übrigen Insignien wären deutlich die eines Erzbischofs. Als ich das hörte, war ich in Versuchung, die Piraten gewähren zu lassen, denn ein Erzbischof war eine saftige Beute (wie ich eines Tages selbst erfahren sollte, als ich eine Schar von ihnen gefangennahm). Doch dann fiel mir wutentbrannt ein, daß der Papst mir unter Umständen, ungewählt und unangekündigt, einen neuen Erzbischof schickte — fast eine Ohrfeige für mich. Was für ein Spaß, den Piraten diesen päpstlichen Bissen aus den Zähnen zu reißen!

»Avanti!« rief ich. »Avanti!«

Der Ritt über das unebene Gelände war gefährlicher als das folgende Scharmützel. Beim Gedröhn unserer Hufe versuchten die Piraten auf ihr Schiff zu flüchten, und in ihrer Verwirrung rieben wir sie auf. In den eigentlichen Kampf griff ich nicht ein, da diese Gegner eines Königs unwürdig waren. Wenig später erschienen die Reisenden um eine Wegbiegung auf der Szene. Beim Anblick der zerstückelten, blutigen Piratenleiber machten sie voller Bestürzung halt. Ich selbst saß hoch zu Roß, das mitten auf der Straße tänzelte. Den Schild hatte ich erhoben, die Lanze jedoch hielt ich gesenkt.

Die Gestalt in dem langen dunklen Gewand, die auf einem gefleckten Gaul ritt, kam langsam näher. Die Gewänder und der Bart des Mannes waren mit Reisestaub bedeckt, als hätte man ihn mit grauer Farbe beschmiert. Er starrte mich wie eine Erscheinung an.

»Eure Hoheit haben mein Leben gerettet«, sagte er mit klarer Stimme. »Jetzt kann ich die Hochzeit Eurer Majestät doppelt feiern, da Gott das, mit Eurer Hilfe, so gewollt hat!« Er nahm seinen breitkrempigen Hut ab, und zum erstenmal sah ich sein Gesicht ohne Schatten. Unerklärlicherweise blinzelte er.

Alte Erinnerungen wurden mit einmal wach. »Berard!« rief ich. »Endlich, Berard!«

Ich ließ meine Lanze fallen und zwängte mein Pferd an seine Seite. Gleich darauf lagen wir uns in den Armen; und als wir uns küßten, vermischten sich meine Tränen mit dem Schweiß auf seinen Wangen.

»Mein Sohn«, sagte er. »Mein Sohn . . .«

12.

Freudig ritten wir in Richtung Palermo, unter wehenden Bannern, Berard zu meiner Rechten. Trotz der herrschenden Hitze kaute er hörbar wie nur irgendein Bauer auf gesalzenen Wassermelonenkernen. Wir redeten ununterbrochen von allem, was sich seit unserer letzten Begegnung zugetragen hatte.

Berard äußerte sich recht unklar darüber, welchen Druck man angewandt haben mochte, um seine Rückkehr zu bewirken. Er muß einige sehr entwürdigende Informationen über bestimmte Privatangelegenheiten in Rom gehabt haben. Solch ein Sieg war aus weniger realistischen Gründen undenkbar. Jedenfalls war ihm eines Tages durch einen Mönch der Kurie die Mitteilung überbracht worden, daß der Wiederaufnahme seines Amtes in Palermo keine Hindernisse entgegenstünden. Nach seiner Flucht aus Markwards Gewahrsam hatte er sich als einfacher Mönch in einem Kloster in Capua versteckt gehalten. Niemand erkannte ihn. Er war lange krank gewesen — so krank, daß er das Bett hüten mußte; aber die Freude über die guten Nachrichten beschleunigte seine Genesung.

Wir wunderten uns beide, daß wir alles überstanden hatten, und was ich dem Schicksal zuschrieb, das schrieb Berard dem Willen Gottes zu.

Kaum hatten wir das Massiv des Monte Pellegrino gesichtet, ein blauer Dunst in der Ferne, als uns ein Bote aus dem Palast in vollem Galopp entgegenkam. Guglielmos Zustand hätte sich verschlechtert, er spucke Blut und ließe mich bitten, ihn sofort aufzusuchen. Meine Freude schwand dahin..., ich hatte böse Vorahnungen. Wir legten den Rest des Weges schweigend zurück.

Guglielmo war, wie stets, von Ärzten in ihren wallenden roten Gewändern und roten Mützen umgeben. Die Mützen wurden durch weiße, um den Hals geschlungene Bänder festgehalten. Ich hatte angeordnet, ihm die beste Pflege angedeihen zu lassen, aber schon seit Monaten hatte ich die Praxis der Ärzte mit zunehmender Besorgnis beobachtet und war allmählich zu der Überzeugung gelangt, daß sie die Namen Galen, Hippokrates, Avicenna und Rhazes zwar dauernd im Munde führten, in Wirklichkeit aber wenig oder nichts von der Heilkunde verstanden, weder von griechischer noch arabischer. Oder, wie das einfache Volk höhnisch sagte: Eselspisse wäre das einzige, wovon sie eine Ahnung hätten.

Aus Gründen, die nur ihnen bekannt waren, hatten sie einbalsamierte Hunde, Katzen und Vögel in das Krankenzimmer gebracht. Sie verbrannten Kerzen, die einen widerlichen Gestank verbreiteten und die, wie man behauptete, aus dem Wachs beständen, das zu Ostern von den Altären getropft wäre. Täglich nahmen sie eine Probe von Guglielmos Urin in einem dicken Glas, das sie gegen die Sonne hielten mit einer Bewegung, die mir mehr nach Weissagung als Analyse aussah. Aus dem Urin stellten sie die Diagnose, daß Guglielmos Krankheit durch heiß-trockene Körpersäfte verursacht werde. Man müsse die Krankheit daher durch Anwendung kalt-feuchter Säfte bekämpfen. Die Therapie bestand darin, daß man Guglielmo kalt-feuchte, von Drachen, Schlangen und Skorpionen ausgewürgte Pflanzenblätter auf die Brust legte. Auch wäre ein Trank aus getrockneter Froschhaut vermischt mit Ziegenurin angebracht, erklärten sie. Schon oftmals hatte ich mitangesehen, wie ihn das Zeug würgte und zum Brechen reizte. Außerdem ließ man ihn dauernd zur Ader, und nach jeder Behandlung schien er schwächer als zuvor.

Als wir in Guglielmos Zimmer traten, konnte er mich nur durch einen Blick begrüßen. Ein Arzt fühlte seinen Puls. Ein anderer hielt ihm die *spongia somnifera* unter die Nase, einen Schwamm, durchtränkt mit einem Elixier aus dem wunderbaren

Alraun, der Pflanze, deren Wurzel Menschengestalt hatte. Um diese zauberkräftige Pflanze aus dem Erdreich zu ziehen, brauchte man einen schwarzen Hund, ein Schwert und ein Horn: den Hund, um die Wurzel herauszureißen, das Schwert, um den Hund zu töten, und das Horn, um das Geheul der sterbenden Alraun zu übertönen. So wirksam wäre der Alraun — behaupteten die Ärzte —, daß, wenn er versage, auch alles andere versage und man alle Hoffnung aufgeben könne. Jetzt schüttelten die Ärzte die Köpfe . . .

Ich war wie gelähmt und vernahm nichts weiter als das Summen ganzer Fliegenschwärme. Ich dachte nur an Guglielmos Seele, und mein Herz war schwer. Ob ich bemerken würde, wie die Seele seinen Körper verließ? Würde ich sie erkennen, wenn ich sie erblickte? Würde mich dieser andere Teil Guglielmos kennen und sich der Liebe erinnern, die ich ihm entgegenbrachte? Ich hätte die Seele angefleht, ihn nicht zu verlassen, aber ich spürte bereits, daß mich weder Guglielmo noch seine Seele hören konnten. Trotzdem konnte ich mich nicht mit Guglielmos Tod abfinden. Ich verübelte es ihm . . . bitterlich . . . bitterlich . . .

Mit einem plötzlichen Ruck richtete er sich auf, stieß die Ärzte beiseite, so daß der magische Alraun zu Boden fiel. Er keuchte, hustete. Blut sprudelte aus seinem Munde, rann an ihm hinunter, durchtränkte das Bett. Zuckend fiel er nach hinten. Die Ärzte flatterten wie scharlachrote Vögel hin und her und bekreuzigten sich.

Aus dem Hintergrund traten zwei Mönche mit übergestülpten Kapuzen hervor, die Augen nichts als Schlitze; ich mußte an schwarzgefiederte Aasgeier denken, die sich auf ihre Beute stürzen. Aber da sie den Leib haben wollten, nicht die Seele, mußten sie ein Weilchen warten. Den Vorrang hatte ein Priester, dessen ausdrucksloses Gesicht ich nicht wiederkannte. Er trug eine Hostie mit der Letzten Ölung. Ein Meßgehilfe hinter ihm bimmelte mit einem silbernen Glöckchen, das er in einer Hand hielt, während er mit der anderen eine lange brennende Wachskerze hochhielt — wie ein Leuchtfeuer für Guglielmos Seele.

Mit einer gebieterischen Geste schob Berard Priester und Meßgehilfen beiseite. »Ihr kommt zu spät«, sagte er.

Und so erteilte Berard, mein Berard, meinem toten Freund die letzten Sakramente, nahm ihm symbolisch die Beichte ab und führte die Oblate symbolisch an seine Lippen. Absolution und das Heilige Abendmahl ... so zärtlich, so sanft, als hielte Berard nicht Guglielmos Hand in der seinen, sondern seine Seele ..., ebenso zärtlich und sanft drückte er Guglielmo die Augen zu.

»Geschrieben steht: ›Der Herr hat's gegeben, der Herr hat's genommen‹«, sagte er. »Gesegnet sei der Name des Herrn.«

Ich vergoß keine einzige Träne. Aber in diesem Augenblick beschloß ich, eines Tages eine Akademie für Heilkunde zu gründen, deren Lehren auf der Wissenschaft vom menschlichen Organismus beruhen sollten.

13.

Es war schwer, in den Augen meiner Verlobten nicht wie ein Almosenempfänger zu erscheinen. Obgleich sie schon im März aus Spanien hätte eintreffen sollen, verzögerte sich ihre Ankunft bis zum August, so daß die königlichen Roben, die für das Frühjahr angefertigt worden waren, sich nicht mehr für die Spätsommerhitze eigneten und umgearbeitet werden mußten. Die Kosten verdoppelten sich daher, außer für das Tafelsilber, die Edelsteine und die Krone. Aus Sparsamkeitsgründen hatte ich mich entschlossen, der Königin einige von den Juwelen zu überreichen, die ich selbst als Kind bei meiner Krönung getragen hatte, die sechs byzantinischen Emaillebilder mit der Darstellung verschiedener Heiliger, die sechs goldenen Adler mit Flügeln aus Lasurstein. Aber ihre Krone mußte neu hergestellt werden, und ich scheute keine Ausgaben.

Ich wählte einen dünn ausgehämmerten, in Gold eingefaßten und mit Perlenzinken besetzten Bronzereif. An den Seiten befanden sich Schmuckgehänge, die wie große Ohrringe aussahen. In der Mitte des Diadems war, als Krönung des Ganzen, oberhalb der Stirn ein riesiger Rubin angebracht, in den der Name *Costanza* auf Arabisch eingraviert war. Es war ungeheuer eindrucksvoll und wirkte byzantinisch, orientalisch, ja fast barbarisch. Im Vergleich zu den wenigen, aus dem Altertum auf uns gekommenen edelsteinbesetzten Objekten ließ die Ausführung zu wünschen übrig; aber die Künstler waren die besten, die ich finden konnte. Ich beschloß, alles was mit Kunst und Kunstgewerbe zusammenhing, an meinem Hofe neu zu beleben, damit derartige Fertigkeiten nicht völlig in Verfall geraten möchten. Aber damals sah ich mich außerstande, für die Krone zu bezahlen, geschweige denn eine Schule von Goldschmieden mit Geld zu unterstützen.

So sehr fehlte es mir an Mitteln, daß ich, trotz Berards gegenteiligem Rat, Geld aus den Juden herauszupressen beschloß. Das war bei den christlichen Fürsten so üblich und lief darauf hinaus, die Juden entweder dazu zu verleiten, ihren Glauben abzulegen oder die Göttlichkeit Christi zu leugnen. Das Letztere war eine gefährliche Angelegenheit: denn in den katholischen Ländern wurde Gotteslästerung streng geahndet, und unglückliche Juden waren gezwungen, sich loszukaufen.

Daher ließ ich den reichsten Juden im Königreich zu mir rufen, einen Graubart, viermal so alt wie ich, ein Großhändler und Geldverleiher, ein Mann von großer Arglist und weltlicher Erfahrung. Ihm stellte ich, nachdem ich ihm Komplimente über seinen Ruf und seine Weisheit gemacht hatte, die Frage: »Welches ist die einzig wahre Religion — Judentum, Christentum, Mohammedanismus?«

Er bat um die Erlaubnis, mit einer Parabel antworten zu dürfen, und ich willigte ein. Also hob er an: »Es war einmal ein alter Mann, der einen kostbaren Ring von seltener und schöner Machart besaß, einen Ring, von dem es hieß, er verbürge seinem Eigentümer göttliche Hilfe. Dieser Greis hatte auch drei Söhne, und jeder dieser Söhne begehrte den Ring, jeder fühlte, daß eines Tages der Lieblingssohn des Vaters den Ring besitzen würde. Den Greis beunruhigte die Haltung seiner Söhne sehr, und er war nicht willens zu sterben, da er überzeugt war, daß sie untereinander in Streit geraten würden. Eines Tages kam ihm der Gedanke, noch zwei andere Ringe anzufertigen, die dem seinen aufs Haar glichen. Daraufhin starb er in Frieden und hinterließ jedem Sohn einen Ring. Die Söhne, anstatt sich der Ringe wegen zu streiten, waren völlig zufrieden: denn jeder Sohn glaubte, er allein besäße das Original!«

Entzückt von der Antwort des Alten, brach ich in lautes Gelächter aus. »Ihr seid ein Mann nach meinem Herzen«, sagte ich.

Ich ernannte ihn sogleich zum Finanzberater, sehr zum Ärger von Gualtiero di Palearia, der (mit Rücksicht auf die päpstliche

Macht) noch immer das Amt des Kanzlers innehatte. Nach und nach gewann ich ein solches Vertrauen in die Urteilskraft des alten Juden, daß ich fast in allen Fragen seinen Rat einholte. Er gewährte mir eine beträchtliche, zinslose Anleihe, die ich termingemäß zurückzahlte. Auch war er mir bei der Ausarbeitung der Einzelheiten einer Kopfsteuer behilflich, die ich Juden und Moslems auferlegte, nicht so hoch, daß es sie zum Übertritt zum Christentum ermutigt hätte, aber hoch genug, um sie spüren zu lassen, daß ihr Glaube Wert hatte. Ich jedoch war es, nicht er, der darauf bestand, die Steuer in Einklang mit der Zahlungsfähigkeit abzustufen, wodurch sich meine Einnahmen vervielfachten.

Trotz alledem mußte für viele der Hochzeitsfeierlichkeiten Kredit aufgenommen werden, in Vorgriff auf die Säcke mit Gold, die zur Mitgift meiner Verlobten gehörten. Ich spürte jedoch, daß man von bestimmter Seite nur widerwillig große Summen für mich auslegte, und war in meinem Stolz verletzt, daß ich, sozusagen mit der Krone in der Hand, betteln gehen mußte. Ich nahm mir vor, die Finanzen des Königreichs so zu ordnen, daß andere als Bittsteller zu mir kommen müßten, nicht ich zu ihnen. Aber um ein Land aus dem Chaos herauszuführen, braucht man Zeit.

Endlich verkündete mein Ausguck oben auf dem Monte Pellegrino, daß man die spanischen Galeeren gesichtet hätte, und auf meine Anordnung ging es im Hafenviertel wie beim Karneval her und zu. Als die Schiffe anlegten, wurden sie mit wehenden Bannern und Trompetenstößen begrüßt und dann mit Blumen überschüttet. Ich selbst ging nicht an den *molo*, um meine Verlobte zu begrüßen, sondern schickte Gualtiero als Vertreter, denn schließlich war es sein Herr, der Papst, gewesen, der diese Heirat arrangiert hatte. Hauptsächlich hielt mich jedoch ein Gefühl königlicher Würde davon ab, das in umgekehrtem Verhältnis zu meinen Jahren stand: meine Braut sollte zu mir kommen.

In Wirklichkeit lag mir viel mehr daran, die fünfhundert voll bewaffneten Ritter zu sehen als meine zukünftige Gemahlin. Ich befahl, sie paarweise im Abstand einer Pferdelänge Spalier bilden zu lassen und Konstanze durch die Innenstadt in den normannischen Palast zu geleiten. Auf diese Weise hoffte ich, allen miteinander die militärische Unterstützung zu demonstrieren, die ich erhalten hätte — mit allen natürlichen Folgerungen. Ich war überzeugt, daß sich die Nachricht von der Ankunft der Ritter mit Windeseile herumsprechen und einige lästige Magnaten nachdenklich stimmen würde. Als sich die Kavalkade mit hochgereckten Lanzen und Bannern, in schimmernden Rüstungen unter Trommelwirbel den Palasttoren näherte, war ich außer mir vor Freude.

Sogleich suchte mich ihr Anführer, Alfons Graf von Provence, auf, um mir zu huldigen. Er verbeugte sich mit spanischer Grandezza, und ich fragte mich, ob Konstanze von ebenso angenehmem Äußeren sein mochte wie er. Ich nötigte ihn, sich zu erheben.

»Mit unserer Verschwägerung«, sagte ich, »wollen wir auch Waffenbrüder werden.« Sein sonnengebräuntes Gesicht erhellte sich bei der Aussicht auf bevorstehende Kämpfe.

Ich bekam die Prinzessin Konstanze erst abends zu Gesicht, als ich sie in Begleitung von Erzbischof Berard aufsuchte, um ihr meine Ehrerbietung zu erweisen. Sie war von Zwergen umgeben, die ihr Kühlung zufächelten, denn der Abend war heiß; und zu ihrer Belustigung vollführte ein Gibraltar-Affe an einer goldenen Kette Kunststückchen. Ihr Gefolge bestand aus ihrem Bruder, dem Grafen Alfons, und ihren Hofdamen. Sie war verschleiert wie auf ihrer Fahrt durch die Straßen. Als sie sich erhob, bemerkte ich, daß sie größer war als ich; von ihren Zügen sah ich nichts weiter als zwei dunkle, strengblickende Augen. Ich küßte ihre Hand und gab meiner Freude über ihre Ankunft Ausdruck.

Ich hatte mich entschlossen, ihr weder Halsketten, Ringe oder Armbänder zu überreichen, da diese zu den Krönungsinsignien gehörten, die sie am folgenden Tage sehen würde, sondern ihr das höchste Geschenk zu bringen — die Krone. Das war selbstverständlich etwas sehr Außergewöhnliches. Ich freute mich über das allgemeine Raunen des Erstaunens, als ich in die Hände klatschte und zwei nubische Sklaven eintraten, ein purpurnes Seidenkissen in Händen, auf dem die Krone ruhte. Vor allem lag mir daran, ihren Gesichtsausdruck zu beobachten, als sie die Edelsteine untersuchte, denn in dem zurückgeworfenen Schein der Fackeln glitzerten die Juwelen und pulsierten, als wohne ihnen Leben inne.

»Madonna«, sagte ich, »morgen um die Mittagsstunde wird dieses Symbol der Majestät Euer sein. Wir überreichen es Euch jetzt als eine Gabe, die Euch Freude machen möge, da Wir es selbst entworfen und jeden Stein liebevoll ausgewählt haben.«

Der Ausdruck ihrer schwarzen Augen änderte sich nicht, und ich fühlte mich zurückgewiesen. Verärgert dachte ich: Weil sie so alt ist und bereits mit einem Mann intim war, hält sie mich für einen Knaben und nicht für einen erwachsenen König. Sogleich bereute ich eine Heirat, die noch gar nicht endgültig stattgefunden hatte. Außerdem mißfiel mir, daß sie denselben Namen trug wie meine Mutter: Konstanze ...

»Meine Dankbarkeit kennt keine Grenzen«, erwiderte diese Konstanze auf lateinisch mit einem Akzent, der mir fremd klang. »Mit des Himmels Hilfe werde ich mich bemühen, Euer Hoheit eine würdige Gemahlin zu sein, da Gott unsere eheliche Verbindung bestimmt hat.« Sie sprach in ruhigem Ton, aber mir kam es vor, als klänge etwas wie Resignation aus ihren Worten; als habe sie für Männer nicht viel übrig, werde sich aber trotzdem einem König unterwerfen, wie es die Christenpflicht von einer Königin verlangt.

Sie schenkte mir ein schwarzes Kruzifix, geschnitzt aus dem Holz der Wiege Christi; ein silbernes Reliquienkästchen mit einem Zahn Johannes' des Täufers, sowie ein goldenes Reliquienkästchen mit einem Stück von dem Tischtuch, das der Heiland beim letzten Mahl verwendete. Obwohl es sich dabei um Reliquien von großer Bedeutung handelte, durchaus dazu angetan, von der großen Masse verehrt zu werden, hätte ich daraus schon gleich ersehen müssen, daß Konstanze eine religiöse Fanatikerin war. Wie ich später merkte, frönte sie privat den Praktiken der Flagellanten; in den dreizehn Jahren unserer Ehe bekam ich ihre Sammlung von Lederpeitschen und Geißeln, die an den Enden mit Bleikügelchen und winzigen Eisenstacheln versehen waren, allerdings nur ein einziges Mal zu Gesicht. Auf diese Art büßte sie für ihre Sünden, worin diese auch bestehen mochten, und sicherte sich, frei von seelischen Gebrechen, den Zutritt zum Himmel.

Am nächsten Tage wurden wir von Erzbischof Berard in der Kathedrale getraut. Es war außerordentlich schwül, mit *scirocco*, dem heißen Wind aus Afrika. Obwohl wir unter unseren prächtigen Gewändern und Rüstungen allesamt in Schweiß gebadet waren, wichen wir nicht um Haaresbreite von dem vorgeschriebenen Pomp der Zeremonie ab. Trompeten schmetterten, Chöre sangen, Hallelujas stiegen zu Gott empor. Wir wechselten die Ringe und gelobten uns Treue. Eigenhändig krönte ich Konstanze zur Königin. Es war ein erhebendes Schauspiel; aber mein Herz war schwer wie Stein. Dann wurde bis zur Betäubung gegessen und getrunken.

Abends fand die Zeremonie im königlichen Schlafgemach ihren Abschluß. Ich hatte Berard und den Kammerherrn Riccardo als Zeugen gewählt. Das große, vierpfostige, mit einem Baldachin versehene Bett war mit Vorhängen aus durchsichtiger Seide verhangen, damit sie hindurchschauen könnten. Berard erinnerte mich, daß die Kirche beim Koitus nur die Normalhaltung gelten lasse und alle anderen als Todsünde betrachte; und daß er, als erzbischöflicher Zeuge, sich nicht gern gezwungen sehen würde, nach Rom zu berichten, ein Nachkomme von mir wäre in Todsünde gezeugt worden. Er hoffe daher, daß ich auch in der Hitze der Leidenschaft seiner Worte eingedenk sein möchte. In Erwiderung machte ich ihn darauf aufmerksam, daß Ovid in seiner *Liebeskunst* geschrieben habe: ›Lauscht dem Gebot eures Leibes und dann wählet wirksame Arten! Es ziemt jeder nicht jede Manier‹. Aber um ihn von Amts wegen nicht in Verlegenheit zu stürzen, würde ich mich nach seinen Worten richten. Ich bemerkte ein amüsiertes Funkeln in seinen Augen, als Meßdiener mit Weihrauchfässern um das Bett herummarschierten und er das Brautgemach segnete.

Meine Frau kam verschleiert ins Bett und trug ein Nachtgewand aus elfenbeinfarbener Seide, goldbestickt mit den Initialen FR — *Fridericus Rex*. Als ihr die Schleier von ihren Damen abgenommen wurden und das Nachthemd sich öffnete, sah ich ihr Gesicht und ihren Leib zum erstenmal im Schein hoher Kerzen. Das Gesicht war lang, traurig, totenblaß, spanisch; der Leib war vollkommen, außer daß sie über und über mit kleinen Narben bedeckt war (in meiner Unerfahrenheit nahm ich an, daß es sich um Pockennarben handele). Obwohl sie üppiges blondes Haar hatte, das ich schön nannte, nützte mir meine Bewunderung dieses natürlichen Vorzugs nicht viel. Mit mir war sie steif und unnachgiebig, und ich mußte an den warmen, geschmeidigen Körper Aïschas denken . . ., so gab ich mich der Illusion hin.

Beim Morgengrauen konnten die Zeugen der wartenden Menge verkünden, daß die königliche Ehe vollzogen sei — dreizehnmal. Meinen Jahren zu Ehre hätte ich es gern auf vierzehnmal gebracht, aber das überstieg meine Kräfte . . .

14.

Ich verbrachte nicht die traditionellen acht Tage in Abgeschiedenheit mit meiner Braut, sondern machte mich, unter Gemurre von einigen Seiten, sofort daran, meine militärische Macht zu organisieren. Ich hatte keine Zeit auf Liebesgetändel zu verschwenden, da ich noch vor dem Einsetzen der Regenzeit einen Feldzug gegen die Magnaten unternehmen wollte.

Die Übergriffe auf meine Kronländereien hatten nicht einen Augenblick nachgelassen, und es schien fast, als wollte der hochmütige und habgierige Adel mich herausfordern. Ich hatte jetzt das Gefühl, daß meine schlimmsten Feinde keineswegs die Überbleibsel der Deutschen, sondern die Großgrundbesitzer, die ihre Macht ständig erweitern wollten, waren. Die bei weitem offensivsten von ihnen saßen in Kalabrien. Ihre Leibeigenen stöhnten buchstäblich unter dem Joch, und meine Herrschaft wurde verspottet. Es schien mir angebracht, zuerst gegen die stärksten vorzugehen, obwohl das einen langen, heißen Marsch von einem Ende Siziliens an das andere bedeutete, über Berge und durch Flußläufe, die sich jederzeit in reißende Ströme verwandeln konnten, und dann über die tückische Straße von Messina (die antike Scylla und Charybdis) aufs Festland zu einer schwierigen Landung. Aber zuerst ergriff ich eine juristische Maßregel.

Ich machte von meinem Recht Gebrauch und erließ ein königliches Edikt, worin alle Grundbesitzer aufgefordert wurden, der Krone ihre Eigentumsurkunden zur Überprüfung vorzulegen. Das Edikt wurde laut verlesen und in jedem Marktflecken angeschlagen. Die Reaktion in Kalabrien setzte mit der Heftigkeit einer plötzlich hereinbrechenden Bö ein. Man widersetzte sich. Ich umgab mich mit meiner sarazenischen Wache, denn ich wußte, daß ich wieder einmal in Lebensgefahr schwebte, und traf Vorbereitungen, jene Adligen zu züchtigen, die absichtlich Unruhe im Königreich stifteten.

Der Rädelsführer der kalabrischen Unzufriedenen war ein Mann in mittleren Jahren, der dicke, prahlerische Anfuso di Roto, Graf von Tropea. Er hatte schon früher Anspruch auf zwei Burgen erhoben, die inmitten von traditionsgemäß königlichen Ländereien lagen, und dazu verlangte er — der kaum Heck einer Galeere vom Bug unterscheiden konnte — den Titel eines Admirals. Ich lehnte ab, wie es sich gehörte, und er bekam solche Zustände, daß ich glaubte, er würde sich, wie *il diavolo*, in ein Rauchwölkchen auflösen. Als er sich aus meiner Gegenwart entfernte, stieß er diese widerspruchsvolle Drohung aus: »Ich denke nicht daran, mich behandeln zu lassen wie irgendein Bürgerlicher, sonst sollt Ihr meine Stärke zu spüren bekommen.«

Damals sah ich über sein Benehmen hinweg, obwohl meine Wut so eisig war wie seine heiß. Es war, als hätte er mich einen *cretino* genannt. Ich hätte ihn auf der Stelle töten können; aber mir lag nichts daran, einen Bürgerkrieg zu entfesseln. Doch trotz meiner Zurückhaltung setzte er seine Machenschaften fort. Er kehrte nach Kalabrien zurück und brüstete sich, daß er mir keine Lehnstreue schulde. Er vollführte ein solches Geschrei, daß es mir alsbald zu Ohren kam.

»Ich werde dem König ebenbürtig sein!« rief er. »Hier in Kalabrien werde ich dem König ebenbürtig sein!«

Inzwischen waren meine aragonesischen Ritter der vielen Turniere, des Weins und der Weiber überdrüssig geworden und bereit, den Kampf mit jedem aufzunehmen, den ich zu meinem Feinde erklärte. Sie bildeten eine so festgefügte Kampfgruppe und waren so gut ausgerüstet, daß sie sich unbesiegbar vorkamen. Die Zeit, sie auf die Probe zu stellen, war gekommen; und so stellte ich sie unter das Kommando von Konstanzens Bruder, befahl ihnen, das Lager abzubrechen und sich auf den weiten Weg nach Messina zu machen. Ich war überzeugt, daß der prahlerische Graf von Tropea bei ihrem Anblick die Flucht ergreifen würde, sobald sie das Festland einmal betreten hätten. Oder daß er, falls er sich zum Kampfe stellen sollte, mit einem Bauernaufstand in seinem Rücken rechnen mußte, denn er war weit und breit unter dem Spitznamen ›Henker‹ bekannt.

Aber leider gelangten meine Ritter und ihre Knappen nie bis Messina. Unterwegs wurden sie plötzlich von heftigen Unterleibsbeschwerden befallen — verhängnisvoll für Männer, die von oben bis unten gepanzert waren. Wie mir später berichtet wurde, fühlten sie sich von enormen Bürden bedrückt, hatten schneidende Bauchschmerzen und mußten sich übergeben, als wären sie vergiftet. Dann begann das Sterben unter ihnen. Mit rasch einset-

zender und extremer Totenstarre lagen sie in grotesken und ent-
setzlichen Stellungen überall herum. Kaum fünfzig der ganzen
Kampfgruppe überlebten die Katastrophe ... Konstanzes unglückseliger Bruder befand sich ebenfalls unter den Opfern.

Zuerst vermutete ich Gift, obwohl ich nicht einen einzigen
Augenblick an das Gerücht glaubte, die Ritter wären verhext worden. Auch hielt ich nicht viel von Gualtieros Behauptung, er habe
von Anfang an gewußt, daß die Expedition zum Scheitern verurteilt wäre, weil die Konjunktion von Saturn und Mars unter
dem Zeichen der Waage gestanden habe, wenn ich irgendeinem
anderen vielleicht auch geglaubt hätte, daß die Sterne mir Unglück gebracht hätten.

Nachforschungen ergaben, daß die ganze Abteilung zwei oder
drei Tage vor dem Auftreten der Krankheit haltgemacht hatte,
um an einem der Jungfrau geweihten Heiligtum zu trinken. In
einem danebenliegenden Haus waren verschiedene Personen eines
geheimnisvollen Todes gestorben, durch Hexerei, wie es hieß. Ich
ließ das Haus untersuchen und konnte weiter nichts feststellen,
als daß man durch die Abfälle das Wasser verunreinigt hatte.
Vielleicht war die Krankheit auch durch die Exkremente der Sterbenden verbreitet worden, sagte ich mir; und an all dies sollte ich
Jahre später zurückdenken, als ich sanitäre Vorschriften für die
Städte erließ.

Aber das wenige, was ich über Verunreinigung des Wassers
feststellte, war keine Entschädigung für den Verlust meiner Ritter. Dieser Verlust ließ sich mit einem Wort umschreiben: eine
Katastrophe. Wenn auch keine direkt verhängnisvolle, so doch
im Augenblick ein ernsthafter Rückschlag für mich. Die Königin
und ich legten Trauer um ihren Bruder an und zogen uns von
allen geselligen und festlichen Veranstaltungen zurück. Wenn es
auch für alle klar zutage zu liegen schien, daß ich im Augenblick
nicht in der Lage war, meine Herrschaft über das Königreich geltend zu machen, so entschloß ich mich insgeheim dennoch zu
einem kühnen Schritt. Insgeheim, das heißt nicht ohne vorherige
Absprache mit Berard.

Eines Tages ließ ich durch Herolde verkünden, daß der König
eine Reise anzutreten beabsichtige. Er wolle in den Forsten in der
Nähe von Piazza Armerina auf Eber jagen und in den Marschen

in der Nähe von Catania auf Vögel. Die Königin werde den König begleiten. Daraus konnte man kaum auf eine kriegerische Absicht schließen. Nur Erzbischof Berard blieb zurück, um sein Augenmerk auf die Hauptstadt zu richten.

In Wirklichkeit machte ich in Piazza Armerina halt, weil ich großes Interesse an den Ruinen eines römischen Jagdschlosses aus der Kaiserzeit hatte, einer Villa namens *Platia*. Catania wählte ich nicht nur, weil die Falkenbeize dort gut war, sondern weil es dicht bei Kalabrien lag, doch nicht nahe genug, um Aufsehen zu erregen (wie es der Fall gewesen wäre, hätte ich mich nach Messina begeben). Wenn ich eine größere Sarazenenwache als gewöhnlich mitnahm sowie alle verfügbaren Ritter, so würde man mit Sicherheit annehmen, es geschähe wegen der Unsicherheit auf den Straßen. Ich wollte die habgierigen Magnaten in Sicherheit wiegen, sie sollten das Gefühl haben, daß sie von mir nichts zu befürchten hätten.

Wir reisten langsam und mit einigem Prunk, da ich auf die Landbevölkerung Eindruck machen wollte, besonders auf die Moslems, die sich in großer Anzahl im Inneren niedergelassen hatten. Man empfing mich überall mit kühler Zurückhaltung, da ich den Leuten weder Furcht einflößte noch ihre Bewunderung erregte. Ich war für sie so etwas wie ein Objekt der Neugierde — ein König, der mit einer älteren Witwe verheiratet war, der Enkel des großen Roger, aber nichtsdestoweniger verarmt und zur Machtlosigkeit verdammt. Ich spürte dies alles, ließ mir jedoch von meiner Wut nichts anmerken und trug nach außen eine lächelnde Miene zur Schau.

Unser Aufenthalt in Piazza Armerina entzückte mich, und vieles in den Ruinen der imposanten Villa erregte mein Interesse in einem solchen Maße, daß ich die Jagd völlig vernachlässigte. Es erweckte den Eindruck, als wäre der riesige Bau, oder vielmehr dieser Gebäudekomplex, etwa bis zur Zeit der arabischen Eroberung bewohnt gewesen, als wäre er unter den Normannen teilweise wieder restauriert und schließlich von dem viel älteren Halbbruder meiner Mutter, den man Guglielmo *il Cattivo* nannte, in einem Wahnsinnsanfall zerstört worden — ein einzigartiger Akt von Vandalismus, für den er den Namen ›Der Böse‹ vollauf verdient.

Trotz des Zerfalls ließen sich vier Gebäudegruppen erkennen, eine jede vollständig mit Galerien, Säulengängen, Vorhöfen und Badegelegenheiten. Einige der prächtigen Mosaikfußböden waren sichtbar, andere ließ ich von Schmutz und Sand befreien, die der Wind darüber geweht hatte. Besondere Bewunderung zollte ich den afrikanischen Jagdszenen. Abgebildet waren Löwen, Tiger, Kamele, Antilopen, Krokodile, gewaltige Flußbestien mit großen Nüstern sowie riesige Landbestien mit Hörnern auf der Schnauze (ganz gewiß der Prototyp des ›Einhorns‹, dessen Skelett Al-Kaid und ich gefunden hatten). Einigen Tieren stellten die Römer, genau wie wir, mit Netzen nach. Auch die Szene mit Diomedes gefiel mir; der Hirsch und Theseus; die Arbeiten des Herkules; der Zirkus mit Streitwagen, die von Pfauen gezogen wurden. Als wir zu den zehn ballspielenden Jungfrauen gelangten, die nur um Hüften und Brüste notdürftig bedeckt waren, wandte sich die Königin ab; und bei den erotischen Szenen schlug sie die Hände vor das Gesicht — errötend, dessen bin ich gewiß. Als sie gegangen war, untersuchte ich einige von den nackten Plastiken, die man ausgegraben hatte, und war tief ergriffen von der außerordentlichen Schönheit der Körper, sowohl der weiblichen wie der männlichen. Selbst die römischen Engel, obwohl mit Flügeln versehen, waren nackt und zeigten ohne Scham ihre Genitalien; über die Geschlechtszugehörigkeit christlicher Engel habe ich mir oft Gedanken gemacht.

Von allen interessanten Einzelheiten bestrickte mich besonders die Anlage der Wasserleitungen, der Waschräume und Bäder. Man vernahm nicht nur das ununterbrochene Plätschern fließender Fontänen, sondern es rann auch ständig klares, sauberes Wasser durch Waschräume und Latrinen und spülte Exkremente und Schmutz hinweg. Die Bäder selbst müssen eine wahre Wonne gewesen sein. Das *tepidarium* war ein Raum, der mit warmer, durch Doppelwände zirkulierender Luft geheizt wurde. Dort geriet der Badende in Schweiß. Im *caldarium* nahm man ein heißes Bad in einem Becken und im *frigidarium* schließlich zur Erfrischung ein kaltes. Auch für Möglichkeiten zur Massage und zur Abreibung mit Olivenöl war gesorgt. Für Besucher waren Sitzgelegenheiten vorhanden. Zur Verzierung dienten Mosaiken, Plastiken und Basreliefs. Alle badeten — Adlige, Plebejer und Sklaven. Anscheinend badeten die Römer nicht nur um der Gesundheit, sondern auch um des Vergnügens willen und machten die Badeanstalt, da Nacktheit als normaler Zustand angesehen wurde, zu einer Art Mittelpunkt des geselligen Lebens. Leider baden wir Christen kaum. Uns interessiert weniger der Körper, mehr die Seele. Damals nahm ich mir vor, meine christliche Herkunft außer acht zu lassen und täglich zu baden — ob Regen oder Sonnenschein, ob Hitze oder Kälte. Wenn ich in Zukunft Schlösser baue, so werde ich sie mit Kapellen für den Körper ausstatten und die Seele der Kirche überlassen.

Aber ich konnte dort nicht ewig weilen und meiner Altertumsliebhaberei nachgehen, denn die Gegenwart stellte zu große Anforderungen. Mochte es mir auch versagt sein, die kaiserliche Villa zu restaurieren, so konnte ich doch das Prestige eines kaiserlichen Abkömmlings wiederherstellen — der ich ja schließlich war.

Vor mir lag eine heikle und gefährliche Aufgabe; ich würde, wie die Römer, ein Jagdnetz verwenden. Aber mein Netz würde unsichtbar sein.

15.

Wir verließen das Gebirge und zogen über die fruchtbare Ebene in Richtung Catania, staunend über die schwarzen, erstarrten Lavamassen, die uns hier und da den Weg versperrten. Zu unserer Linken ragte der schneebedeckte Ätna empor, ungeheuerlich in seiner kaum faßbaren Größe. Aus dem Krater stiegen hin und wieder pilzförmige Rauchwolken auf, begleitet von einem drohenden Grollen wie ferner Donner. Nachts erglühte der ganze Gipfel im Feuerschein — ein schrecklicher, furchteinflößender Anblick. War der Ätna wirklich die Schmiede des Vulkans, wie die Alten glaubten; oder waren dies die Flammen der Hölle, die aus den Tiefen der Erde emporloderten als Warnung für die sündigen Menschen, wie die Priester jetzt verkündeten?

Wahrhaft zum Schaudern sind die priesterlichen Beschreibungen der Hölle: ein umgekehrter Kegel mit vielen Schichten, jeder Grat für Sünder einer bestimmten Kategorie reserviert, jeder Grat mit besonderen Martern, das Ganze schließlich auslaufend in einen zugefrorenen Schacht. Heftige Windstöße fegen über die

Höhen und wirbeln stinkende Abfälle umher, unter denen die nackten Leiber der Verdammten begraben werden. Ströme von Blut und von kochendem Teer sind angefüllt mit ertrinkenden Opfern. Vor brennendem Durst verfallen Männer dem Wahnsinn und toben. Seelen wandern umher, von oben bis unten aufgeschlitzt, so daß die Eingeweide heraushängen. Rieseninsekten stechen, geflügelte Dämonen martern mit spitzen Gabeln. Würmer bohren sich in lebendiges Fleisch. Harpyien mit Vogelschnäbeln zerfleischen die Körper und verschlingen die blutigen Gliedmaßen. Männliche Geschlechtsteile werden von riesigen geschuppten Schildkröten gefressen, Weiber werden von den Köpfen riesiger Giftschlangen vergewaltigt. Schleimige grüne Dämonen stürzen sich auf Kinder und schlagen krumme Klauen in deren Bäuche. Leiber stecken festgefroren im Eis, nur die Köpfe ragen heraus. Satan selbst steht in dem eingefrorenen Zentrum, in Qualm und Flammen gehüllt, und atmet den Gestank des Todes aus. Er ist ein Ungeheuer mit behaarten Beinen und gespaltenen Hufen, Fledermausflügeln, Hörnern und einem Schwanz. Er hat drei Köpfe, einen roten, einen schwarzen, einen grünen — zum Hohn auf die Heilige Dreieinigkeit. Mit klauenförmigen Pfoten stopft er sich bluttriefendes Menschenfleisch zwischen die scharfen Zähne. Er wartet ... wartet ... auf alle Sünder, alle Ketzer, alle Ungläubigen. So droht man uns von der Wiege bis zum Grabe mit der Hölle.

Als unsere Pferde jetzt in so großer Entfernung vom Ätna und der Hölle dahintrotteten, daß wir uns sicher fühlen konnten, fragte ich mich (meine Umgebung beobachtend), ob der Rauch und die Flammen nicht ebenso natürliche Erscheinungen sein mochten wie Wasser, Erde und Luft. Ich nahm mir vor, den Vulkan bei Gelegenheit zu besteigen und sein Verhalten zu erforschen. Bei diesem Gedanken befiel mich etwas wie Angst, aber meine Neugierde war größer. Als ich dann später auf den Seen und in den Marschen jagte, hatte ich den Ätna ständig vor Augen ... ja, er gehörte so zur Landschaft, daß ein Berg, der brannte, völlig normal schien. Ich hatte keine Angst mehr davor.

Meine Jagden, auf denen ich die Natur, wie immer, beobachtete, waren Teil des Planes gegen die Barone, eine Finte, die ich anzuwenden gedachte. Täglich kehrte ich mit zwei oder drei

Mann weniger von der Jagd zurück, die sich nicht etwa in den Marschen verirrt hatten, sondern in Verkleidung nach Kalabrien unterwegs waren. Auf diese Weise hatten die Spione des Grafen von Tropea nichts zu melden, und der Graf und seine Spießgesellen wähnten sich in Sicherheit.

Alles ging gut. Meine Sarazenen, als Mönche, Kaufleute oder neu angekommene Araber verkleidet — einige sogar als Frauen —, setzten, ohne Verdacht zu erregen, auf das Festland über. Ihre Waffen wurden nachts hinübergeschmuggelt; die Pferde wurden in Trupps von angeblichen Händlern mitgenommen, die vorgaben, auf die Jahrmärkte zu ziehen. Endlich war alles in Bereitschaft. Der festgesetzte Tag rückte heran . . ., ein Feiertag.

Zur vorgesehenen Stunde, als die Lustbarkeiten ihren Höhepunkt erreicht hatten, schlugen meine Sarazenen zu. Den Grafen Paolo von Geraci ergriffen sie, als er von der Piazza der Ortschaft in die Dunkelheit stolperte, um sich gegen eine Mauer zu entleeren; den Grafen Ruggero, als er hinter der Prozession für einen lokalen Heiligen zurückblieb, um eine erloschene Kerze anzustecken; den Grafen von Tropea, als er, erhitzt und erstaunt, gerade im Begriff war, sein feudales *jus primae noctis* mit der hübschen Braut eines seiner Bauern auszuüben. Auch andere wurden gefangengenommen. Mit ihrer Beute trafen sie sich in Reggio, wo Schiffe für sie bereit standen, und setzten bei günstigem Wind nach Catania über. Mit einem Schlag hatte ich meine unversöhnlichsten Gegner ausgeschaltet. Solches Glück hatte ich.

Die Nachricht verbreitete sich in Windeseile. Um alle Leute davon zu überzeugen, daß sich meine Feinde in meinen Händen befanden, ließ ich sie, in Ketten gelegt, prächtig gekleidet, mit Adelskronen als Zeichen ihres Ranges auf dem Haupt, durch die Straßen Catanias führen. Was den Grafen von Tropea angeht, so erniedrigte er sich und verbeugte sich tief. Als ich seine fetten Hinterbacken sah, lachte ich und sagte: »Nun, ich habe zwar nie ein Schwein gezüchtet, aber dieses hier will ich gern von seinem Speck befreien!« Einige Höflinge stimmten in mein Gelächter ein, andere fanden die Bemerkung zu grob.

Ich setzte sogleich ein Rundschreiben an alle bedeutenden Adligen und Prälaten im Königreich auf, erklärte mein Verhalten und ließ durchblicken, daß allen, die mir Trotz böten, dasselbe

Schicksal drohe. Ich war präzis und deutlich. Ich war fest entschlossen, meinen Gefangenen gegenüber streng und zugleich gnädig zu verfahren, und obwohl ich sie einzukerkern gedachte, bis sie zur Besinnung gekommen und die unrechtmäßig angeeigneten Ländereien reorganisiert worden wären, gestattete ich dieser Gruppe, all den Aufwand zu treiben, an den sie gewöhnt waren. Mein Vater hätte sie allesamt foltern und vierteilen — oder zum mindesten köpfen lassen; aber ich hatte mich entschlossen, Gewaltmaßnahmen nur im alleräußersten Falle zu ergreifen. Ich hoffte, so mächtig zu werden, daß ich mir diesen Luxus leisten konnte, obwohl von allen meinen Ratgebern mich nur Berard darin unterstützte.

Nebenbei gesagt: die Königin schlug vor, die Gefangenen nackt auszuziehen und sie mit Stachelruten durch die Straßen peitschen zu lassen. (Insgeheim dankte ich dem Himmel, daß diese Konstanze kein Mann und nicht mein Feind war.) Da sie Schwangerschaftsbeschwerden hatte, besänftigte ich sie, indem ich ihr versprach, ihr Mittel ein andermal bei nichtchristlichen Gefangenen anzuwenden, die jeden Anspruch auf Nächstenliebe verwirkt hätten. In diesem Geiste feierten wir Weihnachten.

Tief befriedigt von meinem Jagdausflug und der erlegten Beute, nahm ich mir vor, ihre Adelskronen wie Hirschgeweihe als Trophäen aufzuhängen. Aber das war selbstverständlich nur eine Augenblickslaune. Völlig unverhofft sah ich mich einer neuen Situation gegenüber, die den Aufstand der Adligen als ein Kinderspiel erscheinen ließ. Im Januar stiegen wir nach einer stürmischen Neujahrsfeier zu Pferde, um nach Palermo zurückzukehren, ohne auch nur das geringste von der Gefahr zu ahnen, die uns erwartete. Ich hatte keinerlei Anhaltspunkt dafür, daß mich mein guter Freund und Beschützer, jener ehrliche und getreue Bischof-Kanzler, Gualtiero di Palearia, wiederum hintergangen hatte. Aus persönlichen Gründen hatte er mir gewisse kritische Informationen vorenthalten, die vom Papst eingegangen waren.

Meiner Laufbahn als König sollte ein Ende gesetzt werden, ja, mein Leben selbst stand auf dem Spiel. Nichtswissend und eingelullt von meinem ersten großen Erfolg als Monarch ritt ich durch rauhe Winterstürme der drohenden Katastrophe entgegen.

Meine Krone, dachte ich, ruhe sicher in meinen Satteltaschen.

16.

Ich war der letzte männliche Hohenstaufe. Mein Onkel Philipp war im Frühsommer des Jahres meiner Thronbesteigung in Bamberg ermordet worden. Von diesem Ereignis hatte ich selbstverständlich Kunde erhalten. Ich wußte auch, daß es sich bei dem Mörder um einen enttäuschten Freier meiner Kusine Beatrice handelte, die gerade erst ihren elften Geburtstag gefeiert hatte, aber trotzdem wegen ihres Hohenstaufenblutes eine begehrte Partie war. An diesem Punkt faßte der Papst, der seiner Rolle als Ehestifter nie überdrüssig zu werden schien, den Plan, Beatrice mit Otto zu verheiraten — dem Todfeind ihres unglücklichen Vaters.

Auf diese Art setzte der Papst es durch, daß Otto legitime Ansprüche auf das Reich erheben konnte, machte meine Ansprüche zunichte und isolierte Sizilien für sich selbst als ein päpstliches Lehen. Otto, der nicht mehr war als ein klotziger deutscher Gladiator mit dem Körperbau eines Riesen und dem Verstand eines Zwerges, sollte vom Papst zum Kaiser gekrönt werden. Für diese Gunst war natürlich ein Preis zu entrichten. Unter anderem versprach Otto dem Papst völlig freie Hand bei den deutschen Bischofswahlen; und verzichtete außerdem im Namen des Reiches auf das Königreich Sizilien. All diese Einzelheiten erfuhr ich erst nach und nach und nur mit Hilfe Berards gelang es mir, die Zusammenhänge allmählich zu erkennen.

Etwa zur Zeit meiner Hochzeit wurde die zarte Beatrice (wie sie beim Anblick Ottos gezittert haben muß!) dem Wahlkaiser anverlobt. Während ich mich an den Mosaiken mit halbnackten, ballspielenden Jungfrauen ergötzte, wurde Otto in Rom gekrönt. Ich erhielt keine Einladung, zweifellos hielt man mich für zu jung für derartig komplizierte politische Machenschaften. Dann ließ der Papst in seinen Bemühungen nach, denn endlich schien er als Schöpfer von Königen und Kaisern vollen Erfolg gehabt zu haben.

Doch zu seinem Unglück frohlockte er zu früh. Als Otto in die römischen Spiegel schaute, erblickte er nicht Otto den Welf, sondern den Heiligen Römischen Kaiser Otto IV. Plötzlich wurde er sich seiner Körpergröße und seiner Macht bewußt. Es dauerte nicht lange und der Papst mußte öffentlich gestehen: ». . . das

Schwert, das Wir Uns geschmiedet haben, schlägt Uns schwere Wunden.« Aber der Papst fand, wie stets, Mittel und Wege, das Schwert abzustumpfen und die Streiche abzuschwächen.

Die Kurie der Kirche gab nicht nur zu, sondern brüstete sich offen damit, daß sie »die Ohren und Augen von vielen« in ihrem Dienst hätte. Otto (und zur gegebenen Zeit auch ich) sollten bald erfahren, daß das nicht nur müßige Prahlerei war. Kaum hatte Otto seinen Plan gefaßt, da waren die Einzelheiten dem Papst auch schon bekannt. Kaum hatte der erste von Ottos eindringenden Soldaten den Fuß auf kirchenstaatliches Gebiet gesetzt, als Ottos Exkommunikation auch schon von den Kanzeln verlesen wurde. Seine sämtlichen Vasallen wurden von ihrem Treueid entbunden; wer zu ihm hielt, wurde in den Bann getan und verdammt. Plötzlich fiel dem Papst noch ein, daß sein früheres Mündel ebenfalls ein Hohenstaufe war, den man schon als Kind zum König der Deutschen gewählt hatte. Ein neuer Abschnitt im Verhältnis von Vormund und Mündel hatte begonnen.

Von alledem wurde das Mündel gebührend durch seinen Bischof-Kanzler in Kenntnis gesetzt, dessen Ohren und Augen zweifellos für die Kurie mithörten und mitsahen. Aber wo die Ohren und Augen funktionierten, versagte die Zunge. Dies war die wichtigste Information, die mir Gualtiero vorenthielt: Die mir untertanen deutschen Barone von Apulien hatten sich insgeheim mit Otto verbunden und ihm ihre Unterstützung bei der Eroberung meines Königreiches zugesagt.

Es war Berard, nicht Gualtiero, der mir die Nachricht überbrachte, daß die Deutschen, angeführt durch einen von Markwards Nachfolgern, meinen gesamten Festland-Adel zum Verrat verleitet hätten. Endlich war die Stunde der Abrechnung mit meinem janusköpfigen Bischof-Kanzler gekommen; er konnte nur das eine Gesicht oder das andere zeigen, aber nicht beide.

Ich ließ ihn unter vier Augen zu mir kommen und empfing ihn wiederum in dem kleinen Goldmosaiken-Gemach meines Großvaters Roger. Er verbeugte sich, aber ich hatte andere Pläne.

»Auf die Knie!« befahl ich kurz.

»Wie Euer Majestät befehlen«, sagte er, sichtlich zitternd.

»Geehrter Kanzler«, sagte ich leise, »habt Ihr neuerdings etwas von Diepold von Schweinspeunt gehört, jenem Grafen von Acerra, den Ihr erst vor kurzem so warm für den Posten des Oberrichters von Apulien empfohlen habt — und den Wir daraufhin ernannt haben? Irgend etwas von ihm gehört — etwas Erfreuliches? Oder etwas Schlechtes, das Uns dazu veranlassen könnte, Maßnahmen zum Schutze Unseres Königreiches gegen Unsere Feinde zu ergreifen?«

»Nicht das geringste, Euer Majestät«, sagte er und rieb sich, selbst auf den Knien liegend, die Hände, um die daran haftenden Schandflecken des Geldes zu beseitigen. Dann verstärkte sich seine Stimme: »Das heißt, nichts was wert wäre, Euer Majestät damit zu belästigen. Gerüchte natürlich, viele sogar — aber was Tatsachen angeht ...« Er hörte auf, sich die Hände zu reiben, und zuckte die Achseln. Er hatte sich wieder gefaßt.

»Und habt Ihr diese Gerüchte auf ihren Tatsachengehalt geprüft?«

»Majestät!« sagte er, aufbrausend. »Es sind so viele Gerüchte im Umlauf, daß kein Mensch die wahren von den falschen unterscheiden kann.«

»Schade, daß Ihr so einseitig seid«, sagte ich, »denn das Gerücht, daß Diepold Uns treu ergeben sei, scheint falsch; und das Gerücht, daß Ihr falsches Spiel mit Uns treibt, scheint wahr. Was habt Ihr dazu zu sagen, Bischof-Kanzler?«

Er erbleichte und rutschte beinah auf dem Bauch vor mir. »Das würden Euer Gnaden doch nie und nimmer von mir —«

»Erhebt Euch!« befahl ich, der Komödie überdrüssig. »Da Ihr so einseitig seid, ist es besser, Ihr übt nur ein einziges Amt aus. Hinfort seid Ihr nicht länger Kanzler, wenn Ihr diesen Titel auch weiter behaltet. Beschränkt Eure Tätigkeit ausschließlich auf Eure bischöflichen Funktionen; legt Eure Mitra an und begebt Euch nach Catania in Euer Bistum. Zeigt Euch mit Euren beiden Gesichtern nie wieder in der Hauptstadt, oder Ihr werdet überhaupt kein Gesicht mehr vorzuweisen haben. Geht! Geht! Sofort!« Ich mußte mich zusammennehmen, sonst hätte ich ihm einen Fußtritt versetzt.

Aber wie sehr mich die zeitweilige Entlassung (nach sizilianischem Recht blieb ein Kanzler lebenslänglich im Amt) dieses professionellen Unheilstifters auch freute, die Gefahr, die mir von Ottos stetigem Vordringen drohte, verringerte sich dadurch genauso wenig wie sich mein Verhältnis zum Papst besserte. In der Tat, mein wiedergewonnener Wohltäter, der Papst, schäumte vor Wut. Er richtete einen hastig hingeworfenen Mahnbrief an mich:

›Da Du jetzt aus dem Kindesalter heraus bist, stehen Dir Kindereien nicht mehr an ... Der Bischof von Catania, der Kanzler des Königreiches, ist bis jetzt Dein Vormund gewesen und hat um Deinetwillen viel Mühe und Leid auf sich genommen. Doch jetzt schenkst Du ihm, uneingedenk seiner Verdienste, keine Beachtung mehr ... Rufe den Kanzler sofort zurück und laß Dich weiter von ihm beraten; schütze ihn vor Angriffen, oder Wir müßten das als Angriff auf Uns selbst betrachten.‹

Mochte der Papst es meinetwegen als Herausforderung empfinden: ich weigerte mich.

Nun war es aber so, daß der Papst meiner im Augenblick mehr bedurfte als seines Bischofs, und so wurde die Angelegenheit nicht weiter verfolgt. Wir standen jetzt tatsächlich so merkwürdig zueinander, daß des Papstes einzige Hoffnung auf Rettung bei mir lag — und meine bei ihm. Denn nach Ottos Exkommunikation konnte nur ein Hohenstaufe einen erfolgreichen Gegenanspruch auf die Treue der deutschen Fürsten jenseits der Alpen erheben, und nur durch Machenschaften des Papstes war diese Treue zu aktivieren. Weder er noch ich hatten die Waffen und die Leute, um Otto entgegenzutreten.

Ohne auf den geringsten Widerstand zu stoßen, umging Otto das päpstliche Rom und marschierte in Eilmärschen südwärts. Überall wurde er von den deutschen Adligen als ihr neuer Führer begrüßt ..., und der sizilianische Adel schloß sich an. In Apulien nahmen Ottos Armeen eine Stadt nach der anderen ein, zuerst Barletta, dann Bari, dann Brindisi. Ganze Provinzen wie Basilicata und Kalabrien ergaben sich. Plötzlich standen Ottos Reiter an der Straße von Messina. Demütig erklärte der Papst, auf die Kirchenstaaten verzichten zu wollen (die bereits von Otto besetzt waren), wenn Otto seinerseits auf das päpstliche Lehngut Sizilien verzichten würde. Und ich? Voller Bitterkeit erklärte ich, auf meine Erblande in Schwaben verzichten zu wollen (die mir rechtmäßig zufielen, wie ich gerade aus schwäbischen Klosterurkunden festgestellt hatte), wenn Otto die Straße von Messina nicht überqueren und die Insel Sizilien nicht betreten würde.

Otto antwortete, er ›spucke‹ auf uns beide.

Wir hatten Zeit gewinnen wollen, und das schien uns miß-
glückt. Bei Nacht konnte man beobachten, daß die Feuer in Ottos
Lager ständig zunahmen.

Gerade diesen Augenblick suchte Konstanze sich aus, dem Königreich unter Wehen einen Erben zu bescheren. Bei der Geburt
unseres ersten Kindes herrschte wenig Freude; obwohl ich, großer
Junge der ich war, mehr als Mannesstolz darüber empfand, einen
Sohn gezeugt zu haben. Wir nannten ihn Enrico, um die Deutschen daran zu erinnern, daß mein Vater Heinrich ihr legitimer
Kaiser gewesen war und daß ich, sein Erbe, Friedrich hieße
wie Barbarossa. Aber die Taufe war eine traurige Angelegenheit.
Konstanze stand unter einer solchen Spannung, daß sie im Dom
ohnmächtig wurde und den Säugling fast fallenließ. Ein böses
Zeichen, flüsterten die Wahrsager: der Knabe werde einmal durch
einen Sturz ums Leben kommen.

Gerüchte liefen um; die Besorgnis stieg. Kaum zwei Jahre
waren vergangen, seit ich ausgezogen war, die rebellischen Adligen zu bestrafen, und jetzt stand es schlimmer als zuvor. Im
Hafen von Palermo lag eine voll bemannte Galeere vor Anker,
die mich, die Königin und unseren Erstgeborenen notfalls nach
Afrika in Sicherheit bringen sollte. Das mußte zwar geheim bleiben, aber es ist unmöglich, unter Sizilianern ein Geheimnis zu bewahren. Um keine Panik aufkommen zu lassen und das öffentliche Vertrauen wiederherzustellen, beschloß ich, das königliche
Siegel von Sizilien mit Sonne und Mond zu verherrlichen, den
Symbolen weltumspannender Herrschaft. Nie, so schien es, hätte
ein König mit einem zusammenbrechenden Königreich eine un-
günstigere Stunde dazu wählen können, sich wie ein Kaiser zu
benehmen ...

Jetzt sah es so aus, als wären die Gestirne gegen mich.

17.

Aber gerade jetzt begann das schleichende Gift, das der Papst
durch seine Intrigen für Otto zusammengebraut hatte, seine Wirkung auszuüben. Ein Meister der Magie hätte diesen Trank nicht
geschickter mischen können. Er führte zu einer allmählichen Ab-

schnürung des Atmungszentrums und zu fieberhaften Angstzuständen. Es war ein diplomatisches Meisterstück. Selbst wenn ich Otto gewesen wäre, hätte es mich zur Bewunderung gezwungen.

Das Spiel des Papstes hatte schon vor Monaten mit einem Brief an die deutschen Bischöfe begonnen, worin die kommende Exkommunikation bereits angedeutet war. Die Bischöfe verstanden den Wink. Sie machten sich sogleich ans Werk, nahmen Kontakt mit sämtlichen Feinden Ottos auf (deren Anzahl Legionen war) und organisierten eine Oppositionspartei. Inzwischen hatte Innozenz an den König von Frankreich, Philipp II., geschrieben und aus der Schule geplaudert. Man habe Otto sagen hören, schrieb der Papst, er könne nachts keinen Schlaf finden, solange der König von Frankreich Länder in seinem Besitz habe, die rechtmäßig seinem, Ottos, geliebten Onkel, dem König Johann von England, gehörten. Verschmitzt fügte der Papst hinzu, er bedauere, daß er die raubgierigen und kriegerischen Absichten des Deutschen Otto, der unersättlich scheine, nicht so rasch durchschaut habe wie der weise französische König. Der König von Frankreich begriff ebenso rasch wie die Bischöfe, und Ottos Feinden floß auf der Stelle französisches Gold zu. Dann nahm der Papst vorsichtig Verbindung zu den oppositionellen deutschen Fürsten auf und erinnerte sie daran, daß in Sizilien noch ein letzter Sproß aus dem edlen Geschlecht der Hohenstaufen existiere. Als die Krise sich vertiefte, wurden die Ermahnungen und Drohungen des Papstes immer leidenschaftlicher, und ein Kurier folgte dem anderen nach Norden.

Dann wendete sich das Blatt plötzlich, und ein Kurier folgte dem anderen nach Süden. Bei der Ankunft in Ottos Lager berichteten sie, daß sich in Deutschland alles in Aufruhr befände. Sie meldeten, daß sich die welfenfeindlichen deutschen Fürsten, der Erzbischof von Mainz, die Prälaten von Trier und Magdeburg, der Landgraf von Thüringen, die Herzöge von Österreich und Bayern, der König von Böhmen, in Nürnberg versammelt und Otto für abgesetzt erklärt hätten. Sie legten Otto nahe, sofort nach Deutschland zurückzukehren und sein Reich zu verteidigen. (Wie mochten die Agenten des Papstes zu einer so dürftigen Erklärung kommen, wo doch jedes Kind sehen konnte, daß Otto nur über die Straße von Messina zu setzen brauchte, um Sizilien einzunehmen und dem Papst in die Flanke zu fallen?)

Aber Otto schenkte ihnen Gehör, und eines Nachts träumte er, ein junger Bär wäre in sein Bett gekrochen, mit jedem Atemzug größer geworden, bis er schließlich den ganzen Platz eingenommen und ihn, den Welf, vom Lager verdrängt habe. Am nächsten Morgen erhob er sich, ›bis ins Innerste erschüttert‹, wie er es ausdrückte, aber schon waren wieder neue Boten mit der Nachricht eingetroffen, daß man mich an seiner Statt zum Kaiser gewählt habe. Fassungslos brach er sein Lager ab und eilte nach Norden. Manche fanden seine Flucht wunderbar, und ich stimmte mit ihnen überein, da der Papst das Wunder bewirkt hatte.

Ein Jahr verging, ein Jahr ungeduldigen Abwartens, und ein Abgesandter sowohl aus Deutschland als auch aus Rom traf in Palermo ein. Der Abgesandte, der edle Anselm von Justingen, überbrachte das Manifest der deutschen Fürsten, das vom Papst unter gewissen Bedingungen gebilligt worden war und nur noch meiner Zustimmung bedurfte.

Sogleich erkundigte sich Berard eingehend nach den Forderungen des Papstes. Ich mußte mit ihm in den Palastgarten gehen, wo wir keine Lauscher zu befürchten hatten, und er erhob seine warnende Stimme.

»Mein Sohn«, sagte er, »ich bin mir wohl bewußt, daß es Euch nicht an Erfahrung im Umgang mit dem Papst mangelt. Jedoch Ihr kennt nur seine Worte und nicht den dahinterstehenden Mann. Ich bedaure, daß Ihr seine Verstandesstärke noch nicht persönlich erlebt habt. Er scheint Euch jetzt Euern Herzenswunsch zu erfüllen. Habt Ihr schon einmal erwogen, daß es vielleicht *sein* Herzenswunsch ist, der damit in Erfüllung geht? Daß Vasall oder Mündel des Papstes zu sein zwei ganz verschiedene Dinge sind? Daß Ihr ihm ausgeliefert seid, sobald Ihr einmal völlige Unterwerfung geschworen habt? Alles andere ist zweitrangig. Aber die stillschweigenden Folgerungen daraus, mein Sohn!«

Ich pflückte eine einzelne, zur Unzeit blühende *margherita* und rupfte ein Blütenblatt nach dem anderen ab. Schließlich rief ich: »Ich bleibe Sieger! Wartet nur ab, lieber Berard, und paßt auf; in meinen Taten werde ich mich den Worten des Papstes gewachsen zeigen . . .«

Er zuckte die Achseln und lachte: »Das nächste Mal laßt mich die *margherita* lieber zerrupfen.«

Da ich es kaum erwarten konnte, mit dem Manifest vor die Öffentlichkeit zu treten, ordnete ich eine Lesung im Dom an, die unter allem dazugehörigen Prunk und Gepränge stattfinden sollte. Die Königin und ich wurden in einer offenen, mit einem Baldachin versehenen Sänfte in die Kathedrale getragen, so daß uns die Menge, die den Weg säumte, sehen konnte. Wir wurden begeistert begrüßt, denn für die Volksmassen lag wenig Erfreuliches in der Aussicht, noch einmal unter deutsche Besatzung zu geraten. Für ihre Befreiung zollten sie mir mehr Anerkennung als dem Papst; und unter diesen Umständen war ich kaum geneigt, ihren Eindruck zu korrigieren (wer läßt schon immer selbst dem Teufel Gerechtigkeit widerfahren?).

Auf mein Drängen war die Königin dicht verschleiert, obwohl nicht so völlig wie eine Mohammedanerin; auf diese Weise hoffte ich die Gunst der beiden vorherrschenden religiösen Elemente unter meinen Untertanen zu erringen oder zumindest niemand vor den Kopf zu stoßen. Als wir uns dem Dom näherten, wandte sie sich mir zu und lüftete den Schleier ein wenig, um deutlich sprechen zu können.

»Mein Herr und Gebieter«, sagte sie leise aber durchdringend, »Ihr habt mich nicht zu Rate gezogen, und so weiß ich nicht, wie Eure Entscheidung ausgefallen ist. Dennoch möchte ich meinen Gefühlen Ausdruck verleihen. Die Aussicht, daß Ihr Kaiser werden könntet, ist beängstigend für mich. Es ist nicht nur die Reise nach Deutschland, die mich schreckt, schwierig und gefährlich wie sie sein muß. Die Zukunft — ich bin um die Zukunft besorgt. Was wird das in kommenden Jahren für unseren Enrico bedeuten? Und wie steht es mit den Deutschen selber? Kann man den Deutschen trauen? Als ich in Ungarn war —« Sie brach abrupt ab; es war die einzige Anspielung auf ihren früheren Rang. »Ich fürchte die Deutschen, mein Herr und Gebieter; ich fürchte sie sehr — und bange um Euch in ihrer Mitte!«

Sogleich regten sich schlummernde Erinnerungen in mir an jene andere Konstanze, meine Mutter. Seit unserer Hochzeit empfand ich das erste Mal etwas wie Zärtlichkeit für sie. Meine Hochachtung vor meiner Frau Konstanze war seit der Geburt unseres Sohnes ständig gestiegen; seit sie den Säugling in Armen hielt, war sie viel milder geworden. (Ihr anderes Kind von dem

König von Ungarn war längst gestorben.) Sie schien zufriedener, fast glücklich; auch schien sie mir nicht zu mißtrauen und der Selbstkasteiung mit der Geißel nicht mehr zu bedürfen. Ihr langes, trauriges Gesicht war abgeklärter — in gewissem Sinne beinah schön. Jetzt war ich von ihrer Besorgtheit gerührt.

»Madonna«, sagte ich, »Ihr könnt ganz beruhigt sein. Wir haben an all diese Dinge gedacht. Ihr habt vergessen, daß Federico für die Deutschen Friedrich ist. Ihnen kämen Wir als Deutscher unter Deutschen vor, als Sproß des Deutschtums überhaupt. Sie können einem der Ihren die Gefolgschaft nicht verweigern...«

Sie seufzte, rückte den Schleier zurecht und bekreuzigte sich.

In diesem Augenblick hob ich den Kopf und sah die schwindelerregend hohen Domtürme vor mir und mußte zurückdenken ... Dem jugendlichen Kaiser von jetzt kamen sie weniger furchtbar vor als dem Kind-König von einst, aber ihre schwindelerregende Höhe war noch dieselbe.

Unter regelmäßigen Trompetenstößen schritten wir langsam auf den Thron zu. Unter Orgelklängen nahmen wir darauf Platz. Wir trugen unsere Kronen und Staatsgewänder; den Mantel meines Großvaters Roger hatte ich allerdings nicht an und ihn für eine größere Festlichkeit aufgehoben. Berard, im vollen Ornat eines Erzbischofs, stand mir zur Rechten. Das gewaltige Kirchenschiff quoll fast über von meinen Höflingen, meinen Beamten und deren Frauen; die buntgekleidete Menge wirkte wie ein tropischer Blumengarten. Die Orgel verstummte. Eine Glocke läutete. Erwartungsvolles Schweigen senkte sich herab.

Der edle Anselm räusperte sich und entfaltete seine Pergamentrolle. Ich beobachtete ihn aufmerksam, aber auf seinem offenen Gesicht spiegelte sich nichts von zukünftigem Verrat, der Verschwörung, die man mit meinem eigenen erstgeborenen Sohn anzetteln sollte. Er trug den lateinischen Text des Manifests mit dröhnender Stimme und leicht deutschem Akzent vor, und die Gewölbe warfen seine Worte zurück:

»In der Voraussicht, daß die Menschheit nach Adams Fall ihren freien Willen mißbrauchen und sich in den Netzen der Zwietracht verfangen würde, hat der Allmächtige das Heilige Römische Reich geschaffen, damit sein Gebieter, wie Gott über die Erde, über Könige und Nationen herrschen und für Friede und Gerechtigkeit sorgen soll. Nachdem die griechischen Kaiser ihre Pflichten verabsäumten, hat die Heilige Mutter Kirche im Zusammenwirken mit Senat und Volk von Rom, in Erinnerung an besagtes Reich, seine Wurzel in das mächtige Deutschland verpflanzt, auf daß die Herrschaft über dieses Gebiet von unseren vornehmen Fürsten, unseren kraftvollen Rittern und tapfersten Kriegern aufrechterhalten werde. Ohne Oberhaupt ist das Reich wie ein Schiff im Sturm ohne Steuermann. Irrlehren entspringen, und die Universalkirche ist ständigen Belästigungen ausgesetzt. Bienenschwärme, die ihre Königin verlieren, lösen sich auf; so sind auch Königreiche, die nicht gezügelt werden, dem Untergang preisgegeben. Die Sonne wird verdunkelt; die Welt braucht einen Kaiser, um sie vor Unordnung zu bewahren. Die Nationen haben Gott mit lauter Stimme angerufen, der aus dem Schlaf erwacht ist und sich des Reiches entsonnen hat. Er hat uns, die Kurfürsten Deutschlands, veranlaßt, uns um den Thron zu scharen und uns pflichtgemäß zu versammeln. Wir haben den Heiligen Geist angerufen und uns an die hergebrachten Bräuche gehalten; gemeinsam haben wir unseren Blick auf den erlauchten Herrn, den König von Deutschland und Sizilien, den Herzog von Schwaben geworfen und ihn der Ehre für würdig befunden. Obwohl jung an Jahren, ist er alt, was Charakter angeht; obwohl noch nicht voll erwachsen, hat ihn die Natur verschwenderisch mit Geist und Verstand ausgestattet; er überragt alle seinesgleichen; er ist vorzeitig mit Tugenden gesegnet worden, wie es einem Sproß deutscher Kaiser zukommt, die weder sich noch ihre Schätze geschont haben, um Ehre und Macht des Reiches zu vergrößern und das Glück ihrer treuen Untertanen zu fördern.«

Beifallsstürme brausten durch den Dom, die Klänge eines weltlichen Chores, die sich zu meiner Ehre nordwärts wälzten; und dann setzte der Domchor selber mächtig ein, ein kirchliches Tedeum, das zu meiner Ehre himmelwärts stieg. Ich betrachtete die eifrigen und erregten Mienen meiner Untertanen. Ich spürte, wie die Königin neben mir plötzlich unruhig wurde. Ich warf einen

Blick auf das bärtige Antlitz des Erzbischofs Berard, das seltsam unbewegt, fast maskenhaft blieb. Von allen Seiten drangen die Schatten der Vergangenheit auf mich ein: meine sizilianische Mutter, mein deutscher Vater . . . mein Großvater Roger der Große, mein Großvater Barbarossa, der Kaiser . . . Sie flüsterten und nickten, vollführten Gebärden und schnitten Grimassen, drohten und forderten, tauchten auf und lösten sich in den einfallenden, staubgesättigten Lichtstrahlen auf . . . und von allen blieb der Rotbart am längsten sichtbar . . . alles beherrschend.

Ich hob die Hand, und es wurde still wie nach einem Donnerschlag, der aus meinem Herzen gekommen zu sein schien.

»Wir nehmen an . . .«, begann ich.

Ich war überzeugt, daß die göttliche Vorsehung mich zu ihrem Werkzeug erkoren hatte, gegen alle Wahrscheinlichkeiten und Hoffnungen der Menschen.

Ich war siebzehn. Selbst die Sterne waren mein.

Zweites Kapitel

Puer Apuliae

– Der Knabe von Apulien –

1.

Erst im Frühjahr konnte ich von Sizilien nach Rom aufbrechen, der erste Abschnitt der weiten und gefahrvollen Reise in die geheimnisvollen deutschen Lande jenseits der Alpen. Aus politischen Gründen begab ich mich zu Pferde von Palermo nach Messina, um mich dort einzuschiffen, und die Insel Sizilien war mir noch nie so unwiderstehlich vorgekommen. Alles stand in Blüte und duftete — imposante Berge, ausgedörrte Felsen, funkelnde Strandflächen, schattenspendende Wälder, terrassenförmig angelegte Weinberge, silbergrüne Olivenhaine, wogende Weizenfelder.

Dies war mein Land, und ich liebte es. Seine Schönheit zog mich an, sein chaotischer Zustand stieß mich ab. Ich zog Kraft aus seiner Kraft, und meine Schwäche leitete sich aus seiner Schwäche her. Die Schwäche, die ich in Stärke zu verwandeln gedachte, denn wenn das Gute gottgegeben war, so war das Schlechte Menschenwerk und ließ sich berichtigen. Schon sah ich in dem Teufel und seinen Werken nichts als Phantasterei, auf die Legende vom pferdefüßigen und ziegengehörnten Pan begründet, der angeblich in dieser Gegend sein Wesen getrieben haben soll. Ich schwelgte in dem Gefühl der Macht zum Guten, dem göttlichen Recht eines Königs. Überall wurde ich begeistert begrüßt: Handwerker umsäumten die Straßen der Ortschaften, und die Bauern schwenkten ihre Sicheln und Hacken zum Gruß. Freudigen Herzens befahl ich, jeden zerlumpten und verschmutzten Bettler, den wir anträfen, zu baden, ihm das Haar zu scheren und ihn neu einzukleiden, auf daß er wissen möge, sein gewählter Kaiser, sein oberster Landesherr und König sei vorübergezogen.

In Palermo bestand kaum noch Opposition dagegen, daß ich dem Ruf der deutschen Fürsten Folge leistete. Die Königin jedoch schlug, wenn das Thema zur Sprache kam, immer schärfere Töne an. Ich sah mich deshalb gezwungen, ihr ziemlich grob Stillschweigen zu gebieten. Es war klar, daß sie sich im Grunde davor fürchtete, erneut Witwe zu werden; denn meiner jugendlichen Leistungsfähigkeit im Bett war es gelungen, sie mir sehr geneigt zu machen. Obwohl Berard skeptisch blieb, belästigte er mich nicht mehr mit Zweifeln und düsteren Voraussagen, sobald die Entscheidung einmal gefallen war; im Gegenteil, er widmete sich mit voller Energie den Vorbereitungen für meine Abreise. »Alles wird gut gehen«, sagte er, zitierte jedoch anschließend ein altes italienisches Sprichwort: »*Se il Diavolo non ci mette la coda*« (Wenn der Teufel seinen Schwanz nicht hineinhängt).

Es gab so mancherlei zu tun. Nicht zuletzt mußte ich meine deutschen Sprachkenntnisse so rasch wie möglich auffrischen. Als Kind hatte ich etwas Deutsch gelernt, aber die paar Worte und Redensarten, an die ich mich noch erinnerte, genügten kaum für einen Kaiser in Deutschland, und ich fürchtete, daß man in Deutschland das Lateinische nicht viel besser sprach als ich Deutsch. Ständig hatte ich einen Lehrer um mich und zwang mich, in Deutsch zu denken. *Mut und Kraft!*

Die anderen Probleme betrafen Sizilien selbst sowie die Forderungen des Papstes, der alles andere als geneigt war, meiner Wahl ohne weiteres zuzustimmen. Schon indem er mir eine gute Reise wünschte, brachte er mich in Verlegenheit, und ich stöhnte unter der Vertrautheit in seinem Verhalten. War er nicht zufrieden mit dem Chaos, in das er das Königreich während meiner Mündelschaft gestürzt hatte, fragte ich mich; glaubte er, daß ich mich jetzt als König stets der Unnachgiebigkeit seiner Oberhoheit unterwerfen würde? Doch ich mußte einwilligen, wenn ich Sizilien vor einer neuen deutschen Invasion bewahren und allmählich so stark werden wollte, um die Ordnung im Lande wiederherzustellen und für Fortschritt zu sorgen.

Der Papst entlockte mir eine neuerliche Bestätigung des Konkordats, das meine arme Mutter gezwungenermaßen unterzeichnet hatte. Mit mir ging er noch weiter und behielt sich die Ernennung von Kirchenbeamten vor, ohne Befragung oder Zustimmung der Krone — wodurch er seinen Kirchenstaat innerhalb des weltlichen Staates festigte und Kienspäne für künftige Flammen hinzufügte. Auch mußte ich einen jährlichen Tribut in Gold entrichten — keine kleine Summe —, über das ich damals nicht verfügte und das mir erst als Kaiser zur Verfügung stehen würde. Ich konnte ihm nur einen Schuldschein ausstellen, mit dem er sich begnügen mußte. Aber der eigentliche Witz an der ganzen Geschichte war, daß ich nicht mehr als König von Sizilien gelten und sowohl den Titel ablegen als auch auf die Regierungsgeschäfte verzichten sollte. Mit nichts weniger begnügte er sich als mit der Krönung meines Söhnchens Enrico zum König, der Ernennung der Königin Konstanze (meiner vom Papst ausgewählten Gemahlin!) zur Regentin und der Rückberufung Gualtieros di Palearia (meines vom Papst ausgewählten Freundes!) als Kanzler.

Als ich von diesem letzteren Ansinnen erfuhr, wurde mir fast physisch übel, und ich beschloß, etwas zu feilschen. Mit den ersten beiden Punkten wäre ich einverstanden, erklärte ich; mit dem dritten jedoch — dem famosen Bischof (von dem man allerorts behauptete, er sei außerordentlich gut zu seinen Kindern) — nur, wenn Seine Heiligkeit Berard im Austausch zum päpstlichen Gesandten mit unumschränkter Vollmacht ernennen und ihn mir als Reisebegleiter mitgeben würde. Dieses *quid pro quo* wurde vom Papst akzeptiert, und ich durfte mir mit Befriedigung sagen, daß sich wenigstens eine vertrauenswürdige Person an meiner Seite befinden würde. So wurde mein Sohn Enrico König, noch ehe sich meine Stirn an die Krone gewöhnt hatte, und das Königreich selbst schien mir durch die Finger geronnen zu sein wie Sand aus einem Stundenglas. Schließlich forderte der Papst, wie Berard befürchtet hatte, von mir noch eine letzte Unterwerfung: ich müsse persönlich vor ihm den Treueid als Lehnsmann ablegen. Ich müsse in Rom meine Knie vor ihm beugen. So und nur so dürfte ich mit seinem Segen rechnen — und mit dem Imperium.

Ich zog es vor, mich zu beugen.

Da es höchst unklug gewesen wäre, den Papst umgeben von einer sarazenischen Leibwache aufzusuchen, ward es mir sauer, eine Gruppe von Männern zusammenzustellen, auf die ich mich verlassen konnte. Ich hielt es für angebracht, mit wenigen zu reisen, denen ich trauen konnte, als mit vielen, die mir unsicher schienen, denn keine Gefahr ist größer als Verrat von innen. Deshalb fiel meine Wahl auf einige ältere normannische Ritter, die mir in allem Unglück treu geblieben waren; ich ergänzte sie durch ihre Söhne und nahm noch den Grafen Alaman da Costa in die Schar auf — einen Genuesen mit weitreichendem Einfluß. Er war ein lustiges, witziges Männchen mit kaufmännischen Interessen in Syrakus und verfügte über einen unerschöpflichen Vorrat von Witzen über Handelsreisende und Wirtstöchter. Wir waren Freunde geworden, als ich in den Märschen rings um Catania Jagd auf die *baroni* gemacht hatte. Ich nahm ihn in den Kronrat auf, und zusammen mit meinem bärtigen Patriarchen Berard waren wir komplett.

Nein, nicht ganz komplett. Ich brauchte unbestechliche Leibdiener, die sich weder zu Spionagediensten noch als Giftmörder hergeben würden. Meine Wahl fiel auf zwei junge Sarazenensklaven, Harun und Abu, die ein Liebespaar waren. Ich wählte Liebhaber, weil sie sich während der langen Reise miteinander begnügen und sich nicht mit Christenmädchen einlassen würden. Um die Sicherheit noch zu erhöhen, mußten Harun und Abu sich die dünnen Sarazenenbärte abrasieren; außerdem steckte ich sie in gewöhnliche Dienerkleidung und taufte sie in Pietro und Paolo um. Dafür, daß sie sich dieser Schmach unterwarfen, versprach ich ihnen bei unserer Rückkehr nach Sizilien die Freiheit. An ihrer Treue zweifelte ich nicht.

Mit einer gewissen Erleichterung nahm ich Abschied von der Königin, verbarg jedoch dieses Gefühl sorgfältig vor ihr, als sie schluchzend in meinen Armen lag. Mich von meinem kaum zweijährigen Söhnchen Enrico zu trennen, fiel mir schwerer. Während er in den Windeln lag, hatte ich meine Vorliebe für kleine Kinder entdeckt und fast täglich mit ihm gespielt. Als er heranwuchs, zeigte ich ihm, wie man einen Ball wirft, klettert und Purzelbäume schlägt. Ich ritt mit ihm auf Zinki — meinem weißen Araberhengst — und ließ ihn, wenn das Pferd im Schritt ging, die Zügel halten. Er hatte seine Freude daran, und ich hoffte, daß aus ihm einmal ein erstklassiger Reiter werden würde. Aber als der Tag der Abreise näherrückte, mußte all das unterbleiben. Als letztes Lebewohl herzte und küßte ich ihn; er strampelte und lachte vor Entzücken. Dann bemerkte ich plötzlich, wie sehr er seiner Mutter ähnlich geworden war, und ich fragte mich, ob diese Ähnlichkeit mit den Jahren noch größer werden würde. Später berichtete man mir, er sei in den ersten Tagen nach meiner Abreise sehr traurig gewesen und habe dauernd nach mir gefragt. Er fühlte sich im Stich gelassen, und vielleicht hat er mir das nie verziehen ..., vielleicht lag darin der Grund für unsere spätere Entfremdung. Ich verabschiedete mich von ihm als König von Sizilien, ordnete jedoch an, daß man ihm Deutschunterricht erteilen solle. (Ja, ich war das.) Schon barst mein Schädel vor weitreichenden Plänen.

Auf See, sobald das Land außer Sicht war, hatte ich viel Zeit zum Nachdenken. Als wir die Äolischen Inseln passierten, dort, wo Odysseus den Windgott um Beistand angerufen hatte, wollte ich haltmachen, um die liparischen Werkstätten zu besichtigen, in denen scharfe obsidianische Klingen aus schwarzem vulkanischen Glas hergestellt wurden — lange vor Entdeckung der Bronze. Ich wollte die Fahrt in Stromboli unterbrechen und den Vulkan besteigen, der noch immer aktiv war und sich uns beim Vorübersegeln in Feuer gehüllt zeigte. Aber es war keine Zeit. Dazu kam noch, daß ich zwar Wahlkaiser, aber nur Passagier auf dieser Galeere war, die einem Griechen gehörte und regelmäßig zwischen bestimmten Häfen verkehrte. Der Kapitän, ein verschrumpftes Männchen, war selber ein Liparesi und empfahl mir ›pazienza‹ und noch einmal ›pazienza‹, das am häufigsten gebrauchte Wort der Insulaner.

Dabei hätte ich kaum ungeduldiger sein können. Ich konnte es kaum erwarten, ein eigenes Schiff — nein, eine eigene Flotte — zu besitzen, haltzumachen, wann und wo es mir beliebte; ich war meiner Armut überdrüssig; ich sehnte mich nach Macht. Nachts konnte ich vor Ungeduld kaum schlafen in meiner Kabine, und tagsüber blies ich wie Äolus in die Segel und spornte die Ruderer zu größerer Kraftanstrengung an. Aber der Kapitän zuckte nur die Achseln und schielte nach Delphinen, die schneller waren als das Schiff. Das Wasser klatschte mit derselben Eintönigkeit gegen den Rumpf, die schon Odysseus vernommen hatte, und ich sehnte mich nach dem winderzeugenden Ziegenfell, der magischen Geschwindigkeit. Um mich zu beruhigen, zeichnete ich Möwen im Fluge und versuchte hinter die Geheimnisse des Vogelfluges zu kommen. Dabei entdeckte ich, daß ich gar kein schlechter Zeichner war. Abends spielten wir zur Erholung Karten — Berard und ich, Graf Alaman und der Kapitän — *scopone*, wie das Spiel hieß. Nach einigen Runden merkte ich, daß Berard und der Graf ganz gewaltig mogelten; und als ich dann mit Berard in meiner Kabine allein war, stellte ich ihn darüber zur Rede. Er wurde rot und gab die Wahrheit zu . . ., meinte jedoch, man müsse mogeln, um den Vorsprung des Grafen einzuholen. Lachend stimmte ich zu; doch ich glaube, Berard wollte nur einmal ein bißchen sündigen und diesen Luxus genießen.

Alles ging gut, indes wir nordwärts fuhren. Das Wetter blieb schön. Keine Piraten kreuzten auf. Von Krankheiten blieben wir verschont. Capri kam in Sicht, dann Ischia. In Neapel legten wir an, um Wasser und Proviant zu fassen. Ich hatte keine Lust, von Bord zu gehen, obwohl ich gern das Grabmal Virgils aufgesucht hätte, aber ich hatte zu tun. Ich hielt hof im Ei-Kastell, das auf einer ovalen Insel in Ufernähe emporragt. *Castel dell'Uovo* hieß es nicht nur seiner Form wegen, sondern weil es Virgil dort — mit Hilfe von Zauberei — gelungen sein sollte, ein Ei durch den engen Hals einer Karaffe zu schieben, ohne Ei oder Flasche zu zerbrechen. Ich empfing viele Adlige, die meine persönliche Bekanntschaft zu machen und mir ihre Huldigungen darzubringen wünschten, und war insgeheim wütend, als ich merkte, daß sie über meine Jugend erstaunt waren. Warum benahmen sie sich nicht ebenso würdevoll wie ich? Ich wußte noch nichts von dem Ausmaß der Legende, die sich um meinen Namen zu schlingen begann, der Legende des blonden Knabenkönigs, der über alle Feinde triumphierte, eines zweiten Davids, unbesiegbar.

In Wirklichkeit fühlte ich mich nicht nur unbesiegbar, sondern unsterblich, das heißt ich war mir der Existenz des Todes weniger bewußt, als daß ich ihn verachtet hätte. Der Tod war für andere da . . ., nicht für mich. Man konnte Pfeile auf mich abschießen, aber sie würden abprallen. Schwerter würden nicht schneiden, Lanzen nicht verletzen, Feuer nicht brennen. Daß ich ertrinken könnte, war einfach unmöglich. Als Neapel eine Tagereise hinter uns lag, warnten uns freundliche vorüberziehende Fischer, daß Galeeren der pisanischen Flotte auf uns lauerten, um uns zu rammen, zu entern und unser Schiff zu zerstören, die leibhaftige Existenz Friedrichs von Hohenstaufen für immer und ewig auszurotten. Meine einzige Reaktion darauf war, daß ich in Gelächter ausbrach. Durch gedungene Banditen wollte Otto mich also beseitigen lassen, weil ich ihm in Deutschland im Wege war; aber ich hatte noch andere Reserven . . ., ich war Federico der Sizilianer, ein Genie, das in einer Lampe lebte, ich war eine Flamme des Lebens, die man nicht auslöschen konnte.

Aber anderen konnte man etwas anhaben. Ich postierte einen Bogenschützen neben jeden Ruderer und je einen Soldaten zum Schutz beider. Weise Vorsichtsmaßnahmen, erklärte Berard. Doch dann überzeugte er mich, indem er seinen Bart auf höchst unheilige Weise kraulte, daß es ungerecht der Vorsehung gegenüber sei, sie ungebührlich herauszufordern; und fragte mich dann, ob ich mir schon überlegt habe, wie interessant es sein müsse, (im Triumph) über die Via Appia Antica in Rom einzuziehen? Ich würde mich der Stadt genauso nähern wie die Cäsaren von einst, und Trompeter würden mir vorausreiten. Der Gedanke entzückte mich, und ich willigte ein, in Gaeta anzulegen, wo die Via Appia an das Meer herankommt. So wurde den feindlichen Galeeren ein Strich durch die Rechnung gemacht. Unter ausladenden Pinien und hohen Zypressen ritt ich zufrieden die Straße entlang, die (wie Berard mir verriet) von dem Zensor Appius Claudius im Jahre 312 v. Chr. angelegt worden war. Unterwegs bewunderte ich die Geschicklichkeit der Brückenbauer, deren Werke mehr als fünfzehnhundert Jahre standgehalten hatten, und staunte über einen Fahrweg von einer solchen Festigkeit, daß die römischen Wagen an bestimmten Stellen beim Bremsen tiefe Rillen in dem Gestein hinterlassen hatten. So würde ich einst bauen, wenn ich eines Tages das Geld und die Handwerker dazu hätte. Ich sah mir jeden Römerbau, an dem wir vorüberkamen, genauestens daraufhin an, wie er konstruiert war.

Endlich gelangten wir zu einer großen Wasserleitung, die aus dem Gebirge nach Rom hineinführte, aber außer Betrieb war. Im fünften Jahrhundert war sie von den Barbaren zerstört worden und hatte die von den Römern entwässerten Marschen längs der Küste überflutet. Als Folge davon waren riesige Insektenschwärme aufgetreten und Seuchen, die das Land entvölkerten. In der Stadt selbst, sagte Berard, wären die Brunnen versiegt und die Bevölkerung hätte das unsaubere Tiberwasser getrunken, da die Christen mehr an einem zukünftigen Leben interessiert gewesen seien als an der Reparatur einer Wasserleitung. »Sie ist bis auf den heutigen Tag nicht wieder hergestellt worden«, fuhr er fort, »und wenn Euch etwas an normalem Stuhlgang und gesunder Verdauung gelegen ist, mein Sohn, so rate ich Euch, Wein zu trinken, wenn Ihr nach Rom kommt.« Ich lachte, begriff aber, daß er mir eine Warnung hatte zukommen lassen. Meine Eingeweide waren zwar aus Eisen, doch ich entsann mich, wie mein Vater gestorben war und auf was für geheimnisvolle Weise meine aragonesischen Ritter ums Leben gekommen waren. Also würde ich Wein trinken.

Als wir uns Rom näherten, wurde die Anzahl von Grabmälern und Monumenten, an denen wir vorüberkamen, immer größer (nach römischem Recht durfte niemand innerhalb der Stadtmauern beigesetzt werden). Das prächtigste war das Grabmal der Caecilia Metella, das von der Familie Caetani vereinnahmt worden war und jetzt als Festung diente; sein gewaltiger Rundturm beherrschte die Straße und bedrohte alle Vorüberziehenden. Vor dem Turm machten wir halt, banden unsere Pferde an und wurden von dem Verwalter begrüßt, der bereits von unserem Kommen unterrichtet war. Ich schickte sogleich Boten an den Papst, um ihm zu sagen, daß ich angekommen sei und seine Befehle erwarte.

Zusammen mit Berard erklomm ich den Turm. Um die Brustwehr summten Fliegen, kein Lüftchen regte sich. Berard, der schon häufig in Rom gewesen war, kaute philosophisch auf seinen gesalzenen Wassermelonenkernen und beobachtete mein Gesicht. Vor uns zeichneten sich in der gelben, hellen Sonne eines heißen Aprilmorgens in der Ferne die schirmförmigen Pinien und hohen Zypressen ab, die Kuppeln und Triumphbögen der Ewigen Stadt, schlummernd im Schutz der Aurelianischen Mauer. Roma ... von einem neuen Zeitalter träumend, schien mir ... einer Wiedergeburt seiner einstigen Herrlichkeit ...

2.

Wir wurden in klerikalen Gemächern in der Nähe der Basilika von St. Peter einquartiert; Konstantin hatte sie an der Stelle erbaut, wo einst der Zirkus des Nero stand — ein Wandel, den Triumph der Christenheit symbolisierend, wie Berard erläuterte.

Die Gegend werde *Vaticano* genannt, sagte Berard, auf Grund der *vaticinia* oder Weissagungen, die in antiken Zeiten dort von heidnischen Priestern verkündet wurden. Jetzt war Fastenzeit, und schwarzgekleidete christliche Priester eilten hin und her und trafen Vorbereitungen für das Osterfest des Blutes, des Todes und der Wiedergeburt.

»Rom war stets eine Priesterstadt«, sagte Berard, »aber jetzt tragen sie andere Gewänder. In römischen Zeiten trugen während der Luperkalien gewisse Priester überhaupt keine Gewänder; jeder hatte einen Phallus aus Ziegenfell in der Hand, rannte nackt durch die Straßen und berührte die Weiber mit dem Phallus — ein Frühlings-Fruchtbarkeits-Ritus. Scheußlich . . . scheußlich . . .«

Ich lachte. »Das ist Karneval — nur der Name hat sich geändert!«

Wir wuschen uns mit schmutzigem Wasser in Marmorbecken und zogen uns um. So arm war ich geworden, daß meine Sarazenen Pietro und Paolo Mühe hatten, eine ungeflickte Hose, einen Rock ohne zerschlissene Ärmel oder einen unzerfetzten Mantel für mich aufzutreiben. Schon waren Berard in Rom umgehende Gerüchte zu Ohren gekommen, daß ich völlig zerlumpt eingetroffen und auf päpstliche Almosen angewiesen sei. Meine Ohren glühten, als er mir das erzählte, und ich fraß diese Demütigung in mich hinein. Die Gerüchte kamen der Wahrheit nur allzu nahe. Hätte ich nicht eine würdevolle Haltung an den Tag gelegt, so hätte niemand erraten können, daß dieser einfach gekleidete, unbewaffnete Jüngling ein König und ein zukünftiger Kaiser war. Ich nahm mir vor, so vor den Papst hinzutreten, als trüge ich einen perlenbesetzten Mantel, und alle Zuschauer durch meine königliche Haltung dazu zu zwingen, über das hinwegzusehen, was ich tatsächlich auf dem Leibe hatte.

Fast augenblicklich ließ uns der Papst wissen, daß er bereit sei, uns im Lateran zu empfangen. Mein Herz schlug schneller bei dem Gedanken, endlich dem Mann gegenüberzutreten, der das Bindeglied zwischen mir und meiner Mutter gewesen war. Wir wurden von einem Priester durch ein anscheinend endloses Gewirr von Gemächern in ein riesiges Wartezimmer geführt, wo man mich und Berard eine Stunde allein ließ. In der Gefühlsaufwallung des ersten Augenblicks war ich fast bereit gewesen, mich wie ein verlorener Sohn in die Arme des Heiligen Vaters zu werfen, aber während der langen Wartezeit wuchs meine Verärgerung im Verhältnis zu meiner Ungeduld. Es fällt jedem gesunden jungen Tier schwer, stillzustehen, noch schwerer fällt es dem Jüngling und am schwersten einem mannhaften jungen König, der ans Befehlen und an Freiheit gewöhnt ist. Ich blickte aus sämtlichen, mit Mittelpfosten versehenen Fenstern und sah nichts als Gärten. Ich zählte die Anzahl der vorhandenen Kruzifixe — siebzehn. Ich zählte die vorüberhastenden Priester und Mönche — neunundsechzig.

»Eine kostbare Lebensstunde vergeudet!« rief ich schließlich aus.

»*Pazienza*«, erwiderte Berard ruhig und kraulte seinen Bart.

Ich machte eine finstere Miene und tat im Scherz, als sei ich mit dem bösen Blick behaftet, während er sich bekreuzigte.

Mit einem Knarren gingen innere Türen auf, und ein junger Priester mit tintenbefleckten Fingern erschien. Mit wohltönender, schöner Stimme, jede Silbe deutlich betonend, verkündete er: »Seine Heiligkeit wünschen den jungen König allein zu sprechen.«

Ich wandte mich an Berard, zwinkerte und sagte: »*Pazienza!*« Dann folgte ich dem Priester gehorsam.

Ich fand den Papst von Gefolgsleuten umgeben vor; er saß auf einem kunstvoll geschnitzten, von einem purpurnen Baldachin überdachten Thron. Er hatte ein reichbesticktes Meßgewand um und eine Mitra auf dem Haupt. Seine Hände waren wie zum Gebet gefaltet, und er hielt den Kopf geneigt, so daß er mit seinen Lippen die Fingerspitzen berührte. Er betete jedoch nicht, sondern sah sich aufmerksam um, und bei meinem Eintritt schien er einen Augenblick erschreckt. Langsam legte er die Hände in seinen Schoß und hob den Kopf.

»Eh — *puer Apuliae*«, sagte er, »unser Sohn der Kirche.«

Warum er mich einen Knaben aus Apulien und nicht aus Sizilien nannte, wußte ich nicht, aber die Bezeichnung haftete mir jahrelang an und erwies sich als prophetisch. Ich schaute ihn fest an und versuchte mir nach Möglichkeit darüber klarzuwerden, was die lange, beherrschende Nase, der fest zusammengekniffene Mund, die rötlich hervortretenden Adern auf seinen glattrasierten Wangen und vor allem die kühlen, berechnenden Augen bedeuten mochten. Er hatte die Fünfzig jetzt bereits überschritten, und die Macht seiner Persönlichkeit kam mit den Jahren noch stärker zum

Ausdruck. Mir kam es vor, als habe er in Gedanken Schach gespielt, er selber allmächtig, beide Seiten beeinflussend, Züge mit Läufern, Springern und Damen planend, um sowohl den weißen wie den roten König mattzusetzen und einen Doppelsieg für sich zu buchen. Jetzt stand ich vor ihm, nicht sein Mündel, nicht ein Knabe aus Fleisch und Blut, sondern ein Elfenbeinkönig, um gegen jenen anderen König anzutreten, der sich als so störend erwiesen hatte, und der deshalb, wie ich meinte, nicht mehr als ein Bauer war. Dies war mein Vormund, Papst Innozenz III.

Ich verneigte mich, und er reichte mir seine behandschuhte rechte Hand zum Kuß. Ich machte einen Kniefall und küßte den Ring.

»Willkommen im Namen Christi, unseres Herrn und Erlösers, und seiner gebenedeiten Mutter Maria«, sagte er förmlich. »Wie groß ist Gottes Güte, die Euch sicher zu uns führt — dieses Treffen hätte schon längst stattfinden sollen.«

»Allerheiligster Vater«, erwiderte ich, »Wir erscheinen als Mündel und Vasall vor Euch in prompter Ausführung Eurer Befehle. Unser Herz ist voller Dankbarkeit für den Beistand und die Hilfe, die Eure Heiligkeit Uns in der Stunde größter Not so gnädig gewährt haben. Zum größeren Ruhme Christi und der Heiligen Kirche und ihres erhabenen Oberhauptes selbst ist Unser Königreich raubgierigen Händen entrissen worden. Auch haben Wir die Unterstützung nicht vergessen, die Eure Heiligkeit Unserer verehrten Mutter, der Königin Konstanze, in der Zeit ihres Unglücks haben angedeihen lassen. Stets haben Wir Uns in Unseren Gebeten der Wohltätigkeit Euer Heiligkeit entsonnen und die Gnade des Himmels auf Euer erlauchtes Haupt herabgefleht.«

Er schien ein wenig bestürzt, daß ich so würdevoll sprach — mehr wie ein Kardinal als ein Knabe. Ich vermute auch, daß ihm die Betonung des königlichen *Wir* ein wenig harsch in den Ohren klang. Aber er legte keinerlei Anzeichen von Gereiztheit an den Tag, und seine Augen behielten weiterhin den Ausdruck innerer Konzentration wie bei einem in sein Spiel vertieften Schachspieler.

»Kommt jetzt«, sagte er, ein wenig schnaufend, als er sich vom Thron erhob, »laßt uns in den Garten gehen, damit wir uns wie Mündel und Vormund miteinander unterhalten können und nicht wie König und Papst.«

So gingen wir spazieren, aber er vernachlässigte seine Partie keinen einzigen Augenblick. Die Worte waren gütig, fast familiär; aber die Substanz war streng politisch. Ich müsse ihm öffentlich, vor den Augen der ganzen Welt, Lehnstreue schwören. Dafür würde er mir die Mittel zur Verfügung stellen, die ich für die Reise nach Deutschland brauche. Ohne auch nur einen Augenblick zu zögern, erklärte ich mein Einverständnis.

Erst als ich im Begriff war, sein Gemach zu verlassen, fiel ihm ein, daß er ein Geschenk für mich habe. Er ließ den tintenbekleck- sten Priester kommen, der ein vergilbtes Blatt Papier hervorholte, dessen Wasserzeichen eine Narrenkappe darstellte. Es war Gugliel- mos Brief. Als ich ihn damals zum erstenmal las, ergriff mich neuer Schmerz.

›Als ihm bewußt wurde, daß er nun doch ein Opfer seiner Feinde war . . ., verteidigte er . . ., der gerade erst aus dem Al- ter heraus war, da man ihn mit Wiegenliedern in Schlaf sang, sich mit Waffen und Tränen, ohne etwas von seinem Adel ein- zubüßen. Wie eine Maus, die aus Angst, von einem wilden Tier gefangen zu werden, ihren Verfolger anspringt, so unternahm er alles, um den Zugriff desjenigen abzuwehren, der es wagte, Hand an den Gesalbten des Herrn zu legen. Dann zerriß er, von gewaltigem Zorn ergriffen, die eigenen Kleider und grub seine scharfen Nägel in das eigene Fleisch.‹

Ich fragte mich, ob der Papst sich noch an den Inhalt des Schrei- bens erinnern mochte. Offensichtlich war das der Fall, denn er be- merkte in einem Ton milden Tadels: »Als Knabe wart Ihr oft recht widerspenstig und hitzköpfig; aber jetzt habt Ihr, dem Himmel sei Dank, gelernt, Euer Temperament zu zügeln.« Dann tätschelte er meinen Kopf so herzlich, als sei ich sein Lieblingsneffe.

3.

Auf Wunsch des Papstes sollte ich ihm am Ostersonntag huldi- gen und in der Zwischenzeit, auf seine Anregung, heilige Reliquien und Szenen aus der Geschichte der Märtyrer besichtigen. Mit mei- nen Gedanken war ich jedoch im alten Rom, von dem ich Beschrei- bungen in der *Mirabilia Urbis Romae* gelesen hatte, die zu Lebzeiten meiner Mutter verfaßt worden waren, und während Berard mit klerikalen Angelegenheiten beschäftigt war, nützte ich jeden Augenblick dazu aus, mich umzusehen. Ich wurde nur von meinen beiden jungen Sarazenen begleitet. Ohne Gefolge streifte ich durch die Straßen, zwängte mich zwischen Haufen von Abfällen, Pferdemist und menschlichen Exkrementen hindurch und suchte etwas von der einstigen Herrlichkeit und Schönheit der Stadt zu entdecken.

Am Ostermorgen erhob ich mich eine Stunde vor Tagesanbruch, nicht nur um die Messe zu besuchen, sondern weil ich ganz allein für mich auf dem Kapitol stehen und den Aufgang der Sonne beobachten wollte. Ich nahm eine zweikerzige Laterne mit, obwohl ich keinerlei Furcht vor den heidnischen Dämonen hatte, die nach christlicher Aussage diesen Ort bevölkern sollten. Ich befand mich im Anstieg, als das graue Licht eine rötliche Färbung annahm, und ich sah genug, um mich zwischen dem herumliegenden Gestein zurechtzufinden. Oben auf dem Kapitol ist eine Doppelreihe von Arkaden erhalten geblieben, und ich konnte die verwitterte Inschrift entziffern, daß Q. Lutatius, Q F. und Q. Catulus, die Konsuln, für die Errichtung der Fundamente und des Tabulariums verantwortlich waren. Sie hatten gute Arbeit geleistet, schien mir. Konnten sie vorausgeahnt haben, wie zerstörungswütig Barbaren, Christen und die Natur selbst über ihr Werk herfallen würden? So stand ich dort, wo Konsuln und Cäsaren und gefangene Könige gestanden hatten, und sah wie sie das Panorama des römischen Forums im Morgenlicht vor mir liegen. Nicht einmal im Traum hatten sie daran gedacht, daß eines Menschen Auge je das erblicken würde, was ich jetzt sah: Verwüstung ringsumher. Ein paar eingefallene Mauern, ein oder zwei Bögen, einsame Säulen zu dritt oder viert, den Teil eines Giebels, längst versiegte Brunnen, eine umgestürzte, arm-, bein- und kopflose Statue — alles plötzlich mit einem goldenen Schimmer übergossen, der rasch dem vollen Tageslicht wich. Ranken kriechen über die Bänke von Senatoren, Unkraut wuchert, wo Marmor blühte, Schweine wühlen und Ziegen weiden inmitten des Unrats — einst der Mittelpunkt der Welt. Immer wieder fragte ich mich, wie das geschehen konnte. Sind die Menschen so unvernünftig, daß sie gleichgültig ihr Bestes zerstören?

Bedrückt wandte ich mich zum Gehen. Dabei stieß ich mit dem Fuß gegen einen Steinbrocken, und etwas funkelte goldig in der Sonne. Ich bückte mich, kratzte einen Augenblick im Erdreich und starrte voller Verwunderung auf die Münze in meiner Hand. Sie war aus Gold und zeigte das Profil eines Kaisers mit Toga und Lorbeerkranz. Eingeprägt waren die Worte CAESAR AVGVSTVS

In diesem Augenblick ergriff, wie ich es später öffentlich ausgesprochen habe, der erlauchte Geist der Cäsaren Besitz von mir. Ich nahm mir fest vor, diese Stadt, die das Wunder der Welt gewesen war, wiederaufzubauen und ihre einstige Herrlichkeit wiederherzustellen, sobald ich in der Lage dazu sein würde. Was bedeutete es schon, daß tausend Jahre verstrichen waren? Bald würde auch ich Römischer Kaiser sein! Die unmittelbar bevorstehende Aufgabe, diese Verspottung eines Cäsaren, die Ablegung des Treueschwurs vor dem Papst als meinem obersten Lehnsherrn, erfüllte mich nicht mehr mit Bedauern. Das war nur ein weiterer Schritt auf dem Wege zum Gipfel. Einmal dort angelangt – vielleicht war ich dann an der Reihe, über den Spott zu spotten!

Ich nahm an der Ostermesse teil, und, auf ein Zeichen, näherte ich mich dem Thron Seiner Heiligkeit des Papstes und neigte mein ungekröntes Haupt vor dem Haupt, das die Tiara trägt. Dann kniete ich nieder, legte meine Hände in seine und schwur ihm und seinen Nachfolgern mit lauter Stimme Treue. Endlich schien er befriedigt und lächelte.

Aber mein Gesicht blieb ausdruckslos und leer wie das eines Schachfigurenkönigs.

4.

Mit päpstlichem Gold in meinem Beutel konnte ich endlich daran denken, die Reise nach Deutschland fortzusetzen, und ich wäre am liebsten hingeflogen, wenn ich gekonnt hätte. Ich hörte kaum auf den Segen, den der Papst seinem ›Sohn der Kirche‹ erteilte und kümmerte mich nicht um die Verleumder, die mich ›Pfaffenkaiser‹ nannten. Ich war viel zu beschäftigt, mich elegant einzukleiden, als daß ich anderen Dingen große Beachtung geschenkt hätte. Auch war ich so freudig erregt, daß mir die Bedeutung zweier anscheinend unbedeutender Ereignisse entging.

Ich begreife jetzt noch nicht, wie es kommt, daß die Ereignisse im Leben eines Menschen konsequent ineinandergreifen, obwohl die Astrologen die Ursache dafür in den Sternen suchen. Astrologen! Wenn die Sterne nicht lügen können, Astrologen können es! Obwohl ich häufig Astrologen zu Rate ziehe und mich ihrer Voraussagungen oft zu eigenen Zwecken bediene, kann ich nicht glauben, daß die Sterne das Schicksal der Menschen bestimmen, sonst müßten alle unter demselben Zeichen geborenen Menschen dasselbe Schicksal erleiden. Ich halte es mit Augustinus, der die Astrologie ebenfalls ablehnte. Es fällt nicht schwer, zu beobachten, daß Leute, die unter meinem eigenen Zeichen, *Capricorno*, ja selbst zur selben Stunde geboren sind, mir nicht gleichen. Aber, erklären die Astrologen, ich wäre eben auch ein König und hätte deshalb das Schicksal eines Königs. Schicksal? Ich danke!

Ich war von der Vorsehung dazu auserkoren, innerhalb weniger Tage flüchtig mit zwei Menschen in Berührung zu kommen, die, neben Berard, eine große Rolle in meinem Leben spielen sollten, ohne doch etwas davon zu ahnen. Es ist kaum zu fassen, daß die beiden Namen, die jetzt so bedeutungsvoll sind, mir damals überhaupt nichts bedeuteten. *Pier della Vigna* und *Bianca Lancia* . . ., Namen, bloße Namen, die man achtlos abschüttelt.

Es war am Abend vor unserer Abreise aus Rom, als Berard mit einem geglätteten Brief in der Hand zu mir kam. Er trug ihn, wie ich vielleicht einen preisgekrönten Falken getragen hätte — durchdrungen von einem gewissen Glücksgefühl.

»Was gibt's?« erkundigte ich mich neugierig.

»Hoher Herr«, antwortete er, »ich habe hier ein ganz erstaunliches Dokument, lateinisch geschrieben, in einem so erhabenen und schönen Stil, daß man meinen könnte, ein unbekannter aber großer römischer Dichter sei plötzlich wieder zum Leben erwacht!«

»Hòi«, sagte ich, »hat er eine neue Aeneis verfaßt?«

»Nichts dergleichen — nur ein Brief mit der Bitte um Anstellung in Euerem Kanzleigericht.«

Im Nu legte sich die Begeisterung, mit der Berard mich angesteckt hatte. »Ein Postenjäger«, sagte ich. »Die gibt es zu Tausenden, Dichter nicht.«

»Dieser ist anders, hoher Herr. Es handelt sich um einen siebzehnjährigen Knaben —«

»Knaben!« sagte ich mit finsterer Miene. »So alt wie ich. Guter Berard, ich hatte mir mehr von Euch erhofft! Haltet Ihr mich denn immer noch nicht für einen Mann?«

»Euch betrachte ich als meinen Sohn«, sagte er und lächelte mit einer Art göttlicher Langmut in seinen Bart. »Und diesen anderen kenne ich sehr genau. Dieser Jüngling hat mir Brot und Käse und Wein gebracht, als ich mich in Capua verborgen hielt. Er ist edelmütig und hochbegabt — aber verarmt. Er heißt Pier della Vigna, besitzt aber keinen einzigen Weinberg.«

Ich lachte über das Wortspiel. »Dann war sein Vater also weder ein Feudalherr noch ein Satyr?«

Für einen flüchtigen Augenblick schien es, als zögere Berard. »Sein Vater war ein Notar, ein kluger Mann, aber arm.«

Wieder verfinsterte sich mein Gesicht, und ich wußte weshalb. War dieser Petrus etwa gar der natürliche Sohn meines Berard? Ein stechender Schmerz aus Eifersucht vermischt mit Zorn durchzuckte mich. »Wie kommt es, daß der Sohn eines armen Notars ein so vollendetes Lateinisch schreibt?« fragte ich und versuchte mit Mühe das verräterisch Schneidende in meiner Stimme zu verbergen.

»Ein mir bekannter Priester hat ihn unterrichtet«, erwiderte Berard ruhig. »Er legte eine hohe Begabung an den Tag — so groß, daß er ein Jahr in Bologna an der Universität war. Jetzt kommt er, leider etwas spät, nach Rom.«

»Was will er auf meinem Kanzleigericht?« sagte ich schließlich, meine Bitterkeit verhehlend, »warum blieb er nicht in Bologna und erwirbt den purpurnen Talar und die Pelzmütze eines Doktors?«

»Er verfügt nicht über die Mittel, auf die Universität zurückzukehren, hoher Herr. Und er bewundert Euch außerordentlich —«

Ein wenig besänftigt, erklärte ich: »Laßt ihn nach Bologna zurückkehren. Dann werden Wir ihm in ein oder zwei Jahren, wenn Wir aus Germania zurückkehren, eine Anstellung geben.« Ich zog einen kleinen Beutel mit Gold aus meinem Gürtel und warf ihn Berard so nachlässig zu, als sei ich Midas selber. »Da — gebt Eurem Piero dies, Volksbildung sollte Sache des Staates sein.«

Ich warf den Gedanken so hin, wie ich den Beutel mit dem Gold hingeworfen hatte. Aber er blieb in mir haften; ich dachte ernsthaft darüber nach und wandte ihn zur gegebenen Zeit praktisch an. Aber wie seltsam, daß mein eigentlicher Ansporn einer Regung zorniger Eifersucht entsprungen war!

Berard wog den Beutel nachdenklich in seiner Hand, als wolle er ihn gegen den Brief in seiner anderen abwägen. »Hoher Herr, es wäre am besten, Ihr überreichtet Piero dies selbst. Er würde überwältigt sein. Morgen früh müßte er hier eintreffen —«

»Wir brechen mit dem ersten Hahnenschrei auf«, sagte ich streng. »Laßt das Gold mit einer kurzen Notiz hier zurück. Oder soll ich etwa auf ein armseliges Studentlein warten, wenn ein Kaiserreich ruft?«

Wie übertrieben ernst sehr junge Menschen sich nehmen! Und so kam es, daß ich Rom auf der Via Aurelia verließ, als Piero auf der Via Flaminia in Rom einritt. Wären wir uns unterwegs begegnet, hätte ich nur einen Blick in seine tiefen Augen geworfen, würde ich ihn bestimmt bei mir behalten haben. Aber Jahre sollten darüber hingehen . . ., viel mehr, als ich ahnen konnte.

So ritt ich, ohne daß ich gewußt hätte, was mir entgangen war, weiter nach Civitavecchia, wo wir uns an Bord einer genuesischen Galeere begaben, die mein Kaufmann-Freund, der Graf Alaman da Costa, uns zur Verfügung gestellt hatte. In der Aufregung der Einschiffung vergaß ich den Namen Pier della Vigna völlig. Aber alsbald sollte ich jenem anderen Namen begegnen: Bianca Lancia.

Die Genuesen hatten durch Spione von den wahrscheinlichen Manövern der pisanischen Flotte erfahren, und so hatten wir keine Schwierigkeit, der Gefahr auszuweichen. Unter kräftigem Wind gelangten wir rasch nach Genua, wo der ganze Hafen mir zu Ehren mit Blumen und Bannern geschmückt war. Ich faßte sofort Zuneigung zu den Genuesen, obwohl ich nicht ein einziges Haus mit einer Halbkuppel, noch hohe Palmen oder riesige Feigenbäume wie in meinem geliebten Sizilien erblickte. Die Häuser waren rötlich, blau, gelb, grau, mit spitzen Ziegeldächern und hatten Fenster, unter denen sich kleine Balkone befanden. Graf Alaman deutete auf eines der größten Gebäude, das den Hafen von einer Anhöhe überschaute.

»Dort werden Euer Majestät wohnen«, sagte der Graf. »Es ist der Palast des Niccolò Doria, eines absolut vertrauenswürdigen Mannes.«

Seine Worte bewahrheiteten sich, wie ich in späteren Jahren merkte, als Genua zu einem päpstlichen Bollwerk wurde und das Haus Doria fest zu der ghibellinischen Standarte hielt. Jetzt war ich dort Ehrengast, zwar wäre ich am liebsten sofort weitergezogen, mußte jedoch bleiben, weil der Weg von den Anhängern Ottos des Welfen blockiert war. Zwei Monate lang wurde ich festlich bewirtet. Nachdem ich den Genuesen Handelskonzessionen eingeräumt hatte, die am Tage meiner Krönung zum Kaiser in Kraft treten sollten, ergänzten sie meinen Goldbestand und fügten noch mehr hinzu. Aber wahrhaft bemerkenswert waren die beiden Monate wegen jenes anderen Namens: Bianca.

Gleich mir war sie Gast. Ihr Bruder Manfredo, ein blasser, kluger Jüngling, weilte auf Besuch bei seinem Freunde Percivalle Doria, der hervorragend zur Laute sang. Manfredo, Percivalle und ich waren ungefähr gleichaltrig, aber Bianca war erst zwölf oder dreizehn. Obwohl in Zukunft alle drei ihre vorherbestimmten Rollen in meinem Leben spielen sollten — Manfredo als verläßlicher Verwaltungsbeamter, Percivalle als einer meiner Generalvikare und als führender Dichter an meinem Hof —, war es Bianca, die mich bestrickte.

Die Lancia waren eine piemontesische Familie, die einst vermögend gewesen war, sich aber jetzt in Schwierigkeiten befand, da der Vater seit ein oder zwei Jahren tot war. Er war ein außerordentlicher Mann gewesen, ein Dichter, seiner fortschrittlichen Ansichten wegen bekannt. Obwohl ich zu jener Zeit annahm, Bianca sei mit Percivalle verlobt, traf dies nicht zu; ihr Vater hatte erklärt, wenn sie je heiraten wolle, dann nur einen Mann ihrer eigenen Wahl. Damals war sie noch viel zu jung, um ans Heiraten zu denken, denn sie entwickelte sich langsam, außerdem hatte sie keine Mitgift. Ich hatte bereits eine ganze Woche im Palazzo Doria zugebracht, ehe ich etwas Zeit für mich selbst fand, und erst jetzt fiel sie mir auf.

An einem ruhigen, in blaue Schatten gehüllten Spätnachmittag, als im Hause noch alles ruhte, befand ich mich allein im Garten. Ich gelangte zu einer bronzenen Delphinfontäne und stand plötzlich vor einem schlanken jungen Mädchen, das mit einem Buche dasaß. Sie war so in ihre Lektüre vertieft, daß sie meine Gegenwart überhaupt nicht wahrnahm. Minutenlang beobachtete ich sie hingerissen. Obwohl sie auf einem schattigen Plätzchen unter einer blühenden Glyzinie saß, schien rings um sie alles in Glanz getaucht. Ihr Haar schimmerte golden, ihre Haut war von einer goldenen Blässe, ihre Augen von einem tiefen Blau. Sie trug keinerlei Schmuck und hatte ein blaues Seidenkleid mit engen Ärmeln und einem straffsitzenden goldbestickten Mieder an. Ihre Brüste waren noch kaum sichtbar. Auf dem Kopf trug sie eine kleine runde Kappe, ein Netz aus geflochtenen blauen und goldenen Schnüren, unter dem ihr locker geflochtenes Haar bis auf den Rücken herabfiel. Unter dem Saum ihres Kleides lugten die Spitzen roter Lederschuhe hervor. Die Finger, die das Buch hielten, waren schlank und empfindsam, die zarten Gesichtszüge von großer Reinheit. Beim Lesen lächelte sie mitunter, oder zog die Stirn kraus und nagte vor Erregung an der Unterlippe. Manchmal schien sie Qualen zu empfinden, denn sie atmete schwer, und die Luft, die dabei durch ihre zu dünnen Nasenflügel entwich, verursachte ein leises pfeifendes Geräusch. Dann hob sie plötzlich den Kopf und schaute mir direkt in die Augen. Nur für einen Augenblick verriet sich ihre Verwirrung.

Sie sprang auf und machte einen unbeholfenen, jungmädchenhaften Knicks. »Euer Majestät!« rief sie.

»Wer seid Ihr?« fragte ich leise.

»Bianca Lancia, Euer Gnaden«, antwortete sie, ohne sich abzuwenden oder scheu den Blick zu senken. Ein Hauch von Farbe überzog ihre Wangen. »Ich bin die einzige Schwester des edlen Manfredo —«

»Er hat Euch erwähnt — aber nichts davon gesagt, daß Ihr lesen könnt.« Ich war selber überrascht von dem neckischen, scherzhaften Tonfall, der aus meiner Stimme klang. »Warum stickt Ihr nicht oder bessert Strumpfhosen aus? Wollt Ihr Nonne werden?«

Jetzt errötete sie wirklich. »Warum soll eine Frau nicht lesen und schreiben lernen?« fragte sie trotzig. »Mein Vater hat mehr als einmal gesagt, Frauen seien genauso intelligent wie Männer, wenn auch physisch nicht so kräftig!«

»Euer Vater war weise in mancherlei Hinsicht. Ihr seid der beste Beweis dafür«, sagte ich, um sie zu besänftigen. »Wollt Ihr mir nicht bitte verraten, was Ihr lest?«

»Die Heldentaten des Sohnes des Anchises und der Venus.«

»Äneas!« rief ich, ohne mein Entzücken zu verbergen. »Und welche Episoden?«

Endlich wandte dieses kecke und begabte Mädchen den Blick von mir ab und schaute zur Seite. »Königin Dido und Äneas —«, sagte sie und seufzte.

Ich nahm Bianca bei der Hand, und wir setzten uns zusammen auf die Marmorbank, die mir in diesem Augenblick wie ein Thron vorkam. »Kommt«, sagte ich, »laßt uns die Geschichte laut lesen, erst einer von uns, dann der andere. Fangt Ihr an —«

»Nicht doch, Euer Gnaden, bitte — Ihr.«

Ich richtete den Blick auf die Stelle, auf die ihr Finger wies, und sah, daß Äneas in der Unterwelt dem Schatten Didos gegenüberstand, nachdem sie sich aus Liebe zu ihm mit einem Schwert getötet hatte. Unter dem Geplätscher des Springbrunnens als Begleitung zu meiner Stimme las ich langsam:

›Sehr ungern von deinem Gestad', o Königin, schied ich.
Aber der Götter Befehl, der jetzt durch Schatten zu wandern,
Moore hindurch und Moder mich zwingt und Tiefen des
        Nachtgrauns,
Hat mit strenger Gewalt mich gescheucht. Nicht glauben ja
        konnt' ich,
Daß so heftigen Schmerz ich dir aufregte durch Trennung.
Hemme den Schritt und entferne dich nicht aus unserem
        Anblick!
Fliehst du? o wen? Heut gönnt mir zuletzt Anrede das
        Schicksal.
Also versucht Äneas, da wild und düster sie schaute,
Ihr durch freundliche Worte das Herz und weinte mit Inbrunst.‹

Plötzlich legte ich den Arm um das neben mir sitzende Mädchen. Ich konnte es nicht mitansehen, daß sie so sehr um Dido litt.

In den folgenden Tagen nahm ich sie nicht mit ins Bett, obwohl ich es gern getan hätte. Etwas hielt mich davon ab und legte mir Zurückhaltung auf. Sie wäre nicht zu jung, sagte ich mir; aber sie war noch zu jung. Sie war auf die Umwandlung des Geistigen ins Fleischliche noch nicht gefaßt.

Fast zwei Monate sah ich sie ständig, und wir sprachen über alles. Mitunter küßte ich sie, mitunter nicht. Sie hatte ein wenig

Angst — und dennoch keine Furcht. Noch nie war mir ein Mädchen oder eine Frau ihresgleichen begegnet; sie kam mir wie das feinfühlige weibliche Gegenstück zu dem Männlichen in mir vor — und ich mir wie das männliche Gegenstück ihres innersten Wesens. Wäre sie ein Mann gewesen, hätte ich wie sie sein mögen; wäre ich eine Frau gewesen, hätte ich wie sie sein wollen. Und so liebte jeder sich selbst in dem anderen und den anderen in sich selbst; ein Zustand vollkommener Ausgewogenheit. Wäre sie ein wenig älter gewesen, hätte ich es zu jener Vereinigung kommen lassen, die zu wahrer Vollkommenheit führt. Zum Trost sagte ich mir, daß ich in Kürze aus Deutschland zurückkehren würde, im Frühling, wenn alles in Blüte stünde . . . Meine Frau hatte ich völlig vergessen.

Am Abend vor meiner Abreise gab Percivalle Doria eine Vorstellung mir zu Ehren. Sich auf der Laute begleitend, sang er eines seiner Gedichte:

> ›Amore m'à priso
> e misso m'à 'n balia
> d'altro amore salvaggio . . .‹

Ich beobachtete Biancas Miene. Keinen Augenblick gab sie zu erkennen, daß ein anderer Mann außer mir existierte . . .

5.

Der letzte Abschnitt meiner Deutschlandreise begann mit einem unheilvollen Zwischenfall. Obwohl wir im frühesten Morgengrauen aufbrachen, hatte sich eine große Menschenmenge vor den Toren des Doria-Palastes versammelt, als stünde ein außergewöhnliches Ereignis bevor. Bei meinem Erscheinen wurde ich nicht mit dem üblichen Jubel empfangen, sondern in gespanntem Schweigen. Als die Menge vor unseren Pferden zurückwich, trat ein zerlumptes, grauhaariges, einäugiges Weib direkt in meinen Weg. Abrupt riß ich an den Zügeln. Mein Pferd bäumte sich auf und drosch die Luft mit den Vorderhufen. Um Haaresbreite vermied ich es, das schmutzstarrende, halbmenschliche Geschöpf niederzutrampeln.

»Seht da den Pfaffenkönig«, rief die Frau mit schriller Stimme, »ihn, der lebend nie sein Ziel erreichen wird!«

»Nehmt Euch in acht vor dem häßlichen alten Weib, hoher Herr«, rief Percivalle und bekreuzigte sich, »sie ist ohne Zweifel eine *strega!*«

»Tausend Dank für Eure Prophezeiung, Monna Madre«, rief ich mit absichtlich lauter Stimme, »aber Hexenkünste, für die Ottos Agenten bezahlen, fürchte ich nicht. Auch ich werde bezahlen, und zwar genau soviel, wie die Prophezeiung wert ist!« Ich ließ mir von Percivalle eine Kupfermünze geben und warf sie der Alten vor die Füße.

Die Menschenmenge pfiff und johlte. »Verbrennt sie — verbrennt sie!«

»Nein, nein!« schrie ich. »Überlaßt sie den Flammen der Hölle!«

Wir ritten weiter. Ich war unbesorgt; wer erreicht schon sein Endziel? Und sollte die Hexe nur Deutschland gemeint haben — ich vertraute auf weit mehr als auf mein Schwert. Ich konnte nicht scheitern, denn das Schicksal war mit mir. Es dauerte jedoch eine Stunde, ehe sich meine Gefährten wieder gefaßt hatten.

Der direkte Weg über den Simplonpaß war mir versperrt, da sich Mailand zu meinem Feind erklärt hatte. Ich mußte deshalb einen Umweg machen, der mich zuerst nach Pavia führte. Dort wurde ich empfangen, als sei ich bereits gekrönter Kaiser — Ritter, Geistliche und Stadtbewohner schlossen sich unserem Zuge an und hielten einen Baldachin über mein Haupt. Meine genuesische Eskorte machte kehrt, und ich setzte meine Reise mit Leuten aus Pavia fort, die einen Treffpunkt mit Männern aus Cremona verabredet hatten. Eines Sonnabends, gerade als die Glocken zur Vesper riefen, verließen wir Pavia und ritten, um einen Zusammenstoß mit den Mailändern zu vermeiden, die ganze Nacht hindurch.

Es war ausgemacht, daß wir uns an den Ufern des Flusses Lambro treffen wollten. Wir kamen noch vor Tagesanbruch an, entdeckten aber kein Anzeichen von den Cremonesern, und so sattelten unsere Knechte ab, banden die Pferde an, und wir lagerten uns hin und warteten.

Die üppigen Matten der Lombardei mit ihren Pappeln, die sich kaum regten, waren anders als die in meinem Sizilien. Der Boden war schwarz, lehmig und fruchtbar und duftete, wo er mit den von weißen Ochsen gezogenen hölzernen Pflügen bearbeitet war. Das Land selbst war von Kanälen durchkreuzt, die bis auf römische

Zeiten zurückgingen. Die Hochsommernacht war mit schwirren-
den und summenden Insekten, Käfern, Moskitos, Glühwürmchen
angefüllt. Wir waren gezwungen, uns in unsere Mäntel zu hüllen.
Ich dachte an Bianca und fand es erstaunlich, daß sie körperlich
noch ein Kind und geistig schon so erwachsen sein konnte. Aber
wer konnte dieses Phänomen besser verstehen als ich . . ., ich, der
Knabenmann? Dann fingen Nachtigallen an zu schlagen.

Aber nicht nur der Tag überfiel uns. Wir wurden mit einem
Pfeilhagel überschüttet, von denen manche ihr Ziel in Männern
und Pferden fanden, und in das Lied der Nachtigall mischten sich
wildes Gewieher und Schmerzensschreie. Die Mailänder hatten
Kenntnis von unserem Sammelplatz erhalten und überfielen uns
mit dem ersten Tageslicht. Gleichzeitig hörten wir Rufe der Verbündeten aus Cremona, die das andere Ufer erreicht hatten.

Dann ging für eine Weile alles drunter und drüber, wie ich es
in meiner Kindheit so oft erlebt hatte – die augenblickliche Reaktion auf eine gefährliche Situation – alles ging so schnell, daß man
hinterher meinte, geträumt zu haben. Mit gespielter Ruhe rief ich
dem Hauptmann der Pavesen zu, die Furt für meine Gefährten zu
halten, ich selbst hätte vor, den Fluß allein zu durchqueren, da ich
nicht in die Gefangenschaft der Mailänder fallen dürfe. Ich band
mein Pferd los und schwang mich mit der Behendigkeit eines Akrobaten auf seinen ungesattelten Rücken. Mit gezogenem Schwert
nahm ich Deckung hinter meinem Schild und trieb das Pferd über
den steinigen Uferrand in die tückischen Untiefen des Flusses.

Unter meiner festen Führung schwamm es wie ein Roß Posei-
dons und erreichte völlig erschöpft das andere Ufer. Die Cremoneser empfingen mich mit Jubelrufen, aber ich hatte keine Zeit für
Freudenkundgebungen. Noch mußten Berard, meine Ritter und
meine Sarazenen Pietro und Paolo herausgehauen werden, und ich
befahl den Cremonesern, sie zu befreien. Obwohl Stunden zu vergehen schienen, waren wir innerhalb von Minuten alle wieder zusammen, triefendnaß und ritten, im Rücken durch den cremone-
sischen Kommandanten gedeckt, in vollem Galopp auf Cremona
zu. Damit waren die Absichten der Mailänder durchkreuzt, aber
im Geiste kreidete ich ihnen ihr Verhalten an und vergaß es ihnen
nie. Hinterher versuchte ich Schadenersatz für Pavia zu leisten,
denn mein Geleit war fast vollständig aufgerieben worden.

Die Nachricht von meinem Entkommen verbreitete sich mit Windeseile. Überall hieß es, ein Wunder hätte mir die Durchquerung des Flusses ermöglicht; Engel hätten meinem Pferde Flügel verliehen, weil Christus nicht gewollt habe, daß ich in die Hände der Mailänder falle. So wurde ich überall mit zunehmender Neugierde, Achtung und Ehrfurcht empfangen — und die Legende der Unbesieglichkeit wuchs und wuchs. Man begann, mich ›den Engel des Herrn‹ zu nennen. Aber ich ließ mich durch diesen Heiligenschein nicht davon abhalten, dem Geburtsort Virgils meine Ehrerbietung zu erweisen, als wir durch Mantua kamen, und dem Catulls, als wir Verona erreichten. In Verona besichtigte ich auch das große römische Amphitheater, das gleich nach dem Kolosseum kommt, und seufzte auf seinen Ruinen.

Den Blick auf die fernen Alpen gerichtet, schien mein Ziel fast vor mir zu liegen, und ich fühlte mich durch das Gebirge nicht abgeschreckt. Was war dieses Hindernis weiter als eine Gesteinsmasse, und wie oft in der Geschichte hatten deutsche Horden sie schon überquert? Jetzt würde ich das Blatt wenden und wie einst die Römer über die Alpen ziehen und römisches Recht und griechische Kultur aus Italien in barbarische Länder bringen.

Meine Anhänger aus Verona geleiteten mich das Etschtal hinauf bis nach Trient und trennten sich dort von mir. Näher heran an den Brenner konnte ich mich nicht wagen, denn der Herzog von Bayern war ein Parteigänger Ottos. Ich mußte mich also westwärts wenden und versuchen, über das bedrohliche Gebirge ins Engadin und von dort in das Rheintal zu gelangen.

Jetzt war ich völlig auf meine paar Leute angewiesen. Wir machten halt, wandten die Köpfe und richteten die Blicke hinauf zu den hohen Berggipfeln mit ihren Nebelschwaden und Gletschern . . ., und alle, auch meine Sarazenen, schlugen das Zeichen des Kreuzes.

6.

Das Kreuz folgte uns — oder genauer ausgedrückt, wir folgten dem Kreuz, denn überall am Wegrand und an den Straßenkreuzungen standen welche. Die Heiligenschreine waren aus Holz und beschirmten aus Holz geschnitzte Kruzifixe, und jede neue Kreuzigung war anschaulicher und grotesker als die vorherige. Die Züge Christi wurden immer verzerrter, die Wunden tiefer, das Blut strömte reichlicher. Es war offensichtlich, daß die Religion von den Bewohnern dieses Landes schmerzhaft ernst genommen wurde, und ich konnte nicht umhin, diese Schreine mit denen der Jungfrau gewidmeten in Italien zu vergleichen, Schreine in warmen, leuchtenden Farben, mit Porträts eines schönen jungen Weibes, das einen Säugling liebevoll an sich preßte. Diese Leute, die die Qualen Christi derart genossen, würden nicht leicht zu regieren sein, ging es mir durch den Sinn, denn sie würden sich in allem unerbittlich zeigen.

Als wir die Pässe überschritten, versanken unsere Pferde bis an die Bäuche in matschigem Schnee, der nachts gefror und uns vielerlei Beschwerden verursachte. Manchmal vernahmen wir das dumpfe Poltern von Lawinen, und manchmal zogen wir an Hängen entlang, die so steil abfielen, daß wir es nicht wagten, einen Blick hinunterzuwerfen. Wir zogen oberhalb der Linie hoher, dunkler Tannen dahin, wo alles öde und leer war, angefüllt mit wallenden Nebeln und dem Gestöhn einsamer Winde. Dann endlich begann der Abstieg.

Zuerst waren wir durch ein Gebiet gekommen, wo die Leute eine merkwürdige Art von Latein sprachen, Romanisch genannt; dann wich diese Sprache allmählich einem deutschen Dialekt, der sehr schwer zu verstehen war. Als wir in die Täler vordrangen, fanden wir sie von kleinen Burgen bewacht, die äußerst primitiv wirkten, als hätten des Handwerks unkundige Maurer aufs Geratewohl ein Zimmer gebaut und dann ein anderes. Fast das einzig Künstlerische, der Verzierung Dienende waren einfache Schablonenzeichnungen an den Wänden, und die Latrinen waren oft nur einfache Löcher an einer Seite des Vorsaales. Als wir uns Deutschland näherten, wurden die Burgen größer und imposanter, aber ihre Beschaffenheit änderte sich nicht. Neben den Bauernhäusern fielen uns hohe Düngerhaufen auf sowie große sorgfältig gestapelte Holzstöße.

Gegen Mitte September gelangten wir nach Chur, einem Städtchen im Tal am Oberlauf des Rheinstromes. Ich staunte über die Holzhäuser mit ihren Giebeldächern, die häufig aus grauem Schiefer bestanden, sowie über die kleinen Fenster, geschützt durch hölzerne, mit gelben Streifen oder roten Zickzackmustern bemalten Läden. Die Häuser hatten Überhang, die Läden waren durch schmiedeeiserne, mit unbeholfenen Bildern bemalte Schilder gekennzeichnet. Auf den Straßen wimmelte es von Menschen, die zusammengeströmt waren, um den Knabenkönig aus dem geheimnisvollen Sizilien zu sehen. Ich wurde vom Bischof von Chur und einer beträchtlichen Anzahl von Geistlichen begrüßt, die mir (gemäß den päpstlichen Anordnungen) jauchzenden Beifall zollten. Wie der Bischof aussah, weiß ich nicht mehr und erinnere mich nur, daß es durchdringend nach Pferdemist stank, der in der frischen Septemberluft dampfte, da unsere beiden Pferde den Augenblick der Begrüßung dazu benutzten, etwas fallen zu lassen.

Ich wurde auch von einem sechzig Mann starken Trupp deutscher Ritter begrüßt, die von meinem Kommen gehört hatten und nach Chur geritten waren, um sich meinem Gefolge anzuschließen. Während unseres dortigen Aufenthalts vertrieben sie sich die Zeit mit so läppischen Dingen wie Bärenhetze und Wetten auf ein Schwein. Bei diesem letzteren Spiel wurden drei Männer und drei Schweine in eine Koppel gesperrt. Die Männer schwangen Knüttel und schlugen auf die Schweine ein, die quietschend und grunzend umherrasten und zu entkommen suchten. Der Witz, so schien es, bestand darin, auf das Schwein zu setzen, das am längsten durchhielt. Die Ritter waren sehr enttäuscht, als sie erfuhren, daß ich keinerlei Schätze mit mir führte; aber ich versprach, sie zu gegebener Zeit reichlich zu entschädigen, und stellte ihnen vielerlei Abenteuer in Aussicht, und nach unserem Gespräch schlossen sie sich mir begeistert an. Ich brauchte so dringend Verstärkung, daß ich Rüstungen mit Stroh ausgestopft willkommen geheißen hätte, wenn sie nur imstande gewesen wären, mit mir zu reiten und sich in Szene zu setzen.

Der Bischof von Chur, einem kleinen Abenteuer nicht abgeneigt, ritt nach St. Gallen. Der Abt dieses großen Klosters empfing mich nicht nur mit Ehren, sondern mit dreihundert Reitern, die er mir zum Geleit mitgab. Dafür dankte ich ihm ebenso wie für seinen Segen, und wir machten uns eilends nach Konstanz auf, da gerüchtweise verlautete, Otto sei im Begriff, über den See zu setzen.

Wieder spielten Stunden eine entscheidende Rolle in meinem Leben, denn hätte ich mich nur um drei verspätet, so wäre Konstanz und damit wahrscheinlich ganz Deutschland verloren gewesen. Voller Freude erreichten wir die Höhen über dem See und blickten auf seine hellblaue Wasserfläche hinab. Zwischen den Bäumen erhoben sich die Wälle der Stadt Konstanz, in herbstliches Laub von einer Farbenpracht gehüllt, wie ich sie nie zuvor erlebt hatte. Alle Flaggen wehten.

»Ein gutes Zeichen, Euer Majestät«, sagte der Abt von St. Gallen, ein bläßlicher Mann, der von seinem trabenden Pferd tüchtig durchgerüttelt wurde. »Offensichtlich ist der Bischof vom Himmel erleuchtet worden, und man erwartet Euer Majestät.«

Die Worte reizten mich, denn ich hatte zu spät entdeckt, daß der Abt keinen schnellen reitenden Boten vorausgeschickt hatte, wie üblich. Er lebte schon zu lange zurückgezogen und brauchte meines Erachtens ein wenig Aufrüttelung.

»Wollen wir hoffen, daß die Erleuchtung vom Himmel kommt und nicht von Otto«, erwiderte ich scharf. »Sollten wir durch Eure Arglosigkeit in einen Hinterhalt geraten, treffen sich Eure dreihundert Reiter bestimmt im Himmel wieder.«

Nach dieser Zurechtweisung schlug er vor, die königliche Abteilung möge sich im Hintergrund halten, er werde einen Erkundungsritt bis an die Stadttore unternehmen, um zu sehen, wie die Dinge stünden. Dies taten wir und stellten die Ritter in Schlachtordnung um uns auf. Dann verfolgten Berard und ich von einer Anhöhe aus sein Vorrücken — ein Spielzeuggeistlicher, der auf die Zugbrücke eines Spielzeugtores zuritt, das in ein Spielzeugstädtchen führte. Als er sich näherte, wurde die Zugbrücke vor seiner Nase hochgezogen . . . Die Bestürzung unter meinen Rittern wuchs. Der Kaiser-Kandidat wurde abgewiesen! Die Pferde spürten unsere Gefühle und scharrten unruhig mit den Hufen, indes wir warteten.

Endlich kehrte der Abt zurück, beträchtlich eingeschrumpft, wie es schien, tüchtig durchgerüttelt von seinem Gaul. Obwohl ich vor Wut barst, behielt ich meine Selbstbeherrschung. »Und worin«, fragte ich, »bestand die Erleuchtung vom Himmel?«

»Euer Majestät«, sagte der Abt, buchstäblich quiekend, »der Bischof von Konstanz hat von der Brustwehr aus mit mir gesprochen. Er ist völlig verwirrt, denn in der Stadt ist alles auf Ottos Empfang vorbereitet. Die Fahnen wehen für Kaiser Otto. Seine

Dienerschaft ist bereits eingetroffen, seine Köche sind bereits mit der Zurüstung des kaiserlichen Mahles beschäftigt . . .«

»*Kaiser* Otto?« sagte ich. »Ihr scheint Euch versprochen zu haben, Abt; ein Glück, daß der Heilige Vater das nicht hören kann. Aber in Anerkennung Eurer Verdienste sind Wir bereit, Euch zu vergeben. Kommt jetzt, geleitet Uns zum Bischof — nur Ihr, Erzbischof Berard und Wir selbst.«

Langsam, ohne jegliche Hast, legten wir den Weg bis fast an den Rand des Stadtgrabens zurück. Die auf den Wällen zusammengedrängten Gestalten streiften wir nur mit einem kurzen Blick.

Der Abt schlug das Zeichen des Kreuzes und hob in singendem Tonfall an: »Hört zu! Hört zu! Im Namen des Vaters, des Sohnes und des Heiligen Geistes!«

Dann erhob Berard beide Hände. Bärtig und zürnend wie ein alttestamentarischer Prophet stand er da und rief: »Ich bin der Erzbischof Berard, der päpstliche Legat. Vergeßt nicht die Exkommunikation Ottos des Welfen! Ich rufe Euch auf, Friedrich, den Sohn Kaiser Heinrichs IV., den Enkel Kaiser Friedrichs I., den Gesalbten Gottes und Seiner Heiligkeit des Papstes und rechtmäßig gewählten König der Deutschen zu empfangen und ihm zu huldigen!«

Ich nahm meinen Helm ab, preschte dreimal vor ihren Blicken lanzeschwingend auf und ab, wobei das Sonnenlicht auf meine langen goldenen Locken fiel. Dicht am Grabenrand brachte ich mein Pferd jäh zum Stehen.

»Laßt die Brücke herab!« rief ich. Dann ging ich aus dem Lateinischen ins Deutsche über: »Dies ist der Befehl Kaiser Friedrichs!«

Knarrend und ächzend begannen die Haspeln sich zu drehen. Schleppend senkte sich die Brücke an den rostigen Ketten herab, und das gewaltige Tor öffnete sich. Triumphierend hallten die Hufschläge meines Pferdes von den hölzernen Bohlen wider.

7.

Nie im Leben hat mir etwas so gut geschmeckt wie das für Otto zugerichtete Kaisermahl. Selbst das Sauerkraut fand ich genießbar und lehnte eine zweite Portion nicht ab, obwohl die Rülpser meiner Gefährten mir eigentlich hätten zur Warnung dienen sollen. Wir leerten Bierkrug um Bierkrug. Ich fand keinen großen Gefallen an dem Gesöff und entsann mich eines Spottverses, den Kaiser Julian Apostata im vierten Jahrhundert darauf verfaßt hatte:

Woher der Bocksgestank? Wein soll wie Nektar munden.
Doch an Trauben fehlt's hier und Geschmack,
Man hat nur Gerste im Sack
Und dieses Gebräu draus erfunden.

Ich wollte gerade zitieren, besann mich aber noch rechtzeitig. Was wäre für meine geistlichen deutschen Gastgeber beleidigender gewesen: einen Heiden zu zitieren oder ihr Bier zu verschmähen? Ich nahm mir vor, in diesem strengen Land niemals am Essen, Trinken oder am Klima herumzumäkeln, sondern alles ohne Klagen über mich ergehen zu lassen und mich in meine Pelze zu hüllen. Das war das mindeste, was ich meinen Untertanen schuldig war, denn sie setzten mir wirklich das Beste vor, was sie hatten.

Noch während wir schmausten, erschien Otto vor den Toren. Sie verrammelt vorzufinden, muß einer der schmerzlichsten Überraschungen seines Lebens gewesen sein. Er tobte und überschüttete die Wachen mit Schimpfworten, er brüllte wie ein Bulle und stampfte auf seinen langen Beinen hin und her, als sei seine Rüstung gewichtlos, und schwenkte eine Fackel mit derartiger Wucht, daß ich glaubte, er selbst werde versuchen, die Stadt in Brand zu stecken. Es hieß, er verfüge über Riesenkräfte. Aus einem Versteck auf den Wällen beobachtete ich ihn, ließ mich jedoch nicht dazu herab, ein Wort an ihn zu richten. Selbst in den fliehenden Schatten der Fackel konnte ich seine Kräfte abschätzen. Er war sehr groß und muskulös, nicht bloß dick, wie man mir nach Sizilien berichtet hatte. Aber trotz der Tatsache, daß er am Hofe seines Onkels Richard Cœur de Lion in England aufgewachsen war, war er unkultiviert, viehisch und dumm. Wäre ich ihm im Zweikampf begegnet, so hätte ich, obwohl viel kleiner als er, gesiegt, dessen bin ich gewiß. Ich hätte meinen Verstand gegen seine Muskeln ausgespielt und ihn sich selbst zerstören lassen. Was mir am Ende dann auch gelang, obwohl wir uns persönlich nie zu Gesicht bekamen.

Besonders trug ich ihm seine vor kurzem stattgefundene Heirat mit meiner Kusine Beatrice nach — die gerade erst vierzehn war — und die ihm der Papst vor drei Jahren, als er sich noch gut mit ihm stand, anverlobt hatte. In einer letzten verzweifelten Aufwallung von Hoffnung, seine Ansprüche auf das Reich geltend zu machen, erzwang Otto die Hochzeit, während ich die Alpen überquerte. Für die arme Beatrice gab es kein Entrinnen; bleich wie der Tod wurde sie zum Altar geführt. So wurde ihr Ende schon vorher angedeutet, denn ein paar Tage später starb sie ›unter geheimnisvollen Umständen‹ — durch eigene Hand. Für Otto ein furchtbares Omen; und als ich ihn vor den Toren wüten sah, spürte ich seine Verzweiflung und empfand (wenn auch nur für einen Augenblick) so etwas wie Mitleid mit ihm. Aber zu Berard bemerkte ich, daß es meiner Ansicht nach einer Spitzhacke bedürfe, um ihm etwas Verstand einzuhämmern.

Rasend vor Enttäuschung zog er sich schließlich zurück und verfluchte die Stunde. Er führte nicht genügend Streitkräfte mit sich, um die Stadt zu belagern, und ich war nicht stark genug, als daß ich einen Ausfall hätte wagen können. Die Demütigung, vor dem Tor lagern zu müssen, während ich mich an seinen Spanferkeln und Kapaunen gütlich tat und sein Bier soff, war zuviel für ihn. Beim Weitererzählen wurde die Geschichte natürlich tüchtig ausgeschmückt; sie nützte mir mehr als hätte ich einen Sieg errungen und als hätte es Berge von Leichen gegeben. Heulend wie ein Hund zog Otto sich rheinabwärts zurück.

Mein Sieg wurde zum Wunder erklärt, auf ein direktes Eingreifen Gottes zurückgeführt. Es hieß, ich sei von Christus dazu auserkoren, die Deutschen vor den Schrecken der endlosen Bürgerkriege zwischen den Adligen zu bewahren und das Leid des Volkes zu mildern. Ich wurde zugleich als Held und Heiland gefeiert. Täglich, stündlich wuchs meine Anhängerschaft. Prinzen, Herzöge, Grafen, Barone, Mark- und Landgrafen fanden sich ein, um mir zu huldigen; viele von ihnen trugen Rüstungen mit Helmen, die wie groteske Gesichter mit Schnauzen, Hörnern oder Hauern wirkten — eine Ansammlung lebender Wasserspeier, wie es mir flüchtig durch den Sinn ging.

Als ich eine Woche später nach Basel aufbrach, um dort hofzuhalten, geschah dies schon mit königlichem Gefolge. Erfreut darüber, daß mich Laien und Geistlichkeit gleichermaßen als Landesherrn anerkannten, forderte ich den Grafen Ulrich von Kiburg auf, zu meiner Linken zu reiten, und überließ dem Grafen Rudolf von Habsburg den Platz zu meiner Rechten. Längs des Stromes waren zu meinen Ehren sämtliche Burgen und Kirchen nachts mit Tausenden von flackernden Öllämpchen illuminiert. Und in Basel erwarteten mich fünfhundert Soldaten, die mir der Bischof von Straßburg geschickt hatte, sowie eine Bittschrift des Königs von Böhmen, daß ich seine Krone bestätigen möchte.

Ich hatte die Alpen überschritten und hatte gesiegt. Ich war in der Tat: Kaiser Friedrich der Zweite.

Aber mein Sieg bedurfte noch der Konsolidierung. Ich befand mich schließlich im Herzen meines Erblandes, des Herzogtums Schwaben, der ältesten römischen Kolonie in Deutschland. Deutschland, das übrige Deutschland — Franken, Sachsen, Thüringen, Bayern, wie sie sich bezeichneten — war ein anderes Problem. Zuerst mußte ich das Verhältnis der Geistlichkeit zum Adel regeln. Die Kirche besaß über die Hälfte vom deutschen Grund und Boden, und im Rheinland galten die Erzbischöfe als Fürsten und kamen im Rang gleich nach dem König. Ich war dem Papst tief verpflichtet für meinen Erfolg, aber es entging mir auch nicht, daß die Stimmung in Deutschland stark antipäpstlich war. Es war Berard, der mir Verse des berühmten Minnesängers Walther von der Vogelweide zitierte, die mit den Worten beginnen: ›Ei, wie christlich lacht jetzt der Papst, wenn er seinen Welschen erzählt: Ich hab's folgendermaßen angestellt!‹ und die enden: ›Ihr Pfaffen, eßt Hühner und trinkt Wein und laßt die deutschen Laien abmagern und fasten‹.

Anfänglich zu meinem Erstaunen und Unbehagen stellte ich fest, daß die Barone das Recht hatten, in des Kaisers Gegenwart sitzend zu verharren und die Kopfbedeckung aufzubehalten. Das war keine Unehrerbietigkeit, sondern eine natürliche Folge des Wahlprinzips, das soviel Macht in die Hände des Adels legte. Die Adligen selbst waren streitsüchtig, habgierig und kämpften untereinander um Land und Privilegien. Die höher gebildete Geistlichkeit übertraf sie alle, indem sie die Verwaltung an sich riß und sich nicht nur auf Waffen stützte, sondern auf die Heilige Mutter Kirche und das Wort Gottes selbst. Die Bauern stöhnten und ächzten, die Steuern waren hoch, Krieg und Verwüstung überwogen, und überall herrschte größte Unwissenheit.

Was meine eigene Situation in Schwaben anging, so hatte mein Onkel Philipp versucht, sich gegen Otto durchzusetzen, indem er riesige Ländereien verpfändet und jenen Adligen, die ihn unterstützten, Steuer- und Zollrechte überlassen hatte. Daher war er bei seinem Tode völlig mittellos; und mein Erbe bestand, genau wie einstmals in Sizilien, aus einem Debet. Aber der Name Hohenstaufen, das Blut Barbarossas stellten einen weit größeren Wert dar als Landbesitz oder Gold (genau wie mir in Sizilien die Abstammung von Roger zustatten gekommen war). Ich war von *stirps regia* — deshalb von Wichtigkeit, weil Otto das Gerücht in Umlauf gesetzt hatte, daß ich illegitimer Geburt sei. Ich gehörte zu ihnen, ich war heimgekehrt, um meine Pflicht dem Volke gegenüber zu erfüllen. Und darüber hinaus war ich ›das Wunderkind‹ aus dem magischen Süden, und schon umwoben die Troubadours meinen Namen mit Legenden:

›Das chint von Pulle man chomen sach . . .
der Chaiser hete groezer chraft . . .‹

Für eine Weile überstürzten sich die Ereignisse, und ich fand wenig Muße, über Grundprobleme nachzudenken. Otto hatte die gewaltige Burg meines Großvaters Barbarossa in Hagenau im Elsaß belagert und mußte abgewiesen werden. Das geschah durch meinen Vetter, den Herzog von Lothringen, einen von den ersten wirklich mächtigen Edelleuten, die mir Unterstützung zusagten. Als Gegenleistung wollte ich ihn mit dreitausend Silbermark belohnen, aber um dazu imstande zu sein, mußte ich eine Anleihe aufnehmen wie in den ersten Tagen meines Königtums in Sizilien, und einer meiner Gläubiger war derselbe Anselm von Justingen, der mit dem Aufruf der deutschen Fürsten nach Palermo gekommen war.

Neblig und feucht setzte der Spätherbst ein. Ich beschloß, sogleich auf die Burg Hagenau überzusiedeln, da sie eine der gewaltigsten Burgen nördlich der Alpen war. Die Mauern waren dick und gut zur Verteidigung hergerichtet. Im Inneren fand ich zu meinem Entzücken eine großartige Bibliothek vor. Die Prunksäle waren mit rotem Marmor ausgelegt, in diesem Klima ein Fußboden aus Eis. Die Kapelle war von meinem Großvater eigens zu dem Zweck errichtet worden, die Kronjuwelen des Reiches zur Schau zu stellen, und ich war entsetzt über die Leere, die herrschte, denn nicht nur die Juwelen, sondern auch die Insignien verblieben in Ottos Händen. Das hatte mehr symbolische als tatsächliche Nachteile, denn das Volk glaubte an den geheiligten Charakter der Insignien, da sie vom Papst geweiht waren und himmlischer Herkunft sein sollten. Solange Otto im Besitz der Insignien war, verblieb er der legale Vertreter Christi und konnte gewisse Ansprüche auf das Reich geltend machen, und viele Leute nannten ihn weiterhin Kaiser. Aber im Augenblick war dem nicht abzuhelfen, da sich Otto ständig weiter zurückzog.

Trotzdem entriß ich ihm eines seiner wertvollsten Besitztümer — seinen Kanzler, Konrad von Scharfenburg. Zuerst war ich mißtrauisch, weil Konrad gleichzeitig Bischof von Speyer und Metz war. Unter meinem eigenen Bischof-Kanzler Gualtiero di Palearia hatte ich gerade genug unter dieser himmlisch-irdischen Kombination zu leiden gehabt und war mehr als bedient. Gleichwohl konnte man es Konrad mit Leichtigkeit von den aufgeworfenen, habsüchtigen Lippen ablesen, daß er völlig auf seiten des Siegers stand, genau wie er geschrieben hatte, daß er ganz zu meiner Verfügung stünde. Ich hielt es für klug, mich mit einem Hofstaat von Männern zu umgeben, die Otto abtrünnig geworden waren.

Ich machte mir noch etwas anderes zum Prinzip: Freigebigkeit. Otto war seines Geizes wegen berüchtigt. Er nahm alles und gab nichts. Die Kunde von dem Geschenk, das ich dem Herzog von Lothringen gemacht hatte, war von dem angenehmen Klingen von Silber begleitet, und ich fand sehr rasch eine erstaunliche Anzahl von Edelleuten, die begierig und bereit waren, mir zu dienen. In Übereinstimmung mit den Abmachungen, die der Papst mit dem König von Frankreich getroffen hatte, trafen Abgesandte mit beträchtlichen Geldmitteln ein, und der Kanzler erkundigte sich, wo ich die Münzen zu deponieren gedächte.

»Nirgendwo«, erwiderte ich. »Nichts von diesen Geldern wird zurückgelegt; alles wird unter die Fürsten verteilt.«

Diese Worte wurden weit und breit jubelnd begrüßt. Nur Berard fragte sich, ob ich nicht lieber etwas in Reserve behalten sollte. »Wozu«, fragte er, »diese übertriebene Großzügigkeit?«

»Aus Klugheit«, antwortete ich. »Die Vernunft selbst rät Uns dazu, und es veranlaßt Uns das Nachsinnen über Unseren Gegner, der, weil er anders gehandelt, die Feindschaft der Menschen auf sich zog und die Ungnade Gottes.«

Für das französische Gold mußte ich bezahlen, indem ich ein Bündnis mit Frankreich unterzeichnete. Im November brach ich, bebend und zitternd vor Kälte wie nie zuvor, nach Vaucouleurs auf, um mich mit dem Sohn des französischen Königs zu treffen..., einem Menschen so eisig und widerwärtig wie das Wetter. Etwas wärmer wurde mir durch die Behendigkeit, mit der ich Dolchen auswich, die Ottos Mietlinge nach mir warfen. Da gegenseitige Interessen sich über gegenseitige Abneigung hinwegsetzen, gelangten Philipp August und ich zu einem beide Teile befriedigenden Abkommen.

Unter schiefergrauem Himmel und bei Schneegestöber begab ich mich im Dezember nach Frankfurt — so voller Heimweh nach Sizilien wie nie zuvor und nie seitdem. Endlich begriff ich die ständigen Invasionen des Südens durch die Teutonen — weiter nichts als Flucht vor der Kälte! Am fünften wurde ich von einer großen Fürstenversammlung als Kaiser begrüßt; man schwor mir Lehnstreue, huldigte mir und sagte sich von Otto los. Ich zweifelte nicht an der Begeisterung der Fürsten, da ich unter meinen Anhängern die riesige Summe von zwanzigtausend Silbermark verteilt hatte. Vier Tage später zog ich zur Krönung nach Mainz, das reinste Possenspiel, da beides, die echten Insignien sowie Aachen, oder Aix-la-Chapelle, wo Karl der Große begraben liegt, sich noch in Ottos Besitz befanden.

Endlich war ich Kaiser, aber mein Thron war noch immer nicht gesichert. In den Augen der Gläubigen mußte ich nicht nur erst noch in Aix gekrönt werden — sondern in Rom. Und damit hatte es mein alter Vormund, Papst Innozenz III., keineswegs eilig.

8.

In Deutschland verging die Zeit nur langsam. Die acht Jahre, die ich dort verbrachte, ehe ich nach Italien zurückkehrte, kommen mir rückblickend wie zwanzig vor. Ich habe verschwommene Erinnerungen an Eberjagden in düsteren Wäldern, an Falkenbeizen zu

früher Morgenstunde spät im Frühling, an so manche Walpurgis-
nacht, an alte heidnische Maibaum-Tänze, an ununterbrochene
Schneefälle, an Weihnachtsfeiern vor gewaltigen Kaminen mit
prasselnden Feuern, an Gänsebraten, Saufgelage, Würste und unzählige Konzessionen, die ich der Kirche machen mußte. Ich dachte
nur selten an Bianca, die mir jetzt nur wie ein entzückendes Kind
vorkam, dem ich unterwegs begegnet war; häufig jedoch gedachte
ich meiner Frau und meines Sohnes Enrico, denn im Kopfe trug
ich mich bereits mit Zukunftsplänen für ihn.

Schon in allerkürzester Zeit sah ich mich gezwungen, der
Kirche in Deutschland fast alle Vorteile abzutreten, die ich in Sizilien dem Staat vorbehalten hatte. Um der Kirche entgegentreten
zu können, hätte ich ein starkes Erbkönigreich hinter mir haben
müssen, oder die Unterstützung einer geschlossenen Gruppe von
Laienfürsten. Ich hatte weder das eine noch das andere hinter mir.
Genau wie die Kirchenfürsten waren die Laienfürsten nur an ihrer
eigenen Machterweiterung interessiert. Mein Ziel war es daher,
den Reichsbegriff zu dem eines *Römischen Reiches* zu erweitern;
absichtlich förderte ich deshalb die Geistlichkeit, deren Ansichten
weniger provinziell waren. Aber mein Preis für Gunstbezeigun-
gen war hoch, wie man alsbald merken sollte.

Im Vergleich zu den gewandten Italienern erschienen mir die
Deutschen schwerfällig und ungeschickt. Die Faust stand bei ihnen
in höherem Ansehen als das Wort. Da Anmut der Bewegung für
Männer in Rüstungen unwichtig war, boten die gewaltigen deutschen Recken einen eindrucksvollen Anblick ..., obwohl sie mir
in ihren Topfhelmen abscheulich vorkamen und mich immer an
Markward und den Mord an Guglielmos Großvater erinnerten.
Ich war jedoch viel zu praktisch veranlagt, als daß ich mich durch
derartige Gefühlsregungen von der Erfüllung meiner Pflichten als
König der Deutschen hätte abhalten lassen, auch vergaß ich keinen Augenblick mein deutsches Erbe und meine Schuld den deutschen Fürsten gegenüber.

Von Zeit zu Zeit mußte ich kleinere, von Adligen angezettelte
Aufstände niederschlagen, die mitunter gar nicht so belanglos
waren. Mein Vetter, der Herzog von Lothringen, starb; ihm folgte
ein stolzer und schöner Sohn nach, Thibault, der ungefähr gleichaltrig mit mir war. Thibault verkündete, er denke nicht daran,

einem Knaben seine Treuehuldigung darzubringen. Er schien entschlossen, in allem das Gegenteil von seinem Vater zu tun, denn sein Vater, hieß es, habe ihn sehr streng gehalten. Ich hielt es für unsinnig, diesem Knaben zu gestatten, sich in eine bittere und kostspielige Fehde zu stürzen: und so ließ ich ihn eines Nachts aus einem Bordell holen. Er wurde mir sofort vorgeführt und schäumte vor Wut über die Demütigung. Er gefiel mir. Er hatte kluge Augen, Verstand und ein einnehmendes Äußeres. Entgegen seinen Erwartungen kerkerte ich ihn nicht ein, sondern lud ihn allabendlich zu Tisch, gestattete sogar die Gegenwart seines Knappen, damit dieser seinen Mantel und sein Schwert halten konnte, als sei er ein Ehrengast. Ich stellte ihm verfängliche Fragen und packte ihn bei seinem Ehrgeiz. Wir stritten uns . . ., ich ließ ihn aussprechen, was ihm in den Sinn kam. Zum Schluß schlossen wir dauerhafte Freundschaft miteinander.

Um die Macht der Fürsten einzudämmen, tat ich mein möglichstes, den Handel zu fördern, um dadurch die Bedeutung der Reichsstädte zu erhöhen — der freien Städte und fürstlichen Residenzen, die meinem Zugriff entzogen waren. Ich sah voraus, daß Bürger und Zünfte wahrscheinlich eines Tages aktivere Mitwirkung bei der Gestaltung der Dinge fordern würden. Ich ließ Straßen und Verkehrswege ausbessern; ich garantierte den Kaufleuten sicheres Geleit; ich säuberte Handelsrouten von Räuberbanden; ich unterstützte das Marktwesen und den Austausch von Gütern.

Ich reiste viel in Deutschland umher: nach Speyer und Worms, nach Augsburg und Ulm, nach Nürnberg und Würzburg — meine Wanderjahre. Tief beeindruckte mich die Schönheit des Rheintales mit seinen Windungen und Krümmungen und seinen ausgezeichneten Weinen. Ich verweilte, wo ich nur konnte. Auf diesen Reisen verwendete ich die arabischen Hengste, die wir aus Sizilien mitgebracht hatten. Zum Reiten oder Pflügen waren die deutschen Pferde, genau wie die Menschen, zu schwerfällig und langsam. Im Vergleich dazu wirkten meine Araber wie sehnige Ponys. Aber wenn ich mit Rittern in voller Rüstung ritt, wählte ich doch lieber ein deutsches Pferd, weil ich sonst neben den mich umgebenden Riesen wie ein Zwerg aussah.

Während dieser Epoche begann ich mich auch lebhaft für Landwirtschaft zu interessieren. Die Unzulänglichkeiten des Leibeigenensystems wurden mir bewußt, denn ich sah mit eigenen Augen den Unterschied im Ertrag, wenn das Land von Zisterziensermönchen bestellt wurde. Ich bewunderte diesen Orden, dessen Mitglieder vom Ackerbau lebten — sie durften keinen Pachtzins nehmen — und deren Anbaumethoden äußerst wirksam waren. Aber in Deutschland konnte ich die festen Bande feudaler Lehnsherrschaft nicht einmal lockern, geschweige denn brechen. Alles, was ich vermochte, war, mich selbst in den Zisterzienserorden aufnehmen zu lassen, den ich gern ›den schattigen Hain Christi‹ nannte. Vor den ›grauen Mönchen‹, die in äußerster Einfachheit durch ihrer Hände Arbeit lebten, hatte ich stets die allergrößte Hochachtung. In ihnen, so schien mir, lebte etwas von wahrem christlichen Geist weiter.

In der Zwischenzeit blieb Otto ein Dorn in meinem Fleisch, den ich nicht herausziehen konnte. Ich wollte den Bürgerkrieg eindämmen, nicht schüren, und da ich die Kirche, die meisten Fürsten und den größten Teil der Bevölkerung auf meiner Seite hatte, so mußte eigentlich der Augenblick kommen, da Otto völlig allein dastehen würde. Nichtsdestoweniger begann ich langsam damit, Arsenale und Vorratslager anzulegen und ein Heer für den Notfall aufzustellen.

Daß meine Truppen durch eine Invasion der Engländer so rasch in Marsch gesetzt werden würden, hatte ich nicht vorausgesehen. Otto hatte sich mit König Johann zum Angriff auf Frankreich verbündet, da er glaubte, ein englischer Erfolg werde meine Stellung als Kaiser gefährden. Aber Otto unterschätzte die Stärke und Einigkeit der Franzosen, deren Nationalgefühl wachgerüttelt wurde, ebenso sehr wie er die Fähigkeit der Engländer zur Invasion überschätzte. Er wurde von König Johann und seinem eigenen Wunschdenken betrogen. Um die Osterzeit, kaum zwei Jahre nachdem ich in Deutschland eingetroffen war, stand ich mit einer Armee unter meinem Befehl am Niederrhein, in der Absicht, Otto in die Flanke zu fallen und den Druck auf die Franzosen abzuschwächen. Aber noch ehe meine Truppen zum Einsatz kamen, traten die Franzosen im Juli zum Gegenangriff an und brachten ihren Gegnern in der Schlacht von Bouvines eine vernichtende Niederlage bei. Otto flüchtete. Philipp August übersandte mir Ottos zerschlissene und blutbefleckte Banner.

Ich rückte mit meinem unversehrten Heer auf Aix-la-Chapelle vor. Aber jede Gewaltanwendung erübrigte sich. Ottos Anhänger und Verbündeter, der Herzog von Brabant, kapitulierte und überließ mir seinen Sohn als Geisel. Unglücklicher Herzog! — erst vor drei Monaten hatte Otto des Herzogs Lieblingstochter, Maria, geheiratet. Im Triumph zog ich in die alte Stadt ein und erklärte sie ›zur Hauptstadt und zum Sitz der Könige von Deutschland ... weil in dieser Stadt die römischen Könige gekrönt und geweiht werden und weil sie an Herrlichkeit gleich nach Rom kommt‹.

Gleich damals gekrönt und geweiht zu werden, kam nicht in Betracht. Andere von Ottos Anhängern waren über die Maas geflüchtet und sammelten sich wieder. Kurz entschlossen überquerte ich mit meinen Truppen die Maas an einem Punkt, wo man mich nicht erwartet hatte, umfaßte meine Feinde und trieb sie auseinander. Es war im Grunde nur ein Scharmützel, da die gegnerischen Kräfte einfach verschwanden — Otto mit ihnen. Zuerst glaubte ich, er sei nach England geflohen; aber das traf nicht zu. Als ich ein Jahr später von der ›Magna Charta‹ erfuhr (vom Papst für ungültig erklärt, ohne daß das eine Wirkung gehabt hätte), und von König Johanns Schwierigkeiten bei Runnymede hörte, begriff ich, daß es mit Ottos sächsisch-englischer Koalition zu Ende war.

Trotz des Scheiterns all seiner Hoffnungen gab Otto nicht auf. Statt dessen verschanzte er sich in der letzten Stadt, die ihm verblieben war: in Köln. Mit seiner neuen Gemahlin verbrachte er seine Tage und Nächte beim Würfelspiel. Ich überlegte, ob ich ihn aufscheuchen sollte, beschloß jedoch, die unerbittliche Logik der Geschichte ihren Lauf nehmen zu lassen. Die Bürger Kölns wurden ihrer mittellosen Gäste rasch überdrüssig und erboten sich, Ottos Schulden zu begleichen und ihm und seiner Frau sechshundert Mark zu geben, wenn sie die Stadt verließen.

Als Pilger verkleidet, machte sich das Paar davon. Meine Wut kannte keine Grenzen.

9.

Meine nächste Aufgabe bestand darin, die Krönung endlich hinter mich zu bringen, obwohl Otto, der alles andere im Stich gelassen hatte, sich eigensinnig weigerte, auf die Insignien zu verzichten. Dennoch konnte er mich nicht länger daran hindern, auf dem Thron Karls des Großen zu sitzen. Ein ganzes Jahr verging mit den Vorbereitungen zu meiner Krönung; und ich hielt das Ereignis für so bedeutend, daß ich meine Regierung vom Juli 1215 an zu datieren gedachte, meinem einundzwanzigsten Lebensjahr.

Ich betrat Aix mit einem großen Gefolge von Rittern und Edelleuten und Geistlichen aus allen Teilen Deutschlands, einer Kavalkade von einer solchen Buntheit, wie man sie unter der matten nördlichen Sonne kaum je gesehen hatte. Ich hatte eine stilechte Imitation der Insignien anfertigen lassen und keine Ausgaben gescheut, ihre Pracht noch zu erhöhen. In einer besonderen Zeremonie sollten die sterblichen Überreste Karls des Großen in einen neuen Schrein gebettet werden, der aus Silber geschmiedet und an den Wänden mit Kaisergestalten gleich Apostelbildern geschmückt war. Auch ich war darauf dargestellt, und damit war der Ehrgeiz meiner Jugend endlich gestillt. Ich entsann mich der Marionetten-Paladine in Palermo und des Kreuzzuges Karls des Großen gegen die Ungläubigen, und mein Herz schwoll über. Seit dem Fall von Rom hatte kein anderer Mann eine so beherrschende Rolle in der Geschichte gespielt; demütig trat ich in seine Fußstapfen, denn noch waren nicht alle großen geschichtlichen Taten vollbracht.

›Hic est Christi miles fortis,
Hic invictae dux cohortis . . .‹

Als ich das Münster betrat, klang mir der Gesang des Chores wie ein Echo aus der Vergangenheit in den Ohren. Mich überkam das Verlangen, die Gebeine Karls des Großen mit eigenen Augen zu sehen. Als wir uns dem Schrein näherten, warf ich meinen schweren Krönungsmantel ab und sprang zum Erstaunen der Bischöfe, Edelleute und Handwerker mit einem Satz auf das Gerüst. Mit eigenen Händen hob ich den Deckel an und starrte hinunter auf die verschrumpften Überreste, die dort seit vierhundert Jahren ruhten. Vielleicht sah mich in einem späteren Zeitalter ein anderer Herrscher ebenso daliegen. Vielleicht wurde aus meinem eigenen Porphyrsarkophag ebenfalls einmal ein Heiligenschrein. Ich ließ mir von einem Arbeiter einen Hammer geben und schlug eigenhändig die Silbernägel ein, die den Deckel hielten. Ich hatte Karl dem Großen aus ganzer Seele gehuldigt . . .

Doch bei der Krönung tat ich noch etwas, was Erstaunen erregte und eine nachhaltige Wirkung auf den Verlauf meines Lebens ausübte. Ich hatte die uralte Formel wiederholt, wie es von mir verlangt wurde, die Gebete, das Gesalbtwerden, die Rückgabe von Schwert und Zepter, den Krönungseid. Dann setzte mir der päpstliche Legat, Sigfrid, Erzbischof von Mainz, das Silberdiadem aufs Haupt, das die Krone der Deutschen darstellt, und ich bestieg den Thron Karls des Großen. Ich war mir deutlich der groben Steine bewußt, die die Stufen bildeten, des kleinen kastenartigen Sessels, der breiten Steinstreifen, die die Gewölbebogen über mir verzierten. Aber am tiefsten bewußt war ich mir der lautlosen Stille im Münster in diesem historischen Augenblick.

Plötzlich ergriff ich vor den Augen des entsetzten Erzbischofs das Kreuz. Mit klarer, fester Stimme, die in den Gewölben widerhallte, sagte ich laut und deutlich: »Wir, der König der Römer, schwören vor Vater, Sohn und Heiligem Geist zu Ehren und zum Ruhme Christi, einen Kreuzzug ins Heilige Land zu unternehmen, um die Heiligen Stätten von den Ungläubigen zu säubern!«

Jubel brauste auf: »Heil dem Tag! Heil der Stunde!«

Ich schaute mich nach Berard um. Unter all den Menschen war er wahrscheinlich der einzige, der mein Tun begriff; aber kein Laut kam über seine Lippen.

Ich war König der Römer, König der Deutschen, aber noch war ich nicht *Romanorum Imperator et Semper Augustus*. Nur die Krone Karls des Großen, mir vom Papst selber aufs Haupt gesetzt, würde mir diesen Titel rechtens verleihen. Die Krone Karls des Großen befand sich auf dem Landsitz von Ottos Bruder, des Herzogs von Sachsen, in einem geheimen Versteck. Und der Papst würde mir den Schwur, den ich gerade abgelegt hatte, sicherlich sehr verübeln, denn damit hatte ich ihm das Kreuz entrissen und die Führerschaft des Kreuzzuges übernommen.

10.

Sogleich faßte ich den Vorsatz, meine Frau und meinen Sohn nach Deutschland kommen zu lassen. An einem Wiedersehen mit Konstanze lag mir wenig, aber ich brauchte eine Kaiserin. Was Enrico betraf, so schien mir, Sizilien könne seinen fünfjährigen König sehr wohl entbehren, denn ich hatte etwas anderes mit ihm im Sinn. Doch ohne die Zustimmung des Papstes konnte ich nichts unternehmen. Dann förderte der Papst, ohne es zu beabsichtigen, meine Pläne . . ., obwohl viele Monate darüber vergingen.

Für den November berief Innozenz ein Konzil nach dem Lateran in Rom ein, und Berard nahm als mein Vertreter daran teil. So groß waren Berards Überredungskünste, daß der Papst, trotz seiner Wut auf mich, persönlich einen Mann auswählte, um ihn nach Sizilien zu entsenden. Vielleicht hoffte er auch, Sizilien, in Abwesenheit Enricos, als päpstliches Lehen an sich reißen zu können. Aber mein Plan sollte gelingen, seiner scheitern, da — wie der Papst es ausgedrückt haben würde — Gott selber eingriff.

Das Lateranische Konzil (das vierte) bildete den Höhepunkt von Innozenz' Laufbahn, die Erfüllung all seiner Träume, denn es bestätigte willig jede Doktrin, die ihn hoch über die Welt hinaus bis fast in den Himmel erhoben hatte. Über zweitausend Delegierte nahmen daran teil — die größte allgemeine Kirchenversammlung, die je stattgefunden hatte — und unter ihnen erhob sich kaum eine abweichende Stimme. Die Lehre der Transsubstantiation, durch die der Priesterschaft weitreichende neue Befugnisse übertragen wurden, fand ausdrückliche Billigung. Als Berard nach Deutschland zurückkehrte, berichtete er mir eingehend über alles, auch über das sinnlose Ende, das der Erzbischof von Amalfi gefunden, den die versammelte Menge blindlings zu Tode getrampelt hatte.

Der Papst ist der sichtbare Vertreter des unsichtbaren Gottes auf Erden; in Glaubensfragen ist er unfehlbar und allmächtig in Glaubensdingen . . .
Jede Abweichung von den Lehren der Kirche richtet sich gegen sie, bedeutet eine Zurückweisung, ist Ketzerei, Rebellion und ein Verbrechen gegen Gott . . .
Die weltliche Macht leitet sich von der geistlichen ab und ist ihren Gesetzen unterworfen . . .

Das waren Proben der offiziellen Doktrin. Die Universalherrschaft der Kirche war zur Universalherrschaft des Papstes geworden. Mit Weihwasser hatte Innozenz seinen Machtdurst gestillt; aber die Becken sollten aus den Quellen des Konflikts neu gefüllt werden. So leitete Innozenz einen unvermeidlichen Machtkampf ein, in dem ich eine führende Rolle spielen sollte.

Darüber, daß ich das Kreuz genommen hatte, sagte Innozenz kein Wort. Er predigte vor der Menge und versprach allen, die dem Gekreuzigten durch Beteiligung am Kreuzzug dienen würden, Vergebung ihrer Sünden. Stattfinden sollte dieser Kreuzzug in einem Jahr. Er rief Könige, Herzöge, Fürsten und den gesamten Adel zur Teilnahme oder zur Entsendung von Vertretern auf.

Zu gegebener Zeit bestätigte mich das Konzil als Heiliger Römischer Kaiser. Eine einzige Stimme, eine mailändische, erhob sich dagegen. Der Papst verteidigte mich nicht; er schwieg. Zum Zeichen, daß er die Opposition tadelte, erhob er sich, raffte seine Gewänder an sich und verließ den Saal. Ehe man mich bestätigte, wurde Otto für abgesetzt erklärt. Die Absetzung eines Römischen Kaisers durch eine Kirchenversammlung — wie sehr ich auch davon profitieren mochte — hatte einen unheilvollen Klang für mich.

Innerhalb des Jahres griff Gott selbst jäh ein. Innozenz wurde krank und starb bald darauf. Der Mensch trat ab, aber der verlängerte Schatten seiner Macht blieb. Wenn ich auch beim Tode meines alten Vormunds seufzte, so waren meine Seufzer doch mit Erleichterung vermischt.

Der neue Papst nahm den Namen Honorius III. an. Er kannte mich, aber ich kannte ihn kaum. Ich schien immer ein Papstmündel zu bleiben: als Kardinal Cencio Savelli war der neue Papst Legat bei dem schlecht organisierten Bischofs-Staatsrat gewesen, der angeblich meine Kindheitsgeschicke geleitet hatte. Ich hatte nur eine undeutliche Vorstellung von ihm, wie es seinem unbestimmten Charakter entsprach. Jetzt war er alt und gebrechlich. Er zeigte sich weder begierig, die ihm von Innozenz hinterlassene Macht zu vergrößern, noch willens, auch nur ein einziges Hoheitsrecht abzutreten. Er war Jurist und Verwaltungsbeamter und hatte als päpstlicher Kämmerer den *liber censuum* angelegt, das Zinsbuch der römischen Kirche. Obwohl er gern Geld anhäufte und merkwürdig geizig war, richtete sich sein Hauptaugenmerk als Papst auf die Befreiung und Wiedergewinnung Jerusalems. Willig öffnete er die Schatzkammern der Kirche und die Adern sämtlicher Christen für diesen Zweck. So wie Christus sein Blut für die Erlösung der Menschen hingegeben hatte, so sollten die Menschen ihr Blut für die Befreiung der Heiligen Stätten vergießen.

Merkwürdigerweise schien dieser Ausspruch sich nicht auf mich zu beziehen. Der Papst schien keinerlei Ahnung davon zu haben, daß ich das Kreuz genommen hatte. Ohne sich mit mir auch nur in Verbindung zu setzen, verschob er den für den Kreuzzug festgesetzten Zeitpunkt um zwei Jahre und traf eigene Vorbereitungen dazu. Ein wenig verärgert, ließ ich im Schriftwechsel mit ihm meine übliche Unterschrift weg: ›König von Gottes und des Papstes Gnaden.‹ Damit hatte Honorius gewiß nichts zu tun.

Etwa zur Zeit, als Innozenz starb, trafen Konstanze und Enrico in Deutschland ein. Sie hatten eine beschwerliche Reise gehabt, wie ich mit großer Besorgnis erfuhr, denn während meiner Abwesenheit von Sizilien waren dort die alten Unruhen wieder ausgebrochen. Ich merkte, wie dringend meine eigene Autorität wieder einmal vonnöten sei, aber jetzt war ich nicht nur der Gefangene meines Ehrgeizes, sondern auch der meiner Abmachungen mit Papst Innozenz. Noch aus dem Grabe hielt er mich in Schranken, mit fast der gleichen Kraft wie zu seinen Lebzeiten.

In einer Angelegenheit jedoch erwies ich mich als unmittelbarer Sieger. Hermann von Salza, den Innozenz nach Sizilien entsandt hatte, um meine Königin und meinen Sohn zu holen, kehrte nicht an den päpstlichen Hof zurück, sondern blieb an meinem, obwohl er für den Rest seines Lebens zwischen Kurie und Kaiserhof hin und her gerissen wurde. Er war ein Thüringer und erst seit kurzem Hochmeister des Deutschritterordens, des jüngsten militanten Ordens, der in erbitterter Rivalität zu den Johannitern und Templern stand. Von Salza hatte nach sieben- oder achtjähriger Dienstzeit im Nahen Osten als Delegierter an dem großen Konzil des Papstes teilgenommen und war mit allen Problemen, denen sich ein Kreuzzug gegenüber sah, wohlvertraut. Zu meinem Entzücken stellte ich fest, daß er ein wenig Arabisch sprach, obwohl er den Ansichten der Moslems keine Sympathie entgegenbrachte. Er war ein ernster, zuverlässiger und bedachter Mann, ganz der Aufgabe gewidmet, seinen Orden zu festigen und zu stärken. Ich spürte in ihm sogleich einen Menschen, der mir von Nutzen sein konnte; seiner Führung würde sich so mancher andere Deutsche bedingungslos anvertrauen.

Ehe ich meine Frau und meinen Sohn empfing, lud ich von Salza ein, mit mir unter vier Augen zu speisen, um mir ausführlich über die Reise von Sizilien berichten zu lassen. Nur Berard war noch dabei, aber damit beging ich einen Fehler. Sie waren beide Ende Vierzig, etwa fünfundzwanzig Jahre älter als ich, und ich spürte augenblicklich etwas von unausgesprochener Eifersucht zwischen ihnen. (Später versuchte ich Berard mit dem Hinweis zu beruhigen, daß ich in von Salza keinen Vertrauten suche, sondern einen Mittelsmann zu den Deutschen, eine Rolle, die Berard nicht auszufüllen vermochte.)

Von Salza war so redlich wie kräftig gebaut, ohne jegliche Hinterlist. Er war nicht ungebildet, aber auch nicht hochgebildet. Seine Umgangsformen hatten nichts Anstößiges, aber auch keinen Schliff. Er warf sich auf den Lederstuhl, auf den ich deutete, strich sich über sein rosiges, sauber rasiertes Gesicht, kaute an seinen Fingern, als seien es Würste, rülpste, nachdem er Bier getrunken hatte, und atmete schwer.

»Hoher Herr«, rief er im barschen Ton eines Mannes, der es gewöhnt ist, kämpfende Truppen zu befehligen, »es ist ein weiter Weg von Sizilien, ein sehr weiter Weg. Wie Seine Heiligkeit der Papst befahlen, habe ich Euch die Königin und den jungen König Heinrich unversehrt überbracht. Oh — wie mir die Füße weh tun!«

Später stellte ich fest, daß er ständig Fußschmerzen hatte, und auf vielen Märschen sollte ich Zeuge werden, wie er seine Füße in irgendeinem Bach oder in seinem Helm badete. Sie waren die Plage seines Lebens, und er kam im Gespräch immer wieder darauf zurück. Doch schon in seinen ersten an mich gerichteten Worten hatte er die Redewendung gebraucht, die mir in Sinn und Herzen lag und vom jungen *König Heinrich* gesprochen.

Für mich war er schon längst nicht mehr Enrico, König von Sizilien . . .

11.

Ich veranstaltete einen formellen Empfang für die Königin und den jungen König im Thronsaal der Burg Hagenau. Da es Dezember und sehr kalt war, hatte ich angeordnet, das Feuer in dem riesigen Kamin die ganze Nacht hindurch in Gang zu halten.

Darüber hinaus hatte ich eine Menge Hirschgeweihe von den Wänden abnehmen lassen, damit man das graue, nackte Gemäuer mit Wandteppichen verkleiden könne. Der rote Marmorboden war poliert, und eine Menge Schaffelle waren ausgebreitet worden (manche über Falltüren, die in schreckliche Kerker führten). Hunderte von Kerzen in schwarzen, eisernen Armleuchtern wurden angesteckt. Ich hatte den Minnesänger Walther von der Vogelweide eingeladen, und er bereitete gereimte Willkommensgrüße vor. Dennoch gelang es mir bei aller Mühe nicht, die Kälte und die barbarische Atmosphäre, die der Saal ausstrahlte, zu zerstreuen.

Als Italiener kam es mir vor, als sei ein tausendjähriger Kontakt mit der römischen Kultur noch nicht genug gewesen, um die Deutschen zu zivilisieren ... und als Deutscher sehnte ich mich neidvoll nach der Kultur und dem Klima, die mir immer fehlen würden. Gleichwohl war ich, *Federico-Friedrich,* beides und kannte beides ..., war verantwortlich für beides und konnte mich weder dem einen noch dem anderen entziehen.

Man konnte es Konstanze, als sie mit ihren Hofdamen vor mir erschien, deutlich vom Gesicht ablesen, was sie von dieser Reise nach Deutschland hielt. Ich fragte mich, ob ihre Einstellung für die anwesenden Höflinge ebenso offensichtlich sein mochte. Ihre Miene blieb finster, sie blickte mürrisch und nachdenklich drein, und von Zeit zu Zeit klapperte sie vor Kälte mit den Zähnen. Sie war jetzt zweiunddreißig, und ich war erstaunt, wie sehr sie in den paar Jahren nach unserer Trennung gealtert war. Obwohl ihr Haar noch immer blond schimmerte, hatten ihre Züge wieder etwas Düsteres bekommen. Zweifellos hatte sie die Austreibung der Sünde mittels der Peitsche wieder aufgenommen.

Der Knabe lief neben ihr her; schon jetzt, im Alter von sechs Jahren, war er hochmütig und zurückhaltend wie seine Mutter. Er war ihr kleines Ebenbild; in keinem Gesichts- oder Wesenszug schien er mir zu gleichen. Er musterte mich leicht anmaßend und schien mich nicht wiederzuerkennen. Plötzlich bereute ich die Stunden, die ich nicht mit ihm verbracht hatte, und die liebevolle Anleitung, die ihm durch mich vielleicht zuteil geworden wäre. Aber das verlorene Vertrauensverhältnis war nicht wiederherzustellen. Es sprühten keine Funken mehr zwischen uns.

Konstanze verneigte sich. »Mein Herr und Gebieter, wir sind zur Stelle. Hocherfreut begrüßen wir Euer Majestät«, sagte sie auf lateinisch.

Ich erhob mich vom Thron und küßte ihre Hand. »Die Trennung hat zu lange gedauert«, sagte ich. »Wir heißen Unsere Kaiserin in Deutschland und auf dem erhabenen Thron der Römer willkommen.«

Ich reichte meinem Sohn die Hand zum Kuß. Mechanisch kniete er nieder und sagte die auswendig gelernten Verse auf:

> »O dank dir, Gott, für diese Lust!
> Mein Vater schließt mich an seine Brust!«

Ich nahm ihn in die Arme. Die Leichtigkeit, mit der er Deutsch sprach, beeindruckte mich, aber gleichzeitig bedauerte ich, daß er nicht in dem von mir so geliebten Italienisch zu mir gesprochen hatte. Ich küßte ihn, und während die Kaiserin neben mir Platz nahm, setzte ich ihn mir zu Füßen.

Dann wurden vor aller Öffentlichkeit kostbare Geschenke ausgetauscht — aber nur eines machte mir Eindruck. Es war das Geschenk, das sich der Deutschritterorden für den jungen Heinrich ausgedacht hatte. Hochmeister Salza hatte die Maße des Knaben für eine deutsche Ritterrüstung vorausgeschickt (kein Kettenpanzer, sondern richtiger Stahl), und jetzt wurde er ihm vor unseren Augen angelegt: Beinschienen und Eisenschuhe, Brustharnisch und Armschienen, Halsberge und Panzerhandschuhe und schließlich der Helm — ein Topfhelm mit Hörnern.

Mein Sohn, das Erzeugnis meiner eigenen Lenden, stand als deutscher Krieger vor mir. Für einen Augenblick zuckte ich vor Widerwillen zurück. Aber leider beachtete ich dieses Omen nicht weiter. Innerhalb eines Monats ernannte ich ihn vor versammelten Fürsten zum Herzog von Schwaben; damit war der Kurs, den ich eingeschlagen hatte, unwiderruflich.

Doch das Glück, als begriffe es, was ich nicht begriff — nämlich daß ich einen Sohn verloren hatte —, geruhte, mich zu entschädigen. Schon seit einiger Zeit hatte ich mit der Witwe eines deutschen Edelmannes herumgetändelt. Der unglückliche Mann war von einem Bären getötet worden und hatte seine junge Frau, in einem Keuschheitsgürtel schmachtend, zurückgelassen. Ich öffnete den Gürtel. Sie war schön: frischwangig, blond, schlankgliedrig und lebhaft im Bett. Noch wies sie keine Alterserscheinungen auf. Sie war nicht dumm, aber völlig ungebildet in all den Dingen, die mir etwas bedeuteten. Schon am Tage unserer Trennung hätte ich ihren Namen völlig vergessen (hieß sie Frieda? oder Freia?), wenn sie mir nicht einen unehelichen Sohn geboren hätte. Ich nannte ihn Enzio. Er sollte mir, wie es sich später herausstellte, sehr ans Herz wachsen.

Aber mit diesem Geschenk allein (dem ersten von vielen unehelichen Kindern) begnügte das Glück sich nicht; fast im selben Augenblick verschwand Otto für immer von der Szene. Völlig aufgelöst überbrachte Hermann von Salza mir die Kunde von meinem Widersacher.

»Euer Majestät«, rief er mit dröhnender Stimme, als er vor mich hintrat, »Euer alter Feind ist erledigt! In Harzburg ist er krank geworden; und nachdem er dem Abt gebeichtet hatte, stimmten die Pfaffen das Miserere an und peitschten ihn mit Ruten zu Tode . . . ›Schlagt zu! Schlagt zu!‹ brüllte er, um für seine Sünden zu büßen, ›kräftiger, kräftiger!‹ Dann verendete der arme Teufel – er, der einst Kaiser gewesen und jetzt nur noch eine blutige Masse war!«

»Ein erbärmliches Ende für einen tapferen Mann«, sagte ich, von Mitleid ergriffen. »Was er auch sonst gewesen sein mag, ein Feigling war Otto gewiß nicht.« Aber ich war mehr als dankbar; jetzt war der Weg frei, und ich konnte an die Verwirklichung meines Planes gehen.

Ich mußte nur insgeheim mit den Fürsten und den Bischöfen verhandeln; mußte nur dem Papst Sand in die Augen streuen; mußte nur mit jener *pazienza* abwarten, an die ich bereits gewöhnt war.

In der Tat, bald darauf trafen Boten von Papst Honorius ein und überbrachten die dringende Aufforderung zum Kreuzzug. Das Schreiben war gerichtet an ›den siegreichen König, vor dessen Angesicht die Heiden fliehen‹ und lautete weiter: ›. . . Jugend, Macht, Ruhm, Euer Gelübde, das Beispiel Eurer Vorfahren rufen Euch auf, das glorreiche Unternehmen durchzuführen.‹ Ich täuschte mich nicht; es war ein Hilferuf.

Jetzt war ich an der Reihe, die Dinge hinauszuzögern.

12.

Alles nahm einen ungünstigen Verlauf für Honorius. Sein ganzer Feldzug gegen die Ungläubigen beruhte auf einem falschen Plan und war schlecht organisiert. Das erste Ziel seiner Kreuzfahrer war es, Ägypten zu besiegen (wo reiche Beute ihrer harrte) und sich nach seinem Fall nach Jerusalem zu wenden. Franz von Assisi, der jetzt bei der Kirche in hoher Gunst stand, war entsandt worden, um dem berühmten Sultan Malik Al-Kamil das Christentum zu predigen. Nichts half. Ständig gingen Hilferufe beim Papst ein: ›Nur der Kaiser kann uns retten!‹

Jetzt ging ich daran, die Schachpartie zu beenden, die ich mit Innozenz begonnen hatte. Ich legte dem Papst nahe, keinerlei Verzögerung seitens all derer zu dulden, die das Kreuz genommen hatten; ich selber schlug die Exkommunikation der Säumigen vor. Frühestens am Johannisfest sollte aufgebrochen werden. Ich ersuchte den Papst, das Reich während meiner Abwesenheit unter seinen Schutz zu nehmen ..., meine Krönung in Rom sei ebenfalls dringend erforderlich. Der Papst ging voller Ungeduld auf alle meine Vorschläge ein.

Dann verlautete, zu meinem großen Bedauern und meiner Bekümmernis, wie ich dem Papst mitteilte, daß ich nicht, wie vorgesehen, aufbrechen könne. Meine Angelegenheiten seien leider nicht in Ordnung, die sizilische Frage noch völlig offen. Wie könne ich Deutschland verlassen, ohne daß die Nachfolge geregelt wäre? Der Aufbruchstermin wurde erst bis September verschoben, dann bis zum März des folgenden Jahres, dann bis zum Mai und schließlich ohne jede Frist verlängert. Papst und Kurie waren entsetzt ...

Ich hatte den deutschen Laienfürsten so viele Konzessionen gemacht, daß ich sie fest auf meiner Seite hatte. Mit den Bischöfen dagegen mußte ich feilschen wie ein Fischweib: ich versprach ihnen für ihre Bistümer die Münzrechte und Einfuhrzölle, die Rechte auf Erhebung einer Biersteuer, freie Verfügung über ihre Lehngüter und Hinterlassenschaft, und schließlich versprach ich ihnen noch, daß die Reichsacht dem Kirchenbann unmittelbar folgen würde. Damit gab ich ihnen eine gefährliche Waffe in die Hand! Sie willigten ein ...

Aber noch etwas anderes war auszuhandeln. Die Reichskleinodien und die Krone Karls des Großen befanden sich noch in den Händen von Ottos halsstarrigem Bruder. Ich bewog den Papst, ihre Herausgabe zu fordern; aber der Herzog von Sachsen zeigte sich genauso unnachgiebig wie Otto selbst. So versuchte ich es auf eine andere Art: Ich ließ ihm durch Hermann von Salza den Posten eines Generalvikars des Reiches anbieten (im wesentlichen ein Ehrenamt), das er während meiner Abwesenheit verwalten sollte. Kurz darauf lagen die Insignien und Kleinodien vor mir. Von den Gewändern war ich sehr enttäuscht, so schlecht waren sie gearbeitet, und ich beschloß, nicht nur den Krönungsmantel durch den meines Großvaters Roger zu ersetzen, sondern auch andere Kleidungsstücke gegen prächtigere auszutauschen.

Jetzt hielt ich den Zeitpunkt für gekommen, dem Papst mitzuteilen, daß ich willens sei, mich streng an unsere Abmachungen zu halten und Sizilien nicht mit dem Reich zu vereinen; dennoch würde ich, solange ich mich in Italien befände, die Regentschaft über das Königreich im Namen meines Sohnes übernehmen. Die sofortige Reaktion des Papstes bestand darin, daß er den Knaben unter seinen persönlichen Schutz nahm.

Vor dem Aufbruch nach Rom zur Krönung berief ich einen Hoftag nach Frankfurt ein. Eines Tages, als ich mich absichtlich anderswo aufhielt, traten die Fürsten zusammen und wählten Heinrich zum König der Deutschen. Die Fürsten waren einverstanden mit den Hohenstaufen; wie sollte der Papst sich da beschweren? Ich hatte einen großen diplomatischen Sieg über die Kurie davongetragen. Jetzt konnte ich Deutschland unbesorgt verlassen, wo ich mich schon viel zu lange aufgehalten hatte.

Privat hatte ich allerdings noch mancherlei Bedenken. Heinrich, jetzt ein zehnjähriger Knabe, war leichtfertig, ein überaus schlechter Schüler, schwer lenkbar und von einer Flatterhaftigkeit, die mir gefährlich erschien. Aber ich gab ihn in die Obhut eines Mannes, dem ich traute, eines Mannes, dessen Ansichten sich mit meinen fast deckten — des Erzbischofs Engelbert von Köln. Ich hoffte, daß Engelbert sich als ein zweiter Berard erweisen werde. Konstanze war untröstlich über die Trennung. Vor Verzweiflung weinte sie Tag und Nacht. Sie war überzeugt, daß sie ihren Sohn nie wiedersehen würde.

Aber trotz dieser schwermütigen Gedanken und dieser Tränen-
flut war mein Herz leicht. Während meines Aufenthaltes in
Deutschland hatte ich mich nie so froh gefühlt. Ich war bereit, mit
einem einzigen Sprung über die Alpen hinwegzusetzen. Es ging
wieder heim.

13.

Wir kamen die Brennerstraße hinunter, an den Hängen prang-
ten reifende Trauben. Als ich die Türme und Dachfirste von Verona
in der goldenen Septembersonne aufblitzen sah, konnte ich die
Freudentränen nicht unterdrücken: Ich gab den Befehl zum Halten
und saß ab. Voller Ehrerbietung nahm ich eine Handvoll Erde auf.
Obwohl wir weit, weit von Sizilien entfernt waren, befanden wir
uns nichtsdestoweniger in Italien. Gehetzt wie ein Hase hatte ich
es verlassen, als ein Löwe kehrte ich zurück. Wir lagerten an den
klaren Wassern des Gardasees, denn um die Einheit nicht zu gefährden, hatte ich mir vorgenommen, keiner Stadt eine besondere
Gunst zu bezeigen und stets außerhalb zu lagern. Ich schwelgte in
der warmen Herbstluft, schwamm im See und setzte meinen Körper (zur Entrüstung aller, außer Berards) der Sonne aus. Ich fühlte
mich dreimal so stark und energiegeladen. Mit meinem zweijährigen Söhnchen Enzio tollte ich herum, als sei er ein Löwenjunges.
    Überall anerkannte man mich als Kaiser, selbst in Mailand,
und überall wurde ich von Bittstellern umdrängt. Ich verbriefte
den Städten ihre alten Rechte, gewährte jedoch keine Vergünsti-
gungen, was den Handel mit Sizilien anging. Für die Genuesen
war dies eine bittere Enttäuschung, da sie sich hohe Profite davon
versprochen hatten. Mit meinen alten Feinden, den Pisanern, verfuhr ich so großzügig, daß ich sie auf Lebenszeit für meine Sache
gewann. Venedig befreite ich von der Entrichtung von Zöllen innerhalb der Reichsgrenzen, und der Doge versprach mir eine jährliche Abgabe in Geld, Pfeffer (ich hätte lieber Safran gehabt, aber
das war diesen gerissenen Kaufleuten zu teuer) und kostbaren
Kleidern.
    Viele Einzelheiten der Krönung waren noch zu regeln, und so
ließ ich dem Papst mein Kommen durch eine Gesandtschaft unter
Hermann von Salza anzeigen, während ich selbst gemächlich süd-

wärts zog. Nur mit Bologna machte ich eine Ausnahme, betrat die Stadt, besichtigte die juristische Fakultät und nahm an einem Bankett teil. Das Bankett fand in dem stattlichen roten Ziegelbau des Palazzo del Podestà statt, wo ich den berühmten Rechtslehrer Roffredo da Benevento kennenlernte, einen Mann mit leiser Stimme und einem Gesicht wie ein Pelikan. Ich forderte ihn auf, an meinem Hof eine Stellung anzunehmen, und er willigte ein.

»Aber«, sagte er, »eine besondere Gunst erbitte ich von Euer Majestät: darf ich meinen Assistenten mitbringen?«

»Wie Ihr wollt, guter Doktor«, sagte ich und fand es seltsam, daß er meine Zeit mit einer solchen Nebensächlichkeit in Anspruch nahm.

»Mein Assistent ist ein außergewöhnlicher junger Mann«, fuhr Roffredo fort und verfolgte die Angelegenheit hartnäckig weiter. »Er hat die Universität auf Befehl Euer Majestät bezogen. Er heißt Pier della Vigna . . .«

Ich runzelte die Stirn und versuchte mich zu erinnern. »Der Name«, sagte ich, »kommt mir nicht unbekannt vor.« Dann nahm ich den seltsamen Ausdruck auf Berards Gesicht wahr — und plötzlich fiel mir alles wieder ein.

»Bringt Euren Assistenten auf alle Fälle mit an den Hof«, erklärte ich Roffredo förmlich. »Wir können ihn dem Erzbischof Berard zuweisen.«

Am nächsten Tage schloß sich Roffredo meinem Gefolge an, aber sein Assistent war nirgends zu erblicken. Darüber war ich froh, denn ich bedauerte meine etwas voreilige Zustimmung bereits und spürte das kleinliche Verlangen, Berard in dieser Angelegenheit zu trotzen.

Wir zogen weiter. Herrlich die sanft zerklüfteten Apenninen, die dunstblauen Täler der Toskana, die leicht gewellten Hügel Umbriens! Wie beruhigend wirkte der Anblick der blauen Trauben, der grünschwarzen Zypressen, das Silbergrau der Oliven. Die Bauern verfolgten unseren prächtigen Zug mit staunenden Augen, und an ihrem Verhalten erkannte ich, daß mir die Legende meiner Unbesiegbarkeit vorausgeeilt war. Mir war jedoch, als seien sie ein wenig enttäuscht, daß der märchenhafte Kaiser mit sechsundzwanzig noch so jung aussah. Sie jubelten mir zu, ich dankte mit ernstem Lächeln und wünschte ihnen den Segen Gottes.

Als wir uns auf der Via Flaminia Rom näherten, schlossen sich uns Percivalle Doria und Manfredo Lancia an, die eigens zur Teilnahme an der Krönung aus Genua gekommen waren. Ich erkannte sie sofort und stieß alle Formalitäten über den Haufen. Nicht sie küßten meine Hände, sondern ich ihre Wangen — mit der Herzlichkeit eines lange verschollenen Bruders.

»Was seid Ihr herangewachsen!« rief ich. »Keine Knaben mehr, sondern Männer!«

»Auch Ihr, Euer Majestät«, erwiderte Manfredo. »Unter der Last der Staatsgeschäfte sind Eure Schultern breiter geworden.«

Ich seufzte. »Das ist nur das Gewicht deutscher Rüstungen«, sagte ich. Dann entsann ich mich: »Eure kleine Schwester — Bianca?« erkundigte ich mich höflich, obwohl ich mir ihren Namen kaum noch ins Gedächtnis rufen konnte. »Was macht sie und wie geht es ihr?«

»Sie hat sich wenig verändert, Euer Majestät«, sagte Manfredo. »Sie ist noch so männerscheu wie je.«

»Ein reizendes Kind«, sagte ich. »Entzückend — und klug.«

Dann sang mir Percivalle seine neuesten Lieder vor, und ich beschloß, auch ihn an meinen Hof in Sizilien zu ziehen. Manfredo, der während meines Aufenthalts in Deutschland in verschiedenen Missionen für mich tätig gewesen war, ernannte ich zum Staatsbeamten.

Am nächsten Tage — es war jetzt Ende Oktober — traf die Gegengesandtschaft des Papstes ein und verlangte das Zugeständnis, daß das Imperium selbst keine Ansprüche auf Sizilien erhebe. Man war auf allerlei juristische Einzelheiten bedacht, daß ich ein besonderes Siegel verwende, keine fremdländischen Beamten einsetzen dürfe und ähnliches. Das alles war mir ziemlich gleichgültig, und ich hätte einen ganzen Korb voll solcher Abmachungen unterzeichnet. Bei diesen Verhandlungen standen mir Berard und von Salza zur Seite, und ich bewog den Papst, Hermann von Salzas Herzenswunsch zu erfüllen: den Deutschordensrittern das Recht einzuräumen, weiße Mäntel wie die Templer, ihre verhaßten Rivalen, zu tragen. Was den Papst betraf, so hatte er sich anscheinend mit dem Unvermeidlichen abgefunden, und als Krönungstag wurde der zweiundzwanzigste November des Jahres 1220, der letzte Sonntag vor Advent, festgesetzt.

Außerdem wurde ausgemacht, daß ich etwa zehn Monate danach ins Heilige Land aufbrechen sollte.

Nachdem ich Buße für frühere Versäumnisse getan hatte, trug ich das Heilige Kreuz über meinem Harnisch. In dieser Tracht ritt ich weiter nach Rom.

14.

»Es wuchs Unser unstillbarer Willen zusammen mit der nachfolgenden Kaiserwürde«, wie ich es ausdrückte, und Person und Amt begannen einander auf diese Weise zu durchdringen. Ich war das Imperium, das Imperium war ich. An diese Krönung sollte man noch lange denken. Ich scheute keine Mühe, keine Ausgaben. Ich war fest entschlossen, dafür zu sorgen, daß es zu keinerlei Unruhen kommen sollte wie bei Ottos Krönung; auch würde ich mich keinesfalls damit begnügen, insgeheim gekrönt zu werden, wie es meinem Großvater Barbarossa ergangen war. Ich liebte die Römer... und war mir als Reaktion darauf ihrer Gegenliebe sicher.

Wir schlugen unsere Zelte außerhalb Roms auf dem Monte Mario auf und machten uns sogleich daran, alles instand zu setzen und zu putzen. Unsere Vollblutpferde, unsere Sättel aus Samt und Gold, unser Zaumzeug aus Silber und Kupfer, unsere Rüstungen aus Stahl, unsere Waffenröcke aus Satin und Wolle, unsere Banner aus Seide — alles glitzerte und funkelte und glänzte. Nichts war mehr schmutzig oder in Unordnung..., und obwohl es November war, mußte mein ganzes Gefolge — unter großem Gemurr — baden. Ich erklärte, daß ihre Seelen nicht geläutert werden könnten, wenn ihre Leiber nicht sauber wären. Ich wurde parfümiert, mit Öl eingerieben und in das makellose Weiß eines Kreuzfahrers gekleidet, mit dem roten Kreuz auf der Brust.

Unter dem Singsang von Mönchen ritten wir langsam — die Kaiserin zu meiner Rechten — auf Araberschimmeln über die Via Triumphalis hinab nach Rom. An der Porta Collina empfingen wir die Huldigung des stadtrömischen Klerus. Ein feierlicher Zug formierte sich. An der Spitze Reiter, die Münzen mit meinem aufgeprägten Wappen unter das Volk warfen; dann Mönche, die wiederum ihren Gesang anstimmten; danach die Geistlichkeit in prächtigen Gewändern mit Kruzifixen und Weihrauchgefäßen;

dann der Schwertträger. Jubelnd begrüßte das Volk mich wie einen aus seiner Mitte.

Wir näherten uns der Peterskirche mit ihrer Fontäne der Läuterung, ihren Säulen aus Marmor und Porphyr, ihrem Dach aus Bronzeziegeln (einstmals von meinem Großvater Barbarossa mit Feuer überschüttet). Die Geistlichkeit wich zurück, und römische Senatoren kamen auf mich zu, um mir an den Stufen von St. Peter das Pferd abzunehmen. Ich saß ab und schritt langsam die Stufen hinan, die Karl der Große auf Händen und Knien hinaufgekrochen war.

Auf der obersten Stufe erwartete mich der Papst, zur Rechten die Kardinalbischöfe und -priester, zur Linken die Kardinaldiakone und die niedere Geistlichkeit. Der Papst trug die Tiara, die wie ein seltener Edelstein in einem farbigen Kaleidoskop wirkte, und ein Gewand aus purpurner Seide, auf das prächtigste mit Gold durchwoben. Kein Zweifel, als Knabe hatte ich einst vor ihm gestanden, aber es war mir, als hätte ich ihn nie zuvor gesehen. Jetzt war er neunzigjährig. Seine Wangen waren von einer leuchtenden, durchscheinenden, pergamentenen Blässe, und seine eingesunkenen Augen schienen im Gegensatz dazu um so größer und dunkler. Er hatte einen dünnen grauen Bart, der sein Gesicht fransenartig umrahmte. Etwas wie Erschöpfung ging von ihm aus, etwas undefinierbar Trauriges, als sei er den Horden von Sündern, die sich auf der Welt tummelten, nicht mehr gewachsen. Wenn er fromm, müde und schwach wirkte, so wirkte die Kurie hingegen wirklichkeitsnah, stark und unerschöpflich. Honorius durfte auch nicht einen Schritt von dem Programm seines Vorgängers abweichen. Als er mir seine behandschuhte Rechte mit dem päpstlichen Ring am dritten Finger hinhielt, war die Hand ununterscheidbar von der Innozenz' III.

Aber es war mir nicht gestattet, die Hand zu küssen. Man hatte darauf bestanden, und ich hatte eingewilligt, die Füße des Papstes zu küssen. In aller Demut küßte ich den silbernen Pantoffel, der unter dem Saum seines Gewandes hervorragte. Dann schüttete ich zum Zeichen des Tributes einen Sack voll Gold aus. Ich erhob mich, und der Papst umarmte mich, wobei er mir einen Kuß auf die Stirn drückte. Dann begann die Litanei, ähnlich wie bei der Weihe eines Bischofs. Der Papst und ich schritten zur Kapelle Santa Maria in Turribus, wo ich den Eid abzulegen hatte, in allen Nöten und Nützen Verteidiger und Schirmer der Kirche zu sein. Dann trat der Papst an den Altar, um zu beten, während ich zurückblieb, um in die Bruderschaft der Kanoniker von St. Peter aufgenommen zu werden und den Krönungsstaat anzulegen.

Alle meine Gewänder waren aus Sizilien herbeigeschafft worden, wo man sie in der Königlichen Kleiderkammer von Palermo aufbewahrt hatte; alle stammten sie aus der Zeit der normannischen Könige, mit Ausnahme der Handschuhe und der Schuhe, die eigens für mich angefertigt worden waren. Ich wurde von Meßgehilfen eingekleidet. Zuerst zog man mir eine Strumpfhose aus roter, goldbestickter Seide an, die oben mit einer arabischen Inschrift versehen war. Auch die Schuhe bestanden aus roter Seide mit Sohlen aus Rindsleder; Rubine, Perlen, Amethyste und Smaragde waren zusammen mit Gold zu einem Muster verarbeitet, das Greife und Sirenen darstellte. Dann zog man mir eine Art Unterhemd aus dunkler purpurner Seide an, das mit scharlachroter Seide eingefaßt und mit emaillierten Goldplatten und wurmförmiger Filigranarbeit verziert war. Danach kam das Priestergewand, das ich mir wie ein Frauenkleid über den Kopf streifte. Es bestand aus gelbem Taft auf gelber Seide; Brust und Ärmel waren mit Perlen und Goldstickerei besetzt, und um den Saum zog sich eine Borte aus goldenen Schnüren und Edelsteinen. Auf dem goldbestickten Band standen sich feindliche Löwen auf weißem Hintergrund und feindliche Greife auf purpurnem Hintergrund gegenüber. Zwei Inschriften, eine auf lateinisch, die andere auf arabisch, besagten, daß das Gewand im Jahre 1181 in der Königlichen Kleiderkammer angefertigt worden war. Dann umgürtete man mich mit dem *Cingulum Pontificale*, einem Gurt aus schwerer blauer Seide, über und über mit Rubinen, Perlen und Schmuckplättchen in Goldfiligran besetzt. Zuletzt legte man mir die Stola um den Hals und knöpfte sie über meiner Brust zusammen. Die Handschuhe streifte ich mir selbst über; sie waren aus scharlachroter Seide angefertigt und mit Edelsteinen verziert. In jede Handfläche war mit Gold ein Adler eingestickt, der den Kopf nach links wendete.

Jetzt war mein Ornat fast vollständig, es fehlte nur noch meines Großvaters Roger großer scharlachroter Krönungsmantel mit seinen Löwen und Kamelen in Perlstickerei. Als ich den schweren Mantel auf meinen Schultern spürte, mußte ich laut lachen. Jetzt war ich kein sizilischer Knabe mehr. Ich war ein Mann — ein König — ein Kaiser. Es bedurfte nur noch der Krone.

Kardinäle empfingen mich an der Silberpforte, und ich betrat die Basilika von St. Peter. Vor seinem Schrein verweilte ich und küßte die polierte Zehe seiner Bronzestatue. Dann setzte ich meinen Weg fort, um mich von einem Kardinal salben zu lassen. Die Luft in der Kirche war weihrauchgeschwängert, überall flackerten Kerzen. Ich trat an den Altar, um mein Bekenntnis abzulegen. Hoch über mir leuchtete das blaugoldene Christusmosaik. Christus thronte zwischen der Heiligen Jungfrau, den Aposteln und den vier Symbolen der Evangelisten. Flüchtig gedachte ich jenes anderen Mosaiks in der Königlichen Kapelle von Palermo, auf dem Christus anklagende Augen hatte. Dort saß Christus höher als der König; hier, mit Seinem Stellvertreter, dem Papst, höher als der Kaiser. Das Schema war unverändert. Selbst der Kaiser muß sich der Herrschaft der Geistlichkeit unterwerfen.

Der Papst gab mir den Friedenskuß und betete für mich. Dann hielt er für einen symbolischen Augenblick eine Mitra über meinen Kopf und griff dann langsam und bedacht nach der Kaiserkrone. Das schwere, gehämmerte Gold ihrer acht miteinander verbundenen Platten funkelte im Kerzenlicht; ihre mannigfaltigen Edelsteine sprühten Feuer. Der einzelne Edelsteinbügel, der von vorn nach hinten verlief, erinnerte an einen römischen Helm — aber an einen vorn von einem Kreuz gekrönten Helm. An den Seiten hing von den Schläfenplatten Schmuckgehänge herab; und in die Stirnplatte war oben der berühmte und magische ›Stein der Weisheit‹ eingelassen. Die Krone war massiv und eindrucksvoll. Als sie mir auf das Haupt gesetzt wurde, durchflutete mich eine wilde Erregung; endlich wurde meine Überzeugung bestätigt, daß ich hoch über allen gewöhnlichen Sterblichen stand. Ich schien über alles Menschliche hinausgewachsen, von Gott geschaffen und dazu bestimmt, die Allmacht des Menschen als Offenbarung des menschlichen Schicksals zu verbürgen. Damit hegte ich selbst im Augenblick meiner Weihe ketzerische Gedanken; und hätte der Papst in mich hineinschauen und meine Gedanken lesen können, würde ihm die Krone vor Entsetzen entfallen sein.

Blitzartig erlebte ich auch noch etwas anderes: Ich sah mich für einen Augenblick, wie in momentaner Geistesverwirrung eines Traumes, nicht mit eigenen, sondern mit den Augen der Teilnehmer an dieser feierlichen Handlung. In Gedanken versetzte ich mich in und unter sie, stand mit einer Kerze in Händen da, atmete den Weihrauchduft, sah meine eigene Krönung mit an. Ich stand neben Berard — genau wie jetzt der Meßgehilfe neben ihm stand. Ein dunkler junger Mann meines Alters in einem spitzenbesetzten, schwarzen Gewand; das dunkle Haar wie meines gekämmt und geschnitten; glattrasiert; ein empfindsames, schönes Gesicht. Er war völlig vertieft in meinen Anblick. Plötzlich durchzuckte mich etwas und verlieh meiner Erregung eine noch höhere Spannung. Die Aufforderung erging von mir an ihn, in mich hineinzuschauen und sich durch mein Äußeres nicht blenden zu lassen. Er blickte mich an, und seine Augen leuchteten heller als der größte Edelstein in der Kaiserkrone — glänzten vor Liebe. Ich hatte ihn überrascht ..., so begegneten wir uns und unterhielten uns insgeheim durch Blicke, ehe wir unsere Rollen vertauschen konnten, denn ich war er ... und er war ich. Mein Herz schlug voller Freude für ihn ... für mich. Er errötete. Seine Augen wurden glasig. Überwältigt von seiner eigenen Kühnheit senkte er den Kopf und starrte blicklos ins Leere. Die Kerze flackerte und erlosch. Ich war ich ... er war er ...

Der Papst reichte mir das Schwert. Ich zog es aus der Scheide und schwang es zum Zeichen, daß ich bereit sei, die Heilige Kirche zu verteidigen. Dann Zepter und Apfel. Dann respondierte der Chor, und ich vernahm dieselben Worte, die schon Karl der Große, die schon die Cäsaren vernommen hatten: ›Friderico piissimo Augusto, a Deo coronato, magno, pacifico Imperatori, Vita et Victoria!‹ Und wieder nahm ich das Kreuz und gelobte, die Heiligen Stätten Jerusalems von den Ungläubigen zu befreien. Diesmal empfing ich es aus der Hand des Kardinals Ugolino von Ostia, eines hageren, langnasigen, schmallippigen Mannes, dessen Namen ich nie vergessen sollte.

Dann vollzog sich die Krönung der Kaiserin Konstanze in entsprechender Weise. Darauf folgte das Hochamt. Ich legte Krone und Mantel ab und ministrierte dem Papst als Subdiakon. Dann empfingen die Kaiserin und ich aus der Hand des Papstes die

Kommunion und seinen Segen. Zusammen verließen wir die Kirche, und vor dem Eingang hielt ich, als letztes Zeichen meiner Unterwerfung, dem Papst die Bügel und führte das Pferd einige Schritte weit. Dann schwang ich mich auf mein eigenes Pferd, und wir ritten zusammen bis zu der Kirche Santa Maria in Transpontina, wo wir uns trennten. Er kehrte in seinen Palast zurück, und ich begab mich zu einem Bankett, das für den römischen Adel veranstaltet wurde.

Aber mein Sinn stand nicht nach Speise und Trank; dauernd mußte ich an die außerordentlich empfindsamen Augen des Meßgehilfen denken. Ich war fest entschlossen, sie wiederzusehen.

15.

Was ist Liebe? Wir behaupten, wir lieben unseren Hund, die Sonne, das Meer, unseren Großvater, unser Heim, Wein, die Kirche, die Madonna, Ehre, Gott, Wahrheit, unsere Frau, unseren Mann, unsere Kinder, unsere besten Freund ... Kann ein einziges Wort all die feinen Gradabstufungen dieser Empfindungen umfassen? Offenbar vermag der Mensch auf vielerlei Arten zu lieben, von denen jede ihre Berechtigung hat. Wie oft kann man lieben im Leben? Was heißt ›verliebt sein‹ eigentlich? Ist es eine plötzliche, heftige Gefühlsaufwallung, die unser Herz wie ein gutgezielter Schlag trifft, dann allmählich nachläßt und sich aus einem freudigen in einen dumpfen, bohrenden Schmerz verwandelt? Oder beruht es nur auf reiner Geschlechtlichkeit, gegenseitiger Anziehung, oder beidem ...?

Es wäre absurd, zu behaupten, daß ich in den Jüngling, den ich in St. Peter mit der Kerze in der Hand gesehen hatte, ›verliebt‹ gewesen wäre. Nicht so abwegig wäre die Behauptung, daß ich etwas an ihm liebte. Worin lag seine Anziehungskraft? In seiner Ähnlichkeit mit mir? Seiner Unähnlichkeit mit mir? In der Sehnsucht eines jungen Mannes nach einem gleichaltrigen Freund? In der seltsam melancholischen Schönheit seiner Züge, die mich bereits heimsuchte? Darin, daß ich bisher keine Frau gefunden hatte, mit der ich mehr teilen konnte als nur das Bett? Oder war da irgendein Zauber am Werk, von dem ich nichts verstand und dessen Ursprünge weit in die Vergangenheit zurückreichten, nur jenen Satyrn und Faunen bekannt, die durch Wälder und Weinberge streiften? Oder war dies ein Geheimnis von Hexenmeistern und Alchimisten, die Liebestränke ohne Rücksicht auf Geschlecht zusammenbrauten? Mitunter hielt ich mich tatsächlich für verhext . . .

Auch konnte ich mich von dieser Vorstellung nicht befreien, als ich meinen Meßgehilfen auf dem Bankett an einem entfernten Tisch entdeckte. Er befand sich in angeregtem Gespräch mit dem bekannten Rechtsgelehrten Roffredo da Benevento und Berard. Ich war erstaunt, wie ungezwungen sie sich unterhielten. Er vollführte selbstverständlich viele Gesten dabei, ausdrucksvolle Gesten, denn wie kann ein Italiener ohne Gesten reden?

Ich wandte mich an den Kardinal Colonna, einen Mann, der einige Jahre älter war als ich und in Rom große Macht und großen Einfluß besaß.

»Ist Euer Eminenz zufällig jener gutgekleidete Jüngling bekannt, der sich eben mit Erzbischof Berard unterhält?« fragte ich ihn beiläufig.

Der Kardinal warf einen Blick auf ihn und wischte sich Wein von den Lippen. »Euer Majestät, ich habe diesen jungen Mann noch nie gesehen, aber seinem Aussehen nach würde ich ihn für einen auf Besuch weilenden Prinzen halten.« Wieder schaute er hinüber. »Ein ganz außergewöhnliches Gesicht, halb vergeistigt, halb fleischlich, man weiß nicht, was zuletzt die Oberherrschaft gewinnen wird.«

Das Gesicht! Es wirkte noch jugendlicher als meines. Oft ist es mir auf antiken Statuen begegnet. In einem Augenblick das schmächtige Gesicht eines jungen, unerfahrenen Fauns, der aus dem schattigen Wald tritt und noch nichts erlebt hat, und im nächsten Augenblick das Antlitz eines Satyrs, so zynisch wie dasjenige Pans nach der berüchtigten Liebesaffäre mit Hermaphrodit! Dunkle Augenbrauen, nicht so weit auseinanderstehend wie meine, sehr große, sehr dunkle, gedankenreiche Augen, ausdrucksvoller als Worte. Ein beweglicher Mund, um den jetzt ein ernster Zug lag, der jedoch die Andeutung unfrohen Gelächters enthielt, aber vor allem waren es die Augen, die etwas von seinem innersten Wesen ausstrahlten. Jedesmal, wenn er den Kopf wandte, so daß ich seine Augen nicht sehen konnte, kam ich mir beraubt vor.

Das Bankett wurde immer langweiliger . . ., endlos zog es sich hin. Ich verspürte keinerlei Neigung, etwas zu mir zu nehmen. Die Anspannung, unter der ich den ganzen Tag gestanden hatte, wirkte noch in mir nach, jetzt kam diese neue Betörung noch hinzu. Am liebsten wäre ich umhergesprungen und hätte getanzt wie eine Figur aus einem Satyrspiel; aber selbstverständlich ließ ich mir nach außen nichts anmerken. Geduldig harrte ich auf meinem Platz aus, während man um mich herum unglaubliche Mengen in sich hineinschlang: Schinken, Ravioli, Makkaroni und Parmesankäse, Lendenstücke, Sülze, Fisch, Fasan, Kalbfleisch, Wildbret und Wildschwein . . ., Gemüse und Salat . . ., Weine aller Arten . . ., die verschiedensten Käsesorten . . ., sämtliche Früchte des Herbstes . . ., Malvasier obendrein. Ich kostete von diesem und jenem und trank wenig; nachdem ich den weinroten Saft eines Granatapfels ausgesogen hatte, fühlte ich mich wunderbar erfrischt.

Ich redete viel; ließ dabei jedoch meinen Meßgehilfen kaum aus den Augen. Du mußt ihn unbedingt sprechen, sagte ich mir, denn die Nacht neigt sich dem Ende zu . . . Ich flüsterte einem meiner hinter mir stehenden Sarazenen (Freigelassene jetzt) etwas zu, und wenige Augenblicke später stand mein Meßgehilfen-Prinz vor mir, wie ein Wunsch im Traum in Erfüllung geht.

Wiederum geriet ich völlig unter den Bann seiner Schönheit. Während er sich verbeugte, ruhte das Gewicht seines Körpers mit natürlicher Anmut auf seinem linken Fuß. Er trug enganliegende Hosen, das linke Beinkleid weinrot, das rechte halb weiß, halb blau. Seine kurze Samtjacke war mit Gold durchwirkt; ein blaueingefaßter Umhang war über seine linke Schulter geworfen. Er trug kein Schwert, sondern einen kleinen edelsteinbesetzten Dolch, der an einem golddurchwobenen Gürtel schlenkerte. Die Gestalt, vorher durch das Meßgehilfengewand verhüllt, war jetzt deutlich zu erkennen. Ich sah einen schlanken, kräftigen, anmutigen Jüngling vor mir. Am kleinen Finger der linken Hand befand sich kein Siegelring, sondern ein Rubin, der im Kerzenlicht funkelte und schimmerte.

Ich schaute ihm fest in die glänzenden, aber nachdenklichen Augen mit jenem durchdringenden Blick, dem nur die Stärksten und Selbstbeherrschtesten standhalten konnten. Jetzt kam noch ein anderes Element hinzu: Begierde. Es war eine Ehre, von einem

Kaiser begehrt zu werden. Er traf keinerlei Anstalten, meinem Blick auszuweichen. Seine Augen verrieten, daß er sich mehr als geehrt fühlte: er brachte mir dieselben Gefühle entgegen wie ich ihm. Er würde mir nachfolgen, wohin ich auch immer ging. Dann lächelte ich und verlieh mit diesem Lächeln meiner Bewunderung offen Ausdruck.

Er ergriff das Wort, ohne daß ich ihn angesprochen hätte. »Euer Majestät bedürfen meiner?«

»Dringend«, sagte ich. »Wie heißt Ihr?«

»Ich schulde Euer Majestät Dank für erwiesene Wohltaten. Man nennt mich Pier della Vigna.«

Ich war erschüttert, und man muß es mir angesehen haben. Nicht von Adel! dachte ich. Die Kleidung eines Fürsten — aber Pier della Vigna! Ich erinnerte mich, was Berard über seine Herkunft gesagt hatte.

»Entsinnen Hoheit sich?« sagte er, als müßte er sich gegen mein Schweigen verteidigen. »Es ist lange her, seit ich meinen Brief geschrieben habe —«

»Zu lange«, sagte ich. »Viel zu lange. Ich weiß noch sehr wohl. Ich wünschte nur, ich hätte Euch früher kennengelernt ... jetzt müssen wir Versäumtes nachholen. Kommt mit mir!«

Ich erhob mich, und die Musikanten unterbrachen ihr Spiel. Auf ein Zeichen von mir fuhren sie fort. Wer von den Gästen in der Lage war, sich zu erheben, stand ehrerbietig auf. Ich zauderte nicht lange, sondern machte, daß ich mit meinem Pier della Vigna und den beiden sarazenischen Fackelträgern davonkam.

Draußen vor dem Palast waren die Fackeln überflüssig, denn der Vollmond hüllte die Stadt in sein Licht. »Diese Nacht wird keiner von uns beiden ein Auge zutun«, sagte ich zu Piero. »Es soll eine unvergeßliche Nacht werden ...«

In lange Mäntel gehüllt, nur von einem Führer und meinen Sarazenen begleitet, machten wir uns auf den Weg zu den Ruinen der Hadrian-Villa und holten aus unseren Pferden das Äußerste heraus. Wir gelangten gerade noch vor Sonnenaufgang an unser Ziel. Der gewaltige Gebäudekomplex lag unter hohen Zypressen verborgen — Theater, Bibliotheken, Akademien, Paläste, Teiche und Springbrunnen — eine verwundete Gesteinsmasse, im Mondlicht hingestreckt. Hier, wo einst das geistige Zentrum der zivilisierten Welt gewesen war, huschten Fledermäuse und allerlei Getier umher. Wir sprachen kaum, denn der Mond und die Ruinen mit den tiefen Schatten wirkten unheimlich in ihrer Schönheit.

»Es ist die Nacht der *lupi mannari*«, murmelte Piero.

»Es ist eine Nacht wie geschaffen für Wunder und Verwandlungen«, erwiderte ich flüsternd, »nicht in Werwölfe, sondern in Freunde.« Damit legte ich meinen Arm um ihn.

Ständig an vergangene Größe erinnert, bahnten wir uns unseren Weg allein durch die Ruinen. Endlich gelangten wir zu einer halbkreisförmigen Halle mit einer Halbkuppel, die mit weißen, im Mondlicht schimmernden Mosaiken verziert war. Vier große Marmorsäulen bildeten die Fassade, und davor lag ein Weiher, noch immer von sprudelndem Quellwasser gespeist. Längs der gekrümmten Wand befanden sich viele Nischen zum Aufstellen von Statuen, doch nur noch eine war erhalten, die verwitterte und verstümmelte Marmorplastik eines nackten Jünglings — Antinous darstellend, den griechischen Sklaven, dem Hadrians ganze Liebe gehört hatte. Hier verweilten wir, nahmen auf einem umgestürzten Sockel Platz und erwarteten den Anbruch des Tages. Jetzt verspürten wir Hunger; wir öffneten die Körbe, die meine Diener gepackt hatten. Wir aßen Brot, in Rotwein getunkt, und kauten geröstete Maronen dazu.

Wir kamen ins Gespräch.

Nachdem der Anfang gemacht und die erste Steifheit überwunden war, redeten wir, als hätten wir uns von unserem ersten Atemzug an gekannt. Wir sprachen völlig offen, ohne Zurückhaltung oder Andeutungen. Wir sprachen, als hätten wir auf diesen Augenblick seit Jahren gewartet, als hätten wir alles Ungesagte dafür aufgespart.

»Wie kam es, daß unsere Blicke sich während der Krönung begegnet sind?« fragte Piero.

»Wer könnte das sagen? Wer kennt oder vermöchte die merkwürdigen Strömungen zu definieren, durch die eine Verständigung ohne Worte von Mensch zu Mensch möglich ist?« erwiderte ich. »Aber ich ahnte nicht, daß du Pier della Vigna wärst —«

Er machte ein reumütiges Gesicht. »Ich war zweimal verkleidet: einmal als Meßgehilfe, einmal als Edelmann. Geliehene Kleider! Ich bin weder ein Priester noch ein Fürst —«

»Du bist du selbst, das genügt. Kleider verkleiden eigentlich nur, Freunde können darauf verzichten. Wenn wir unter uns sind, Piero, müssen wir uns so geben, wie wir sind und uns völlig gleichberechtigt fühlen. Der Unterschied zwischen uns darf nur den Engeln sichtbar sein . . .«

Er lächelte, und schließlich wich die letzte Spur melancholischer Ungewißheit von seinen Zügen. »*Caro Federico!*« sagte er.

Caro Federico — der Ton war unvergeßlich. Es war sein Salut an die Gleichberechtigung unserer Freundschaft; denn wer hätte es, ohne die Vertraulichkeit und Verbundenheit, die jetzt zwischen uns bestand, gewagt, mich einfach *lieber* Federico zu nennen . . . ?

Leise sprechend aus der Scheuheit so vieler Verfasser, trug er mir eines seiner Gedichte vor, das sich mit dem Wesen der Liebe befaßte:

> »Perocchè Amore non si può vedere
> E non si tratta corporalmente,
> Quanti ne son di si folle sapere,
> Che credono che Amore sia niente . . .«

Der Sinn der Worte grub sich mir ein: ›Da Liebe nicht zu sehen und unkörperlich ist, glauben die Dummklugen, Liebe sei nichts . . .‹

Doch dann am Schluß eine Bejahung: *Amore sia* — ›Liebe ist . . . und wird immer sein . . .‹

Liebe ist — dafür gab es in der Tat keine Erklärung, nicht einmal eine Definition. Ich empfand Liebe für Piero, und er für mich. Man konnte es nur als etwas Wunderbares hinnehmen.

Wir saßen dicht nebeneinander. Bei Sonnenaufgang nahmen die weißen Säulen auf den Ruinen zuerst eine rötliche, dann eine goldene Färbung an. Feldlerchen stiegen zwitschernd auf. Die Sonnenstrahlen durchdrangen uns mit sinnlicher, wahrhaft sommerlicher Wärme, obwohl wir uns im Altweibersommer befanden. Eidechsen kamen hervorgehuscht, um sich zu sonnen. Wir reagierten wie Anbeter des Sonnengottes und warfen unsere Kleider ab. In dem nahe liegenden Teich badeten wir und tollten wie Knaben herum. Als wir müde waren, legten wir uns in die Sonne und schliefen, primitiv und natürlich wie einfache Hirten aus entlegenen, unschuldigen Zeitaltern. Wirklichkeit und Traum waren eines, denn die Wirklichkeit war traumhaft gewesen, und die Träume waren so schön wie die Wirklichkeit.

Die Säulen warfen bereits lange Schatten, als Ziegengemecker, das Geklapper kleiner Hufe auf Marmor und die hohen, dünnen Töne einer *zefalo* uns weckten. Aus dem Unterholz erschien die Gestalt eines zerlumpten, weißbärtigen alten Mannes, der seiner Pfeife traurige Töne entlockte. Als er uns zusammen daliegen sah, blieb er wie angewurzelt stehen und ließ seine schrille Melodie unbeendet.

»Ai —«, rief er und fuhr dann in reinstem Latein fort: »Ihr habt einen gefährlichen Ort gewählt, hohe Herren! Ich kenne diese Ruinen gut, denn ich pflege Umgang mit dem Geist Kaiser Hadrians. Dies war das Serapeum, wo Hadrian und Antinous sich geliebt haben. O ihr Narren, habt ihr nichts aus dieser Tragödie gelernt? Hört ihr nicht den letzten keuchenden Atemzug des ertrinkenden Antinous in den Wassern des Nils? Hört zu — hört gut zu: *Können zwei Ungleiche je gleich sein . . . ?*« Er hielt inne, blies wieder auf seiner Pfeife und entfernte sich, von den schwarzen Ziegen ummeckert und umdrängt.

Dann blieb er plötzlich stehen, wandte sich noch einmal um und deutete mit seiner Pfeife auf mich. »Ihr dort mit dem blonden Haar—«, rief er, »Ihr werdet *sub flore* vor einer Eisentür sterben!«

Er keuchte und riß an seinem weißen Bart, als sei er von einem Dämon besessen. Wiederum zeigte er mit der Pfeife. »Ihr dort mit dem dunklen Haar. Ihr werdet sterben —« Aber die Pfeife schwankte; seine Worte wurden undeutlich, als er die Hände vor das Gesicht schlug. »Ai, ai —«, schrie er, »meine Augen können nicht wahrnehmen, was Eure nicht sehen werden . . . !«

Mit einem wilden Aufschrei bekreuzigte er sich und verschwand samt seinen Ziegen zwischen den Ruinen.

»Ein Einsiedler«, sagte ich leichthin zu Piero. »Der Alte ist verrückt wie alle Einsiedler. Und wer könnte in einer Burg sterben, ohne sich in der Nähe einer eisernen Tür zu befinden, oder in Italien, ohne daß Blumen in der Nähe wären? Und was das Mitansehen des eigenen Todes betrifft — wie unwahrscheinlich!«

Aber jetzt war unser Verhältnis zueinander mit Zweifel und Grauen durchtränkt. Piero war ernst, die Augen von Schwermut überschattet.

Ein böses Vorzeichen ... in den intensivsten Augenblicken des Lebens an den Tod zu denken!

In bedrücktem Schweigen kehrten wir nach Rom zurück. Trotz meiner skeptischen Einstellung war auch ich verstört ..., denn wer vermag die Wahrheit einer Prophezeiung zu ermessen, ehe die Prophezeiung nicht in Erfüllung gegangen ist?

Drittes Kapitel

L'Aquila

– Der Adler –

1.

Von meinem geliebten Sizilien kann man in der Tat sagen, es sei ›Hafen und Nabel sämtlicher Königreiche der Welt‹. Meine Seeleute haben mir berichtet, daß im fernen China, in der Provinz Fukien, ein Mann namens Chao Ju Kua über uns und unseren Vulkan geschrieben hat. Ginge man über China hinaus, würde man einen vollen Kreis beschreiben. Sollte die Gelegenheit sich ergeben, würde ich gern eine Expedition zu diesem Zweck ausrüsten. Doch nach meiner Krönung in Rom hatte ich wenig Zeit, von derartig exotischen Forschungsreisen zu träumen; andere Dinge nahmen mich voll in Anspruch: verräterische Barone, eine grausame Geistlichkeit, abtrünnige Städte, rebellische Sarazenen sowie ein jähzorniger Papst, der mir ständig zusetzte, mein Heimatland zu verlassen und neuen Gefahren entgegen ins Heilige Land zu segeln ... ehe er selbst gen Himmel führe.

Meine Ungeduld, in das Königreich Sizilien zurückzukehren, war so groß, daß ich mich nach Abbruch des Lagers kaum drei Tage in Rom aufhielt und auf schleunigstem Wege über die Via Labicana südwärts zog unter meinem jetzigen Hoheitszeichen, dem Reichsadler auf goldenem Grund: *l'Aquila*. Mein Gefolge war längst nicht mehr so groß wie vor der Krönung, da ich nicht mit einem Heer einmarschieren wollte, schon gar nicht mit einem aus deutschen Rittern bestehenden Heer. Selbst die Gegenwart Hermann von Salzas stimmte mich bedenklich (ohne Zweifel hätte Berard, der wiederum philosophisch gesalzene Wassermelonenkerne kaute, es gern gesehen, wenn er zurückgeblieben wäre), aber jetzt war er unentbehrlich. Ich war begierig, meine Pläne durchzuführen, denn in den langen Winternächten in Deutschland hatte ich viel über die vor mir liegenden Probleme nachgedacht.

Der Papst entließ mich nicht, ohne sich vorher noch einen Vorteil zu sichern. Ich müsse, erklärte er, Edikte gegen Ketzer erlassen und ihnen genau dieselben Strafen androhen wie die Kirche: den Scheiterhaufen und das Abschneiden der Zunge. In den lombardischen Städten nähme die Ketzerei überhand, sagte der Papst, und wer gegen die Kirche sei, sei auch gegen das Reich. Die lombardischen Städte bildeten einen wunden Punkt für uns beide, und so willigte ich ein. Dann schlug ich ihm ein letztes Schnippchen, indem ich bekanntgab, daß ich die Kosten für die Wiederherstellung antiker Bauten in Rom übernehmen würde, wenn man mir entsprechende Pläne vorlege. Letzteres sah der Papst jedoch gar nicht gern, ohne Zweifel glaubte er, daß ich selber einige dieser restaurierten Gebäude zu beziehen gedächte. Aber war es nicht Aufgabe eines Römischen Kaisers, die architektonische Pracht Roms wiederherzustellen ... ?

Mein erstes Problem bestand darin, den Baronen jene Burgen zu entreißen, die die Grenzen des Königreiches schützten. Man übergab mir eine ganze Reihe derartiger Festungen, ohne daß ich mit Gewaltanwendung drohen mußte. Schon hatten die Barone gemerkt, daß ich nicht als Knabe in mein Königreich zurückkehrte, sondern als erfahrener Kämpfer, ein Landesherr, der sich erfolgreich gegen die schwierigen deutschen Fürsten durchgesetzt und denselben Otto gedemütigt hatte, mit dem sie hochverräterisch zusammengearbeitet hatten. Aber wo war das Heer, das ich gegen sie ins Feld hätte führen können? Noch wußten sie es nicht, aber ich wollte es aus den Reihen der Barone selber rekrutieren.

Als ich den trägen Volturno überquerte und das alte Capua betrat, die erste wichtige Stadt innerhalb der Grenzen des Königreichs, war ich darauf vorbereitet, die Grundlagen für einen Staat zu legen, wie man ihn seit römischen Zeiten nicht erlebt hatte — wenn überhaupt jemals. Zu diesem Zweck wartete ich mein Eintreffen in der Hauptstadt nicht erst ab; gleich in Capua unternahm ich die ersten notwendigen Schritte. Ich rief meine fähigsten italienischen Berater zusammen, zu denen selbstverständlich Berard gehörte, sowie Manfredo Lancia, die Brüder Aquino, der Rechtsgelehrte Roffredo da Benevento und — zu meinem besonderen und geheimen Vergnügen — sein junger Assistent Pier della Vigna. Einige der älteren Männer und einige von den Edelleuten (wie die Gebrüder Aquino) rümpften ein wenig die Nase über die Gegenwart Pier della Vignas: erstere seiner Jugend wegen, letztere wegen seiner plebejischen Herkunft. Sie sagten nichts, erstarrten jedoch in seiner Gegenwart.

In der Hauptsache ging es darum, die Macht der Barone, die während meiner Abwesenheit übermäßig gewachsen war, auf ein erträgliches Maß zurückzuführen. Ich wollte sowohl die Zersplitterung vermeiden, die ich in Deutschland erlebt, als auch die endlosen Fehden zwischen den Städten wie in Norditalien. Für das Feudalwesen hatte ich nicht viel übrig; mir schwebte eine starke, leistungsfähige Zentralregierung vor. Aber wenn Wünsche Pferde wären, würden Bettler reiten. Wie der Normanne Roger de Hauteville brauchte ich ein Pferd. Das war das Problem, das ich meinen Beratern vorlegte. Die Antworten darauf lauteten etwa so:

Berard: »Ich möchte hier an die beträchtlichen Ländereien und sonstigen Schätze erinnern, die die höchsten Würdenträger der Kirche erworben haben. Ein kleiner Verlust für sie wäre vielleicht ein großer Gewinn für unseren edlen Herrn, denn sein Ziel, der Friede, ist ganz gewiß das christlichste aller weltlichen Ziele.«

Landolfo d'Aquino: »Was bewirken Worte schon, wenn man sie nicht notfalls mit Gewalt durchsetzen kann? Warum nicht zuerst eine Gewaltandrohung, gestützt auf Macht, erwägen?«

Tommaso d'Aquino (der ältere): »Die Macht des Staates sollte auf Gesetzen beruhen, von Gott abgeleitet und durch Menschen geordnet, zur Geltung gebracht durch eigens dafür geschaffene Instanzen, unter der Oberaufsicht des Staatsoberhauptes. Wir finden jetzt einen Staat vor, der ins Chaos zurückgesunken ist; fangen wir also von vorn an und verschaffen wir dem Gesetz wieder die nötige Achtung.«

Roffredo da Benevento: »Das dringendste Problem, Euer Majestät, scheint mir eine Kodifikation der Gesetze zu sein und gleichzeitig Mittel zu ihrer Durchführung zu entwickeln. Gewalt anzuwenden, ohne Rechtsordnung schaffen zu wollen, ist nutzlos. Erst muß Klarheit geschaffen werden, dann können wir handeln.«

Ich: »Nun, Messer Piero, Ihr sitzt und schweigt. Was meint Ihr?«

Pier della Vigna: »Alles, was bisher vorgebracht wurde, ist gut und schön und auch wahr. Aber mir scheint rasches Handeln erforderlich, Euer Majestät, sonst verfällt der Staat, ehe ihm geholfen werden kann. Warum nicht auf die Erlasse des letzten legitimen normannischen Königs, Wilhelms des Guten, zurückgreifen und sie zum Ausgangspunkt nehmen? Unter ihnen kann das Einkommen der Geistlichkeit beschnitten, die militärische Macht der Barone eingeschränkt, Achtung vor dem Gesetz wiederhergestellt und ein neues Gesetzeswerk in Angriff genommen werden.«

Andere: »Gut gesprochen . . .«

Ich: »Und worauf ließen sich die Erlasse König Wilhelms jetzt neu anwenden?«

Pier della Vigna: »Gestatten Euer Majestät, daß ich ein paar Beispiele anführe. Unter dem damals geltenden Recht konnte die Kirche Ländereien nur für kurze Zeitspannen erwerben, damit sie nicht zu reich werde. Ohne ausdrückliche Erlaubnis des Königs durfte kein Edelmann sein Schloß mit einer aus mehr als vier Bewaffneten bestehenden Eskorte verlassen. Durch ein Edikt, das auf Wilhelms Erlasse zurückgreift, könnte verfügt werden, daß keine Familie Waffen tragen dürfe, es sei denn, sie hätte auch zu Wilhelms Zeiten das Recht dazu gehabt; daß alle Kastelle, die seit der Regierungszeit Wilhelms errichtet oder erobert wurden, jetzt an die Krone abzutreten sind; daß alle Urkunden, die sich auf seither erworbene Rechte oder Privilegien beziehen (von denen viele, nebenbei bemerkt, gefälscht sind) der Krone zur Überprüfung vorgelegt werden; daß die Kinder von Lehnsträgern nur mit kaiserlicher Erlaubnis die Erbfolge des Lehnsbesitzes antreten dürfen; und so weiter. Auf diese Weise, Euer Majestät, werden jene Barone, Äbte und Bischöfe, die sich in den letzten dreißig Jahren illegal oder mit Gewalt bereichert haben, wieder in ihre frühere Lage zurückversetzt, wobei manche, aller Wahrscheinlichkeit nach, völlig verarmen werden. Diese Maßnahme muß überraschend kommen. Die Macht Eurer Gegner wird damit gebrochen sein, indes ihr Zeit zu grundlegenden Reformen gewinnt.«

Ich: »Messer Piero, Eure Worte zeugen von großer Weisheit. Die Reaktion wird heftig sein, aber Wir werden das Recht hinter Uns haben. Wir werden Gewalt anwenden, wenn man Uns dazu zwingt. Wir haben, fürs erste, einen Weg gefunden . . .«

Anschließend schlug Piero mir unter vier Augen vor, den Grafen Tommaso d'Aquino zum Großjustitiar der Provinz und dessen Bruder Landolfo zum Oberkommandierenden der militärischen Streitkräfte zu ernennen. Ich erkannte sofort, was Piero damit bezweckte, und sagte ihm eine sorgfältige Prüfung seiner Vorschläge zu.

Auch noch etwas anderes erkannte ich: Pier della Vigna hatte viel mehr zu bieten als bloße Geschicklichkeit mit der Feder. Er war ein junger Mann, der es auch unabhängig von meiner Gunst weit bringen würde. . . ., und *mit* meiner Gunst? Es war gar nicht auszudenken, welche Höhen wir beide — der eine das vollkommene Gegenstück des anderen — zusammenwirkend erreichen konnten.

Ich erließ die Edikte, durch welche die Gesetze Wilhelms des Guten wieder in Kraft gesetzt wurden. Anfangs waren die Barone und Bischöfe wie betäubt von dem Schlag; doch dann griff man, wie vorausgesehen, sehr rasch zu den Waffen. Auch hier nahmen die Wohlhabenden, deren Besitztümer gefährdet waren, ihre Zuflucht zur Gewalt. Ich traf Vorbereitungen, dem Gesetz Geltung zu verschaffen. Die Rebellen würden bald merken, daß es nicht ganz so einfach wäre, mein Schwert und Pieros Feder abzustumpfen.

Der erste Schritt zu meiner Verteidigung lief darauf hinaus, den Adel unter sich zu entzweien. Ich machte einigen von den niederen Adligen Zugeständnisse und forderte sie, als Vasallen, auf, sich mit bewaffneten Abteilungen bei mir zu melden. Waren sie nicht sofort zur Stelle, ließ ich sie festnehmen und einkerkern. Die meisten folgten meinem Rufe bereitwilligst, und innerhalb kurzer Zeit verfügte ich über eine Kerntruppe. In normannischen Zeiten hatten gewisse Lehnsträger sowohl Hölzer für den Schiffsbau als auch Besatzungsmitglieder stellen müssen. Ich setzte diese Forderungen so nachhaltig durch, daß ich in weniger als einem Jahr zwei Galeeren-Geschwader in Dienst hatte, den Grundstock einer Flotte. Eine Anzahl von Handelsschiffen, die in meinen Häfen vor Anker lagen, enteignete ich zwangsweise, da ich sie dringend benötigte.

Dann machte ich mich daran, jene Kastelle, die mir wichtig schienen, in meinen Besitz zu bringen, und die anderen, an denen mir nichts lag, schleifen zu lassen. Da es mir hauptsächlich um die

Landesverteidigung ging, war mein Vorgehen sehr einfach. Ich erklärte die Kastelle zu befestigten Bollwerken, die nicht mehr als Wohnsitze für feudale Vasallen, ihre Familien und ihr Gesinde dienen sollten. Meine Kastelle sollten in Friedenszeiten nur von einem Kastellan und einer Handvoll Bewaffneter besetzt sein. Männer aus den umliegenden Ortschaften sollten für die Instandhaltung eines jeden Kastells aufkommen und in Kriegszeiten zur Verteidigung herangezogen werden. Alle unterstanden einem Ausschuß für Verteidigung mit Sitz in der Hauptstadt. Das alles hatte weitreichende Folgen.

Jetzt bot sich mir auch die Gelegenheit, mit einigen Herren abzurechnen, mit jenem Diepold von Schweinspeunt beispielsweise, der sowohl mit Otto als auch mit meinem Bischof-Kanzler Gualtiero di Palearia intrigiert hatte. Durch Anwendung einer meiner üblichen Listen nahm ich Diepold gefangen und hielt ihn so lange als Geisel, bis Diepolds Bruder zwei stark befestigte Kastelle herausrückte. Ich sorgte dafür, daß Diepold in den Deutschritterorden aufgenommen wurde und verfrachtete ihn in das kalte Baltikum, damit er die heidnischen Preußen bekehre.

Ich befand mich kaum eine Woche in Capua, da tauchte auch der alte Schurke Gualtiero di Palearia selber auf. In den acht Jahren war er noch kahler, noch salbungsvoller geworden und stank noch penetranter aus dem Munde. Als man ihn zu mir führte, hatte er fürchterliche Angst, da er mich anscheinend immer noch als einen Knaben betrachtete. Doch als er meinen Gesichtsausdruck sah, muß er mich für einen rächenden Engel gehalten haben, denn er erbleichte und warf sich auf die Knie.

»Ich bitte um Gnade, Euer Majestät«, rief er, als flehe er Gott selber an, »Gnade, Gnade . . . !«

»Erhebt Euch, ehrlicher Bischof-Kanzler,« sagte ich. »Wir hören Eure demütige Bitte und wundern Uns, warum Ihr so dringlich um Gnade ersucht. Überall im Königreich sind Wir bereits auf unverkennbare Spuren Eurer Tätigkeit gestoßen, Ihr habt Euch zweifellos alle Mühe gegeben. Aber warum kommt Ihr nicht um Lob zu Uns, statt um Gnade zu flehen . . .?« Ich machte eine kurze Pause, betrachtete sein aufgedunsenes Gesicht und fuhr dann fort: »Freut Euch, Wir haben eine Belohnung für Euch: Wir beauftragen Euch hiermit, Ritter für den Kreuzzug des Papstes anzuwerben, und machen Euch voll verantwortlich dafür. Außerdem haben Wir die Absicht, dem Heiligen Vater regelmäßig über Eure Erfolge in dieser Angelegenheit zu berichten . . .«

Er stöhnte wahrhaftig laut, und in diesem Augenblick tat er mir fast leid, denn ich bin überzeugt, daß er sich völlig klar darüber war, auf welche Weise ich mich seiner allmählich zu entledigen gedachte.

Leider erwies es sich auch als notwendig, Rechnungen mit einigen Leuten zu begleichen, die ich lieber ungeschoren gelassen hätte. Einer von ihnen war der Graf Alaman da Costa, jener beleibte, einnehmende gräfliche Kaufmann, dessen Vorrat an anzüglichen Witzen mir auf dem Wege von Rom nach Genua schier unerschöpflich vorgekommen war. Er war nach Syrakus zurückgekehrt und im Laufe der Zeit zu der Überzeugung gelangt, ihm gehöre nicht nur der *fondaco* (von dem arabischen *funouk*), das Proviantmagazin, sondern die ganze Stadt gehöre ihm (und Genua). In Wirklichkeit war er gar kein Graf, sondern ein berüchtigter Korsar, obwohl er sich gern als Graf von Syrakus und Beamter des Königs ausgab. Durch die zufällige Aufbringung eines mit Waffen beladenen pisanischen Schiffes hatte er die Mittel in die Hand bekommen, die einstige griechische Großstadt, die bereits auf die Ebene eines pisanischen Piratennestes herabgesunken war, anzugreifen und zu unterwerfen. Das hatte sich zugetragen, als ich acht Jahre alt war. Jetzt ließ ich ihn wissen, wie dankbar ich ihm für alle erwiesenen Gefälligkeiten sei und wieviel Wohlwollen ich Genua entgegenbrächte, aber da Syrakus zum Königreich gehöre, falle es völlig unter meine Gerichtsbarkeit. Ich war sogar bereit, ihn tatsächlich zu adeln und ihm wichtige Stellungen anzuvertrauen. Der Unglückliche lehnte ab. Zur gegebenen Zeit gestattete ich ihm, sich durch die Flucht in Sicherheit zu bringen, beschlagnahmte jedoch alles, was er zurückließ. Wie konnte ich meiner persönlichen Dankbarkeit erlauben, die ökonomischen Grundlagen meines Zukunftsstaates zu zerstören . . .?

Denn in der Tat, ich erstrebte nichts weniger als die allmähliche Liquidation des gesamten Feudalsystems in Sizilien. Mir lag daran, dieses, mein Land wieder in den Genuß einer Zentralregierung, eines gedeihlichen friedlichen Handels zu bringen und für Bildung und Kultur zu sorgen. Es sollte alles oder nichts sein.

Doch als ich mir gerade einbildete, auf dem besten Wege dazu zu sein, hetzte der größte meiner Edelleute das Geschlecht derer von Molise zur Rebellion gegen mich auf, und die Sarazenen in Sizilien fachten die schwelenden Gluten der Unzufriedenheit zu kriegerischen Flammen an.

Ich befand mich in einer Zwangslage, und mir blieb nichts weiter übrig, als zu kämpfen.

2.

Es war Pier della Vigna, der mir nahelegte, mich nicht durch den molisischen Aufstand in den Abruzzen ablenken zu lassen, sondern mich geradenwegs nach Sizilien zu begeben und dort für Ruhe zu sorgen. Damit hatte er recht, obwohl er keinerlei militärische Ausbildung genossen hatte; denn die Insel war ihrer ganzen Lage nach ein so fester Stützpunkt, daß ich mich von dort aus notfalls gegen die halbe Welt behaupten konnte. Auch befolgte ich Pieros Rat, die Führung des Feldzuges gegen den Grafen von Molise in die Hände von Landolfo d'Aquino zu legen und Tommaso d'Aquino, den älteren, zum Oberjustitiar der Provinz zu ernennen.

Kluger Rat, wie die Ereignisse bewiesen. Tommaso und sein Bruder waren mir nicht nur treu ergeben, sondern auch intelligent. Nach und nach vertrieben sie den Grafen von Molise aus einem Kastell in das andere, obwohl der Graf von sich aus über fünfzehnhundert Ritter und Knappen ins Feld führen konnte. Er hatte solange als ein kleiner König über seine Besitztümer geherrscht, daß er sich nicht vorstellen konnte, jemand könne ihm an Macht überlegen sein und seine Befestigungen dem Erdboden gleichmachen. Aber er machte seine Rechnung ohne die Männer Aquinos und die Erbitterung des niederen Adels, der ihm schon lange grollte. Schließlich öffnete seine Frau die Tore des letzten ihm verbliebenen Kastells, und er ergab sich.

Es drang jedoch derartig viel auf mich ein, daß ich Capua erst Ende Mai verlassen konnte, obwohl ich bereits im Dezember eingetroffen war. Schon im August sollte ich ins Heilige Land segeln! Wie ein Knabe während der Messe konnte ich es kaum erwarten, wieder in Bewegung zu sein. Tag und Nacht mußte ich an Sizilien und meine Kindheit in Palermo denken. Aber trotz aller Dringlichkeit nahm ich mir die Zeit, mit Piero in ein Nachbardorf zu gehen, um seiner Mutter Lebewohl zu sagen. Er hatte seine Mutter nach unserer Ankunft in Capua natürlich sofort aufgesucht und alles unternommen, sie seinen jetzigen Umständen entsprechend umzustimmen. Aber die Aussicht, in Samt und Seide zu gehen oder eine neue Wohnung zu beziehen, interessierte sie weiter nicht; sie freute sich nur einfach über den Erfolg ihres Sohnes.

Sie bewohnte zwei Zimmer im oberen Stock eines alten Palastes, der langsam zerfiel. Die Steinstufen der Freitreppe waren bereits grün vor Alter; und als wir hinaufstiegen, wurden wir von den Nachbarn, die sich im Hof versammelt hatten, mit einer solchen Scheu betrachtet, daß kaum jemand zu atmen wagte. Selbst Säuglinge und Hunde verstummten, und das Dienstmädchen, das uns Monna Maddalenas Tür öffnete, fiel beim Anblick eines leibhaftigen Königs fast in Ohnmacht. Monna Maddalena selber war so gefaßt und ruhig, als empfinge sie täglich derartige Besuche. Sie saß an einem Fenster, das auf eine kleine Loggia hinausging, die Wipfel der Akazien, den gewundenen Volturno sowie die üppigen grünen Felder der Terra di Lavoro überschaute, und genoß die warme Frühlingsluft. Sie war eine grauhaarige, etwa fünfzigjährige Frau, ganz in Schwarz gekleidet — in Trauer, wie Piero erklärte, um seine gebrechliche Schwester, die einen bitteren Tod gefunden hatte. Die Ähnlichkeit mit Piero war frappant. Jetzt spiegelte sich auf ihrem Antlitz etwas von der Schönheit und der inneren Ruhe eines Menschen, der vom Leben nichts mehr verlangt. Als wir eintraten, nahm sie das weiße Kätzchen, das auf ihrem Schoß saß und das sie gestreichelt hatte, setzte es behutsam zu Boden und erhob sich, um sich vor mir zu verneigen.

»Madonna Madre«, sagte Piero, »dies ist unser allergnädigster König Federico. Küß ihm bitte die Hand zum Willkommen.«

»Nein«, sagte ich, »es ist besser, Monna Maddalena für die Wohltat zu danken, der Welt einen solchen Sohn geschenkt zu haben.« Und damit küßte ich ihre Hand.

»Gottes Gnade sei mit Euch, hoher Herr«, sagte sie. »Ich flehe täglich den Segen des Himmels auf Euch herab als Dank für die irdischen Segnungen, mit denen Ihr Piero überhäuft habt.«

Sie hatte eine angenehme, leise Stimme, und für einen Augenblick war ich fast eifersüchtig auf Piero; aber wieviel älter würde meine eigene Mutter jetzt schon sein! Pieros Mutter war nur ungefähr so alt wie Berard, und auch jene andere Eifersucht nagte wieder an meinem Herzen.

»Der größte Dank gebührt Eurem wahren Freund, dem Erzbischof Berard«, sagte ich und ließ sie dabei nicht aus dem Auge. »Mehr als den Sternen haben Wir Unsere Konjunktion seiner Vermittlung zu verdanken.«

»Berard war außerordentlich gut zu uns«, sagte sie, ohne daß sich in ihrem Tonfall oder Mienenspiel etwas änderte. »Wir kennen ihn schon seit vielen Jahren gut. Auch für ihn bete ich.«

Unbefriedigt — wie immer — ging ich von dannen.

Um mich aufzumuntern, erzählte mir Piero bei unserer Rückkehr nach Capua, daß man nicht weit entfernt eine Mithräe bloßgelegt habe, völlig intakt mit Altar und Fresken, auf denen die Mysterien des Mithraskults dargestellt seien. Noch interessanter wäre die Entdeckung einer Steinmadonna der vorrömischen Samniter oder der vielleicht noch älteren Osker, einer Madonna, die nicht nur ein Kind im Arm halte, sondern deren sechs oder sieben! Ich war in Versuchung, weiterer Ausgrabungen wegen noch länger zu bleiben, begnügte mich jedoch mit der Anordnung, die Statue dieser Fruchtbarkeitsgöttin auf der Piazza aufzustellen. Sollte man sich ruhig Gedanken über das merkwürdige Wesen von Jungfrauen machen . . .

Als ich meinen Fuß wiederum auf sizilischen Boden setzte, merkte ich, daß ich mich erst mit meinen gläubigen Christen befassen mußte, ehe ich gegen meine ungläubigen Sarazenen vorgehen konnte. Die ›Unregelmäßigkeiten‹ (um den mildesten Ausdruck zu gebrauchen), die sich Bischof Gualtieros Geistliche hatten zuschulden kommen lassen, waren höchst beunruhigend und übertrafen sogar meine Erwartungen. Einige hatten einen derartigen Mißbrauch mit Kirchengeldern getrieben und sich persönlich so bereichert, daß ich einer ganzen Reihe von ihnen den Prozeß machte und vom Papst die sofortige Abberufung anderer verlangte. (Zu dieser Zeit gab es in Sizilien einundzwanzig Erzbischöfe und hundertvierundzwanzig Bischöfe.) Ich habe nie gezaudert, ein Chirurgenmesser zu gebrauchen oder eine Wunde auszubeizen. Auf den Bischof Arduino aus dem großen normannischen Dom von Cefalù war ich besonders wütend — aus den Prozeßakten ging hervor, daß er den Dom selbst verschachert haben würde, wenn er es gekonnt hätte. Von den niederen Geistlichen warf ich eine beträchtliche Anzahl ins Gefängnis und setzte sie für eine Weile auf Wasser und Brot, damit sie ein wenig von ihrer Stattlichkeit verlören.

Ich stellte fest, daß die Kirche mehr verschlang als Lebensmittel und Gold, denn, genau wie in Deutschland, legte sie auch einen gewaltigen Landhunger an den Tag. Ich ergriff Maßnahmen: Ich setzte alte normannische Gesetze wieder in Kraft, die Landkäufe durch die Tote Hand untersagten; für eine Weile gestattete ich den Aufkauf von Land, vorausgesetzt, daß es nicht länger als ein Jahr, einen Monat, eine Woche und einen Tag im Besitz des Käufers blieb. Schließlich verbot ich auch letzteres mit der Begründung, daß die Kirche mit ihren anscheinend unerschöpflichen Goldreserven sonst in Bälde das ganze Königreich aufkaufen würde.

Auch der alte Streit um die Besetzung kirchlicher Stellen wurde wieder aufgenommen. Darin war der schwache Honorius fast so halsstarrig wie der starke Innozenz, und der Streit zwischen uns ging in alter Schärfe weiter. Ich lehnte es rundheraus ab, gewisse vom Papst in Vorschlag gebrachte Männer zu akzeptieren, weil ich, wie ich zur Begründung angab, in Sizilien ›keinen Staat im Staate‹ dulden könne. Ich drohte, sämtlichen Priestern, die außerhalb Siziliens ernannt worden waren, das Wirken im Königreich zu verbieten. Als Vergeltungsmaßnahme öffnete der Papst einer ganzen Horde von Flüchtlingen aus Sizilien Tore und Türen, einer Emigrantengruppe, die auf meinen Sturz hinarbeitete..., mit stillschweigender Duldung von Papst und Kurie. Wie sehr auch die Weltziele des Heiligen Römischen Reiches und der Heiligen Kirche übereinstimmen mochten, so war doch Sizilien eine Nation für sich, und ich, als der oberste Landesherr, war verantwortlich für sein nationales Wohlergehen. Ohne Zweifel ein radikaler Standpunkt für einen Heiligen Römischen Kaiser. Aber praktische Erfahrung hatte mich gelehrt, daß das Reich mehr in der Idee als in der Realität existierte, und in Sizilien hatte ich den festen Boden der fruchtbaren und schönen Erde unter den Füßen.

Diese Auseinandersetzungen mit der Kirche wurden auch dadurch nicht gemildert, daß der Termin für meinen Aufbruch zum Kreuzzug des Papstes immer näher heranrückte. Es war offensichtlich, daß ein Verlassen Siziliens in diesem Augenblick zu einer

innenpolitischen Katastrophe führen mußte, die durch einen außen-
politischen Erfolg nicht aufzuwiegen war. Ich beschloß daher, wie
ein Bauer zu handeln und meinen eigenen Acker zu bestellen; doch
um den Papst zu besänftigen, stellte ich vierzig Galeeren zur Verfügung, die den Christen in Damiette Verstärkungen bringen sollten. Die Ritter unterstellte ich dem Kommando Anselms von Justingen, den ich zur Belohnung für seine Dienste zum Marschall
ernannt hatte; und die Schiffe unterstellte ich dem Kommando des
Admirals Enrico di Malta. Den Oberbefehl jedoch erhielt kein anderer als mein Bischof-Kanzler Gualtiero di Palearia. Zu meinem
innigen Vergnügen wurde er von panischem Schrecken ergriffen
über diese Ehre; aber er konnte nicht ablehnen. Wie hätte er das
vor dem Papst rechtfertigen sollen?

Bei diesem Stand der Dinge war der Kreuzzug zum Scheitern
verurteilt. Die Truppen in Damiette warteten das Eintreffen meiner Verstärkungen nicht ab, sondern versuchten unter dem Kommando des päpstlichen Legaten und König Johanns von Jerusalem
durch das Nildelta auf Kairo vorzustoßen. Ihre Kräfte waren nicht
nur unzureichend, sondern sie wählten auch die falsche Jahreszeit,
denn der Nil führte Hochwasser. Die Ägypter öffneten die Deiche,
und die Kreuzfahrer tappten in Wasser und Schlamm umher. Als
meine Schiffe eintrafen, bestand Gualtiero, anstatt Bedingungen
auszuhandeln, auf der Verteidigung von Damiette. Ein weiterer
Fehler, und Damiette fiel in ägyptische Hände. Der Papst und mit
ihm die gesamte Kirche waren wie betäubt von dem Ausmaß der
Katastrophe. Selbst Sultan Al-Kamils wohlüberlegte Rückerstat-
tung des echten Kreuzes vermochte den Schlag nicht zu lindern.
Damit endete der Fünfte Kreuzzug.

Das einzig Angenehme, was die Niederlage für mich mit sich
brachte, war, daß ich den famosen Gualtiero di Palearia nie wieder
zu Gesicht bekam! Während er unterwegs war, machte ich eine
Reihe seiner Verfehlungen publik, und er wagte es daraufhin
nicht, das Königreich wieder zu betreten. Er floh nach Venedig, wo
ihn die Strafe für seine Habgier erreichte: er starb in Armut.

Etwas anderes war weniger angenehm. Man machte mich für
den Fehlschlag verantwortlich! Ich hätte nicht persönlich an dem
Kreuzzug teilgenommen. Es bliebe mir nichts weiter übrig, schrieb
der Papst, als innerhalb des folgenden Jahres aufzubrechen...

Doch an einer anderen Stelle des Briefes wurde ein neuer, drohender Ton angeschlagen: ›Wir werden Euch nicht länger schonen, wenn Ihr Eure Pflicht weiterhin vernachlässigt; Wir werden Euch vor dem Angesicht der gesamten Christenheit exkommunizieren. Gebt also acht wie ein weiser Mann und ein katholischer Fürst!‹

3.

Ich mußte meine lange hinausgezögerte und ersehnte Inspektionstour durch Sizilien auf die Städte im Küstengebiet beschränken, da die Sarazenen sich fast des gesamten Hinterlandes bemächtigt hatten. Zu ernsthaften Schwierigkeiten mit den Moslems war es schon ein paar Jahre vor meiner Geburt gekommen. In jener chaotischen Epoche hatten ein paar fanatische Mönche die christliche Bevölkerung zu einem Blutbad unter den Moslems aufgehetzt. Viele Sarazenen waren daraufhin ins Landinnere geflüchtet und hatten sich im Gebirge verschanzt, wo sie seit Jahren, auf besseres Land hoffend, Rachegedanken nährten. Der Ausbruch neuer Gewalttätigkeiten war nur eine Frage der Zeit. Zu meinem Leidwesen war mir dieses schwelende Erbe zugefallen.

Schon meine Rückkehr nach Palermo wurde durch einen gleichzeitigen Sarazenenüberfall auf Monreale, am Stadtrand von Palermo gelegen, gestört. Während die Bevölkerung auf den Straßen der Kaiserin und mir zujubelte, suchte der Bischof von Monreale schlotternd vor Furcht im Dom Zuflucht; und noch hatte ich kaum die Gemächer meines Großvaters Roger im normannischen Palast betreten, als ich auch schon zur Verteidigung Monreales gerufen wurde. Mir blieb keine Zeit, in köstlichen Erinnerungen zu schwelgen, wie ich es mir vorgenommen, noch einmal den Garten von San Giovanni degli Eremiti und andere denkwürdige Stätten meiner Jugend aufzusuchen. Auch konnte ich Piero nicht mit einigen anderen Sehenswürdigkeiten Palermos bekannt machen, die ich ihm schon im voraus beschrieben hatte. Außerdem hatte ich gehofft, in Palermo unter Umständen einen Hofmeister vom Schlage meines lieben Guglielmo für meinen vierjährigen Sohn Enzio zu finden; aber eine solche Suche würde Zeit und Geduld erfordern. Jetzt hatte ich jedoch keine Zeit, und meine Ungeduld kannte keine Grenzen.

Kaum zehn Meilen von Monreale entfernt lag die wichtige sarazenische Feste Giato, der Stützpunkt des Emirs Ibn-Abbad, eines Hauptträdelsführers der Aufständischen. Diesem Emir hatte ich anfangs vertraut, mir dabei zu helfen, den Frieden ohne Gewaltanwendung zu sichern. Er ließ mich durch Kuriere wissen, daß er mein Programm den Anhängern Mohammeds vorlegen und seine Annahme befürworten würde, denn mir schwebte ein großartiges Projekt vor. Zum Dank übersandte ich ihm wertvolle Geschenke als Zeugnis meines guten Glaubens, denn ich wollte den Krieg gern vermeiden. Er jedoch nahm meine Geschenke wie ein unsauberes Schwein an, bemächtigte sich meiner Boten, folterte und hängte sie und lachte mir dann frech ins Gesicht. Aus diesem Gelächter machte ich mir wenig; aber mit seinem Verrat konnte ich mich nicht abfinden.

Ich mobilisierte all meine Kräfte — Waffen, Kriegsmaschinerie, Männer, deckte mich mit griechischem Feuer ein (einer Mischung aus Petroleum und Schwefel) und einer stattlichen Anzahl von Galgen. Ehe die Belagerung von Giato vorüber war, hatte ich Gelegenheit, von allem reichlich Gebrauch zu machen. Drei Monate waren dazu erforderlich, endlose, heiße Monate voller Enttäuschungen und Rückschlägen. Doch langsam aber sicher wurde der Widerstand der Verteidiger gebrochen.

Als das Ende schon fast in Sicht war, wurde der Emir nachts insgeheim in mein Zelt geführt. Er war gekommen, um vor der Kapitulation um Gnade zu bitten. Als er eintrat, warf er sich mir zu Füßen.

»Von Eurer erhabenen Majestät«, rief er, »verlangen wir nichts als Schonung unseres Lebens. Alles andere überlassen wir Eurem Willen!«

Als ich diese widerwärtige Kreatur vor mir sah, brachte ich es nicht über mich, ihn in menschlicher Sprache anzureden. Als sei er irgendein Ungeziefer, stieß ich ihm meinen eisenbeschuhten Fuß derart in den Leib, daß der scharfe Sporn dem Emir die ganze Seite aufriß, und hätte ich mich nicht beherrscht, würde ich ihn auf der Stelle zu Tode getrampelt haben.

»Andere sollen leben, aber du sollst sterben, o vertrauter Emir!« sagte ich, als man ihn blutend und lallend hinausschleppte. Nur die Wachen und ein aschfahler Piero waren Zeugen dieses

Vorfalls. Am nächsten Tage wurde der Emir gehängt. Und um zu zeigen, daß ich Ernst zu machen gedächte, ließ ich gleich zwei Christen mit ihm zusammen aufknüpfen: Hugues de Fer, einen Marseiller Piraten sowie meinen früheren Admiral Guglielmo Porco, der Verrat geübt hatte. (Er war keineswegs der einzige christliche Edelmann, der mit den Moslems aus Opposition gegen meine Herrschaft paktierte.) Dieses saubere Pärchen hatte Waffen aus Afrika geschmuggelt und einige Jahre zuvor Knaben und Mädchen des Kinderkreuzzuges auf den Sklavenmärkten verschachert. Derartige Geschöpfe hatten die Erde meiner Meinung nach lange genug beschmutzt.

Mit den anderen Tausenden von Überlebenden begann ich sofort mein großes Projekt in die Tat umzusetzen. Es bestand in der friedfertigen und freundschaftlichen Umsiedlung aller Moslems in ein eigenes Gemeinwesen. Unberührt blieben ihre Religion, ihre Oberhäupter, ihre Lebensweise. Sie sollten aus den öden Bergen Siziliens in die fruchtbaren Ebenen Apuliens verpflanzt werden und dort Ackerbau treiben. Ich wählte die Stadt Lucera dafür aus, die in römischen Zeiten eine Militärkolonie gewesen war. Ich ging so weit, den *duomo* in eine Moschee umzuwandeln, und es dauerte nicht lange, bis die Rufe der Muezzin über das stille Land hallten. Bei jedem Sieg über die Sarazenen verfolgte ich diesen Kurs. Der Papst und die Kurie waren entsetzt und betrachteten diese rein mohammedanische Niederlassung in einem christlichen Land als eine Beleidigung der gesamten Christenheit — ein eiterndes Geschwür, wie sie es ausdrückten.

Was mich betraf, so hielt ich es für besser, die Sarazenen zu Freunden zu haben statt zu Feinden; auch unterschätzte ich ihren Wert als Krieger nicht. Ich nahm mir vor, ihnen nach der Befriedung, sobald ich mir ihrer Ergebenheit gewiß wäre, die Waffen zurückzugeben und sie in meine Streitkräfte einzureihen. Ich wählte das römische Amphitheater als passenden Ort für eine derartige Zeremonie. Außerdem plante ich den Bau eines mächtigen Kastells, das die Küstenebene und das ganze Gebiet um den Monte Gargano sichern sollte. Zwar gab es bereits ein anderes Kastell in der Nähe — ›Fiorentino‹ genannt, das mir jedoch mit seinen wackelnden Türmen und verrosteten Toren, in seiner ganzen Baufälligkeit nicht genügte. Ich ließ in der Nachbarschaft sogleich noch ein anderes

Bauwerk errichten: in Foggia entstand ein prächtig angelegter Palast. Palermo war einfach zu weit entfernt von Rom, doch ich konnte ohne die Schönheit und den Luxus meines griechisch-römisch-arabisch-normannischen Paradieses nicht leben.

Klagebrief um Klagebrief erreichte mich von dem sechsundneunzigjährigen Papst, der mit greisenhafter Hartnäckigkeit und Ausschließlichkeit nur noch an den Kreuzzug dachte. Für Ende April wurde ein Treffen mit Honorius in Veroli vereinbart. Mit dem Gedanken an das Experiment in Lucera beschloß ich, auf das Festland zurückzukehren; der ganze Hof, einschließlich der Kaiserin, die für eine Weile in Catania Rast machen wollte, schloß sich mir an.

Zur Abwechslung warf ein Zusammentreffen mit dem Heiligen Vater diesmal wenig Schwierigkeiten auf. Ich brauchte nur darauf hinzuweisen, daß ich zu Hause mehr Ungläubige tötete als die Kreuzfahrer im Heiligen Land und daß ich nicht aufhören könnte damit, solange ein sarazenischer Aufstand drohte. Wünschte Seine Heiligkeit etwa, daß die Sarazenen die Basilika von St. Peter selbst plündern sollten, wie es in der Mitte des neunten Jahrhunderts schon einmal geschehen war? Mein Aufbruch zum Kreuzzug wurde wiederum verschoben.

Als ich das Kreuz genommen hatte, war die Kaiserin begeistert gewesen und hatte sogar den Wunsch geäußert, selbst am Kreuzzug teilzunehmen; doch mit dem Näherrücken des jeweiligen Termins war ihre Begeisterung merklich abgekühlt. Sie fand keinen Geschmack an meinen langen Reisen in unbekannte Länder. Und gerade jetzt wurde sie ständig von einer anderen Sorge gequält: von der fixen Idee, daß ihr Sohn Enrico ihr für immer entrissen sei. Schon mehrfach hatte ich sie in ihrer Privatkapelle überrascht, wo sie für seine Seele betete, als sei er bereits tot. In Rom hatte sie mir anvertraut, daß sie mir gern noch einen Erben schenken würde; aber schwanger war sie nachher nicht mehr geworden. Ihr Ehrgeiz in dieser Angelegenheit war fraglos durch die Kinder angestachelt worden, die ich mit anderen Weibern zeugte: nach Enzio war noch ein anderer Junge gekommen, den ich Riccardo di Theate nannte, sowie drei Mädchen — Violante, Margherita und Selvaggia. (Alle, so hatte ich verfügt, sollten eine fürstliche Erziehung erhalten und die Knaben später eine Stellung bei Hofe bekleiden.) Vielleicht war Konstanze traurig darüber, daß sie versagt hatte, denn sie schien nur noch in der Religion Glück zu finden.

Als wir uns trennten, war ich von ihrem Aussehen betroffen — sie sah entschieden krank aus. Grünliche Ringe lagen um ihre Augen, und ihr Gesicht war verzerrt. Sie war zusehends gealtert und wirkte älter als Pieros Mutter, obwohl sie bestimmt zehn Jahre jünger war. Trotzdem war ich auf die Nachricht von ihrem Tode kaum vorbereitet. Für eine Weile war ich erschüttert, dann hatte ich nur noch das merkwürdige Gefühl, wieder frei zu sein.

Ich ließ den Leichnam nach Palermo überführen und begab mich selbst auf dem Seewege nach der Hauptstadt. Ich wählte einen römischen Marmorsarkophag für Konstanzes sterbliche Überreste. Darauf war eine Jagdszene eingemeißelt, Reiter und Hunde gegen Löwen; die Ausführung ließ zwar zu wünschen übrig, aber es war das beste, was ich zur Zeit auftreiben konnte. Neben ihren in einen silbernen Schleier gehüllten Leichnam legte ich ihre Krone, die Adler mit den Flügeln aus Lasurstein, die ich ihr geschenkt hatte, sowie eines meiner Schwerter. Sie wurde in der Königsgruft des Domes neben meinen Eltern und dem roten, für mich reservierten Porphyrsarkophag beigesetzt. Bedauerlich für sie war nur, daß ich sie nie geliebt hatte.

Aber ich hatte keine Zeit, diesen Gefühlen nachzuhängen. Noch während der Seelenmesse erreichte mich die Nachricht, daß die Feste Giato sich erneut in Händen der Sarazenen befände und daß Palermo selbst in Gefahr schwebe.

4.

Für die nächsten paar Jahre wurde mein Leben völlig von Ungläubigen beherrscht — Ungläubigen innerhalb und außerhalb der Landesgrenzen. Fast täglich stand dieses Thema zur Debatte; und des Nachts teilte ich mein Bett mit ihnen, sowohl wörtlich wie bildlich, und meinen unruhigen Schlaf. Ich fand wenig Muße, mich mit Philosophie, Kunst und Experimenten zu beschäftigen oder auf Falkenbeize zu gehen. Der Hof hatte auch keinen rechten Mittelpunkt; ich war ständig unterwegs — selbst das Liebesverlangen mußte im Feldlager oder auf dem Marsch gestillt werden. Ich nahm mir vor, die Kriege gegen die Ungläubigen mit allen mir zur Verfügung stehenden Mitteln zu beenden; denn für meine Zukunftspläne brauchte ich Friede.

Obwohl ich Palermo stärker befestigte, begann ich meinen Inlandfeldzug nicht mit der Wiedereinnahme Giatos, wie meine Feinde erwarteten. Im Gegenteil, ich befahl, an anderen Stellen der Insel anzugreifen, und erst als die Sarazenen anderswo gebunden waren, ging ich noch einmal gegen ihre stärkste Feste vor. Meine Strategie zielte darauf ab, die Teile vom Ganzen zu trennen. Ich wollte die Moslems in immer kleinere Gruppen zersplittern und diese dann einzeln aufreiben; und jede Gruppe, sobald sie sich ergab, nicht etwa ins Gefängnis werfen, sondern sie zusammen mit ihren Familien, Rindern, Karren und Eseln nach Lucera verfrachten. Alle Moslems sind selbstverständlich begierig darauf, ins Paradies zu gelangen; aber ich meinte, die Aussicht, gutes Land und gute Weiber in Frieden versorgen zu können, müßte fast ebenso verlockend sein. So war es auch; aber wie sträubten sich meine Sarazenen dagegen! Wieviel Blut mußte vergossen werden, wieviel wertvolle Zeit ging verloren, ehe ich diesen Dickschädeln die Vorteile des neuen Lebens, das sie erwartete, begreiflich machen konnte! Wie schwer ist es doch, mit dem Paradies in Wettbewerb zu treten!

Das Ganze lief daher auf eine Zermürbungstaktik hinaus; und meine *pazienza* war, trotz meiner Ungeduld, grenzenlos. Gleichzeitig bereitete ich mich auf jenen anderen Moslem-Konflikt vor, der kommen mußte, wie mir klar war. Ich plante eine Flotte, die hundert für die Kriegführung ausgerüstete Galeeren und halb so viele Transporter umfassen sollte, zur Beförderung von insgesamt zehntausend Bewaffneten und zweitausend Rittern samt Knappen und den dazugehörigen Pferden geeignet. Ich selber entwarf die Transportschiffe so, daß von jedem eine Rampe herabgelassen werden konnte, die es Rittern und Pferden gestattete, voll bewaffnet und in Schlachtordnung an Land zu gehen. Ich plante auch noch etwas anderes, was ich jedoch für mich behielt: eine sarazenische Spezialtruppe. Aus jedem Gefangenenschub suchte ich die hervorragendsten Männer aus und sorgte dafür, daß sie eine besondere Ausbildung erhielten.

Im Laufe der Zeit kam es dahin, daß diese Männer mich als ihren Sultan betrachteten.

Aber — ich brauchte Zeit. Dauernd mußte ich den Papst beschwichtigen. Ich begab mich zu einem Treffen mit Honorius nach San Germano und bat um nochmaligen Aufschub für zwei Jahre. Ich konnte nicht einen Zweifrontenkrieg gegen die Moslems führen. Der Papst willigte ein — aber wie immer unter einer Bedingung: ich sollte eine neue Ehe eingehen.

Die in Aussicht genommene Braut war die zwölfjährige Jolantha, die Erbin der Krone von Jerusalem. Der Vorschlag ging von Jolanthas Vater Jean de Brienne aus, einem hageren, rothaarigen Mann mit Spitzbart, Glotzaugen und nervösem Gliederzucken. Er hatte in jener zum Scheitern verurteilten Expedition den Nil aufwärts Befehlsgewalt ausgeübt, bloß weil er nominell König von Jerusalem war. Er hatte den Titel Prinzgemahl als Gatte von Jolanthas Mutter erworben. Bei deren Tode fiel die Königswürde an das Kind Jolantha. Durch eine Vermählung mit Jolantha würde ich König von Jerusalem werden. Darin erblickten sowohl der Papst als auch Hermann von Salza einen Anreiz, meine mangelnde Begeisterung für den Kreuzzug neu zu entfachen, indem sie darauf hinwiesen, wie großartig es sein würde, mein neu erworbenes Königreich von den Ungläubigen zu befreien. Die Aussicht auf einen solchen Ruhm entlockte mir einen tiefen Seufzer: ich hatte gerade schon genug mit der Befreiung des alten Königreiches zu tun.

»Mitgift —«, sagte ich. »Wieviel Gold, wieviel Silber, wie viele Ritter wird die Braut für den Feldzug mitbringen?«

Sie war natürlich völlig mittellos. Ihr einziges Wertobjekt war ihr Titel — und, wie von Salza hinzufügte, ihre syrische Schönheit (sie lebte nicht in Jerusalem, sondern in Antiochia). Durch diese Heirat würde ich ein Kaiser werden, dessen Herrschaftsbereich sich von der Nord- und Ostsee bis zum Toten Meer erstreckte, und würde obendrein noch eine blühende Jungfrau im Bett haben.

Schließlich willigte ich ein. Es war ein verhältnismäßig niederer Preis dafür, daß ich zwei Jahre lang gezögert hatte, obwohl der Köder kaum zum Anbeißen reizte. Ich war verlobt. Aber auch ich hatte meinen Preis: Ich bestand darauf, daß der Papst durch Hermann von Salza bei sämtlichen anderen Fürsten Europas Hilfstruppen anwerben lassen sollte. Bei der ganzen Rechnung sollte klar zum Ausdruck kommen, was ich investiert hatte.

Alle Kriege sind kostspielige Angelegenheiten, selbst heilige. Widerstrebend erhöhte ich die Steuern und nahm auch die Geistlichkeit nicht aus und sah mich, um weitere Erhöhungen zu vermeiden, nach anderen Einnahmequellen um. Ich verbot die Ausfuhr von Lebensmitteln aus Sizilien, und die Preise stürzten. Daraufhin kaufte ich im Namen der Krone riesige Vorräte auf und setzte sie im Laufe der Zeit mit ansehnlichem Gewinn an ausländische Händler ab. Auch die Verschiffung von Weizen monopolisierte ich nach Möglichkeit, indem ich nur staatseigenen Schiffen die Beförderung gestattete; auf diese Weise konnte ich die hohen Getreidepreise ausnutzen, die in Mangelgebieten geboten wurden, und erzielte auch hier wieder einen hohen Profit. Der Ertrag dieser Unternehmungen floß in die Staatskasse; aber dabei fragte ich mich mitunter, was geschehen würde, wenn irgendein sehr reicher Mann eine ähnliche Kontrolle über den Markt ausübte, was für eine Krise das zur Folge haben könnte. Um die Währung zu stabilisieren, brachte ich eine neue Silbermünze in Umlauf und garantierte ihren Wert. Ich sperrte sämtliche Exporte von Edelmetallen. Ich wollte nicht, daß es zu einer Panik auf dem Geldmarkt kommen sollte, was meine ohnehin großen Schwierigkeiten noch vergrößert hätte.

Dann hielt ich inmitten von Krieg und Kriegsvorbereitungen inne, um eine Universität zu gründen, die Universität von Neapel, im Jahre 1224. Es war klar, daß für den Staat, der mir vorschwebte, eine neue Art von Verwaltungsbeamten erforderlich war, und Bildung war von erstrangiger Bedeutung. Wenn ich die Gerichtsbarkeit und den Handel erneuern, eine nationale Verteidigung einschließlich einer Flotte aufrechterhalten und schließlich Mißstände innerhalb der Geistlichkeit abschaffen wollte, so brauchte ich kluge und gewitzte Männer. Da man sie nicht einfach aus Ton kneten konnte, mußten sie aus dem verfügbaren Rohmaterial herangebildet werden. Ich ging sofort ans Werk.

Meine Universität sollte sämtliche Disziplinen umfassen: eine juristische, philosophische, mathematische, medizinische, philologische sowie eine Fakultät für Altertumskunde. Die Theologie sollte den Theologen überlassen bleiben. Ich sah mich in ganz Europa nach hervorragenden Gelehrten für die einzelnen Lehrstühle um. Studenten suchte ich dadurch anzulocken, daß ich ihnen

Unterkünfte zu festgesetzten Preisen bot, bedürftigen Scholaren Darlehen gab und den vielversprechendsten unter ihnen Staatsstellungen in Aussicht stellte. Schließlich ordnete ich an, daß kein sizilischer Untertan mehr außerhalb studieren dürfe, es sei denn, er habe sein Studium vorher in Neapel abgeschlossen. In der Gründungsurkunde ging ich auf die Vorteile ein, die die neue Universität bot, und fügte gewisse Punkte hinzu, die auch bei Vätern und Müttern Anklang finden mußten: »Bei Uns können die Scholaren unter den Augen ihrer Eltern studieren; Wir bewahren sie vor vielen Beschwerlichkeiten und langen Reisen ins Ausland; Wir beschützen sie vor Räubern; sie können jetzt billig und ganz in der Nähe studieren.« Da Pier della Vigna das Universitätsleben besser kannte als ich (ich, der ich nur die Straße und eine Handvoll Hauslehrer gekannt hatte), ermächtigte ich ihn, die Entwicklung im Auge zu behalten. Voller Begeisterung wartete ich dann auf die erste Ernte aus meiner neuen Aussaat . . . !

Durch eine seltsame Anomalie sollte aus meiner Universität ein berühmter Geistlicher hervorgehen, Tommaso d'Aquino (der jüngere), Sohn des Grafen Landolfo in Neapel. Er eignete sich viel von eben jenem Aristoteles an, dessen Werke von Innozenz III. verboten worden waren und dessen Philosophie Tommaso jetzt mit den Lehren der Kirche in Einklang zu bringen versuchte. Er war ein kluger Junge, und ich schloß mich den Bitten seiner Familie an und forderte ihn auf, nicht in die Kirche einzutreten, sondern an den Hof zu kommen. Er hätte es weit bringen können, aber seinem zur Abstraktion neigenden Verstand schien es ganz und gar an Wirklichkeitssinn zu fehlen.

Aber hätte ich ahnen können, daß man meine Universität — meine ›Quelle der Wissenschaft‹ — trotz der geistlichen Bemühungen Tommaso d'Aquinos einmal als wahrhaftes Instrument des Teufels ansehen würde?

5.

Zur Warnung hätte mir dienen sollen, daß ich selber unter das Feuer des Kardinals Ugolino von Ostia geriet (aus dessen Händen ich bei meiner Krönung in Rom das Kreuz empfangen hatte). Er war jetzt der engste Berater des Papstes und merkwürdigerweise auch der Freund und Vertraute des Franziskus von Assisi. Es war der Kardinal, der von Franziskus zum Schutzherrn seines Ordens ernannt worden war, der Kardinal, der dabei half, die Brüderschaft in den Städten zu organisieren, der Kardinal, der eine bedeutsame Rolle dabei spielte, der Kirche die latenten Ketzereien Franziskus' schmackhaft zu machen. Als ich erneut mit Franziskus zusammentraf und mit ihm sprach, war ich gewiß, daß Kardinal Ugolino es erfahren und daß man mich selber zum Instrument des Teufels stempeln würde (wie es auch geschah).

Seltsam war nur, daß Franziskus und ich, obwohl ich als Teufel galt, in so vielen Punkten, die Notwendigkeit einer Kirchenreform betreffend, übereinstimmten. Er, als Mystiker, war jedoch willens, in der Universalhierarchie unterzutauchen, und vertraute darauf, daß Gottes Güte im Laufe der Zeit jener gewaltigen Organisation, die jetzt ganz Europa beherrschte, wieder etwas vom Geist des Frühchristentums einhauchen werde. Ich, der ich mich nicht mit Vögeln unterhielt, sondern ihre Gewohnheiten studierte, war skeptischer.

Meine Skepsis galt in Wahrheit auch Franziskus selbst — denn schon oft hatte ich Mönche erlebt, deren Predigten nicht mit ihren Taten übereinstimmten. So beschloß ich, diesen Franziskus, der so berühmt geworden war wegen der Predigten, die er den Armen und Unwissenden hielt, auf die Probe zu stellen und das Ergebnis der Probe mit eigenen Augen zu beobachten. Ich hielt damals im Hafenkastell von Bari einen Hoftag ab, und Franziskus erschien, um unter den Wällen zu predigen. Berard war äußerst beunruhigt und hätte ihm am liebsten abgeredet, aber ich befahl, ihn in Ruhe zu lassen. Er war erst vor kurzem aus Ägypten zurückgekehrt, wo er das Fiasko des Papstes miterlebt hatte, und empfand es als Kränkung und Demütigung, daß es sogar ihm nicht gelungen war, den Sultan Al-Kamil zu bekehren. Vielleicht wollte er seine Kräfte an mir erproben (er war als Wundertäter bekannt), da es ihm nach seiner eigenen Aussage ja auch gelungen war, den größten, furchtbarsten und grausamsten Wolf von Agobio zu zähmen. Warum nicht also auch mich? Mit lauter Stimme begann er gegen die Zügellosigkeit bei Hofe und die Sünden des Fleisches zu wettern. Alsbald strömte eine beträchtliche Zuhörerschaft zusammen; man schlug sich auf die Brust und verwarf die Sünde, jedoch nicht ohne sämtliche Einzelheiten, die der gute Mönch gerade beschrieben hatte, in vollen Zügen zu genießen. Man empfand in der Tat ein köstliches Schreckgefühl und hätte die geschilderten Dinge gern selbst miterlebt. Doch aus der Stimme Franziskus' klangen nur Schmerz und Leid.

Als er bei Anbruch der Dämmerung fertig war, schickte ich einen Boten und ließ ihm sagen, der Kaiser wünsche ihn zu sprechen, und er akzeptierte sofort.

Meine ›Bekehrung‹ wäre eine Auszeichnung für ihn gewesen, kaum geringer zu werten als die des ungläubigen Sultans von Ägypten.

Ich ließ ihn in ein freundliches Gemach des Kastells führen, in ein Zimmer mit einem großen Bett und vielen Ruhekissen. Darin befanden sich auch einige der antiken Plastiken, die ich gesammelt hatte, nackte Jünglinge und Mädchen, Faune und Satyren, Tänzer und Bacchanten. Es war ein kleiner Schlupfwinkel, den ich mir geschaffen hatte und in den ich mich mit irgendeiner neuen Favoritin zurückziehen konnte. Es war ein Zimmer, in dem es nicht nach Weihrauch, sondern nach Blumen, Parfüm und menschlicher Liebe duftete. In der Tat, als Franziskus eintrat, rümpfte er argwöhnisch die Nase; denn ich beobachtete ihn durch einen Schlitz in der Wand (einen Schlitz, durch den ich schaute, wenn ich meine Favoriten unter sich beobachten wollte, wobei mir ganz erstaunliche Dinge zu Augen gekommen sind). Er raffte seine aschgraue Kutte an sich, als fürchte er, etwas von den Gegenständen im Zimmer könne daran haftenbleiben, und senkte den Blick, als er die schamlos nackten Plastiken vor sich sah (so nackt, wie Gott einstmals den Menschen geschaffen). Er ließ die Kapuze von seinem tonsurierten Haupt fallen und wandte den Kopf dem Schlitz zu: ich erblickte asketische, sanfte Augen, die nicht ganz scharf eingestellt schienen und deshalb verschleiert und träumerisch wirkten. Sein Gesicht war von einem weichen, dünnen Bart umrahmt. Er ließ sich auf die Knie nieder, faltete die Hände und betete. Dann erhob er sich rasch und wärmte sich mit offensichtlicher Genugtuung die Hände über dem Kohlebecken, denn der Abend war kühl, und ich wollte es warm haben im Zimmer. Dann streifte er seine Sandalen ab und wärmte sich die Füße, und ich machte mir indessen wie ein Arzt Gedanken über seinen Kreislauf.

Diener traten mit Portionen des für mich vorbereiteten Essens ein, einer einfachen Mahlzeit, bestehend aus *pasta* mit Muschelsoße, *gamberoni*, *scapece* (mein Lieblingsgericht: in Olivenöl gebratener Fisch, mariniert in einer Soße aus Weißwein und Safran), Blattsalat, Obst und Wein aus Gallipoli. Er aß und trank, ohne groß darauf zu achten, was er zu sich nahm, denn in Gedanken war er ganz woanders. Er schien nicht einmal zu merken, daß die Mahlzeit beendet war und der Diener das Geschirr abräumte. Doch als der Nachtisch aufgetragen wurde, kam er plötzlich zu sich und war hellwach, denn eine meiner hübschesten Tänzerinnen brachte die Platte herein. Sie trug nichts weiter als goldene Sandalen und einen durchsichtigen Schleier; ihre Nägel waren scharlachrot lakkiert, ihre Augen blauschwarz schattiert und ihre Lippen und Brüste rosig getönt.

Franziskus sprang auf wie ein Knabe, hielt jedoch die Hände abwehrend ausgestreckt.

»Hinweg, Weib, hinweg!« rief er. »Bedecke deine Blöße und tue Buße — Gott wird dir vergeben!«

»Wofür, heiliger Mönch?« fragte das Mädchen. »Vor Allah habe ich keine Sünde begangen, da ich mich nicht unverschleiert auf der Straße gezeigt habe. Ist nicht das Weib für den Mann geschaffen — ?«

Franziskus stöhnte und brach fast in Tränen aus. »Aus meinen Augen, nacktes Weib, oder ich ätze deine Sünden mit diesen glühenden Kohlen aus!« Er ergriff die Pfanne und schüttete die glühende Holzkohle vor dem Mädchen aus, um ihr den Weg zu versperren.

Sie schrie auf, ließ den Nachtisch fallen und eilte davon. Daraus entstand die Legende, ich hätte Franziskus mit einem nackten Weib in Versuchung geführt, und ein Engel mit flammendem Schwert sei ihm zu Hilfe gekommen.

Aber ich war zufrieden.

Als ich die Zimmertür öffnete, schaute sich Franziskus mit weitgeöffneten Augen um, als fürchte er, ein anderes Weib zu erblicken. Wäre ich so schrecklich wie ein Dämon gewesen, er hätte mein Erscheinen, glaube ich, mit Erleichterung begrüßt. Ich hatte ihn auf die Probe gestellt, und er hatte diese Probe bestanden; jetzt konnten wir offen miteinander reden.

»Meine Glückwünsche, Fra Francesco«, sagte ich. »Ihr seid ein Mann nach Unserem Geschmack, weil Ihr nach Eurer Überzeugung handelt. Wäre nur die gesamte Geistlichkeit wie Ihr!«

Er erhob sich und verbeugte sich. »Hießen Hoheit auch die Zurückweisung Eurer eigenen Versuchungen gut«, erklärte er höflich, »dann könnte ich den Segen des Himmels in Fülle auf Euch herabflehen —«

»Wir glauben an die Macht Gottes im Menschen«, sagte ich, »während Ihr an die Macht Gottes in der Kirche glaubt.«

Er runzelte die Stirn. »An die durch die Kirche vermittelte Gnade Gottes. Geschrieben steht: Der Mensch soll Gott lieben und Seine Gebote halten.«

»Heißt das, daß Wir auch den Papst lieben müssen?« fragte ich Franziskus.

»Der Mensch muß das Wort Gottes lieben, wenn es vom Papst oder Gott selber ausgesprochen wird«, erwiderte er. »Der Mensch muß Gott kennen, aber die Heilige Kirche zeigt ihm den Weg zu Gott. Daher muß der Mensch die Kirche und ihr Oberhaupt lieben, achten und verehren ...«

Damit begann eine Unterhaltung, die vier Stunden dauerte und alle Wissensgebiete berührte. Wir sprachen über die Bibel, Sultan Al-Kamil, Korruption und französische Literatur. Franziskus stimmte französische Lieder an und sagte mir schließlich eines seiner Gedichte auf, die ekstatische *cantica* auf die göttliche Liebe, in der er unseren Herrn Christus sprechen läßt.

Das war Franziskus von Assisi — ein Mensch von äußerster Einfachheit, Aufrichtigkeit, Ehrlichkeit, von Liebe allem Lebendigen gegenüber erfüllt. Er war in Gott untergetaucht und betrachtete sich eins mit Gott. Er hatte großen Menschenmengen die Nähe Gottes gepredigt und große Wirkungen damit erzielt. Als Reaktion darauf hatte Papst Innozenz III. die Bedeutung des Priesters als Vermittler zwischen Gott und Mensch noch erhöht; aber das war keine Antwort auf die Notwendigkeit einer Reformation der Mißbräuche einer Kirche, die von weltlichen Männern gesteuert wurde.

Es war leicht einzusehen, warum die Kirche gezwungen gewesen war, sich mit dem Heiligen Franziskus zu vergleichen und ihn in ihre Arme zu nehmen.

Franziskus von Assisi — eine Triebfeder seines Zeitalters. So früh gestorben; so früh heiliggesprochen.

Alleluia, alleluia — Franciscus pauper
et humilis, caelum dives ingreditur,
hymnis caelestibus honoratur. Alleluia.

Sobald er sein Leben aushauchte, hörte er auf, eine Gefahr für die Kirche zu sein. Für mich wurde er erst mit seinem Tode zu einer Gefahr.

6.

Der neue Kreuzzug wurde immer weiter hinausgeschoben, zuerst zwei, dann vier Jahre, obwohl ich diesmal, so willkommen die Verzögerung auch war, keine direkte Schuld daran hatte. In der Zwischenzeit wurde der Sarazenenkrieg in Sizilien erfolgreich beendet; in der Lombardei warfen die Aufstände in den Städten unheilvolle Schatten voraus. Was mein Privatleben anging, so erlernte ich ein neues, phantastisch kompliziertes mathematisches Spiel; ich nahm eine Kind-Frau und ›verliebte‹ mich bis über beide Ohren.

Papst Honorius ließ selbst durchblicken, daß er willens wäre, einen neuen Aufschub der Einschiffung in das Heilige Land hinzunehmen, aber er stellte harte Strafen in Aussicht, um zu erreichen, daß diese Einschiffung dann auch wirklich erfolgte. Obwohl neunundneunzig, glaubte er fest daran, daß er den großen Befreiungstag der Heiligen Stätten noch erleben werde. Er hatte jedoch selbst ernste Schwierigkeiten mit den Römern, denn die Stadt befand sich zum Teil in Aufruhr. Sicherheitshalber ergriff er die Flucht, wandte sich jedoch an mich, meinen Einfluß geltend zu machen, den Adel zu beschwichtigen und die Volksmassen zu beruhigen. So hatten wir also tatsächlich etwas auszutauschen, als wir wiederum in dem stattlichen Kloster von San Germano zusammentrafen.

Auch war er tief beunruhigt von den Nachrichten aus dem übrigen Europa, die ihm Hermann von Salza überbracht hatte. Nirgends, weder in Deutschland noch in Frankreich, England, Spanien, war etwas von Begeisterung für den Kreuzzug spürbar. Die meisten Fürsten in diesen Ländern waren viel zu sehr mit eigenen Problemen beschäftigt, sich der hohen Kosten viel zu bewußt und fürchteten einen neuen Fehlschlag. Aus dem Nahen Osten meldete Jean de Brienne, der die Krone von Jerusalem noch immer keck trug, Unstimmigkeiten in den Reihen der Christen, deren Kreuzzugseifer spürbar nachlasse. Es war offensichtlich, daß sowohl Führung als auch Finanzierung der Expedition auf meine unwilligen Schultern gefallen waren. Aber damit erhielt ich gleichzeitig die einmalige Gelegenheit, als Führer der gesamten Christenheit aufzutreten.

Der Papst war über die Leichtfertigkeit erstaunt, mit der ich auf seine beschwerlichen Bedingungen einging — daß ich nämlich tausend voll ausgerüstete Ritter ins Heilige Land befördern und ihren Unterhalt dort für zwei Jahre übernehmen sollte; daß ich weitere zweitausend aufstelle und in Reserve halte; daß ich eine Flotte aufrechterhalte, um die Verbindungswege zu sichern; daß ich hunderttausend Unzen Gold in die Kreuzzugskasse zu zahlen hätte (die verfallen würden, wenn ich nicht ginge); daß mich der päpstliche Bannfluch treffen sollte, falls ich den vereinbarten Termin nicht einhielte. Der Papst wollte durchaus einen Kreuzzug haben . . ., ich nicht minder.

Ich machte mich daran, meine Angelegenheiten so rasch wie möglich zu ordnen.

Nach Beendigung des Sarazenenkrieges in Sizilien (ich hatte fast zwanzigtausend Moslems umgesiedelt), kam es zu den ersten Konflikten in der Lombardei. Dort war die Situation äußerst verwickelt. Gilden und die ständig wachsende Schicht von Kaufleuten, die zugleich Bankiers waren, schlossen sich gegen den alten Adel zusammen. Der Adel war durch Eid und Lehen verpflichtet, das Reich zu unterstützen, zog es aber vor, seine Ländereien ohne eine Zentralgewalt zu regieren. Die aristokratische Kirche — ihre geistlichen Fürsten — blickten voller Abscheu auf die Kaufleute und das gemeine Volk herab. Mit den Kämpfen zwischen Guelfen und Ghibellinen nahm die Verwirrung noch zu. Nirgends gab es klare Trennungslinien. Wo Kaiser und Kirche im Streite lagen, wußte der Adel nicht, wem er sich beugen sollte: der weltlichen oder der geistlichen Autorität. Die Kaufleute standen hinter der Kirche; das einfache Volk stand im kaiserlichen Lager. Mit abnehmender Macht des Adels und zunehmender Macht der Kaufleute neigten die Städte dazu, sich größere Selbständigkeit anzumaßen, brachten Ketzer und Rebellen hervor und versuchten einerseits die Herrschaft der Kirche und andererseits die Herrschaft des Reiches abzuschütteln. Sie fielen, sobald sie sich ›frei‹ dünkten, mit mörderischer Wut übereinander her. Diese Zersplitterung wollte ich vermeiden. Ich wollte Einheit, Handel, Kultur, Frieden!

Die lombardischen Städte hatten von der Streitmacht gehört, die ich aufstellte, und gelangten zu dem Trugschluß, daß ich damit nicht gegen die Ungläubigen, sondern gegen sie marschieren wolle. Umgehend schlossen sie sich zu einem Bund zusammen, obwohl sie untereinander scharf getrennt waren in solche für und andere wider mich. Unter der Führung Mailands erneuerten sie den alten Lombardenbund und verlängerten die Dauer der Mitgliedschaft auf fünfundzwanzig Jahre. Ich erblickte darin einen Rebellenstaat innerhalb des Staates; aber insgeheim unterstützte die Kirche seine Organisation, trotz der Tatsache, daß Mailand, in des Papstes eigenen Worten, ›durchtränkt sei mit dem Gift der Ketzerei‹. Die Kirche wünschte in Norditalien keinen mit dem sizilischen vergleichbaren Staat — denn schon waren meine Reformen der Kurie ein Dorn im Auge. Die Kirche wollte das Zustandekommen eines geeinten Italien um jeden Preis verhindern: das einzige geeinte Italien, annehmbar für die Kirche, war ein Italien völlig unter der Herrschaft des Papstes. Schon lebte die Kurie in tödlicher Furcht vor einer weltlichen Union.

Ich berief einen Hoftag nach Cremona ein. Ich zog nordwärts, ohne den Papst um Erlaubnis für den Durchmarsch durch das der Kirche überlassene Gebiet zu fragen, das Italien in zwei Hälften teilte. Der Papst zitterte ob dieser Unverschämtheit, die Kurie tobte. Wir wechselten scharfe Briefe (meine von Pier della Vigna zu Papier gebracht). Tatsächlich handelte es sich bei diesen Gebieten um eine imperiale Konzession, die der Kaiser jederzeit widerrufen konnte. Doch gerade jetzt wünschte ich dem Norden und dem Süden die Notwendigkeit der Einheit zu demonstrieren. Und um friedliche Absichten zu betonen, marschierte ich ohne Heer.

Die lombardischen Städte legten diese Haltung als Schwäche aus und wiesen mich mit einer Unverschämtheit sondergleichen ab. Sie versperrten den Brennerpaß bei Trient, so daß mein Sohn

König Heinrich Italien nicht betreten konnte. Ich war besonders erpicht darauf, ihn wiederzusehen, da sein Vormund, der Erzbischof von Köln, vor kurzem ermordet worden war und es mir gar nicht behagte, was mir über Heinrichs Benehmen zu Ohren kam. In Faenza wurde ein Ritter erstochen, den man fälschlich für den Kaiser gehalten hatte. Mein Hoftag war ein völliger Fehlschlag, und ich konnte nur noch Verwünschungen ausstoßen. Ich widerrief alle kaiserlichen Privilegien und drohte mit der Reichsacht. Ich schickte Hermann von Salza zum Papst und verlangte ein Verbot der lombardischen Liga und forderte Seine Heiligkeit dann auf (als hätte ich ihn mit einem Pfeil festgenagelt), unsere Streitigkeiten zu schlichten. Was konnte er anderes tun, als die Rechte seines obersten Kreuzfahrers verteidigen? Nichtsdestoweniger waren alle meine Handlungen eine einzige Reihe von Fehlern. (Hätte ich mich in diesem Augenblick nicht lieber mit allen Gegnern des Papstes verbünden sollen?) Ich unterdrückte meinen Zorn und wartete ab.

Ein Anschlag auf mein Leben diente mir zur Warnung, und ich wandte mich an die loyalen Pisaner und bat um eine ansehnliche bewaffnete Eskorte. Man stellte mir eine zur Verfügung und geleitete mich direkt in ihre Stadt. Wie sich herausstellte, war dies der einzige glückliche Zufall während meiner ganzen Reise, denn dort traf ich den berühmten Mathematiker Leonardo Fibonacci. Er hatte in Syrien, Ägypten, Griechenland und Spanien studiert; sein Name war mir wohlbekannt. Er war ein kleiner, glatzköpfiger, sehr zurückhaltender Mann und ein großer Liebhaber des Flötenspiels. Er handhabte das Rechenbrett mit der Geschicklichkeit eines Zahlmeisters. Damals arbeitete er gerade an seiner Abhandlung über die Quadratzahlen, dem *Liber Quadratum*, das er mir freundschaftlichst zueignete. Ich stellte ihm eine Reihe von Aufgaben, die ich für schwierig hielt und die er zu meinem Entzücken mit Leichtigkeit löste. Sie bezogen sich hauptsächlich auf die Asymptote, die gerade Linie, der eine Kurve beliebig nahe kommt, ohne sie zu erreichen. Aber weder er noch ich vermochten das Delische Problem der Verdoppelung des Würfels noch das der Quadratur des Kreises zu lösen.

Aber weit bedeutsamer war Messer Leonardos Rat, mit arabischen Ziffern und der Null zu rechnen — ›nach Art der Inder‹, wie er sagte, wo sie ursprünglich herstammten. Die alten römischen Ziffern wären viel zu schwerfällig, und die Griechen hätten allein für die Zahlen von 1 bis 999 siebenundzwanzig verschiedene Symbole auswendig lernen müssen. Leonardo und ich hatten beide Al-Chowarizmis im neunten Jahrhundert verfaßtes Buch über die Vorteile der ›indischen‹ Zahlen gelesen. Ich versprach ihm meine Unterstützung bei der Einführung des Dezimalsystems, obwohl es als heidnisch verschrien war. Neue Ideen setzen sich eben schwer durch! Schließlich brachte mir Leonardo ein Zahlenspiel bei, *Rithmomachie* genannt — das auf einem doppelten Schachbrett mit acht Quadraten auf der einen Seite und sechzehn auf der anderen gespielt wurde, wobei die Figuren aus Dreiecken, Rechtecken und Kreisen bestanden. Obwohl es äußerst kompliziert war, machte es mir großen Spaß, und am Ende fühlte ich mich erholt und erfrischt. Wir spielten drei Partien, und er gewann zwei davon — was er höflich der Tatsache zuschrieb, daß das Spiel neu für mich sei.

Ich lachte und erklärte, daß das Spiel für mich ein *pons asinorum* wäre — womit der fünfte Satz des ersten Buches von Euklid gemeint ist (die beiden Grundwinkel eines gleichschenkligen Dreiecks sind gleich) und womit jedes für Anfänger schwierige Problem gemeint ist.

Aber mathematische Spiele bildeten nicht die einzige Erholung für mich. Ich kannte auch das Divertimento der Liebe.

7.

Es war sechs Wochen vor meinem einunddreißigsten Geburtstag, die Braut war erst vierzehn, als die Hochzeit stattfand. Im August hatte ich ein Galeerengeschwader nach Akkra beordert, um Jolantha abzuholen, und wir wurden einander sofort stellvertretend anverlobt. Da Jolantha noch nicht volljährig war, mußte sie zur Königin von Jerusalem gekrönt werden. Die Zeremonie fand in Tyrus statt, und sämtliche Kreuzfahrer-Barone im Heiligen Land und die militanten Orden der Kirche huldigten ihr. Sie wurde von ihrem Bruder, dem Grafen Walter begleitet, der erst vor kurzem eine Kusine namens Balian geheiratet hatte. Nachdem die notwendigen Formalitäten erledigt waren, begab sich die ganze Gesellschaft an Bord meiner Schiffe und nahm Kurs auf Italien.

Zur gleichen Zeit etwa wurde mein Sohn Heinrich, der jetzt fünfzehn und ein stämmiger Bursche war (wie sein Vormund berichtet hatte) mit Margarete, der Tochter des Herzogs von Österreich, getraut. Ich schickte reichliche Geschenke und bedauerte, an der Feier nicht teilnehmen zu können. Die Konsolidierung des Imperiums schien gute Fortschritte zu machen. Im Geiste verfolgte ich mitunter den Flug des Reichsadlers: aus den Nebeln der Nordsee den Rhein aufwärts, ostwärts entlang den sanften Donauhügeln, südwärts über den italienischen Stiefel und jetzt — durch den einfachen Austausch von Ringen — über das Mittelmeer in das Heilige Land. Was bedeutete es schon, daß die Braut arm war? Der Papst hatte den Heiligen Apostolischen Stuhl inne, aber ich sollte König von Jerusalem werden. Für die katholisch-christliche Denkweise mußte es meiner Ansicht nach von außergewöhnlicher Bedeutung sein, wenn Jerusalem wieder in christliche Hände fiele. Ich mußte an die Prophezeiung denken, daß ›derjenige, der in Jerusalem als König einziehe, die langersehnte Friedensherrschaft bringen werde, noch vor dem Auftreten des Antichrists‹.

Zusammen mit Jolanthas Vater, Jean de Brienne, reiste ich Anfang November von Foggia nach Brindisi, um dort die Ankunft meiner Galeeren abzuwarten. Ich erwies ihm die Höflichkeit, ihn König Jean zu nennen . . ., er sonnte sich in dem Titel wie ich mich in der warmen Herbstsonne. Ich war guter Laune, weil mir die Landschaft, durch die unser Weg führte, besonders behagte, das Land der *trulli*, jene rundlichen Bienenstock-Häuser aus weißen Steinen mit kegelförmigen grauen Schieferdächern. (Einst hatte ich einen Bauern gefragt, warum die Häuser so gebaut seien, und er erwiderte: »Gibt es denn eine andere Weise?«) Ich war froh, daß ich die Ankunft meiner Verlobten nicht nur mit großem Pomp, sondern mit meiner Gegenwart ehren konnte, unähnlich jenem steifnackigen vierzehnjährigen König in Palermo, der seine um soviel ältere zukünftige Gattin gezwungen hatte, zu ihm zu kommen. Als Kaiser hatte ich gelernt, daß Adel verpflichtet.

Ich hatte in der Tat Haltung nötig, als Jolantha mit ihrem Gefolge die Galeere verließ und unter Trompetenstößen das kaiserliche Zelt betrat. Nie hätte ich sie für die Königin von Jerusalem gehalten, wäre nicht ihr Vater vorgetreten, um uns bekannt zu machen. Fast entgeistert starrte ich das spindeldürre, kleine Geschöpf an, das man mir aufgehalst hatte; und als sie ihren Schleier lüftete, blickte ich in ein spitzes Gesicht und weitgeöffnete, bestürzte kindliche Augen, die voller Tränen standen. Sie tat mir leid, dennoch konnte ich meinen Unwillen kaum unterdrücken, denn da sie schon ohne Mitgift kam, hätte sie zum mindesten schön sein müssen. Ich wandte mich ab und warf einen Blick auf Piero, der meine Gedanken sogleich erriet und mitleidig den Kopf schüttelte. Danach schaute ich Berard, der die Zeremonie vollziehen sollte, hilfesuchend an. Den vor Zufriedenheit strahlenden Hermann von Salza hätte ich am liebsten umgebracht.

Doch schon im nächsten Augenblick wurde ich entschädigt: Graf Walter de Brienne und seine junge Frau wurden mir vorgestellt. Er war ein kleiner Mann mit einem spärlichen roten Bart wie sein Vater, aber ohne dessen Glotzaugen. Er mußte etwa gleichaltrig mit mir sein, obwohl er bereits zur Glatzköpfigkeit neigte. Als seine Gattin meine Hand küßte, war es ein sinnlicher samtener Hauch. Ihre großen, dunklen, uralten syrischen Augen deuteten ein Lächeln an. Es war eine Liebkosung mit den Augenlidern. Ich stellte mir die hinter dem Schleier verborgenen Lippen vor. Plötzlich wurde ich mir ihres Parfüms bewußt, ihrer rotlakkierten Zehennägel in goldenen Sandalen. Das Parfüm strahlte einen Duft aus, den ich nicht kannte; die schmalen, zarten Füße waren die Vollkommenheit selber. Ich erwiderte ihr Lächeln mit einem flüchtigen, fragenden Blick. Augenblicklich waren wir einig. Oder, wie es heißt, ›verliebt‹ ineinander.

Wie kam das? Wer vermöchte es zu erklären? Wäre ich nicht der Kaiser gewesen, hätte ich ihren Gatten gewißlich ermordet, ein solches Verlangen erfüllte mich. Wie die Dinge lagen, ließ ich ihn bald darauf in einen Turm festsetzen, während sie und ich verschwanden.

Meiner Verheiratung konnte ich natürlich nicht entgehen und hätte die Sache am liebsten so schnell wie möglich hinter mich gebracht. Ich wollte sogleich den Titel ›König von Jerusalem‹ annehmen, was ich auch tat, sehr zur Verstimmung Jean de Briennes. Anscheinend hatte er sich eingebildet, bis zu Jolanthas Volljährigkeit stehe ihm dieser Titel zu. Schwiegervater des Kaisers zu sein genügte ihm nicht. Wir gerieten in Streit, und ich verwies ihn kurzerhand aus meiner Gegenwart.

»Hat mein kaiserlicher Herr und König von Jerusalem auch die Folgen seiner unüberlegten Handlungen bedacht?« fragte er, als er sich unter Verbeugungen entfernte.

Was Jolantha anging, so unterdrückte ich mein Verlangen, anderswo zu sein und begab mich in ihre Gemächer. Ich war höflich und freundlich zu ihr, aber sie war so verängstigt, daß sie kaum sprechen konnte. Sie trug ein elegantes Nachtgewand, bestickt mit Szenen aus der Erzählung von dem tragischen Liebespaar Tristan und Isolde. Nichts hätte meinem Gefühl nach unschicklicher sein können für dieses flachbrüstige Mädchen.

»*Madonna mia*«, sagte ich. »Entlaßt Eure Kammerfrauen. Laßt uns allein miteinander sprechen.«

Sie gab ihnen ein Zeichen und verbeugte sich dann. »Mein Herr und Gebieter«, keuchte sie, »ich stehe zu Eurer Verfügung.«

Zum Glück merkte sie nicht, wie ironisch ihre Worte in meinen Ohren klangen. »Jolantha, *cara*«, sagte ich, wie man zu einem kleinen Kinde spricht, »du bist jetzt tatsächlich Kaiserin, und dies ist unsere Hochzeitsnacht. Aber da dein Gatte sich nicht wohl fühlt, so wollen wir die Vollziehung des Eheaktes auf ein andermal verschieben. Du begreifst sicherlich . . . ?«

»Aber — aber«, rief sie offensichtlich enttäuscht, »das Brautbett ist doch schon vorbereitet!«

Es war eine Beleidigung, aber ich konnte mich einfach nicht zu ihr legen. Mein Fisch wollte in einem anderen Teich schwimmen. Ich küßte sie auf die Stirn und wünschte ihr gute Nacht. Verloren stand sie hinter mir an der halbgeöffneten Tür im flackernden Kerzenlicht und konnte die Tränen nur mit Mühe zurückhalten.

Ich ließ Balian kurz mitteilen, daß der Kaiser sie zu sehen wünsche, und sie kam sofort. Pferde wurden gesattelt, und als sie meine Gemächer betrat, war alles zur Flucht bereit. Ich ergriff ihre beiden Hände und küßte erst die eine, dann die andere.

»Zweifellos haben die Sterne uns zusammengeführt, Contessa«, sagte ich auf arabisch, »aber der Kaiser selber hat für ein Rendezvous gesorgt. Und da wir beiden Gehorsam schulden, wollen wir so schnell wie möglich . . .«

Sie lächelte — ein verhaltenes, sinnliches, verheerendes Lächeln, und erwiderte auf arabisch: »Allerdings, Herr, in höchster Eile zur höchsten Erfüllung.«

Wir verließen das Kastell heimlich durch eine Nebentür und löschten die Fackeln aus, ehe wir ins Freie traten. Die Stadt schlief; nur hier und dort störte ein bellender Hund den Frieden. Mit einigen Männern aus meiner sarazenischen Leibwache, meinen beiden bevorzugten Kammerdienern und der dichtverschleierten Balian ging es aufs Land hinaus.

Außer Berard wußte niemand etwas von meinem Vorhaben. Selbst Piero hatte ich nicht ins Vertrauen gezogen, da ich eine eifersüchtige Anwandlung seinerseits fürchtete.

An dem orientalischen Brunnen, den Tankred einige Jahre vor meiner Geburt für Kreuzfahrer angelegt hatte, machten wir halt, um die Pferde zu tränken — Tankred, jener unglückselige, illegitime normannische König, mit dessen Leichnam mein Vater so grausam umgegangen war. Durch einen Treppenwitz des Schicksals war Balian eine von Tankreds Nachkommen und daher nicht nur eine Kusine meiner neuen Gemahlin, sondern entfernt auch meine eigene.

Nachdem wir ein paar Worte über dieses seltsame Zusammentreffen gewechselt hatten, schlugen wir die alte Via Appia in Richtung Tarent ein. Die lange, gerade, staubige weiße Straße lag im Schimmer eines Sichelmonds, und über den Weingärten hing noch immer der süße, reife Duft der Traubenlese. Wir sprachen wenig, ritten jedoch schnell und wirbelten kleine Staubwolken hinter uns auf. Wir hatten in Wirklichkeit keinen sehr weiten Weg zurückzulegen; nur bis Oria, wo ich ein Kastell hatte errichten lassen und wo ich mit einer Handbewegung für völlige Ungestörtheit sorgen konnte. Dort verborgen, würden wir vor den neugierigen Blicken der Welt sicher sein.

Endlich tauchten auf einem Hügel die weißen Häuser des Städtchens vor uns auf, und die hohen Rundtürme des Kastells warfen lange, dunkle Schatten im Mondlicht. Wir betraten es nicht durch das Städtchen, sondern durch einen Geheimgang, der in einem Weingarten begann. (Ich hatte nie vergessen, wie uns damals der Fluchtweg versperrt gewesen war, als Markwards Truppen in das Castello di Maredolce eindrangen.) Der Gang führte in den Hof des Kastells und von dort in einen unterirdischen Raum voll von geborstenen Säulen. Hier schickte ich die Wache voraus und blieb mit Balian zurück.

Ich nahm sie in die Arme. »*Carissima*«, sagte ich leise, um die Vergangenheit nicht zu stören, »dies war der Venustempel: ich werde ihn seiner neuen Bestimmung übergeben und ihn Balian weihen...« Dann flüsterte ich ihr ein paar Zeilen zu, die ich unterwegs gedichtet hatte:

> ›Poi che ti piace, Amore,
> che io deggia trovare,
> faronne mia possanza ...‹

Dann küßte ich sie und war so erregt wie ein verliebter Knabe.

Noch niemals war mir ein solches Weib begegnet. Sie war in jeder Beziehung vollkommen, Venus selber konnte nicht anders sein. Sie hatte nichts von der schuldbewußten Sittsamkeit westlicher Christinnen an sich, sondern war mir eine ebenbürtige Partnerin und verausgabte sich genauso leidenschaftlich wie ich. Sie erwiderte meine Küsse und Liebesbisse und paßte sich jeder Stellung und Haltung an, die ich einnahm, und erfand selbst neue und außerordentliche Varianten des Liebesaktes. Ihre Schönheit war unübertrefflich. Noch nie war mir ein solcher Körper zu Gesicht gekommen. Die großen, dunklen, herausfordernden syrischen Augen; der launische, sinnliche Mund; die anmutigen Arme und Beine; die zierlichen Füße; die tastenden Finger; die üppigen Brüste; die weichen Hinterbacken; die gelbbraune Haut; die glühenden Schenkel. Jetzt erst verstand ich, warum die arabischen Dichter die Liebe in so leuchtenden Farben besangen. Und mußte an die Worte einer alten heidnischen Hymne denken: *O admirabile Veneris idolum!*

Ich hielt das alles für einen Traum: sie war zu vollkommen. Die Zeit allein würde offenbaren, daß ihre einzige Unvollkommenheit in ihrem Inneren lag.

Für eine Woche liebten wir uns auf diese Art, wann immer uns danach zumute war. Einmal begaben wir uns bei Sonnenuntergang über die Brustwehr zu einem Beobachtungsturm, wo ich ihr die marmorne Landkarte zeigte, die ich zur besseren Orientierung der Wachen angefertigt hatte. Ringsumher erstreckte sich eine endlose Ebene ohne charakteristische Merkmale. Wenn man sich zweimal umdrehte, wußte man kaum noch, in welcher Richtung Tarent oder Brindisi lagen. Auf meiner Karte war die Lage von

Städten, der Lauf von Flüssen und Straßen auf den ersten Blick zu erkennen, so daß ein Wachtposten sich nicht irren konnte, wenn er vordringende Reiter ausmachte.

Balian bewunderte die Karte, wie sie alles bewunderte, was mit mir zusammenhing, und verstummte dann. Die Sonne versank in dem roten Dunstschleier jenseits der staubigen Ebene, und eine kühle frische, abendliche Brise kam auf. Die Abendsterne waren die Edelsteine des südlichen Himmels.

Balian seufzte. »Schau nur, Herr, die Venus. Wenn ich dich verlassen haben und fern von dir sein werde, so denke, wenn du diesen Stern erblickst, immer daran, daß ich, wie Venus, sehr einsam bin ...«

»Jetzt nicht«, sagte ich. »Jetzt nicht!« Und da und dort, auf meinem über die marmorne Landkarte gebreiteten Mantel waren wir noch einmal zusammen.

Nur allzu schnell fand dieses Idyll seinen Abschluß. Ich konnte mich nicht wie ein Mönch oder Einsiedler auf die Dauer vor der Welt und ihren Anforderungen verbergen. Weder Balian noch ich machten ein Hehl aus unserer Trauer, als wir über die gerade weiße Straße nach Brindisi zurückritten. Würden wir etwas Derartiges noch einmal erleben? Wie seltsam, daß flüchtiges Glück beständiges Leid mit sich bringt ...

Spät nachts langten wir verkleidet an, da ich weder gesehen noch erkannt werden wollte. Mochte die Legende sich der phantastischen Geschichte dieses *amore* annehmen; die Tatsachen würden nur Balian und mir bekannt sein ... und dem Mann, in dessen Rechte ich eingegriffen hatte.

»Sag deinem Gatten, daß sein Leben verwirkt ist, wenn er dir etwas zuleide tut.« Mit diesen Worten verabschiedete ich mich von Balian.

Ich war jedoch nicht weiter besorgt deswegen, denn der Kaiser durfte sich alles erlauben. Ich glaubte, daß Graf Walter sich stillschweigend mit meinem Verhältnis zu seiner Frau abfinden und, wie die meisten Männer, versuchen würde, Nutzen daraus zu schlagen. Aber er nicht. Mir standen einige unangenehme Überraschungen bevor.

Ich mußte feststellen, daß sein Vater, Jean de Brienne, aus Ärger über den Verlust seiner Krone nach Rom geflüchtet war, um sich dort den sizilischen Flüchtlingen und anderen Unzufriedenen anzuschließen, die sich an der Schulter des Papstes ausweinten und auf meinen Sturz hinarbeiteten. Mit einem gewissen Bedauern ordnete ich die Freilassung Graf Walters an, da mir kaum etwas anderes übrigblieb, denn schließlich war er ja mein Schwager. (Und dabei fiel mir ein, daß mir die lästige Pflicht, den Akt der Ehe zu vollziehen, noch bevorstand.) Am nächsten Tage verschwanden Graf Walter und Balian spurlos. Später erfuhr ich, daß Bettelmönche den Verkleideten zur Flucht verholfen hatten . . .

Einige Wochen lang wartete ich gespannt auf Nachricht über sie, und schließlich berichtete einer meiner Gewährsmänner in Rom, daß Graf Walter sich mit seinem Vater am päpstlichen Hofe getroffen habe. Aber kein Wort über Balian. Ich war tief betrübt und schwor Rache, falls er ihr etwas angetan haben sollte.

Ich war im Begriff, etwas zu unternehmen, als mich aus Syrien ein Brief von ihr erreichte. Sie war unter Bewachung dorthin zurückgebracht worden und befand sich jetzt in Antiochien, abgeschlossen von aller Welt. In Ihrem Briefe hieß es weiter: ›Laß dich warnen. Hüte dich vor meinem Mann. Er haßt dich. Er hat dich verflucht. Aber vor allem, befreie mich — ich erwarte ein Kind von dir . . .!‹

Ich antwortete sofort durch Eilboten auf einem schnellen Schiff. Der Brief war an die Blume von Syrien gerichtet, und ich fügte ein Gedicht mit folgenden Schlußversen bei, denn mit meinem Herzen war ich wahrhaftig in ihrem Gefängnis:

> ›Canzonetta gioiosa,
> va a la fior di Soria,
> a quella c'a in pregione lo mio core . . .‹

Selbstverständlich würde ich ihr zu Hilfe eilen. Ich brauchte nur den Kreuzzug zur Befreiung Jerusalems anzutreten . . .

8.

Honorius III. erreichte tatsächlich das Alter von einhunderteins Jahren; aber knapp ein paar Monate vor Beginn des Kreuzzuges starb er. In einem erstaunlich kurzen Konklave wählten die Kardinäle einen aus ihrer Mitte als Nachfolger auf den Apostolischen

Stuhl — Ugolino von Ostia. Er nahm den Namen Gregor IX. an, ein Name nicht ohne tiefere Bedeutung, denn der vorangegangene Gregor hatte einen Kaiser vor sich im Schnee knien lassen.

Dieser neue Gregor war ein Neffe Innozenz' III.; als Kardinal der Schutzherr des Franziskus von Assisi; und der finster blickende Mann, aus dessen Händen ich in Rom das Kreuz empfangen hatte.

Obwohl bereits ein achtzigjähriger Greis, war er noch immer rüstig und trat würdevoll und majestätisch auf, war dabei jedoch ehrgeizig, hitzig, skrupellos und maßlos intolerant. Von ihm hatte ich öffentlich erklärt: »Er ist ein Mann von fleckenlosem Ruf, berühmt wegen seiner Frömmigkeit, seiner Gelehrsamkeit und Beredsamkeit. Unter den übrigen leuchtet er wie ein heller Stern hervor.«

Ich unterschätzte seine feindselige Haltung gegen mich völlig, obwohl mich schon einer seiner ersten Briefe, in dem er mein Privatleben unter die Lupe nahm, hätte stutzig machen müssen. Er schrieb (wohl im Hinblick auf meine Affäre mit Balian): »Gott hat Euch Kenntnisse und eine schöpferische Einbildungskraft verliehen, und die gesamte Christenheit folgt Euch. Gebt acht, daß Ihr Euern Geist, den Ihr mit den Engeln gemein habt, nicht unter Eure Sinne stellt, die Ihr mit Tieren und Pflanzen gemein habt. Euer Geist wird geschwächt, wenn Ihr zum Sklaven Eurer Sinne werdet ...« Diesen Vorwurf ließ ich stillschweigend über mich ergehen.

Die Kreuzzugsvorbereitungen nahmen mich voll in Anspruch. Wie schon so oft in vergangenen Jahren herrschte in Brindisi eine schwirrende Betriebsamkeit. Nicht umsonst hatten die Römer zwei Säulen aus grauem Marmor errichtet, um darauf hinzuweisen, daß die Via Appia in diesem Hafen endete. Hier war das Sprungbrett nach dem Osten. Jetzt lagen meine Galeeren hier vor Anker, wo Cäsar die Flotte des Pompejus blockiert hatte, und wo, in noch weiter zurückliegender Zeit, griechische Galeeren angelegt und den Stämmen, die die Adriaküste bevölkerten, hellenische Kultur gebracht hatten. Aber um derartige Gedankengänge zu verfolgen, fehlte es mir, wie immer, an Zeit. Ich hielt nicht einmal inne, um die Geburt des Sohnes zu feiern, der meinem Sohn Heinrich geboren wurde — mit einunddreißig wurde ich schon Großvater. Mir zu Ehren erhielt der Enkel den Namen Friedrich. Aber ich konnte mich nicht mit Wiegenliedern abgeben, sondern war damit beschäftigt, das Problem zu lösen, wie man an Bord eines Schiffes Stallraum für Pferde und Lagerraum für Panzer schaffen könne.

Nein, nicht ganz, denn der Sultan von Ägypten, Al-Kamil, hatte den Emir Fakhr ad-Din als Botschafter an meinen Hof entsandt. Er war von höflichem Wesen, wohlbeleibt und erinnerte durch seinen Bart an einen Araber; dabei verstand er etwas von Philosophie, Dichtkunst, Waffen, Pferden und Falknerei. Er war ein wahrhaft großartiger Vertreter seines Herrn, und wir fanden Gefallen aneinander. Al-Kamil hatte innerpolitische Schwierigkeiten, und jetzt würden ihm durch meinen Kreuzzug noch andere entstehen. Reden wir miteinander, verhandeln wir, ließ mir Al-Kamil durch seinen Botschafter sagen. Tauschen wir unsere Ansichten aus, erwägen wir die Lage, in der wir uns befinden, und vielleicht können wir ein Abkommen treffen. Ich behielt mir freie Hand vor, schickte jedoch Berard nach Ägypten, um mit dem Sultan zu sprechen. Über einen Punkt herrschte bereits Klarheit zwischen uns: beide wollten wir kriegerische Auseinandersetzungen vermeiden und schätzten den Frieden. Aber in meinem Lager gab es Christen, die das Schwert für die einzige Antwort hielten, und in seinem Lager Moslems, die genauso fanatisch waren. Es ging uns beiden darum, den Frieden zu erhalten. Aber wie . . . ?

Im Hochsommer strömten Pilger und Ritter nach Brindisi, denn die Flotte stand kurz vor dem Auslaufen. Hermann von Salza und Papst Honorius, der eine durch freigebige Verwendung meines Goldes, der andere durch ansehnliche Gunstbeweise, hatten mehr Kreuzfahrer zur Teilnahme verlockt, als man ursprünglich erwartet hatte. Das Zeltlager vor der Stadt wurde täglich, stündlich größer, es wimmelte von Rittern, Knappen, Dienern, Geistlichen, Pilgern, Mönchen, Pferden, Hunden und Prostituierten. Je größer der Andrang wurde, um so größer die Verwirrung. Von Salza begann sich Sorgen zu machen, ob uns genügend Schiffsraum zur Verfügung stünde; ich begann mich zu fragen, ob es überhaupt je zur Einschiffung kommen werde. Die Lebensmittel wurden knapp. Die Augustsonne brannte erbarmungslos auf alles nieder. Die Männer von jenseits der Alpen kannten dieses Klima nicht und wußten nichts von Gesundheitspflege. Die Lager stanken. Überall schwärmten Fliegen und Ratten umher. Voller Befürchtungen dachte ich an die Katastrophe, die Konstanzes aragonesische Ritter in Sizilien ereilt hatte.

Meine Bedenken waren nur allzu gerechtfertigt. Im Lager brach die Pest aus, die Männer starben in Massen. Einige ergriffen panikartig die Flucht; andere harrten geduldig aus und unterwarfen sich dem Willen Gottes. Ich zögerte nicht und verlegte meinen Hofstaat, soweit es sich bewerkstelligen ließ, nach Otranto und ließ auch Jolantha, die endlich in anderen Umständen war (und fast hübsch aussah), dorthin bringen. Dort unten am Zipfel Italiens war die Luft kühler und das Meer frischer. Piero lehnte es ab, dort zu bleiben, sondern kehrte mit mir nach Brindisi zurück. Aus Gesundheitsgründen siedelten wir aus dem Kastell nach der Insel Sant'Andrea im Hafen über — aber vergeblich. Eines Morgens erwachte ich mit leichtem Fieber, einem Gefühl von Übelkeit und einer tiefen Unpäßlichkeit. Doch schien sich mein Zustand im Gegensatz zu anderen von der Krankheit befallenen nicht zu verschlimmern. Die Tage schleppten sich hin. Ich starb nicht, erholte mich aber auch nicht. Es war wie ein langsames Dahinsiechen. Eine größere Abteilung meiner Streitkräfte war Mitte August in See gestochen; ich konnte nicht länger warten und beschloß, mein Gelübde zu erfüllen.

Am Morgen des neunten September raffte ich mich trotz meines schlechten Befindens auf und begab mich an Bord des kaiserlichen Flaggschiffes. Kirchenglocken läuteten und Pilger jubelten; ich empfand es nur als Lärm. Ich befahl, die Trossen loszuwerfen; ich sei, erklärte ich der Mannschaft, ein wenig seekrank, obwohl die Fahrt gerade erst begonnen hatte. Aber die Wahrheit ließ sich nicht verheimlichen. Der Landgraf von Thüringen, den ich zum Oberbefehlshaber ernannt hatte, mußte sich plötzlich hinlegen. Im Delirium rief er, seine Kabine sei voll von weißen, gottgesandten Tauben. Von Salza meinte, sie wären gekommen, um die Seelen heim zu Gott zu bringen. Meine nicht, noch nicht, dachte ich, und gab Befehl, in Otranto anzulegen. Dort starb der Landgraf, nachdem er die Letzte Ölung empfangen hatte, und die Tauben machten sich davon. Von meinen fünfzig Galeeren ließ ich zwanzig, unter dem Kommando Hermann von Salzas, die Fahrt fortsetzen. Dieser gesegnete Mann nahm auch diese Bürde ohne zu murren auf sich und beklagte sich nur, daß aus ihm nie ein Seebär werden würde.

Ich war wütend, und die ganze Lage ekelte mich an. Ich war erbärmlich krank. Nicht die geringste meiner Enttäuschungen war die Verzögerung des Wiedersehens mit Balian. Ich duldete nur Piero um mich, und er fungierte effektiv als Kaiser. Selbst durch den Schleier, der vor meinen Augen lag, sah ich ihn wachsen. Mein Zustand besserte sich ein wenig, und ich schickte eine Gesandtschaft mit Erklärungen an den Papst.

Dann begab ich mich zur Genesung in die vulkanischen Bäder von Pozzuoli in der Nähe von Neapel.

Dort, in einem Marmorbassin voller heißem Schwefelwasser liegend, empfing ich die Botschafter, die ich zum Papst geschickt hatte. Ich war so völlig unvorbereitet auf die Nachrichten, die sie mitbrachten, daß ich fast auf der Stelle untergegangen wäre. Gregor hatte es abgelehnt, meine Vertreter zu empfangen. Darüber hinaus hatte er eine geheime Kardinalsversammlung einberufen und mich als ausgeschlossen aus der Gemeinschaft der Gläubigen erklärt. Aus Gründen, die undurchsichtig schienen, sich aber rasch klärten, schob er die öffentliche Bekanntgabe des Bannfluches für etwa sechs Wochen hinaus, obwohl er selbstverständlich wußte, daß ich auf anderen Wegen davon erfahren würde.

In der Zwischenzeit unternahm er eine Reihe von Angriffen auf meinen Charakter. Er schob mir die Schuld an allem zu: das erste Mal hätte ich das Kreuz ohne Erlaubnis des Apostolischen Stuhles genommen; dann hätte ich den Kreuzzug verzögert; ich sei verantwortlich für die Katastrophe von Damiette; ich hätte die Pilger in der Sommerhitze aufgehalten; ich hätte nicht für genügend Schiffe gesorgt; ich hätte das Heer der Pest ausgesetzt und ein Massensterben verursacht; nach der Einschiffung sei ich wieder umgekehrt. Keinen Augenblick glaube er daran, daß ich wirklich leidend sei. Ich hätte Krankheit nur vorgetäuscht, um dem Kreuzzug aus dem Wege zu gehen.

Dann wurde, als Krönung des Ganzen, von Rom aus das Gerücht verbreitet, daß ich den Landgrafen von Thüringen an Bord meiner Galeere vergiftet hätte.

Noch einmal erbot ich mich, Beweise für meine Krankheit zu erbringen. Der Papst hatte keinerlei Interesse an Beweisen. In einer Rede vor versammelter Geistlichkeit beklagte er meinen Verrat und verkündete das Interdikt:

›Während die Kirche Christi glaubt, ihre Kinder zu säugen, nährt sie Schlangen und Basilisken an ihrem Busen, die mit ihrem Feueratem gern alles zerstören würden. Um diese Ungeheuer zu bekämpfen, um über feindliche Armeen zu triumphieren, um diese ruhelosen Stürme zu besänftigen, hat sich der Heilige Apostolische Stuhl auf einen Pflegling verlassen, der von Anfang an unter der zärtlichsten Obhut Roms stand; die Kirche hat dem Kaiser Friedrich gewissermaßen auf die Welt verholfen, ihn an ihren Brüsten gestillt, ihn auf ihren Schultern getragen. Des öfteren hat die Heilige Kirche ihn vor Anschlägen auf sein Leben bewahrt; ihm dann die Anfangsgründe des Wissens beigebracht und die größte Sorgfalt und Mühe darauf verwendet, seine Schritte zu lenken; ihn mit der Königswürde belehnt und ihm neben all diesen Segnungen auch noch den Kaisertitel verliehen, in der Hoffnung, in ihm einen Beschützer zu finden, eine Stütze für ihr Alter . . .
Wie hat er seine Versprechung erfüllt . . .?
Er hat alle Gelöbnisse gebrochen, alle Bande gelöst, die Gottesfurcht mit Füßen getreten, es an Ehrerbietung vor Jesus Christus fehlen lassen, die Verweise der Kirche verspottet, das Christenheer im Stich gelassen, das Heilige Land den Ungläubigen ausgeliefert und sich zu seiner eigenen und der Schande der gesamten Christenheit dem Wohlleben und den Vergnügungen hingegeben, die in seinem Königreich gang und gäbe sind, und versucht, seine Vergehen mit leichtfertigen Krankheitsentschuldigungen zu bemänteln . . .
Damit man uns nicht für Hunde halten möge, die nicht zu bellen wagen oder sich fürchten, Rache an ihm zu nehmen, verkünden wir hiermit, daß Kaiser Fridericus Secundus, der dem Volk Gottes soviel Schaden zugefügt, aus der Gemeinschaft der Gläubigen ausgeschlossen ist . . .!‹

Ich nahm den Bannspruch mit derartiger Gefaßtheit hin, daß alle Leute staunten. Ich bestritt dem Papst nicht das Recht, mich zu exkommunizieren, denn ich hatte mich ja tatsächlich nicht auf die Kreuzfahrt begeben. Ich ließ die hunderttausend Goldunzen verfallen. Um den Bann aufzuheben, erbot ich mich, Buße zu tun, und gelobte, im kommenden Jahr ins Heilige Land zu segeln.

Die Antwort des Papstes war ein kategorisches Nein! Buße war nicht annehmbar — kein härenes Gewand, kein Fasten bei Wasser und Brot, keine Pilgerfahrt zu irgendeinem Heiligtum, ob barfüßig oder auf allen vieren. Nichts war annehmbar außer der Unterwerfung des Königreiches Sizilien unter die Herrschaft des Papstes.

Jetzt begriff ich deutlich, was bisher unklar gewesen war, denn der Papst hatte den schwelenden Konflikt an die Öffentlichkeit gebracht. Er war ein Mann von großer Voraussicht, und dies waren seine Befürchtungen: das Wachstum des Laienstaates und die Reformation der Kirche. Ich galt als doppelter Ketzer, denn ich verfolgte beide Ziele. Er hatte die revolutionären Lehren Franziskus von Assisis kontrolliert und sie in genehme Bahnen gelenkt; jetzt wollte er auch mich beherrschen und mir den Weg vorschreiben. Er erklärte mir den Krieg — einen erbarmungslosen Krieg — so lange wenigstens, als er eine Niederlage nicht befürchten zu müssen glaubte.

Ich schlug zurück. Ich befahl der sizilischen Geistlichkeit, die Liturgie wie üblich zu vollziehen. Dann hielt ich fieberhafte Beratungen mit Berard und Piero ab. Wir entwarfen Schreiben um Schreiben, die an sämtliche Fürsten Europas gehen und auf jedem Marktplatz innerhalb des Reiches laut verlesen werden sollten. Schließlich lag eine endgültige Fassung vor, die Piero nach meinem Diktat niederschrieb. Ich nahm mir vor, vollkommen ruhig und sachlich zu bleiben, ungeachtet der Schmähungen des Papstes.

In dem Schreiben hieß es:

›Wir müssen leider gestehen, daß Unsere Hoffnungen Uns betrogen haben; das Ende aller Dinge steht bevor, denn die Liebe erkaltet nicht nur in ihren Ästen, sondern in ihren Wurzeln. Das Römische Reich, das Bollwerk des Glaubens, wird von seinen eigenen Vätern angegriffen. Überfiele Uns ein Feind, so würden Wir zum Schwerte greifen; aber wenn sich der Stellvertreter Christi gegen Uns erhebt, so halten wir aus Ehrerbietung für den gesegneten Heiligen Petrus erstaunt inne. Möge die gesamte Menschheit vernehmen, wie sehr man Uns brüskiert hat.

Unser Apostolischer Herr hat die Boten, die Wir ihm geschickt haben, ungerecht behandelt. Sie waren bereit, alles zu erklären, aber er weigerte sich, ihnen Gehör zu schenken. Es heißt, daß der Papst, noch ehe Unsere Abgesandten sich vor der Kurie rechtfertigen konnten, sich mit jedem Prälaten insgeheim ins Einvernehmen gesetzt und jeden einzelnen aufgefordert habe, nicht von dem bereits feststehenden Urteil abzuweichen. Auf diese Weise ist das Konzil zu einer Entscheidung gelangt, ohne vorher die Verteidigung zu hören.

All dies wünschen Wir der ganzen Welt kundzutun, denn trotz aller Ungerechtigkeit werden Wir nicht davon ablassen, Christus weiterhin zu dienen.‹

In Rom traf ich durch gewisse Freunde, hauptsächlich Mitgliedern der Familie Frangipani, Vorkehrungen, das Schreiben vom Campodoglio vor einer möglichst großen Menschenmenge verlesen zu lassen. Während dies geschah, entstand Unruhe unter dem Volk. Bald darauf kam es auch in der Basilika von St. Peter, während der Papst die Messen las, zu Gemurmel. Als er die Hostie emporhob, hörten die Leute auf, stumme Hunde zu sein, und fingen an zu bellen. Als der Papst in den Lateran eilte, wurde er in den Straßen angepöbelt. Daraufhin flüchtete er voller Furcht aus Rom.

Aber Gregor anzubellen, genügte nicht. Er mußte gebissen werden. Und ich konnte und würde zubeißen. War es möglich, daß ein Exkommunizierter, der keine Absolution empfangen hatte, einen Kreuzzug anführen konnte?

Mochte Gregor nur abwarten . . .!

9.

Am achtundzwanzigsten Juni 1228, gemäß dem christlichen Kalender oder 606 nach islamischer Zeitrechnung, trat ich ohne Fanfarenstöße die Fahrt ins Heilige Land an. Gregor schickte mir noch einen Pfeil hinterher. Ich segele, sagte er, ›mehr wie ein Pirat als ein Kaiser‹.

Schon einmal hatte ich um die höchsten Einsätze gespielt, damals, als ich nach Deutschland aufgebrochen war, um Römischer

Kaiser zu werden; aber dieses Glücksspiel war nichts im Vergleich zu dem Risiko, das ich jetzt einging. Mir blieb gar keine andere Wahl, als zu siegen. Auch glaubte im Grunde niemand, nicht einmal Piero, daran, daß ich mich auf dieses Wagnis einlassen würde. Als sich die Nachricht davon ausbreitete, war die gesamte Christenheit entsetzt und erschüttert. Ich sei ›mit teuflischer Arglist‹ zu Werke gegangen, behauptete Gregor. Er hatte mich für erledigt gehalten.

Meine Lage war durch ein unerwartetes Ereignis kurz vor dem Auslaufen noch schwieriger geworden, durch Jolanthas Tod bei der Geburt ihres Kindes. Sie war sechzehn. Unter unsäglichen Wehen und Schmerzen gebar sie einen Knaben, einen neuen Erben, den ich Konrad nannte. Sie war derart geschwächt, daß das einsetzende Fieber sie alsbald dahinraffte. Ich selbst kreuzte ihre knochigen Vogelhände über ihren Brüsten, die endlich vor Milch strotzten, und küßte sie dann kummervoll auf die bleiche Stirn. Sie war ohne Bosheit gewesen, und selbst der doppelte Haß, mit dem ihr Vater und ihr Bruder mich verfolgten, hatte keinen Haß in ihr erzeugt. Ihr gegenüber war ich so freundlich gewesen, wie ich sein konnte, sobald ich von dem Wahnsinn für Balian einmal kuriert war. Aber dieses unglückliche Kind und ich lebten in zu verschiedenen Welten; sie fand keinen Zugang zu meiner, mir war die ihre verschlossen. Ich ließ sie in aller Eile beisetzen, und zwar in der Kathedrale von San Riccardo in dem Städtchen Andria. Dort ruht sie unter einer Steinplatte in einer Gruft aus dem neunten Jahrhundert. Ich hatte keine Zeit, mich nach Palermo zu begeben und große Feierlichkeiten zu veranstalten. Damit hörte ich praktisch auf, König von Jerusalem zu sein, und übte nur noch die Regentschaft für meinen neugeborenen Sohn aus. Dieser Wandel erschütterte die Treue der Barone im Heiligen Land und war vorteilhaft für die Umtriebe Jean de Briennes und seines Sohnes Graf Walter, meiner erbitterten Feinde.

Meine Flagge war nicht das Kreuz, das Gregor mir entzogen hatte, sondern der kaiserliche Adler. Ich selbst war als *l'Aquila* bekannt. Mein Schiff hieß *l'Aquila*. Wiederum nannte man mich *Al-Tair*, denn Sultan Al-Kamil hatte gesagt, der Kaiser der Franken (die Moslems bezeichneten alle Kreuzfahrer als ›Franken‹) sei ein Adler unter den Menschen. Als solcher galt ich auch der Abteilung Sarazenen, die ich mit an Bord des Schiffes brachte; und der Name breitete sich unter ihren Brüdern aus. Und so wurde ich sowohl von Moslems als auch von Christen ›Der Adler‹ genannt.

Als wir ostwärts segelten, vergegenwärtigte ich mir das phantastische Schauspiel der Kreuzzüge, deren Geschichte ich aus christlichen und moslemischen Berichten kannte. Anfangs durch religiösen Eifer inspiriert, war jeder Kreuzzug durch Raub und Plünderung von innen zerfressen worden. Groß waren die Namen der Anführer, geringfügig ihre Leistungen. Godefroy de Bouillon, Konrad III., Louis VII., Philipp August, Richard Cœur de Lion, mein Großvater Barbarossa — die Christen; auf moslemischer Seite die überragende Gestalt Saladins. Im Jahre 1099 war Jerusalem durch die ersten Kreuzfahrer eingenommen worden; der zweite Kreuzzug hatte versucht die Stadt zu halten; der dritte, bei dem mein Großvater ums Leben kam, hatte alles darangesetzt, sie zurückzuerobern; der vierte gelangte nie bis Palästina, sondern verzettelte seine Kräfte mit Angriffen auf christliche Städte und der Plünderung Konstantinopels; und der fünfte hatte mit der schimpflichen Niederlage an den Ufern des Nils geendet. War mein Kreuzzug der sechste Kreuzzug, oder würde er in die Geschichte unter dem Namen eingehen: der Kreuzzug des Exkommunizierten? Wie sollte er, angesichts so vieler Fehlschläge, gelingen? Die Welt sollte in der Tat bald das Schauspiel eines erstaunlichen und verblüffenden Paradoxons erleben: den Stellvertreter Christi alles in seiner Macht Stehende unternehmen sehen, um die kreuzfahrenden Streitkräfte Christi zu schlagen.

Wer, mußte sich die Menschheit dabei fragen, diente Gott und wer dem Teufel?

Trotz seiner Streitigkeiten mit dem Papsttum hatte mein Großvater Barbarossa in seinen Anstrengungen, Jerusalem zurückzuerobern, unter einem derartigen Nachteil nicht zu leiden gehabt. Beim Lesen einer arabischen Darstellung vom Ertrinken meines Großvaters dachte ich zum erstenmal ganz unpersönlich über seinen Tod nach, und zwar unter moslemischem Gesichtspunkt.

Bei dem Schriftsteller Ibn al-Athir hieß es: ›Auf diese Weise befreite Allah uns von dem Übel Barbarossas.‹ Wieder der uralte und stets neue Konflikt von Gott gegen Gott, unterstützt und begünstigt durch den Kampf von Mensch gegen Mensch.

Ein Christ schrieb über den Fall von Jerusalem im Jahre 1099:

›Nachdem sie die Heiden überwältigt hatten, bemächtigten sich unsere Ritter einer großen Anzahl von Männern und Frauen und töteten sie oder ließen sie am Leben, wie es ihnen beliebte . . . Alsbald zogen sie plündernd durch die Stadt und rissen alles an sich, Gold, Silber, Pferde, Maulesel, und räumten die Häuser aus . . .‹

Von Melancholie befallen hielt ich inne; nicht einmal das lange satirische Gedicht, daß Piero in lateinisch über die Habgier von Mönchen und Prälaten verfaßte, vermochte mich aufzuheitern. Meine Stimmung besserte sich erst, als ich durch Zufall auf die Beschreibung stieß, die Imad ad-Din von einer Schiffsladung von ›dreihundert schönen jungen Weibern‹ hinterlassen hat, die während des dritten Kreuzzuges im Heiligen Land eintrafen:

›Sie waren aus Übersee zusammengeströmt, ein Freiwilligenkorps von Sünderinnen. Sie wollten die bedauernswerten Kreuzfahrer beglücken und warteten begierig auf Gelegenheit zur fleischlichen Vereinigung. Sie waren allesamt tolle *fornicatrici*, die danach schmachteten, von festem Fleisch und verführerisch. Jede von ihnen stolzierte mit einem Kreuz auf der Brust einher. Sie hatten ihre Leiber einem frommen Zweck geweiht, und selbst die besten und züchtigsten unter ihnen wollten sich preisgeben. Sie behaupteten, bei Antritt der Fahrt gelobt zu haben, ihre Reize zu opfern und sich keinem ledigen Kreuzfahrer zu verweigern, und glaubten fest daran, daß kein anderes Opfer Gott wohlgefälliger sein könne.
Sie richteten sich in Zelten und Gartenhäusern ein, öffneten die Pforten der Lust und boten als frommes Opfer das dar, was sie zwischen den Schenkeln hatten. Sie waren zu allen Vergnügungen und Lastern bereit und kannten keinerlei Hemmungen. Hingabebereit lagen sie auf den Teppichen, ihre Fußspangen in der Nähe ihrer Ohrringe; sie ließen sich mit Leitersprossen schlagen; sie machten sich zu Zielen für Pfeile; sie ermutigten die Schwerter zum Eindringen in ihre Scheiden; sie lockerten ihr Erdreich für die Aussaat; sie reizten die Pflüge zum Pflügen; sie karriolten mit jenen umher, die auf ihnen rit-

ten und die Sporen dabei gebrauchten; sie fingen in ihren Netzen die Hörner brünstiger Böcke; sie versammelten Vögel in
den Nestern ihrer Schenkel; sie umwanden Bein mit Bein und
stillten den Durst ihrer Liebhaber.

Sie behaupteten, ein frommes Werk zu tun. Und am Ende
schenkten sie Wein aus und forderten ihren Preis . . .‹

Das Wetter blieb schön, eine frische Brise wehte, so daß unsere
Ruderer kaum gebraucht wurden und wir außergewöhnlich gute
Fahrt machten. Ein anderer Faktor, der dazu beitrug, wurde vor
allen geheimgehalten, bis auf Piero und den Kapitän meines Flaggschiffes. Zur Orientierung benutzten wir den Kompaß, eine ma-
gnetische Nadel, derart auf einem Drehpunkt angebracht, daß sie
stets nach Norden zeigt. Die Erfindung galt als schwarze Magie.
Unsere Matrosen hätten den Dienst verweigert, wenn ihnen etwas
davon zu Ohren gekommen wäre, und es hätte unter Umständen
eine Meuterei gegeben. Daher bestand der Kapitän darauf, daß ich
den Kompaß in einer Schachtel in meiner Kabine aufbewahren
sollte; und jedesmal, wenn er ihn zu Rate zog, musterte er ihn be-
dächtig. Doch ich hieß ihn guter Dinge sein, da er mit seiner Fahrt
wahrscheinlich einen Rekord aufstellen würde.

Nach drei Wochen und zwei Tagen sichteten wir die Insel Zypern, wo Venus, der Überlieferung nach, aus dem Schaum des
Meeres geboren worden war.

Wir hielten uns etwas über einen Monat dort auf, und ich ent-
wirrte einige von den Angelegenheiten der Barone. Zypern gehörte zum Reich, aber seine Verbindungen waren viel zu locker für
meinen Geschmack. Es ist eine chronische Krankheit der Barone,
daß jeder ein König sein möchte. Aber in Zypern dachte ich nachts
an andere Dinge als an die Unterwerfung der Barone . . ., immer
wieder träumte ich von Balian. Je näher ich der Levante kam, um
so heftiger wurde mein Verlangen, sie wiederzusehen. Aus diesem Grunde schickte ich insgeheim Abgesandte nach Antiochia,
die den Auftrag hatten, sie so schnell wie möglich und um jeden
Preis zu mir zu bringen. Ich hatte lange genug auf diesen Augenblick gewartet.

Halb hoffte ich, sie unter der Menschenmenge zu entdecken,
die mich in Akkra begrüßte, als ich schließlich Anfang September

das Heilige Land betrat — aber sie war natürlich nicht da. Ich wurde als ›Retter Israels‹ und mit lautem Jubel empfangen, denn meine Ankunft wurde als Befreiung betrachtet. Meine Exkommunikation schien weiter keinen Eindruck gemacht zu haben. Templer, Johanniter und Deutschordensritter — sämtlich in voller Rüstung — sanken vor mir ins Knie; desgleichen die Barone; selbst die Geistlichkeit war unter Anführung des päpstlichen Legaten Gerold erschienen, des steifnackigen Patriarchen von Jerusalem, aber die Geistlichkeit verweigerte den Huldigungskuß, was mich nicht verwunderte.

Hinter den Christen hatten sich auf dem *molo* aus Neugierde und vielleicht aus Furcht Hunderte von Moslems versammelt, von denen einige den weißen Kopfputz trugen, den man *araghia* nennt, andere die braunen wollenen Umhänge, die man *taghis* nennt, und wieder andere den *kaftan*, einen bis auf die Füße herabfallenden und durch einen Gurt zusammengehaltenen Überrock. Händler boten Süßigkeiten, Nüsse, Perlen und religiöse Schmuckstücke feil; für Christen wurde Wein ausgeschenkt, während braungesichtige Araberjungen frisches Wasser aus dampfenden Ziegenfellen verkauften, die sie über die Schulter geschlungen hatten. Ein flimmernder Staubschleier lag über dem Ganzen. Das Erdreich war von der Herbstsonne braun ausgedörrt; der Himmel war von einem leuchtenden Blaugrün, wuschelige Wolken zogen darüber hin und kündeten einen Witterungsumschlag an. Als ich den Kopf hob, erblickte ich zwei Geier — den großen schwarzweißen Vogel namens *Neophron* —, die mit ausgebreiteten Flügeln über uns schwebten. Nicht gerade ein glückverheißendes Vorzeichen, wie mir schien.

Und in der Tat, kurz nach meiner Landung trafen zwei Franziskaner als Boten des Papstes ein. Niemand, kein Ritter, kein Geistlicher, warnte der Heilige Vater, solle dem gebannten Kreuzfahrer gehorchen oder ihm seinen Beistand leihen, bei Strafe sofortigen Bannfluches für den Betreffenden. Ich hatte *un pugno di mosche* — ›eine Faustvoll Fliegen‹ — wie es in dem alten Sprichwort heißt.

Sollte ich gezwungen werden, mich ausschließlich auf meine eigenen Sarazenenkrieger zu verlassen, um Jerusalem für die Christenheit einzunehmen?

Trotz der Tatsache, daß ich mit einem Heer nach Palästina kam, hatte ich nicht beabsichtigt, Krieg zu führen. Ich hoffte und glaubte, daß Christen und Moslems sich über bestimmte Punkte einigen könnten und daß ein Übereinkommen ergiebiger für beide sein würde als ein kostspieliger, sich in die Länge ziehender Krieg. Überdies hätten meine Streitkräfte, selbst wenn sie geeint gewesen wären, nicht ausgereicht, um einen erfolgreichen Feldzug in diesem fremden Land zu führen. Schließlich lag die Führung der gegnerischen Kräfte in Händen eines hochbefähigten Mannes — Al-Kamil war ein würdiger Neffe des großen Saladin. Gewiß, bei meiner Kenntnis des Arabischen und meiner Erfahrung mit sarazenischer Kriegführung war ich für Al-Kamil ein durchaus ebenbürtiger Gegner. Wir hatten fast die gleiche Geschmacksrichtung und empfanden vom ersten Augenblick unserer Kontaktaufnahme an die größte Hochachtung voreinander.

Ich verlegte mein Hauptquartier in ein Kastell in der Nähe von Akkra (nicht weit entfernt von Nazareth) und nahm sofort Verbindung mit Al-Kamil auf, der in Nablus hofhielt — ebenfalls in der Nähe von Nazareth —, als wünsche er den Austausch zwischen uns zu beschleunigen. Monatelang waren die Wege staubig von den Boten, die zwischen uns hin und her eilten. Zu meinem Hauptunterhändler ernannte ich meinen vertrauten Grafen Tommaso und ließ ihn eine Reihe kostbarer Geschenke überbringen: Edelsteine, Gefäße aus Gold und Silber, ein prächtiges Schlachtroß mit goldenem Sattel sowie eine herrlich illustrierte Ausgabe der *Nikomachischen Ethik* des Aristoteles. Graf Tommaso hatte den Auftrag, darauf hinzuweisen, daß ich keinerlei Interesse an einem Eroberungskrieg hätte und keine Länder haben wolle, die mir nicht gehörten. Aber, wie der Sultan wisse, beherberge Jerusalem nicht nur die den Mohammedanern Heiligen Stätten, sondern auch die den Christen Heiligen Stätten, und ich müsse daher darauf bestehen, daß den Christen genauso Zugang zu Jerusalem gewährt werde wie den Mohammedanern. (Diese Idee war einem Plan nicht unähnlich, den Richard Cœur de Lion und Saladin einst erwogen hatten.)

Alsbald traf eine Gegengesandtschaft unter Führung meines guten Freundes Fakhr ad-Din von Al-Kamil ein und überbrachte Edelsteine, die noch weit herrlicher waren als diejenigen, die ich geschickt hatte, arabische Stuten, vollkommen in jeder Hinsicht, zehn von den berühmten Mehari-Kamelen, Bären, Affen, einen Elefanten — und eine höfliche Ablehnung meines Vorschlages, auf Jerusalem zu verzichten, mit der Begründung, daß sämtliche Moslems über diesen Verlust für den Islam empört sein würden. Ich hatte von Anfang an eine derartige Antwort erwartet und war nicht weiter betroffen darüber.

Ich wußte über Al-Kamils tatsächliche Lage ziemlich genau Bescheid; sie hatte sich neuerdings nicht gerade günstig für mich verändert. Malik Al-Kamil war einer von den drei Ejjubiden-Brüdern, die das Reich Saladins aufgeteilt hatten und unter denen ein zeitweiliger trügerischer Waffenstillstand geherrscht hatte. Vor meinem Aufbruch hatte Malik Al-Kamil mich um Unterstützung gegen seinen Bruder Al-Muazzam gebeten, den Sultan von Damaskus, der Jerusalem beherrscht hatte und bei seinem Tode den Knaben An-Nasir Dawid als Erben hinterließ. Al-Kamil hatte rasch gehandelt, Jerusalem eingenommen und sich dann mit seinem anderen Bruder gegen den Neffen verbündet und Damaskus belagert. Und so erhob sich die heikle Frage: Warum sollte Al-Kamil das ihm erst vor kurzem zugefallene Jerusalem abtreten?

Ich war überzeugt, daß Al-Kamil über meine Lage genauso gut informiert war wie ich über seine, und bei dem Gedanken sank mir der Mut. Die Rivalität unter den Baronen war groß, und die militanten Orden waren so eifersüchtig aufeinander, daß es fast an Haß grenzte. Nur auf die Deutschordensritter unter ihrem Hochmeister Hermann von Salza war Verlaß. Zu diesen Schwierigkeiten kam noch das Interdikt, auf das sich der Patriarch von Jerusalem stützte, um alle meine Maßnahmen zu hintertreiben. Nachdem die Boten des Papstes eingetroffen waren, verweigerten mir die französischen und englischen Kreuzfahrer offen den Gehorsam. Nur von Salzas kluger und politischer Vorschlag, alle Befehle im Namen Jesu Christi zu erlassen, rettete die Situation. Ich erklärte mich sofort damit einverstanden. Dann ging zu meinem Ärger aus aufgefangenen Briefen hervor, daß Papst Gregor direkt mit dem Sultan in Verbindung getreten war und ihm nahegelegt hatte, Jerusalem unter keinen Umständen in meine Hände fallen zu lassen. Der Grund dafür war klar: hätte ich als Exkommunizierter mit dem Kreuzzug Erfolg, so würde das ein Gottesurteil gegen Gregor bedeuten. Aber vorläufig lag ein solcher Erfolg noch in weiter Ferne.

Ich beschloß, die Verhandlungen nicht nur fortzusetzen, sondern auch meine Macht zu demonstrieren. Ich setzte das Kreuzfahrerheer, das aus elftausend Mann (einschließlich der widerwilligen Templer) bestand, auf Jaffa in Marsch und begann mit der Errichtung neuer Befestigungen. Das Ergebnis beider Maßnahmen war negativ: Al-Kamil, der selbst über ein großes Heer verfügte, ließ sich nicht im geringsten beeindrucken. Er brach die Verhandlungen völlig ab.

Dann verband sich die Natur mit dem Papst gegen mich. In einem Seesturm, einer jener plötzlichen, heftigen Abirrungen des Mittelmeeres, gingen eine Anzahl dringend benötigter Nachschubschiffe unter . . ., die Lebensmittel wurden knapp. Selbst ein Heer, das einen heiligen Zweck verfolgt, funktioniert nicht ohne Verpflegung und Sold, und ich fragte mich, ob ich nicht lieber kehrtmachen sollte, ehe sich mein Heer vor meinen Augen auflöste. Aber dieses Naturereignis war nichts im Vergleich zu dem nächsten Tiefschlag, der mich traf: ein päpstliches Heer unter dem Befehl von Jean und Walter de Brienne fiel in Sizilien ein. Päpstliche Agenten, Franziskanermönche, zogen im Lande umher und erklärten der Bevölkerung, ich sei tot.

Ich weinte vor Wut und Erbitterung. Ich hatte schlaflose Nächte und lief ruhelos im Zimmer auf und ab. Dennoch, wie ich an Piero schrieb (der sich damals in Akkra aufhielt): »Ich rede von Übereinkommen und Frieden, während ich Vorbereitungen für meinen Rückzug treffe. Ich verberge den Schmerz, der mich verzehrt, hinter einer freundlichen Miene, damit der Feind nicht in Jubel ausbreche und triumphiere . . .«

In der dunkelsten Stunde einer solchen verhärmten Nacht führte man ein Weib zu mir herein. Ich sah sie verschleiert und bei Fackelschein, aber ich spürte sofort, daß es Balian war. Das Kind jedoch bemerkte ich erst auf den zweiten Blick.

Ich nahm den Knaben und betrachtete ihn bei Licht. Er hatte ein bezauberndes Gesicht — das Gesicht Balians. Voller Entzücken küßte ich ihn. Er lächelte zufrieden in meinen Armen und hatte keine Angst vor mir. »*Bel fanciullo!*« rief ich.

»Ich habe ihn Federico genannt«, sagte Balian scheu.

»Bravo!« sagte ich. »Wir werden ihn Federico von Antiochia nennen . . .«

»Er ist schon fast zwei Jahre, aber klein für sein Alter«, sagte seine Mutter. Es klang, als wollte sie sich entschuldigen und verteidigen.

Dann fiel es mir auf. Er hatte ein lahmes Bein.

Mein Herz krampfte sich zusammen. Balians vollkommenen Körper, unserer vollkommenen Vereinigung war ein Krüppel entsprungen. Von all meinen Kindern (mindestens fünfzehn inzwischen) war er das einzige mit einem Gebrechen behaftete. Hätte ich wie andere Männer gedacht, würde ich es als Gottesurteil gegen uns ausgelegt haben; aber ich hatte das Tierleben zu aufmerksam beobachtet und wußte, daß unter den vollkommensten Züchtungen Spielarten auftraten. Irgendwo in der Vergangenheit existierte ein Grund dafür, aber ich würde diesen Grund nie kennenlernen.

Balian wartete. Sie suchte Trost bei mir. »Meine Liebe zu dem Knaben«, sagte ich, ohne direkte Anspielung, die ihn hätte verletzen können, »ist nicht kleiner, sondern größer. Was ihm körperlich mangelt, wird er durch seinen Geist ausgleichen. Eines Tages wird er einem König ebenbürtig sein.«

Sie war getröstet und warf sich in meine Arme.

Erschöpft wie ich war, staunte ich dennoch über die Lebhaftigkeit, mit der ich reagierte. Ich war voller Leben und Manneskraft. Wie konnte ein Mann von derartiger Vitalität das Wort ›Niederlage‹ überhaupt in Betracht ziehen.

11.

Unter Christen spricht man gern von Gottes wunderbaren Wegen, und das mit Recht. Durch den rundlichen Moslemkörper meines beredten Freundes und Al-Kamils Botschafter, Fakhr ad-Din, wurde ein Wunder vollbracht und durch den schmächtigen Frankenkörper eines Christen, der Moslem geworden war, ein anderes.

Eines Tages, als ich meine tiefe Verzweiflung besonders geschickt zu verbergen versuchte, kam Fakhr ad-Din zu mir und erklärte, daß es ihm an der Zeit dünke, wieder eine Gesandtschaft zu seinem Herrn, dem Sultan, zu senden. Dies wäre ein rein persönlicher Vorschlag seinerseits, meinte er. Er wisse etwas, was mir nicht bekannt sei: ein zum Islam übergetretener Johanniter hätte die Mutter des Knaben An-Nasir geheiratet und die Verteidigung von Damaskus durch einen wirksamen Angriff auf Al-Kamils Versorgungslinien wiederaufgenommen. Die Belagerung drohe sich endlos hinzuziehen, und Al-Kamil könnte mit einem sicheren Erfolg keineswegs rechnen. Der Abzug der christlichen Kreuzfahrer aus dem Heiligen Land — durch einen ausgehandelten Frieden — würde ihm gestatten, mit seiner gesamten Streitmacht gegen Damaskus vorzugehen. Das wäre ein stichhaltiges Argument, das er seinen Landsleuten gegenüber gebrauchen könne, die da glaubten, mein Heer wäre nur mit dem Schwert zu vertreiben. Ich nahm Ad-Dins Wink zur Kenntnis und entsandte sofort Unterhändler. Da die Zeit zu kurz war, um neue und eindrucksvolle Geschenke zu beschaffen, schickte ich Al-Kamil eine Reihe von geometrischen Problemen, die meiner Meinung nach dazu angetan waren, seine Phantasie anzuregen. Eines lief beispielsweise darauf hinaus, eine vierseitige Figur desselben Oberflächeninhalts zu konstruieren wie der Abschnitt eines gegebenen Kreises.

Der Sultan war entzückt. Er schickte mir sogleich die Lösungen einer Anzahl meiner Aufgaben zurück und schlug vor, einen zehnjährigen Waffenstillstand zwischen Christen und Moslems abzuschließen. Die Christen sollten Jerusalem erhalten, nur dürfe die Stadt nicht befestigt werden. Die Omar-Moschee, einst der Tempel Salomos, sollte in moslemischen Händen bleiben, doch sollten Christen freien Zugang haben, um ihre Gebete dort zu verrichten. Die Christen sollten Nazareth erhalten, doch sollten Moslems freien Zugang nach Bethlehem haben, ebenfalls eine Heilige Stätte der Mohammedaner. Zusätzlich sollten die Christen Sidon, Jaffa, Caesarea sowie Akkra erhalten. Antiochia und Tripoli und einige andere Städte sollten ihnen, aber ohne militärische Verstärkungen, als Stützpunkte dienen. Schließlich müßte ich mich bereit erklären, keine Christen zu unterstützen, die Al-Kamil während der Dauer des Waffenstillstands unter Umständen angriffen.

Dies waren im wesentlichen dieselben Punkte, die ich schon zu Beginn der Verhandlungen aufgestellt hatte, und wie ich Fakhr ad-Din erklärte, hätte ich soviel nie von Al-Kamil gefordert, wäre es nicht um mein Prestige in der Christenheit gegangen. Hermann von Salza war begeistert, denn das große Ziel seines Lebens war erreicht, und Jerusalem befand sich endlich wieder in christlichen Händen. Er tanzte um mein Zelt herum und vergaß seine müden Füße völlig. Er sah jedoch Kritik voraus und schrieb den Kardinälen erläuternde Briefe, worin er den Papst sanft ins Gebet nahm und darauf hinwies, daß die Christen in moslemischen Ländern ihre Religion im allgemeinen frei ausüben könnten. Aber von allen Kreuzfahrern war mein aufrichtiger von Salza der einzige, der seiner Billigung Ausdruck verlieh.

Sämtliche Anhänger des Papstes waren wütend, und Patriarch Gerold bestätigte das gegen mich erlassene Interdikt umgehend aufs neue und belegte damit Jerusalem und selbst die Gruft Christi — die Heilige Grabeskirche — mit dem Bann. Er übermittelte dem Papst einen langen Schriftsatz mit Halbwahrheiten; der Papst schwärzte diesen Bericht noch und ließ ihn in die Welt gehen, um mich zu verunglimpfen. Es sei offensichtlich, fügte er hinzu, daß der Kaiser ›Mohammed den Vorzug vor Christus gäbe‹. Unter den Kreuzfahrern waren die Templer besonders verärgert darüber, daß der Tempel Salomos in moslemischen Händen verblieb, und begannen eine Verleumdungskampagne, während sie nach meinem Leben trachteten.

Die Moslems waren auf Sultan Al-Kamil genauso wütend wie die Christen auf mich. Al-Kamil wurde allerseits von den Orthodoxen angegriffen, die ihm vorwarfen, er habe Mohammed verraten, die Heiligen Stätten des Islam entweiht, indem er Christen (Schweinen) den Zugang gestattete, Freundschaft mit einem ›Unreinen‹ (mir) geschlossen und Christus Mohammed vorziehe. Als in der großen Moschee ein Protestgottesdienst abgehalten wurde, übte der Sultan einfach dadurch Vergeltung, daß er die Schätze beschlagnahmte (woraufhin der Tumult sich legte, da dies der Wille Allahs war). Ich sprach ihm meinen tiefen Dank aus, und unsere Freundschaft begann erst jetzt richtig. Ohne daß der Sultan dagegen Einspruch erhob, schlug ich Fakhr ad-Din zum Ritter und gestattete ihm, meinen Adler in seinem Wappen zu führen.

Etwas anderes war die Haltung, die die Moslems im allgemeinen gegen mich einnahmen. Sie schienen zwischen Geringschätzung und Bewunderung zu schwanken, Geringschätzung, weil ich so ganz anders aussah als sie, und Bewunderung, weil ich über ein so großes Gebiet herrschte und so viele Titel hatte. Gewöhnlich war das semitische Gesicht dunkel, schwarzbärtig, scharfäugig und adlernasig. Aber wie ein arabischer Chronist schrieb: ›Der Kaiser der Franken, der aus dem Langen Lande in der Nähe Spaniens kommt, ist blond, bartlos, klein und kurzsichtig; wäre er ein Sklave, würde er keine zweihundert Talente wert sein.‹ In einem Zustand tiefer religiöser Empörung fuhr dieser durch und durch orthodoxe Schriftsteller fort: ›Aus seinen Handlungen geht deutlich hervor, daß der Kaiser Materialist ist, für den das Christentum nichts weiter als ein Unterhaltungsspiel darstellt.‹ Ein anderer Moslem schrieb: ›Unter den Christen ist der König-Kaiser ein Mann von großer Macht, weil er gegen ihren Kalifen, den Papst, aufzutreten wagt. Seit der Zeit Alexanders des Großen hat es in Europa seinesgleichen nicht gegeben.‹

So sieht man aus, wenn man sich durch die Augen anderer betrachtet.

Obwohl die Truppen des Papstes mein Königreich bedrängten und ich begierig darauf war, nach Italien zu segeln, jenes ›Lange Land‹, beschloß ich, eine Krönungszeremonie in der Grabeskirche zu veranstalten und den Bann, der auf Jerusalem lag, zu ignorieren. Da eine Krönung ohne Gottesdienst ein Ding der Unmöglichkeit war, rieten mir einige meiner Hitzköpfe (einschließlich Pieros) trotz des Bannes zu einer Hohen Messe. Aber von Salza und Berard waren dagegen und sprachen sich für eine Zeremonie ohne jegliches religiöse Beiwerk aus. Für mein Empfinden war das eine kaum weniger provozierend als das andere; doch ich wollte unter frommen Seelen, denen es mehr um die geistliche als die politische Seite der Religion ging, nicht absichtlich Ärgernis erregen . . ., so suchte ich nach einem Ausweg.

Der Waffenstillstand war Mitte Februar unterzeichnet worden, und einen Monat darauf konnte ich bei Nacht Jerusalem betreten. Dank den Bemühungen von Salzas und seiner deutschen Gefolgsleute, war die Stadt überall mit Öllämpchen illuminiert, aber ich mußte an meinen damaligen triumphalen Zug rheinabwärts denken. Keine Hosiannas wurden angestimmt, keine Palmenwedel geschwenkt, und einige meiner Anhänger entsannen sich eines anderen Einzuges in Jerusalem durch einen Friedensfürsten. Die Pilger, die mich begrüßten, jubelten mir zu, denn ihr ersehnter Wunsch, am Grabe Christi zu beten, war endlich in Erfüllung gegangen. Aber die Moslems wehklagten und schlugen sich die Brust.

In majestätische Gewänder gehüllt, betrat ich die Heilige Grabeskirche im Gefolge einer feierlichen Prozession meiner Anhänger, die sämtlich Kerzen in den Händen hatten. Unter ihnen trug nur Berard die Mitra eines Erzbischofs. Ohne Segen, ohne Absolution, ohne Abendmahl, ohne Meßliturgie trat ich an den Hochaltar und nahm die Krone des Königreichs Jerusalem herunter. Totenstille herrschte, als ich mir die Krone eigenhändig aufs Haupt setzte. Dann wandte ich mich der Gemeinde zu und hielt eine Ansprache auf lateinisch; Hermann von Salza, in einem weißen, durch ein schwarzes Kreuz gekennzeichneten Überwurf, übersetzte jeden Satz ins Deutsche und ins Französische. Also hob ich an und lauschte dem dumpfen Echo meiner eigenen Worte, die dreisprachig aus dem Gewölbe widerhallten:

»Frohlocken mögen alle und jubeln im Herrn, die aufrichtigen Herzens, da es Ihm wohlgefällt an Seinem Volke, wenn es im Heile preist die Friedfertigen. Loben wollen wir auch Ihn, den die Engel loben . . .

Gott der Herr ist es selbst, der allein die großen Wunder tut und der, Seiner alten Barmherzigkeit nicht vergessend, in Unseren Läuften die Wunder erneuert, die Er in alten Zeiten vollbrachte. Denn Er, daß Er seine Macht kundtue, prangt nicht immer in Pferden oder Wagen . . . Denn in diesen wenigen Tagen, durch Wunderkraft mehr denn durch Tapferkeit, ist jenes Werk glückhaft vollbracht, das seit langen rückliegenden Zeiten viele Fürsten und mancherlei Gewaltige des Erdenrunds nicht in der Menge der Völker und nicht durch Furcht noch durch anderes zu leisten vermochten . . .«

Nicht von der Kirche, nicht vom Papst, sondern von Gott allein wird hier die Macht zur Befreiung Jerusalems abgeleitet — Gott, der den Kaiser als Werkzeug benützt, einen Friedenskaiser.

Von Gott allein leitet sich die Macht des Kaisers her, der, was er selbst getan, dem Ruhme Gottes zuschreibt.

Für diejenigen, die Ohren hatten, zu hören, waren die Schlußfolgerungen einfach — und furchteinflößend. Damit wurden die Grundlagen der weltlichen Struktur der Römischen Kirche zerstört. Es war eine gefährliche Doktrin — äußerst gefährlich. Einige nannten es Ketzerei ...

Aber von Ketzerei wandten sich meine Gedanken Balian zu, und ich eilte aus der Kirche, um mich zu ihr zu begeben. Ich wohnte im Hause des Kadis Shams ad-Din, das nicht gerade klein, aber auch keineswegs ein Palast war. Ich hatte Balian als zu meinem Gefolge gehörig dort hingebracht, da ich jede Stunde beklagte, die ich von ihr getrennt war. Als ich von dem erregenden Abenteuer der Selbstkrönung zurückkehrte, begab ich mich sofort in Balians Zimmer; dies sollte wieder eine Nacht der Nächte werden.

Ich fand sie auf blutigen Kissen hingestreckt, ein Messer im Rücken, und das Kind Federico weinend in den Armen seiner Kinderfrau.

Für eine Weile stand ich wie gelähmt neben ihr; langsam überwand ich den ersten Schreck, und der Schmerz durchsickerte mein erstarrtes Herz. Der Schatz, den ich gestohlen hatte, war mir entrissen worden, für immer. Gleich meinen Augen war meine Kehle wüstentrocken; ich konnte weder schluchzen, sprechen noch hören. Aus dem Gelispel des Kindes und dem unzusammenhängenden Geschwätz der Kinderfrau begriff ich endlich soviel, daß ich mir zusammenreimen konnte, was sich während meiner Abwesenheit abgespielt hatte.

Balian hatte mit Federico auf dem Podium gespielt, mit dem Rücken zum Fenster. Aus der Nacht, das Licht der Hängelampen widerspiegelnd, war ein Dolch aufgeblitzt und durch die Luft geflogen. Balian hatte aufgeschrien und war zusammengebrochen; bei dem Aufschrei war die Kinderfrau ins Zimmer zu dem Knaben geeilt. Das war die Geschichte.

Graf Walter de Brienne war gerächt worden.

Heimlich war Balian zu mir gekommen; heimlich mußte sie aus dem Hause gebracht werden. Ohne Absolution, ohne ein christliches Begräbnis; aber Berard würde um Vergebung ihrer Sünden beten. Ich selbst zog den Dolch aus ihrem Körper und rief den Kadi.

»Diese Sklavin, die Uns bediente, hat sich in einem Wahnsinnsanfall umgebracht«, sagte ich und versuchte den Schmerz in meiner Stimme zu unterdrücken. »Beerdigt sie so schnell wie möglich, wie Ihr Eure Sklaven beerdigt.«

Der Kadi war völlig verstört. »Ich bin tief betroffen«, sagte er, strich mit den Händen über seinen *kaftan* und faltete sie dann wieder zum Gebet, »tief unglücklich, daß Euer Majestät in meinem Hause eine derartige Ungelegenheit widerfahren mußte. Die Sache wird sofort erledigt werden. Soll das Kind der Sklavin ebenfalls beseitigt werden?«

»Laßt das Kind hier«, sagte ich. »Es ist ein verkrüppeltes kleines Würmchen; aber Wir haben Kinder gern und werden zusehen, daß der Knabe ein Zuhause findet...«

Den Dolch behielt ich; er ist noch heute wohlbehütet in meinem Besitz.

Ich wies meine Sarazenen bei Verlust ihres Lebens an, Federico genauso zu bewachen, wie sie mich bewachten. Ich hielt ihn in meinen Armen und beschwichtigte ihn, bis er erschöpft einschlief. Als ich mich endlich zur Ruhe begeben hatte, konnte ich mich nicht länger beherrschen und weinte wie ein Kind. Doch meine Tränen hatten noch einen tieferen Grund: ich hatte diese Scharade, diesen Mummenschanz, dieses Theater, das ungewaschene Priester um einen Haufen Ruinen und phantastische Legenden aufführten, gründlich satt. Mohammeds Himmelfahrt ... Christi Auferstehung von den Toten ... konnte es etwas Derartiges geben ...?

Bitterkeit wallte in mir auf; es waren nicht die Legenden, sondern die Verdreher der Legenden, die die Menschen von einer Dummheit in die andere, in Wahnsinn und Tod trieben.

War hier überhaupt kein Ende abzusehen ...?

12.

Als ich in jener Nacht wach lag und meinem Leid nachhing, vernahm ich keine Rufe von dem Muezzin hoch auf dem Minarett. Beim Morgengrauen ließ ich meinen Gastgeber kommen. »O Kadi«, sagte ich, »warum haben die Muezzin die Gebete nicht wie üblich ausgerufen?«

Er verneigte sich wiederholt bis zur Erde. »Dieser ergebene Sklave«, erwiderte er, »hat es ihnen aus Rücksicht auf Euer Majestät untersagt.«

»Das anzuordnen war ein Fehler«, sagte ich so ernst, als hätte ich mein Lebtag noch keinen Ruf eines Muezzin gehört. »Wir sind hauptsächlich deswegen in Jerusalem geblieben, um nachts die Gebetsrufe der Muezzin und ihr Lob Gottes zu hören. Wollt Ihr mir zuliebe Eure Bräuche, Euer Gesetz und Euren Glauben ändern? Glaubt Ihr, ich würde Euch zuliebe die Kirchenglocken zum Schweigen bringen, wenn Ihr in mein Land kämt? Bei Gott — nein!« Dann gab ich ihm einen Geldbetrag für den Muezzin.

Der Kadi entschuldigte sich vielmals und machte sich derartige Vorwürfe, daß ich mich ohne Widerrede mit dem Programm abfand, das er für mich aufgestellt hatte. Es war besser so, denn ich wollte vermeiden, daß man sich wundere, warum ich Jerusalem so plötzlich verließe, und Vermutungen über das eilige Begräbnis einer Sklavin anstelle.

Es war eine traumhafte Rundreise zu moslemischen und christlichen Heiligen Stätten, den Ursachen eines Glaubenskrieges, der jetzt bereits über hundertdreißig Jahre dauerte. Und wie mir schien, war mein jetziger Waffenstillstand nur ein kurzes Zwischenspiel ... Wir besichtigten die Moschee El-Aqsa, wobei Piero mich begleitete. Ich bewunderte die Schönheit der Gebetsnische und die Einzelheiten der Kanzel, die ich bestieg. Ich war tief beeindruckt von der Großartigkeit des Heiligen Felsendomes, der sich dort erhebt, wo einst der Tempel Salomos gestanden. Er war in Gestalt eines Achtecks angelegt mit einer hohen goldgrünen Kuppel. Im Inneren hingen Hunderte von Hängelampen an goldenen Ketten, üppige Teppiche, leuchtende Mosaiken. Als wir eintraten, legte ich, wie ein moslemischer Andächtiger, die Schuhe ab; Piero folgte meinem Beispiel. Der Kadi blickte mich erstaunt an, denn das hatte er von einem Christenkaiser nicht erwartet.

Im Heiligtum fiel mir eine Inschrift folgenden Wortlauts auf: ›Saladin reinigte Jerusalem von den Polytheisten.‹

Arglos wandte ich mich an den Kadi: »Wer sind denn diese Polytheisten?«

Wieder geriet er in Erregung und in Verlegenheit. »Ich bitte Euer Majestät um Vergebung«, rief er, »aber mit den Polytheisten sind die Christen gemeint, die, wie Ihr wißt, den Vater, den Sohn und den Heiligen Geist anbeten und noch ein Weib dazu – Maria, die Mutter Jesu.«

Das letztere schien ihm völlig unverständlich, und er murmelte etwas in einer arabischen Mundart, die ich jedoch nicht verstand.

Der Heilige Fels selber war eine Erhöhung, von der Mohammed der Überlieferung nach gen Himmel gefahren war. Abgesehen von dem Abdruck der heiligen Füße machte er mir den Eindruck eines ganz gewöhnlichen Felsens. Ich bewahrte jedoch eine ernste Miene, und mein moslemischer Gastgeber schien nicht unzufrieden, daß er dem Sultan gehorcht und mich hierhergebracht hatte, ein beispielloses Unterfangen, das von den Orthodoxen gewiß heftig verdammt werden würde.

Als wir gehen wollten, wurden wir durch einen Priester überrascht, der eine Pergamentrolle mit den Evangelien an sich preßte. Ohne seine staubigen Sandalen auszuziehen, war er bis ins Innere des Heiligtumes vorgedrungen. Zu bestimmten Stunden hatten Christen Zutritt, um ihre Gebete zu verrichten, aber selbstverständlich nicht auf dem Heiligen Fels. Beim Anblick des Priesters verlor ich die Selbstbeherrschung und streckte ihn mit einem Faustschlag nieder.

»Schwein!« schrie ich. »Was willst du hier zu dieser Stunde? Sultan Malik Al-Kamil hat uns gnädigst gestattet, diese Baulichkeiten zu betreten, aber es ist nicht recht, diese Erlaubnis zu mißbrauchen. Wer sich hier ungehörig benimmt, dem reiße ich die Augen aus und lasse ihn lebendig schinden!«

Piero erbleichte; er konnte derartige Temperamentsausbrüche nicht ertragen. Der Priester, der vor Angst schlotterte, raffte sich auf und machte sich davon. Ergrimmt verließ ich das Heiligtum, gefolgt von dem respektvoll schweigenden Kadi. Noch vor Anbruch der Nacht würde sich dieser Zwischenfall in ganz Jerusalem herumgesprochen haben . . . aber das war mir gleichgültig.

»Imperatore – vielleicht war der Priester guten Glaubens und hat sich nur geirrt«, murmelte Piero vorwurfsvoll. »Das wäre durchaus möglich . . .«

»Möglich, aber nicht wahrscheinlich«, sagte ich gereizt. »Ich halte es eher für eine bewußte Provokation.«

Innerhalb weniger Stunden sollte ich noch einen ganz anderen Begriff von christlicher Starrköpfigkeit bekommen. Ich hatte mir vorgenommen, Jerusalem zu verlassen, um im Jordan in der Nähe der Stelle zu baden, wo Christus getauft worden sein sollte. Bei Tagesanbruch verließ ich voller Erleichterung das Haus des Kadis und Jerusalem. O Jerusalem, welch bittere Erinnerungen birgst du, dachte ich: Ich würde dich reinigen, wenn ich könnte, sowohl von Polytheisten als auch von Monotheisten und dich in Frieden lassen. Und irgendwo in Jerusalem befand sich eine andere, eine frische Gruft — das durch nichts gekennzeichnete Grab Balians ...

Ich holte das Äußerste aus den Pferden heraus, denn ich suchte Befreiung und Vergessen in physischer Gewalttat. Das Vorwärtskommen war leicht, da ich nur eine Handvoll Wachen bei mir hatte (wir befanden uns in christlich kontrolliertem Gebiet), den Rest meines Gefolges hatte ich nach Akkra zurückgeschickt, weil ich mit keinem Menschen sprechen mochte, nicht einmal mit Piero. Später würde ich über diese Ereignisse berichten, aber im Augenblick fand ich das Mitgefühl und den Vorwurf, die aus seinen Augen sprachen, unerträglich. Er war so sensitiv veranlagt, daß er Balian auf Grund ihrer Abwesenheit und der Gegenwart des Kindes tot vermutete. Auch bedrückte mich die Öde der Landschaft, und ich mußte daran denken, wie die Römer sie zum Blühen gebracht hatte.

Als endlich unter einem blauen und wolkenlosen Himmel das Band des Jordans vor uns auftauchte, der sich zwischen Böschungen den salzhaltigen Wassern des Toten Meeres zuwälzte, entfuhr mir ein lauter Aufschrei. Innerhalb kürzester Frist hatte ich, nur von meinen Sarazenen bedient, mein zeremonielles Bad genommen und in den Strahlen der heißen Frühlingssonne ein wenig Entspannung gefunden. Ich vertändelte die Zeit und mußte daran denken, wie ich als Knabe mit Moslemjungen geschwommen war, nackt allesamt, Kinder Gottes, einer vom anderen nicht zu unterscheiden. Vielleicht lag der Grundirrtum aller Zeiten in dem Augenblick, da der Mensch Kleidung angelegt hatte ... ?

Fast im selben Augenblick, da mir dieser Gedanke durch den Sinn ging, wurde mein Gefühl für Majestät auf die härteste Probe gestellt. Ein Trupp von Arabern tauchte hinter einer Böschung auf, lanzenschwingend, ihre Pferde anspornend, so daß ihre *kaffiyeh* im Winde flatterten. Sie waren in zwanzigfacher Übermacht; und ich war — nackt. Ich traf gar nicht erst Anstalten, mir in peinlicher Hast etwas überzuziehen, sondern riß mein Schwert aus der Scheide und kletterte mit meinem Schild auf einen gewaltigen Felsblock, der mich größer erscheinen ließ und mir als eine Art Thron diente. Die Hälfte meiner Leute, die Bogenschützen, nahmen zu meinen Füßen Aufstellung, während die Lanciers sich in die Sättel schwangen. Ich muß einen tollen Anblick geboten haben, nackt auf dem Felsen stehend, nur mit Schild und Schwert bewaffnet, das zerzauste lange Blondhaar im Sonnenlicht schimmernd.

Wir waren völlig eingeschlossen. Mein Herz pochte in Erwartung eines gewaltsamen Endes, aber die Araber machten plötzlich halt, und ihr Anführer rief meinen Namen, der sich in den jordanischen Hügeln seltsam genug anhörte.

Ich hob mein Schwert wie ein Kreuz und erwiderte in lautem rhythmischem Tonfall: »Wir sind der Christenkaiser, den Ihr sucht! Nähert Euch in Frieden!«

Sie saßen ab, ließen ihre Lanzen fallen, verneigten sich und kamen zu Fuß näher. Als sie heran waren, starrte mich ihr Anführer voller Verwunderung an; er war jedoch viel zu höflich, um eine Bemerkung zu machen (vielleicht war es unter Christenkönigen Brauch, sich nackt in die Wüste zu begeben — wie sollte er das wissen?). Sie waren, glaube ich, weit mehr von meiner würdigen Haltung in nacktem Zustand beeindruckt, als sie es von den kostbarsten Gewändern um meine Glieder gewesen wären.

Der Anführer machte eine tiefe Verbeugung. »Wir bringen ein Schreiben des mächtigen Sultans Malik Al-Kamil.«

Aus einem mit Halbedelsteinen ausgelegten Kamellederbeutel zog er ein mit Wachs versiegeltes und mit Goldlitze umwundenes Futteral. Mit meinem Schwert schlitzte ich es auf.

Es enthielt ein kurzes Handschreiben von Al-Kamil:

›An den erhabenen Cäsar, den Römischen Kaiser Fridericus, König von Deutschland und der Lombardei, der Toskana und Italien, desgleichen Apulien, Kalabrien und Sizilien, König von Jerusalem, Stütze des Römischen Papsttums und Verfechter des christlichen Glaubens: Grüße und, im Namen Allahs, Friede! Der beiliegende Brief von den christlichen Tempelrittern dürfte nicht uninteressant für Euch sein; Wir selber sind empört über soviel Niedertracht und Tücke. Euch wünschen Wir: Gesundheit und die Gnade und den Segen Gottes...‹

Der beiliegende Brief war in der Tat nicht uninteressant. Mir schwollen die Adern und meine Fäuste ballten sich, als ich ihn las. Darin wurde dem Sultan mitgeteilt, wann und wo ich im Jordan baden würde, wieviel Bewaffnete sich in meiner Begleitung befänden und welchen Rückweg ich einschlagen würde. Mich in einen Hinterhalt zu locken, hieß es darin, mich gefangenzunehmen oder mich zu töten, dürfte leicht zu bewerkstelligen sein.

Ecco! So war es um den Edelmut der christlichen Ritter in meinen Reihen bestellt. Für derartige Kreuzfahrer hatte ich Siege genug errungen.

13.

Die Nachrichten, die mich aus Sizilien erreichten, klangen immer bedrohlicher. Der Papst hatte alle meine Untertanen von ihrem Treueid entbunden; viele glaubten den Gerüchten, daß ich tot sei. Jean de Brienne, der den Kirchenfeldzug zur ›Befreiung der Unterdrückten‹ anführte, rückte mit einem vom Papst aufgestellten und besoldeten Heer immer weiter nach Süden vor..., den ersten nachweisbaren ›Schlüsselsoldaten‹. Ich, im Heiligen Lande festsitzend, war ohnmächtig. Meine Galeeren wurden zwar in halsbrecherischer Eile seetüchtig gemacht, aber das erforderte noch einen weiteren Monat..., vor Ende April zu segeln, solange die Frühlingsstürme tobten, war ohnehin ein Risiko.

Ich zügelte meine Ungeduld, so gut ich konnte. Um meine Ängste und meine Trauer über den Verlust Balians zu mildern, beschäftigte ich mich nebenbei mit allen möglichen Dingen. Jeden Tag erschien ein Rabbi, um mich im Hebräischen zu unterrichten. Täglich führte ich Gespräche mit arabischen Astrologen und Philosophen. Ich studierte arabische Architektur und ihre rhythmische Präzision und unternahm Ausflüge, um Kreuzfahrerkastelle zu besichtigen, in denen sich die wirksamsten Elemente römischer Befestigungsanlagen mit gewissen, von den Arabern entwickelten Grundzügen zu vereinen schienen. Ich besuchte das Kastell von

Banias, das auf einem braunen, entwaldeten Hügel vor der syrischen Küste liegt, das Kastell im Hafen des alten Sidon und die Kastelle in Byblos und Tripoli. Ich unternahm Reisen ins Innere des Landes, um mir das gewaltige Kastell, die *Krak des Chevaliers*, anzusehen, das die Wüstenflanke schützte und zweifellos die großartigste von allen Befestigungsanlagen der Kreuzfahrer war. Ohne diese, von Soldaten-Mönchen besetzten Kastelle hätten die Christen nie in diesem Lande Fuß fassen können.

Ich wurde jedoch der militärischen Architektur rasch überdrüssig, da ich die Kreuzfahrer samt ihren Werken gründlich satt hatte und andere Zerstreuungen suchte. Ich fand den arabischen *harīm* nicht ungeeignet und durchaus den Ort, wo man gewisse Dinge vergessen konnte. Ich gab mich der Schwelgerei stärker hin als sonst meine Art war; und noch außergewöhnlicher waren die Scharen von Mädchen und Knaben, mit denen ich mich ergötzte. Unter den Mönchen, die sich geil die Lippen leckten, flüsterte man, daß in meinen Gemächern Tag und Nacht Orgien stattfänden, und es hieß, ich sei liebestoll. Aber ich war weder so toll noch so geschwächt, daß ich nicht die Kraft gehabt hätte, täglich meinem Lieblingssport, der Falkenbeize, nachzugehen.

Trotz der bedenklichen Abholzung hatte ich viele Vögel bemerkt, die mir bekannt waren..., den schwarzweißen Eichelhäher, Stare, Mauerschwalben, Raben, muntere Wüstenschmätzer und Falken. Die zur Jagd abgerichteten Falken waren gut trainiert, und mir gefiel besonders die arabische Art, die Vögel zeitweilig mit einer Kappe zu blenden, statt ihnen die Augen zuzunähen. Ich bestellte eine beträchtliche Anzahl dieser Falkenhauben und nahm mir vor, ihre Anwendung in Europa einzuführen. Sie bestanden aus weichem schwarzem Leder mit einer Trottel obendrauf und hatten Ähnlichkeit mit der *biretta* eines Priesters. Einige ließ ich mit verschlungenen Mustern in Rot, Blau und Gold verzieren; diese beabsichtigte ich anderen Falkenliebhabern als Geschenk zu übersenden. Ich legte mir eine stattliche Anzahl der besten Falken zu, schickte die Hälfte davon an Al-Kamil und bewahrte die andere auf, um sie mit nach Hause zu nehmen.

Aber ausnahmsweise langweilte mich selbst die Falkenbeize, und ich sehnte mich nach anderen Abenteuern, etwas Außergewöhnlicherem als der Jagd, etwas, das phantastischer war als amouröse Orgien. Das fand ich in den ›Assassinen‹, als ich den ›Alten vom Berge‹ auf einer schroffen Felsenspitze aufsuchte. Hassan i Sabbah war das Oberhaupt einer derart fanatischen Sekte, daß ich zuerst nicht an ihre Existenz glauben wollte, bis ich ihre Anhänger mit eigenen Augen sah. Dies waren die Haschisch-Esser, die Assassinen. (Das lateinische *assassinus* leitet sich von dem arabischen *hashāshīn* ab.) Ihren Dolchen waren zahllose vornehme Kreuzfahrer erlegen, denn sie töteten zu Ehren des Islam. Ihr Ruf hatte sich weit verbreitet, und die Furcht vor ihnen war ebenso groß.

Mit dem Besuch der Assassinen war ein gewisses Wagnis verbunden, denn nicht einmal der Sultan konnte ein sicheres Geleit garantieren. Als mein Wunsch bekannt wurde, ließ mir Hassan i Sabbah sagen, er würde mich gern als Gast bei sich sehen und mir einen Führer schicken, dem ich vertrauen könnte. Hocherfreut über das bevorstehende Abenteuer nahm ich nur meine Leibwache zum Schutz und Piero als Gesellschafter mit. Es war mir lieb, daß er ebenso erregt zu sein schien wie ich, denn Fakhr ad-Din und Balian hatten mich so ausschließlich beschäftigt, daß ich in letzter Zeit kaum etwas von Piero gesehen hatte und eine leichte Verstimmung zu spüren glaubte. Wir waren jetzt wieder Waffenbrüder, die etwas miteinander teilten, wie schon so oft, wenn wir gemeinsam Gedichte verfaßt oder Dokumente aufgesetzt hatten. Tatsächlich wurde dies zu einem Schema zwischen uns: Entfremdung und dann wieder Einklang; aber über sein Privatleben sprach er nie, und so war es leicht, uns gegenseitig zu verzeihen. Ich hielt es für selbstverständlich, daß ich tun und lassen könnte, was ich wollte.

Um den Horst des Alten zu erreichen, mußten wir einen abschreckenden Wüstenstrich durchqueren, der mit schwarzen Steinen besät war, kleinen und großen, viele von grotesker Gestalt. Hier und dort taten sich Klüfte und Täler auf, deren Gründe weithin mit rotem Mohn bedeckt oder mit mageren Schafen besät waren, die unter der Obhut bis an die Augen vermummter arabischer Hirten standen. Zweimal entdeckten wir Beduinenzelte, die sich wie lange schwarze Raupen an das Erdreich schmiegten. Dann führte der Pfad aus einer Spalte in eine öde Gebirgslandschaft hinaus, wo einst Löwen gehaust hatten und wo es jetzt nur noch Kaninchen und einige Gazellen gab. Vor langer, langer Zeit, erklärte der Führer, seien diese Berge mit riesigen Zedern bedeckt gewesen, und er zitierte König Salomo: ›Befiehl ihnen daher, daß man mir Zedern fälle vom Libanon.‹ Aber weit interessanter fand ich die Bemerkung des Führers, daß in den entlegensten Gegenden dieses Gebirges eine Gruppe von Christen hause, Maroniten genannt, die gemischte Klöster mit Mönchen und Nonnen unterhielten. Sie seien schon vor langem als Ketzer aus der Römischen Kirche ausgestoßen worden, nicht weil sie sich vermischten, sondern weil sie an das ungeteilte Wesen Christi glaubten. Für den Führer waren sie — wie alle Christen — bloße Sonderlinge.

Der Alte bewohnte einen Steinturm auf dem Gipfel eines Berges, der auf einer Seite in einen Abgrund überging. Man überschaute wellenförmige Berggipfel, die bald von Sonnenlicht, bald von Schatten wie von gigantischen Wogen überrollt wurden, aber wüster als das Meer wirkten, weil die einzige Bewegung von windzerzaustem Gesträuch und ziehenden Wolken ausging. Der Alte selbst entsprach meinen Erwartungen in keiner Weise. Er war hager, knochig und nervös, aber spitznasig, hart und zäh. Sein spärlicher schwarzer Bartwuchs ließ seine Backen blau erscheinen, und er kratzte sich dauernd die Handrücken. Das einzige äußerliche Zeichen seiner Würde war sein *argal*. Dieser Strick, der um den Kopf gebunden wird, um das *kaffiyeh* zu halten, besteht gewöhnlich aus Kamelhaar; seiner jedoch war aus Gold.

Er begrüßte uns mit Verbeugungen und vielen *salams*, die linke Hand auf das Herz gepreßt, die rechte an die Stirn gelegt. Wiederholt versicherte er uns, was für eine große Anerkennung wir ihm mit unserem Besuch erwiesen hätten. Uns zu Ehren gab er ein Bankett und bewirtete uns mit Schüsseln voll Reis, Hammelfleisch, verschiedenem Gebäck und einer Pistazienpaste, die in Form eines Antilopengeweihs ausgeformt war. Die Speisen wurden mit einem dünnen, papierähnlichen Brot ergriffen und gegessen. Der Alte war von einer Schar seiner jungen Männer umgeben, den Assassinen; es waren ausgesucht kräftige Jünglinge, denen man nicht ansah, daß es Mörder waren. Vielmehr lag etwas Verschwommenes in ihren Augen, und ihre Bewegungen hatten etwas Unwirkliches. Dies erregte meine Neugierde.

Der Alte selber gab uns eine Erklärung dafür. Am nächsten Tage, nachdem wir uns ausgeruht hatten, führte uns Hassan i Sabbah zu einem geheimen Gang in den Felsen, durch den man in eine enge Schlucht gelangte. Wir folgten einem gewundenen Pfad, bis wir plötzlich durch einen Schlitz in den Wänden der Schlucht ein blühendes, sonnenhelles Tal vor uns sahen. Es sei, wie der Alte sagte, fast wie ein Petra in verkleinertem Maßstab; in der Mitte erhob sich ein kleiner aber eleganter Palast mit zwei schönen Rundtürmen vor dem Eingang.

»Dieser Palast«, sagte der Alte schmunzelnd und auf lateinisch, »ist unsere Nachbildung des Paradieses.«

Wir benützten eine Nebentür, nicht den Haupteingang, und gelangten über eine kurze Treppe auf einen hinter kunstvoll geschmiedetem Gitterwerk völlig verborgenen Balkon. Von dort blickte man auf einen Mittelhof hinunter, der von mosaikverzierten Kolonnaden eingefaßt war. Es war eine üppige Oase. Blumen blühten; Vögel sangen zwischen Palmen; Springbrunnen sprühten kostbares Wasser in die Luft; und aus zwei Brunnen — in der Ausführung an jene in Palermo erinnernd — lief Ziegenmilch in dünnen Bächen eine geneigte Mosaikfläche hinunter. Rings um die Brunnen standen silberne Krüge und goldene Schalen mit Honig.

In dieser Umgebung lagerte auf großen Kissen und in elegante Gewänder aus feinstem Stoff gehüllt eine Gruppe von jungen Assassinen. Sie wurden von *hauris* bedient (den Frauen des Paradieses), die nur dünn verschleiert waren, und von stattlichen, fast nackten Knaben (die Araber scheinen auf Knaben ebenso versessen wie auf Weiber) sowie von vielen gehorsamen Sklaven.

Damit war die Verheißung des Paradieses, wie sie im Koran steht, fast buchstäblich erfüllt.

Die Erklärung des Alten war sehr einfach. Die zukünftigen Assassinen wurden schon in jungen Jahren sorgfältig ausgewählt, jahrelang karg gehalten und im Koran unterwiesen. Durch Einflößung wohldosierter Mengen von Haschisch wurden sie fügsam und furchtlos gemacht. Kurz bevor ihre Dienste als Totschläger benötigt wurden, versetzte man sie in einen schweren Haschischrausch, aus dem sie im ›Paradies‹ erwachten. Alles schien ihnen ein verzückter, erotischer Traum, den sie voll auskosteten. Dann wieder Haschisch und das grausame Erwachen in dem öden Turm des Alten. Man erklärte ihnen, daß sie durch den eigenen Tod für immer in ein solches Paradies eingehen könnten. In diesem Glauben führten sie alle Anordnungen des Alten blindlings aus.

Als wir zum Turm zurückkehrten, befahl der Alte zwei von diesen Jünglingen hinaufzuklettern. Auf einen Wink von ihm stürzten sie sich dann in den Abgrund — so begierig waren sie darauf, wieder ins Paradies zu gelangen. Piero empfand Ekel; ich fand es höchst interessant. Es war ein erstaunlicher Beweis dafür, daß man Menschen dazu ausbilden konnte (wie wir unsere Falken abrichteten), gegen ihre Interessen zu handeln. Aber sollte sich nicht auch das Umgekehrte erreichen lassen ... eines Tages ... ?

Mit Haschisch und edelsteinbesetzten Assassinen-Dolchen beschenkt, trennten wir uns von dem Alten vom Berge. Nachdenklich und in etwas gedrückter Stimmung zogen wir durch die purpurbraune Landschaft der Küste zu. Beim ersten Anblick des Meeres besserte sich meine Laune. Ich war so begierig, nach Sizilien zu gelangen, als sei es das Assassinen-Paradies. Doch war ich kaum gefaßt auf die christliche Hölle, die mich erwartete.

14.

Während meiner Abwesenheit war es dem Patriarchen Gerold gelungen, einen Großteil der Kreuzfahrer gegen mich aufzuwiegeln. Es wurde behauptet, ich habe die Assassinen gedungen, um mich meiner Feinde zu entledigen, so daß sämtliche lauen Kreuzfahrer, die sich schuldig fühlten, auch Furcht empfanden und sich auf der Stelle gegen mich wandten. Viele waren wütend, weil ein Waffenstillstand Verzicht auf Plünderung und Beute bedeutete. Überdies hatte der Patriarch die Dreistigkeit, Truppen im Königreich Jerusalem anzuwerben — gegen wen wohl? Nicht etwa gegen die Moslems, sondern gegen den christlichen Kaiser!

Ich stieß herab wie ein wirklicher Adler. Ich verhängte strengsten Hausarrest über Gerold und seine Anhänger — die Templer und ihre Anführer — sowie über eine Anzahl von Mönchen, die mich von der Kanzel verunglimpft hatten (über letztere zu ihrem eigenen Schutz, da meine Anhänger in den Gemeinden sie verdroschen und ihnen Schlimmeres angedroht hatten). Ich schnitt meinen Feinden den Nachschub ab und ließ sie um Manna beten. Mit Vergnügen stellte ich fest, daß der gute Herrgott sie nicht erhörte.

Die Reaktion des Patriarchen bestand in der ständigen Wiederholung der Exkommunikation und der Verhängung des Bannes über Akkra. Das war ohne große Bedeutung. Innerhalb weniger Tage, am ersten Mai, stach ich in See. Wir gingen bei Morgengrauen an Bord, und als die Galeeren loswarfen, wurden wir vom Ufer aus mit Steinen und Kot überschüttet, von Gerolds Verfechtern, die daraufhin ein Tedeum anstimmten. Erleichtert atmete ich auf, als ihr Gesang endlich nicht mehr an mein Ohr drang. Einige meiner Hitzköpfe hätten am liebsten einen Pfeilhagel auf sie losgelassen.

Ich hatte die wendigste, schnellste, von hundert Ruderern bemannte Galeere. Den Sklaven versprach ich Freiheit, den Matrosen stellte ich Sonderbelohnungen in Aussicht, wenn wir rasch vorankämen. Alsbald ließen wir die anderen Schiffe meines Geschwaders hinter uns zurück, und beim ersten Tagesschimmer des zehnten Juni lag die lange flache Küste Apuliens mit den dunstigen blauen Gebirgszügen weit im Hintergrund vor uns. Es war eine andere lang ersehnte Heimkehr, und mein Herz hüpfte förmlich. Ewig würde ich ein Kind Siziliens bleiben, der Knabe aus Apulien. Zu Hermann von Salza bemerkte ich: »Hätte Jehova Sizilien oder Apulien je erblickt, würde er Palästina nie das Gelobte Land genannt haben!« Aber von Salza war von dem Ausspruch betroffen und fand ihn ketzerisch.

Es war schwierig zu glauben, daß meine eigenen Häfen mir jetzt unter Umständen versperrt waren. Ich war unterrichtet worden, daß Jean de Brienne päpstlichen Agenten den geheimen Auftrag erteilt hatte, sich meiner im Augenblick der Landung zu bemächtigen; aber ich überlegte mir, daß sie wahrscheinlich nach einem Geschwader, nicht aber nach einer einzelnen Galeere Ausschau halten würden. Demgemäß wurden die kaiserlichen Flaggen eingeholt und dafür das Hoheitszeichen der Deutschordensritter gehißt.

Ohne Zwischenfall legten wir in Brindisi an, und im Gewand eines gewöhnlichen Ritters begab ich mich an Land. Erst als wir uns bereits im Kastell und in Sicherheit befanden, gab ich mich zu erkennen. Die Nachricht verbreitete sich in Windeseile, fand aber bei vielen keinen Glauben. Hoch zu Roß begab ich mich wieder auf die Straße, diesmal in strahlender Rüstung, eine Krone statt eines Helmes auf dem Haupt. Ich wurde sogleich erkannt, und das Volk brach in lauten Jubel aus. Es war in der Tat, als sei ich von den Toten auferstanden, denn am lautesten empfing man mich mit dem Zuruf ›Erlöser, Erlöser ...!‹. Jawohl, man bat mich, sie aus den Klauen eines Stellvertreters Christi zu erlösen.

Mit diesem Stellvertreter Christi ließ ich mich jetzt in ein Wortgefecht ein. Er hatte sämtliche Fürsten Europas zu einem Feldzug gegen mich, ›den Kaiser, der die Christenheit verraten‹, aufgerufen. In Deutschland hatte er sogar einen Anwärter auf den Thron des Reiches aufgestellt, einen Welfen; aber seine Bemühungen blieben erfolglos. Nur in der Lombardei fand sein Appell Anklang, und Gregor sah sich in der merkwürdigen Lage, Ketzer für ein päpstliches Heer anzuwerben. Ich wiederholte meine Beschuldigung, daß ›der Papst dem Kreuzzug geweihte Gelder dazu verwendet habe, Uns zu belästigen‹. Die Welt bekam jetzt das erstaunliche Schauspiel vorgeführt, daß ein Christenheer unter dem Oberbefehl des Papstes gegen die Christentruppen eines christlichen Kaisers kämpfte, der Jerusalem gerade aus den Händen der Ungläubigen befreit hatte.

Obwohl der Papst gegen mich wetterte, hatte mein Erfolg in ganz Europa einen tiefen Eindruck hinterlassen. Niemand konnte bestreiten, daß christliche Pilger jetzt die heiligste aller christlichen Stätten aufsuchen konnten; ganz Europa war tief ergriffen und dankbar. Fast überall fand man den Eigensinn des Papstes verwerflich. ›Der Papst muß nicht ganz bei Sinnen sein‹, sagte man; oder ›der Papst muß vom Teufel besessen sein‹; und ›die Christen werden unter den Taten des Papstes bis zum Jüngsten Gericht zu leiden haben‹. Ich war mir dieser Beunruhigung bewußt und erließ ein Manifest (von Piero aufgesetzt), worin ich meine Rückkehr bekanntgab und für Frieden eintrat. In aller Eile schickte ich Sonderbeauftragte zum Papst, doch er ignorierte die Abordnung einfach.

Mit weitausgebreiteten Schwingen stieß ich erneut herab. Ich ermunterte alle Städte, die den päpstlichen Truppen Widerstand entgegensetzten, zum Durchhalten, da ich sie bald entsetzen würde. Innerhalb des Königreiches ließ ich jene, die sich durch Verrat hatten erhöhen wollen, an besonders hohen Galgen aufknüpfen. Diejenigen, die mir die Treue gehalten hatten (und Manfredo Lancia war der Getreuesten einer) überhäufte ich mit neuen Ehren. Ich appellierte an das Volk, mir Beistand zu leisten, und fast über Nacht scharten sich Adlige und Bürgerliche um meine Standarte. Meine ganz und gar sarazenische Stadt Lucera mußte mir eine Abteilung Lanciers und Bogenschützen stellen. Aus heimkehrenden deutschen Kreuzfahrern stellte ich ein voll ausgerüstetes Kontingent von Rittern zusammen. Durch Trompeter und Ausrufer ließ ich weit und breit verkünden, daß ich selber die Führung meiner Streitkräfte übernommen hätte. Ende August marschierte ich in Richtung Capua gegen die Schlüsselsoldaten.

Dann ereignete sich etwas Außergewöhnliches — ›ein Wunder‹, wie es hier und dort hieß. Das Heer des Papstes löste sich auf. Die Truppen fürchteten meinen Namen. Fast widerstandslos zogen sie sich bis an die Grenze zurück; doch wo sie Widerstand leisteten, war ich unbarmherzig. Mag der Papst die Loyalität seiner Söldner erproben, sagte ich; obwohl der päpstliche Legat die Kirchenschätze von San Germano einzog, um seinen Truppen Sold zahlen zu können, war ihr Rückzug nicht aufzuhalten. Innerhalb von zwei Tagen befand sich Capua fest in meiner Hand. Jean de Brienne entkam nach Rom; Graf Walter war verschwunden. Die Invasion war vorüber.

Mit wehenden Bannern und unter Trommelwirbel marschierte ich nordwärts, und die Kunde davon löste unter der Kurie eine Panik aus. Am Garigliano, der die Grenze der Kirchenstaaten bildete, machte ich halt. Schließlich war der Papst der Aggressor.

Die militärische Kampagne General Gregors endete mit einer Niederlage, einer Katastrophe, einem Fiasko. Dennoch bestand Papst Gregor darauf, daß ich, nicht er um Frieden nachsuchen sollte. Und so bat ich, der Sieger, Gregor, den Verlierer, um Frieden. So groß war die niederdrückende Macht des Papsttums; derartige Kräfte wohnten der Kirche inne; eine solche verderbliche Wirkung hatte der unaufgehobene Bann. Friede war eine Notwendigkeit für uns beide; aber Gregor schloß sich ein und geruhte kaum mit meinen Abgesandten zu sprechen. Ein ganzes Jahr hindurch verhandelte ich geduldig mit diesem Mann, abwechselnd durch von Salza, Berard, Pier della Vigna. Endlich stellte der Papst unter dem Druck des Kardinalkollegiums seine Forderungen. Sie waren erschütternd in ihrer Unverschämtheit.

Ich war reumütig, bescheiden, bußfertig. Nicht ich war schuld an dem Zwist innerhalb der Kirche, denn ich gab in fast allen

Punkten nach (obwohl ich in Wirklichkeit fast dabei erstickte). Ich erließ eine Amnestie für alle, die den Papst unterstützt hatten, ich gab die eingezogenen Kirchengüter heraus (selbst die der Templer), ich nahm den Klerus von der weltlichen Gerichtsbarkeit aus und befreite ihn von Steuern. Im Kriegsfalle jedoch sollten all diese Maßnahmen hinfällig sein. Das war meine Art, dem Papst mitzuteilen, daß er gut daran täte, seine seltsamen Kumpane, die Lombardische Liga, in Schach zu halten. Nach dem Erfolg meines Feldzuges gegen das päpstliche Heer hatten die lombardischen Städte sich voller Überschwang dem Reich gegenüber loyal erklärt. Ich hoffte, daß ihre Loyalität von Dauer sei und daß sie mich in Ruhe lassen würden. Aber diese Hoffnung war leider übertrieben.

Ich schrieb des öfteren an Al-Kamil und schilderte ihm meine schwierige Lage, damit er wissen sollte, was im Vatikan vor sich ging, und Vorkehrungen gegen einen neuen Kreuzzug treffen könnte, denn schon predigten die Fanatiker gegen meinen Waffenstillstand. Was er auch für eine Religion haben mochte, er war ein verwandter Geist; wir sprachen dieselbe Sprache, nicht Latein, nicht Arabisch, sondern die Sprache von Brüdern. Das war etwas sehr Christliches, schien mir, aber der Stellvertreter Christi klammerte sich an den Buchstaben.

Während des Feldzuges hatte ich gehofft, Jean de Brienne und seinen Sohn, Graf Walter, in die Hand zu bekommen. Ich hätte ihre roten Bärte gern ein bißchen gerupft! Aber dieses Vergnügen wurde mir nicht nur versagt, sondern ich geriet in die heikle Lage, Jean in den Reihen der Kaiser willkommen heißen zu müssen — was mir weiß Gott keinen Spaß machte. Durch den Heiligen Vater in der üblichen Rolle des Heiratsvermittlers gelang es Jean, dem minderjährigen Balduin II., dem Kaiser von Konstantinopel, eine seiner Töchter anzuschmieren, woraufhin auch er sehr hurtig den Kaisertitel annahm. Der Titel (wie es in dem Vertrage hieß) sollte ihm bis zu seinem Tode verbleiben. Er muß fest daran geglaubt haben, daß gekrönte Häupter vom Glück begünstigte Wesen seien. Aber in Wirklichkeit war er ein besserer Akrobat als König. Was Graf Walter anging: er flüchtete nach Frankreich und wurde ein Abenteurer am königlichen Hofe, wo er sich immer enger an Charles, Graf von Anjou, anschloß, den raubgierigen und bigotten jüngeren Bruder Louis' IX. Alsbald erfuhr ich, daß Walter öffentlich geschworen habe, eine Rechnung mit mir zu begleichen. Da die Vergangenheit ihre Toten begraben hatte, wartete ich seine Schritte seelenruhig ab.

Endlich erklärte sich der Papst murrend dazu bereit, den Bannfluch aufzuheben. Nicht in der Basilika von Sankt Peter, sondern in der kleinen Kapelle Santa Giusta in Ceprano widerrief er in Gegenwart verschiedener Würdenträger das Interdikt. Erfreuliche Nachrichten für mich, erfreuliche Nachrichten für die Christenheit, denn es bedeutete die Besiegelung des Friedens zwischen Kaiser und Papst, und alle Menschen konnten erleichtert aufatmen. Im Geiste beschäftigte ich mich bereits mit den frommen, vor mir liegenden Werken.

Ein paar Tage später suchte ich den Papst in Anagni, seiner Vaterstadt, auf. Rücksichtsvoll ließ ich meine Leibwache vor den schimmeligen grauen Wällen Lager beziehen und betrat das Städtchen nur mit einem einzigen Mann . . ., Hermann von Salza. Wir speisten zu dritt in aller Abgeschiedenheit: ich zeigte mich von meiner liebenswürdigsten Seite; von Salza war begeistert, das höchste Ziel seines Strebens erreicht zu haben, die Wiedervereinigung von Kaiser und Papst; und Papst Gregor mit seinen dreiundachtzig Jahren auch nicht um ein Jota milder als damals in Rom, da ich das Kreuz aus seiner gefleckten Hand entgegengenommen, und immer noch wütend auf mich. Aber trotz seines Alters und seiner Wut schien er in meiner Gegenwart etwas von Scheu ergriffen, denn er stammte aus dem niederen Adel; nicht jedes Landhaus konnte an seine Mauern schreiben, daß ein Kaiser dort gespeist habe. Ohne Zweifel würde er in Rom anders empfunden haben.

Das Essen war ein großer Erfolg. Es endete in vollkommener Übereinstimmung, da ich mich hütete, dem Papst in irgend etwas zu widersprechen. Auch war es interessant zu beobachten, daß von uns dreien Hermann von Salza der zungenfertigste war, ein erwachsener Mann, der wie ein Kind drauflos schwatzte. Und da er ein Mann war, der auch schweigen konnte, muß er gespürt haben, daß er ins Leere redete. Ich war ihm dankbar, denn je weniger ich sagte, um so weniger verantwortlich war ich.

So kam es, daß der alte Papst, der gut gegessen und gut getrunken hatte, einen Arm um meine Schulter legte und mit mir auf einen Balkon trat. Dort, vor einer jubelnden Menschenmenge, segnete mich der Mann, der noch vor kurzem meine Gefühle verletzt . . ., mich ein ›Reptil‹, einen ›Basilisken‹ und einen ›Verräter‹ geschimpft hatte . . ., nannte mich ›den liebsten Sohn der Kirche‹.

Dann zog er mich an sich und gab mir vor aller Welt den Friedenskuß.

Viertes Kapitel

Stupor Mundi

– Wunder der Welt –

1.

An einem sonnenhellen Maimorgen preschte meine Vorhut aus
sarazenischen Lanciers, die Turbane und Pluderhosen trugen, auf
ihren Araberpferden die lange, breite Auffahrt zu dem alten normannischen Kastell von Melfi hinauf. Ihnen folgte gemächlichen
Schrittes ein ganzer Tierpark nach.

Die Spitze hatte ein Elefant mit einem Tragkorb auf seinem
Rücken für den Treiber und zwei sarazenische Trompeter. Niemand wußte genau, ob die Zugbrücke über den Burggraben das
Gewicht des Elefanten aushalten würde; und die Eingangstore,
von zwei polygonalen Steintürmen flankiert, schienen viel zu niedrig für die Giraffe, ein damals in Europa noch unbekanntes Tier.
Die Kamele, die verhangene Sänften trugen, in denen sich arabische Tänzerinnen befanden, neigten während des Aufsteigens zum
Scheuen. Die Wärter, riesige, halbnackte Eunuchen mit Krumm-
säbeln, spornten die Kamele an, dabei in ihren eigenen geheimnisvollen Sprachen fluchend. Nur die Jagdleoparden bewegten sich
trotz ihrer Ketten mühelos. Brummend widersetzten die Bären sich
ihren Führern. Die Affen schimpften wie Fischweiber. Afrikanische
Strauße schlugen mit den Flügeln um sich. Die Akrobaten und
Taschenspieler verblüfften die staunende und gaffende Menge mit
allerlei Kunststückchen, während die Zwerge einhertrippelten und
sich unter das Volk mischten. Dann Falkner in buntgestreiften
Anzügen mit ihren Vögeln und Hundekoppeln mit ihren Aufse-
hern. Die staubige Luft stank nach Pferdeschweiß, Kamelurin und
Elefantenmist — so daß der Hof es, wie immer, ratsam fand, ein
wenig Abstand zu halten.

Unter schmetternden Trompetenstößen kündigten berittene Spielleute der Menge das Nahen des Kaisers an. Ihnen folgte ein Trupp sarazenischer Bogenschützen mit kurzer, bunt angemalter orientalischer Armbrust, die fast der Ziffer 3 glich. Danach Ritter mit der Kaiserstandarte — dem kaiserlichen Adler — und Bannern. Schließlich der Hofstaat selber, eine Pferdelänge oder zwei hinter dem Kaiser und seinen auserwählten Begleitern. Ganz am Schluß eine Nachhut aus Lanciers, die den Troß sicherten, Pferde, Karren und *asini*, denn wo sich der Hof auch hinbegab, stets mußten Zelte, Kleidung, Waffen, Reiseutensilien mitgeführt werden; desgleichen die laufenden Gerichtsakten, der Staatsschatz, die Staatskanzlei und die nötigen Vorräte; sowie Gold, Silber, Juwelen und Purpurstoffe; dazu noch stets eine aus Hunderten von Bänden bestehende Bibliothek. Es war weiter nicht überraschend, daß das Volk von weither zusammenströmte, um das kaiserliche Gefolge in Augenschein zu nehmen.

Der Hof selbst bot keinen üblen Anblick. Gewöhnlich ritt ich meinen feurigen schwarzen Hengst ›Dragone‹, der tänzelte und schnaubte und nie zu ermüden schien. Aus Bequemlichkeitsgründen trug ich oft die kurze grüne Jacke und die Strumpfhose eines Jägers; aber andere (zu denen auch Piero gehörte) zogen selbst auf dem Marsche prächtige Gewandung vor. Die Kleidung der Höflinge war in hellroten, blauen und gelben Farben gehalten; sie hatten entweder befiederte Kappen oder blitzende Helme auf und trugen weiche Lederstiefel. Die jungen Pagen, ob weiß oder schwarz (ich machte da keine Unterschiede), trugen Jacken, die kurz unterhalb der Taille endeten, lange, enganliegende Hosen, jedes Bein von anderer Farbe, kurzgestutztes Haar und spitz zulaufende Kappen. Meine Gelehrten hatten viereckige Mützen auf und waren in akademische Talare gehüllt. Die Kleriker reisten in schwarzen oder braunen Roben, breiten, flachen Hüten und trugen ein Kruzifix oder einen Ring zum Zeichen ihrer Würde. Die Frauen trugen gedämpfte Farben, lange wallende Überkleider über einem Untergewand, lange Ärmel, Schleier und Kapuzen; sie ritten im Damensattel oder wurden in Sänften getragen. Kleine Kinder (darunter meine eigenen) wurden gefahren und standen unter der Obhut von Mägden; andere ritten Ponys oder nichttrossende Stuten (Enzio war bereits groß genug, auf einem arabischen Hengst zu reiten). Die Astrologen und Zauberer trugen Umhänge mit den Zeichen des Tierkreises bedeckt sowie spitz zulaufende, mit magischen Symbolen bemalte Hüte. Die Uniform der Hofnarren war buntscheckig und schellenbesät. Obgleich ich ihre Possen kaum amüsant fand, hielt ich mir Narren zur Unterhaltung der anderen. Da ich Musik besonders gern hatte, stellte ich eine Kapelle junger *servitelli negri* zusammen, die auf silbernen Trompeten blasen mußten; ich kleidete sie alle gleich prächtig.

Der neue Palast in Foggia mit seinen Gärten, Springbrunnen, Teichen und Plastiken war noch nicht fertig. Das Kastell in Melfi hatte ich bereits ausgebaut und neu hergerichtet. Ich hatte mich für Melfi seiner zentralen Lage wegen entschieden und weil es dort sommersüber kühl war. Ich bereitete die Herausgabe einer vollständig neuen Gesetzessammlung nach dem Vorbild Justinians vor, die erste seit dem Altertum, die, wie ich hoffte, Epoche machen würde. Die Sammlung, unter der Leitung Pier della Vignas, war noch nicht komplett, aber da der Papst bereits Kunde davon erhalten hatte, war die Veröffentlichung für August vorgesehen. Ich hatte eine Versammlung von Staatsbeamten aus allen Teilen des Königreichs nach Melfi einberufen, eine Demonstration der Stärke, gegen päpstliche Willkür gerichtet.

Ich hatte fast ein Jahr ständig im Sattel verbracht. Ich hatte eine Rundreise durch das Königreich angetreten, die königlichen Besitzungen aufgesucht, die Ausgrabung von Altertümern und die Instandsetzung oder Konstruktion neuer Befestigungsanlagen überwacht. Hoch im Gebirge in Castrogiovanni, fast genau im Zentrum Siziliens, ließ ich ein Kastell errichten, das mir im Falle zukünftiger Invasionen als Zuflucht dienen sollte. In zwei der wichtigsten Städte, Catania und Syrakus, legte ich neue Befestigungen an. Ich hatte einen Standard-Grundriß entwickelt, der für jedes Gelände paßte: ein Rechteck oder Quadrat mit eckigen oder runden Ecktürmen, das Ganze aus glatten, lückenlos ineinanderpassenden Steinen errichtet. Überwachung und Verteidigung eines solchen Baues war leicht. Nebenbei bemerkt, gab es darin weder Kapellen noch Rohrleitungen.

Nur in der Ausschmückung wich ich von der funktionellen Einfachheit ab. So ließ ich beispielsweise im Castello Maniace in Syrakus zwei stattliche bronzene Widder über dem Eingang anbringen. Es waren antike griechische Abgüsse. Schließlich stellte ich in Lucera die gewaltige Festung fertig, die die adriatische Küste beherrschte, verzierte sie mit antiken Marmorbildwerken und versah sie mit einer sarazenischen Besatzung. In Capua gedachte ich ein großes Tor vor der Brücke über den Volturno anzubringen, als Symbol des Unterschiedes zwischen dem Kirchenstaat und meinem eigenen Königreich. Mein Tor — auf der alten Via Appia — sollte aus reinstem weißem Marmor bestehen. Ich wollte es mit menschlichen Gestalten verschönern, antiken und so modernen, daß sich sogar meine eigene und Pier della Vignas darunter befinden sollten. Über dem Tor selbst sollten eingemeißelt die Worte stehen: TRETET MIT ZUVERSICHT EIN ALL IHR, DIE IHR OHNE BÖSE ABSICHT KOMMT. Und unter meiner Statue sollte eingemeißelt stehen: ZERSTÖREN IM ZORN WILL ICH DEN MENSCHEN, DER SICH TREULOS ERWEIST. Nirgends sollte ein Kreuz oder ein Kruzifix zu sehen sein. Mir schwebte eine Art Triumphbogen vor, eine Verherrlichung des Königreichs des Menschen.

Durch den Frieden, der jetzt im Lande herrschte, waren überall neue schöpferische Kräfte für nützliche Zwecke frei geworden. All unsere Unternehmungen schienen zu gedeihen und Frucht zu tragen. Seit den Tagen meines Knabenkönigtums in Palermo und meinen ersten geistigen Anstrengungen war ich nicht mehr so froh gewesen. Bei Hofe herrschte ständige Erregung. Es wurde wild debattiert. Alles befand sich in intensivster Aktivität. Tag und Nacht trafen Boten ein oder brachen auf. Anwälte, Juristen, Gelehrte, Architekten, Techniker, Philosophen, Ärzte, Bildhauer, Dichter, Astrologen, Zisterziensermönche (jene landwirtschaftlichen Experten) suchten Rücksprache oder Anstellung. Da die Geistlichkeit kaum eingeladen oder herangezogen wurde, munkelte man von klerikaler Seite, ich beabsichtige, die Welt umzustürzen. Dem schenkte ich jedoch weiter keine Beachtung; ich war der neue Himmelskörper, um den neue Konstellationen harmonisch kreisen sollten. Wir würden die Welt mit unseren Wundertaten keineswegs umstürzen, aber vieles auf ihr, wenn möglich, neu schaffen. Wenn ich wie ein Wahnsinniger wirkte, so gab es einen Grund dafür: wie lange würde dieser dürftige Friede dauern? Ich wagte nicht, einen Tag oder eine Stunde oder eine Minute dieser kostbaren Zeit zu verschwenden.

Glücklicherweise sollten die kommenden Sommermonate in Melfi von einer solchen Reichhaltigkeit und Fülle sein, wie ich sie nicht im Traume hätte ahnen können . . ., denn ausnahmsweise übertraf die Wirklichkeit die Träume. Ich war von einem unersättlichen Lebenshunger. Ich war Mitte Dreißig; obwohl meine Kraft die der Jugend war, hatte ich meinen Körper völlig in der Gewalt und stand auf dem Gipfel der Männlichkeit und Vitalität. Meine Energie war unerschöpflich; am Ende eines jeden Tages wandte ich mich begeistert neuen nächtlichen Zerstreuungen zu. Gesprächen, Gesang, Tändelei.

Mein Triebleben fand auf die mannigfaltigste Weise Erfüllung. Zwei weitere Töchter, Blanche (von einer Französin) und Caterina (von einer Sizilianerin), wurden mir geboren. Drei oder vier von den Tänzerinnen wurden meine Favoritinnen; wenn sie privat vor mir auftraten, nur bemalt und juwelenbehangen, ging etwas Mänadisches von ihnen aus. Zwei maurische Pagenknaben, Marzukh und Muska, ergötzten mich auf morgenländische Weise. Aber in diesem Zeitabschnitt konzentrierte sich meine ganze Zuneigung (abgesehen von Piero) auf einen gewissen Johannes Marus, einen etwa fünfzehnjährigen Knaben. Er war der Sohn einer äthiopischen Sklavin, Vater unbekannt. Er hatte meine Aufmerksamkeit schon vor dem Kreuzzug erregt. Schon damals war mir seine rasche Auffassungsgabe aufgefallen. Ich hatte seine Ausbildung angeordnet und konnte bei meiner Rückkehr feststellen, daß meine Bemühungen nicht vergeblich gewesen waren. Ich ernannte ihn sogleich zum Pagen bei Hofe und später zum Valet meines Schlafgemaches.

Piero, so schien mir, war wenig erbaut von der Aufmerksamkeit, die ich Johannes widmete. Er fühlte sich nicht direkt verdrängt oder in seiner amtlichen Stellung bedroht. Gewiß, der Knabe war schön, warmherzig und zärtlich, und bei seiner Intelligenz und seiner Bildung würde er es wahrscheinlich einmal weit bringen. (Schließlich wiederholte er, auf niederer Ebene, nur die erstaunlichen Leistungen Pieros selbst.) Aber Piero schien mich ausschließlich für sich zu beanspruchen. Ich meine nicht physisch; vom ersten Tage unserer Bekanntschaft an war es Piero klar gewesen, daß ich meine Befriedigung auf geschlechtlichem Gebiet dort suchte, wo es mir behagte, ganz gleich wann, wo oder wie. Er wollte einfach niemand zwischen uns dulden, niemand sollte mir gleich viel bedeuten. Aber ich konnte unser Verhältnis einfach nicht mit seinen Augen sehen; ich sah es nur mit meinen.

Gerade als ich die Ernennung Johannes' zum Valet meines Schlafgemaches bekanntgab, wurde Piero krank. Ich vermißte ihn sehr in der Kanzlei, vermißte seine Ratschläge in Gerichtsangelegenheiten, seine gewandte Feder, seine Unterhaltung bei Tisch und die Abende mit ihm beim Musizieren. Erst als er so plötzlich ausfiel, wurde mir bewußt, in welchem Maße er an meinen Amtsgeschäften und meinem Privatleben beteiligt gewesen war.

Besorgt um seine Gesundheit suchte ich ihn in seinen Gemächern auf; er lag im Bett und las mißmutig beim Schein einer blakenden Kerze in den Reden Ciceros. »*Allora,* lieber Piero — was hast du denn?« erkundigte ich mich mit unverhohlener Teilnahme.

Er zuckte die Achseln. »Nichts Besonderes, Imperatore. Ich leide an allgemeiner Unpäßlichkeit. Alles tut mir weh, nichts macht mir mehr Spaß.«

»Du arbeitest zu schwer und gönnst dir nicht genügend Ruhe und Entspannung. Schau her — wozu dieses schwierige Zeug, *Ciceros Reden,* wenn du krank bist? Warum nicht Catullus? Du brauchst ein bißchen Aufmunterung!«

»Ich lese Cicero, weil ich meinen lateinischen Stil verbessern möchte«, sagte er ruhig. »Für dich, lieber Federico, ist das Beste nicht gut genug —«

»Deine Ergebenheit rührt mich, Piero«, sagte ich, »aber ich bin durchaus kein Dämon, der dich ganz verschlingen möchte. Du darfst nicht nur für mich und deine Arbeit leben. Manchmal kommt es mir vor, als wärst du, trotz all deiner Vorliebe für Eleganz, vom Wesen her ein Mönch. Nie sehe ich dich mit einem Mädchen oder einem Knaben. Wie lange ist es eigentlich her, seit du diese Bettlaken mit einem anderen Körper als deinem eigenen angewärmt hast? Heraus mit der Sprache!«

Er starrte in seinen *Cicero* und schien verlegen. »Einige Monate vielleicht — ich gehe nicht so leicht Bindungen ein.«

»Bindungen! Um mit einem Knaben oder einer Tänzerin herumzuschäkern, muß man sich erst einmal *simpatico* sein! Piero! Ich glaube, du bist einsam, trotz unserer engen Verbundenheit und der unzähligen Stunden, die wir miteinander verbracht haben. Du brauchst eine Frau. Was ließe sich wohl leichter bewerkstelligen. Warum nicht eine der hübschen und liebenswürdigen Aquino-Mädchen? Du brauchst nur ein Wort zu sagen —«

Plötzlich wurde er förmlich. »Hoher Herr«, sagte er steif, »Ihr vergeßt, daß ich nicht von Adel bin.«

»Komm, komm! Wenn du willst, verleih' ich dir einen Titel, mache einen Herzog aus dir —«

Seine Miene verfinsterte sich. »Ein Titel wäre keine Lösung. Diejenigen, die mit einer *stemma* zur Welt gekommen sind, würden sich über meinen Herrn und Gebieter hinterrücks nur lustig machen.«

»Du bist so schwierig! Madonna! Warum dann nicht einfach irgendeine dralle Dirne, die lebhaft im Bett ist und dir eine ganze Horde Kinder gebärt?«

»In meiner gegenwärtigen Position«, erklärte er ernst, »käme eine Heirat mit einer nichtadligen Frau überhaupt nicht in Betracht. Ich könnte die beleidigenden und satirischen Bemerkungen, denen sie ausgesetzt wäre, einfach nicht ertragen.«

»Das Ganze läuft einfach darauf hinaus, lieber Piero, daß du nicht heiraten willst. Gut — aber laß das Grübeln. Gönn dir zumindest ein bißchen Zerstreuung. Ich liebe dich zwar, aber ich kann mich nicht nur auf dein Bett beschränken. Ich fürchte, du wirst die Fähigkeiten verschwenden, die Gott dir gegeben hat — wenn dein Vogel fliegen will, so laß ihn. Eines Tages wird er zu alt sein, um sich in die Luft zu erheben . . .«

Er errötete. »Mein Herr Federico — ich warte nur auf einen Falken!«

Obwohl ich seine Anhänglichkeit und seine Treue schätzte, war ich ärgerlich auf ihn wegen seiner verstockten Haltung, die ich nicht begriff. Ich hatte keinerlei Hemmung, von seiner Bettseite geradenwegs in die Arme eines anderen zu eilen; und Johannes' knabenhafte Vitalität machte es mir leicht, den nörgelnden Ausschließlichkeitsanspruch zu vergessen, der aus Pieros Stimme klang.

Aber wenn man es auch bei Hofe selbstverständlich fand, daß ich mich nach Belieben amüsierte, der Papst nahm Anstoß daran. Die Kunde von der Ernennung Johannes' gelangte auch dem Papst zu Ohren. Daraufhin protestierte er nicht nur gegen die Jugendlichkeit der Pagen an meinem Hofe, sondern verdammte mein Ver-

halten als ›kaum verhüllte Sodomie‹. Wütend wies ich seine Anschuldigungen als ungerechtfertigte Einmischung in meine Angelegenheiten zurück und riet ihm, sich lieber um seine eigenen Meßgehilfen zu kümmern. Er wäre weniger grob gewesen (und hätte
die Sache genauer getroffen), hätte er den Ausdruck *paidepastes*
gebraucht . . ., im altgriechischen Sinne ein Liebhaber der Jugend.

Was ich auch für Johannes empfinden mochte, Liebe konnte
man es nicht nennen — ich wenigstens nicht. Mir fehlte nur eines:
nicht eine Ehefrau, sondern die Liebe eines Weibes, dessen Zuneigung ich erwidern könnte.

Denn leider kann selbst ein Kaiser keine Liebe gebieten.

2.

In diesen Tagen erschien bei Hofe ein Mann, der einen Eisenhut trug. Der Hut war kein Helm, sondern wahrhaftig ein Hut mit
Aufsatz und Krempe, kunstlos aus Eisen angefertigt. Als er be-
fragt wurde, erklärte der Mann, er habe vorausgesagt, daß er seinen Tod durch einen herabfallenden Stein finden werde und trüge
den Hut als Vorsichtsmaßregel auf Reisen. Er hieße Michael der
Schotte, sagte er, und er hätte ein Empfehlungsschreiben von der
Universität Bologna an den Kaiser. Als er seinen Namen aussprach, zitterten viele Leute im Kastell vor Furcht, und man kün-
dete ihn mir sofort an.

Ich empfing ihn in dem kleinen Audienzgemach, in das man
aus der großen Halle der Drei Kuppeln gelangte. Ich kannte seine
Werke und wollte privat mit ihm sprechen, ehe der Hof ihn in Be-
schlag nahm. Er hatte seinen Eisenhut abgenommen, wie ich feststellte, behielt ihn jedoch in der Hand, indes er sich verbeugte. Er
mochte etwa fünfzig sein, hatte schlohweißes Haar, einen grauen
Bart und trotz vieler Falten eine rote, frische Gesichtsfarbe. Seine
Augen waren lebhaft, neugierig und mutwillig — seine eigenen
funkelnden Sterne in einem blauen Firmament, denn er war weit-
berühmt als Astrologe und Zauberer.

»Herr, ich bringe Euch gute Kunde«, sagte er, sein Latein durch
die unartikulierte Aussprache gewisser Laute beeinträchtigt. »In
den Sternen steht, daß die Zeiten günstig für Unternehmungen
jedweder Art sind. Erst gestern abend habe ich einen Blick in das

Horoskop Euer Majestät geworfen. Große Siege stehen Euch bevor. Aber während die Zahl Drei und ihre Kombinationen den meisten Menschen Glück bringt, sollten sich Euer Hoheit vor der Zahl Neun hüten, die Neun könnte unter Umständen sehr gefährlich für Euch werden. Dies nur als ein schwacher Hinweis Eures ergebensten Dieners Michael Scotus.«

Er spielte natürlich auf Innozenz III. und Gregor IX. an. Ich lächelte bitter, als ich die Schlußfolgerung daraus zog. »Heute bekümmert Uns die Zahl Drei nicht mehr«, sagte ich, »und die Zahl Neun ist nur noch lästig, wenn die Mönche den Gregorianischen Lobgesang anstimmen. Wir befassen Uns lieber mit der Schönheit der Zahl 100, die nach Unserer Auffassung vollkommen ist und den Himmel darstellt.«

»Es heißt, der kaiserliche Herr wünsche den Himmel auf Erden zu errichten mitsamt Frieden und Gerechtigkeit. Aber möge der Kaiser nicht vergessen, daß die Zahl 100 nur deswegen vollkommen ist, weil sie das Quadrat von zehn ist, und zehn selber die perfekte Zahl, weil sie das Quadrat der Dreieinigkeit plus eins darstellt. Daher möge der Kaiser sich vor der Zahl Neun hüten, denn sollte neun sich mit eins vereinen, so ergibt das zehn. Dies, Herr, ist ein einfaches, mit ernsten Folgen beladenes Problem. Möge der Kaiser die Angelegenheit erwägen . . .«

»Wir werden sie sorgfältig prüfen«, sagte ich, »aber mit Eurer Unterstützung, gelehrter Doktor, wie ich hoffe. Ihr seid Uns nicht nur als Astrologe bekannt, Wir kennen auch Eure vorzügliche Übersetzung von Aristoteles' *De Caelo* und *De Anima* mit dem Kommentar des Averroes. Warum laßt Ihr nicht die Sterne in ihren alten Bahnen kreisen und setzt dieses große Werk fort? Wir bieten Euch den Titel und den Posten eines Hofphilosophen — was meint Ihr dazu?«

»Großartig!« rief er. »Ich könnte die Arbeit fortsetzen, die ich während meiner Studien in Toledo begonnen habe, die Übersetzung der zoologischen Werke des Aristoteles, die von Avicenna unter dem Titel *Liber Animalium* zusammengestellt worden sind. Wie gern würde ich diese Bände Euer erlauchten und ruhmreichen Hoheit widmen!«

»Für eine solche Widmung wären Wir sehr dankbar«, antwortete ich, »und in der Tat, nichts könnte Uns größere Freude bereiten. Wir würden Exemplare an die verschiedenen Universitäten schicken und dadurch die Gedanken des großen griechischen Philosophen in ganz Europa bekanntmachen. Unter dem dritten Innozenz war dies ein sehr gewagtes Unternehmen, denn die Werke standen auf dem Index; aber der neunte Gregor kann Uns jetzt nicht an der Ausführung des Planes hindern. Also, Maestro Michael — an die Arbeit! Ihr werdet hier am Hofe alles finden, was zum Wohlbehagen des Körpers und des Geistes beiträgt. Wir werden Euch des öfteren zu Uns bitten, wenn Unsere Zeit es erlaubt; aber seid unbesorgt. Ihr sollt alles aussprechen dürfen, was Ihr denkt, ohne Vorbehalt, ob es jemand paßt oder nicht. Und Eure Gedanken auch schriftlich niederlegen dürfen, denn Eure Feder muß so frei sein wie Eure Zunge.

Wenn Ihr andererseits wünscht, die Arbeit eines Magiers fortzusetzen, so haben Wir nichts dagegen. Wir sind gar nicht abgeneigt, Unsere Feinde ein wenig zu erschrecken. Wir wissen, daß die Menschen bei der bloßen Erwähnung Eurer Zauberkünste zusammenschaudern; es heißt, Ihr hättet das verbotene *Liber Auguriorum* gelesen und die Namen und Verstecke aller Dämonen wären Euch bekannt. Aber Uns selbst interessieren die Geheimnisse der Natur weit mehr als die Geheimnisse der Magie, richtet Euch also danach. Wir wissen, daß Ihr über ein unerschöpfliches Wissen verfügt. Wir würden Euch gern gewisse Fragen über die Beschaffenheit der Erde stellen, denn die Ernsthaftigkeit, mit der man gegenwärtig darüber diskutiert, ob die Zahnlosen am Fest der Auferstehung neue Zähne oder die Glatzköpfe neue Haare bekommen werden, widert Uns an. Wir haben noch nichts von jenen Geheimnissen vernommen, die das Entzücken des Weisen sind, über das Fegefeuer, die Hölle, die Grundlagen und die Wunder der Welt. Wir werden Euch also um Aufklärung bitten, gelehrter Doktor.«

Michael der Schotte nahm seinen Eisenhut unter einen Arm und verbeugte sich noch einmal tief. »Ich fühle mich außerordentlich geschmeichelt, Hoheit«, sagte er, »denn Ihr seid den Menschen ja selber als Wunder der Welt bekannt, manche nennen Euch *Stupor Mundi*. Meine geringen Fähigkeiten stehen zu Eurer Verfügung. Ihr habt mich richtig eingeschätzt, denn im Grunde meines Herzens bin ich ein Gelehrter. Als Magier empfehle ich Euch einen weisen Mann nur bei zunehmendem Mond zu Rate zu ziehen, als Gelehrter aber sage ich, zieht ihn immer dann zu Rate, wenn er verfügbar ist. Beachten wir, daß wir gerade jetzt zunehmenden Mond haben; und wenn Ihr mich für weise haltet, so werde ich mein Äußerstes tun, um Euern Glauben zu rechtfertigen, denn die Zeit ist günstig.«

»Wollen Wir hoffen, daß der Magier sich als Weiser zeigt«, sagte ich, »und der Weise als Magier. Denn in Wirklichkeit brauchen Wir beides: Zauberei und Weisheit!«

So begannen wir in gegenseitiger Hochachtung voreinander.

Hier eine Abschrift der Fragen, die ich ihm vorlegte — insgeheim, wegen ihrer Gefährlichkeit:

Wie ist die Erde über der Raumtiefe gefestet? Und wie diese Raumtiefe unter ihr?

Was könnte die Erde außer Luft und Wasser noch tragen? Oder ruht sie fest in sich selbst? Oder auf den Himmeln unter ihr?

Wie viele Himmel gibt es, wer lenkt und wer bewohnt sie?

Wie weit ist ein Himmel nach unseren Maßstäben vom anderen entfernt? Ist der eine größer als der andere?

Und was füllt den Raum außerhalb des letzten Himmels aus, wenn es viele gibt?

In welchem Himmel ist Gott Substanz — das heißt in seiner göttlichen Majestät; und auf welche Weise sitzt er auf dem Himmelsthron; und wie wird er von Engeln und Heiligen begleitet?

Und was tun Engel und Heilige da ununterbrochen vor Gott?

Sage uns auch: Wie viele Höllen gibt es? Wer sind die Geister, die darin weilen, und wie heißen sie?

Wo liegt die Hölle? Und wo das Fegefeuer?

Und wo das himmlische Paradies? Unter oder über der Erde oder in der Erde?

Was ist der Unterschied zwischen den Seelen, die zur Hölle fahren und den Geistern, die aus dem Himmel gestürzt sein sollen?

Wieviel Höllenstrafen gibt es?

Erkennt eine Seele die andere im nächsten Leben wieder? Kann eine Seele in dieses Leben zurückkehren oder sich jemand zeigen? Und wie verhält es sich damit: Wenn die Seele eines lebenden Menschen ins Jenseits übergeht, kann denn nichts sie zur Rückkehr bewegen, weder die erste Liebe, nicht einmal der Haß. Oder kümmert sich die Seele überhaupt nicht mehr um zurückgelassene Dinge, gleichgültig, ob sie selig ist oder verdammt?

Trotz der Ernsthaftigkeit (und Abtrünnigkeit) dieser Fragen, konnte ich mich nicht enthalten, Michael den Magier und Astrologen aufzuziehen und ihn als Scharlatan und Betrüger zu entlarven, seine Gelehrsamkeit andererseits jedoch dauernd in den Himmel zu loben, denn er hatte einen glänzenden Ruf an den Universitäten von Oxford und Paris. In der Tat, bei seinen Wanderungen von Land zu Land hatte er lange von Weissagungen und Horoskopen gelebt, da diese Dinge klingende Münze eintrugen. Wer hatte schon einen Pfennig für Philosophie und Wissenschaft übrig? Er hatte sich derart daran gewöhnt, seinen Zauberstab zu gebrauchen, daß er kaum noch davon lassen konnte. Ich gab ein Bankett für ihn, um ihn seinen Kollegen bei Hofe vorzustellen, und spielte ihm einen Streich dabei.

Meine Gelehrten waren ernste und skeptische Männer, von denen die meisten wenig für die schwarze Kunst übrig hatten. Ich war gespannt, ob Michael in ihrer Gegenwart einen neuen Kurs einschlagen würde. Obgleich er eine ernste Miene bewahrte, als er den weisen Männern meines Hofes vorgestellt wurde, lag in seinen Augen ein mutwilliges Glitzern. An der Spitze dieser Gelehrtenrepublik standen: der Araber Al-Hanifi, ein ausgezeichneter Mathematiker und Astronom, den mir Sultan Al-Kamil geschickt hatte; Maestro Teodoro von Antiochia, der in Mosul und Bagdad studiert, Himmelskarten entworfen und das *Secretum Secretorum* übersetzt hatte und überdies ein höchst exotisches Konfekt herzustellen verstand (ich bestellte etwas davon für Pier della Vigna, als dieser krank daniederlag); Juda ben Salomon Cohen, ein sehr junger Mann, der bereits eine Enzyklopädie der Werke von Aristoteles, Euklid, Ptolemäus und Alpetronius verfaßt hatte; Jacob ben Abbamari, der nicht nur große Teile der *Logik* des Aristoteles ins

Lateinische, sondern mehrere wichtige Werke ins Hebräische übersetzt hatte, einschließlich der *Elemente der Astronomie* von Al-
Fargani; Moses ben Salomon von Salerno, der gelehrte Abhand-
lungen über den *Führer der Schwankenden* von Maimonides geschrieben hatte; Petrus Hispanus, der Kompilator eines langen
Traktats über Hygiene; und schließlich Peter von Irland, der einen
solchen Ruf als Logiker und Mathematiker genoß, daß ich ihn unter hohen Kosten für meine Universität in Neapel gewonnen hatte.
Bei Tisch bildeten sie eine imposante Schar, und ihre Unterhaltung
war höchst anregend.

Aus diesem Anlaß, der Einführung Michaels des Schotten,
hatte ich ein Podium mit verstellbarem Boden konstruiert, der sich
um die Dicke eines Terrakottaziegels heben oder senken ließ. Die
Arbeit wurde rasch und in aller Verschwiegenheit ausgeführt, denn
weder die Höflinge noch die Gelehrten sollten Wind davon bekommen. Dann wurde ein großes Bankett angesetzt und der gesamte Hof dazu eingeladen. Ich selbst saß auf dem Podium zwischen den Gelehrten in der Mitte eines Tisches und hatte Michael
zu meiner Rechten ...

Als die Stimmung ihren Höhepunkt erreicht hatte, wandte ich
mich an meinen neuen Maestro und bat ihn um eine Probe seines
Könnens. »Gelehrter Doktor Michael«, sagte ich, »Wir haben Uns
oft den Kopf zerbrochen über die Höhe des Himmels. Könnt Ihr
Uns die genaue Entfernung vom Boden dieses Podiums bis zur
niedrigsten Himmelsebene angeben, und zwar in römischen Meilen?«

Er erhob sich und verneigte sich gemessen. »Das dürfte sich
feststellen lassen, Herr, wenn Ihr Euch nur ein wenig gedulden
wollt.«

Er verlangte Schnur, Kreide, Lineal und Schiefertafel und entfernte sich vom Tisch. Unter Benutzung von Schnur, Kreide und
Lineal bedeckte er den Fußsteig mit komplizierten geometrischen
Mustern, die für das Auge des Uneingeweihten wahrhaft imponierend waren. Auf der Schiefertafel stellte er komplizierte algebra-
ische Berechnungen an, wozu er, vor sich hinmurmelnd, mehrere
Minuten brauchte. In atemloser Spannung verfolgte der gesamte
Hof sein Tun. Endlich glättete er seine Stirn und wandte sich mit
einer Verbeugung an mich.

»Wenn Euer Majestät gestatten, verkünde ich jetzt das Resultat.« Auf mein Nicken fuhr er fort: »Der Himmel ist vom Fußboden genau 4991 Meilen entfernt; durch einen seltsamen Zufall dieselbe Zahl wie die Jahre im hebräischen Kalender.

»In der Tat ein seltsamer Zufall«, sagte ich. »Wir sind tief beeindruckt, Maestro. Aber tut Uns den Gefallen und begebt Euch jetzt auf den höchsten Turm dieses Kastells und stellt dort noch einmal Beobachtungen zur Bestätigung Eurer Berechnungen an.«

Ich klatschte in die Hände, und ein Kastellan erschien, um ihm den Weg zu zeigen.

Alles erstarrte in ehrfürchtigem Schweigen, als er seinen Eisenhut aufsetzte und sich entfernte. Dann klatschte ich wieder in die Hände. Mechaniker erschienen, Haspeln wurden enthüllt, und unter lautem Geknarre wurde der Boden des Podiums gesenkt. Der verblüffte Hof verfolgte die Vorgänge in sichtlicher Beunruhigung; aber ich forderte alle auf, Wein zu trinken und guter Dinge zu sein.

Endlich kehrte Michael der Schotte zurück und verkündete mit fester Stimme: »Meine Berechnungen stimmten, Euer Majestät. Es konnte auch gar nicht anders sein, denn ich habe eine nur mir bekannte Formel benutzt.«

»Trotzdem haben einige unter uns die Genauigkeit Eures Resultats bezweifelt, Maestro«, antwortete ich. »Würdet Ihr die Güte haben und mit Eurem Scharfsinn zur Aufklärung des Hofes noch einmal berechnen, wie groß die Entfernung von diesem Fußboden bis zum Himmel ist?«

»In der Tat, Herr«, sagte er. »*In der Tat!*«

Und wieder wurden die Diagramme und Berechnungen wiederholt, aber so langsam, daß der Sand im Stundenglas ausrann. Doch schließlich lag das Endresultat vor.

»Euer hochgelehrte Hoheit waren wohlberaten, auf eine Nachrechnung zu bestehen«, erklärte er mit trockener Stimme, aber seine blauen Augen funkelten und schienen zu lächeln. »Es scheint wahrhaftig, als habe der Himmel sich in der Zwischenzeit entfernt oder die Erde sich gesenkt, und zwar genau um die Dicke eines Terrakottaziegels — denn diese Formel mußte einfach stimmen, Herr . . .«

Ich brach in Gelächter aus, und nach den Gelehrten stimmten auch die Höflinge ein. Wie elegant er mich hereingelegt hatte!

»Ihr seid ein durchtriebener Schotte«, sagte ich, »ein sehr weiser Mann und ein großer Astrologe. Entweder seid Ihr mit unglaublicher Sehkraft oder erstaunlicher Einsicht ausgestattet — um nicht zu sagen mit mathematischem Genie —, denn die Entfernung hat *in der Tat* um die Dicke eines Ziegels zugenommen. Kommt jetzt, Michael, setzt Euch zu Uns und gestattet Uns, die sternklare Helligkeit Eures Geistes gebührend zu ehren.«

»Mein kaiserlicher Herr versteht in seinem Edelsinn vieles«, erwiderte er liebenswürdig, »und nicht zum wenigsten die magische Art, in der sich Zahlen für einen Magier verhalten. Freuen wir uns also, daß weder der Himmel noch irgendwelche Tyrannei auf unseren Häuptern lasten ...«

3.

Ich wandte mich nun wissenschaftlichen Experimenten zu, denn vieles erregte meine Verwunderung. Ich wollte die Dinge so sehen, wie sie sind. Dies war eine meiner Lieblingswendungen, zusammen mit einer anderen Maxime: ›Durch Hörensagen erlangt man keine Gewißheit.‹ Ich wollte beobachten, analysieren und registrieren. Mein Interessengebiet reichte von den Sternen bis zum Ei im Nest.

Fasziniert war ich von einem Geschenk des Sultans: einem Planetarium aus Silber, in dem winzige Triebwerke und Federn die Planeten einträchtig bewegten (man hat mir gesagt, daß man eine ähnliche Maschine zur Einteilung der Tageszeit konstruieren kann). Desgleichen faszinierte mich ein fremder junger Vogel, den ich in einem *praeneus* Nest fand. Er hatte einen gewaltigen Schnabel und sein Kopf war völlig mit langen, dicken haarähnlichen Daunen bedeckt. Er entwickelte sich zu einem Kuckuck; und das Geheimnis um die Nistgewohnheiten des Kuckucks — mir schon seit langem ein Rätsel — war gelöst.

Was den Sultan anging, so war ich imstande, mich mit einem wahrhaft erstaunlichen Geschenk zu revanchieren. Ich hatte Beauftragte nach Norwegen geschickt, um eine Quelle zu untersuchen, die in dem Ruf stand, Holz zu versteinern; in Ausführung meines Befehls, alles Ungewöhnliche aufzukaufen, kehrten meine Beauftragten mit einem Eisbären zurück. Das Biest erregte eine Sensation in Ägypten, weil es nur Fisch fraß. (Ich ließ das Tier nach Alexandria überführen, und zwar auf der modernsten und größten Galeere meiner Flotte, der ›Welthälfte‹, die ebenfalls eine Sensation erregte, weil sie eine dreihundertköpfige Besatzung hatte.)

Seit Jahren hatte ich einige von den Experimenten geplant, die ich jetzt durchführte, denn endlich hatte ich die erforderliche Muße dazu. Ich hatte mir alle Fragen, die mich beunruhigten, sorgfältig notiert, unter anderen beispielsweise: Warum erscheint Kanopus beim Aufgang größer als im Zenit? Warum erscheint eine Lanze, die man in stehendes Wasser steckt, gebrochen? Warum sehen vom grauen Star befallene Augen Streifen und schwarze Flecke? Warum macht Quecksilber einen Menschen taub, wenn man es in sein Ohr träufelt? Warum gedeihen verschiedene Getreidesorten am besten in verschiedenen Böden . . . ?

Um Antworten auf einige meiner Fragen über den menschlichen Körper zu erhalten, nahm ich große Veränderungen in der medizinischen Fakultät in Salerno vor. Ich stattete sie mit Laboratorien aus und stellte — der Kirche zum Trotz — auch Leichen zur Verfügung. In Erinnerung an meinen geliebten Guglielmo hielt ich es für besser, wenn die Ärzte ihre Versuche an Toten statt an Lebenden vornahmen. Ich verbot alle Beschwörungsformeln; bestand darauf, daß niemand sich dem Medizinstudium widmen dürfe, ohne vorher drei Jahre Logik studiert zu haben; daß das Studium des Hippokrates und des Galen fünf Jahre hindurch Hand in Hand gehe mit chirurgischen und anatomischen Studien; daß die Studenten ihre Prüfungen erfolgreich bestehen und danach ein volles Jahr an der Seite eines erfahrenen Arztes hospitieren müßten, ehe sie praktizieren dürften. Alsbald wurde die medizinische Fakultät von Salerno berühmt, und Studenten von überallher ließen sich einschreiben. Ich selbst begab mich so oft wie möglich dorthin; ich war bei Sektionen zugegen und studierte die Skelette. Die Ähnlichkeit des menschlichen Skeletts mit dem vieler Tiere beeindruckte mich tief.

Schon lange hatte ich mir Gedanken über die geheimnisvollen Vorgänge im menschlichen Magen gemacht, in dem so viele verschiedene Speisen völlig umgewandelt wurden. Ich wollte gern feststellen, ob körperliche Betätigung irgendeine Wirkung auf die Verdauung habe. Ich nahm mir also zwei Sklaven, Zwillingsbrüder, gab ihnen gut zu essen, verordnete dem einen Bettruhe und schickte den anderen im Dauerlauf einen Gebirgspfad hinauf. Ein paar Stunden danach mußten sie sich in meiner Gegenwart entleeren, und die Hofärzte, daran gewöhnt, Ausscheidungen zu untersuchen, äußerten sich dahingehend, daß der Mann, der nach dem Essen geruht habe, eine bessere Verdauung genieße. Die Frage schien durch die Tatsache geklärt, daß der Mann, der sich übermäßig angestrengt hatte, auch von heftigen Krämpfen befallen worden war.

Auch das Problem der Vererbung interessierte mich. Da ich den menschlichen Fötus nicht studieren konnte, stellte ich Versuche mit Hühnereiern an. Mit Hilfe der Zisterziensermönche (die am Segen der Erde genauso interessiert waren wie am Segen des Himmels) ließ ich künstliche Brutöfen bauen, und zwar nach einer Methode, die ich von den Ägyptern gelernt hatte. Auf diese Art war es möglich, die Eier in allen Entwicklungsstadien zu beobachten. Ich studierte das Brüten von Geflügel und Tauben und versuchte es sogar mit Straußeneiern. In künstlich angelegten Teichen beobachtete ich die Laichgewohnheiten der Fische. Ich richtete Mustergestüte ein, trieb Hunde- und Pferdezucht und entwickelte Arten von außergewöhnlicher Schönheit und Widerstandskraft. Genauso verfuhr ich mit Rindvieh und Kamelen. Im Verlauf dieser Experimente entdeckte ich, daß Inzucht nicht notwendigerweise von Übel sein müsse. Es wäre interessant gewesen, einen Versuch mit Menschen durchzuführen, aber ein Leben reichte dazu nicht aus.

Eine andere Art von Experiment ließ sich mit Menschen jedoch anstellen. Viele Theologen waren der Meinung, daß die natürliche Sprache des Menschen das Hebräische sei, die Sprache Jehovas. Um festzustellen, ob das zuträfe, beschaffte ich mir zehn neugeborene illegitime Säuglinge, die von ihren Müttern im Stich gelassen worden waren. Sie waren grundverschiedener Abstammung — sizilischer, deutscher, lombardischer, toskanischer, sarazenischer, griechischer, spanischer, französischer, türkischer, äthiopischer. Absichtlich schloß ich Hebräer davon aus und brachte drei Säuglinge jüdischer Eltern gesondert unter. Ich ordnete an, daß in Gegenwart der Kinder kein einziges Wort in welcher Sprache auch immer gesprochen oder gesungen werden dürfe, damit wir, wenn sie älter würden, hören könnten, welche Sprache sie sprächen. Aber leider kam es nicht dazu, noch vor Ende eines Monats bekamen sie alle eine Art Brechdurchfall und starben. Einige Leute behaupteten, die Säuglinge seien aus Mangel an Mutterliebe gestorben; aber die Priester verkündeten, ich hätte Kinderseelen absichtlich ungetauft in die Hölle geschickt, weil ich selbst mit dem Teufel im Bunde stünde.

Auch was es mit der Erfüllung von Prophezeiungen oder bösen Vorbedeutungen auf sich habe, erregte meine Wißbegierde. Mir kam der Gedanke, daß das Wissen um eine Prophezeiung an sich schon Erfüllung suggeriere, aus Furcht oder selbst aus uneingestandenen Wünschen. Als sich Berard einmal nicht wohl fühlte, verlangte er nach einem Arzt. Aber Michael der Schotte, der seinen Finger gern in jeden Brei steckte, riet von einem Aderlaß ab, solange der Mond im Zeichen der Zwillinge stehe. Ich schlug die Warnung in den Wind und ließ einen Arzt rufen. Der Aderlaß ging ohne Komplikationen vonstatten. Als der Arzt fertig war, bemerkte ich beiläufig, mein Astrologe hätte den Tag für ungeeignet gehalten. Daraufhin wurde der Arzt so nervös, daß er seine Lanzette fallen ließ, die meinen Fuß durchbohrte, eine tiefe und schmerzhafte Wunde hinterlassend. Eine Art Zwangshandlung seinerseits. Michael der Schotte entschuldigte sich vielmals, als er vernahm, was sich zugetragen.

Omen und Orakel sind selbstverständlich eng mit Wünschen verwandt, bösen und guten Wünschen, die ihrerseits wieder mit Träumen in Beziehung zu stehen scheinen. Manchmal kommen mir meine Träume wie eine Weiterführung der Realität vor; dann wieder herrscht in ihnen eine unbegreifliche Unordnung und Entstellung. Wenn ich sehr verstört bin oder Befürchtungen hege, die ich vor mir selber oder vor anderen verbergen möchte, träume ich unruhig. Nach meiner Lektüre zu urteilen, würde ich sagen, daß die Griechen mehr vom Wesen der Träume verstanden als irgendein anderes Volk, denn sie schreiben offen von tiefen und dunklen Traumwünschen, die man gewöhnlich verschweigt. Die Erklärung, die man heutzutage für das Alpdrücken parat hat, kann ich nicht akzeptieren: nämlich daß Männer im Schlaf von einem weiblichen Dämon, einem Sukkubus, geplagt werden und Frauen von einem männlichen Dämon, einem Inkubus, die beide abwegige Arten des Geschlechtsverkehrs suchen.

Ich merkte, daß viele Theologen begierig darauf waren, Antworten auf metaphysische Fragen zu geben. Mir kam der Gedanke, die mohammedanische Exegese der christlichen gegenüber zu stellen, und ich setzte eine Reihe von Fragen auf, die ich an Moslems in den Ländern zwischen dem Jemen und Marokko schickte. Ich war gespannt, ob sich daraus neues, vernünftiges Beweismaterial ergeben würde. Unter meinen Fragen waren die folgenden:

In allen seinen Werken erklärt Aristoteles ausdrücklich, daß die Welt in Ewigkeit existiert, und es ist klar, daß er daran glaubte. Was waren seine Beweise für eine derartige ewige Existenz — oder wie geht er bei der Untersuchung vor?
Welchen Bereich hat die Theologie; was sind ihre Grundvoraussetzungen, falls sie überhaupt Grundvoraussetzungen hat?
Welches sind die Kategorien der Wissenschaften? Wie lassen sie sich beweisen?
Was ist der Beweis — falls es einen gibt — für die Unsterblichkeit der Seele? Ist die Existenz der Seele — falls es sie gibt — von ewiger Dauer?

Die Antworten, die ich erhielt, waren in den meisten Fällen nicht besser und nicht schlechter als die Antworten, die ich von Christen in Erwiderung ähnlicher Fragen bekam. Das heißt, alle neigten zur striktesten Orthodoxie, Ibn Sab'ins Antwort war sogar ein wenig beleidigend. Es wäre absurd, erklärte er, den Mohammedismus nicht als die einzig wahre Religion anzuerkennen, obwohl er die Sache gern von »Mund zu Mund« mit mir erörtert hätte. Da ich wußte, daß er in vielerlei Dingen alles andere als orthodox war, konnte ich daraus nur schließen, daß man Konformität (unter Androhung von Verfolgung) bei den Moslems genauso erzwang wie unter Christen. Das war leicht zu begreifen, denn ich selber, als Kaiser der Gläubigen, stützte ja die Institution, die keine Abweichung dulden konnte. Aber was sollte in einem Zeitalter des Glaubens, da die meisten Menschen über religiösen Nonkonformismus erschraken — nein, entsetzt waren, ein christlicher, allerkatholischster Fürst weiter machen?
Mir selbst überlassen, hielt ich an meinen persönlichen Ansichten fest, gab meine persönliche Meinung zum besten und stellte

weiterhin Versuche an. Wenn die Rede auf die Existenz der Seele kam, bemühte ich mich um eine sachliche Antwort und begnügte mich nicht mit Aufstellung einer Hypothese, die sich auf Glauben oder Wunschdenken gründete. Ich unternahm daher ein Experiment, das, wie es sich traf, mehr Kontroverse hervorrief, als ich erwartet hatte.

Ich entsann mich, wie ich damals nachts, als Mörder hinter mir her waren, in den Kübel im Lagerraum der Gärtner gekrochen war. Mein Körper befand sich in jenem Kübel, und meine Seele auch. Wir krochen zusammen hinein und zusammen hinaus. Aber angenommen, ich wäre vor Angst gestorben? Meine Seele wäre entflohen, mein Körper geblieben. Über das Schicksal meines Körpers konnte ich mit Gewißheit aussagen; aber das Schicksal meiner Seele wäre ein wahrhaftes Mysterium gewesen. So beschloß ich, einen Sterbenden in einen Kübel zu stecken.

Aber zuerst nahm ich einen Vorversuch mit einem Jagdhund vor, der ungefähr das Gewicht und die Größe eines Menschen hatte. Michael der Schotte braute einen Schlaftrunk für den Hund zusammen, gerade stark genug, um ihm das Bewußtsein zu rauben. Nachdem der Trank seine Wirkung getan hatte, sperrten wir den Hund in einen luftdicht verschlossenen Kübel, der weder Riß noch Sprung hatte. Es war ausgeschlossen, daß irgendein Wesen daraus entweichen konnte. Wir warteten drei Stunden und paßten auf. Nichts war zu sehen oder zu hören. Wir zerbrachen das Siegel. Der Hund war tot. Die Kirche lehrte, Tiere hätten keine Seele: ich hielt die Behauptung in der Tat für bewiesen.

Als menschliches Versuchsobjekt wählte ich einen Koch, der in einem Tobsuchtsanfall eines Nachts seine Frau und seine beiden kleinen Töchter umgebracht hatte und zum Galgen verurteilt worden war. Aber im Kerker war er krank geworden und lag im Sterben. Auf meine Anweisung erhielt er die Letzte Ölung. Dann fiel er in eine tiefe Bewußtlosigkeit. Doch sein Herz schlug noch und er atmete hörbar, als wir ihn in den Kübel steckten. Die Seele entfloh dem Körper angeblich in dem Augenblick, da der Tod eintrat, nicht schon vorher beim Schwinden des Bewußtseins, also hatte er noch eine Seele. Wir versiegelten den Kübel feierlich und umgaben ihn mit Beobachtern: Piero, Berard, Michael, anderen Höflingen und den Ärzten. Ich saß auf einem besonders hoch konstruierten Stuhl, damit ich von oben aufpassen konnte. Zwölf Stunden lang hielten wir Wache. Kein Laut drang aus dem Kübel, nichts bewegte sich darin. Alles war genau wie vorher.

Wie mochte die Seele aus dem Kübel entwichen sein? Doch vielleicht hatte dieser Mensch keine Seele, keine Seele im Sinne der Kirchenlehren. Keinerlei geflügelte Tauben waren himmelwärts geflogen, keine himmlische Musik war erklungen. Alles blieb still im Kübel. Alles war genau wie vorher.

Wir zerbrachen das Siegel. Der Mann war tot. Wie irgendein beliebiger anderer Toter. Die Kunde davon übte im Schloß eine niederschmetternde Wirkung aus. Man fürchtete sich und hatte Angst. Ich wurde gemieden. Priester erklärten, ich hätte die Seele durch Hexerei eingeschüchtert, so daß sie sich im Körper des Mannes verborgen hielte. Aber wie schon mit dem Hunde hielt ich die Behauptung für bewiesen.

Als ich von metaphysischen Fragen zu physikalischen Problemen überging, fanden sich nur wenige Gelehrte bereit, Antworten darauf zu geben. Ich hatte viele Fragen über die Erde und war weit begieriger, etwas über ihre Struktur und Zusammensetzung zu erfahren als über das Gefüge des Himmels. Die Erde entzog sich nicht der Beobachtung und dem Studium. Ich spürte sie unter meinen Füßen, nahm ihre Gerüche auf, konnte ihre Steine anfassen, ihr Wasser trinken und die wachsenden Dinge schmecken, die aus ihrem uralten Schoß sproßten. Auf der Insel Stromboli war ich bis an den äußersten Rand eines tätigen Vulkans geklettert und hatte einen Blick in den schrecklichen Feuerschlund geworfen, hatte aber nur bläuliche Flammen, Asche und Lava gesehen, nicht aber die Hölle. Auf der Höhe von Messina hatte ich einen goldenen Becher ins Meer geworfen und Niccola, dem Fischer, der selber so etwas wie ein Fisch war, befohlen, hinabzutauchen und den Becher zu holen und mir dann in allen Einzelheiten zu berichten, was er dort unten gesehen habe. Der Becher sollte ihm gehören, aber ich warf ihn noch mehrmals in immer tieferes Wasser, und schließlich tauchten weder Becher noch Mensch auf. Ich war dazu gelangt, nur dem Zeugnis der Sinne zu glauben.

Als ich eines Tages an einem Weizenfeld und einem Weinberg vorbeikam, bemerkte ich: »Wie können diese Körner in den Leib Christi verwandelt werden und der Wein aus diesen Trauben in

Sein Blut?« Wenn ich beim Abendmahl von dem Brote aß und an dem Wein nippte, so schmeckte das Brot für mich eben wie Brot und der Wein wie Wein. Ich konnte mir die ›Transsubstantiation‹ nicht vorstellen. Was für gewaltige Fleischmengen würde das Feld sonst hergeben und was für riesige Blutmengen der Weinberg . . .!

Trotz allen Forschens und Fragens konnte ich auf meine Fragen keine Antwort finden:

Wie kommt es, daß Seewasser so salzig ist?

Hat die Erde ein Loch in der Mitte, oder einen festen Kern wie einen Stein?

Woher rührt das Feuer, das die Erde auf Ebenen und Berggipfeln ausspeit?

Woher kommt der Wind, der aus verschiedenen Richtungen des Erdenrunds weht . . .?

Als Michael der Schotte einst unterwegs war, schrieb er mir folgendes: ›O beneidenswerter Kaiser! Ich glaube wahrhaftig, daß, wenn je ein Mensch auf Erden durch Gelehrsamkeit dem Tode entgehen könnte, Ihr derjenige sein würdet . . .‹

Dem Tode zu entgehen ist nicht möglich. Für mich ist nicht der Tod, sondern das Leben das größte Mysterium.

4.

Wie schon so oft wurde ich des schablonenmäßigen Tagesablaufs bei Hofe überdrüssig und suchte Unterbrechung bei meinen Falken. Am liebsten war mir der periodische Wechsel von Tätigkeit und Ruhe, praktischem Handeln und Nachsinnen, Geselligkeit und Einsamkeit. Welcher Sänger brächte mit einer einzigen Saite auf seinem Instrument eine Melodie zustande?

Ich versuchte den kleinlichen Eifersüchteleien der Höflinge zu entgehen, den sentimentalen Liebesliedern der *trovatori*, den allzu willfährigen Mätressen, den langweiligen Witzen der Narren, dem metallischen Gehämmer der Waffenschmiede, den Flüchen der Sattler, dem ständigen Eselsgeschrei, dem Federgekratze in der Kanzlei, den Klagen Pier della Vignas, den Ave-Marias der Priester und den Vaterunsern der Nonnen. An ihrer Statt suchte ich den Trost von Himmel und Erde und Wald. In dem nicht allzu fernen Gebirge bewegte ich mich unter weißgrauen Giganten — Föhren,

Buchen, Lorbeer, Linden, Ahorn, Eiben, Eschen und Zedern. Ich lauschte dem Wind in ihren Zweigen und freute mich über die sonnenhellen Muster ihrer Blätter.

Da ich die Jäger, die mit Fallen jagten, verachtete und keinerlei Bedürfnis empfand, Hirsch oder Eber zu Tode zu hetzen, beschränkte ich mich ausschließlich auf die Falkenbeize. Ich betrachtete sie als ein erregendes Geschicklichkeitsspiel, bei dem mehr der Falkner als der Vogel auf die Probe gestellt wurde. Stets verwunderte ich mich aufs neue darüber, daß der Mensch einen Raubvogel dazu bewegen konnte, die ihm gebotene Freiheit zu verschmähen und seinem Befehl zu gehorchen. Welch erheiternder Augenblick, wenn der Falke sich mit seiner Beute heimwärts wendet . . .! Aber auch die Jagd verliert durch Wiederholung ihren Reiz; und so zog ich immer wieder gern nach Hause und konnte es kaum erwarten, wieder im Kreise gelehrter Gefährten zu sitzen, geistige Tiefen auszuloten und mit Worten und Ideen zu spielen.

Als ich eines Nachts ins Schloß zurückkehrte, war gerade ein Fest im Gange. Schon in der Dämmerung waren die vieleckigen Türme mit Öllampen, die Tore mit Fackeln illuminiert. Ich war überrascht, freute mich jedoch, als Piero mir entgegenkam und mir erklärte, er hätte das Ganze mir zum Willkommen veranstaltet. Ich wurde mit einem Tusch aus silbernen Trompeten begrüßt, mit Blumen überschüttet. »Benvenuto Imperatore . . .!« schallte es mir von allen Seiten entgegen. Es ist immer schmeichelhaft, vermißt zu werden.

In der Halle der Drei Kuppeln war man bereits beim Tanzen. Später am Abend sollte ein großes Bankett stattfinden mit den mannigfaltigsten Darbietungen — Gauklern, Akrobaten, Tänzerinnen. Ich dachte mit Appetit an das Essen, denn während der Falkenbeize nahm ich nur wenig zu mir. Ich erwiderte die Grüße freundlich und begab mich in meine Gemächer zum Umkleiden. Ich beschloß, auf königliche Roben und Staatsgewänder zu verzichten und jugendlich aufzutreten, denn ich tanzte gern. Deshalb wählte ich eine enganliegende, lange Strumpfhose, das eine Bein scharlachrot, das andere blau gefärbt und eine kurze magentarote, mit Gold durchwirkte Seidenjacke. (Damals wie heute war ich nie abgeneigt, die Vorzüge zur Geltung zu bringen, mit denen die Natur mich ausgestattet hatte.) Als Dolch wählte ich eine gekrümmte Sarazenenklinge an einem mit Rubinen und Perlen ausgelegten Gürtel. Mein einziges Zugeständnis an die Königswürde war eine leichte goldene Krone. Meine Glieder waren auf diese Weise unbelastet und unbehindert, und ich schwebte förmlich. Ich war bereit zu neuen Spielen, großen Abenteuern, umwerfenden Erlebnissen. Vor überschäumender Lebensfreude hätte ich am liebsten Luftsprünge vollführt, gesungen, mich verliebt . . .

Piero hatte eine ausgezeichnete Kapelle zusammengestellt — Lauten, Violen, Harfen, Zithern, Trompeten, Hörner, Flöten, Pfeifen, Kesselpauken, Sackpfeifen, Tamburine, Zimbeln, Glöckchen und Schellentrommeln. Die Musikanten waren an einem Ende der Halle gruppiert; der Thron befand sich am anderen. Bei meinem Eintreten hörte die Musik auf, und eine Trompete erklang. Ich kam durch die Haupttür, und während die Tänzer innehielten und sich verneigten, schritt ich schweigend zum Thron. Nachdem ich Platz genommen hatte, gab ich den Musikanten das Zeichen zum Weiterspielen; es war meine Gewohnheit, die Tänzer erst eine Weile zu beobachten, ehe ich selbst tanzte. Bei Staatsangelegenheiten bevorzugte ich äußersten Pomp und Feierlichkeit; bei geselligen Zusammenkünften sah ich es gern, wenn es ungezwungen her- und zuging. Obwohl ich über meinen Leuten auf einem Thron saß, mischte ich mich gern unter sie, um mit ihnen zu lachen, zu singen und zu tanzen.

An jenem Abend befanden sich unter den Anwesenden auch einige meiner Lieblingsdichter. Alle dichteten in der gewöhnlichen Umgangssprache. Percivalle Doria, der soviel unterwegs war wie ein Kurier; Rinaldo d'Aquino, der die berühmte ›Klage beim Aufbruch zum Kreuzzug‹ geschrieben hatte und jetzt mein tüchtigster Falkner war; Giacomino Pugliese, der ausschließlich Liebeslieder verfaßte; sowie Jacopo da Lentini, ein kaiserlicher Notar und Anwalt, von all den anderen Dichtern der eleganteste Stilist. Jacopo war ein flatterhafter junger Mann, stets in Bewegung, stets in Unterhaltung begriffen oder in eine Debatte verwickelt. Er und Piero wurden nicht müde darüber zu streiten, wer von ihnen das *sonetto* erfunden habe, denn er behauptete, die Schönheit dieser Form zuerst entdeckt zu haben. Sie beriefen sich auf Gedichte und Daten, kamen aber nie zu einer Einigung. Trotz seines habichtartigen Ge-

sichts verstand Jacopo es mit den Weibern, er rezitierte seine Gedichte in einem gewissen Tonfall, der ihm gleichsam eine zusätzliche Dimension verlieh. Man nannte ihn kaum je bei seinem
Namen, sondern einfach *il Notaro*, obwohl ich ihn stets anders
anredete. Er ließ gerade einen Tanz aus und saß auf einem Kissen
neben Piero am Fuß des Thrones.

»Ser Jacopo«, sagte ich, »was sind Euch in der Hitze des Tan-
zes für Gedanken über das Wesen der Liebe gekommen?«

»Dieselben Gedanken, Herr, die ich auch sonst darüber habe.
Liebe ist Begierde, vom Auge erzeugt, durch die Einbildungskraft
entflammt und vom Herzen genährt.«

»Die Liebe«, sagte Piero, »ist im allgemeinen eine Herzens-
regung und nicht notwendigerweise etwas Physisches.«

»Nicht doch!« sagte Jacopo. »Eine derartige Regung wäre weiter nichts als bloße Zuneigung. Eine wahre und starke Liebe kann
nie ohne körperliche Aspekte entstehen. Die träumerische Liebe
zu einer entfernten Person ist keine Liebe, niemals kann sie das
Herz bis zum Wahnsinn entflammen. In der Erinnerung bleibt
nichts als eine wohlige Wärme...«

»Bravo, bravo! Gut gesprochen, ihr beide«, sagte ich. »Mir
will scheinen, wahre und starke Liebe erfordere beides, die Berührung zweier Herzen und die Berührung zweier Körper. Zuneigung
schließt Leidenschaft nicht notwendigerweise ein oder aus. In der
Leidenschaft erfüllt sich die wahre Liebe. Liebe verleiht der Leidenschaft Feuer, Leidenschaft verleiht der Liebe Feuer. Ist es nicht
so...?« Ich seufzte, von einer seltsamen Einsamkeit befallen.
Etwas in mir blieb trotz aller Fülle unerfüllt. Aber darüber wollte
ich jetzt nicht nachdenken.

»Ser Jacopo«, sagte ich, »es wäre schön, wenn Ihr Uns ein Lie-
beslied singen würdet...«

»Mit Vergnügen, Euer Hoheit«, erwiderte er und griff zur
Laute, die er stets zur Hand hatte.

Piero erhob sich und winkte den Musikanten ab; die Tänzer
hielten abrupt inne. »Unser Herr, der Imperatore, hat um ein Lied
gebeten«, verkündete er, »und *il Notaro* hat sich bereit erklärt,
eins vorzutragen.«

Ser Jacopo trat auf die erste Stufe und stellte sich links neben
mich. Er streifte seine langen Ärmel zurück und umfaßte die Laute.

Allmählich verebbte das Stimmengemurmel und das Fußgescharre, und Stille trat ein. Jacopo neigte den Kopf zur Seite, machte die Augen halb zu und begann mit heiserer Flüsterstimme:

>»Canzonetta novella
va, e canta nova cosa;
lèvati da maitino
davanti a la più bella,
fiore d'ogni amorosa,
bionda più ch'auro fino:
›Lo vostro amor, ch'è caro,
donatelo al Notaro.‹«

Es gab lauten Beifall. »Bravissimo! Encore! Encore!«

»Gestatten Euer Hoheit?« sagte Jacopo.

Ich nickte zustimmend, und wieder rief die Stimme halb vergessene und verschwommene Erinnerungen in mir wach. Erneut befiel mich eine alte Melancholie. Wie konnte ich jetzt schon Unruhe über das Mysterium der Liebe empfinden . . .? Ich wiederholte im stillen die Worte des Liedes, als wäre es mein eigenes:

›Quella c'ha bionda testa e chiaro viso
E lo bel viso e 'l morbido sguardare . . .‹

Aber ich vernahm nicht mehr als diese beiden Zeilen, denn ich war wie erstarrt, verzückt. Die imaginäre und faszinierende blonde Frau aus Jacopos Lied war plötzlich in Erscheinung getreten. Sie stand nicht weit entfernt, verhalten lächelnd, und betrachtete nicht Ser Jacopo, sondern mich. Trotz des flackernden Kerzenlichts erkannte ich sie sogleich. Es war Bianca Lancia.

Fast zwanzig Jahre waren vergangen. Ich war jetzt sechsunddreißig, sie einunddreißig. Ich hatte vergessen, aber ich konnte nicht vergessen. Wie ich jetzt ein Mann und kein Jüngling mehr war, so war sie kein Mädchen mehr, sondern eine Frau. Und der Wandel hatte ihre Schönheit nicht vermindert, sondern gesteigert. Einst war sie schmalgesichtig und fast flachbrüstig gewesen, aber jetzt war sie voll entwickelt, ausgestattet mit den natürlichen Reizen des Weibes. Dennoch war sie noch immer von einer Aura goldener Blässe umgeben, und das zarte, nachdenkliche Gesicht war durch nichts verdorben. Ich glaube, ich hätte sie erkannt, auch wenn sie hundert Jahre gewesen wäre. Und als sie merkte, daß ich sie anstarrte, lächelte sie, wandte jedoch den Blick ab. Ihr Begleiter war ihr Bruder Manfredo.

Als Ser Jacopo fertig war und der Beifall sich gelegt hatte, streckte ich die Hand aus. »Die Laute —«, sagte ich, »auch ich möchte singen.«

Und ich trug das Lied vor, das ich eines Nachts, halb im Traum, gedichtet hatte; es war ein Dialog zwischen einem Liebhaber und seiner Geliebten, denen eine lange Trennung bevorstand:

> »Dolze meo drudo, e vatene:
> meo sire, a Dio t'accomanno;
> che ti diparti da mene,
> ed io, tapina, rimanno . . . .
> Dolze mia donna, lo gire
> non è per mia volontate;
> che me convene ubidire
> quelli che m'à 'n potestate . . .«

Noch ehe der Beifall verklungen war, gab ich den Musikanten das Zeichen zum Weiterspielen. Ich trat vom Thron herunter und mischte mich unter die Tanzenden . . ., und stand neben Bianca.

»Monna Bianca, willkommen an Unserem Hofe«, sagte ich und küßte ihre Hand. »Was für ein Sprung über die Jahre hinweg! Aber wie hat es sich zugetragen, daß Ihr ohne Ankündigung und ohne formelle Vorstellung hierhergekommen seid? Als ich den edlen Manfredo aufgefordert habe, sich bei Uns niederzulassen, hatte ich keine Ahnung, daß Ihr Euch anschließen würdet — ein Glücksfall ohnegleichen —«

»Dieser Glücksfall, Herr«, sagte Manfredo, »entspringt leider betrüblichen Umständen. Meine Frau ist jetzt ein Jahr tot, wie Ihr Euch vielleicht entsinnen werdet; Bianca hat mich begleitet, um meine Kleinsten zu bemuttern. Wir sind heute eingetroffen, mitsamt unserem Gepäck, aber Ihr wart auf Falkenbeize —«

»Mein herzlichstes Beileid«, sagte ich. »Aber ist Monna Bianca auch Mutter eigener . . .?«

»Nein, Herr«, murmelte sie. »Ich bin keines Mannes Ehefrau.«

Der Klang ihrer Stimme, mehr noch als ihre Worte, rief neue und seltsame Empfindungen in mir wach. Wir schätzten uns offen und unverhohlen ab, wie damals in jenem kurzen Augenblick im Doria-Garten, als sie neben dem Delphinbrunnen gesessen und ich sie zuerst gesehen hatte. Die Abschätzung war jetzt genauso kurz, hatte aber eine andere Bedeutung.

»Wollen wir tanzen?« sagte ich. »Dies ist die Nacht zum Fröhlichsein.«

Als ich ihre Hand berührte, begriff ich: ich war verliebt, damals wie jetzt. »Wirst du heut nacht zu mir kommen?« flüsterte ich. Sie lächelte verhalten. »Ja.«

Ich drückte ihre Hand und flüsterte dann dicht an ihrem Ohr: »Begib dich, dicht verschleiert, mit einer Dienerin in den Marstall. Sag dem Reitknecht, du möchtest mein Pferd Dragone sehen. Der Knecht wird dir eine Geheimtür zeigen. Von dort führt eine Geheimtreppe den Turm hinauf in einen Alkoven meines Schlafzimmers. Außer deiner Dienerin und meinem Knecht wird niemand etwas von deinem Kommen oder Gehen erfahren. Wir werden unser Geheimnis wahren, solange du willst...«

»Herr — ich fürchte mich nicht davor, daß es sich herumsprechen könnte.«

»Aber wenn du eines Tages Heiratsabsichten haben solltest —«

»Nein. Niemals.«

»Und warum nicht?«

»Hätte ich heiraten wollen, würde ich es schon längst getan haben. Aber ich wollte nicht —«

»Weil —?«

»Weil ich nur aus Liebe heiraten könnte.«

Ich atmete tief. »*Sehr ungern von deinem Gestad', o Königin, schied ich ... Nicht glauben ja konnt' ich, daß so heftigen Schmerz ich dir aufregte durch Trennung ... Also sprach Äneas ...*«

Wieder, wie vor neunzehn Jahren, legte ich meinen Arm um sie und vergaß die Menschen um uns her.

5.

Ein staubbedeckter und in Augustschweiß gebadeter Kurier traf aus Rom in Melfi ein. Seinen Satteltaschen entnahm er Bündel, die das päpstliche Siegel trugen. Auf diese Weise wurde das unheilvolle Schweigen vieler Wochen unterbrochen, und ich spürte, daß neue Unannehmlichkeiten bevorstanden. Der Brief des Papstes war eine Warnung:

›Es ist Uns zu Ohren gekommen, daß Ihr neue Gesetze zu erlassen gedenkt, entweder aus eigenem Antrieb oder dazu verführt durch die schädlichen Ratschläge verworfener Männer. Daraus ergibt sich, daß man Euch als Verfolger der Kirche ansprechen muß ... Wenn Ihr dies wirklich beabsichtigt, so müssen Wir ernsthaft befürchten, daß Gott Euch Seine Gnade entzogen hat, da Ihr so offen Euern eigenen guten Ruf und Euer Heil untergrabt.‹

Selbst wenn ich gewollt hätte, wäre es zu spät gewesen, meine Absicht fallenzulassen. Schon hatte ich die Beamten, die Anwälte, die Notare, die Laienfürsten und die Kirchenfürsten und selbst das gemeine Volk aufgerufen, sich zur Verkündung meiner neuen Gesetzsammlung in Melfi zu versammeln. Ich war sogar so weit gegangen, halbjährliche Zusammenkünfte von Volksvertretern zu planen, die die Formulierung und Anwendbarkeit der Gesetze erörtern sollten, damit der Staat ständig auf der Hut vor Ungerechtigkeiten sei. Die Rechtsprechung sollte ausschließlich in Laienhänden liegen. In dem Entwurf, den ich aufgesetzt hatte, wurde die Kirche kaum erwähnt; ohne Zweifel kannte Papst Gregor alle Einzelheiten. Mein neuer weltlicher Staat sollte sich auf Recht, Natur und Vernunft gründen; dennoch sollte die Kirche ihren Platz angewiesen bekommen.

Viel von der organisatorischen Arbeit wurde von Taddeo da Suessa geleistet, einem Oberjustitiar, der erst vor kurzem in den Vordergrund getreten war. Suessa liegt nicht weit von Capua entfernt, und Piero kannte Taddeo gut. Taddeo war älter als Piero und jünger als Berard; ein lauterer und aufrichtiger Charakter, gleichsam das italienische Gegenstück zu Hermann von Salza. Damals und auch später fand ich Taddeo hervorragend geeignet dazu, mit dem Klerus zu verhandeln, ohne klerikale Federn zu zausen.

Noch vor der Generalversammlung unternahm ich eine Anzahl von Schritten, um die volkstümliche Vorstellung von weltlicher Macht zu festigen. Ich erklärte meinen eigenen Geburtstag zu einer allgemeinen *festa* und gab Christen, Moslems und Juden gleichermaßen einen gemeinsamen Feiertag. Ich ließ Goldmünzen schlagen, die ich ›Augustalen‹ nannte; die Prägungen zeigten mein Bild mit kurzgeschnittenem Haar im Cäsarenmantel, den Lorbeer auf dem Haupt. Auf der Rückseite befand sich der römische Adler. Nirgends etwas von einem Kreuz, einem Lamm oder anderen christlichen Symbolen, wie man sie auf allen anderen Münzen jener Tage fand. Ich hatte große Schwierigkeiten, wirklich geschickte Goldschmiede ausfindig zu machen, da in den Münzstätten gewöhnlich schludrig gearbeitet wurde. Meine Münzen halten jeden Vergleich mit den griechischen und römischen aus. Dazu sind sie aus gediegenem Gold, einem Metall, das kaum noch für Hartgeld verwendet wird. Niemand kann ihren Wert bezweifeln.

Endlich kam der große Tag, da die ersten Verordnungen des neuen Gesetzbuches der Versammlung laut verlesen werden sollten. Von allen Mitarbeitern an der Kodifikation wählte ich Pier della Vigna, um im Namen des Kaisers zu sprechen. Ich saß in der Halle der Drei Kuppeln auf einem großen edelsteingeschmückten Thron unter einer riesigen über mir hängenden Krone. Zu meiner Rechten stand Piero, in prächtige Staatsgewänder gekleidet, der jetzt das Amt des *Logotheten* innehatte, das ich eigens für ihn geschaffen. Vor ihm stand ein geschnitztes und vergoldetes Lesepult, auf dem die Pergamentfolien des Gesetzwerkes ruhten. Wäre es mir bekannt gewesen, so hätte ich wahrscheinlich darauf hingewiesen, daß fast im selben Augenblick Papst Gregor in Rom eine neue Inquisition einführte; immer mehr Ketzer wurden lebendig verbrannt.

Piero begann mit der Aufzählung meiner Titel, genau wie Justinian in der Intitulation der Digesten seine Triumphatorennamen angeführt hatte:

IMPERATOR FRIDERICUS SECUNDUS
ROMANORUM CAESAR SEMPER AUGUSTUS
ITALICUS SICULUS HIEROSOLYMITANUS
ARELATENSIS
FELIX VICTOR AC TRIUMPHATOR

Die Lesung dauerte viele Stunden, Tage sogar, da die Kodifikation die Ursprünge menschlichen Gesetzes vom Fall Adams und Evas an verfolgte, die das göttliche Gebot verletzt hatten, bis zum

Aufstieg weltlicher Herrscher, denn, wie ich es selbst formulierte, ›die zwingende Notwendigkeit der Dinge selbst schuf Könige‹. Meine Rechte gründeten sich auf ›die Gnade des Himmels‹. Die Gesetzsammlung selbst spiegelte die juristischen Bemühungen eines Jahrtausends wider und bildete jetzt ein zusammenhängendes Ganzes. Hier und dort hatte ich den genauen Wortlaut diktiert, den ich angewendet sehen wollte:

›Nichts entziehen Wir dem Ansehen früherer Herrscher, wenn Wir gemäß der Eigenheit der neuen Zeit aus Unserem Schoße neues Recht gebären und für neue Mißbräuche neue Arzneien erfinden. Der kaiserlichen Würde ist das erlauchte Vorrecht auferlegt, zum Dienen verpflichtet zu sein: täglich neue Methoden zu ersinnen, um die Ehrenhaften zu belohnen und die Lasterhaften zu zügeln . . .

Wir, die wir die Waagschalen der Gerechtigkeit für alle in Händen halten, wollen keine Unterschiede gelten lassen, sondern streben gleiches Recht für alle an. Kläger oder Beklagter, ob Franke, Römer oder Lombarde, Uns liegt allein daran, daß er Recht bekomme. Auch ist nichts abscheulicher, als die Unterdrückung der Armen durch die Reichen . . . Obwohl der Kaiser über dem Gesetz steht, werden Wir Sorge tragen, daß Wir in Beachtung der Gesetze und der Unbeugsamkeit des Rechts die Gesetze befolgen, die für alle anderen gelten. Alles, was Unseren getreuen Untertanen zum Nachteil gereicht, schadet auch Uns, und wovon sie profitieren, davon profitieren auch Wir.

Möge Unser Volk dieses Werk, das in der Hoffnung auf Göttlichen Beistand begonnen und unter der Leitung Göttlicher Gnade vollendet wurde, zum Ruhme und zur Ehre Gottes willkommen heißen. O ihr Völker, macht euch diese Gesetze zu eigen . . . Die Nachwelt muß noch in kommenden Jahrhunderten von Uns glauben, daß Wir dieses Gesetzbuch nicht nur aus Ruhmsucht zusammengestellt haben, sondern um in unseren Tagen die Ungerechtigkeit früherer Zeiten auszurotten — denn die Stimme der Gerechtigkeit hat lange geschwiegen . . .‹

Aus praktischen Gründen begann der Kodex mit Erlassen gegen die Ketzer, genau wie bei Justinian. Um seines Glaubens willen durfte niemand verfolgt werden, aber Kirchenspalter und Staatsfeinde wurden der Ketzerei für schuldig erklärt. Waren diese Edikte ein Zugeständnis an den Papst, so zielten sie gleichzeitig darauf hin, der Kirche zu beweisen, daß sie sich zu ihrer Verteidigung auf den Staat verlassen könne, und deuteten darüber hinaus die Unverletzlichkeit des Staates selbst an. Da ich Anarchie verabscheue und Ordnung achte, hatte ich keine Hemmung, diese Bestimmungen aufzunehmen.

Aber von weit größerem Interesse für mich waren die wesentlichen Neuerungen, die Abänderung alter Formen oder die Schaffung völlig neuer. Das Wichtigste war eine vollständige Umgestaltung des Regierungsapparates. Beamte, Justitiare genannt, wurden zu Provinzgouverneuren bestellt, von der Krone besoldet und waren der Krone direkt für unparteiische Handhabung der Gesetze verantwortlich. Innerhalb ihres Amtsbezirks war ihnen der Besitz von Geld oder Land untersagt sowie jegliches Handeltreiben. Sie durften in ihrem Bezirk keine Verwandten haben und nicht einmal ihre Ehefrauen dorthin mitnehmen. Die Amtsbezirke sollten jährlich wechseln. Feudale Gerichtshöfe sollten völlig verdrängt werden. Die Justitiare waren angewiesen, täglich (außer an Feiertagen) zu Gericht zu sitzen, und kein Prozeß sollte sich länger als zwei Monate hinziehen dürfen. Zweimal jährlich durften die Untertanen Beschwerden vorbringen. Nur kultivierte Männer mit akademischer Bildung durften zu Justitiaren erwählt werden; und Bestechlichkeit oder ungerechte Urteilssprüche konnten mit Vermögenseinziehung oder dem Tode geahndet werden. Zum erstenmal war Bürgschaft gestattet. Wer falsche Anschuldigungen erhob, verlor ein Sechstel seines gesamten Besitzes. Witwen, Waisen und Verarmte sollten auf Staatskosten unentgeltlich rechtlich beraten werden. Anwaltshonorare sollten von den Justitiaren festgesetzt werden.

Die Anwendung der Folter wurde stark eingeschränkt; sie blieb als ein letztes Mittel gegen Personen vorbehalten, die des Mordes verdächtig waren und einen üblen Ruf hatten. Gottesurteile als Mittel zur Urteilsfindung wurden völlig abgeschafft. Zur Begründung schrieb ich: »Wie kann man nur glauben, daß glühendes Eisen ohne ausreichende Ursache erkalten könne ... oder daß kaltes Wasser eines schlechten Gewissens wegen sich weigert, den Angeklagten aufzunehmen? Diese Gottesurteile, die man ›wahrheitsenthüllend‹ nennt, hießen besser ›wahrheitsverhüllend‹.«

Waffen tragen durften nur Höflinge, Ritter und reisende Kaufleute. Hochverrat galt als das schlimmste Verbrechen. Der Geheimdienst wurde angewiesen, besonders auf Verschwörungen seitens des Papstes oder der Kurie zu achten; die Überwachung verdächtiger Personen lag in den Händen einer Sonderpolizei, den *comestabuli*. Bestanden hinreichende Verdachtsgründe, so sollte die verdächtige Person ein schwarzes Büchlein ausgehändigt bekommen, das die gegen sie erhobenen Anschuldigungen zusammen mit den Namen ihrer Ankläger enthielt.

Starke Beschränkungen wurden den Kirchen, Klöstern und Orden hinsichtlich der Erwerbung von Freisassen- oder Lehngütern auferlegt. Auf den königlichen Gütern wurde die Leibeigenschaft als solche abgeschafft. Mustergüter wurden errichtet. Landbesitzer, die ihren Grund und Boden ernsthaft zu bestellen wünschten, sollten die erforderlichen Beträge von brachliegenden Gütern erhalten. Schonzeiten für Wild wurden eingeführt, um den Fortbestand von Tieren und Vögeln zu sichern.

Das alte Gesetz, das Frauen von der Erbfolge ausschloß, wurde annulliert. Frauen erhielten jedweden Schutz, selbst Prostituierte. Wer die Hilferufe einer Frau vernahm und nicht darauf reagierte, sollte streng bestraft werden. Auf Notzucht stand unter Umständen der Tod oder Verstümmelung. Aber für unerwiesene Notzuchtsbeschuldigungen konnte die Frau selbst zum Tode verurteilt werden. Zuhälter sollten zu Zwangsarbeit oder Sklaverei verurteilt werden; Weibern, die ihre Töchter prostituierten, drohte Gefängnis, falls sie nicht nachweisen konnten, daß sie aus Armut dazu gezwungen wurden. Der Kupplerin sollte die Nase abgeschnitten, Männer, die ehebrecherische Beziehungen ihrer Weiber begünstigten, sollten ausgepeitscht werden.

Alle Wundertätigkeit wurde geächtet, das Brauen von Liebestränken verboten. Apotheken durften ein bestimmtes Produkt nicht für ein anderes ausgeben; der Verkauf von giftigen Substanzen, die lebensgefährdend sind oder die Sinne verwirren, war bei Todesstrafe untersagt. Ärzte sollten auf Verlangen ihre Patienten mindestens zweimal täglich oder einmal nachts besuchen und durften nur einen bestimmten Betrag dafür fordern; bei Besuchen außerhalb der Stadt erhöhte sich dieser Betrag. Aus Rücksicht auf die Volksgesundheit waren Tümpel mit stehendem Wasser zu beseitigen; tote Tiere und Abfälle durften nicht in die Flüsse geworfen werden; der Verkauf von verdorbenen Lebensmitteln war strafbar; das Schlachten von Tieren hatte außerhalb der Stadtmauern stattzufinden. Öffentliche Badehäuser unterstanden der Aufsicht des Staates.

Alle Gewichte und Maße wurden behördlich kontrolliert. Binnenzölle wurden zum großen Teil abgeschafft und eine strenge Zollrevision eingeführt. Produktion und Verkauf von Salz, Hanf, Eisen, Seide und Farbstoffen waren Staatsmonopol. Auch der Verkauf und der Transport von Getreide war halb monopolisiert. Neue Industriezweige, wie das Raffinieren von Zucker, wurden gefördert. In jeder Großstadt sollten staatliche Speicher angelegt werden.

Minderjährige oder Geisteskranke waren gerichtlich nicht zu belangen. Das Unterlassen von Hilfeleistungen Schiffbrüchigen gegenüber war strafbar. Meineidigen und Leichenfledderern sollten die Hände abgehackt werden.

Dies waren einige von den neuen Gesetzen und den Strafen, die den Gesetzesübertretern drohten. Aber ich hatte das Gefühl, daß eine Verwarnung angebracht wäre: ›Ungerechte Urteilssprüche können gar nicht streng genug bestraft werden, da sonst der Pfad der Wahrheit verdunkelt und die Gerechtigkeit weiterhin unterdrückt wird. Wir verurteilen jene Richter, die aus irgendeinem Motiv ein ungerechtes Urteil gefällt haben, zum Tode. Ihr Vermögen wird eingezogen. Wer von ihnen aus Unwissenheit geirrt hat, mag sich bei seiner eigenen Torheit bedanken, daß er sich das Amt eines Richters angemaßt hat.‹

Kaum war das letzte Wort des letzten Folios verlesen, als auch schon ein neues Schreiben Gregors eintraf. Sein Inhalt rief eine gewisse Bestürzung unter einigen Schwankenden hervor. Nur die Edikte gegen die Ketzerei wurden von der Kurie gebilligt; die anderen Gesetze, erklärte der Papst, werde die Kirche ›keineswegs stillschweigend hinnehmen‹.

Denn diese Gesetze, schrieb der Papst, hätten ›das Heil abgeschworen und unermeßliches Ärgernis heraufbeschworen‹.

6.

Der Schatten eines Schattens fiel auf mein Glück. Gerüchte drangen zu mir, daß mein Sohn Heinrich, der König der Deutschen, einen leichtfertigen, mit der Königswürde unvereinbaren Lebenswandel führe. Es war nicht so sehr, daß er übermäßig getrunken und gegessen, daß er sich mit Rohlingen umgeben hätte, oder daß er unbeständig und launisch gewesen wäre und sich sogar von seiner Königin scheiden lassen wollte, obwohl sie ihm einen Sohn geboren hatte. Viel beunruhigender war die Tatsache, daß er die Rolle eines Königs nicht zu begreifen schien. Er konnte nicht die Achtung der Fürsten erringen, wenn er sich unter sie stellte; er konnte nicht ohne Einsicht und Entschlossenheit regieren; er konnte nicht hoffen, das Bündnis mit Österreich aufrechtzuerhalten, wenn er sich seiner österreichischen Gemahlin entledigte, nur um irgendeine jugendliche Flamme zu heiraten.

Er war jetzt einundzwanzig. Ich hatte ihn seit elf Jahren nicht mehr gesehen und fand es an der Zeit, daß Vater und Sohn sich wieder einmal begegneten. Ich berief einen Hoftag für Allerseelen nach Ravenna ein und forderte Heinrich auf, die Alpen so schnell wie möglich zu überschreiten und sich mit mir auf halbem Wege zu treffen. Auch machten mir die ständigen Unruhen in der Lombardei Sorge. Ich ließ verkünden, mein Vorhaben diene ›der Ehre Gottes, der Kirche, des Reiches und dem Wohlstand der Lombardei‹, und lud die lombardischen Städte zur Teilnahme am Hoftag ein.

Von allen meinen Kindern kannte ich Heinrich am wenigsten. Zweimal hatte ich mich von ihm getrennt, als er noch ein Kind war; ich hatte ihn gegen den Willen seiner Mutter nach Deutschland beordert; ich hatte ihn völlig als deutschen Fürsten erziehen lassen ohne bessernde ausländische Einflüsse. Gewiß war ich in den letzten Jahren eine unbestimmte und unwirkliche Gestalt für ihn geworden, nicht mehr als eine verzerrte Kindheitserinnerung. Ich konnte ihn mir leicht vorstellen; er hatte jedoch bestimmt keinerlei Vorstellung von mir.

Jetzt sorgte ich dafür, daß ich meine Kinder, wenn möglich, täglich zu Gesicht bekam. In jenen Jahren war die Kinderstube in

Melfi zum Bersten voll, und glücklicherweise übernahm Bianca die Aufsicht, als sei sie die Mutter meiner ganzen Brut. Um ihrer Kleidung Halt zu verleihen, benützte sie die neue Erfindung der ›Knöpfe‹ — vortrefflich geeignet für Kinder, wie sie erklärte. Die ältesten Mädchen hießen Selvaggia, Violante und Margherita und waren zwischen acht und elf. Alle waren gesetzt, klug und sehr hübsch; aus Selvaggia versprach sogar eine wirkliche Schönheit zu werden. Die jüngsten Mädchen, Blanche und Caterina, waren noch die reinsten Tolpatsche. Was die Knaben anging, so waren die meisten die reinsten Lausejungen, wie es sich für Knaben gehört. Der jüngste war der dreijährige Corrado — neben Heinrich mein einziger legitimer Sohn. Glücklicherweise hatte er keine ausgeprägte Ähnlichkeit weder mit seiner Mutter Jolantha noch mit seinem Großvater Jean de Brienne. Wenig älter war mein Federico von Antiochia, der mich mit fünf Jahren derart an seine schöne Mutter Balian erinnerte, daß es mitunter schmerzhaft für mich war. Sein Bein war schlimmer geworden und meine Besorgnis um ihn größer; ich ließ ihn Heilgymnastik treiben, aber nichts schien zu helfen. Als nächster kam Riccardo di Theate, mit elf Jahren ein unmethodischer Junge, scheu, in sich gekehrt, des öfteren krank, stets zu sehr mit sich selbst beschäftigt. Ich war froh, daß er gern las, aber er hatte keinen Ausgleich, und auch seine Gesundheit machte mir Sorge. Aber die größte Freude machte mir der dreizehnjährige Enzio. Obwohl er das einzige Kind war, das eine deutsche Mutter hatte, war er, was Temperament, Gestik und Stimme anging, das italienischste von allen. Er hatte eine rasche Auffassungsgabe, war immer guter Dinge und mir äußerlich am ähnlichsten. Dauernd lachte er, war ständig in Bewegung oder las und fand einen solchen Gefallen an der Falknerei, kleidete sich so oft in Grün, daß man ihn ›Falconello‹ nannte. Ich glaube, er hatte sich sein ganzes Leben so nach einer Mutter gesehnt, daß er sich sofort eng an Bianca anschloß. Ich war sehr dankbar, daß sie sich so gut verstanden.

Bianca selber sollte mir noch ein Kind schenken. Schon wußten wir, daß sie schwanger war. Sogleich einigten wir uns auf Namen; wenn es ein Junge wurde, sollte er zu Ehren ihres Vaters und ihres Bruders Manfredo heißen; wenn ein Mädchen, so sollte es zu Ehren meiner Mutter den Namen Konstanze bekommen.

Bianca hatte sich kühn und ohne Scham in ein offenes Verhältnis mit mir eingelassen. Ich richtete ihr Gemächer neben meinen ein und wies ihr einen meiner beiden vertrautesten Leibwächter zu, jene Sarazenen ›Pietro‹ und ›Paolo‹. Manfredo fügte sich stillschweigend in diese Einrichtung. In Wahrheit war es Bianca, die ihn dazu bewog, nicht ich. Es schien jedoch nicht unangebracht, ihm einen neuen Posten, neue Ländereien und einen neuen Titel zu verleihen; ich hütete mich jedoch, ihn zu rasch hintereinander mit diesen Auszeichnungen zu überhäufen, damit es nicht heißen sollte, ich hätte nur seine Schwester damit erkauft.

Bianca war natürlich das Wunder bei Hofe, denn sie schien mich zu fesseln wie noch keine Frau zuvor, und sie wurde mit mehr Achtung behandelt als einer Königin zukam.

Nur mit Pier della Vigna gab es leichte Schwierigkeiten. Bianca selber war viel zu klug, um in irgendeiner Form auf Piero anzuspielen, da sie wußte, daß Männer untereinander ein ganz anderes Verhältnis haben als zu Frauen. Sie schien mit ihrer Rolle zufrieden und kümmerte sich weiter nicht um andere. Bei Piero lagen die Dinge anders. Ich glaube, er war einfach eifersüchtig, daß mich Bianca so völlig in Anspruch nahm . . ., nicht auf die physische, sondern auf die geistige Verbundenheit, die zwischen uns bestand. Das war sein ureigenstes Gebiet, und der Gedanke, daß sich jemand zwischen uns drängen könnte, war ihm tief zuwider. Eines Tages, nachdem er aus dem Gesetzbuch vorgelesen hatte, sprach er mich in einem beiläufigen Ton an, der jedoch so gezwungen klang, daß sich seine Besorgnis sofort verriet.

»Imperatore«, sagte er, »was hält Nobildonna Bianca von der neuen Frauengesetzgebung?«

»Sie findet ihre volle Zustimmung«, antwortete ich. »Etwas, was ihrer Meinung nach schon längst fällig gewesen war.«

»So?« sagte er. »Großartig! Und habt Ihr vorher mit ihr darüber gesprochen und ihren Rat eingeholt?«

»In der Tat, das habe ich. Ich dachte, das Urteil einer klugen Frau könnte nützlich sein in derartigen Angelegenheiten.«

»Und über welche Bestimmungen, Imperatore, war sie am besten informiert?«

Ich erstarrte. Das war gefährlicher Boden. »Über die Probleme des Erbrechts«, sagte ich, »da sie in ihrem bisherigen Leben von keiner anderen Bestimmung betroffen worden ist. Und ich werde dafür sorgen, daß das nicht geschieht . . .«

Er errötete und schlug die Augen nieder. »Ich wollte Euch nicht zu nahe treten«, sagte er. »Ihr kennt mich zu gut . . .« Dann tat er, als wolle er beten.

»Du irrst, lieber Piero, und zwar aus Übereifer«, sagte ich. »Bei deiner Liebe zu deinem Kaiser vergißt du mitunter, daß er auch ein Mann ist; und bei deiner Liebe zum Manne vergißt du manchmal, daß er auch Kaiser ist. Und wer, außer Pier della Vigna, wäre einer solchen Synthese von Liebe zu beiden fähig? Aber hab keine Angst — sowohl der Kaiser als auch der Mann erwidern deine Liebe; sie wird dir immer bleiben, zu welchen Höhen oder in welche Tiefen unsere Pfade auch führen mögen . . .« Ich legte meinen Arm um ihn, um den *dolore* zu mildern, der sich auf seinem Gesicht spiegelte.

Immerhin, als ich mich nach Ravenna auf den Weg machte, ließ ich ihn zurück. Als Begleiter wählte ich Graf Tommaso d'Aquino, mit dem mich ein ausgezeichnetes, aber unpersönliches Verhältnis verband; und Berard, der mit seinen fünfundsechzig Jahren weißbärtig war und ein wenig alt wirkte; und Bianca Lancia . . .

7.

Mein Sohn Heinrich erschien nicht in Ravenna. Auch die lombardischen Städte entsandten keine Abordnungen. Offensichtlich sollte ich auf dem Hoftag Selbstgespräche führen oder Daumen drehen. Ich tat weder das eine noch das andere. Höflich ersuchte ich den Papst, Vermittler an die lombardischen Rebellen zu schikken (ich erwartete keinerlei Ergebnisse); meinen Sohn ersuchte ich nicht, sondern befahl ihm weniger höflich, sich kommende Ostern mit mir in Aquileja zu treffen. Diese Stadt, nicht weit von Triest entfernt, war von Deutschland her zugänglich. In der Zwischenzeit beschäftigte ich mich mit anderen Dingen.

Ich nahm einige Ausgrabungen vor, die mich interessierten. Ich ließ das Grabmal der Galla Placidia freilegen. Zum erstenmal seit Jahrhunderten waren die außerordentlichen blauen und goldenen Mosaiken dieses Baues dem menschlichen Auge wieder sichtbar; Bianca und ich waren voll der Überraschungen, die jeder Tag mit sich brachte. Aber ich schwankte zwischen Bewunderung für das Grabmal und Bewunderung für Bianca, als sie in dem Mittelgewölbe stand, bis an die Ohren in Pelze gehüllt, und den geflügelten Löwen betrachtete, der über den blauen sternenbesäten Himmel flog. Die durchsichtigen Alabasterfenster tauchten ihr goldenes Haar in einen so weichen Schimmer, daß sie fast göttlich wirkte. Nicht umsonst hatte sie sich als der gute Engel meines Lebens erwiesen.

Im zeitigen Frühjahr segelte ich nach Venedig, angeblich um in San Marco den Schutzheiligen zu verehren, aber eigentlich um meine Beziehungen zu der Lagunenstadt zu verbessern. Der Doge empfing mich mit einer Mischung von nervöser Unruhe und Hochmut; man fürchtete mich in Venedig, trotz der riesigen Besitztümer in der Levante, trotz der Flotte und der Reichtümer, über die man verfügte. Die Gerissenheit dieser Händler beeindruckte mich tief: ein Beispiel möge genügen. Ich brachte Geschenke von großem Wert: Gold, Silber, Edelsteine. Als Gegengeschenk überreichte man mir feierlichst und unter großem Gepränge einen Holzsplitter vom Kreuze Christi. Ich bewahrte ihn auf und gab ihn kurz darauf an Hermann von Salza weiter, als dieser aus Thüringen in Aquileja eintraf; er war vor Freude fast außer sich. Was die Kaufleute von Venedig anging, so sahen sie mich, trotz des guten Geschäftes, das sie gemacht, nur allzu gern gehen.

Zu Ostern traf ein widerspenstiger Heinrich in Italien ein. Ich lehnte es ab, ihn zu empfangen, und wies ihm das nahe der österreichischen Grenze gelegene Cividale als Aufenthaltsort an. Das Scheidungsproblem hatte sich von selbst gelöst; die unglückliche Agnes von Böhmen, die Heinrich begehrte, hatte den Schleier genommen, um weiteren Belästigungen zu entgehen. Aber nichts vermochte den Schaden zu beheben, den Heinrich damit angerichtet, daß er sich von den deutschen Laienfürsten die fast uneingeschränkte Oberhoheit über ihre Länder und Städte hatte abringen lassen, einschließlich der Münzrechte und des Rechts, Zoll und Abgaben zu erheben und Befestigungen anzulegen. Er hatte die Fürsten auf unkluge Weise herausgefordert und diese Zugeständnisse machen müssen. Auch ich war den deutschen Kirchenfürsten gegenüber nicht kleinlich gewesen; aber bei den Laienfürsten und dem Prinzip der Erbfolge war das etwas ganz anderes. Nüchtern betrachtet, hatte mein Sohn Deutschland in eine Reihe von kleinen Königreichen aufgeteilt, die noch absoluter als die bereits bestehenden waren; er hatte das Reich derart geschwächt, daß es nur noch ein Schatten war. Aber damit nicht genug: Gerüchte waren im Umlauf, daß er insgeheim einen Aufstand vorbereitete; doch die Tatsachen dieser Situation behielt ich für mich — falls mich nicht Heinrich selbst dazu zwingen sollte, sie aufzudecken.

Ich traf daher Anstalten, Heinrich in erster Linie wie einen unbotmäßigen König zu behandeln und erst in zweiter Linie wie meinen Sohn, obwohl unsere Blutsverwandtschaft eine für mich ungeheuerliche und unerträgliche Lage schuf. Hätte er nur unklug gehandelt, wäre es ein leichtes für mich gewesen, ihm zu verzeihen; aber sein Nichterscheinen in Ravenna war bewußter Ungehorsam, und selbst jetzt war er nur gekommen, weil bestimmte Fürsten und Bischöfe einen starken Druck auf ihn ausgeübt hatten. Offensichtlich wollte er sich meiner Autorität völlig entziehen; aber eine Willensäußerung hatte nichts mit Regierungskunst zu tun, und davon verstand er überhaupt nichts.

Ich entsandte Unterhändler nach Cividale und ließ ihm sagen, daß er mich erst dann von Angesicht zu Angesicht sehen dürfe, wenn er sich allen meinen Bedingungen unterworfen habe. Ich verlangte von ihm, mir in Gegenwart der Fürsten feierlich zu schwören, in Zukunft allen meinen Befehlen zu gehorchen; die deutschen Fürsten nicht mehr gegen sich selbst und das Reich aufzuwiegeln; die Fürsten im Falle neuen Ungehorsams seinerseits von ihrem Treueid ihm gegenüber zu entbinden; an den Papst zu schreiben und ihm mitzuteilen, welchen Eid er geschworen habe, und um Exkommunikation zu bitten, falls er, Heinrich, die dem Vater gegebenen Versprechen bräche. In all dies willigte er mündlich ein, mit was für inneren Vorbehalten wußte ich allerdings nicht. Daraufhin lud ich ihn zu einem Besuch unter vier Augen ein.

Was kann ein Vater zu seinem Sohn sagen, der die auf ihn gesetzten Erwartungen nicht erfüllt, hochfliegende Hoffnungen enttäuscht und keinerlei Nutzen aus den für ihn geschaffenen Vorteilen gezogen hat . . .? Vielleicht waren die Erwartungen zu groß, die Hoffnungen übertrieben? Vielleicht ist Vorteil für den einen Nachteil für den anderen? Kann ein Vater von der Last sprechen, die ihn bedrückt, oder so tun, als hätte das nichts weiter zu bedeuten? Wie gern wäre ich stolz auf ihn gewesen! Stolz: das war ein Faktor. Ich entsann mich, wie stolz ich darauf gewesen war, meinen erstgeborenen Sohn gezeugt zu haben. Wenn er bei seiner Geburt nur von ähnlichem Stolz erfüllt gewesen wäre! Aber vielleicht hatte er von Jugend an nur Groll gehegt? War er denn nicht stolz auf seinen Vater, sein Geschlecht, sein Erbe? Stolz auf Leistungen? Hatte er kein Verantwortungsgefühl seinem Vater oder sich selbst gegenüber oder den Gelegenheiten, die ihm offenstanden? Was waren seine Empfindungen — seine Reaktionen auf die Vergangenheit, was erhoffte er sich von der Zukunft? Ich wand und krümmte mich innerlich. Meine Enttäuschung war grenzenlos. Ich betrachtete sein Versagen als einen Nebenumstand meines eigenen. Mein Kopf schmerzte. Ich war reizbar und wütend. Mir war übel, und während der erschöpfenden Stunden einer schlaflosen Nacht hätte ich am liebsten den Schleim ausgeworfen, der uns beide irgendwie vergiftet hatte.

Ich legte alle königlichen Autoritätssymbole ab ..., meinen Siegelring, die schwere Goldkette mit dem Medaillon, die ich oft um den Hals trug, meine Krone. Reichsapfel und Zepter verbarg ich. Ich wollte meinen Sohn nicht als König, sondern ausschließlich als Vater empfangen. Aber warum war es so entsetzlich schwierig, die Kluft zwischen Vater und Sohn zu überbrücken ...?

Ich saß mit einem Buch im Schoß, als er eintrat. Ich hätte ihn nie erkannt, wenn ich nicht Konstanzes spanisches Antlitz noch immer vor mir gesehen hätte. Er war nicht so dunkel, wirkte jedoch verstört und verludert und strahlte nichts von Glück und Gesundheit aus. Sein Mund verriet einen Geiz, der mich beunruhigte, aber weniger beunruhigend war als die verstockte Feindseligkeit, die von ihm ausging. Ich legte mein Buch beiseite und erhob mich. Er war zugleich schmächtiger und größer als ich, doch längst nicht so muskulös. In seiner Hagerkeit ähnelte er meinem Vater. Er verbeugte sich und suchte meine Hand zu küssen, aber dazu ließ ich es nicht kommen.

»Komm, mein Sohn«, sagte ich auf italienisch, »setzen wir uns zusammen auf das Ruhebett.«

»Wie Ihr wünscht, Kaiser«, erwiderte er auf deutsch, als wir Platz nahmen.

»Wollen wir nicht lieber italienisch miteinander sprechen?«
sagte ich.

»Ich bin ziemlich aus der Übung darin«, sagte er.

»Mein Deutsch ist auch nicht sehr gut. Lateinisch dann also.«

»Wie Ihr wünscht, Sire.«

Aber sein Latein hatte einen derart gutturalen deutschen Akzent, daß es schwer zu verstehen war. Selbst die Sprache bildete
eine Barriere zwischen uns! Doch daran war ich selbst schuld. Ich
sprach langsam und deutlich, damit er keines meiner Worte miß-
verstehen sollte. Aber das Lateinische war an sich so förmlich, so
sehr Staatssprache, daß wir fast auf der Stelle in die stilisierten
Redensarten zweier feindlicher Fürsten verfielen und nicht wie
Vater und Sohn miteinander sprachen. Ich versuchte noch einmal,
mich mitzuteilen.

»Ich bin tief betrübt, daß unser erstes Zusammentreffen nach
so vielen Jahren nicht mehr Anlaß zur Freude gibt«, sagte ich in
versöhnlichem Ton.

»Ihr hättet nach Deutschland kommen können, wenn Ihr gewollt hättet«, sagte er.

»Ich konnte nicht kommen — du scheinst nicht zu begreifen.«

»Ihr hättet nach mir schicken können.«

»Gewiß — aber viele politische Erwägungen sprachen dagegen.
Der Papst, der Kreuzzug . . .« Seltsamerweise hatte er mich in die
Verteidigung gedrängt.

»Ich hätte am Kreuzzug teilnehmen können. Ich hätte eine
Menge Ungläubige getötet.«

Ich atmete schwer. »Wir haben keine Ungläubigen getötet.
Wir haben Friedensverhandlungen geführt.«

Er zuckte die Achseln. »Ein ausgehandelter Friede ist kein
Friede. Nur Gewalt zählt.«

Ich hatte keine Lust, mit ihm zu rechten, sagte jedoch: »Meine
Politik hat immer darin bestanden, Gewalt erst als allerletztes
Mittel anzuwenden.« Ich machte eine Pause und fügte dann hinzu: »Diese Politik wende ich auch auf dich an, nicht weil du mein
Sohn bist, sondern weil sich ihre Richtigkeit erwiesen hat. Wenn
du deinen Verpflichtungen mir, deinem obersten Lehnsherrn, gegenüber nicht nachkommst, dann werde ich zwangsläufig eine andere Politik einschlagen müssen. Ich möchte nur, daß du dir dar-

über klar bist, weil mir das Wohl des Reiches über alles geht. Ich kann mich nicht durch Blutsbande in meiner Entschlossenheit als Kaiser schwächen lassen. Aber ich habe nicht vergessen, daß du mein Sohn bist, wenn dir das vielleicht auch so vorkommen mag . . .«

»Ich verstehe sehr gut«, erklärte er mit der kalten Anmaßung, deren ich mich aus seiner Knabenzeit entsann. »Ich habe Bewährungsfrist und dieselbe Behandlung zu erwarten wie irgend jemand anderes. Also doch nicht Euer Sohn!«

Mein Herz begann zu pochen, Wut erfüllte mich. Warum konnte ich ihm nicht sagen, wie sehr mir daran lag, daß er Erfolg haben und geehrt und geliebt werden möge . . . Doch statt dessen sagte ich förmlich: »Ihr habt Euch schlecht betragen —«

»Verehrter Herr Vater«, sagte er mit einer Andeutung von Sarkasmus, »ich bin kein Kind mehr — wollen wir nicht lieber weiter von Politik reden und nicht von schlechtem Betragen? Für das, was ich persönlich verschuldet habe, kann ich nichts, und ich verspüre wenig Neigung, mich deswegen zu entschuldigen. Meine Irrtümer als Staatsmann lassen sich jedoch vielleicht korrigieren, wenn man mich belehrt. Ich weiß wirklich nie, an wen ich mich wenden soll . . .«

Endlich begriff ich: Ich hatte zuviel erwartet. Er konnte eine Krähe nicht in einer Schüssel Milch erkennen. Ich hatte es anderen überlassen, ihn für die Aufgaben auszubilden, die ich von ihm erwartet hatte, und seine Schwäche war zum Teil nur eine Widerspiegelung der Schwächen anderer. Wie hatte ich von Männern, die geringer waren als ich, erwarten können, meinen Sohn mir ebenbürtig zu erziehen? Aber jetzt war es zu spät . . .

»Tut mir leid«, sagte ich, »wenn du verwirrt und verworren warst. Versuche, meine Anweisungen zu befolgen. Hör nicht auf den Rat von Leuten, die dich für ihre eigenen Zwecke gegen mich ausspielen wollen. Solltest du dich zur Anzettelung von Verschwörungen hinreißen lassen, wirst du es bereuen — und die Krone verlieren, von der ich weiß Gott wünsche, daß sie dir verbleiben möge. Denke daran, daß ich keinen Groll gegen dich hege, sondern mir nur unsere Aussöhnung und dir Erfolg wünsche . . .«

»Ist das alles, Sire?«

»Von mir aus alles. Was hast du dazu zu sagen, Enrico?«

Er ignorierte meinen Gebrauch der italienischen Form seines Namens. »Ich möchte nur um die Erlaubnis bitten, das Grab meiner Mutter in Palermo besuchen zu dürfen.«

Ich zögerte, schüttelte jedoch dann den Kopf. »Das wäre unratsam im Augenblick. Vielleicht in einem Jahr oder später —«

»Das hab' ich mir gedacht«, erklärte er bitter. »Was ich auch unternehmen möchte, stets ist es ›unratsam‹! Ich bin nicht mehr als eine Marionette, die nur nach Eurem Willen tanzen soll. Sire, darf ich mich jetzt zurückziehen . . .?«

»Geh nur«, sagte ich mit erstickter Stimme. Es war höchste Zeit, daß er verschwand; viel mehr hätte ich nicht ertragen.

An jenem Nachmittag begannen die Turniere, und Heinrich trat mit in die Schranken. Am Abend begann das Gelage. Um Mitternacht wurde Bianca von einem Knaben entbunden, der Manfredo heißen sollte. Ich war Vater eines weiteren Sohnes.

8.

Nichts war entschieden; alles hing in der Schwebe. Heinrich, die Lombarden, der Papst . . . zwischen uns herrschte ein unsicherer Waffenstillstand. Gegen Heinrich unternahm ich vorläufig noch nichts; ich wollte ihm Gelegenheit geben, sich in meinen Augen und den Augen der Welt zu rehabilitieren. Die lombardischen Städte setzten ihren Bruderkrieg fort und intrigierten gegen das Reich. Der Papst blieb bei seinen kleinen Schlichen mit den Lombarden und versuchte, Mittelitalien gegen beide Seiten auszuspielen. Es waren keine heiteren Aussichten; ich konnte bestenfalls für eine Weile auf Waffenruhe rechnen. Wie lange? Wie lange ließ sich die Auseinandersetzung hinausschieben? Das war die Grundfrage; aber es war keine einfache Frage, weil alles miteinander verknüpft war. Ich übte äußerste Zurückhaltung, um keiner der gegnerischen Parteien einen berechtigten Grund zu geben, die Eierschale des Friedens zu zerbrechen.

Mein Programm führte ich jedoch weiter beharrlich durch und setzte die Organisation und Konsolidierung eines neuen Staates fort und suchte sein wirtschaftliches und kulturelles Leben zu einer neuen Macht zu verschmelzen. In der Tat, unsere Maßnahmen wurden allerorts besprochen, und es erschienen dauernd Besucher bei Hofe, um sich umzusehen und sich zu informieren, um ihren Landesherren Bericht zu erstatten.

Aus dem Nahen Osten traf eine Reihe von Botschaftern ein; mein alter Freund Fakhr ad-Din im Auftrage des Sultans von Ägypten; ein anderer im Auftrage des Sultans von Damaskus und ein weiterer im Auftrage des Alten vom Berge. Letzteres rief Bestürzung hervor und löste eine Flüsterkampagne aus; aber ich erklärte den christlichen Abgesandten, daß sie völlig sicher wären. Das moslemische Hedschra-Fest beging ich mit allen gemeinsam: französischen und englischen Gesandten, deutschen Fürsten, italienischen Edelleuten und sizilianischen Geistlichen. Alle behaupteten, es sei ein großer Erfolg gewesen. Aber der Papst war empört.

Unter den Gesandten befand sich auch ein Sonderbotschafter des französischen Königs Louis IX., von dem es hieß, er wäre ein so frommer und andächtiger Christ, daß er höchstwahrscheinlich heiliggesprochen werden würde (was von mir nie jemand behauptet hat!). Ich fand diesen Louis ganz interessant. Er stand in dem Ruf, ein Asket und einer der gütigsten Menschen zu sein; dennoch ließ er verkünden: ›Kommen einem Laien abfällige Bemerkungen über den christlichen Glauben zu Ohren, so verteidige er ihn nicht mit Worten, sondern mit dem Schwert — und bohre es dem anderen so tief in den Leib wie es geht.‹ Bei Hofe erzählte man sich die Geschichte, daß Louis einst bei einem morgendlichen Ausritt einen Kübel Unrat auf den Kopf bekommen hätte. Sich säubernd, sei er mit seinen Leibwächtern die Treppe des Hauses hinaufgepoltert und dort auf einen verängstigten Jüngling gestoßen. Man habe ihn der Tat bezichtigt, und der Bursche hätte gestanden; König Louis hätte jedoch noch wissen wollen, wieso er zu so früher Stunde schon auf den Beinen sei. ›Um meinen Universitätsstudien nachzugehen‹, habe der junge Mann erwidert. ›Ah‹, habe der König gesagt, ›gäbe es doch mehr strebsame Studenten deiner Art!‹ und dem Jüngling auf der Stelle verziehen.

Auch ich hätte einem so eifrigen Studenten viel verziehen. Der Bedarf meines neuen Staates an aufgeklärten, gebildeten und tüchtigen Verwaltungsbeamten war so groß, daß ich die Notwendigkeit einer Verbesserung des Bildungswesens immer deutlicher empfand. Meine Universität von Neapel genügte nicht mehr; das

Studienprogramm zu absolvieren erforderte viele Jahre und war nur für verhältnismäßig wenige auf höchster Ebene gedacht.

Als ich die Unterstufen inspizierte, entdeckte ich zu meiner Überraschung, daß noch eine Anzahl Lateinschulen aus römischen Zeiten existierten. Aber der Unterricht, besonders auf elementarer Ebene, lag fast völlig in Händen der Kirche. Die Lehrer waren Priester oder Nonnen oder Schulmeister, die zugleich ein kirchliches Amt bekleideten. Die erste Frage, die man kleinen Kindern stellte, lautete: ›*Vultis flagellari in discendo?*‹ — (›Bist du bereit, dich während des Lernens prügeln zu lassen?‹) Ich ergriff Maßnahmen, um die Anzahl der Schulen zu erhöhen und Lehrer zu unterstützen, die nicht direkt unter kirchlicher Kontrolle standen. Damit die Kinder ›ihr Alphabet nicht auf einem Apfel lernen müßten‹ — wie die Redensart lautet —, gab ich Abc-Bücher heraus, Pergamentblätter durch eine durchsichtige Hornschicht geschützt, auf denen das Alphabet und unter Umständen das Vaterunser standen.

Mein Interesse erstreckte sich auch auf die Erziehung meiner eigenen Kinder, und beim Unterricht der jüngsten versuchte ich einige der Fehler von früher zu vermeiden. Als Bianca zu gegebener Zeit mit dem Mädchen niederkam, das wir Konstanze nannten, überließ ich das Kind völlig ihrer Obhut, denn ich wollte, daß das Mädchen so hübsch und feingebildet wie ihre Mutter werden sollte. Dem kleinen Manfredo widmete ich große Aufmerksamkeit. Er war ein entzückendes Kind: eifrig, wißbegierig und von rascher Auffassungsgabe, äußerlich ein männliches Ebenbild seiner Mutter. Ich lehrte ihn Naturkunde, brachte ihm viele Sprachen bei, sah zu, daß er Freude an der Falknerei und am Gesang bekam, und unterrichtete ihn im Waffengebrauch.

An Verdruß fehlte es, wie immer, nicht. In Messina brach eine Revolte aus, ich eilte selber hin, um sie zu unterdrücken. Ich deckte Mißbräuche auf und fand, daß einiges zur Unzufriedenheit berechtigte . . ., aber gewisse Verschwörer, die meinen Reformen ablehnend gegenüberstanden, hatten aus wenig viel gemacht. Ich hielt es für angebracht, die Ketzergesetze anzuwenden. Da der Papst seine Ketzerjagden in der Lombardei hauptsächlich durch Dominikaner ohne Anwesenheit eines kaiserlichen Beamten durchführen ließ, beschloß ich, in Sizilien ohne Anwesenheit eines Klerikers vorzugehen. Auf diese Weise konnten wir uns mehr auf Umtriebe als auf Glaubensfragen konzentrieren, obwohl der Papst wütend war und Einwände erhob. Ich sah die Zeit kommen, da sich aus der ungenauen Definition der Ketzerei sehr wohl große Gefahren ergeben könnten. Wie leicht für den Papst, alle Anhänger des Kaisers zu Ketzern zu erklären! In der Tat, diese Zeit ließ nicht lange auf sich warten.

Der Winter 1233—34 war, wie sich ergab, für Italien einer der strengsten in den Annalen der Geschichte. In Venedig froren die Lagunen fest zu, und ein Heer hätte vom Festland einmarschieren können. Rom lag unter Schnee begraben, und selbst die Straßen in Neapel waren vereist und matschig. In Sizilien hagelte es. Sämtliche Gebirgspässe waren durch Schnee blockiert; hoher Seegang und bittere Stürme brachten die Schiffahrt zum Erliegen. Italien war von der Welt abgeschnitten. In den Großstädten wurden die Lebensmittel knapp. In Rom kam es zu Kundgebungen gegen den Papst.

In ganz Italien predigten wandernde Mönche das ›Große Halleluja‹ — eine Friedens- und Bußbewegung, die sich bis zum Wahnsinn steigerte, und es hieß von den Menschen, sie wären ›berauscht von himmlischer Liebe‹. Nein — nicht in ganz Italien, denn diesen heulenden Predigern war das Betreten meines Königreiches Sizilien verboten; anderswo hatten sie volle Bewegungsfreiheit. Sie priesen die Heilige Dreieinigkeit und vollbrachten Wunder. Ich selber erlebte einen von diesen Predigern: er trug einen dichten schwarzen Bart und war in Sackleinwand gehüllt, hinten und vorn mit einem grellroten Kreuz bemalt. Auf seinem Kopf saß eine hohe Pelzkappe. Er blies auf einer winzigen Kupfertrompete, die seltsam quiekende Laute von sich gab — wie die Schreie verdammter Seelen, hieß es. Die Leute folgten ihm mit brennenden Ästen in den Händen und sangen: ›Halleluja! Halleluja, Halleluja!‹ Wo der Wahnsinn sich ausbreitete, ruhte alle Arbeit. Bauern verließen die Felder, Köche ihre Töpfe, Bewaffnete legten ihre Waffen ab. Städte hörten auf, sich zu befehden, und stockfremde Menschen fielen sich wie Brüder um den Hals. Dann ging es wie mit der Pest: so schnell wie sie aufgeflammt war, legte sich die Raserei. Mit der Rückkehr des Frühlings und der Wärme wurde die Arbeit wieder aufgenommen, und der alte Streit ging weiter.

Da der Lateran und die Paläste vieler Kardinäle geplündert worden waren, hatte sich der Papst nach Rieti in Sicherheit gebracht. Als das Große Halleluja verklang, ging das römische Volk zu offenen Feindseligkeiten gegen ihn über. Gregors Lage wurde immer verzweifelter; mit beschwörenden Briefen wandte er sich an die gesamte Christenheit, ihm zu Hilfe zu kommen.

Das war eine Situation wie geschaffen für mich. Rieti lag an der Via Salaria, nicht weit von Aquila entfernt, einer Stadt, die ich zum Schutz meiner Landesgrenzen angelegt hatte. Zusammen mit meinem siebenjährigen Sohn und Erben Corrado brach ich auf, um dem Papst Beistand zu leisten. Ich hatte vor, Corrado als Geisel vorauszuschicken, damit der Papst nicht etwa glauben sollte, ich käme als Angreifer; denn schließlich war er ja mein erbittertster Feind, dem ich jetzt merkwürdigerweise zu Hilfe eilte.

Das war auch gut so, denn fast im selben Augenblick entrollte Heinrich in Deutschland die Standarte des Aufruhrs gegen mich.

9.

Wie ich insgeheim erfuhr, war mein unglücklicher Sohn auf die Schmeicheleien der Mailänder und der Lombardischen Liga hereingefallen, wenn ich auch das volle Ausmaß seines Verrates noch nicht überschaute. Um die Situation nicht unnötig zu verschärfen, gab ich eine öffentliche Erklärung ab, die auf nichts Ernsthafteres anspielte als auf ein Mißverständnis zwischen Vater und Sohn — daß Heinrichs Verhalten nur einem ›knabenhaften Trotz‹ entspränge. Privat verfolgte ich die abscheuliche Angelegenheit weiter, die mich bewogen hatte, dem Papst so schnell wie möglich zu Hilfe zu kommen.

Gregor empfing mich herzlich; er konnte kaum anders, da ich als einziger christlicher Herrscher zu seiner Befreiung herbeigeeilt war. Gnädig verzichtete er darauf, Corrado als Geisel zu behalten. Aber ein Mann von siebenundachtzig Jahren verschwendet weiter keine Mühe darauf, sich zu verstellen, und es fiel nicht schwer, das schwelende Mißtrauen und den ätzenden Haß hinter seiner zur Schau getragenen Herzlichkeit zu erkennen. Tatsächlich schien er sich über die Schwierigkeiten zu freuen, die ich in Deutschland hatte, wenn ihm auch der Gedanke, den Bannfluch gegen meinen Sohn zu schleudern, nicht behagte. Er hatte mich hineinlegen wollen, war aber selbst in die Falle gegangen. Heinrich hatte in aller Heimlichkeit ein direktes Schutz-und-Trutzbündnis mit den lombardischen Freunden des Papstes abgeschlossen; und jetzt sah Gregor sich gezwungen, den Freund seiner Alliierten zu exkommunizieren.

Als ich nähere Einzelheiten erfuhr, stellte ich fest, daß Heinrichs Verhandlungen mit den Lombarden von keinem anderen geleitet worden waren als von Anselm von Justingen . . ., jenem bärtigen, dröhnenden Abgesandten, der mich damals in Palermo aufgesucht und mir die Berufung der deutschen Fürsten zu ihrem König überbracht hatte. Nach dreiundzwanzig Jahren hallte mir das Echo seiner Stimme im Dom noch immer in den Ohren. Den eigentlichen Grund für seinen Frontenwechsel erfuhr ich nie; aber von seiten Heinrichs war es ein geschickter und herausfordernder Schritt, ihn als Boten zu benützen. Begierig schluckte Heinrich den mailändischen Köder in Form der Eisernen Krone der Lombardei, die mir die Mailänder, trotz meiner Macht, beharrlich verweigert hatten. Heinrich wollte das Reich spalten; die Mailänder glaubten, daß ein Krieg zwischen den beiden Teilen das Ganze zerstören würde. Beide irrten sich.

Als Heinrichs Bündnis mit der Lombardei bekannt wurde, schäumte der Papst vor Wut. Er konnte die Lombarden nicht gegen mich unterstützen; mich wollte er nicht unterstützen. Dabei hatte ich die Tiara gerade erst durch das Schwert des Reiches gerettet. Unglückseliger Mann! So taktvoll wie nur möglich forderte ich, daß er die Lombarden wegen ihrer Treulosigkeit bestrafe.

Inzwischen traf ich Vorbereitungen, um mit Heinrichs Aufstand auf meine Weise fertig zu werden. Um deutlich zu machen, daß meine Geduld erschöpft sei, veröffentlichte ich noch eine Erklärung; König Heinrich VII., hieß es darin, ›ist ein Wahnsinniger, der sich einbildet, den nördlichen Thron gegen Uns halten zu können‹. Und obwohl mein Sohn, fügte ich hinzu, ›kennt die Macht des Reiches Individuen gegenüber keine Rücksicht‹. Durch Hermann von Salza ließ ich Heinrich die Aufforderung zur bedingungslosen Unterwerfung überbringen; den deutschen Fürsten kündigte ich meine unmittelbar bevorstehende Ankunft in Deutschland an.

Im zeitigen Frühjahr machte ich mich auf den Weg, nicht mit einem gewaltigen Heer, wie man allerorts erwartete, sondern mit kleinem Gefolge, einer vollen Kasse und meiner Menagerie. Ich wußte sehr wohl, daß mir Gold und Prunk nördlich der Alpen weit nützlicher sein würden als bewaffnete Horden. Ich kehrte nach Deutschland nicht als der verarmte Knabe aus Apulien zurück, sondern als glänzender Monarch von Weltruf, umgeben von exotischen Tieren, Sarazenen, arabischen Tänzerinnen, Äthiopiern, Eunuchen, Astrologen und Zauberern. Ich kam aus dem geheimnisvollen Südland. Ich kam als ein deutscher Kaiser. Ich war eine blendende Legende. Meine mächtigste Waffe war mein Name.

Zu meinem Gefolge gehörte auch mein Erbe Corrado; für ihn war die Zeit gekommen, in Deutschland eine Rolle zu spielen. Enzio jedoch, den kleinen Federico, Manfredo und die übrigen ließ ich hinter mir zurück in der Obhut des lieben Berard. Bianca wollte mich nur begleiten, wenn Berard zurückblieb, und ich hatte nicht die Absicht, mich von ihr zu trennen, obwohl ihre Gegenwart einen Plan, den ich verfolgte, unter Umständen gefährden konnte. Piero befand sich nicht unter uns, da er sich in England aufhielt, um die Prinzessin Isabella, die Schwester Heinrichs III., näher in Augenschein zu nehmen, die mir der Papst als neue Braut empfohlen hatte, als ich ihn in Rieti sah. Er wollte England gern enger an Italien binden, da ihm die Geldeintreibung zu langsam vonstatten ging. Ich selbst hoffte Vorteile aus Englands Beunruhigung über Papst und Kurie zu ziehen, wenn es auch großen diplomatischen Geschicks bedürfen würde, den Franzosen eine englische Heirat schmackhaft zu machen. Wie ich es Bianca erklären sollte, wußte ich auch noch nicht. In einer plötzlichen Anwandlung von Feigheit verschob ich dieses Problem . . .

In einer wahrhaften Arche Noah segelten wir von Rimini nach Aquileja, unseligen Angedenkens, begaben uns dann auf dem Landwege nach Udine und zogen von dort weiter nach Norden, da die Lombarden den Brenner gesperrt hatten. An der Grenze verabschiedete ich alle sizilischen Großen und behielt nur diejenigen bei mir, die in Diensten des Reiches standen. Ich brauchte sie nicht, denn meine Gefolgschaft wuchs mit jeder Tagereise, und alsbald sah ich mich von Tausenden umringt. Nicht nur meine Anhänger folgten mir, sondern eine staunende Volksmenge, die den Elefanten anstarrte, die Giraffe, die Leoparden, Affen und Kamele. Man erzählte sich gegenseitig, der Elefant paare sich nur, wenn man ihn mit der magischen Alraunwurzel füttere. Ihre Verwunderung nahm noch zu, als ich Arabisch mit den Wärtern sprach, und meine Sarazenen erschienen ihnen wie eine Leibwache bestehend aus Engeln. Die verhängten Sänften, in denen die Tänzerinnen verborgen waren, erregten lebhaftes Geflüster; und vor den Zauberern und Astrologen wich man ängstlich zurück, obwohl Michael der Schotte sogar seinen Eisenhut vor ihnen lüftete. Von überall strömte man zusammen, um uns vorüberziehen zu sehen.

Als wir in Regensburg eintrafen, eilte die Nachricht davon uns durch Brieftauben voraus und schlug überall wie eine Bombe ein. Der Aufstand brach zusammen, wie ich gehofft hatte. Aus der Anarchie wurde mit einemmal wieder Ordnung. Es war, als hätten Fürsten, Bischöfe und die gesamte Bevölkerung auf einen unausgesprochenen Befehl reagiert. Die Aufständischen selbst waren wie gelähmt. Heinrich versuchte zu flüchten, aber niemand machte auch nur einen Finger krumm, um ihm beizustehen. Auf der Burg Trifels (wo Richard Cœur de Lion gefangengehalten worden war und auf der sich jetzt die Reichskleinodien befanden) gab er den Befehl zur Verteidigung, widerrief ihn jedoch. Er wußte nicht, wohin er sich wenden sollte. Plötzlich bot er Hermann von Salza seine bedingungslose Unterwerfung an. Sein Leben war verwirkt, denn der Sohn hatte die Hand gegen den Vater erhoben. Ich befahl, ihn festzusetzen, bis ich das Urteil fällen würde.

In Worms wurde ich von einer großen Volksmasse jubelnd begrüßt, vor dem Dom hatten zwölf Bischöfe Aufstellung genommen, die so regungslos dastanden wie Mosaikbilder. Unter ihnen erkannte ich auch den Bischof Landolf von Worms, einen der geheimen Anstifter von Heinrichs Rebellion. Wut packte mich; noch ehe ein Begrüßungswort fiel, befahl ich, den schurkischen Kleriker zu ergreifen und ihm sein Bischofsgewand auszuziehen. Alle waren entsetzt über meine Heftigkeit; doch als ich ihn gedemütigt sah, ließ mein Zorn nach, und die Zeremonie nahm ihren Fortgang. Ich dachte: Der Papst wird zwar protestieren — aber soll er sich kratzen, wo es ihn juckt!

Absichtlich zögerte ich die Aburteilung meines Sohnes um einige Tage hinaus, aus Furcht, daß ich mich zu Unbesonnenheiten hinreißen lassen könnte. Mein Zorn auf ihn hatte sich verhärtet; und allein die Tatsache, daß er mein Sohn war, ergrimmte mich maßlos. Ich sagte mir, ich müsse mich zusammennehmen und so handeln, als wäre er nur ein gewöhnlicher Verräter und nicht mein Sohn. Dennoch wurde mein Herz in Gedanken an ihn weich, wenn ich seine Treulosigkeit außer acht ließ; ich entsann mich, wie er sich als kleines Kind, im selben Sattel mit mir sitzend, an mich geklammert hatte. So wurde ich zwischen zwei Gefühlen hin und her gerissen und litt darunter.

Endlich saß ich feierlich zu Gericht. Der Saal war gedrängt voll von Edelleuten und Geistlichen, alle erwartungsvoll gespannt. Unter einem Trompetenstoß trat ich ein und nahm auf dem Thron Platz; ich hatte sämtliche Zeichen meiner Würde angelegt. Dann öffnete sich auf einen Heroldsruf und unter Rüstungsgeklirr eine Tür, und König Heinrich, dem man Krone und Schwert abgenommen hatte, wurde mir in Ketten vorgeführt. Er warf sich mir zu Füßen und neigte die Stirn in tiefster Unterwürfigkeit zu Boden.

Ich preßte meine Lippen aufeinander und sagte nichts; innerlich rang ich nach Fassung. Das Schweigen zog sich in die Länge und wurde bedrückend. Alle warteten, doch ich sagte kein Wort. Meine Miene blieb unverändert, doch innerlich schwankte ich zwischen Wut, Verachtung und Mitleid. Schließlich flehte mich Hermann von Salza aus angeborener Gutmütigkeit an: »Herr, ich bitte Euch — laßt ihn sich wieder aufrichten.«

Ich atmete tief. »Steh auf«, sagte ich.

Als Heinrich sich erhoben hatte, brach er in Schluchzen aus und stammelte: »O grauenvolle Stunde! O Gott, was harret mein . . .!«

Ich sprach mit klarer, scharfer Stimme. »Für ein solches Verbrechen, wie es hier begangen worden ist, gibt es keine Entschuldigung. Dennoch soll Gnade vor Gerechtigkeit ergehen. Den Bischof Landolf und Anselm von Justingen nehmen Wir als Irregeleitete wieder in Unsere Kaiserliche Gunst auf. Die lombardischen Abgesandten, die gefangengenommen wurden, sind freizulassen. König Heinrich VII., leider Unser Sohn und Erstgeborener, soll Uns nie wieder vor Augen treten; Wir verurteilen ihn hiermit zu lebenslänglichem Kerker.«

Dem Zusammenbruch nahe wurde Heinrich hinausgeschleift.

Neben mir hörte ich Hermann von Salza murmeln: »Geschrieben steht: ›Und Abraham reckte seine Hand aus und faßte das Messer, daß er seinen Sohn schlachtete.‹«

10.

Nach kurzer Haft in Heidelberg wurde Heinrich nach Apulien übergeführt. Ich gab ihn in Gewahrsam von Manfredo Lancia . . ., es lag mir daran, ihm eine gute Behandlung zu sichern. Ich ließ ihn in das einsame und unzugängliche Rocca San Felice bringen, das seinem Namen in keiner Weise entsprach. Von dort konnte er den beherrschenden Höhenzug des Monte Vulture sehen und bei seinem Anblick daran denken, daß auf der anderen Seite Melfi und das Leben lagen, an dem er keinen Anteil mehr hatte. Ich gewährte ihm alle Behaglichkeit und viele Bücher; aber er wanderte ruhelos im Zimmer auf und ab und las kaum. Ich fragte mich, ob Zeit und Besinnung ihn läutern würden.

In Deutschland hatte ich alle Hände voll zu tun und nur wenig Gelegenheit, etwas zu bedauern. Viel von dem, was angerichtet worden war, ließ sich nicht mehr rückgängig machen, aber ich versuchte trotzdem, etwas Ordnung in das Chaos existierender Gesetze zu bringen. Ich hoffte, der Tag werde kommen, da ich all den eifersüchtigen Fürstentümern Deutschlands eine einheitliche Verfassung geben könnte. Ich erließ die Mainzer Landfriedensordnung und gab sie in deutscher Sprache heraus — das erstemal, daß eine amtliche Verlautbarung nicht lateinisch abgefaßt, sondern in der Umgangssprache gehalten war.

Ich beendete die Welf-Waibling-Blutfehde in Deutschland; obwohl in Italien der Kampf zwischen Guelfen und Ghibellinen noch lange weiter wüten sollte. Ich lud Otto von Lüneburg zu mir ein, den Neffen jenes Ottos des Welfen, den ich besiegt hatte. Dieser neue Otto war der welfische Erbe. Ich bestätigte ihm seine Lande als Reichslehen und schuf das neue Herzogtum Braunschweig für ihn. Als Gegenleistung legte er seine Hände über dem Reichskruzifix in meine und schwor mir ewige Treue. Ich merkte, daß er erleichtert war, denn er war im Grunde eine friedfertige Natur.

Ich sprach in vielen wichtigen Fällen Recht. Zum Glück hatte die Ketzerjagd auf die Luziferer (die Satan als Schöpfer anbeteten) nachgelassen. Unter Heinrich hatten die Verfolgungen ein solches Ausmaß angenommen, daß man sogar Bürger und Adlige bezichtigt und jede Denunziation als Schuldbeweis hingenommen hatte. Niemand konnte mehr ruhig in seinem Bett schlafen. Der Inquisitor des Papstes, Konrad von Marburg, ein finsterer, fanatischer, von Angstträumen verfolgter Mann, wurde schließlich ermordet, zur Belohnung dafür, daß er die Flammen zu gut mit Menschenfleisch genährt hatte. All meine Bestrebungen waren jetzt darauf gerichtet, die Bevölkerung zu beruhigen, für Ordnung zu sorgen und dem Gesetz Achtung zu verschaffen.

Diese erhoffte Ruhe wurde jedoch schwer gestört durch ein Judengemetzel in Fulda, wo man Hunderte zusammengetrieben und sie auf ihrem Friedhof auf eigens zu diesem Zweck hergerichteten Gerüsten verbrannt hatte. Glücklicherweise wurden einige Kinder den Flammen entrissen und auf der Stelle getauft, sonst wäre die Zahl der Opfer noch höher gewesen. Verursacht wurde diese Schreckenstat durch den Tod eines Christenknaben, von dem irgendein verrückter Mönch (der die Untat zweifellos selber begangen) behauptet hatte, er wäre einem Ritualmord zum Opfer gefallen. Jetzt erschienen beide Parteien, Christen und Juden, vor mir und verlangten eine Entscheidung, denn die Juden leugneten, was die Christen behaupteten.

Ich eröffnete die Verhandlung sofort, denn die Christen erschienen mit dem verstümmelten und stinkenden Leichnam des Knaben als *prima facie* Beweis. »Begrabt ihn auf der Stelle«, sagte ich, auf den Leichnam weisend, »zu etwas anderem taugen die Toten doch nicht.«

Dann erhob man wilde Anklagen, die ebenso leidenschaftlich bestritten wurden, und fast wäre es zu neuen Tumulten gekommen. Aber die Majestät meiner Gegenwart obsiegte, und ich konnte alle Parteien bis zum Ende anhören. Es war völlig klar, daß die Juden unschuldig waren; und so fiel auch mein Spruch aus. Um die Christen jedoch zu beschwichtigen und den Frieden zu wahren, legte ich den Juden eine hohe Geldstrafe auf, weil sie Anlaß zu den Unruhen gegeben hätten. Aber damit war der Fall für mich noch nicht erledigt.

»Wir glauben nicht«, erklärte ich, »daß irgendwo auf der Welt unter jüdischem Gesetz Ritualmorde verübt werden. Trotz-

dem werden Wir eine weitläufige Untersuchung anstellen, zur Erleuchtung der Wahrheit, und dem Volke das Ergebnis bekannt-
geben. Denn sollten Ritualmorde möglich sein, so werden Wir
alle Juden des Reiches töten.«

Daraufhin schrieb ich mit Hilfe Michaels des Schotten an führende Geistliche, Edelleute und Gelehrte und bat um ihre Meinung. Ihre Antworten waren bedeutungslos, und so entschloß ich
mich zu einem anderen Schritt. Ich diktierte folgenden Entscheid:

>Diese Männer haben, da sie verschiedener Ansicht waren,
verschiedene Meinungen geäußert und sich unfähig gezeigt,
einen hinreichenden Beschluß zu fassen. Aus Unseres Wissens
geheimen Tiefen haben Wir daher entnommen, daß gegen die
des genannten Vergehens beschuldigten Juden nicht einfacher
einzuschreiten sei als durch das Zeugnis von Juden, die zum
christlichen Glauben übergetreten. Diese jetzigen Gegner des
Judentums hätten keinen Grund, das zu verschweigen, was
sie hierüber gegen die jüdische Religion oder gegen die Gesetze Moses oder die Bücher des Alten Testaments wissen. Wir
selbst in Unserer Weisheit halten aufgrund vieler Bücher, die
Unsere Erhabenheit gelesen, die Unschuld genannter Juden
vernünftigerweise für erwiesen. Dennoch haben Wir zur Genugtuung des Rechtes und zur Beruhigung des ungebildeten
Volkes im Einverständnis mit den Fürsten, Edlen, Weisen, den
Äbten und kirchlichen Würdenträgern den Entschluß gefaßt,
Sonderboten an alle Könige des Abendlandes zu entsenden
und sie aufzufordern, aus ihren Königreichen im Judengesetz
erfahrene Neugetaufte in möglichst großer Zahl vor Uns zu
bescheiden.<

Die Könige reagierten prompt, und ein erstaunliches Konsi-
lium von Gelehrten versammelte sich in Hagenau. Sie berieten
tagelang und führten genauestens Protokoll über ihre Untersu-
chungen. Zur gegebenen Zeit gelangten sie zu der Schlußfolgerung,
daß der Talmud und der Berechet hohe Strafen für blutige Tier-
opfer festsetzten. Aufgrund dieses Gutachtens erließ ich ein Edikt,
durch das im ganzen Reich streng untersagt wurde, die Juden des
Ritualmordes zu bezichtigen. Ich bin glücklich, sagen zu können,
daß diese Arbeitsmethode einen tiefen Eindruck hinterließ.

Aber mein Glück erwies sich, wie so oft, als flüchtig. Noch am Tage des Erlasses, als wir von einem Ausritt in die Burg Hagenau zurückkehrten, verlor ich Michael den Schotten. Er wurde, wie er es vorausgesagt, von einem herabfallenden Stein erschlagen. Er hatte jedoch geglaubt, ein Berg würde ins Rutschen geraten oder ein Felsen würde ihn unter sich begraben. Statt dessen lehnte sich ein Wachtposten weit über die Brüstung eines Turmes, um uns mit einem Zuruf zu begrüßen, und dabei löste sich ein lockerer Stein unter seiner Hand. Michael bekam ihn direkt auf den Eisenhut, der, wie sich erwies, keinerlei Schutz gewährte. Mein Zorn auf den Posten wich der Trauer, denn hier handelte es sich offenbar um einen Eingriff des Schicksals.

Mir fehlte mein Schotte sehr; er war für mich nicht nur ein Deuter von Dingen geworden, die ich gedeutet haben wollte, sondern eine riesige, stets greifbare Enzyklopädie des Wissens. Er selbst wäre, glaube ich, nicht nur überrascht, sondern erstaunt über die genaue Erfüllung seiner Vorhersage gewesen. Deshalb bekräftigte ich an seinem Grabe feierlichst, daß er alles vorausgewußt habe — den Tag, die Stunde, den Augenblick.

Wäre es doch nur so gewesen! Hätte er doch für mich in die Zukunft schauen können . . .!

11.

Piero meldete sich aus London und berichtete über Isabella. Diese Tochter König Johanns wäre erst vor wenigen Jahren als Braut für meinen Sohn Heinrich in Aussicht genommen worden. Jetzt wäre sie zwanzig, schrieb Piero (ich war vierzig), von angenehmem Äußeren und liebenswürdigen Umgangsformen. Selbst in Stöckelschuhen wäre sie nicht zu groß, und sie bewege sich mit einer solchen Anmut, daß man sein Vergnügen daran hätte. Ihre Wangen seien rosig wie Apfelblüten, und zwar von Natur, denn sie verwende keine Schminke. Ihre Brüste wären wohlgeformt, weder zu klein noch zu groß, und die Spitzen träten sichtbar hervor. Sie hätte keine behaarte Oberlippe und keinen üblen Mundgeruch. Sie liebe Musik und Gesang.

Piero hatte es jedoch auch mit Hilfe vertrauenswürdiger Damen nicht einrichten können, sie nackend zu sehen — eine Gepflogenheit, die ich den Königen von Frankreich abgelauscht hatte. Die Engländer, berichtete er, hätten eine seltsame Scheu, sich zu entblößen — das Klima sei so rauh und feucht, daß man sich selten nackt sah — und nackte Statuen gäbe es überhaupt nicht. König Heinrich wäre entsetzt und bestürzt gewesen, als man ihm einen solchen Vorschlag gemacht habe, und hätte umgehend die eidesstattlichen Versicherungen von fünf Ärzten vorgelegt, daß das Mädchen gesund und ohne Makel sei.

Auch wäre man in England verstimmt darüber, daß so viele kontinentale Edle es unter der Würde eines Kaisers hielten, die Schwester des englischen Königs zu heiraten. In England wiese man nachdrücklich darauf hin, daß die Prinzessin Isabella ihre Abstammung bis auf Alfred den Großen zurückverfolgen könne und durch ihn wahrscheinlich bis auf Adam und Eva. Ein römischer Kaiser habe keinen Anlaß mehr, die Engländer für Wilde zu halten. Außerdem betrüge die in Aussicht genommene Mitgift der Prinzessin dreißigtausend Mark Sterling; eine Rekordsumme.

Sogleich erteilte ich Piero alle nötigen Vollmachten, und alsbald waren alle Vorkehrungen getroffen. Die Prinzessin Isabella wurde aus dem Tower von London, ihrer Residenz, nach Westminster Court gebracht, wo Piero und meine anderen Abgesandten ihr ihre Aufwartung machten. Dort steckte ihr Piero zum Zeichen des Verlöbnisses feierlich einen Ring an den Finger und begrüßte sie als Kaiserin der Römer. Armer Piero! — dies war die einzige Verlobung, an der er je teilgenommen; die Anforderungen, die ich an ihn stellte, waren so groß, daß er praktisch mit mir verheiratet war. Er hatte weder Zeit noch Lust, neben seinem Herrn noch einer Geliebten zu dienen. Die ganzen Jahre hindurch hatte ich ihn körperlich und geistig bis zum letzten ausgepumpt ...

Was Isabellas Erscheinen bei Hofe angehe — so könne ich dieserhalb ganz unbesorgt sein, schrieb Piero, denn sie habe ihm ihre Aussteuer gezeigt. Sie sei das Stadtgespräch von London. Sie besitze grüne und blaue Kleider aus feinsten französischen Stoffen, sämtlich mit Hermelinbesatz, ferner scharlachrote, pelzbesetzte und goldbestickte Gewänder. Sie hätte ein glitzerndes Halsband aus verschiedenen Edelsteinen und Kästchen mit anderen Juwelen, unter denen sie die Wahl treffen könne. Ihre Krone, aus reinem Gold, sei mit den Abbildern von vier englischen Königen versehen. Für das Brautbett brächte sie seidene Decken und die weichsten Kissen mit, und ihre Kochtöpfe bestünden aus gediegenem Silber. Dreitausend Ritter seien aufgeboten, um sie zur Verrichtung ihrer Andacht nach der Kathedrale von Canterbury zu geleiten; und von dort nach Sandwich, wo ein Schiff warte, wohlverproviantiert mit edlen Weinen, Getreide und Speck.

Zu diesem Zeitpunkt hielt ich es für klüger, Bianca nach Italien zurückzuschicken — mehr ihret- als meinetwillen. Denn da ich die lombardischen Gefangenen freigelassen hatte, konnte sie sich ungehindert auf ihren Stammsitz im piemontesischen Vercelli begeben. »Sei tapfer«, sagte ich, »diese Trennung wird nicht lange währen.«

Sie lächelte schief. »Ich hoffe, Euer Gnaden sprechen wahrer als Eure Astrologen«, sagte sie.

Tief verschleiert und von meinen vertrauenswürdigsten Leuten bewacht, brach sie noch in der gleichen Nacht auf. Ich glaube, sie weinte — bin dessen aber nicht gewiß. Nach ihrer Abreise verspürte ich eine tiefe Einsamkeit und entsann mich der Worte des Dichters Abu t-Tajjib:

> Trennst du dich von einem Menschen,
> Der dir hätte nahe bleiben können,
> Doch nichts dergleichen tat —
> So hat sich dieser Mensch in Wirklichkeit
> Von dir getrennt.

Aber ich hatte nicht die Absicht, mich von Bianca Lancia zu trennen. Sie war die einzige Frau in meinem Leben, die je ein derartiges Gefühl in mir erregt hatte.

Im Augenblick stand mir der Sinn nicht nach einer neuen Braut. Es war Pier della Vigna, nach dem ich mich sehnte: gewichtige Dinge waren im Gange, und ich bedurfte seiner dringend. Ich war in der Tat so in Anspruch genommen, daß ich Isabella, als sie sich von Antwerpen nach Köln begab, sechs volle Wochen vor der Hochzeit warten ließ. Ich sorgte jedoch durch Festlichkeiten und Aufzüge für ihre Zerstreuung, und sie nahm keinen Anstoß.

Sie wurde von Reitern auf spanischen Pferden empfangen, die mit ihren Lanzen das hochzeitliche Stabbrechen vollführten. Sie wurde von Schiffen berückt, die auf dem Trockenen über Wellen aus Seide dahinglitten. Sie wurde durch Sänger und Spielleute unterhalten, die auf ihr unbekannten Instrumenten bliesen. Die Kölner Weiber waren so hingerissen von ihr, daß sie darum baten, ihr Antlitz sehen zu dürfen; und auf dem Ritt durch die Stadt nahm sie daraufhin zum Entzücken der Bevölkerung Kopfschleier und Hut ab. Sie war in der Tat ein liebenswürdiges Geschöpf, und alle waren des Lobes voll über sie.

Sie war eine kühle englische Schönheit, wie ich sofort merkte, als ich sie traf, ganz anders als die Schönheit, an die ich mich gewöhnt hatte. Ihre Zurückhaltung war mehr als gute Umgangsform, mehr als weibliche Unterwürfigkeit. Es war fast, als wäre sie geschlechtslos und bestünde nur aus Schönheit. Sie hatte einen gewissen naiven Liebreiz, denn sie sang mir sogleich ihr Lieblingslied auf englisch vor: »Sumer Is Icumen In.« Ihre süßen reinen Töne gingen mir zu Herzen, und ich empfand ein gewisses Bedauern, daß sie nicht mit einem jungen Prinzen auf und davon gegangen war, um bis an ihr Lebensende glücklich in einem verzauberten Schloß zu leben. Sie drückte sich sogar recht und schlecht auf lateinisch aus.

»Es wäre schön, wenn mein kaiserlicher Herr eines Tages meinen Bruder König Heinrich in England besuchen würde«, sagte sie. »England ist ein schönes Land mit grünen Feldern und vielen kleinen Vögeln, die in einem fort jubilieren.«

»Vielleicht«, sagte ich wie zu einem Kinde, »eines Tages vielleicht, Prinzessin.«

Im Sommer wurden wir im Wormser Dom getraut.

Vier Könige, zwölf Herzöge (einschließlich eines Vertreters des russischen Großfürsten), dreißig Grafen und Markgrafen, unzählige Prälaten, Tausende von Rittern nahmen an der Feierlichkeit teil. Banner, Vollblutpferde, Kruzifixe, Rüstungen, Edelsteine, Trommeln, Trompeten, schillernde Trachten verschmolzen zu einem umfassenden Ganzen. Vier Tage und Nächte dauerten die Turniere und die Lustbarkeiten. Minnesänger und *trovatori* wetteiferten miteinander. Mein Tierpark stand ununterbrochen zur Schau. Noch nie hatte Deutschland eine solche Reichsherrlichkeit erlebt. Mein Name allein berauschte.

Nach der Hochzeit ließ ich einen Hofastrologen verkünden, die erste Nacht wäre nicht günstig für den Vollzug der Ehe, und der Kaiser würde daher davon Abstand nehmen. In Wirklichkeit war ich so erschöpft, daß ich nur schlafen wollte und mich nicht im geringsten darum scherte, was es bei Hofe für Getratsche geben würde. Enthaltsamkeit meinerseits war jedenfalls etwas Unerhörtes. In der zweiten Nacht begab ich mich in aller Stille früher als erwartet in das Brautgemach und fand eine verängstigte und einsame Isabella dort vor, die gerade ihren Rosenkranz begann: ›Salve Regina, Mater Misericordiae . . .‹

Sie hielt inne und sagte: »Willkommen, kaiserlicher Herr.« Dann fügte sie im Flüsterton hinzu, damit ihre beiden englischen Kammerfrauen nichts hören sollten: »Herr — muß ich denn immer von schwarzen Eunuchen umgeben sein, deren Gesichter wie schreckliche alte Masken wirken . . . muß ich . . .?«

»Du mußt — immer«, sagte ich leise. »Es muß sein — um zu gewährleisten, daß du nur königliche Nachkommenschaft hast.«

Sie wandte den Kopf mit einer raschen Bewegung ab und schien dicht davor, in Tränen auszubrechen.

»Das ist der Preis, den du dafür entrichten mußt, eine Königin und eine Kaiserin zu sein«, fuhr ich fort, und etwas wie Überdruß klang aus meiner Stimme — denn König und Kaiser zu sein, hatte auch seinen Preis. Und ein Teil dieses Preises war fornicatus mit Königinnen . . . selbst jungen und hübschen Königinnen . . . denn im wahrsten Sinne war unsere Ehe überhaupt keine.

Am nächsten Morgen verkündete der Hofastrologe, daß die Kaiserin geschwängert worden sei und einen Sohn gebären werde. Der Astrologe sagte und wußte auch nicht, daß der Kaiser seine Pflicht nur mit beträchtlicher Mühe erfüllt hatte. Auch war der Grund dafür nicht die Frigidität der Braut. Des Kaisers Sinn stand nicht nach Fleischeslust; das Lied der Lieder interessierte ihn nicht mehr.

Der Kaiser hatte Kriegsgedanken.

Fünftes Kapitel

Caesar

1.

>Italien ist mein Erbe, und die ganze Welt weiß das<, schrieb ich an den Papst; an das Volk von Rom wandte ich mich mit einem Aufruf: >Seht, Ihr habt einen König und Cäsar, der für des römischen Reiches Erhöhung seine Person dargebracht . . ., einen König, der seine Schatzkammern geöffnet und seine Anstrengungen nicht geschont hat — einen Cäsar habt ihr, der euren Schlummer durch beständigen Aufruf aufstört . . .!<

Für die Römer war die Zeit gekommen, sich ihrer geschichtlichen Bestimmung zu entsinnen; bald sollte Rom selbst wieder Hauptstadt des Reiches, Mittelpunkt der Welt werden. Das war mein Traum. Cäsar Augustus als Gesetzgeber und zugleich im Glanz der Waffen strahlend: *arma et leges*. Krieg nicht um des Krieges willen, sondern Waffengewalt, um Friedensstörer in Schach zu halten. >Das Ziel heißt Friede<, schrieb ich, >Das Römische Reich muß ernsthaft nach Frieden streben, sich unablässig um die Einsetzung und Festigung von Recht und Gesetz unter den Völkern der Welt bemühen. Es steht als ein Spiegel vor der Welt.<

Ich dachte an das Reich als an einen Staat aus vielen Staaten. Ich wollte die Einheit des Reiches — und Frieden. Ich wollte die Einheit Italiens — und Frieden. Beides war nicht zu erreichen, solange der niedere Adel der lombardischen Städte seine tyrannischen Gesetze aufrechterhielt, sich befehdete oder sich gegen das Reich zusammenschloß. Beides war nicht zu erreichen, solange ein militantes Papsttum die weltliche Politik der Weltteilung zum Zwecke der Weltbeherrschung verfolgte und die Spaltung Italiens betrieb, um über Italien herrschen zu können. Ich hätte die Lombarden lieber zu Verbündeten als zu Feinden gehabt; ich hätte den Papst lieber zum Verbündeten als zum Gegner gehabt. Aber kriegerische Auseinandersetzungen waren unvermeidlich. Die Gegensätze waren zu groß. Uns allen war diese Wahrheit bewußt, und wir bereiteten uns auf das Schlimmste vor.

Ich hatte, wie ich meinte, große Geduld und Nachsicht bewiesen. Hätte der Papst sich als Vermittler in der lombardischen Krise ehrlich Mühe gegeben, so hätte sich vielleicht ein gütlicher Vergleich erreichen lassen. Aber statt dessen schürte er den Aufstand, schickte Geld und stellte Kleriker zur Verfügung, die insgeheim weitere Unruhe stifteten. Ich meinerseits beschuldigte den Papst, die Augen vor der Ketzerei unter seinen lombardischen Freunden zu verschließen.

In Mailand waren Ketzer in die Kirchen eingedrungen und hatten Kruzifixe verkehrt herum aufgehängt; in Mantua hatten sich die Paterener erhoben, sich des Bischofs bemächtigt und ihn über dem Altar im Dom gekreuzigt. Solange der Adel denselben Pöbel auch gegen mich aufhetzte, unternahm der Papst kaum etwas. Ich versuchte noch einmal, ihn zur Intervention zu bewegen, erhielt aber keine Antwort auf mein Schreiben. Ich schickte Pier della Vigna nach Rom, um bei der Kurie vorstellig zu werden. Endlich schrieb der Papst; er hätte, wie er es ausdrückte, ›aus einer Art träumerischer Vergeßlichkeit‹ vorher nicht geantwortet. Was den Aufstand in der Lombardei angehe, so habe er dazu nichts zu bemerken; statt dessen sei er höchst verärgert über die Zustände, die unter den von mir erlassenen Ketzergesetzen in Sizilien herrschten. Überdies schiene ich die Konstantinische Schenkung vergessen zu haben:

›Konstantin hat es für geziemend erachtet, daß der Statthalter des Apostelfürsten ... über die Dinge und Leiber des gesamten Erdenrunds die Obergewalt besitze. Christliche Kaiser sind deshalb nicht nur dem Papst unterstellt ... sondern jeder König und Fürst muß sich vor dem geringsten Kleriker beugen...‹

Nach der Gregorschen Auslegung Konstantins war also jeder Priester allmächtig.

Aber hier hatte ich auch noch ein Wort mitzureden. Ich hatte nicht vergessen, daß Seine Heiligkeit der Bischof von Rom weder beim Adel noch beim Volk beliebt war. Ich hatte nicht vergessen, daß Gregor schon mehrmals gezwungen worden war, sein Leben durch die Flucht in Sicherheit zu bringen. Auch entsann ich mich, daß die majestätischen Bauten des Altertums jetzt als Festungen innerhalb Roms dienten. Diese Gebäude kaufte ich unterderhand eines nach dem anderen auf und übermachte sie als kaiserliches Lehen der darin wohnenden adligen Familie und schaffte mir dadurch nicht nur Stützpunkte, sondern gleichzeitig auch Vasallen.

Das gemeine Volk hoffte ich durch Schenkungen und durch einen Appell an seinen Schicksalssinn zu gewinnen. Es sollte in mir einen wahrhaften Cäsar erblicken, triumphierend, messianisch, fast gottähnlich. Ich wollte das römische Volk dazu aufrütteln, ›noch einmal die Gipfel seiner einstigen Größe zu erklimmen‹, wie ich sagte. Brot, Frieden, Ruhm — das würden die Belohnungen sein.

Dennoch sah ich mich gezwungen, die Alpen wie irgendein Barbar zu überschreiten, um in Italien, in mein eigenes Reich einzufallen. Es war nur eine Versuchsexpedition, denn auf massives Vorgehen war ich noch nicht vorbereitet. Während mir die deutschen Fürsten in Mainz begeistert jede Unterstützung in meinen Bemühungen zugesagt hatten, die Einheit des Reiches zu erhalten, hatten sie jetzt plötzlich andere Sorgen. So schlossen sich mir nur wenige, sehr wenige deutsche Ritter an. Ich verließ mich hauptsächlich auf Fußtruppen aus den loyalen Städten, freiwillige Ritter aus allen Teilen Italiens, sizilische Reiterei, sarazenische Bogenschützen und die Söldner Ezzelinos da Romano.

Dieser Ezzelino da Romano war mir bereits vor einigen Jahren aufgefallen. Er war ein ausschweifender Mann — ausschweifend in allem: Hunger, Ehrgeiz, Tätigkeit, Grausamkeit und Ergebenheit. Er war klein, am ganzen Körper behaart und bebte dauernd vor Wut. Von seinen Feinden wurde er gefürchtet ›wie der Teufel‹. Bei aller Raubgier war er stark; bei aller Grausamkeit verwegen; bei allem Ehrgeiz furchtlos; bei aller Ergebenheit fügsam. Während die meisten Menschen nur seine Laster sahen, die nur eine Vergrößerung der Laster geringerer Männer waren, sah ich auch seine Tugenden — und bei allem Bösen in ihm brachte ich ihm mehr Vertrauen entgegen als den öffentlich Tugendhaften. Er war, was er war. Für die Wertschätzung, die ich für ihn hatte, und das Versprechen, ihm meine Tochter Selvaggia zur Frau zu geben (die selbst ein ungezügeltes Temperament hatte), war er mir erstaunlich ergeben. Ich wünschte, ich könnte dasselbe von den vielen ›guten‹ Leuten aus meiner Umgebung behaupten!

Als ich vom Brenner herunterkam, befand sich Verona bereits fest in Ezzelinos Hand. Er hatte die Rüstung Tag und Nacht nicht abgelegt, und seine Hände waren schwielig vom Schwingen des Schwertes und der Lanze. Ich zog eilends weiter, um den Weg nach Cremona zu sichern, eine loyale Stadt und das in Aussicht genommene Hauptquartier in den künftigen Feldzügen. Nach meinem Abzug wurde Ezzelino von Truppen der Lombardischen Liga unter dem Befehl des Herrn von Vicenza angegriffen; dringend forderte er mich auf, ihm zu Hilfe zu kommen.

Im Eilmarsch legte ich mit meiner schweren Reiterei und den Bogenschützen die siebzig Meilen von Cremona in einem Tag und zwei Nächten zurück, nicht, wie meine Feinde annahmen, um sie zu umgehen, sondern um plötzlich nach Osten abzuschwenken und auf die Stadt Vicenza selbst vorzustoßen. Als Ezzelinos Angreifer davon erfuhren, brachen sie ihr Lager unter Zurücklassung ihrer Bagage und ihrer Zelte in aller Hast ab und versuchten, Vicenza vor mir zu erreichen. Sie kamen zu spät. Ich wäre ›durch die Luft geflogen‹, wie man sagte: ein Wunder. Ich forderte die Stadt zur Übergabe auf. Die Agenten des Papstes drängten auf Ablehnung. So stürmte ich die Stadt und gestattete Ezzelino, sie der Plünderung preiszugeben, wie es seine Gewohnheit war. Aber bei näherer Überlegung befahl ich ihm, denjenigen, die nicht gegen mich opponiert hatten, ihr Eigentum wieder zurückzugeben und nur die Rebellen zu bestrafen. Ich bemerkte, daß Ezzelinos Leute mehr als gründlich darin waren, sich alles anzueignen, was nicht niet- und nagelfest war.

Ezzelino selber war ein richtiger Tyrann; seine Herrschaft gründete sich völlig auf Betrug und Gewalt. Vernunft und Gerechtigkeit waren bedeutungslose Begriffe für ihn. Ihn bekümmerte nur die Aufrechterhaltung seiner eigenen Autorität, die Durchsetzung seiner Wünsche und seines Willens. Dennoch beobachtete ich, wie Ezzelino inmitten des Getümmels, des Niederbrennens und Plünderns, einen Söldner, der sich auf der Straße an der Frau eines Edelmannes verging, mit dem Schwert niederstach.

»Du überraschst mich, Ezzelino«, sagte ich. »Durch solche humanen Taten wirst du deinem Ruf schaden.«

Sein dunkles Gesicht hellte sich auf, sein harter Mund entspannte sich. »Herr, ich hätte auch Euch niedergestreckt, hättet Ihr Euch in aller Öffentlichkeit eine ähnliche Schandtat zuschulden kommen lassen.«

Ich lachte; ich fand es recht gut, daß Ezzelino nicht mein Feind war. Später, als die Ruhe wiederhergestellt war, gingen wir zusammen im Garten des Bischofs auf und ab, wo ich meinen Wohnsitz genommen hatte, da der Bischof sich aus Schuldgefühl verborgen hielt.

»Ser Ezzelino«, sagte ich, »Wir haben Euch einen kleinen Rat zu erteilen, da Ihr offensichtlich ein tüchtiger Krieger und ein entschlossener Verwalter seid. Wir möchten nur eine Tugend empfehlen: Klugheit.«

Damit zog ich meinen Dolch und begann die größten Blumen (Chrysanthemen — die Totenblumen) zu köpfen, an denen wir vorüberkamen. »Ich verstehe vollkommen, Herr«, sagte Ezzelino, »und ich werde dementsprechend handeln.«

Innerhalb weniger Tage traf ich Vorbereitungen, Vicenza zu verlassen. Es war jetzt Mitte November, und ich verspürte keine Lust, in das Schneetreiben des Winters zu geraten. Doch bei aller Eile konnte ich mir meinen üblichen Spaß mit den Astrologen nicht verkneifen. Nach dem Tode Michaels des Schotten hatte ich Maestro Teodoro zum Hofphilosophen befördert. Daher ließ ich ihn ab und zu kommen, damit er mir eine brauchbare Voraussage mache, da nach volkstümlichen Vorstellungen Philosoph, Astrologe und Zauberer ein und dasselbe waren. Aber jetzt beliebte es mir, ihn aufzuziehen.

»Durch welches Tor werden wir Vicenza verlassen, Maestro?« sagte ich. »Wir wünschen eine schriftliche Antwort darauf, die vorher einzureichen ist, aber nicht geöffnet werden darf, bis wir aus der Stadt heraus sind.«

»Wie Euer Majestät befehlen«, antwortete er und verbeugte sich so ernst, daß ich mit Wehmut an Michael den Schotten dachte und den Humor, den er in solchen Fällen aufgebracht.

Ich unterschätzte meinen Mann. Um ihm einen Strich durch die Rechnung zu machen, hatte ich insgeheim befohlen, eine Bresche für meinen Durchgang in die Wälle zu legen. Man stelle sich mein Erstaunen vor, als ich unterwegs seinen Umschlag öffnete und die Worte las: »Durch das neue Tor.«

Aber ob durch ein altes oder neues Tor, ich war heilfroh, den Kriegswirren zu entgehen. Für eine Weile konnte ich diese ganze Problematik vergessen. In gestrecktem Galopp ritt ich einem Rendezvous mit Bianca entgegen. Danach, dann abermals erfrischt und glücklich, weiter nach Österreich, wo neue Aufgaben meiner harrten.

Die Erbfolge machte mir Sorgen. Die Vorhersage, daß Isabella mit einem Sohn schwanger gehe, hatte sich nicht nur als Irrtum erwiesen, sondern siebzehn Monate vergingen, ehe sie überhaupt Nachkommenschaft hatte. Das Kind war ein Mädchen, wodurch meine Hoffnungen schwer erschüttert wurden. Ich hatte mir einen Sohn von einer englischen Königin als Herrscher über die Deutschen gewünscht. Da mir keine andere Wahl blieb, griff ich auf den Sohn Jolanthas zurück.

Ich berief die deutschen Fürsten zu einem Hoftag nach Wien und verlangte, daß der neunjährige Corrado zum König der Deutschen gewählt werde. Er kam als Konrad IV. auf den Thron, ohne Zugeständnisse meinerseits und ohne die geringste Opposition – so mächtig war ich geworden. Darüber hinaus wurde er zum zukünftigen Kaiser ausersehen. Ich beschloß jedoch, die Bekanntgabe seiner Wahl und seine Krönung auf unbestimmte Zeit zu verschieben. Ich hatte mein Lehrgeld bezahlt. Er sollte nicht unabhängig, sondern als mein Stellvertreter regieren. Seine Lehrer und Berater wählte ich mit äußerster Sorgfalt aus – keine deutschen Ritter und Bischöfe, sondern Gelehrte verschiedener Herkunft und verschiedener Ansichten. Auch sollte er mit anderen Knaben zusammen unterrichtet werden. Ich übergab ihn der besonderen Obhut des Neapolitaners Landolfo Caraccioli, eines Pagen, eines verantwortungsbewußten und sympathischen Jünglings. (Ich hatte meinen eigenen Guglielmo nicht vergessen.)

Die Staatsbeamtenstellen wurden notwendigerweise mit deutschen Fürsten besetzt. Unter ihnen war ein Mann, über den ich ernsthafte Zweifel hatte, der jedoch auf Empfehlung der Bischöfe zum Regenten gewählt wurde. Er hieß Heinrich Raspe – ein Name, der mir von vornherein mißfiel. Er war meinem Gefühl nach ein zu großer Fresser; seine Backen waren aufgeblasen wie zwei Laib Brot, und er hatte einen solchen Wanst, daß er sich kaum bücken konnte. Ohne Zweifel sah sein Geldbeutel ähnlich aus.

Die Fürsten, die zuerst so zurückhaltend gewesen waren, was meinen Feldzug gegen die Lombarden anging, wurden jetzt durch meinen Erfolg angelockt und scharten sich um meine Standarte. Sie erwiesen sich als schwierige Verbündete, weil sie nicht begreifen konnten, warum ich immer weiter verhandelte, anstatt zuzuschlagen. Selbst in dieser elften Stunde gab ich die Hoffnung nicht auf, daß es zu einer Beilegung des Streites mit dem Papst und den Lombarden kommen könnte. Ich war unglücklich über die Kriegskosten, die hohen Steuern, die Verschwendung von Mitteln.

Wiederum entsandte ich Hermann von Salza, um meine Sache zu vertreten, obwohl mir ziemlich klar war, daß positive Ergebnisse kaum noch zu erwarten waren. In Wirklichkeit waren die Lombarden eingeschüchtert und zu einem Kompromiß bereit; aber der Papst, durch ein plötzlich beunruhigtes Venedig unterstützt, traf keine ernsthaften Anstalten, den Frieden zu fördern.

So schickte ich mich in das Unvermeidliche. Nach einem Winter in Wien kehrte ich, begleitet von zweitausend schwerbewaffneten Rittern und ihrem Gefolge, nach Italien zurück. Wieder einmal waren die breiten Stiefel und langen Kommandostäbe von Deutschen in Italien zu sehen. In dem Augenblick, da wir die Wasserscheide überschritten, ergriff ich eine Standarte, einen Reichsadler, hob ihn hoch empor und rief laut, daß die ganze Welt es hören sollte: »*Roma caput mundi . . .!*«

Das war der Anfang . . . vom Ende.

2.

Einzelheiten aus Feldschlachten reizen mich nicht weiter. Viel interessanter finde ich die Erwägung der Resultate — wie sich der Verlauf der Geschichte durch das Hinschlachten Tausender unter Umständen ändern läßt, als zähle allein das Gewicht von Leichen in den Waagschalen des Schicksals. Als anderer Faktor kommt noch das Element des Zufalls hinzu: wie erstaunlich, daß ein zahlenmäßig, an Waffen und Führung überlegenes Heer durch einen einzigen unglücklichen Umstand unterliegen oder sogar völlig aufgerieben werden kann, ob es sich dabei nun um ein plötzliches, nicht der Jahreszeit entsprechendes Gewitter handelt oder um einen unerwartet über die Ufer tretenden Fluß.

Um die lombardischen Rebellen zu schlagen, blieben mir nur zwei Wege: ihre Streitkräfte in offenem Kampf zu vernichten, oder ihre Städte zu belagern und zu zerstören. Obwohl ihre Streitkräfte den meinen an Stärke und Ausrüstung fast gleich waren, zog ich eine offene Feldschlacht vor. Strategische Kriegführung hatte seit der Auflösung der alten römischen Legionen fast völlig zu existieren aufgehört, und Schlachten waren Zufallstreffen von zwei aufeinanderprallenden Gruppen Geharnischter, die stechend und hauend übereinander herfielen. Da ich mich intensiv mit römischer Geschichte befaßt hatte, hoffte ich, das Überraschungsmoment wieder einführen zu können.

Es war jedoch offensichtlich, daß die Lombarden einer offenen Feldschlacht ausweichen würden, weil mir ein Ruf von Unbezwinglichkeit vorausging; und so sah ich mich gezwungen, meine Belagerungsmaschinen zusammenzuziehen — Sturmböcke, Katapulte, Widder, Ballisten — sowie Schwefel und Rohöl, die Bestandteile des griechischen Feuers. Die Wälle der Städte waren dick und wohlverteidigt; Belagerungen dauerten lange, waren zudem schwierig und kostspielig. Ich nahm mir von vornherein vor, die Städte, soweit möglich, durch Unterhändler zur Übergabe aufzufordern — mit Ausnahme Mailands.

Mailand war dasselbe für mich wie Karthago für die alten Römer. Ich konnte mich als Kaiser nicht sicher fühlen, die Stadt Rom selbst war als Reichshauptstadt gefährdet, solange Mailand das gesamte Norditalien militärisch beherrschte. Daher war eine Vereinigung von Norden und Süden nicht möglich. Die Anmaßung Mailands aufgrund seiner Reichtümer und Stärke war nichts Neues. Einst hatte sich mein Großvater Barbarossa gezwungen gesehen, die Stadt bis auf die Grundmauern einzuäschern; aber sie war rasch wieder aufgeblüht, denn sie liegt an einem strategischen Schlüsselpunkt der Lombardischen Ebene. Vielleicht glückte mir, was meinem Großvater nicht gelungen war. Als Teil eines geeinten Italien würde Mailand zu einem Bestandteil des Ganzen werden, und ließ sich, mit einer starken Zentralgewalt in Rom entsprechend regieren. Tatsächlich war das Klima im Winter rauh und feucht — monatelang neblig; die Gegend eignete sich im Grunde nur für eine militärische Garnison. Warum nicht eine neue Stadt in einer günstigeren Lage? Der Gedanke erschien mir keineswegs verwegen. Hatte ich nicht Lucera aus dem Nichts der Apulischen Ebene gestampft...?

Meine erste Aufgabe bestand darin, die lombardischen Streitkräfte von ihrem Stützpunkt wegzulocken. Ich verfügte über ein Heer von etwa fünfzehntausend Mann — die größte Streitmacht seit dem Tode meines Großvaters. Rein zahlenmäßig waren die Lombarden etwas schwächer; aber sie konnten sich auf das nahe gelegene, von Wällen umgebene Brescia stützen. Nach einigen Scheinangriffen wurde klar, daß die Lombarden eine offene Feldschlacht unter keinen Umständen annehmen würden, und ich befand mich in der zweideutigen Lage, gegen einen Feind vorzugehen, der gar nicht da war. Schließlich lagen sich unsere Streitkräfte fast auf Sicht gegenüber, getrennt durch ein stark versumpftes kleines Flüßchen, den Oglio, der sich aus dem Iseosee in den Po ergießt. Was wir brauchten, waren Barken, keine Geharnischten und keine Pferde. So griff ich zu einer Kriegslist.

Plötzlich brach ich mein Lager ab und marschierte südlich in Richtung Cremona. Da es bereits Ende November war, nahmen die Lombarden an, ich beabsichtige, Winterquartier zu beziehen; und so brachen sie auch ihrerseits das Lager ab und zogen gen Mailand. Als ich dies erfuhr, gab ich den Fußtruppen und dem Troß den Befehl, ihren Weg fortzusetzen, während ich mich unter dem Schutz von Dunkelheit und Nebel mit meinen Bogenschützen und der schweren Reiterei von ihnen trennte und mich nach Norden wandte. Indes die Lombarden am linken Oglioufer flußaufwärts marschierten, folgte ich ihnen am rechten im Eilmarsch nach und ließ sie weit hinter mir zurück. In der Nähe des Städtchens Cortenuova legte ich mich, vortrefflich gedeckt durch Pappelhaine, in den Hinterhalt, um sie beim Überschreiten des Flusses abzufangen. Man vernahm nichts weiter als das Gequake von Enten, das Zischen von Gänsen und das Rädergeknarr von Bauernwagen, die der Flußnebel verbarg.

Die erste Kenntnis von meiner Gegenwart erhielten die Lombarden durch einen Ritter auf einem Schimmel, der, die Reichsstandarte schwingend, plötzlich aus den wallenden Nebeln des frühen Morgens vor ihnen auftauchte. »Heraus zum Kampf mit Eurem Kaiser!« rief der Ritter. Trompeten schmetterten. Ein Pfeilhagel verdunkelte die Luft. Unter dem Schlachtruf ›*Miles Roma! Miles Imperator!*‹ griff die Reiterei an. Der Anführer der Lombarden, Pietro Tiepolo, *podestà* und Sohn des Dogen von Venedig, wurde gefangengenommen; zu den erbeuteten Trophäen gehörte auch der Fahnenwagen — äußerste Erniedrigung — der *carroccio*. Sein Kreuz fand man im Schlamm unter einem Haufen Gerümpel.

Pier della Vigna beeilte sich, der wartenden Welt die Nachricht in den folgenden Worten mitzuteilen:

›Wer kann die Haufen von Leichen oder die Anzahl der Gefangenen beschreiben? Gott, ein gerechter Richter, hat die Rechte des Kaisers endlich wahrgenommen und den Stolz der Lombarden gebrochen; sie haben den *carroccio* und ihren *podestà* verloren. Jeder unserer Krieger hat so viele erschlagen, wie er wollte, und so viele gefangengenommen, wie ihm beliebte. Cäsar selber hat den Feind mit seinen eigenen Händen vernichtet. Die Deutschen haben ihre Schwerter mit Blut gefärbt; die glücklichen Ritter des Königreiches haben mit Inbrunst an der Seite ihres Fürsten gefochten; die Krieger Pavias haben sich an den Mailändern gerächt; die getreuen Cremoneser haben ihre Streitäxte in Blut getaucht, die Sarazenen ihre Köcher geleert. So viele Tote hat es noch in keinem Krieg gegeben; wäre nicht plötzlich die Nacht angebrochen, so wäre kein einziger Feind den Händen Cäsars entgangen.‹

Nach Art der alten Römer zog ich durch die Porta Romana in Cremona ein, ein wahrer Triumphzug. Die Spitze bildeten Trompeter und meine Wache. Dann Cäsar. Ich ritt meinen Rappen ›Dragone‹, trug einen Lorbeerkranz und hielt das Schwert gezückt. Dahinter kamen Wagenladungen voller Beute; dann die Gefangenen, humpelnd und stolpernd, furchtsam auf das jubelnde Volk starrend, das die Straßen säumte; und schließlich mein Elefant, einen Holzturm mit sarazenischen Posaunenbläsern auf dem Rücken, vor dem mailändischen *carroccio* mit dem an den gesenkten Fahnenmast gefesselten *podestà* gespannt. Erregung durchflutete die Zuschauer, als sie ihren erbitterten Feind Mailand derart gedemütigt sahen, und die Gefangenen wurden erbarmungslos verhöhnt.

Aber ich selber wandte eine andere Taktik an: ich ließ einige Gefangene in meinen Palast nach Foggia überführen — dann schenkte ich ihnen die Freiheit, damit sie nach Mailand zurückkehren und von den Wundern berichten könnten, die sie in Apulien erlebt.

Nach dieser Niederlage schien sich die Lombardische Liga aufzulösen; nur noch fünf Städte hielten zu Mailand. Aber ich gab mich keinen Täuschungen hin. Die Wälle Mailands waren uneinnehmbar; es verfügte über gewaltige Reichtümer. Der Verlust eines Gliedes führt nicht notwendigerweise zur Zerstörung des Körpers. Wenn Mailand auch nicht völlig bezwungen war, so mußte doch der Ausgang der Schlacht von Cortenuova den Papst zur Verzweiflung bringen. Bei Gregors Alter konnte einen solchen Schlag nur ein Mann überwinden, in dem die Flamme des Hasses mit derartiger Intensität brannte. Gregor war meines Wissens ein solcher Mann.

So beschloß ich, ihn aufs äußerste zu provozieren: ich schickte den erbeuteten *carroccio* nach Rom, damit er im Triumph den Cäsarenweg entlang auf die Höhen des Campodoglio hinaufgetragen werde. Er war dem Senat und dem Volk von Rom gewidmet. Der Papst wehrte sich erbittert dagegen, hatte jedoch nicht die Macht, seinen Willen mit Gewalt durchzusetzen. Und das Schrecklichste von allem: der Wagen wurde durch eine aus Kardinälen bestehende Ehrenwache eskortiert. Einige von ihnen behaupteten, sie hätten meine Handschrift an den Wällen Roms erblickt.

Während Gregor sich schäumend vor Wut in seinem Palast einschloß, wurde der *carroccio,* einer heiligen Reliquie gleich zum Zeichen meines Sieges auf fünf Marmorsäulen zur Schau gestellt.

3.

Mailand bat um Frieden. Die Stadt entsandte einen Franziskanermönch, um die Bedingungen auszuhandeln. Man bot mir Abstandsgeld, Truppen für einen Kreuzzug und gelobte, die Banner zu verbrennen. Ich bestand jedoch auf bedingungsloser Kapitulation. Alle — ich nicht ausgenommen — vertraten die Meinung, daß die mailändischen Herrscher ›aalglatt‹ wären. Tumulte brachen in der Stadt aus; Kirchen wurden entweiht und Gott auf lästerliche

Weise für die Niederlage verantwortlich gemacht. Der Unterhändler wollte wissen, was ich im Falle bedingungsloser Unterwerfung mit der Stadt machen würde. Ich äußerte mich orakelhaft: ›Ich werde tun, was ich muß.‹

Die Mailänder beschlossen, ihre Wälle zu verstärken und weiterzukämpfen. Eine geheime Abordnung suchte mich im Namen einer Gruppe von Edelleuten auf und legte mir nahe, die Stadt anzugreifen, da man mir die Tore öffnen wolle; ich glaubte ihnen nicht. Der Papst leistete jetzt nicht mehr heimlich Hilfe, sondern organisierte offen die Verteidigung. Zum päpstlichen Legaten ernannte er Gregorio da Montelungo, einen meiner unversöhnlichsten Feinde. Dieser Mann war ein als Prälat verkleideter General; in Mailand legte er bei der Überwachung der Verteidigungsmaßnahmen sogar offen Harnisch an. Er war ein außerordentlich geschickter Organisator, gerissen und unermüdlich, wie ich wohl wußte, und sein Bestreben ging dahin, einen Sammelplatz für alle meine Feinde zu schaffen, ganz gleich, welcher Schicht sie angehörten oder welchen Rang sie einnahmen. Er war es, der dieses Heer der Unzufriedenen schließlich unter dem kurzen Namen ›Guelfen‹ zusammenfaßte im Gegensatz zu dem ›ghibellinischen‹ Kaiser.

Das neue Jahr brachte mir von allen Seiten Hilfe. Zuerst einen Sohn von Isabella. Damit hatte ich einen anderen Erben als Ersatz für den eingebüßten, und ich nannte ihn Enrico. Die Welt war jetzt weitgehend über meinen Kampf gegen die Lombarden informiert, und aus allen vier Weltecken wurde mir Unterstützung zuteil. Zusammen mit meinen Kriegern aus ganz Italien und großen Teilen Deutschlands kamen Ritter aus Burgund und der Provence; Truppen von den Königen von England, Frankreich, Ungarn und Kastilien; griechische Lanciers von dem Kaiser von Nicäa; arabische Reiter von dem Sultan von Ägypten. Es war ein gewaltiges Heer, vielsprachig, bunt, kostspielig und schwierig zu leiten. (Leider beherrschten nicht viele Leute so viele Sprachen wie ich.) Ich erschien allen unbesiegbar.

In Cremona hielt ich Kriegsrat, um zu entscheiden, welche von den fünf rebellischen Städten angegriffen werden sollte. Sagte Ezzelino da Romano: »Schlangen schlägt man aufs Haupt — ich rate, mit Brescia anzufangen, Herr . . .« Er meinte, daß der Fall von Brescia, Mailands engstem und stärkstem Verbündeten, Mailand im wesentlichen isolieren, unsere Flanke sichern und die Mailänder in Furcht und Schrecken versetzen würde. Also ließ ich meine Truppen Anfang August in breiter Front um Brescia aufmarschieren und meinen Tierpark ebenfalls, den die erstaunten Brescianer von den Höhen ihrer stark befestigten Türme sehen konnten. Wir schöpften tief Luft und warfen uns auf die Wälle.

Das ganze Unternehmen stand von Anfang an unter einem bösen Stern. Ezzelino hatte mir den berühmten spanischen Ingenieur Calamandrinus entsandt. Er wurde jedoch unterwegs von einer brescianischen Streife gefangengenommen und mußte seine Dienste der Stadt zur Verfügung stellen. Er wurde vor die Wahl gestellt, entweder den Tod zu erleiden oder eine schöne Frau zu nehmen; die Entscheidung fiel ihm nicht schwer; willig richtete er seine ganze Erfindungskraft gegen mich. Seine Wurfgeschosse zerstörten meine Belagerungsgeräte, und es gelang ihm immer wieder, meine Angriffstürme in Brand zu stecken. Wir gelangten nie nahe genug heran, um die Wälle zu erklimmen. Die Belagerung nahm immer grausamere Formen an: beide Seiten banden Gefangene an exponierte Stellen, um den Angriff abzuwehren (von meinem Großvater Barbarossa mit Vorliebe angewendet), aber nichts wurde erreicht, nur ein blutiges Gemetzel entstand. Auch ließen es meine vielsprachigen Streitkräfte an Wachsamkeit fehlen, und bei jedem Ausfall machten die Brescianer beliebig viele Gefangene.

Schon nach vierzehn Tagen hielt ich es für ratsam, Verhandlungen anzuknüpfen. Als Unterhändler entsandte ich den wohlbekannten Bernardo di Rossi von Parma. Er war ein großer, imponierender Mann, berühmt wegen seiner Fähigkeit, mit einer Streitaxt um sich zu schlagen, und gleichermaßen berühmt wegen seiner Überredungskunst bei Verhandlungen. Er kehrte mit der Mitteilung zurück, daß er bei den Brescianern nichts erreichen könne. Ich glaubte ihm — und es sollte noch viel Zeit vergehen, ehe ich die Wahrheit über den edlen Bernardo di Rossi von Parma erfuhr.

Zu allem Unglück brach auch noch eine Seuche unter den Tieren in unserem Lager aus. Die Pferde der Ritter starben, die Rinder siechten dahin, die Lebensmittel wurden knapp. Es hieß, die Brescianer hätten bei Nacht verseuchte Tiere zwischen uns getrieben. Die Krankheit selber war mir neu, und ich wußte nicht, wie ich sie bekämpfen sollte. Versuche, die davon befallenen Tiere zu isolieren, erwiesen sich als unwirksam, und die Ritter murrten mehr über den Verlust ihrer Pferde als über ihre gefallenen Waffenbrüder. Von Tag zu Tag sah es schlimmer aus im Lager. Unwetter traten auf, Regengüsse setzten ein. Eine solche Sintflut hatte ich noch nicht erlebt! Wir versanken förmlich im Dreck und stolperten über Tierkadaver, während die Brandkugeln des Calamandrinus auf uns niedersausten.

Nach zwei Monaten griffen wir noch einmal mit allen Kräften an; der Angriff mißglückte. Einige Tage danach brach ich die Belagerung ab, nicht so sehr weil ich entmutigt war, sondern weil es mich anekelte. Rückschauend war dies einer der größten Fehler, die ich je begangen. Ich hätte um jeden Preis bis zum bitteren Ende durchhalten sollen; ich hätte Brescia nehmen müssen. Alles in allem genommen, kam mich der Fehlschlag teurer zu stehen als der Erfolg.

Die Legende meiner Unbesieglichkeit war ernsthaft erschüttert. Der Papst frohlockte öffentlich. Die Lombardische Liga erwachte zu neuem Leben. Wie ein verwundeter Löwe zog ich mich nach Cremona zurück, um die Wunden zu lecken, die ich höchstens als Schrammen betrachtete. Ich entließ die fremden Hilfsvölker und gruppierte die verläßlichsten kaiserlichen Streitkräfte um. Im nächsten Frühjahr, wenn Krieg und Wetter Hand in Hand gehen würden, wollte ich eine neue Taktik anwenden.

Zeitweilig vergaß ich meine militärischen Sorgen, indem ich das Fest der Schwertleite für meinen geliebten Enzio vorbereitete, ›in Wuchs und Antlitz Unser Ebenbild‹, wie ich von ihm sagte. *Falconello:* geschmeidig, kräftig, fröhlich und amüsant, ein Verfasser von Gedichten und ein Sänger von Liedern . . . herabwallende goldblonde Locken . . . lächelnde blaue Augen. Ein solcher Zauber ging von ihm aus, daß man in ganz Italien von dem Zwanzigjährigen sprach. Er wurde von allen Mädchen begehrt und wäre überall als Schwiegersohn willkommen gewesen. Papst Gregor wollte ihn durchaus für seine Nichte haben.

In den Wochen, die meinem fehlgeschlagenen Angriff auf Brescia folgten, bewegte ich mich politisch mit äußerster Behutsamkeit. Ich wartete auf geheime Nachrichten von der Kurie, um mich zu vergewissern, ob der Wind in Richtung Krieg oder Frieden wehe. Ich dachte, der Papst würde jetzt, da sich seine Position gefestigt hatte, vielleicht willens sein zu schlichten. Aber er war wie ein Wolf auf der Fährte — er witterte Blut. An Frieden war nicht zu denken. Und so ließ ich alle Rücksichten fallen und verheiratete Enzio mit Adelasia, der Thronerbin Sardiniens. Auf diese Weise wurde Enzio König von Sardinien, und die Insel kam zum Reich.

Für Gregor war dies eine doppelte Beleidigung. Er betrachtete Sardinien als Lehen der Kirche; aber am meisten ergrimmte ihn, daß Enzio seiner Familie verlorengegangen war; das empfand er als Kränkung seines Blutes.

Somit hatte ich mir zu allem anderen auch noch seinen persönlichen Haß zugezogen.

4.

Seltsame und anstößige Gerüchte über mich gingen im Lande um. Mein Privatleben wurde in so unheimlichen Farben gemalt, daß ich mich mitunter fragte, ob ich nicht tatsächlich, wie behauptet, ein unersättlicher Lüstling wäre. Die Geschichten über die Orgien des Kaisers Tiberius waren nichts im Vergleich zu den Orgien, die man mir zuschrieb. Von jeder nur erdenklichen Form des Geschlechtsverkehrs hieß es, ich gäbe ihr den Vorzug. Ich wäre so geil wie die Moslems im Paradiese. Ich ließe mich von nackten arabischen Tänzerinnen in Milch baden; ich plansche in Becken voller Wein, indes unbekleidete Jünglinge meinen Becher füllten. Überall stünden entblößte *servitelli negri*, die Musik machten, doch dann und wann auf meinen Wink innehielten, um zu zeigen, was sie im Geschlechtsverkehr leisten könnten. Polierte Spiegel würfen alles zurück; wo ich mich ergötze, wären die Wände mit dem beflügelten Phallus bemalt.

Eine solche Überschätzung des nackten menschlichen Körpers, wo für die Menschen doch nichts weiter von Interesse sein sollte als die Seele! Ich fragte mich, ob derartige Gerüchte nicht reinem Wunschdenken entsprängen — indem sie ungeahnte Gedanken und Leidenschaften in frommen Leuten erregten. Aber für mich waren diese erfundenen Gerüchte ein Warnsignal; ich spürte ihre Bedeutung sofort.

Da ich nicht nach Sizilien zurückkehren konnte, bezog ich Winterquartiere in der Nähe von Padua, im Kloster Santa Giustina. Die Kaiserin samt ihren Kindern Margherita und Enrico brachte ich in dem nicht weit entfernten Noventa unter; Bianca mit Manfredo und Konstanze bezogen in Padua einen Palast, dessen Arkaden eine Straße bildeten. Als Gäste hatte ich Ezzelino da Romano und den Marquis d'Este bei mir — letzterer meiner Sache nur lauwarm ergeben. Für die guten Mönche war es keine geringe Belastung, für meinen Tierpark zu sorgen, und zuerst hatten sie Angst vor dem Elefanten. Aber das Tier zeigte sich so gelehrig, daß selbst der Abt, Fra Arnaldo, es zuletzt mit Heu fütterte. Der Abt fühlte sich durch meine Anwesenheit derart geehrt, daß er seine Schatztruhe aufschloß und mich mit herrlichen Wandteppichen, einem schön verzierten Thron und einem Fußschemel beschenkte. Um das Maß voll zu machen, gab er noch dreißig Säcke Gerste dazu, vierundzwanzig Wagenladungen Heu, eine Anzahl frisch gefangener Störe und zwei riesige Fässer des besten Weines. Ich fand es sehr angenehm, zur Abwechslung auch einmal von der Kirche etwas geschenkt zu bekommen.

Zu dieser Zeit kam durch Pieros Vermittlung ein rundlicher junger Franziskaner, Fra Salimbene, zu mir und bat um meinen Beistand. Ich sollte an meinen Freund Fra Elias schreiben, den Generalminister in Assisi, und darum bitten, daß man den jungen Mönch nach Hause zu seinem Vater in Parma entlasse. Der Jüngling hatte großes Heimweh und hatte sich noch nicht an die strengen Ordensregeln gewöhnt. Ich erklärte mich bereit, den Brief zu schreiben. Fra Salimbene dankte mir überschwenglich auf lateinisch, seltsam durchsetzt mit toskanischen und lombardischen Ausdrücken.

»Immer werde ich Euer Hoheit dafür lieben«, rief er, »und wenn ich meine Chronik zu Papier bringe, werde ich mit größtem Wohlwollen von Euch sprechen.«

»Wir sind erstaunt, daß ein so heiliger Jüngling wie Ihr bei einem König von so schlechtem Ruf um Hilfe nachsucht«, sagte ich mit leiser Ironie, denn ich war mir durchaus bewußt, daß die Mönche — trotz Fra Elias — alles taten, um mich zu verleumden.

»O nein — es kann schon sein, daß Euer Hoheit kein guter Katholik sind«, antwortete er in aller Einfalt, »aber gewißlich liebt Ihr Gott und Eure eigene Seele und seid nicht so schlimm, wie wir behaupten sollen!«

Mir schien, er protestiere etwas zu sehr, und wenn er mit seinen Wurstfingern einst seine Chronik schriebe, würde ich wohl keine allzu glänzende Rolle darin spielen.

Trotz aller Gerüchte hielt ich es für angebracht, noch einen letzten Versuch zur Überbrückung der ständig breiter werdenden Kluft zu unternehmen, die mich vom Papst trennte. Am liebsten hätte ich Hermann von Salza damit beauftragt, aber da er leidend war, schickte ich ihn nicht nach Rom, sondern zu meinen gelehrtesten Doktoren nach Salerno. Nach Rom entsandte ich Taddeo da Suessa, auf den ich mich immer mehr verließ; den Grafen Tommaso d'Aquino sowie meinen lieben über siebzigjährigen Berard, der sich nachdenklich den schlohweißen Bart strich und erklärte, es wäre völlig zwecklos, auf eine Verständigung mit einem so alten Mann wie dem Papst zu hoffen — der das hundertste Lebensjahr überschritten hatte.

Die Gesandtschaft erreichte so gut wie nichts. Ich erfuhr Einzelheiten über die Zerstörung der Paläste meiner Anhänger durch Gregor — Mosaiken, Plastiken und antike Fresken zusammen mit den Verteidigungsanlagen (später bemühte ich mich um die Wiederherstellung dieser Monumente). Kurz darauf suchte mich eine aus vier Prälaten bestehende Delegation des Papstes auf, um mich in Glaubensdingen zu prüfen. Dieser Prüfung unterwarf ich mich ohne Widerspruch, sorgte jedoch dafür, daß eine ganze Anzahl von Zeugen zugegen waren.

Dann schrieb ich selber, nicht an den Papst, sondern an die Kardinäle, und wies darauf hin, daß sie die Nachfolger der Apostel wären und daß Petrus denselben Rang wie diese bekleidet hätte und nur ihr Sprecher gewesen wäre. Mit dieser Rolle sollte sich auch der Papst begnügen. Jetzt möchten die Kardinäle doch das Unheil abwenden, das der Kirche durch die ungestümen Handlungen des gegenwärtigen Papstes drohe. Ich selbst wäre willens, das mir vom Heiligen Vater zugefügte Unrecht geduldig zu tragen; aber an einem gewissen Punkte würde ich Gewalt mit cäsarischen Maßnahmen beantworten.

Ich ließ mich in Padua nieder und wartete. Äußerlich ging ich völlig in dem üblichen fröhlichen Hofleben auf, tanzte und ritt auf Falkenbeize. Am Palmsonntag erschien ich auf einer *festa* der Bevölkerung von Padua; ich bestieg ein auf einer Wiese errichtetes Podium, um von dort das muntere Treiben zu beobachten. Ich lächelte und winkte von meinem ländlichen Thron. Ich trug einen Purpurmantel und die Kaiserkrone und wurde von Pier della Vigna begleitet, der ebenfalls Staatskleider angelegt hatte. Es war ein leuchtender Frühlingstag, warm und sonnig, denn wir schrieben Ende März. Piero ergriff das Wort und sprach in meinem Namen zu der Bevölkerung und erklärte den Leuten, wie nahe sie meinem Herzen ständen.

Es war eine uralte *festa*, wahrscheinlich auf heidnische Bräuche zurückgehend, und den Höhepunkt bildeten Musik und Tanz. Als die Lustbarkeit den Gipfel erreicht hatte, schob sich ein Schatten über den Rand der Sonne. Der Schatten wuchs, und die Erde verdunkelte sich allmählich. Es war eine Sonnenfinsternis; doch meine Astrologen hatten keine Voraussage gemacht. Langsam erlosch die Sonne.

Von Panik ergriffen, stürzte das Volk von der Festwiese und rief Gott um Gnade an. Piero versuchte die Leute zu beschwichtigen und ihnen zu erklären, was sich zutrug, vermochte jedoch dem Tumult keinen Einhalt zu gebieten. Ich blieb ruhig sitzen, beschattete die Augen mit meiner Hand und studierte die Korona um die Sonne. Für mich war es ein außerordentlich interessantes Phänomen, für das Volk ein fürchterliches Omen.

In den nächsten Tagen wurde es als böses Vorzeichen gegen mich gedeutet. Es hieß, Gott könne es nicht länger dulden, die Sonne auf mich scheinen zu lassen.

Denn in diesen Augenblicken der Dunkelheit lag in Salerno mein vertrauter und verehrter Hermann von Salza im Sterben.

Und in Rom hatte der völlig verrückte Papst Gregor IX. in der Basilika von St. Peter seine Kardinäle um sich versammelt und las ihnen mit wutbebender Stimme die folgenden Worte vor:

»Im Namen des Vaters, des Sohnes und des Heiligen Geistes und der gesegneten Apostel Petrus und Paulus exkommunizieren und schleudern Wir den Bannfluch gegen den Kaiser Fridericus.«

Also geschehen im Jahre des Herrn 1239.

5.

Ein Schauder des Entsetzens und der Furcht überlief die gesamte Christenheit. Der Traum eines Universalfriedens war zerstört. Alle mußten leiden, die Großen wie die Kleinen, wenn die Beherrscher der Welt danach trachteten, sich gegenseitig zu vernichten. Meine Exkommunikation gründete sich auf neun Punkte. Keinen einzigen neuen; nicht einer davon hatte etwas mit dem lombardischen Konflikt zu tun. Der Papst verfolgte nur ein einziges Ziel: mich samt allen meinen Leistungen zu zerschmettern.

Jetzt war die Zeit des Abwartens vorüber, die muffige Luft war geklärt. Ich freute mich fast, daß die Spannung nachgelassen hatte. Ich konnte der Welt meine Spannkraft und meine Fülle zeigen. Ich würde zurückschlagen, bis meine Kraft versagte. Ich machte mir keinerlei Illusionen über die Schwierigkeit der Aufgabe, den Papst zu bezwingen. Alle Christen waren viel zu sehr auf das Jenseits bedacht, um sich für ein Leben im Diesseits tapfer einzusetzen. Selbst meine verläßlichsten Anhänger — mit Ausnahme einiger weniger — würden im tiefsten Inneren Vorbehalte machen. Um die Flammen der Hölle zu ignorieren, mußte man tausend Jahre Kirchenlehre rückgängig machen . . ., von wieviel Leuten konnte man schon eine Art Freidenkertum erwarten . . .?

Nach außen erholte ich mich schnell von dem Interdikt des Papstes. Ich blieb würdevoll und ruhig. Ich unterdrückte meinen Zorn, obwohl ich öffentlich die Maßlosigkeit des Papstes bedauerte. Ich berief eine Versammlung der Paduaner ein. Piero sprach zu ihnen und unterlegte seiner Ansprache eine Textstelle aus Ovid, der die Tragödie des Exils erlitt: ›Gerechtfertigte Strafe trage man mit Geduld, unverdiente mit Gram.‹

»Kein Kaiser«, erklärte Piero mit Nachdruck, »— kein Kaiser seit den Tagen Karls des Großen ist gerechter, gütiger und großzügiger gewesen — oder hat der Kirche so wenig Ursache zur Feindschaft gegeben . . .!«

Dies war sein Thema: daß ich ungerechterweise verfolgt würde, nicht von der Kirche selbst, sondern durch die Unversöhnlichkeit eines einzigen Mannes, den man zufällig zum Statthalter Christi gewählt hatte. Ich beschloß, die Untauglichkeit dieses Mannes für sein Amt vor allen Völkern bloßzustellen. Insgeheim beriet ich mich mit meinen vertrautesten Ratgebern, und wir einigten uns über die Maßnahmen, die zu ergreifen wären. Als Berard dazukam, küßte ich ihn und wischte mir dann die Tränen aus den Augen — denn auch ihn hatte der Papst persönlich aus der Gemeinschaft der Gläubigen ausgestoßen.

»O Berard«, rief ich, »was habe ich für Elend über dich gebracht . . .!«

»Weine nur, mein Sohn«, antwortete er, »aber nur, wenn du nicht die Kraft hast, das Elend zu tragen. Du näherst dich der Zeit, da du Kraft für viele aufbringen mußt, denn viele werden zaudern. Die Qualität des Stahles wird in der Schmiede bestimmt; die Stärke eines Mannes erweist sich erst im Unglück. Bald wirst du merken, daß einige, die du für schwach hieltest, sich stark erweisen werden; und umgekehrt. Was mich angeht, so kann ich nicht anders als dir folgen . . ., denn darin liegen Ziel und Zweck meines Lebens . . .«

Wieder küßte ich ihn demütig; mir galt er mehr als ein Vater.

Auf Berards Rat ließ ich dem Papst mitteilen, ich wäre bereit, vor einem unparteiischen Konzil zu erscheinen und mich zu verantworten; aber der Papst ignorierte meine Botschaft. Als ich erfuhr, mit welcher Nachdrücklichkeit das Interdikt in allen Kirchen der Christenheit befolgt wurde, gab ich die erste Flugschrift in einem Wortkrieg heraus, einer Schlacht der Manifeste. Sie verlieh derselben beleidigten Entrüstung Ausdruck, die charakteristisch für den offenherzigen ›Appell an die Fürsten‹ gewesen war, den ich als Kind verfaßt hatte. Piero faßte es so zusammen:

›Hebet Eure Augen auf, spitzet die Ohren, Ihr Söhne der Menschen! Betrauert des Erdenrunds Kümmernisse, den Zwiespalt der Völker, das Aussterben der Gerechtigkeit. Sündhaftigkeit geht aus von den Ältesten Babylons, die das Volk zu lenken schienen, während sie das Recht in Galle und die Frucht der Gerechtigkeit in Wermut verwandelten. Urteilt selbst, Ihr Fürsten — und ihr, Völker, vernehmet Unsere Sache!

Wir halten Gregor für einen unwürdigen Statthalter Christi, einen unwürdigen Nachfolger Petri; nicht aus Geringschätzung seines Amtes, sondern seiner Person — ihn, der wie ein

Krämer in seiner Kammer sitzt und gegen Bezahlung Dispense erteilt, eigenhändig seine Bullen schreibt und unterzeichnet und zweifellos das Geld zählt. Er ist seines Amtes unwürdig; Wir wenden Uns daher an ein Konzil. Er ist Uns nur aus einem einzigen Grunde feindselig gesonnen — deswegen nämlich, weil Wir es abgelehnt haben, Unseren Sohn mit seiner Nichte zu verheiraten.

Aber Ihr, o Könige und Fürsten der Erde, trauert nicht nur um Uns, sondern um die ganze Kirche. Ihr Oberhaupt ist krank. In ihrer Mitte sitzt ein wahnsinniger Prophet, ein Mann der Falschheit, ein befleckter Priester! Zuerst möchte er den Cäsar stürzen; dann wird er die übrigen Fürsten der Erde niedertrampeln.‹

So begann das Manifest. Ich ging auf alle gegen mich erhobenen Beschuldigungen ein und beantwortete sie. Ich schlug wohlwollende Töne an. Wie bei meinem ersten Duell mit Gregor, versuchte ich mit der Stimme der Vernunft zu sprechen, aber ich teilte härtere Schläge aus. Gregors Entgegnung war eine meisterhafte Schmähschrift. Er schrieb:

›Dem Meer ist eine Bestie entstiegen, die Lästerung heißt. Das Ungeheuer hat die Tatzen eines Bären, das Maul eines raubgierigen Löwen, und ist wie ein Pardel gescheckt. Es öffnet seinen Mund zur Schmähung des göttlichen Namens; und schießt mit vergifteten Pfeilen auf das Tabernakel des Herrn und der darin wohnenden Heiligen. Mit eisernen Klauen und Zähnen möchte es alles in Stücke reißen ... Blicket an Haupt und Mitte und Ende dieser Bestie Fridericus, des sogenannten Kaisers und erwäget die Wahrheit ... Legt in die Waagschalen die Wohltaten, mit denen die Kirche diesen Drachen überhäuft hat ... Dennoch hat diese Stütze der Gottlosen, dieser Hammer der Erde die sizilische Geistlichkeit beraubt, verbannt und eingekerkert und die Kirchen ehebrecherischen Umarmungen preisgegeben. Er hat Moscheen auf den Ruinen von Gotteshäusern errichtet und das Predigen des Kreuzzuges untersagt. Er hat dem Adel die Burgen entrissen und die Hochgeborenen in den Schmutz gestoßen. Er hat Schulen zur Verdammnis der Seelen gebaut!

Dieser Mann, der sich freut, wenn man ihn einen Vorläufer des Antichrists nennt, hat jetzt die Maske abgelegt . . . Offen hat dieser König der Pestilenz behauptet, daß — um Uns seiner eigenen Worte zu bedienen — alle Welt hintergangen sei von drei Betrügern: Jesus Christus, Moses und Mohammed, deren zwei in Ehren, der dritte aber am Kreuze gestorben sei. Und weiter hat er mit noch lauterer Stimme zu behaupten gewagt, nur Narren könnten glauben, daß Gott, der allmächtige Schöpfer der Welt, von einer Jungfrau geboren sein könne. Diese Ketzerei hat er durch den Irrwahn erhärtet, daß niemand geboren werden könne, dessen Empfängnis nicht der Umgang von Mann und Weib vorangegangen sei. Er versteigt sich sogar zu der Behauptung, der Mensch dürfe nur das glauben, was sich durch die Kraft und Vernunft der Natur beweisen lasse.

Wundert Euch also nicht länger, daß er den Dolch der Verleumdung gegen Uns gezückt hat, denn er trachtet danach, den Namen des Herrn von der Erde zu wischen. Anstatt ihn durch die einfache Wahrheit zu überführen, seine Sophismen durch Argumente der Heiligkeit zu widerlegen, bannen Wir Kopf, Leib und Gliedmaßen dieser Bestie, die kein anderer ist als Fridericus Imperator.‹

Ich hatte Mühe, mich zu beherrschen, da ich wußte, daß derartige Anschuldigungen die Herzen der wahren Gläubigen mit Furcht, Entsetzen und Erstaunen erfüllen würden. Grauenhaft die Anschuldigung, daß ich Christus einen Betrüger genannt hätte, und verwirrend die Anschuldigung, Mohammed im gleichen Atemzug mit Ihm genannt zu haben — denn in früheren Jahren hatte Gregor versichert, ich wäre mehr Mohammedaner als Christ. Aber auf diese feinen Unterschiede ging ich gar nicht erst ein, sondern leugnete rundheraus, derartige Behauptungen aufgestellt zu haben. Die Redensart von dem ›Betrüger‹ machte schon seit vielen Jahren die Runde in der Christenheit; Maestro Teodoro erbrachte den Beweis dafür, daß schon vor Jahrzehnten ein Pariser Doktor der Theologie, ein gewisser Simon de Tournai, diesen Satz in einer Monographie aufgestellt hatte — um an dessen Widerlegung die eigene dialektische Gewandtheit zu zeigen. Als ein getreuer Fürst der Kirche stellte ich Gregor selber als Ketzer hin und warf ihm vor, gemeinsame Sache mit den mailändischen Ketzern gemacht zu haben.

Aber ich ging noch weiter.

Zum erstenmal die erste Person gebrauchend, ließ ich eine Andeutung über militärische Aktionen gegen den Papst fallen:

>Weil ich mich weigere, die unbeschränkte Macht des Papstes anzuerkennen und ihn mehr als Gott zu ehren, brandmarkt er, selbst der Antichrist, mich, den aufrichtigsten Freund der Kirche, zum Ketzer. Wem könnte mehr daran gelegen sein als mir, daß die christliche Gemeinschaft wieder Majestät, Einfachheit und Frieden erlange? Aber das kann nicht sein, ehe nicht das Grundübel — der Ehrgeiz, der Stolz und die Verschwendungssucht des Bischofs von Rom — ausgerottet ist. Ich bin kein Feind der Geistlichkeit; ich ehre jeden Priester wie einen Vater, solange er sich aus weltlichen Angelegenheiten heraushält.

Der Papst wirft mir vor, ich wolle die Christenheit mit Gewalt und durch das Schwert ausrotten. Torheit — als ließe sich das Reich Gottes durch Gewalt und durch das Schwert ins Wanken bringen! Nur durch böse Gelüste, durch Geiz und Raubgier kann es geschwächt, befleckt, verdorben werden. Es ist mein Auftrag von Gott, gegen diese Übel mit dem Schwerte vorzugehen.

Ich werde den Schafen ihren Hirten zurückgeben, der Gemeinde ihren Bischof, der Welt ihren geistlichen Vater. Ich werde dem wölfischen Tyrannen die Maske vom Gesicht reißen und ihn zwingen, sich nicht in weltliche Dinge zu mischen, allen irdischen Pomp abzulegen und in den heiligen Fußstapfen Christi zu wandeln.<

Damit müßte allen Leuten klarwerden, meinte ich, daß ich so ziemlich an der Grenze meiner Geduld angelangt war. Mochten alle, die es betraf, davon Kenntnis nehmen.

Im Gegensatz zu anderen war ich nicht weiter überrascht, als eines Morgens ein Orakelspruch im Schlafgemach des Papstes gefunden wurde. Er war auf ein Stück Pergament geschrieben und lautete:

›Roma wankend schon lang, erschlafft in alter Verirrung,
Wird zerbrechen und bleibt nimmer des Erdenrunds Haupt.
Vorgeschick schweigt und Sternenlauf zeigt und Flug
                                                auch der Vögel:
Bald fürwahr wird ein Einz'ger sein Hammer der Welt.‹

6.

Wie plötzliche Flammenstöße in einem schleichenden Wald-
brand brachen ringsumher Revolten aus. Die Rebellen hefteten
überall das rote Kreuz der Kreuzfahrer auf ihre Ärmel, denn jetzt
befanden sie sich (Ketzer einschließlich) in einem heiligen Krieg
gegen einen Exkommunizierten. Mit dem Segen des Papstes
kämpften sie gegen einen, der vom Papst verflucht worden war.
Da der Bann ausdrücklich alle betraf, die mir in irgendeiner
Weise beistanden oder mich unterstützten, befand ich mich in
der seltsamen Lage, das Oberhaupt der Ungläubigen zu sein.
Mitunter fragte ich mich, ob ich mich nicht lieber Sultan statt
Kaiser nennen und den Islam zu Hilfe rufen sollte. Das wäre ein
Schock für den Papst gewesen!

Selbst Ezzelinos Bruder, Alberico da Romano, wandte sich
gegen mich und griff das loyale Treviso an. Der Marquis d'Este
machte sich eines Tages, als wir uns auf dem Marsch nach Verona
befanden, plötzlich aus dem Staube und verschanzte sich in einer
mehr oder weniger uneinnehmbaren Rocca. Über diese und ähnliche Gesellen verhängte ich die Reichsacht — von Piero zu Pferde
auf der Piazza in Verona verkündet — und bemächtigte mich ihrer
Verwandten, soweit sie für mich erreichbar waren, um sie als
Geiseln zu halten.

Ich tat, als hätte der Bann des Papstes nicht die geringste Bedeutung für mich, und rückte auf breiter Front in die Lombardei
ein — forderte meine Feinde heraus und versuchte sie dazu zu
bewegen, sich in offenem Kampf zu stellen. Ich hatte kein Verlangen, noch einmal eine solche Belagerung wie die Brescias durch-
zumachen, obwohl ich Scheinangriffe gegen Mailand unternahm,
als hätte ich die Absicht, mich vor seinen Wällen niederzulassen.
Zu diesem Zeitpunkt forderte der päpstliche Legat Gregorio da
Montelungo alle Mönche und Priester auf, den Harnisch anzu-

legen, und ich glaubte schon, man würde mit Kruzifix und Reliquien gegen uns vorgehen statt mit Streitaxt und Feuerkugeln. Jedenfalls war diese Metamorphose von Betern zu Kriegern voreilig, da die mailändischen Ingenieure mein Lager mit Wasser überfluteten, das sie aus der Olona abgeleitet hatten — und dann Gräben aushoben, derart angelegt, daß sie ein unüberschreitbares Hindernis bildeten. Ich schwenkte nach Süden ab, um einen lombardischen Brückenkopf am Po in der Nähe von Piacenza anzugreifen, aber der Himmel öffnete seine Schleusen, und der Po stieg, so daß es uns nach endlosen Tagen mit Herbstregen, Nebel und Schlamm vorkam, als hätten wir Schwimmfüße und müßten anfangen wie Gänse zu schnattern. Ich begnügte mich damit, soviel Feindesland wie möglich zu verwüsten und wandte meine Aufmerksamkeit einem Plan zu, der in meinem Kopf reifte.

Ich wußte ziemlich genau Bescheid über die Vorgänge am päpstlichen Hofe in Rom. Während das Wortgefecht der allgemeinen Auffassung nach weiterging, wandte sich der Papst beschwörend an ganz Europa um Unterstützung. ›Unterstützung‹ — womit selbstverständlich auch große Geldsummen zur Durchführung seiner Feldzüge gegen mich gemeint waren, denn alle Heere außer Engelscharen verschlingen Unsummen. Die Antworten, die er erhielt, waren enttäuschend.

›Wir wissen‹, so schrieben die englischen Prälaten, ›daß der Kaiser getreu für unseren Herrn Jesus Christus ins Feld gezogen ist und sich den Gefahren der See und des Krieges ausgesetzt hat. Soviel Frömmigkeit haben wir bis jetzt beim Papst nicht bemerkt . . . Der gierige Geiz Roms hat die englische Kirche ausgesaugt; wir können keinen weiteren Tribut mehr entrichten.‹

Die Deutschen waren grob. Sagte der Erzbischof von Salzburg: ›Der Diener der Diener möchte gern der Herr der Herren sein. Dieser abscheuliche Mann, auf dessen hochmütiger Stirn geschrieben steht: *Ich bin Gott, ich kann nicht irren*, sitzt im Tempel Gottes und strebt die Weltherrschaft an.‹

Die französische Antwort auf Gregors Vorschlag, mich zugunsten Roberts, des Bruders von König Louis, abzusetzen, war wohldurchdacht. ›Woher der Stolz und die Unverschämtheit des Papstes‹, schrieb Louis IX., ›der auf diese Weise einen König, der unübertroffen ist und nicht einmal seinesgleichen hat, ent-

335

erben und absetzen möchte? Einen König, der weder durch andere noch durch seine eigenen Geständnisse der Verbrechen für schuldig befunden worden ist, die man ihm zur Last legt. Selbst wenn diese Verbrechen bewiesen wären, könnte ihn keine Macht absetzen, außer einem Allgemeinen Konzil. In bezug auf seine Vergehen hat das Urteil seiner Feinde kein Gewicht, und sein tödlichster Feind ist der Papst. Uns ist er bisher nicht nur unschuldig erschienen, sondern war ein guter Nachbar . . . Wenn Gregor ihn durch unseren Beistand oder mit Hilfe anderer besiegen sollte, würde der Papst auf allen weltlichen Fürsten herumtrampeln — er würde sich vor Stolz nicht mehr zu helfen wissen, sobald er den großen Fridericus in die Knie gezwungen.‹

Schwer enttäuscht, suchte der Papst in seiner näheren Umgebung Unterstützung. Vor einigen Monaten hatte er durch Verhandlungen ein Geheimbündnis zwischen Genua und Venedig zustande gebracht, mit dem Ziel, schließlich mein Königreich Sizilien anzugreifen. Die Teilung der Beute war schon im voraus beschlossene Sache — welche Macht diese oder jene Häfen, welche Personen diese oder jene Ländereien und all das übrige erhalten sollten — wie Diebe, die einen Raubzug aushecken. Jetzt gab der Papst plötzlich die Zugehörigkeit der lombardischen Städte und der Kirchenstaaten zu diesem Bund und seine Invasionsabsichten bekannt. Mit den mächtigen Flotten Genuas und Venedigs war dies keine leere Drohung; und ich wußte, daß ich mich beeilen mußte, wenn ich den Plan vereiteln wollte.

Zuerst mußten Abwehrmaßnahmen getroffen werden. Wie sollte ich, mit einem Feldheer in Norditalien stehend, die Geschicke des Reiches leiten und gleichzeitig den Süden gegen eine Invasion sichern? Das war überhaupt nur denkbar durch das zentralistische und leistungsfähige Regierungssystem, das ich in Sizilien eingeführt hatte. Aber das allein genügte nicht. Die Zeit war gekommen, ganz Italien unter eine einheitliche Verwaltung zu stellen, überwacht und durchgeführt von den Männern, die ich all die Jahre hindurch ausgebildet hatte. (Nur zwei Deutsche spielten dabei eine Rolle — die Brüder Hohenburg.) Zwar hatte ich Papst Honorius vor meiner Krönung gelobt, Sizilien nicht in das Reich einzugliedern; aber dieses Gelöbnis galt nicht mehr. Mit einem einzigen Dekret schuf ich einen neuen italienischen Staat.

Die Lasten, die ich meinem Volk auferlegte, waren ungeheuer. Wo wir auch haltmachten, überall glich das kaiserliche Lager einem Bienenstock — nein, eher einem Hornissennest, in dem es vor Aktivität nur so summte und schwirrte; es war ein ewiges Kommen und Gehen. Edikte, Befehle, Manifeste, Direktiven — dreißig bis vierzig verließen mitunter am Tage die Staatskanzlei, und dabei mußten noch unzählige Abschriften angefertigt und Kunstkniffe zur Geheimhaltung ersonnen werden (wie die Beförderung von Briefen in wächsernen Brotlaiben). Ich hatte die Staatskanzlei unter der fähigen Leitung von Pier della Vigna und Taddeo da Suessa reorganisiert und ließ mich von Zeit zu Zeit über die geringfügigsten Einzelheiten informieren, damit ich einmal weniger verdünnte Luft atmen könne als rings um den Thron.

Eines Abends kam Piero (sehr müde aussehend) zu mir, um mir den Brief eines jungen Schreibers aus der Kanzlei vorzulesen: ›Ich bestehe, wie man es ausdrücken könnte, nur noch aus Feder und sehe nur noch Akten. Oft ist mir heiß, dann wieder kalt, und die Schufterei überwältigt mich einfach — wie diese Akten, die Gefährten meines Märtyrertums bezeugen ... Und zu der körperlichen Erschöpfung kommt noch die Geringfügigkeit meines Gehalts, das in keinem Verhältnis zu meiner Arbeit steht.‹

»Er wagt es, sich zu beschweren«, sagte ich.

»Jawohl, Imperatore«, antwortete Piero. »Unsere Beamten haben keine Angst vor Vergeltungsmaßnahmen. Deswegen arbeiten sie so gut.«

»Wenn es mit allen Schreibern so steht, so soll man ihre Gehälter erhöhen — aber auf keinen Fall ihre Arbeit verringern. Und man sorge dafür, daß sie Kohlenpfannen bekommen, wenn die Tage und Nächte kalt sind.« Nach einer Pause fügte ich hinzu: »Und Piero — versuch, dich ein bißchen mehr zu schonen ...«

Taddeo erschien, vor sich hinmurmelnd. »Dieser Pfaffe ist ein *porco!*« Selbst fett wie ein Schwein (denn er war ein großer *pasta*-Fresser), hatte Taddeo jedoch eine Hakennase und ein rundliches Vogelgesicht. Er war bekannt wegen der Zartheit seiner Hände. Obwohl ein ernster Mann, lächelte und lachte er ständig und begleitete jedes Wort mit ausdrucksvollen Gesten der Hände, der Schultern, des Kopfes und selbst seiner Nase. Im Gerichtssaal hatte sein Verstand die Schärfe einer gekrümmten Sarazenen-klinge, und er war ein großartiger Redner. Jetzt fuchtelte er voller Erbitterung mit einem Brief herum und fächelte die Luft.

»Hört Euch das an, Herr. Dieser Pfaffe hat darum gebeten, seine unehelichen Söhne durch Reskript zu legitimieren. In Über-einstimmung mit Eurer Politik der Nachsicht gegenüber den Schwächen der Priester sind wir seiner Bitte nachgekommen. Und jetzt schreibt er und beklagt sich darüber, daß Eure Exkommuni-kation das Dokument entkräfte . . . !«

»Hòi!« sagte ich lachend. »Beschlagnahmt seinen Besitz und verbannt den unverschämten Kerl! Soll er sich vom Papst ein Schriftstück ausstellen lassen, wenn er Gold genug hat . . .«

So ging es ohne Unterbrechung. Ich schrieb an Bianca, daß ich, immer wach und aufmerksam, überhaupt nicht mehr zum Schlafen käme. Damals schien das buchstäblich zuzutreffen. Unter einem derartigen Druck war es schwierig, stets gelassen, stets verständnisvoll, stets gerecht zu sein. Einmal explodierte ich Andrea da Cicala gegenüber, den ich seiner Klugheit wegen besonders hochschätzte, und gebrauchte Worte heiß wie Lavastück-chen. Ich entschuldigte mich schriftlich und schrieb:

›Die bedauerlichen Worte, die Dich so tief getroffen und ver-letzt haben, entsprangen einer gereizten und zornigen Stim-mung. Um so mehr freuen Wir Uns, daß Du Dich in Deiner wohlerprobten Rechtschaffenheit und in Deinem Vertrauen durch solche verfehlten Worte nicht hast erschüttern lassen. Tief leiden nur die treu und unwandelbar Ergebenen unter ungerechter Behandlung. Müssen Wir mehr sagen? Zweifelst Du noch immer? . . . Abgesehen von den unwahrnehmbaren Zeichen der Zuneigung, mußt Du Dir Unseres Vertrauens bewußt sein — denn Wir legen Unsere Sorgen in Deine Hände und verlassen Uns auf Dich wie auf ein zweites Ich.‹

Festlandsizilien unterstellte ich dem Befehl Andreas' und die Insel Sizilien dem Befehl Ruggeros di Amicis, einem der kom-menden jungen Dichter. Ich hatte Vertrauen in ihre Klugheit, wie andere Leute ihr Vertrauen in Einfalt oder Bestechlichkeit setzen. Ich stelle hohe Anforderungen, biete aber auch etwas dafür. Sind solche Männer käuflich? Ich hoffe nicht . . .

Die Aktivität ließ nicht einen Augenblick nach. Mein Ziel war es, Sizilien abzuriegeln und es in eine große Festung zu verwandeln. Eine allgemeine Grenzsperre wurde verhängt: Personen, die hinein wollten, bedurften eines Passes. Alle Grenzbefestigungen wurden mit Wurfgeschützen ausgerüstet und mit Armbrustern belegt. Sämtliche Küsten-Wachttürme (hauptsächlich gegen die Sarazenen im neunten und zehnten Jahrhundert errichtet) wurden in Gefechtsbereitschaft versetzt. Die sizilischen und kaiserlichen Flotten kamen unter ein einheitliches Kommando. Ankerketten wurden erneuert und Hafenbefestigungen verstärkt. In den Häfen ankommende Schiffe wurden durchsucht. Aufs strengste verboten war jede Verbindung mit Rom. Wer auch nur ein Schreiben aus Rom bei sich hatte, mußte damit rechnen, eingekerkert zu werden und seine gesamte Habe zu verlieren.

Rückständige Steuern wurden eingetrieben, neue erhoben. Schon beliefen sich meine Schulden auf 24 653 Goldunzen — und ich nahm weiter Geld auf, wo ich nur konnte, ganz gleich, zu welchen Zinssätzen. Am liebsten borgte ich von den reichsten Römern, da sie dadurch ein festbegründetes Interesse an meinem Sieg bekamen. Ich kontrollierte den Handel und gebrauchte meine Monopole, um größere Profite zu erzielen. Ich ging sogar so weit, Getreidehandel mit dem Feind zu gestatten — ›aber vorsichtig‹, wie ich meinen Faktoren einschärfte, ›damit man nicht eine allgemeine Erlaubnis daraus ableite.‹ Wie es mich schmerzte, all diesen Reichtum dem unersättlichen Gott Mars in den Rachen zu stopfen!

Welche Stellung sollte nun die Kirche im Lande eines Exkommunizierten einnehmen? Erzbischof Berard, der selbst gebannt war, wurde Oberhaupt der Kirche. Unter die Autorität des Vatikans wurde ein Schlußstrich gezogen. Priestern, die es verabsäumten, Gottesdienste abzuhalten, drohte Verlust der weltlichen Güter. Alle Bischöfe, die den Papst unterstützt hatten, wurden ausgewiesen. Neuernennungen bedurften der Zustimmung des Erzbischofs Berard. Dominikanern und Franziskanern war der Zutritt in das Königreich verwehrt. Alle anderen verdächtigen Geistlichen standen unter Beobachtung. So gingen die kirchlichen Handlungen bei Geburten und Konfirmationen, bei Eheschließungen und Todesfällen weiter wie bisher — und es war dem Volke klar, daß der Kaiser nicht gegen Gott war.

Als schließlich alle Verteidigungsmaßnahmen getroffen waren, richtete ich einen offenen Brief an den Erzbischof von Messina:

>Wir sind schon des längeren von der Gerechtigkeit Unserer Sache überzeugt: aber jetzt erkennen Wir, daß die päpstliche Kurie, weit davon entfernt, sich Unserer Dienste zu erinnern, sich bei jeder Gelegenheit gegen Uns ausgesprochen hat. Daher halten Wir es für notwendig, einen neuen Kurs einzuschlagen: Wir werden auf das gute Einvernehmen verzichten, um das Wir Uns so oft bemüht haben. Wir werden jetzt Gewalt anwenden . . .<

Ich hatte beschlossen, in die Kirchenstaaten einzufallen, ehe die päpstlichen Streitkräfte in Sizilien eindringen konnten. Ich hatte die Absicht, den Papst seiner weltlichen Macht zu berauben.

7.

Kurz nachdem wir die Apenninen überquert hatten und unseren Marsch auf Rom begonnen, erschien ein Komet am Himmel, der von Freund und Feind gleicherweise als Zeichen meines Sieges gedeutet wurde. Ich erblickte ihn von der luftigen Höhe des Turmes von San Miniato, der das wellenförmige Arnotal und die Straße nach Pisa beherrscht. Wir hatten in der Zitadelle haltgemacht, um eine notwendige Rast einzulegen. Die Dezembernacht war mondlos, frisch und sternklar. Um uns ein paar ruhige Augenblicke, ein wenig Erholung von den endlosen Sorgen des Tages zu verschaffen, waren Piero und ich auf den Turm gestiegen. Wir lehnten uns gegen eine der vier runden Säulen, die das Dach trugen, und sogen den kühlen, reinen Wind, in lange wollene Mäntel gehüllt, begierig in uns hinein. Dicht nebeneinander stehend, um uns zu wärmen, ließen wir unsere Blicke über das verschattete Tal schweifen, über die traumartigen toskanischen Hügel mit ihren Oliven, Pinien und Zypressen und dann über das Gewölbe des Himmels. Uns muß fast so zumute gewesen sein wie Vögeln im Flug. Wir waren, was wir einst gewesen waren, keine Jünglinge mehr, aber noch einmal empfänglich für alles, und jung. Ich legte meinen Arm um ihn; er seufzte zufrieden, wie immer.

Piero nahm ihn zuerst wahr, denn seine Augen waren schärfer als meine. »Madonna!« rief er. »Schau doch, schau doch in Richtung Rom — ein Komet!«

Dann erblickte auch ich ihn am schwarzen Himmel; plötzlich aufleuchtend und flammensprühend zog er seine Bahn, ließ einen Funkenschweif hinter sich zurück, wurde blasser und erlosch endlich ganz. »Ah — *Dio!*« Ich atmete tief. »Wie nichtig ist doch der Mensch . . . !«

»Nein, Imperatore«, flüsterte Piero, »jetzt gleicht er dir.«

»Und danach . . . ?« sagte ich.

Er zögerte. »Dunkelheit. Dunkelheit, Dunkelheit, nichts als Dunkelheit — einen solchen Glanz wird man nie wieder erleben . . .«

Arm in Arm, ohne ein Wort zu wechseln, traten wir den Abstieg an. Es gab nichts zu sagen.

Am nächsten Morgen ritten wir weiter gen Pisa. Eine unerklärliche Schwermut befiel mich. Erleichtert fühlte ich mich erst gegen Mittag, als plötzlich ein unverhoffter Anhänger zu uns stieß — kein anderer als Fra Elias, der Generalminister des Franziskanerordens, der von Assisi kam.

Oder besser gesagt, der *Ex*-Generalminister, denn bald nach meiner Exkommunikation war er abgesetzt worden, obwohl seine Absetzung nichts mit meinen Streitigkeiten zu tun hatte. Er war jedoch in Assisi geblieben, hatte Buße getan und überlegt, ob er sich mir anschließen solle.

Er war ein gutaussehender Mann, von imponierender Gestalt und Stimme und sehr fromm. Er war einer der ältesten Freunde San Francescos, einer der ersten Konvertiten, und war von dem Heiligen zu seinem Nachfolger bestimmt worden. Auch mit Gregor war er befreundet und hatte jahrelang die Angelegenheiten des Ordens geleitet. Er war ein Mann von Kultur und Geschmack, und der Bau der herrlichen Unterkirche von Assisi ging auf ihn zurück. Aber seiner Auffassung nach konnte man auch die Askese übertreiben; er hatte eine Vorliebe für gutes Essen, guten Wein und hatte eine Abhandlung über Alchimie geschrieben. Er zeigte sich nur zu Pferde, auch wenn sein Weg nur wenige Schritte weit führte, und war stets von einem schön gekleideten jungen Pagen begleitet.

Nachdem er mich begrüßt hatte, küßte ich ihn auf beide Wangen und hieß ihn willkommen. Zuerst dachte ich, wir hätten nur zufällig denselben Weg gehabt, aber das verneinte er und erklärte, er wäre in der festen Absicht gekommen, sich meinem Hof anzuschließen. Ich warnte ihn vor den unausbleiblichen Folgen, da der Papst einen Blitzstrahl gegen ihn schleudern würde. Er ging mit einem Achselzucken darüber hinweg und erzählte mir eine Geschichte:

»Einer der eifrigsten Befürworter meiner Absetzung war Bruder Jordan aus der sächsischen Ordensprovinz. Als dieser Bruder das erstemal nach Rom kam, rannte er von einem Heiligenschrein zum anderen und schien vor Frömmigkeit zu bersten. Beim Morgengrauen erzwang er sich dann eines Tages den Eintritt in Gregors Schlafgemach — niemand weiß wie —, griff unter die Decke, holte den Fuß des hochbetagten Gregor hervor, um den schuldigen Kuß darauf zu drücken.

›Ach, ach . . .‹, rief Bruder Jordan verzückt. ›Solche heiligen Reliquien haben wir in Sachsen nicht‹!«

Zum erstenmal an diesem Tage mußte ich lachen und dachte nicht mehr an Kometen und an den Turm von San Miniato.

Die loyalen Pisaner hatten mich eingeladen, das Weihnachtsfest mit ihnen zu verbringen, und hofften, daß es mir gelingen werde, zwischen den Conti und den Visconti zu vermitteln. Diese sich wild bekämpfenden Familien hatten schon oft den städtischen Frieden gestört. Als ich durch die Stadt zog, fiel mir auf, daß der Kampanile, mit dessen Errichtung man schon vor sechzig Jahren begonnen hatte, noch immer nicht fertig war und bereits schief stand. Ich erbot mich, Ingenieure zu schicken, aber die Pisaner bekundeten kein großes Interesse, da sie einen schiefen Turm für amüsant zu halten schienen. Am Weihnachtstage nahm ich am Hochamt im Dom teil, obwohl ich unter dem Interdikt des Papstes damit ein Sakrileg beging. Nach dem Gottesdienst bestieg ich zum Erstaunen aller Anwesenden die Kanzel, um dem Volke zu predigen. Ich sprach langsam, damit man sich jedes Wort einprägen könne:

»Durch zahlreiche Beispiele aus der Geschichte läßt sich beweisen, daß Staaten hauptsächlich durch selbstverschuldete Spaltung in Verfall geraten. Als gute Bürger müßt ihr an die Wohlfahrt eures Gemeinwesens denken. Wenn ihr den Frieden stört, euch selbst um eure Einheit und Stärke bringt, werden Wir der erste sein, eure Stadt zu vernichten — nicht aus Haß, sondern um euch nicht unter das Joch Unserer Feinde fallen zu lassen. Wir predigen euch Frieden, denn Unser Ziel heißt Friede, und nichts erstreben Wir sehnlicher — nicht nur für euch, sondern für Unser Königreich, für ganz Italien, für das Imperium, für die ganze Welt . . .«

Als neuer Friedensfürst marschierte ich gen Rom. Mein Sohn, König Enzio, schloß sich mir an. Ich rückte in die Provinzen des Papstes nur ein, um die Länder zurückzufordern, die ich als Kaiser dem Papsttum überlassen hatte und die ich jetzt befrieden wollte. An meine Geburtsstadt Jesi schrieb ich mit einer solchen Gemütsbewegung, daß es ein zweites Bethlehem hätte sein können: ›Erhebe dich denn, erste Mutter, und entrüttle dich dem fremden Joch. Denn es erbarmt Uns eure Beschwernis und die Unterdrükkung der Getreuen . . .‹ An all die anderen Städte schrieb ich: ›Bereitet den Weg des Herrn und ebnet ihm die Pfade! Entriegelt eure Türen, auf daß euer Cäsar komme, euch hold, doch furchtbar den Rebellen. Cäsar — dessen Kommen die bösen Geister zum Schweigen bringen wird, die Euch solange geplagt . . .‹

Überall wurde ich als Befreier begrüßt — nein, mehr — als Bringer des Heils. Stadt um Stadt öffnete die Tore. Man feierte mich als einen König der Könige. Mir voraus gingen das Kreuz und der Adler, und ich segnete die vielen Tausende, die sich vor mir verneigten. Der Kardinal Giovanni Colonna, der General des Papstes, kam mit seinen Soldaten aus Rom, nicht etwa, um gegen mich zu kämpfen, sondern um mir zu huldigen. Mein Weg war ein einziger Triumphzug. Wenn ich hofhielt, saß ich auf einem hohen Thron, heiter und gütig wie König David; und Pier della Vigna stand mir zur Rechten wie ein Apostel aus alter Zeit und sprach für mich, legte meine Wünsche dar und erteilte meinen Segen.

Mitte Februar gelangten wir auf diese Weise nach Viterbo, wo ich eine Weile haltmachte, ehe ich mich gegen Rom wandte.

Wie ich erfahren hatte, herrschte Tumult und Aufregung in der Stadt. Die Papisten taten nichts, um die Lage zu entspannen, da sie Gerüchte verbreiteten, daß der Antichrist die Basilika von Sankt Peter in einen Stall für seine Sarazenen verwandeln . . . heidnische Sitten und Bräuche einführen . . . sich selbst zum Papst ausrufen und sich als Gott feiern lassen würde. Aber all dem schenkten die Römer wenig Beachtung, sondern zogen in Massen durch die Straßen und jubelten: ›Ecce Salvator! Ecce Imperator! Veniat, veniat Imperator!‹ Endlich waren sie bereit, mir die Tore von Rom zu öffnen.

Gregor, von vielen seiner Kardinäle im Stich gelassen und ohne nennenswerten Anhang unter der Bevölkerung, stand allein. Doch als ich stündlich näher an die Stadt heranrückte, weigerte sich dieser Gregor, der schon so oft aus Rom geflüchtet war, die Flucht anzutreten. Er hatte alle Macht eingebüßt, sich jedoch vorgenommen, der anrückenden Bestie entgegenzutreten und wie ein Märtyrer zu sterben. Im Übermaß seines Hasses wollte er nichts preisgeben. Er hatte vor, unheimlich auf einem anderen Kalvarienberg zu stehen, die Gewänder im Wirbelwind des Wandels flatternd, und den Zorn Jehovas auf alle seine Widersacher herabzurufen.

Es war am zweiundzwanzigsten Februar, der Stuhlfeier Petri. Der Papst traf die üblichen Vorkehrungen. Ein Splitter vom Kreuze Christi und die Häupter der Apostelfürsten Petrus und Paulus wurden in feierlicher Prozession aus dem Lateran nach der Basilika von Sankt Peter getragen. Die Prozession bahnte sich ihren Weg durch überfüllte Straßen und erregte Menschenmassen — voran das Kreuz, dann die Banner, die Weihrauchfässer, die paar Kardinäle, die hoch emporgehaltenen Häupter der beiden Heiligen, der uralte ausgemergelte Papst, der unter seinem Baldachin einherwankte. Das Volk höhnte und spottete, während Gregor, blind gegen seine Umwelt, die Worte vor sich hinmurmelte: »Tu es Petrus, et super hanc petram aedificabo Ecclesiam meam . . . Et portae inferi non praevalebunt adversus eam . . .« Seine Augen lagen tief in den Höhlen; er glaubte, daß die Macht der Hölle nichts gegen ihn ausrichten könne.

Als die Prozession innehielt, wandte er sich plötzlich voller Würde an das Volk, wies auf die Häupter der beiden Apostel und rief: »Hier sind die römischen Altertümer, um derentwillen eure Stadt verehrt wird! Hier die Kirche — die heiligen Reliquien! Schützt sie — es ist die Pflicht der Römer, sie zu schützen! Ich habe alles getan, was ein Mensch vermag; aber ich fliehe nicht! Ich erwarte die Barmherzigkeit Gottes!«

Er nahm die Tiara vom Haupt und legte sie auf die Reliquien.

»Ihr Heiligen«, rief er wiederum. »Verteidigt Rom, wenn die Römer es nicht mehr schützen wollen...«

Einen Augenblick herrschte ehrfürchtiges Schweigen.

Dann umdrängte die Volksmenge weinend, schluchzend und schreiend den Uralten; man schlug sich auf die Brust, zerraufte sich das Haar. Man riß sich den Kaiseradler von den Kleidern, den man eben noch stolz getragen hatte, und versah sich mit dem Zeichen des Kreuzes. Unter den Rufen ›Petrus, Petrus!‹ stürzte man auf die Wälle, nicht um die Tore zu öffnen, sondern um sie für Gregor zu verteidigen.

Mit zwei verschrumpften Schädeln war das Schicksal ganz Europas neu besiegelt worden ..., der alte Papst stand starr und erstaunt vor dem Wunder, das er bewirkt.

8.

Roma — die Hure nennt man sie. Roma — wankelmütig wie ein Weib, sagt man. Ich hatte sie umarmen wollen, doch als sie sich mir zuwandte, sah ich mich gezwungen, an ihr vorbeizuziehen. Nicht um Rom zu besiegen, war ich gekommen, sondern um unter Jubel in Rom, dem Sitz des Papstes, als Friedensretter einzuziehen. Mit einem Angriff auf Rom hätte ich mir nur selbst geschadet, selbst wenn ich auf eine längere Belagerung vorbereitet gewesen wäre. Untröstlich und tiefbetrübt umging ich Rom und marschierte südwärts in Richtung Sizilien.

Die Hochstimmung, die unter meiner Gefolgschaft geherrscht hatte, legte sich. Mißmutig schleppte man sich durch einen emotionalen Morast, der noch lästiger war als der lombardische Schlamm; es war, als hätte man Blei an den Füßen. Ausnahmsweise ließ sich auch Piero, der gewöhnlich auf meinen Schwung reagierte, von der allgemeinen Niedergeschlagenheit anstecken. Ich ließ mir meine eigene Verbitterung keinen Augenblick an-

merken. Ich mußte jedoch dauernd daran denken, welchen
anderen Verlauf die Geschichte genommen hätte, wäre ich, ohne
Blutvergießen, Sieger geblieben über den Machthaber, der das
weltliche Leben der Menschen mit geistlichen Mitteln zu beherrschen suchte. Ein schwarzer Tag für mich. Ich fragte mich, wie
er aus der Perspektive der Jahrhunderte aussehen würde. Daß
nicht ich allein der Verlierer gewesen wäre...

Doch noch immer bestand eine Möglichkeit für mich: Vorbereitungen zur Rückkehr zu treffen. Konnte ich den Strom der
Ereignisse so lenken, daß sich mir eine zweite Gelegenheit bieten
würde? Ein zweites Mal würde ich derart gewappnet erscheinen,
daß mir selbst ein Wunder den Sieg nicht verwehren könnte.
Notfalls würde ich die Wälle Roms niederlegen — um welchen
Preis auch immer. Sogleich begann ich mit den Vorbereitungen.

In der Zwischenzeit versuchte ich mein Volk aufzurütteln,
indem ich einen Hoftag nach Foggia einberief, ein großes *parlamento* — da ich fünf Jahre abwesend gewesen war. Jede Stadt
sollte einen gewählten Vertreter entsenden. Diese Männer sollten
mir ihre Beschwerden vortragen und dann in ihre Heimatorte
zurückkehren und dabei helfen, das Königreich gegen die dro-
hende militärische Invasion seitens der Kirche zu sichern. Alle
sollten verstehen, worum es ging und was auf dem Spiele stand.

Zu dieser Zeit etwa erschien Simon de Montfort, der Eleanor,
die Schwester meiner Frau, geheiratet hatte, bei Hofe. Ihm folgte
ein wenig später Isabellas Bruder nach, Richard von Cornwall.
Sie waren tief beeindruckt von meinem Palast in Foggia mit
seinen Springbrunnen, Teichen, Gärten, Mosaiken und antiken
Plastiken. Ich glaube, es war der eleganteste und prächtigste Palast, den sie je gesehen, und sie hatten Mühe, ihre Ehrfurcht zu
verbergen. Aber wie bei allen Engländern, die ich kennengelernt
habe (Isabella nicht ausgenommen), äußerte sich ihre größte Begeisterung in ihrer Zurückhaltung, obwohl es heißt, daß sie auch
ihre ausgelassenen Augenblicke hätten. Nur als ich ihnen außergewöhnlich schöne Tänzerinnen vorführte, die zur Begleitung
von Tamburinen und Kastagnetten auf rollenden Kugeln auftraten,
gingen meine Gäste aus ihrer Reserve heraus und äußerten ihren
Beifall unverhohlen. De Montfort war jedoch von etwas anderem
beeindruckt, von dem *parlamento*. Er würde es sich überlegen,

meinte er, ob man nicht eine solche Versammlung nach Westminster in England einberufen sollte. Die Zeit dafür könnte kommen.

Im Frühsommer waren meine Streitkräfte reorganisiert, und ich konnte daran denken, von meinem Stützpunkt in Capua gegen die Kirchenstaaten vorzurücken. Aber eine Abordnung deutscher Fürsten traf in Rom ein, um den Papst um Frieden zu bitten — da die dröhnenden Hufe und das markerschütternde Kriegsgeschrei mongolischer Reiterei bereits in Europa zu hören waren. Die Deutschen appellierten an Papst und Kaiser, sich einträchtig gegen die akute Bedrohung der gesamten Christenheit zusammenzuschließen.

Ich selbst kannte die charakteristischen Eigenschaften der Mongolen sehr gut, da die moslemische Welt nicht weniger bedroht war als die christliche und die Araber mich bereits auf diese Gefahr aufmerksam gemacht hatten. Den meisten Christen waren unbestimmte Gerüchte über einen mächtigen König im Orient namens Dschingis-Khan zu Ohren gekommen. Irrtümlicherweise hielt man ihn für einen König wie Melchisedek oder den sagenhaften Priesterkönig Johannes; die Juden täuschten sich noch weit ärger, indem sie glaubten, König David kehre als Messias zurück, denn nach ihrem Kalender schrieb man das Jahr 5000. In Wirklichkeit war Dschingis-Khan vor einigen Jahren gestorben, und sein Sohn Ogotai hatte seine Rolle übernommen. Ich hatte tatsächlich einst eine Botschaft von diesem seltsamen Volk erhalten, worin ich aufgefordert wurde, dem Großen-Khan zu huldigen. Ich schickte die Abgesandten mit der ironischen Erwiderung wieder zurück, daß ›ich mich um den Posten eines Falkners am Hofe des Großen-Khan bewürbe‹.

Wie ich an die Könige Europas schrieb, wären die Mongolen der Goldenen Horde ›ein wildes Volk, zügellos und unbarmherzig, doch hätten sie einen Gebieter, der bei ihnen *Herr der Erde* hieße und dem sie gehorchten. Von Statur wären die Tataren klein und im Wachstum zurückgeblieben; dafür jedoch kräftig, breitschultrig, zäh und ausdauernd. Auf ein Zeichen ihres Anführers stürzten sie sich in jede Gefahr. Ihr Gesicht wäre breit, ihr Blick finster, und sie stießen markerschütternde Schreie aus. Zum Schutze trügen sie ungegerbte Felle von Ochsen, Pferden und Eseln, mit Eisen

347

zusammengeheftet. Diese Tataren wären unvergleichliche Bogenschützen. Zum Durchschwimmen von Seen und Flüssen benutzten sie sinnreich aufgeblasene Häute. Wenn anderes Futter nicht
zu haben wäre, begnügten sich ihre Pferde mit Wurzeln und
Rinde – und dennoch wären sie flink und widerstandsfähig.‹ Ich
erwähnte indes nicht, daß die Tataren mit Vorliebe ganze Berge
von Schädeln auftürmten; diese Tatsache war bereits allgemein
bekannt. Leider schadete mir dieser Brief sehr; sofort flüsterte
man unter meinen Feinden, der Kaiser, der so gut über die Tataren Bescheid wisse, habe sie nach Europa gerufen, um die Christen zu vernichten.

Mein Aufruf zur Einigung richtete sich an ›Germanien, wütig
und kampfbegierig, und Frankreich, aller Ritterschaft Mutter und
Amme; das kriegerische und kühne Spanien; das fruchtbare England, tapfer zu Lande und zur See; Alemannia, von ungestümen
Streitern erfüllt; das seefahrende Dänemark; das unzähmbare
Italien; das friedensfremde Burgund; das unruhige Apulien; an
die piratischen und unbezwungenen Inseln des Tyrrhenischen
wie des Griechenmeeres und der Adria; Kreta, Zypern und Sizilien; das blutdürstige Irland und schlagfertige Wales; das seen-
reiche Schottland; das eisige Norwegen – und jedes edle und
ruhmreiche Land des hesperischen Himmels . . .‹

Aber auf den Papst schien die mongolische Bedrohung weiter
keinen Eindruck zu machen. Er stellte unmögliche Friedensbedin-
gungen, die ich nicht annehmen konnte; und ich wagte Italien
nicht zu verlassen, solange er sein Messer für mich wetzte.

›O Gott! Wie oft haben Wir Uns schon willens gezeigt, Uns
zu demütigen‹, erklärte ich öffentlich, ›um den Papst davon abzuhalten, der Welt durch seine Feindschaft gegen Uns Anlaß zu
Skandal zu geben – oder damit er sich endlich Mäßigung auf-
erlege – damit Wir Unsere Untertanen in Frieden regieren können. Aber er, ein Arm und ein Verfechter der Kirche, hat zu einem
Kreuzzug gegen Uns aufgerufen, den er lieber gegen die Tataren
hätte befehlen sollen. Er frohlockt über die Rebellion Unserer
Untertanen, die sich gegen Unsere Ehre und Unseren Ruhm ver-
schwören; und da es Unser dringlichstes Anliegen ist, Uns von
den inneren Feinden zu befreien, wie sollen Wir dabei gleichzeitig
diese Barbaren abwehren . . . ?‹

Die meisten weltlichen Fürsten befolgten den Wink des Papstes, und ich konnte nicht viel mehr tun, als die Bildung einer Verteidigungsarmee gutzuheißen, ›um den Barbaren entgegenzutreten und ihre Stoßkraft zu brechen‹. Ich unterstellte das Heer dem nominellen Befehl meines noch nicht dreizehnjährigen Sohnes Corrado, König Konrad IV. In den kommenden Monaten schwoll die mongolische Flut unbarmherzig an, und nach der Unterjochung Rußlands wurde Ungarn überrannt. Am Ende blieb es Österreichern, Böhmen, Polen und Deutschen überlassen, ihnen auf dem Schlachtfeld entgegenzutreten; doch war es der Tod Ogotais, der Europa rettete. Die Tataren waren fast bis nach Wien vorgestoßen.

Die päpstliche Politik, alles andere meiner Vernichtung unterzuordnen, kam auch anderswo teuer zu stehen: im Heiligen Land führte sie zum Verlust Jerusalems für die Christenheit. Die Christen hatten eine verfehlte Kampagne gegen Syrien unternommen, die mit einer vernichtenden Niederlage endete. Obwohl ich innenpolitisch hart bedrängt war, schickte ich Ruggero di Amicis aus Sizilien nach Ägypten, um mit dem Sultan Malik Salih, dem Sohn Al-Kamils, zu verhandeln. Al-Kamil selber war zu meinem großen Leidwesen vor zwei Jahren gestorben. Mein Unterhändler war erfolgreich und gewann Jerusalem für mich und die Christenheit zurück. Wieder wurde ich — nicht Gregor — von der Welt als Protektor des Heiligen Landes angesehen und dementsprechend respektiert.

Vorschläge, Gegenvorschläge, Verhandlungen, Bitten, Gebete — alles war vergeblich. Der störrische und unnachgiebige alte Papst hielt an seinem einen Ziel fest: mich zu vernichten, und wenn es sein Leben kostete. Alles andere war ihm gleichgültig. Murrend und unbefriedigt kehrten die deutschen Fürsten heim. Desgleichen die Friedensvermittler, die König Louis von Frankreich und König Henry von England entsandt hatten. Zwecklos, alles zwecklos. Mit einem gewissen Überdruß griff ich erneut zu den Waffen.

Diesmal würde ich die päpstlichen Staaten in eine eiserne Zange nehmen. Ich würde erst im Norden Druck ausüben, dann im Süden.

Ich gab Marschbefehl.

9.

Zum erstenmal seit Jahren wurde ich krank. Beim Durchqueren eines Sumpfgebietes in der Nähe von Ancona bekam ich einen Fieberanfall. Doch wie ich an Bianca schrieb, überwand ich ihn durch die Kraft meines Willens, so daß wir nur einen Tag aufgehalten wurden. Insgeheim bedauerte ich, den Palast in Foggia verlassen zu haben. Sollte ich denn ewig vom Papst umhergetrieben werden wie ein Sklave von einem Zuchtmeister . . . ?

Im Norden waren die Dinge in Bewegung geraten, und ich hatte noch einige Schlappen erlitten. Ich beschloß, eine Anzahl von Schlüsselstädten in meinen Besitz zu bringen und dann erst den Kreis um Rom enger zu ziehen. Innerhalb weniger Tage und ohne große Schwierigkeiten nahm ich Ravenna, das sich auf meine Seite stellte, und traf Vorbereitungen zum Angriff auf Bologna. Doch Faenza, weiter im Süden, bedrohte mich im Rücken, und ich gedachte, eine so kleine Stadt mit geringeren Kosten zu nehmen. Ihre päpstlichen Streitkräfte standen unter dem Befehl des jungen Grafen Guido Guerra, eines berüchtigten Sodomiten und ausgezeichneten Soldaten. Seine Garnison war durch Guelfen aus Bologna und Venedig ergänzt und die Befestigungsanlagen verstärkt worden. Im August umzingelten wir die Wälle. Im November lagen wir immer noch davor. Ruhelos schritt ich in meinem Zelt auf und ab. Ich konnte mir kein zweites Brescia leisten.

So schlugen wir ein Winterlager auf und schickten uns an, die Stadt auszuhungern. Das Wetter war kalt. Unsere Holzhütten boten wenig Schutz gegen die *bora*, den Winterwind, der ungehindert über die Adria bläst. Aber wir hatten reichlich Heizmaterial, das in der Stadt fehlte. Langsam zerbröckelten die Wälle, als meine Pioniere sie unterhöhlten. Auch die Lebensmittel wurden knapp in Faenza. Im Lager jedoch wurde das Geld noch knapper. Ich wußte kaum, wie ich die Söldner entlöhnen und meinen Verpflichtungen den anderen ausgehobenen Truppen gegenüber nachkommen sollte. Selbst die Freiwilligen aus den loyalen Städten mußten nach einer gewissen Anzahl von Tagen Löhnung erhalten. Alle mußten gut ausgerüstet und gut genährt werden.

Die Steuerschraube war überdreht; ich suchte einen zeitweiligen Ausweg, indem ich Ledergeld in Umlauf setzte. So groß war das Vertrauen, das man mir entgegenbrachte, daß diese Ledermünzen genauso bereitwillig angenommen wurden wie Silber oder Gold. Einen Trupp von Schwyzern, die die Alpen mitten im Winter überquert hatten, um mir Beistand zu leisten, entlohnte ich nicht mit Geld, sondern mit einem Freibrief, der ihnen meinen persönlichen Schutz zusicherte. Darüber waren sie hoch erfreut, denn Rudolf von Habsburg hatte versucht, sie zwangsweise zu seinen Vasallen zu machen. Sie redeten davon, sich zu ihrer Verteidigung mit den Männern aus Unterwalden und Uri zusammenzuschließen, und darin bestärkte ich sie, da sie die nördlichen Zugangswege zu dem erst kürzlich entdeckten St.-Gotthard-Paß kontrollierten.

Scheinbar war ich ruhig und geduldig. Man war erstaunt, daß ich mitten in den Kriegswirren den Text einer arabischen Abhandlung über Falknerei herausgab, die Maestro Teodoro übersetzt hatte. Aber ich war noch mit einer ganzen Anzahl anderer Dinge beschäftigt. Die Kriegsgaleeren Venedigs hatten die Küstenstädte Vasto und Termoli verwüstet und niedergebrannt — ein schneller und kühner Handstreich buchstäblich unter den Schnäbeln meiner eigenen Flotte. Als Vergeltungsmaßnahme bewog ich den Kaiser von Nizäa, in der Nähe gelegene venezianische Besitztümer zu plündern, den Sultan von Tunis, allen Handel mit Venedig abzubrechen, und sorgte dafür, daß die dalmatinischen Piraten von Zara laufend Unterstützung in ihren Raubzügen gegen Venedig erhielten. Schließlich ließ ich Pietro Tiepolo hängen (den man damals an den mailändischen *carroccio* gebunden hatte), den Sohn ihres Dogen, und zwar direkt vor den Augen ihrer auf der Höhe von Brindisi kreuzenden Flotte. Danach hörten die Überfälle auf.

Viel bedeutsamer waren die Briefe, die ich an sämtliche Herrscher Europas und an viele Kirchenfürsten richtete. Papst Gregor, der an die Stelle in König Louis' Brief denken mochte, wo es hieß, daß nur ein allgemeines Konzil mich absetzen könne, hatte für Ostern eine solche Versammlung einberufen — ›um die schwierigen Angelegenheiten der Kirche zu regeln‹, wie er es ausdrückte. Nicht nur feindselige Prälaten waren dazu eingeladen, sondern auch all die führenden Edelleute, die gegen mich rebelliert hatten. Es war offensichtlich, daß die schwierigen Angelegenheiten der Kirche hauptsächlich weltlicher Natur waren. ›Wir können die Kompetenz eines solchen mit Recht verdächtigen Tribunals nicht anerkennen‹, schrieb ich, und lehnte es daher ab, den Delegierten für das Konzil in Rom sicheres Geleit zu gewährleisten. Meine Warnung hätte gar nicht eindeutiger sein können. Doch niemand glaubte mir. Niemand glaubte, daß irgendein Herrscher — selbst ein so mächtiger Kaiser wie ich — es wagen würde, Hand an die von einem Papst einberufenen Delegierten zu legen. Gregor verfolgte seinen Kurs unentwegt. Unter beträchtlichen Kosten arrangierte er es, daß seine Delegierten von Genua auf dem Seewege befördert werden sollten. In aller Heimlichkeit alarmierte ich die kaiserliche Flotte und meine Freunde, die Pisaner. Glaubte der Papst, der den römischen Pöbel behext hatte, auch den Wellen des Meeres gebieten zu können . . . ?

In der Zwischenzeit lag ich standhaft und geduldig vor den Wällen von Faenza. In der Stadt herrschte Hungersnot, daß sogar die Ratten das Weite suchten. Beim Morgengrauen wurden die Tore eines Tages verstohlen geöffnet und ganze Rotten hagerer Weiber und Kinder wurden hinausgestoßen. Ich weigerte mich, sie passieren zu lassen, und schickte sie wieder zurück. Ich erinnerte die Einwohner von Faenza daran, daß sie meine Mutter beleidigt hatten, als diese im fortgeschrittenen Stadium der Schwangerschaft durch ihre Stadt gekommen war und ›ihren Zelter verletzt und ihre Wut an dem Tier ausgelassen hätten‹. Auch ›hätten sie einen meiner Ritter ermordet und geglaubt, mich, ihren Gebieter, getötet zu haben‹. Sollten die Papisten sich in der Stunde der Not an den Papst um Hilfe wenden — sollten sie ruhig auf ein Wunder hoffen. ›Da ihr im Wohlstand eure Lehnspflicht nicht erfüllt habt‹, erklärte ich ihnen, ›so kümmert mich auch euer Unglück nicht.‹ Sollten sie sich ergeben. Aber sie fürchteten meinen Zorn.

Acht Monate trotzten sie mir. Die Wälle waren völlig unterhöhlt, die Stadt selbst halb zerstört, die Lebensmittelvorräte erschöpft. Plötzlich erschienen meine Leute durch unterirdische Gänge auf dem Marktplatz, und das Ende war nah. Lächelnd nahm ich die Huldigung der verhungerten armen Teufel von

Faenza entgegen. Sie erwarteten den Tod. Aber ich überraschte sie: ›Wir betreten die Stadt in der Überfülle Unserer Sanftmut und mit den ausgestreckten Armen unerschöpflicher Milde . . . auf daß man erfahre, nichts sei sanfter und gerechter, als das Joch des Reiches auf sich zu nehmen.‹ Dann ließ ich ihnen zu essen geben. Der päpstlichen Stadt Benevento, die meinen Streitkräften im Süden fast gleichzeitig in die Hände fiel, zeigte ich dieselbe Gnade. Ganz Europa war erstaunt.

Zwei Wochen später, Ende April, trafen die Prälaten Anstalten, sich in Genua einzuschiffen. Deutsche waren nicht darunter und von Italienern nur Vertreter der rebellischen Städte. Dennoch leisteten Engländer, Franzosen und Spanier dem Ruf des Papstes Folge. Als aber die Engländer der überfüllten und teilweise mangelhaft ausgerüsteten Schiffe ansichtig wurden, besannen sie sich eines Besseren. Sie zogen es vor, festen Boden unter den Füßen zu behalten. Die anderen, angespornt von dem päpstlichen Legaten Gregorio da Montelungo (dessen Eifer nie nachließ), vertrauten auf den Himmel und stachen auf dreiunddreißig Transportern und siebenundzwanzig knarrenden Galeeren in See.

In der Zwischenzeit waren in Pisa unter dem Oberbefehl Enzios siebenundzwanzig Galeeren der kaiserlichen Flotte zu der gleichen Anzahl pisanischer Schiffe gestoßen und liefen auf eine Nachricht von Freunden aus Genua aus, um den genuesischen Geleitzug abzufangen. Für eine Woche lag meine Flotte im Hinterhalt, ein Teil in der Nähe der Insel Montecristo, ein anderer in der Nähe der Insel Giglio. Die Sonne schien hell, die See war ruhig, und der Segen Gottes schien mit den päpstlichen Schiffen zu sein — obwohl Gott in Wirklichkeit auf meiner Seite war. Am Tage der Kreuzerhöhung wurden sie vom Toppmast meiner größten Galeere gesichtet.

Gleich beim ersten Gefecht überlastete das Gewicht der Gebete die genuesischen Schiffe derart, daß drei davon sofort untergingen. Besatzung und Passagiere ertranken. Unter ihnen auch der Erzbischof von Besançon. Die geistlichen Gewänder waren so aufgebläht, daß alle anderen vom Kurs abgetrieben und bis auf drei Ausnahmen von meiner Flotte aufgebracht wurden. Nur die Spanier entkamen. Für kurze Zeit war das Wasser blutgefärbt. Laut waren die Schreie und Klagen, rührend die Bitten um Gnade, eindringlich die Anrufe des Namens Gottes und des Papstes. Alles nutzlos. Die hundert hohen kirchlichen Würdenträger und die viertausend Mann, die zu ihrer Beförderung und ihrem Schutz erforderlich waren, wurden unter Bewachung auf ihren eigenen Schiffen nach Pisa gebracht. Darunter befanden sich drei päpstliche Legaten, zwei Kardinäle, vier bedeutende Äbte und eine ganze Horde von Erzbischöfen und Bischöfen und viel Gold, das sie aus ihren verschiedenen Ländern gepreßt hatten. Meine erste Reaktion auf die Nachricht war Freude, meine zweite eine feierliche an Gregor gerichtete Erklärung, daß seine Niederlage einem Gottesurteil gleichkäme. Ganz Europa war beeindruckt, erstaunt und entsetzt.

Es war meine feste Absicht, Gott dabei zu helfen, rasch noch ein anderes Urteil zu fällen, denn schon hatte ich zu viele kostbare Stunden und Jahre auf dieses Unternehmen verschwendet. Ich würde den Marsch auf Rom wiederholen, aber diesmal würde ich nicht haltmachen, ehe sich nicht Gregor selbst in meinen Händen befände. Wieder wandte ich mich südwärts.

Und wiederum fiel Kardinal Giovanni Colonna vom Papst ab, diesmal ohne die Möglichkeit einer Aussöhnung. Er hatte Gregor ins Gesicht hinein erklärt, daß er unzuverlässig wäre und daß seine Friedensbeteuerungen erlogen seien. ›Der Himmel bewahre uns‹, hatte er zu dem Papst gesagt, ›vor so wankelmütigen Reden im Munde eines so großen Mannes wie Ihr — und davor, daß einem so großen Fürsten trügerische Worte übermittelt werden. Dieser Wankelmütigkeit und Treulosigkeit werde ich auf keinen Fall zustimmen, sondern ihnen nach Kräften entgegentreten . . . !‹

›Also gut!‹ hatte der Papst geschrien, ›dann betrachte ich Euch nicht länger als meinen Kardinal!‹

›Und ich‹, erwiderte Kardinal Colonna, ›halte Euch nicht länger für meinen Papst!‹

Die Einkreisung Roms ging erstaunlich leicht vonstatten. Von Terni rückte ich auf Rieto vor; dann nach Tivoli, mit seinen Erinnerungen an Kaiser Hadrian und die Todesorakel, die man Piero und mir dort gestellt. Mit besonderer Befriedigung zerstörte ich das Kastell Monteforte, das Gregor als Zufluchtsort für sich und seinesgleichen unter Verwendung von Kreuzzugsgeldern hatte errichten lassen. Gregors Neffen, die sich mir widersetzten, ließ ich hängen; nur ein einziger Turm blieb stehen. Mitte August befand ich mich in Grottaferrata in den Albanerbergen und konnte Rom in gelbbraunen Dunst gehüllt vor mir liegen sehen. Pier della Vigna verkündete der Welt in meinem Namen: ›Der Weg des Friedens, den schmutziger Eigenwille bisher verschloß, wird jetzt geöffnet werden.‹ Nach vierzehn Jahren des Kampfes war der Kreis so gut wie geschlossen.

Dann spielte Gregor seinen letzten Trumpf aus – ein As. Aus Rom traf die Nachricht vom Tode des Papstes ein.

Gregor war wieder einmal Sieger geblieben.

10.

›Er, durch den der Friede von der Erde verbannt und die Zwietracht gefördert wurde, ist tot‹, sagte ich in meinem Aufruf. ›Obwohl er Uns so tief verletzt und Uns auf das unerbittlichste verfolgt hat, bedauern Wir seinen Tod; Unser Mitgefühl wäre noch größer, hätte er danach gestrebt, zwischen Reich und Papsttum Frieden zu stiften. Wir vertrauen darauf, daß Gott einen Papst von friedlicherer Gemütsart auf den Thron erheben wird; ihn werden Wir als ergebener Sohn verteidigen, sofern er nicht in den Fußstapfen seines Vorgängers wandelt.‹

In Rom einzumarschieren, wäre ein Schlag ins Leere gewesen. In den Augen der Welt lag ich mit dem Papst in Streit, nicht mit der Kirche. Von Sankt Peter samt seinen Schätzen Besitz zu ergreifen, hätte mir mit einem Schlage die Sympathie und Unterstützung geraubt, die meine Sache in ganz Europa fand. Die Kirche selbst wagte ich nicht anzutasten; für die meisten Europäer war die christliche Lehre von derselben Lebenswichtigkeit wie Atem für den Körper, denn man litt unter Ängsten, die man leugnen, und unter Schuldgefühlen, die man sühnen wollte. Alles, was ich sozusagen vom Papsttum verlangt hatte, war eine Trennung der Einflußsphären. Immer wieder hatte ich meinen Ausspruch wiederholt, der bereits zum geflügelten Wort geworden war: ›Die Angelegenheiten der weltlichen Macht dürfen nicht der Kirche untergeordnet werden.‹

Enttäuscht machte ich kehrt und marschierte zurück nach Apulien. Nur Bianca, die mich im Palast von Foggia begrüßte, schien sich über den Verlauf der Ereignisse zu freuen. »Erst die Pause macht die Musik, Herr«, sagte sie und tröstete mich mit einem Sprichwort.

Zuerst war ich zu unruhig, um Entspannung zu finden. Solange ich nichts über den Charakter des neuen Papstes wußte, wagte ich meine Streitkräfte nicht aufzulösen, wagte ich nicht, mich mit voller Konzentration einigen Friedenszeiten-Projekten zuzuwenden, die ich im Sinn hatte. In der Zwischenzeit gingen Dinge im Kardinalskollegium vor, die ein wahrer Hohn auf alles waren, was diese ehrwürdige Körperschaft in Wirklichkeit darstellen sollte.

Das Kardinalskollegium war kaum mehr als ein zerfetztes Überbleibsel seiner selbst: zwei Kardinäle befanden sich in meinem Gewahrsam; Kardinal Colonna befand sich in meinem Auftrag im Heiligen Land; und von den verbleibenden zehn waren sechs für Frieden und vier für Fortsetzung des Krieges. Die erforderliche Zweidrittelmehrheit für die Wahl eines neuen Papstes war daher unmöglich.

Die Kardinäle selbst waren von den Trabanten Matteo Orsinis, eines der mächtigsten papistischen Adligen Roms, aufgegriffen und eingesperrt worden, um die Wahl zu beschleunigen. Er rechnete damit, daß die Kardinäle um so schneller einig werden würden, je unbehaglicher sie sich fühlten. Da er selbst ein Rohling war, befahl er seinen Soldaten, die Kardinäle – von denen einige alt und gebrechlich waren – durch die Gassen zu schleifen und sie in das Septizonium auf dem Palatin zu bringen. Von diesem antiken Bauwerk war nur noch ein Turm übrig, der erst vor kurzem durch ein Erdbeben beschädigt und noch nicht wiederhergestellt worden war. Dort sperrte Orsini die Kardinäle ein – Männer, die an ein üppiges Leben gewöhnt waren und die jetzt ohne Wasser, Betten, Latrinen und andere Lebensnotwendigkeiten auskommen mußten. Auf dem schadhaften Dach verrichteten Orsinis Wachtposten ihre Bedürfnisse, und die Kardinäle wurden nicht nur durch den Gestank belästigt, der sich in der Herbsthitze ausbreitete, sondern auch von durchsickerndem Urin und Abfällen. Alsbald waren alle krank, und einer von der Friedenspartei starb. Aber ganz gleich, was sie erdulden mußten, keine Seite gab nach: jede Partei wählte ihren eigenen Papst.

Daraufhin drohte Orsini damit, den toten Gregor exhumieren zu lassen und den Leichnam bis zur Wahl eines anderen Papstes zwischen ihnen aufzubahren. Von Furcht überwältigt, einigten sich die Kardinäle nach zwei Monaten dieses Possenspiels auf einen aus ihrer Mitte, Goffredo Castiglioni von Mailand. Trotz seiner Herkunft war er nicht unannehmbar für mich; und obwohl Orsini wütend war, daß man keinen militanten Guelfen gewählt hatte, gab er den erschöpften Kardinälen endlich die Freiheit wieder. Goffredo wählte den Namen Zölestin IV., war aber bereits so krank, daß er am siebzehnten Tage seines Pontifikats verschied, ohne die Weihen empfangen zu haben.

Entsetzen packte die Kardinäle bei dem Gedanken an eine Wiederholung eines solchen Konklave, und alle, bis auf drei, verließen fluchtartig die Stadt. Der zurückkehrende Colonna wurde von Orsini ergriffen und eingekerkert. Jetzt war man völlig auf dem toten Punkt angelangt. Im Interesse der Kirche ließ ich die beiden Kardinäle frei, die sich in meinem Gewahrsam befanden; einer war ein erbitterter Feind, und als ich ihn vor mich zitierte, schleuderte er mir sofort den Bannfluch entgegen; den anderen, Otho von England, gewann ich für meine Sache. Aber zu einem Konklave kam es noch immer nicht. Monate vergingen, ein Jahr verstrich, dann zwei.

Ich übermittelte den Kardinälen folgende Botschaft: >Eure Mutter liegt im Sterben, aber in Eurer Zwietracht nehmt Ihr keine Notiz davon.< Mir lag sehr viel an einer Wiederannäherung mit der Kirche. Ich wollte die Absolution erhalten. Ich wünschte einen dauerhaften Frieden. Aber ich wäre gut beraten gewesen, das kurze Interregnum dankbar zu akzeptieren, das mir vom Schicksal gütigst gewährt wurde. Denn nur allzubald war *Friede* nur noch ein Wort und eine Erinnerung.

Ich war nicht so optimistisch, den Bau neuer geplanter Befestigungsanlagen einzustellen oder ihn zu verlangsamen. In Lagopesole richtete ich ein riesiges Truppenlager ein und zog alle erforderlichen Gerätschaften für eine lange Verteidigung zusammen. Ich hielt dieses Lager für uneinnehmbar. Aber meine architektonische Freude war der achteckige Bau, den ich entworfen hatte und jetzt errichtete — Castel del Monte. Nicht weit von Andria sollte seine gewaltige Gesteinsmasse — ein Achteck mit acht achteckigen Türmen — in einsamer Größe auf der höchsten Erhebung der weiten, *Murge* genannten Ebene aufragen. Es sollte mir zu Trost und Erquickung dienen. Ich sah darin einen Ort, an den ich mich in Sicherheit zurückziehen könnte, wenn der Alltag mich mit seinen Bürden zu erdrücken drohe, wenn ich in Ruhe nachdenken oder, Verbundenheit mit der Natur suchend, mit Falken über das windgepeitschte Land preschen wollte.

Ich fertigte den Grundriß zu diesem Kastell mit mathematischer Genauigkeit an und verwertete alles, was ich von römischer, normannischer, byzantinischer und arabischer Architektur wußte. Rings um den achteckigen Innenhof sollten sich zwei Geschosse erheben, ein jedes aus acht Räumlichkeiten bestehend, mit gewölbten Decken, schönen kannelierten Marmorsäulen, Mosaikfußböden, gotischen Fenstern und riesigen halbkegelförmigen Kaminen. Überall sollte Schnitz- und Bildwerk angebracht werden — auf den Kapitellen der Säulen, dem Hausrat, den Schlüsseln zu den Kellergewölben. Bestimmte Türme sollten mit Zisternen und Rohrleitungen versehen werden, und im Innenhof sollte unter antiken Bildsäulen ein Brunnen fließen. Besonders ins Auge fallen würden die großen, geraden Linien, obwohl ich mir als Haupteingang ein gleichsam römisches Portal ausdachte, oberhalb der Tür von zwei brüllenden byzantinischen Löwen flankiert. Aber ich wagte nicht, so weit von der Architektur meiner eigenen Zeit abzuweichen und Fallgatter auszulassen; jedoch richtete ich es so ein, daß man sie erst zu Gesicht bekam, wenn sie heruntergelassen wurden. Um die Tür besser verteidigen zu können, erweiterten sich die Eingangsstufen nach rechts und links und machten damit einen direkten Angriff mit einem Sturmbock unmöglich.

Als ich die schuftenden Handwerker beobachtete, die Säcke mit Steinen um ihren Nacken geschlungen hatten oder Sand und Mörtel in Körben auf ihren gebeugten linken Schultern trugen und die sich in einer Reihe langsamen und rhythmischen Schrittes vom Steinbruch auf die Gerüste zu bewegten, kamen sie mir unermüdlich vor. Ihre kräftigen, untersetzten Körper waren nackt bis auf ein Lendentuch, und ihre sonnengebräunten Muskeln glänzten vom Schweiß. Wenn sie Pause machten, lagen sie truppweise im Schatten, sangen oder verzehrten Brot, Öl, Käse, Obst und tranken Wein. Seit wie vielen tausend Jahren mochten sie bereits so ausgesehen, sich so bewegt und sich so ausgeruht haben? Und wenn das Castel del Monte fertig wäre, würde ich sagen: ›Von mir erbaut.‹ Sie erbauten es. Doch in Wahrheit waren wir allesamt aufeinander angewiesen. Das Gestein war wie nichts, wenn nicht zuerst die schöpferische Idee da war, und dann die Hände, um sie zu gestalten. Sonst blieb es träge und formlos in der Erde liegen und nützte den Menschen nichts.

In dem hellen Licht und den scharfen Schatten der apulischen Sonne fand ich mein Werk über alle Maßen schön — doch lag bereits ein Anhauch von Melancholie darüber. Was für schreckliche Dinge würden diese Mauern in Zukunft sehen.

11.

Zweimal innerhalb kürzester Frist streifte mich der Todesengel. Ich fürchtete den Gedanken an ein drittes Mal. Zuerst wurde die Kaiserin Isabella dahingerafft. Sie hatte eine Fehlgeburt und verblutete. Sie war erst siebenundzwanzig. Ich hatte mich sehr an ihre süße mädchenhafte Art gewöhnt, denn allmählich hatte sie ihre Zurückhaltung mir gegenüber abgelegt. In geschlechtlicher Hinsicht hatte ich sorgsam darauf geachtet, sie nicht zu erschrecken und mir all die satyrhaften Umarmungen aus dem Sinn geschlagen, die ich auf antiken Bildwerken gesehen. Isabella hatte eine Vorliebe für Spielzeuge und seltsame Musikinstrumente, und damit umgab ich sie. Ich bestattete sie in Andria, in derselben Gruft mit Jolantha, damit sie sich Gesellschaft leisten könnten.

Ein schwerer Schlag war der Tod meines Sohnes Heinrich, als man ihn von einem Gefängnis in ein anderes überführte. Er trieb sein Pferd über einen Steilabhang in zwangsläufiger Erfüllung der Prophezeiung, daß er bei einem Sturz ums Leben kommen würde. Hätte er die Worte des Wahrsagers nicht gekannt, so hätte er den Gedanken an Selbstmord vielleicht verdrängt . . ., wie trostlos seine Haft auch gewesen sein mochte. Auf meine Bemühungen, ihm seine Gefangenschaft zu erleichtern, hatte er leider nicht reagiert — er hatte keine Bücher gelesen, keine Gedichte gemacht, keine Lieder gesungen. Gewöhnlich saß er nur da und starrte auf das vergitterte Fenster oder hielt seinen Kopf. Ich hatte ihn zwar nicht begnadigen wollen, aber daran gedacht, ihn zu einigen Bauvorhaben hinzuzuziehen, die ich im Sinn hatte. Leider zu spät! Er war noch nicht zweiunddreißig. Er wurde in Cosenza in einem Marmorsarkophag beigesetzt, auf meine Anweisung in ein gold- und silberdurchwirktes Gewand gehüllt, in welches Adlerfittiche eingewebt waren. Dies war meine Grabschrift für ihn: ›Mitleid des zärtlichen Vaters überwindet das Urteil des strengen Richters: Wir betrauern das Verhängnis Unseres Erstgeborenen. Freien Lauf lassen möchte die Natur der Tränen Flut, aber sie werden aufgehalten durch den Schmerz der Beleidigung und die Unbeugsamkeit des Rechts. Wir sind nicht der erste und werden der letzte nicht sein, der am Grabe eines ungehorsamen Sohnes weinen möchte.‹

Der Tod Heinrichs bewog mich, meinen Kindern mehr und mehr Aufmerksamkeit zu widmen. Die älteren Mädchen hatte ich an Söhne adliger Familien verheiratet. Ich schrieb viele Briefe an Corrado, der sich so weit weg im unruhigen Deutschland befand. Ich hielt es für wichtig, daß er die wahre Verantwortlichkeit des Königtums begreifen sollte. ›Edle Geburt allein reicht nicht aus für Könige‹, schrieb ich, ›wenn sich nicht edler persönlicher Charakter mit illustrer Rasse vermählt und hervorragender Eifer Ruhm auf den Rang des Fürsten wirft. Man unterscheidet Könige und Cäsaren nicht deswegen von anderen Menschen, weil sie höher gestellt sind, sondern weil sie weiter sehen und entsprechend besser handeln. Als Menschen stehen sie durch ihre menschliche Natur mit anderen Menschen auf gleicher Stufe . . . Sie werden als Menschen geboren und sterben als Menschen.‹

›Und sterben als Menschen —‹ In jenen Tagen dachte ich viel an den Tod, denn in letzter Zeit hatte ich viel von ihm gesehen. Soviel unnötiges Sterben. Die meisten Leute glaubten, daß ich gegen den Tod gefeit wäre und Jahrhunderte alt werden würde. Wahrsager suchten sich durch derartige Aussprüche oft beliebt zu machen; meine Reaktion darauf war stets dieselbe — ich dankte ihnen, daß sie an den Sieg des Willens über das Fleisch glaubten. Doch nein! Ich hatte die Natur zu genau beobachtet, als daß ich den Tod nicht als Teil des Lebens begriffen hätte — als eine ständige Verdrängung des einen durch den anderen.

Meine Naturbeobachtung fand Ausdruck in dem Buch, das ich auf Drängen meines Sohnes Manfredo über die Kunst, mit Vögeln zu jagen, schrieb, *De Arte Venandi cum Avibus*. Obwohl erst zehn, war Manfredo bereits ein ebenso leidenschaftlicher Beizjäger wie ich, und wir verbrachten zusammen viele Stunden in Feld und Wald. Immer wieder bat er mich, die Dinge aufzuschreiben, über die wir sprachen. Seit Jahren hatte ich mir Notizen über die Gewohnheiten von Vögeln gemacht, über die Flugmethoden der Kolibris, die gekrümmte innere Vorderkralle des Kranichs, die seitwärts auf dem Boden liegt, damit ihre Schärfe erhalten bleibe. Ich hatte gelernt, daß gepaarte Vögel sich an den Stimmen erkennen und daß sich manche überhaupt nicht paaren. Auch auf Irrtümer in noch vorhandenen Werken war ich aufmerksam geworden; so hatte beispielsweise Aristoteles angenommen, daß in V-Formation fliegende Wasservögel einem einzigen Führer folgten, aber aus Erfahrung wußte ich, daß sie ihren Führer wechselten. Daher nahm ich mir vor, ganz sachliche Aufzeichnungen darüber anzufertigen, was ich über das Vogelleben im allgemeinen und Falken im besonderen gelernt hatte.

Ich begann mit dem Organismus und den Gewohnheiten der Vögel. Ich klassifizierte die Arten danach, ob sie zu Wasser oder auf dem Lande lebten, raubgierig waren oder nicht; befaßte mich mit ihrer Brut und Nahrungssuche, ihren Paarungsgewohnheiten, der Art und Weise, wie sie kämpften und sich verteidigten, ihrer Verteilung über die Erde. Die Wanderung der Zugvögel war ein Thema für sich. Dann wandte ich mich den Organen und ihren Funktionen zu, dem Knochenbau, dem Gefieder, Stellung und Anzahl der Schwungfedern, dann dem Flug selbst. Was mir über Krankheiten bekannt war, erwähnte ich ebenfalls. Danach verbreitete ich mich, bis ins einzelne gehend, über die Falken: ihren Fang und ihre Abrichtung; die verschiedenen Lockmittel, die den Falken bewegen, zu dem Jäger zurückzukehren; die Jagd auf Kraniche mit Gierfalken, die Jagd auf Reiher mit Sakerfalken und die Jagd auf Wasservögel mit kleineren Falken. Ich betonte, daß Raubvögel Werkzeuge in den Händen des Meisters seien; der Fang der Beute ist an sich zweitrangig.

Wenn ich ein bestimmtes Phänomen nicht durch Tatsachen erklären konnte, wies ich ausdrücklich darauf hin und ließ die

Frage offen. Ich hütete mich, Theorien ohne unumstößliches Beweismaterial aufzustellen. Ich widerlegte die Fabel, der zufolge Bernikelgänse aus Entenmuscheln kriechen sollten, wie allgemein angenommen wurde und den legendären Vogel Phönix tat ich als unglaubwürdig ab. Mitunter gestattete ich mir eine Spekulation: Haben Geier deswegen keine Federn am Hals, weil sie den Kopf beim Fressen tief in den Kadaver stecken? Und ich fragte mich, wodurch Zugvögel die Strenge des kommenden Winters spüren mochten, obwohl ich keine Antwort darauf fand. Ich beobachtete, daß Falken sich unter überhitzten Hauben erkälten, und erfand eine durchlöcherte, luftdurchlässige Haube und beschrieb sie in allen Einzelheiten.

›*Presens opus aggredi nos induxit et instans tua petitio, fili Carissime Manfride . . .*‹ So begann meine Widmung an Manfredo. Ich ging sogleich auf einige Punkte ein, die ich besonders betonen wollte:

›Dieses vorliegende Werk . . . veranlaßt Uns, die vielen Irrtümer Unserer Vorgänger zu berichtigen, die, wenn sie über das Thema schrieben, die edle Kunst der Falkenbeize herabsetzten, indem sie die irreführenden und oft unzureichenden, von gewissen abgedroschenen Autoren in ihren Werken aufgestellten Behauptungen sklavisch kopierten. Mit dem Ziel, diese Monographie der Nachwelt zu vermachen, legen Wir zwischen ihren Deckeln einen wahrhaften und sorgfältigen Bericht über diese Dinge vor.

Als Herrscher über ein großes Königreich und ein ausgedehntes Imperium waren Wir oft durch schwierige und verwickelte Regierungsgeschäfte behindert; aber trotz dieser Erschwerung haben Wir diese Uns selbst auferlegte Aufgabe nicht beiseite geschoben, sondern die Elemente der Kunst zur richtigen Zeit erfolgreich schriftlich niedergelegt. Unter anderem entdeckten Wir auf Grund schwer gewonnener Erfahrungen, daß die Deduktionen des Aristoteles, denen Wir gefolgt sind, wenn sie Uns vernünftig schienen, nicht immer verläßlich waren — besonders in seiner Schilderung der Eigentümlichkeiten gewisser Vögel . . . In seinem Werk *Liber Animalium* finden Wir viele Zitate aus anderen Autoren, deren Behauptungen er nicht nachgeprüft hat und die ihrerseits nicht aus Erfahrung sprachen. Völlige Gewißheit erhält man nicht einfach durch das Ohr...

Der Verfasser dieser Abhandlung, der erhabene Fridericus Secundus, Kaiser der Römer, König von Jerusalem und Sizilien, ist ein Liebhaber der Weisheit mit einem philosophischen und grüblerischen Gemüt.‹

Selbstverständlich waren auch Illustrationen erforderlich; und so griffen Manfredo und ich zu Feder und Pinsel, um den Künstlern genaue Anweisungen zu geben. Als wir fertig waren, stellten wir zu unserem Erstaunen fest, daß wir 915 Vögel, 170 menschliche Gestalten, 12 Pferde, ein Segelschiff, ein Ruderboot, einen Schwimmer und zwei Fledermäuse gezeichnet hatten.

Wie ich bemerkte, hatte Manfredo auch noch zwei Könige gezeichnet, die, in Staatsgewänder gekleidet und gekrönt, auf zwei verschiedenen Thronen saßen und die Falkner erwarteten.

»Und wer soll das sein?« fragte ich. »Sie sehen wie Zwillinge aus.«

»Einer, edler Vater, bist du«, antwortete er feierlich. »Und der andere — ist Manfredo. Denn eines Tages möchte auch ich ein König sein: ein König genau wie du...!«

12.

Mit Manfredo hatte ich große Dinge vor. Wenn Enzio mein eigenes Ebenbild war, so war Manfredo das Ebenbild seiner Mutter, Bianca. Er glich ihr aber nicht nur rein äußerlich — er hatte ihre bezaubernden Umgangsformen, ihr intuitives Verständnis, ihre rasche Auffassungsgabe. Wenn nur ein einziger meiner legitimen Söhne so wie er gewesen wäre, hätte ich zufrieden sein können. Er war natürlich nicht nur mein Liebling, sondern auch der Augapfel seiner Mutter; und ihr Einfluß auf ihn war kaum geringer als meiner.

Es war Manfredo, der den hochbegabten jungen Doktor Giovanni da Procida für uns entdeckte. Schon seit einiger Zeit hatte Bianca sich nicht wohl gefühlt und an Kopfschmerzen und plötzlichen Schwindelanfällen gelitten. Keiner von den Hofärzten hatte etwas dagegen vermocht; doch er ersann eine Methode, ihren Hinterkopf mit Wärme zu behandeln, die den Schmerz zu lindern schien. Doch ich greife vor.

Der Oberhofmeister hatte vor kurzem eine neue Sklavin namens Restituta zu Dienstleistungen im Palast gekauft; Jung Manfredo hatte sich mit ihr angefreundet. Sie war hübsch und lebhaft. Sie käme, berichtete sie Manfredo, von der Insel Ischia und stamme aus guter Familie, wäre jedoch von Piraten verschleppt und in die Sklaverei verkauft worden. Niemand hatte sich die Mühe gemacht, ihre Geschichte nachzuprüfen. Eines Tages erschien ein fremder junger Mann und erkundigte sich nach ihr; er wäre ihr *fidanzato* erklärte er, und seine Heimat die Nachbarinsel Procida. Aber wie könne er eine Sklavin aus dem Palast des Kaisers zurückfordern? Er wäre nur ein junger Arzt, der gerade seine Studien in Salerno beendet und keinen Freund bei Hofe habe. Weinend wandte sich Restituta an Manfredo und klagte ihm ihr Leid, und Manfredo kam zu mir. Sogleich verfügte ich die Freilassung des Mädchens, gab sie ihrem Verlobten zurück und erkundigte mich bei dem Jüngling nach seinen Studien. Ich fand ihn außerordentlich begabt; er ging von einem rationalistischen Standpunkt an die Medizin heran, ähnlich wie ich. Ich erprobte seine Fähigkeiten an einigen Fällen und war so beeindruckt, daß ich ihm eine Stellung als Hofarzt anbot.

Das waren die dürftigen Tatsachen. Aber was machte man nicht aus dieser Geschichte! Es hieß, Restituta wäre so berückend schön, daß ich selbst sie von den Piraten für meinen Harem gekauft hätte. Ihr Liebhaber hätte ihre Spur nach vielen Abenteuern zur See und zu Lande bis in meinen Palast verfolgt — wo sie glücklicherweise Jungfrau geblieben wäre, weil ich unpäßlich gewesen sei. Aus Verzweiflung darüber, sie als Sklavin des Königs wiederzufinden, habe der Jüngling es fertiggebracht, sich nachts in den Palast zu schleichen und sich zu ihr zu legen. Doch leider hätte ich sie ertappt, nackt und eng umschlungen zusammenliegend. Ich hätte meine Regung, sie auf der Stelle zu töten, unterdrückt und statt dessen befohlen, sie nackt an den Scheiterhaufen zu binden und sie zu verbrennen. Nur die rechtzeitige Enthüllung ihrer edlen Herkunft habe sie vor den Flammen bewahrt und zu einem glücklichen Ausgang geführt. So romantisch schmückt die Phantasie des Volkes die Dinge aus! Doch was für eine entzückende Geschichte . . .

Auch mein eigenes Leben war zu jener Zeit nicht ohne einen Anhauch von Romantik. Ich beschloß, Bianca zu heiraten. Ihre Krankheit, die sich in die Länge zog, machte mir Sorgen, und aus ihren Briefen klangen Töne erzwungener Heiterkeit. Ich wollte sie aus dem außergewöhnlichsten Grund heiraten: ich wollte sie zu meiner Ehefrau machen. Doch da wir schon so lange zusammenlebten, hielt ich es für unklug, ihr den Vorschlag allzu plötzlich zu unterbreiten. An einem Frühlingsabend suchte ich sie in einem Garten auf, jenem nicht unähnlich, wo ich sie zuerst gesehen hatte. Wie einst, erklang auch jetzt wieder das müßige, verspielte Plätschern eines Springbrunnens. Die Luft war warm und voller Blumenduft; Mondlicht huschte schillernd über einen Marmorfaun. Ich seufzte, nicht aus brennendem Verlangen, sondern aus der Fülle der Erinnerungen.

»Herr«, sagte Bianca, »was quält Euch?«

»Mein Herz —«, sagte ich.

Sie hob den Kopf. »Doch nicht etwa Schmerzen —?«

»Schmerzen und doch wieder keine Schmerzen«, antwortete ich. »Die Feuer der Jugend werden zur glühenden Asche des Alters. Ich bedauere nur, *cara mia*, daß ich nicht mit dir ins Bett gegangen bin, als ich in der Tat sehr jung war.«

»Mein Herr Federico«, sagte sie lächelnd, »für eine Frau ist es besser, wenn die Inbrunst anhält. Ich kann nicht klagen . . .«

»Es freut mich, daß du zufrieden bist«, sagte ich und legte meine Hand in gespielter Scheu über ihre. »Aber um meiner Freude Ausdruck zu verleihen, habe ich mir ein Geschenk für dich ausgedacht: sämtliche Ländereien um Tricarico, Monte Scaglioso, Gravina — und als höchste Ehrung den Monte Sant' Angelo . . .«

»Solche riesigen Güter für mich! Eure Freigebigkeit demütigt mich, Herr.« Dann gestattete sie sich die Andeutung eines Stirnrunzelns und einer seltsamen Nachdenklichkeit. »Dieses letztere — die Ehre des Monte Sant' Angelo —, gehört das nicht zur Mitgift der Königinnen von Sizilien . . .?«

»Ganz recht, Bianca.«

»Ich — ich bin doch aber keine Königin von Sizilien.«

»Nein — aber ich möchte, daß wir heiraten —«

»Heiraten? Herr! Mich? Ich bin nicht von königlichem Geblüt...«

»Ich will dich nicht als Königin, sondern als meine Frau.«

Sie starrte mich bestürzt an. »Nach so vielen Jahren...?«

Da nahm ich sie in die Arme und küßte sie so, wie ich es vor langer Zeit gern getan hätte.

Selbstverständlich waren wir uns darüber einig, daß Eheschließungen exkommunizierter Personen unter den Gesetzen der Kirche keine Rechtsgültigkeit hatten. Für viele war der bloße Gedanke daran abschreckend und frevelhaft. Für mich nicht, denn die Ehe war kein Sakrament, sondern eine Form sozialer Billigung einer biologischen Notwendigkeit. Ich wollte Bianca zur Ehefrau, weil sie mir in Wahrheit eine Gattin gewesen war. Von Königinnen hatte ich nachgerade genug. Meine Gefühle für Bianca waren die eines Mannes, nicht die eines ›göttlichen Königssprosses‹. Es tat wohl, den Kopf an ihre Brust zu betten und die Berührung ihrer zarten Finger auf der Stirn zu spüren...

Aus politischen Erwägungen wurden wir insgeheim in einer Privatkapelle getraut, und der liebe, weißhaarige Berard vollzog die Zeremonie. Nur selten habe ich ihn so glücklich und gelöst erlebt. Die Zahl der Teilnehmer war gering: unsere Kinder Manfredo und Costanza, der Marquis Lancia, der Sänger von Liebesliedern Giacomino Pugliese, der vertrauenswürdige Andrea Cicala, der hochgeehrte Ruggero di Amicis, der forsche Riccardo, Graf von Caserta, der meine Tochter Violante geheiratet hatte, die neuen jungen Dichter Folco Ruffo und Jacopo da Morra, erzogen ›als meine Söhne, denen nichts verheimlicht werden sollte‹, wie ich es ausdrückte, Maestro Teodoro, der uns Gutes prophezeite, Taddeo da Suessa, Pier della Vigna sowie Doktor Giovanni da Procida und Restituta, seine bescheidene Braut.

Von allen Geschenken schätzten wir das des jungen Arztes am höchsten: eine Phiole, gefüllt mit einem geheimen Liebestrank — der, sobald man ihn einnahm, Eros aus weiter Ferne herbeizaubern würde. Wir lächelten, denn wir glaubten diesen Trank nie nötig zu haben.

Wir kamen auch nie dazu, ihn zu probieren — denn Bianca starb im Schlaf in jener Nacht. Ich ging allein in den Garten und ließ meinen Tränen freien Lauf.

13.

›Wir sind kein bloßer Mensch; Wir nehmen den Platz Gottes auf Erden ein‹, erklärte Innozenz IV. — denn das war der Name, den Sinibaldo Fieschi, der neue Papst, annahm.

Dieser Ausspruch hätte mir zur Warnung dienen sollen, tat es aber nicht. Als der formgewandte Kardinal Fieschi von Genua, Graf von Lavagna, mit dem ich Schach gespielt hatte, war er Ghibelline gewesen; als Papst Innozenz IV. wurde er Guelfe. Alsbald sollte ich ausrufen: ›Kein Papst *kann* Ghibelline sein!‹ Nach zweiundzwanzig Monaten des Manövrierens, Bittens und Drohens hatte das Kardinalskollegium endlich gehandelt und der Kirche ein Oberhaupt gegeben. Freudig begrüßte ich die Wahl; mit Sinibaldo Fieschi glaubte ich fertig werden zu können.

Dieser Fieschi hatte nichts von der Majestät und dem Mystizismus Gregors IX., nichts von dem Feuer, der Begeisterung persönlichen Mutes. Er war ungefähr in meinem Alter. Sein Aussehen entsprach völlig seinem Charakter — er hatte eine lange, dicke Nase, hohe Backenknochen, glattrasierte Wangen von bläulicher Färbung, ein spitzes Kinn, buschige, gewölbte Augenbrauen über kalten, harten Augen, einen dünnen Mund. Er war berechnend, unaufrichtig, gerissen, geizig und realistisch. Im Dienste der Kurie hatte er seine diplomatische Geschicklichkeit bewiesen. Wie seine ganze Familie, war er machtbesessen. Wie so viele Mitglieder seiner Familie hatte er den geistlichen Stand als Weg zur Macht benutzt. Das päpstliche Amt war sein höchstes Ziel. Da ich seine Wahl nicht hintertrieben, sondern sie begrüßt hatte, glaubte ich, er müßte mir dankbar sein. Ich hätte mich nicht gewaltiger irren können; ich machte mir nicht klar, was für eine Wirkung die Erhöhung zum Papst auf ihn haben mußte — das vielleicht katastrophalste Versäumnis meines Lebens.

Er war ganz ohne Zweifel eine eiskalte Natur. Voller Bitterkeit habe ich mich gefragt, was der auserkorene Kardinal vorn unter dem durchlöcherten Porphyrstuhl erblickt haben mag, auf dem der Papst während der Krönungszeremonie im Lateran für eine Weile Platz nehmen mußte. Um die Wiederholung eines Päpstin-Johanna-Skandals und des Sohnes, den sie gebar, zu vermeiden, überzeugt man sich auf diese Weise vom Geschlecht des Papstes. Ich möchte schwören, daß dieser Innozenz nicht das normale, warmblütige Glied eines Mannes vorwies, sondern einen Eiszapfen.

Aber so kalt er war, so glühend war sein Ehrgeiz. Kaum war ihm die Tiara aufs Haupt gesetzt worden, als er auch schon verkünden ließ: ›Der Herr Jesus Christus . . . hat mit dem Apostolischen Thron nicht nur einen geistlichen, sondern auch einen weltlichen Monarchen eingesetzt und dem gesegneten Petrus und seinen Nachfolgern die Regierung sowohl eines himmlischen als auch irdischen Reiches anvertraut.‹

Mit dem irdischen Reich konnte nur meines gemeint sein.

Den ersten Schrecken bekam ich, als der neue Papst sich weigerte, meine Abgesandten zu empfangen, und erklärte, er könne nicht mit Exkommunizierten verhandeln. Ehe ich daher in Friedensverhandlungen eintreten konnte, sah ich mich gezwungen, eine Gunst zu erbitten; ich mußte darum bitten, daß meine Abgesandten Pier della Vigna, Taddeo da Suessa und Erzbischof Berard vom Bann gelöst wurden. Mit einer großzügigen Geste gewährte Innozenz meine Bitte. Das Ränkespiel nagte an mir, aber ich war fest entschlossen, den Frieden zu festigen und mich durch nichts darin stören zu lassen.

Der Papst erwies sich als unzuverlässig. An einem Punkt der Verhandlungen kehrte Piero verzweifelt zu mir zurück. »In einer Minute sagt seine Heiligkeit *ja*, in der anderen *nein*«, klagte er. »Oft ist er überhaupt nicht aufzufinden — er verbirgt sich in einem Hinterzimmer des Laterans, weil er sich vor Gregors Gläubigern fürchtet, die an die Palasttüren klopfen. Vor jedem Schatten schrickt er zusammen und steht Tag und Nacht unter Bewachung. Er benimmt sich wie ein Mensch, der sein Leben bedroht glaubt . . .«

»Durch wen?« fragte ich.

Piero zuckte die Achseln. »Ist ihm außer Euch noch jemand ebenbürtig auf der Welt, Imperatore?«

Immer mehr erschien mir Piero als ein *alter ego*, als der eine Mensch, der mich ganz verstand und dem ich voll vertrauen konnte. Seit Biancas Tod hatten wir unseren Umgang, wenn auch nicht in der alten Intensität, so doch in alter Intimität wieder aufgenommen und waren unzertrennlich. Bei Piero fand ich Trost, und mit Piero stürzte ich mich täglich, auf der Suche nach Vergessen, in neue Rührigkeit. Mein ganzes Streben war auf Frieden gerichtet, der mir von einem einzigen Menschen verweigert wurde: dem Papst.

»Hör zu, Piero«, sagte ich, »mach die weitgehendsten Zugeständnisse, aber sichere den Frieden!«

Innozenz' Antwort war nicht Friede, sondern ein Schwert . . ., und das Schwert wurde geschwungen von dem kriegerischen Kardinal Raniero von Viterbo, einem meiner erbittertsten Feinde, dessen ganzes Sinnen und Trachten auf Krieg gerichtet war. Päpstliche Elemente in Viterbo, nördlich von Rom, rebellierten plötzlich unter Kardinal Ranieros Führung und trieben meine Anhänger in die Zitadelle. Sofort ergriff ich Gegenmaßnahmen. Erstaunt über mein rasches Auftauchen vor den Wällen von Viterbo mit einer Streitmacht, schrieb der Kardinal über mich: ›Wie eine Löwin, der man ihr Junges genommen, wie eine Bärin, der man die Kinder geraubt, fuhr er auf. Wie ein Wirbelsturm, zur Mitternacht brausend, eilte er, in das Feuer des Zornes gehüllt, herbei; wie ein Schnelläufer, ohne allen königlichen Pomp, kam er auf rotem Roß herangeprescht, um die Stadt zu züchtigen.‹

Piero organisierte die Truppen. Ein Flügel wurde von meinem Schwiegersohn, dem tapferen jungen Riccardo, Graf von Caserta, befehligt; den anderen Flügel befehligte ich selbst. Ich schwang mich vom Pferde, ergriff einen langen Schild und führte den ersten Angriff. Er scheiterte. Die Stadt war zu stark befestigt und konnte nicht im Sturm genommen werden. So mußte ich wiederum zu dem langweiligen und kostspieligen Mittel der Belagerung greifen. Aber das Unglück verfolgte uns. Nachdem Belagerungsmaschinen herangeführt worden waren, sprang der Wind während des ersten Angriffs jäh um, und unsere Türme gingen von unserem eigenen griechischen Feuer in Flammen auf. Noch einmal mußte ich ganz von vorn anfangen.

Diesen Augenblick benützte der Papst zum Einlenken; er sah sich dazu genötigt, weil man von allen Seiten auf Frieden drängte, besonders von französischer. Zum Beweis seiner Aufrichtigkeit ernannte Innozenz meinen Freund, den Kardinal Otho von England, den ich freigelassen hatte, zu seinem Vertreter. Als erstes verlangte der Papst die Aufhebung der Belagerung von Viterbo, in die ich unter der Bedingung einwilligte, daß meine halbverhungerte Garnison in der Zitadelle freien Abzug erhalte. Der Vertrag wurde auch von den Viterbesen beschworen. Doch als meine Leute durch die Stadt marschierten, wurden sie von der Soldateska Ranieros niedergemetzelt; kaum einer kam mit dem Leben davon. Kardinal Raniero war in der Tat ein Friedenshasser.

Wieder raste ich. Obwohl ich mich keinerlei Illusionen über die Fähigkeit von Kardinälen zum Verrat hingab, war ich ehrlich entsetzt. Unter den Umständen war es undenkbar, daß der Waffenstillstand gebrochen worden sein sollte. ›Welche Bande unter Menschen sollen Wir noch suchen ... wenn das Ehrenwort geistlicher Väter nicht mehr geachtet wird?‹ schrieb ich an Innozenz. ›Welchen Erfolg können Wir denn noch erhoffen, wenn die Treue der Menschen so vollständig verachtet wird?‹ Ich schwor, Rache an Viterbo zu nehmen, selbst wenn ich schon mit einem Fuß im Paradies stünde. Innozenz drückte sein Bedauern aus, verkündete, daß er die Stadt mit einer Geldbuße belegen würde und übertrug die Eintreibung keinem anderen als — Kardinal Raniero.

Ich versuchte einen anderen Kurs. Insgeheim ließ ich jenen Bernardo di Rossi von Parma zu mir zu rufen, der mir als Unterhändler mit den belagerten Brescianern gedient hatte. Zufällig war er mit Innozenz' Schwester verheiratet, und ich gedachte durch ihn an die Familieninteressen der Fieschi zu appellieren. Di Rossi galt als das Vorbild eines Edelmannes, imponierend, selbstbeherrscht und gütig. Ich fand ihn allzu wohlgenährt, rotbackig von übermäßigem Weingenuß, selbstzufrieden — ja sogar salbungsvoll. Aber er fand zweifellos Gehör beim Papst, wenn kein Lauscher zugegen war. Ich machte ihm klar, daß ich, vorausgesetzt, daß sich eine Formel finden ließe, bereit wäre, äußerste Zugeständnisse um des Friedens willen zu machen.

Di Rossi hörte aufmerksam zu und sagte: »Ist nicht dieselbe Botschaft Seiner Heiligkeit von Eurem Abgesandten Pier della Vigna überbracht worden?«

»Eine Botschaft sehr ähnlicher Art«, antwortete ich.

»Wie erwarten Euer Majestät dann von mir, mehr zu erreichen als Pier della Vigna — ein Mann, von dem es heißt, er wäre Petrus und stünde Gott näher als der Papst?«

Ich runzelte die Stirn. »Was meint Ihr damit?«

»O, es ist ein Kompliment, hoher Herr.« Di Rossi lächelte. »Ich meine nur, was gesagt worden ist.«

Ich war ernsthaft beunruhigt von diesem Gespräch. Die allzu glattzüngige Antwort, die gegen Piero gerichteten Anzüglichkeiten gefielen mir ganz und gar nicht. Ich wußte selbstverständlich schon lange, daß viele Höflinge etwas gegen Piero hatten. Sie betrachteten ihn als Bürgerlichen, als *parvenu*. Was mochte der Papst von Piero halten — der Papst, selber ein Adliger? Als Sinibaldo Fieschi hatte er bestimmt nichts als Verachtung für alle Nichtadligen gehabt; sie waren nichts als bewegliche Güter, die man kaufen und verkaufen konnte. In meinem eigenen Leben hatte es keinen einzigen Menschen gegeben, der mir mehr bedeutet hätte als Piero della Vigna. Es fiel mir schwer, mich daran zu gewöhnen, daß man ihn auch anders sehen konnte, als ich ihn sah. Ich hätte viel darum gegeben, des Papstes Privatmeinung über ihn zu erfahren, denn Innozenz wußte fraglos, wie ich zu Piero stand, wie sehr ich ihn schätzte und liebte.

Plötzlich gelangten meine Unterhändler zu einem provisorischen Abkommen mit dem Papst. Ich freute mich, da ich meinen Namen nicht gern noch einmal auf der Liste der Gebannten sehen wollte, die am Gründonnerstag verlesen wurde. Ich hatte in vielen Dingen nachgegeben; ich würde dem Papst nicht das Recht bestreiten, mich exkommuniziert zu haben; für die Lombardei war ich bereit, den *statos quo ante* anzuerkennen, den Kirchenstaat zu räumen, meine klerikalen Gefangenen zu entlassen, mich noch anderen Demütigungen zu unterwerfen. In meinem Namen beschworen Piero und Taddeo den vorläufigen Friedensvertrag. In einer Predigt nannte mich der Papst ›einen ergebenen Sohn der Kirche.‹ Endlich konnte ich erleichtert aufatmen.

Zu früh. Erschöpft langte Piero nach einem wilden Ritt bei mir an. Er sah aus, als hätte er eine Woche nicht geschlafen — verzerrtes Gesicht, verstörter Blick, graue Haut. »Imperatore, Innozenz spielt Katze und Maus mit uns!« sagte er. »Jetzt erklären die Lombarden, sie dächten nicht an Frieden, es sei denn, der Papst erhielte unbeschränkte Vollmacht als Vermittler. Und der Papst erklärt, er werde den Bann nicht lösen, wenn Ihr nicht zuerst den Kirchenstaat räumt ... !«

Auf derartige Bedingungen einzugehen, wäre Wahnsinn gewesen. Wieder blickte ich Piero an, der sich kaum noch auf den Füßen halten konnte. Aber eine Möglichkeit blieb bestehen: ein persönliches Zusammentreffen mit Innozenz. Vielleicht konnten wir noch einmal Schach zusammen spielen und wie vernünftige Männer miteinander reden . . . ?

Als Treffpunkt schlug ich Innozenz irgendein geeignetes Städtchen südlich von Rom in der Campagna vor. Zunächst lehnte er ab, nahm meine Einladung dann aber plötzlich an, entschied sich jedoch für das nordöstlich von Rom an der Via Flaminia gelegene Städtchen Narni. Ich wußte nicht, was ich davon halten sollte, und neue Unruhe bemächtigte sich meiner. Was mochte der Papst nun wieder im Schilde führen? Ich zog Erkundigungen ein, erfuhr jedoch nichts. Guten Glaubens begab ich mich daher in ein Städtchen in der Nähe des verabredeten Treffpunkts und wartete. Der Papst mit seinem Gefolge hatte Rom inzwischen verlassen und war in Civita Castellana eingetroffen, einem Ort ziemlich weit von Narni entfernt — und dort verweilte er. Es war im Juni, und frühsommerliche Stille lag über dem Land.

Kardinal Otho erschien, um die letzten Einzelheiten für das Treffen festzulegen. Ich fegte alle Hindernisse beiseite, und er kehrte zum Papst zurück. Nach einigen Tagen erschien er mit neuen Problemen wieder: welche Sitzordnung vorgesehen wäre, wie viele Sekretäre, welche Speisenfolge, welches Protokoll und was noch alles . . . Offensichtlich wollte der Papst Zeit gewinnen. Über zwei Wochen verrannen, ohne daß etwas entschieden wurde. Ich bestand darauf, den Papst sofort zu sprechen; aber Seine Heiligkeit hatte sich in das benachbarte Sutri begeben, um einige dort ausgegrabene Monumente zu besichtigen.

Es war Piero, der mir die Kunde an einem goldenen Morgen bei Tagesanbruch überbrachte — Nachrichten, die gerade durch Kurier von einem niedergeschlagenen Kardinal Otho eingetroffen waren.

»Imperatore, wacht auf, wacht auf!« rief Piero. »Innozenz ist diese Nacht geflüchtet — als einfacher Soldat verkleidet. Schon befindet er sich an Bord einer genuesischen Galeere auf See!«

Alles war lange vorbereitet, das Geheimnis wohlgehütet worden.

Ich hämmerte mit den Fäusten gegen meine Schläfen. »O Gott!
O Gott!« stöhnte ich. »Ich hatte ihn im Schach — und er hat das
Brett umgeworfen!«

14.

Sofort wurde verlautbart, Innozenz sei geflohen, um der Gefangennahme zu entgehen; daß ich ihm nach dem Leben trachte.
›Unsere Seele ist entkommen gleich wie ein Vogel aus der Schlinge
des Voglers‹, erklärte Innozenz bei der Landung in Genua von
Bord seines Schiffes. Die Galeere war in Goldbrokat und Seiden-
banner gehüllt und führte die Flagge mit dem Kreuz. Innozenz
wurde von einer ganzen Flotte begleitet — zur Verfügung gestellt durch die Familie Fieschi. Glocken läuteten, Chöre sangen:
›Benedictus qui venit in nomine Domini!‹
Als mir all das berichtet wurde, schnitt ich eine Grimasse.
Geschrieben steht: ›Die Bösen flüchten, ohne daß jemand sie
verfolgt‹, war mein ganzer Kommentar. In einem Manifest erklärte ich: ›Wer mit gesunden Sinnen sollte glauben, daß Wir
dem Papst ein Leid antun wollten — dessen Tod durch Unsere
Hand endlosen Hader über Uns und Unsere Nachfolger bringen
würde . . . ?‹ Ich beschloß, auf meiner versöhnlichen Haltung zu
beharren, meine Bemühungen um den Frieden fortzusetzen und
nichts zu unternehmen, was die Lage verschärfen könnte.
Es war klar, daß Innozenz sich nur für kurze Zeit in Genua
aufhalten würde, obwohl er völlig sicher in dieser Stadt war.
Er wollte Italien verlassen, um meiner Nähe zu entgehen, damit
er seinen Kurs ohne irgendwelche Behinderung fortsetzen
könnte. Er wandte sich an die Könige von Aragón, Frankreich
und England um Erlaubnis, in ihren Ländern residieren zu dürfen, aber alle lehnten ab. Daraufhin entschied er sich für Lyon,
damals eine freie Stadt unter der Herrschaft ihres Erzbischofs.
Nach einer ernsthaften Erkrankung, von der es hieß, mein Gift
hätte sie verursacht, machte er sich in einer Sänfte auf, um die
Alpen zu überqueren. Es war Anfang Oktober, und für fünfzehn
Tage gewitterte es ununterbrochen. Einige von Innozenz' neu er-
nannten Kardinälen glaubten die Hufschläge meiner sich nähern-
den Reiterei zu vernehmen.

Auch in Lyon verfolgte der Papst sein altes Ziel weiter. Kaum war er im Dezember dort eingetroffen, da lud er auch schon auf Johanni kommenden Jahres zu einer allgemeinen Synode ein, auf welcher die Absetzung Kaiser Friedrichs beschlossen werden sollte. Diesmal konnte ich die Delegierten nicht abfangen. Die Kirche traf Vorbereitungen, sich in erstaunlicher Zielstrebigkeit mit ihrer ganzen Macht gegen mich zu wenden. ›Wir müssen den großen Drachen zermalmen‹, soll Innozenz gesagt haben. Obwohl das Heilige Land vor kurzem von den Chorasmiern überrannt und Jerusalem nochmals erobert worden war, kümmerte sich Innozenz kaum darum. Seine Gedanken konzentrierten sich auf den christlichen Ungläubigen.

In rascher Folge erschienen Pamphlete und Manifeste gegen mich, und all die alten Gerüchte lebten in verstärkter Heftigkeit auf. Kardinal Raniero, ein Mann, dem Schaum vor dem Mund stand, war zum Stellvertreter des Papstes in Italien ernannt worden; er war der eigentliche Urheber. Er setzte Worte wie die folgenden gegen mich in Umlauf:

›Die Bestie in ihrem furchtbaren, halsstarrigen Grimm höhnt den Bann und schlürft die Strafen aus vollen Bechern wie Wasser und verachtet die Schlüsselgewalt — er, der Tyrannei Fürst, der Umstülper des kirchlichen Glaubens und Kultes, der Vernichter der Satzung, der Grausamkeit Meister, der Zeiten Verwandler, der Verwirrer des Erdrunds. Dem abgefallenen Engel gleicht er, der dem Höchsten ähnlich sein und sitzen wollte auf dem Berge des Stifts. Wie Luzifer unterfing er sich, den Himmel zu umspannen und über den Sternen seinen Thron zu errichten ...
Werft ihn zu Boden vor der Könige Antlitz, damit sie ihn sehen und sich scheuen, in seine Fußstapfen zu treten! Werft ihn hinaus aus dem Heiligtum, daß er nicht länger herrsche über christliche Völker! Habt kein Mitleid mit dem Grausamen ... ! Belsazar, der Babylonier, besudelte die Gefäße im Tempel Jehovas und büßte Reich und Leben ein. Dieser Ruchlose verdient, sein Reich nicht weniger zu verlieren ...‹

Damit war auch deutlich zu verstehen gegeben, daß ich mein Leben zu verlieren verdiene. Der böse Kardinal Raniero ließ nicht nur die Hundemeute des Hasses frei, sondern die Dämonen des Todes. Ich fragte mich, wie lange es noch dauern würde, bis das auch auf den Stellvertreter Christi zuträfe ...

Während überall im Königreich mein fünfzigster Geburtstag feierlich begangen wurde, stellte ich eine Liste von Zugeständnissen an den Papst zusammen. Ich war müde, nicht lebensüberdrüssig, sondern müde des endlosen Kampfes mit einer mißgestalteten Hydra, der die abgeschlagenen Köpfe nur so nachwuchsen. Einem einzigen Papst zu trotzen oder ihn zu besiegen war bedeutungslos; die eigentliche Kirchenpolitik änderte sich nicht. Es war keineswegs meine Absicht, die Kirche zu bekämpfen; das war Sache der Ketzer und Märtyrer, und ich wollte weder das eine noch das andere sein. Meine Friedenssehnsucht war größer als meine Sehnsucht nach geschlechtlicher Lust, nach Macht oder Ruhm. In der Reife meiner Jahre hätte ich gern nachgedacht, geschrieben und experimentiert, hätte mich gern mit begabten jungen Philosophen, Künstlern, Dichtern umgeben, hätte gern die Kultur von Griechenland und Rom wieder ins Leben gerufen.

Meine Tochter Violante schrieb mir und wollte wissen, warum ich immer in Reichsstreitigkeiten verwickelt wäre: ob ich nicht alles, was ein Mensch begehren könne, in meinem eigenen Königreich Sizilien hätte? So begierig auf Frieden war ich, daß ich mit dem Gedanken spielte, zugunsten meines Sohnes Corrado als Kaiser des Reiches abzudanken. Mich auf Reisen zu begeben, war ein anderer verlockender Gedanke. In den Orient zu fahren und nie wiederzukehren — unter Umständen bis nach Indien oder bis nach China. Oh, ich hatte ein schmerzhaftes Verlangen danach, die Welt zu sehen! Vor gar nicht langer Zeit hatte ich meine Tochter Costanza dem Kaiser von Nizäa anverlobt. In einem meiner Briefe an ihn verlieh ich meinen träumerischen Empfindungen Ausdruck: ›O glückliche Herrscher des Orients — ihr, die ihr weder den Dolch der Rebellen noch den von Priestern erfundenen Aberglauben fürchten müßt ... !‹

Die Liste, die ich für den Papst aufstellte, war eine Preisgabe alles dessen, wofür ich seit Jahren gekämpft hatte. Ich war bereit, der Kirche alle Gebiete zurückzugeben, die ich ihr durch Edikt abgetreten und mit Gewalt zurückerobert hatte; dem Papst bedingungslose Autorität in der Beilegung des lombardischen Konflikts zuzugestehen; alle Geistlichen, die sich in meinem Gewahrsam befanden, zu entlassen und sie zu entschädigen; das Recht zur Exkommunikation nicht zu bestreiten und Buße zu tun; einen Kreuzzug gegen die Türken zu unternehmen, um das Heilige Land zu befreien; drei Jahre dort zu bleiben und nur mit päpstlicher Genehmigung früher zurückzukehren; den Verlust meines Königreichs und meiner privaten Güter auf mich zu nehmen, wenn ich meine Gelübde nicht erfüllte; und Könige als Bürgen zu ernennen.

Hätte ich in meiner Verzichterklärung noch weiter gehen können? Wenn Innozenz eine solche Unterwerfung, unter welchem Vorwand auch immer, ablehnte, so würde der Welt deutlich werden, daß Krieg sein einziges Ziel war. Es bestand die leise Hoffnung, daß er akzeptieren würde; aber ich glaubte nicht daran. Wie ein Sterbender ordnete ich alle meine Angelegenheiten — so wenig Zeit verblieb. Im Frühling, am Gründonnerstag, traf die Antwort ein. In Lyon hatte der Papst meine Exkommunikation wiederholt und den Namen meines geliebten Sohnes Enzio hinzugefügt.

Für den Frühsommer berief ich einen Hoftag der deutschen Fürsten nach Verona ein, der dem vom Papst einberufenen Konzil vorangehen sollte. Im Vordergrund stand die Behandlung der schwierigen österreichischen Frage, obwohl es mir hauptsächlich darum ging, die Haltung der Fürsten zu ergründen. Es war vorgeschlagen worden, daß ich die Erbin des österreichischen Herzogtums, die sechzehnjährige Gertrude heiraten und ein neues Königreich schaffen sollte. Aber päpstliche Legaten hatten das Mädchen mit Märchen über meinen Harem derart eingeschüchtert, daß sie sich voller Abscheu weigerte, mit ihrem Vater zu einem Treffen zu kommen. Ich empfand eine gewisse Erleichterung. Sie wäre eine passende Königin für meinen Sohn Corrado gewesen. Er war ein folgsamer Junge und jetzt, mit siebzehn, voll ausgereift. Er war ernst, zielbewußt und ein wenig schwer von Begriff. Ich bewunderte seine Aufrichtigkeit und seine Tapferkeit. Er war ordentlich, aber durchaus nicht analytisch und sprühte nicht die geringste Munterkeit aus. Ich umarmte und lobte ihn und schickte ihn zurück zu den Deutschen. Wir waren keine verwandten Seelen. Ich bangte um seine Zukunft.

Nicht einen Augenblick lang erwog ich den Gedanken, persönlich vor dem Konzil in Lyon zu erscheinen; wer waren diese klerikalen Huren denn, daß sie über mich zu Gericht sitzen wollten? Piero war tief verletzt, daß ich ihn nicht mit nach Lyon entsandte. Nach der Abreise meiner beiden Stellvertreter fiel mir sein langes Gesicht auf. Schließlich wurde ich ungeduldig und rief ihn in mein Arbeitszimmer, einen Raum, angefüllt mit den Büchern, die ich stets mit mir führte, und erkundigte mich nach dem Grund seiner Niedergeschlagenheit.

Zögernd zupfte er an den silbernen und roten Fäden, mit denen seine dunkelblaue Jacke bestickt war — ein kostbares und schönes Kleidungsstück, denn er hatte seinen Geschmack an prächtigen Sachen nicht verloren.

»Wie kommt es, Imperatore«, sagte er und hielt inne, »wie kommt es, daß Ihr mich nicht mit auf das entscheidende Konzil entsandt habt, um Eure Sache dort zu vertreten? Bin ich in Rechtsfragen weniger bewandert als Taddeo? Oder weniger energisch als der verehrungswürdige Erzbischof Berard, der jetzt bald achtzig wird? Sind die Alpen weniger hoch für sie als für mich — oder bin ich nicht so vertrauenswürdig...?«

Es klang ein solcher Vorwurf in seiner Stimme, daß ich tiefes Bedauern empfand. Ich hätte ihm vorher erklären sollen, was ich plante, und um seinen Rat, ja sogar um seine Zustimmung bitten sollen. Es war gedankenlos und unüberlegt von mir gewesen.

»Aber Piero«, sagte ich einlenkend, »ich dachte, du würdest Verständnis haben, da du doch weißt, wie ich zu dir stehe — aber ohne Worte hat die Verständigung eben doch Grenzen. Ich habe eine Dummheit begangen, denn nachdem du schon so oft als Unterhändler für mich beim Papst warst, hast du natürlich auch diesmal wieder damit gerechnet. Aber Piero, mein lieber Freund, dieses Konzil unterscheidet sich doch sehr von allen anderen...«

Er schmollte noch immer. »Nur insofern als es bedeutsamer ist als alle anderen. Es wird einen Wendepunkt in der Geschichte darstellen: den Beginn einer neuen Zeitrechnung für Chronisten — das Reich vor dem Konzil von Lyon, die Kirche nach dem Konzil von Lyon! Oder etwa nicht?«

»Stimmt, leider — nur allzu wahr. Aber Piero, was auf dem Konzil von Lyon gesagt wird — Gutes oder Schlechtes gesagt wird —, kann am Ergebnis nicht das geringste ändern, denn die Entscheidung ist schon längst im geheimen gefallen. Warum sollte ich dich der Gefahr aussetzen?«

»Mich der Gefahr aussetzen?«

»Dein Leben aufs Spiel setzen. Scharf sind die Dolche in Lyon, dunkel die Gassen. Wirksam ist das Gift, das von Ugo Borgononi gebraut wird, des Papstes eigenem Beichtvater, der als Chemiker bekannt ist — ich selbst habe seine Abhandlung über die Sublimation des Arseniks gelesen. Du bist abgespannt, vielleicht krank; ich würde dich nicht einem einzigen Arzt in Lyon anvertrauen! Piero! Piero! Innozenz weiß genau, wie tödlich er mich durch dich treffen könnte. Oder glaubst du, daß ich diesen Schlag nach all den anderen überwinden würde? Piero — wie schroff oder grausam ich auch gewesen sein mag, vergiß nie, daß du mein zweites Ich bist!«

Seine hängenden Schultern strafften sich, und er griff nach meiner Hand, um sie zu küssen. »Imperatore, mein Gebieter und mein Freund Federico«, sagte er leise, »stets wird dir meine Liebe und meine Treue gehören!«

Zum erstenmal schien ich die grauen Strähnen in den einst schwarzen Locken wahrzunehmen, die tiefer werdenden Falten in dem feingeschnittenen sensiblen Gesicht. Zu meinem Erstaunen kam er mir viel älter vor als ich, dabei waren wir gleichaltrig. Du mußt besser auf Piero achten, dachte ich, damit du ihn nicht verlierst. Es war ein selbstsüchtiger Gedanke — aber er entsprang einer tiefen und dauerhaften Zuneigung. Eine ganze Weile blickte ich in die Tiefen von Pieros ausdrucksvollen Augen. Ich hoffte, daß die Herzlichkeit, die mir daraus entgegenstrahlte, sich nie ändern möge. Aber irgendwie spürte ich, daß etwas nicht in Ordnung war mit ihm; in der Tat, er war erschöpft, aber ich glaubte eine Ermattung des Geistes herauszuspüren, die von schlimmerer Auswirkung war als die Ermattung des Fleisches. Säure tröpfelte aus einer verborgenen Quelle in seinem Inneren, brennend und ätzend. Er brütet und vergrößert irgendein eingebildetes Unrecht, dachte ich.

»Piero«, sagte ich plötzlich, fast scharf, »bei dem, was vor uns liegt, werde ich deiner sehr bedürfen!«

Zum erstenmal in all unseren gemeinsam verbrachten Jahren wich er meinem Blick aus ..., ich war zu feige, ihn nach dem Grund zu fragen.

15.

Von Verona zog ich mit meiner Kavalkade exotischer Tiere bei
trüber Sommerhitze nach Turin und von dort, wie vorher ausgemacht, mit kleinem Gefolge in die Voralpen, um dort das Eintreffen der Boten aus Lyon abzuwarten. Schon wußte ich, daß das
Konzil nur schwach besucht war und nur einen Bruchteil der zweitausend Prälaten angelockt hatte, die an dem Laterankonzil des
vorhergegangenen Innozenz teilgenommen. Ein paar Italiener,
Engländer, Franzosen und Spanier — hundertvierzig insgesamt.
Das war die Zusammensetzung. Von ihnen allen hatten Kardinal
Raniero und die Spanier, die damals entkommen waren, die größte
Wut auf mich. Meine Anhänger, bis auf den Patriarchen von Aqui-
leja, ignorierten die Vorladung des Papstes und erschienen nicht.
Doch für Innozenz genügte die Zahl; er brauchte nur Zuhörer-
schaft.

Endlich hatte mein Warten ein Ende. In jener stillen und er-
wartungsvollen Stunde vor Tagesanbruch traf ein schweißbedeck-
ter Kurier mit dem Schlußbericht von Taddeo und Berard aus Lyon
ein. Bebend vor Gebirgskälte und mit zitternden Händen brachte
Piero das Dokument in mein Zelt. Wir lasen es gemeinsam bei
Kerzenlicht.

Der Prozeß hatte mit dem ›Veni Creator Spiritus‹ begonnen.
Der Papst hatte in der Kathedrale die Messe zelebriert, dann, in
seine prächtigsten Gewänder gehüllt, auf einem erhöhten Thron
Platz genommen, während Reihen von Erzbischöfen und Äbten
das Kirchenschiff füllten. Der Papst erhob sich und sagte: ›Ich habe
fünf Leiden, die ich mit den fünf Wunden Christi vergleichen
möchte. Dies sind die Tataren-Invasion; der ketzerische Geist der
Griechen; die Irrlehren, die sich bei uns eingeschlichen haben; die
Eroberung Jerusalems durch die Türken; und die aktive Feindschaft des Kaisers Fridericus gegen die Kirche, die zu schützen er
verpflichtet ist.‹ Dann weinte der Papst, und auch seine Zuhörer
waren zu Tränen gerührt.

Nur die Sünden des Kaisers wurden erörtert. Die Engländer
erhoben sich, um gegen die maßlose Geldeintreiberei der Kurie
zu protestieren. Sie wurden übergangen. Die ersten Anschuldi-

gungen gegen den Kaiser wurden von Kardinal Raniero verlesen: all die altbekannten Verbrechen, vorgetragen mit giftschäumendem Munde. Abgesandte des französischen und des englischen Königs erhoben Einspruch. Sie wurden übergangen. Der Patriarch von Aquileja erhob Einspruch. Ihm wurde vom Papst mit Entziehung des Ringes gedroht, wenn er nicht schweige.

Taddeo erhob sich, um die Zuständigkeit der Versammlung in Abrede zu stellen: ›Ich verwahre mich gegen dieses Konzil, von dem so viele hohe Prälaten und weltliche Fürsten abwesend sind, und verlange die Einberufung eines unparteiischen allgemeinen Konzils. Ich verwahre mich gegen diesen Papst, einen erklärten Feind meines Herrn, und appelliere an einen zukünftigen, sanftmütigeren und christlicheren Papst.‹ Taddeos Einwände wurden übergangen.

Doch wurde ihm gestattet, auf die verschiedenen Anklagepunkte einzugehen, die er mit Feuer und durchschlagender Wirkung widerlegte. Er spießte die Lügen und Halbwahrheiten Ranieros wie mit Rapieren auf. Er enthüllte die Starrköpfigkeit Gregors, die Doppelzüngigkeit der Kurie, den Haß, den Innozenz hegte. Er legte Dokumente mit den Siegeln von Kaiser und Papst zur Prüfung vor. Man ging einfach darüber hinweg. Die Promessen des Papstes wären bedingt, hieß es; die des Kaisers unbedingt.

Dann faßte der Papst zusammen. Er ließ nur die direkten Anklagen auf Sodomie und Mord an Ehefrauen und Sohn aus. Der Kaiser hätte sich des Meineids, des Friedensbruches, des Sakrilegs und der Häresie schuldig gemacht. Er habe die beschworenen Verträge mit der Kirche nicht erfüllt; er habe die Gebiete der Kirche besetzt; er habe Prälaten gefangengenommen; er habe seine Freundschaft mit den sarazenischen Königen zum Ausdruck gebracht; er habe seine Gemahlinnen von Eunuchen bewachen lassen, deren Kastrierung er beaufsichtigt habe; er habe die Anrufung Mohammeds im Tempel des Herrn in Jerusalem geduldet; er habe Sarazenen als Krieger gegen Christen eingesetzt; er habe seine Tochter dem Schismatiker-Kaiser von Nizäa anverlobt; durch Assassinen Fürsten beseitigen lassen; er habe trotz des Bannes die heiligen Mysterien gefeiert; er habe sich einen Harem von Sarazenenweibern gehalten; er trete Sitte und Moral mit Füßen; er verkehre mit Ketzern; er gäbe keine Almosen und verrichte keine frommen Werke; er hätte weder Kirchen noch Klöster gebaut; er wäre in Sünde verstrickt und mit dem Fürsten der Finsternis im Bunde.

Innozenz erhob sich vom Thron und versammelte die Kardinäle um sich, von denen jeder eine brennende Fackel trug. Tiefes Schweigen herrschte in der Kathedrale, als er den Urteilsspruch fällte, ›nach reiflicher Erwägung und gründlicher Beratung mit Unseren Bruder-Kardinälen und dem heiligen Konzil.‹ Kraft seiner päpstlichen Binde- und Lösegewalt erklärte er den in seinen Sünden verstrickten Kaiser unter Berufung auf den Apostel Petrus für abgesetzt und aller Ehren verlustig.

Dann überreichte er den Kardinälen nacheinander je einen blutroten Hut, der sie ständig an ihre heilige Mission erinnern sollte, und sagte: ›Wer die Gerechtigkeit liebt, möge frohlocken, daß die Rache den gemeinsamen Feind ereilt hat, und seine Hände im Blut des Missetäters waschen.‹

Taddeo schlug sich weinend an die Brust und rief aus: ›Jetzt werden die Ketzer jubeln, die Türken den Sieg davontragen, die Tataren zur Macht kommen. O Tag des Zornes, der Trübsal und der Pein!‹

Innozenz und seine Prälaten stimmten das Tedeum an. Als die Hymne zu Ende war, ergriff der Papst eine brennende Fackel und schlug sie auf dem Boden der Kathedrale aus, und die Kardinäle folgten seinem Beispiel.

Mit furchtbarer Stimme stieß der Papst seine letzte Verwünschung aus: ›So mögen Ruhm und Erfolg des Fridericus vom Antlitz der Erde getilgt werden!‹

Als Piero und ich das Dokument zu Ende gelesen hatten, brach die Dämmerung über den gletscherbedeckten Gipfeln an und rosiges Licht sickerte in das nebelverhangene Tal des Po.

»Rufe die Fürsten, die Ritter und alle Truppen zusammen«, sagte ich mit ernster Stimme, die von weither zu kommen schien, »— und öffne die Truhe mit meinen Kronen.«

Innerhalb kurzer Zeit war mein gesamtes Gefolge mit wehenden Bannern im hellen Morgenlicht vor dem purpur und weiß gestreiften königlichen Zelt versammelt. Eine Trompete schmetterte, und die Vorhänge des Eingangs wurden von der Sarazenenwache zurückgeschlagen. Man sah mich in königlicher Rüstung auf dem Thron sitzen. Ein Trommelwirbel erklang und wurde von den Felsen zurückgeworfen.

»Man bringe mir meine Kronen«, befahl ich und zog es vor, in der ersten Person zu sprechen.

Dann wählte ich von den vielen eine und setzte sie mir aufs Haupt. Ich erhob mich. »Dies ist die Krone des Reiches«, sagte ich. »Papst Innozenz IV. in seinem Dünkel möchte sie mir entreißen. Aber da sich mein Recht auf die Krone von Gott ableitet, kann sie mir weder dieser Papst, noch sein Marionettenkonzil, noch der Teufel vom Haupt nehmen! Der Papst selber predigt Ketzerei und öffnet weit die Tore der Hölle, um die Hunde des Krieges herauszulassen. Er stellt sich über Könige auf eine Stufe mit Gott. Er ist ein unechter Stellvertreter Christi. Er selbst ebnet dem Antichrist den Weg. Somit hat mich der Papst selbst von meiner Lehnspflicht der Kirche und der Ehrerbietung seinem Heiligen Amt gegenüber entbunden. Vor Gott und den Menschen muß er allein die Konsequenzen tragen. Geht deshalb und wiederholt der Welt meine Worte:

»Wer sich fürchtet, mich zu unterstützen, möge sowohl die Schande als auch die bittere Last der Sklaverei auf sich nehmen. Vor dieser und allen kommenden Generationen werde ich den Ruhm genießen, der päpstlichen Tyrannei getrotzt zu haben. Lange genug war ich Amboß — jetzt will ich Hammer sein!«

Und wie ein Donnerschlag setzte Trommelwirbel ein . . .

Sechstes Kapitel

Il Martello del Mondo

– Hammer der Welt –

1.

Unter dem gotischen Bogen eines Fensters im Castel del Monte, das die kahle Ebene der *Murge* überblickt, sitze ich gegen Kissen gelehnt und schreibe. Mein alternder Wolfshund Omar ist bei mir. Ich bin in eine seidene Bettdecke gehüllt, denn im Herbst sind die gewölbten Räume oft sehr kühl, und die ungeheure Dicke der Kastellmauern hält die Sonnenglut ab. Ein kleines Feuer knistert in dem halbkegelförmigen Kamin, der vom Fußboden bis an die Decke reicht. Die gezackten Strahlen der Spätnachmittagsonne fallen durch das Bleiglas des Fensters, tauchen die gotischen Formen in Licht und Schatten und verleihen dem gelbgrauen Gestein Substanz und *animus*. Ich war krank und befinde mich langsam auf dem Wege der Besserung. Ich lausche dem Geplätscher des Springbrunnens im Innenhof, aber es erheitert mich nicht. Ich bin sehr einsam . . .

Fünf Jahre sind vergangen, seit ich dem Papst den Wurfspieß entriß und ihn zurückschleuderte — fünf apokalyptische Jahre, wie ich es voraussah. Aber obwohl ich den verheerenden Tod vieler voraussah, ahnte ich nichts von dem martervollen Tod einiger weniger . . ., das stimmt mich am traurigsten, denn um mein eigenes Leben zu retten — wie ich glaubte —, mußte ich selbst zu einem Folterwerkzeug werden. In meinem Leben steht diese Tragödie in keinerlei Verhältnis zu der Komödie, das Leid in keinem Verhälnis zu der Freude. Daher meine Bitterkeit. Jetzt kann ich mitunter tagelang ununterbrochen weinen, aber die Tränen sind vergeblich, und die Klagen machen nichts wieder gut. Was geschehen ist, ist geschehen. Die Toten sind tot. Ich lebe, bin jedoch vom Leben verflucht. Denn wo keine Lebensfreude mehr ist, ist auch kein Leben mehr. Doch ich bin nicht gestorben. Immer noch liege ich im Kampfe mit dem Papst, seinen Streitkräften, seinen Komplotten, seinen Drohungen und Verwünschungen. Zu seiner unendlichen Enttäuschung habe ich mich als unbesiegbar erwiesen, als schwer aus der Welt zu schaffen. Eigentlich hält mich nur mein Haß gegen den Papst und seine Werke am Leben. Der Haß, der mich verzehrt, ist nur durch seine vollständige Vernichtung zu stillen — oder meine.

Verwundert schrieb einer von Innozenz' Kardinälen über mich: ›Die von den päpstlichen Katapulten gegen Fridericus geschleuderten Steine verwandeln sich in Stroh; er läßt die Strahlen der Sonne auf sich fallen und fürchtet den Gott des Blitzes so wenig wie ein Bogenschütze mit seinem Bogen.‹

In diesen fünf Jahren habe ich kaum zur Feder gegriffen, dafür desto häufiger zum Schwert. Jetzt herrscht für eine Weile Ruhe — wie lange? — und ich will einiges Versäumte nachholen. Eine Lebensgeschichte ist nicht vollständig, ehe sie nicht beendet ist; und ich will diese Geschichte, wie die drei Parzen, fortspinnen, bis der Faden reißt.

Ganz Europa, die ganze Christenheit hat den Kampf der Titanen atemlos verfolgt, und die gesamte Christenheit ist in zwei Lager gespalten. Für einige ist Innozenz der ›Ketzer-Papst‹; für andere bin ich ›die Geißel Gottes‹. Aber für alle, Feinde und Freunde gleichermaßen, bin ich *Il Martello del Mondo* — der Hammer der Welt. Und jeder Verpflichtung dem Papst gegenüber ledig, habe ich Schlag um Schlag geführt, daß es bis ans Ende der Welt zu hören war. Wie anders hätte ich einem Mann, ob Geistlicher oder nicht, entgegentreten sollen, der der Menschheit erklärte, er habe geschworen, ›die Nachkommen dieses Otterngezüchts bis zum letzten auszurotten‹? Überdies habe ich die Korruption innerhalb der Kirche lange genug angeprangert und Reformen verlangt und dabei ähnliche Töne angeschlagen. Ich sah mich gezwungen, die Hierarchie so erbarmungslos zu verfolgen, daß ich ihnen zurief, ›ihre Tonsuren unter Kuhmist zu verbergen, wenn sie keine andere Bedeckung finden könnten.‹

Nicht nur mit dem Schwert, der Lanze und der Axt habe ich gekämpft, sondern auch mit Worten. Es ist besser, auf das Denken der Menschen einzuwirken, als ihre Leiber zu vernichten. Zuerst habe ich mich an die Könige gewandt, dann an die Völker. Aus den Voralpen begab ich mich geradenwegs nach Turin und erließ mit Pieros Hilfe ein Manifest an alle Fürsten. Ich leugnete die Autorität des Papstes in geistlichen Angelegenheiten keineswegs, aber, wie immer, bestritt ich seine Zuständigkeit in weltlichen Dingen. Ich bestritt die Rechtmäßigkeit des Konzils und betonte, daß alle Priester in erster Linie dem Papst unterstünden, nicht dem weltlichen Herrscher oder dem Land ihrer Herkunft. Deswegen könne sich auch kein Staat auf die Treue der römischen Geistlichkeit verlassen, denn alle hätten dem Papst blinden und unbedingten Gehorsam geschworen.

›Ihr Könige der einzelnen Länder — was habt Ihr nicht zu befürchten von solch einem Hohen Priester, der es wagt, Uns abzusetzen . . . Uns, dessen kaiserliches Diadem von Gott stammt und der über so erlauchte Gebiete herrscht?
Weder der erste noch der letzte sind Wir, dem Priestermacht feindlich gegenübersteht und zu stürzen droht. Die Schuld liegt bei denen, die diesen Heuchlern der Heiligkeit Gehör schenken . . . Die sich Priester nennen, werden jetzt zu Bedrückern und mästen sich von den Almosen der Väter und der Söhne. Obwohl selbst Söhne getreuer Untertanen, erweisen sie dem Kaiser oder König keine Ehrerbietung, sobald sie einmal zum Priester ordiniert sind.
Die Erniedrigung der anderen Könige und Fürsten dürfte nicht lange auf sich warten lassen, sobald die Macht des Römischen Cäsars, dessen Schild der Wucht des ersten Angriffs ausgesetzt ist, ins Wanken geraten sollte . . . Wir beschwören Euch, Ihr Großen und Fürsten der Erde, und schlagen Alarm nicht deswegen, weil Wir eine derartige Schande nicht mit eigenen Waffen abwehren könnten, sondern weil alle in ihrer Ehre betroffen werden, wenn einer von ihnen beleidigt wird . . .‹

Die Könige wurden nachdenklich, und nicht ein einziger erkannte meine Absetzung oder Exkommunikation an — nicht einmal der scheinheilige Henry III. von England, den Innozenz ›unseren Vasallen oder vielmehr unseren Sklaven‹ nannte und der in jeder Hinsicht eine solche Angst vor dem Papst hatte, daß er auf jede Forderung Gold schickte. Was König Louis IX. von Frankreich anging, so erhob er zweimal persönlich und einmal durch seine Bischöfe Einspruch gegen Innozenz' Politik.

In Cluny begab er sich mit seiner Mutter, Königin Blanche, zum Papst, um ihm Vorstellungen zu machen; erbittert zog er sich jedoch bald zurück, als er merkte, daß der allerchristlichste Christ längst nicht so christlich war wie er dachte. Später versuchte er den Papst zur Einstellung meiner Verfolgung zu bewegen, damit ich ihn bei seinem Kreuzzug unterstützen könnte; aber der Papst lehnte ab. König Louis erwiderte: ›Wenn diese Politik, wie vorauszusehen, den Kreuzzug beeinträchtigen sollte, so liegt die Schuld bei Euch.‹ Tatsächlich endete der Kreuzzug, wie vorausgesehen, mit einer Katastrophe; der heilige Ludwig geriet selbst in Gefangenschaft. Trotz all meiner anderen Sorgen setzte ich mich sofort für ihn ein — denn der Oberbefehlshaber der sarazenischen Streitkräfte war mein alter Freund Fakhr ad-Din (der meinen Adler auf seinem Wappenschild führte!).

In der Zwischenzeit trug die raubgierige Politik Innozenz' mehr als goldene Frucht. Er hatte nicht nur sich selbst bereichert, sondern auch seine Verwandten und die Horden seiner Anhänger. Er hatte die Kirchenbüros in Lyon mit seiner Sippschaft derart vollgestopft, daß die Domherren ihm ins Gesicht hinein erklärten, sie würden keinen Finger rühren, wenn gegnerische Kräfte seine Verwandten im Fluß ertränkten. Aus Ekel über die Geldgier am päpstlichen Hofe zog sich der Erzbischof von Lyon in ein Kloster zurück; erfreut darüber, besetzte Innozenz die offene Stelle umgehend mit Philipp von Savoyen, der nie in den geistlichen Stand eingetreten war. Die Mehrzahl der Papstneffen wurde mit Diözesen in Frankreich und England belohnt, aus denen sie Einkünfte bezogen, ohne auch nur ein einziges Mal in Erscheinung zu treten. Überall sprach man über die ungeheuren Reichtümer des Lieblingsneffen Percivalle, der als reichster Priester der gesamten Christenheit galt. Einen anderen, noch im Jünglingsalter befindlichen, namens Guglielmo, ernannte Innozenz zum Kardinal und hielt ihn dicht in seiner Nähe als eine Art Leibwächter des Kirchenschatzes.

Noch einmal verwandelte Pier della Vigna seine Feder in eine Lanze und schrieb auf lateinisch eine lange Satire über die unersättliche Goldgier des Papstes. Die Kniffe, deren sich der Papst zur Geldbeschaffung bediente, waren der größte Skandal aller Skandale. Wer ihm einen Dienst erwies oder genug bezahlte, empfing eine Anweisung auf die nächste frei werdende Pfründe. Man konnte sich von jeder Sünde, jedem Verbrechen loskaufen. Ablaß gegen eine Gebühr wurde denjenigen gewährt, die sich dem offiziellen Kreuzzug gegen mich nicht anschließen konnten (oder wollten). Die Heilige Kirche stank nach Wucher und Simonie, und die Völker aller Länder stöhnten unter immer neuen Geldforderungen des Papstes. ›Biete einem Priester den kleinen Finger, und er nimmt die ganze Hand . . .‹

Ich dachte an die Lehren meiner Zeitgenossen San Francesco d'Assisi und Sant'Antonio di Padova und wandte mich mit folgenden Worten an die Welt:

›So verfährt man in Rom: Unter gleisnerischen Worten verborgen, liegt die raubgierige Blutsaugerin — die Kirche von Rom ist wie ein Blutegel. Sie nennt sich Mutter und Amme, ist jedoch eine Stiefmutter und die Wurzel allen Übels. Die ganze Welt zollt der Habsucht Roms Tribut. Seine Legaten durchstreifen die Länder, bindend, lossprechend, strafend, nicht um das Wort Gottes zu säen, sondern um alle Menschen zu unterwerfen und ihnen ihr Geld zu entreißen . . .

Die Urkirche, die sich auf Armut und Einfalt gründete, hat zahllose Heilige hervorgebracht; sie ruhte auf den Fundamenten, die unser Herr Jesus Christus gelegt. Die jetzige römische Kirche wälzt sich im Reichtum — kein Wunder, daß die Mauern der Kirche von Grund auf unterhöhlt sind und einzustürzen drohen. Vereinigt euch! Vereinigt euch und stürzt diese Tyrannei . . . Alle schweben in gleicher Gefahr!‹

Ich schrieb viele solcher Manifeste und erklärte, es wäre ein Werk der Liebe, den Priestern die Schätze zu entziehen, mit denen sie sich fluchwürdig beladen. In dieser Streitfrage fand ich auf vielen Seiten Zustimmung und Unterstützung — nicht zuletzt aus den Reihen der Bettelmönchsorden selbst —, denn es gab noch viele, die aufrichtig an die franziskanische Lehre der Armut und Einfachheit glaubten. Meine Worte erbitterten den Papst derart, daß er besonders die Bettelmönche aufforderte, durch die Lande zu ziehen und zum Kreuzzug gegen mich aufzurufen, ihnen aber gleichzeitig insgeheim nahelegte, den Kreuzzug König Ludwigs mit keinem Wort zu erwähnen. Immer wieder wurde ich ›der Antichrist‹ genannt, und meine Taten wurden in den schwärzesten Farben gemalt. ›Tötet, tötet den Antichrist!‹ war ihr Kriegsgeschrei.

Und so richtete sich mein Zorn auch gegen die Bettelmönche: ›Diese Zerrbilder von Engeln, die unter der Maske der Religion wie Reptilien einherkriechen und ihr Gift verspritzen, sollten ergriffen und mit dem Feuertod betraft werden.‹ Damit hatte ich sie mir zu Feinden gemacht.

Alle Mächte der Unordnung, die ich unter so großen Schwierigkeiten gebändigt hatte, waren jetzt freigelassen und hundertfach größer. Überall in meiner Umgebung bildeten sich kleine oder große Papistengruppen. Jede Flamme wurde von den Priestern zu einem Brand entfacht. In jeder loyalen Stadt waren Agenten der Kirche offen oder versteckt am Werk, um die Machtübernahme durch feindliche Gruppen in die Wege zu leiten. Umgekehrt kam es in vielen papsttreuen Städten zu Kundgebungen der Bevölkerung für meine Sache. Und so herrschten in jeder Stadt Verwirrung, Argwohn und Haß. Als ich Turin verließ und südwärts marschierte, überstürzten sich die Gerüchte vom Abfall und Verrat vieler Städte. Es war, als würfe man eine Quecksilberkugel ins Feuer.

Zusammen mit Enzio schlug ich Kontingente der lombardischen Streitkräfte — vom Papst entsandt, um mich zu belästigen —, aber einem entscheidenden Treffen wich man aus. Ich war gezwungen, mich immer mehr auf die Dienste solcher söldnerischen Lehnsleute wie Ezzelino da Romano und den einäugigen Marquis Oberto Pelavicino zu verlassen, zwei *grandi signori*, die mir treu geblieben waren. Pelavicino sah noch bedrohlicher aus als der behaarte Ezzelino. Als er noch in der Wiege lag, hatte ihm ein Hahn ein Auge ausgehackt, und das andere war fürchterlich anzusehen. Es ›glitzerte wie eine schwarze Kohle‹, sagte man, ›in einem dunkelhäutigen, von struppigem schwarzem Haar und Bart umgebenen Gesicht.‹ Diese Männer glaubten an nichts, nur an ihre eigene, ganz gleich mit welchen Mitteln aufrechterhaltene Macht. Doch da sie mächtig und dabei unbarmherzig waren, nützten sie mir. Ich mußte mir Hilfe suchen, wo ich sie finden konnte, denn die Opposition war ebenso unbarmherzig und genauso machtgierig.

An jeder Wegbiegung entdeckte ich die Hand des Papstes — militärische Einheiten, von Priestern organisiert und befehligt. Mit jedem neuen Angriff steigerte sich mein Zorn; aber wieder griff ich zuerst zur Feder:

> ›Wo haben es diese Unsere Priester gelernt, Waffen zu führen gegen die Christen? Panzer anzulegen statt der heiligen Gewänder, statt des Hirtenstabes Lanzen zu führen und statt des Schreibrohrs Bogen und Bitternis bringende Pfeile, die Heilswaffen des Kreuzes jedoch für gering zu achten? Welches Konzil gottesfürchtiger Männer hat solches befohlen und solches besiegelt?
>
> Wenn aber jemand dieses bezweifelt, so sehe er nur die Kardinäle und Erzpriester in dem Unserer Herrschaft unterworfenen Land. Herzog nennt sich der eine, Markgraf ein anderer, Graf ein dritter. Hier befehligt einer ein Armeekorps, dort eine Flotte. Und warum dies alles? Sie sind auf den Krieg vorbereitet: sie haben Brustharnische, Waffen und Banner. Haben solches die ersten Jünger Christi jemals in ihren Predigten gelehrt?
>
> O Dummheit der Menge! Die ihnen augenblickliche Heiligkeit zuschreibt und auf der Stelle Heilige erdichtet wie der Mythos Giganten! Doch nicht Heilige sind es, sondern ausgehungerte Wölfe . . .‹

Ich wurde hartherzig und griff zu grausamen Methoden. Das Wort Gnade durfte ich nicht mehr kennen. Ich befahl, alle bewaffnet angetroffenen Papisten hinzurichten. Jede Stadt, die ich betrat, mußte Geiseln stellen. Wer Papstbriefe beförderte, verlor Hände und Füße. Ich säumte die Ufer des Po mit dreihundert vom Galgen baumelnden Papisten aus Mantua. Auf den Wällen von Reggio ließ ich hundert Mann enthaupten, weil ihre Tonsuren mit Helmen bedeckt gewesen waren.

Schweren Herzens entschloß ich mich zu einer Politik, die ich seit Antritt meiner Regierung vermieden hatte. Jetzt blieb mir keine andere Wahl: ich entfesselte blutigen Terror.

Meine innere Unruhe nahm von Tag zu Tag zu. Ich verlor sehr leicht die Beherrschung und die Geduld. Selbst meine intimsten Freunde (außer Piero) fürchteten sich, mir nahe zu kommen, ehe sie sich nicht vergewissert hatten, in welcher Stimmung ich war. Jeder mißtraute jedem. Es wimmelte von Spionen. Man panzerte sich gleichsam mit Zurückhaltung, und von der alten Kameradschaft war nichts mehr zu spüren. Ich bedauerte diesen Stand der Dinge zwar, aber mein Mund schloß sich fester, meine Fäuste ballten sich. Ich spornte meine Mitarbeiter zu einem Tempo an, dem nur wenige gewachsen waren. Wäre es nach mir gegangen, hätte ich sie in meinen unbarmherzigen Angriffen auf den Papst am liebsten in Furien verwandelt.

Mit Eintritt des Winters zog ich längs der Küste des Tyrrhenischen Meeres nach Grosseto in der Toskana. Dort war es wärmer, nicht so weit nach Sizilien, und meine Verbindungswege zur See waren gesichert. (Auch die Falkenbeize war gut in den Marschen der Maremmen.) Dennoch befand ich mich weit genug nördlich und östlich, um die Ereignisse gleichsam unmittelbar verfolgen zu können. Mit zunehmender Ungewißheit hielt ich es für angebracht, meine Verwaltungsbeamten von Posten zu Posten zu versetzen. Unter den wichtigsten Städten waren Parma und Fiorenza, die die Schlüsselpässe über die Apenninen beherrschten. Von bösen Ahnungen erfüllt, hatte ich Bernardo di Rossi, den Schwager des Papstes, von seinem Posten als *podestà* von Parma nach Fiorenza versetzt. Trotz seiner Verwandtschaft mit dem Papst zeigte er sich mir treu ergeben. Ich versetzte Tebaldo Francesco, einen meiner fähigsten Generalvikare, nach Parma, und schickte Pandolfo da Fasanella nach Fiorenza, um mit Bernardo di Rossi zusammenzuarbeiten. Dann entdeckten einige meiner Leute in einem Kloster bei Parma Dokumente, aus denen hervorging, daß Bernardo di Rossi in papistische Umtriebe gegen mich verwickelt war. Als ich Schritte unternahm, um ihn zu verhaften, stellte ich fest, daß er mit einigen Rittern nach Mailand geflüchtet war.

Tief verletzt von diesem Verrat, beorderte ich Pandolfo zurück an den Hof, weil er mit di Rossi Umgang gehabt hatte, und schickte Piero nach Parma, um Tebaldo dabei behilflich zu sein, die dortige Lage zu stabilisieren. Meinen Sohn Federico von Antiochia entsandte ich nach Fiorenza. Federico war jetzt neunzehn, klug, energisch und so gut aussehend und reizend im Umgang, daß man seine Lahmheit einfach übersah. Da er körperlich behindert war, hatte er sich auf Armbrust und Wurfspieß spezialisiert, und seine *canzoni* gehörten zu den anmutigsten und schönsten lyrischen Erzeugnissen. Bei gewisser Beleuchtung glichen seine Züge stets denen seiner Mutter Balian . . ., schon deswegen liebte ich ihn. Überdies und gerade jetzt von ausschlaggebender Bedeutung: ich konnte ihm trauen — denn auch er liebte mich. Er war so erfolgreich, daß man ihn in der ganzen Toskana hochschätzte und ihn ›König von Fiorenza‹ nannte oder einfach ›Re Federico‹. So erfüllte sich das Versprechen, das ich Balian gegeben.

Tebaldo und Pandolfo hatten zu jener Schar von Jünglingen gehört, die an meinem Hofe wie Söhne aufgewachsen waren, an der Universität von Neapel studiert hatten und besonders auf die großen Aufgaben vorbereitet worden waren, die ich ihnen übertrug. Ich hatte sie jedoch seit einigen Jahren nicht gesehen und wollte jetzt wieder Kontakt mit ihnen aufnehmen. Im zeitigen Frühjahr gedachte ich Tebaldo aus Parma an den Hof zurückzurufen und Federico auch und eine große Wiedersehensfeier zu veranstalten. Der Generalvikar der Mark, Jacopo da Morra, einer meiner Lieblinge unter den jungen Dichtern, desgleichen Zeuge meiner Vermählung mit Bianca, befand sich bereits bei Hofe. Taddeo und Berard waren schon längst zurück aus Lyon. Von meinen Söhnen sollte Enzio innerhalb der nächsten Tage eintreffen. Seine Heirat war vom Papst annulliert worden, und jetzt stand er dauernd mit meinen Truppen im Feld. Er hatte sich zu einem bemerkenswerten militärischen Führer entwickelt. Riccardo di Theate war krank gewesen (wie schon so oft), erschien aber dennoch, obwohl er kaum mit jemand sprach. Nur Manfredo fehlte; aber da er noch nicht fünfzehn war, hielt ich ihn in Foggia für besser aufgehoben. Enrico, das Kind Isabellas, war noch zu jung, um in Betracht zu kommen.

Ich plante ein üppiges Bankett mit Musik, Liedern und Tanz — ich wollte gern etwas von der alten fröhlichen Stimmung aufkommen lassen, die durch den Krieg des Papstes so gedämpft worden war. Ich wollte die Spannung lockern, den Argwohn zerstreuen und jene Gruppe junger Männer, mit denen ich mir eine solche Mühe gegeben hatte und denen ich eine solche Zuneigung entgegenbrachte, zu einem harmonischen Ganzen zusammenschweißen. Sie waren mir in der Tat wie Söhne; auf dem Schoß manch eines von ihnen hatte mein Kopf geruht. Es ist, glaube ich, nicht zuviel behauptet, wenn ich sage, daß sie mir allesamt lieb und ans Herz gewachsen waren.

Das Bankett sollte Mitte März stattfinden, und zu diesem Zeitpunkt fehlte nur noch Tebaldo. Ich konnte mir die Verzögerung nicht erklären, da die Pässe von Parma passierbar waren. Der Morgen jenes Tages brach seltsam verfinstert an, mit dahinziehenden dunklen Wolkenmassen; gegen Mittag war von der Sonne nichts mehr zu sehen, es wurde dunkel, und blutroter Regen fiel. Sogleich verkündeten die Astrologen, daß ein schreckliches und unheilvolles Ereignis bevorstünde. Die Menschen drängten sich verängstigt zusammen und ließen ihre Blicke besorgt über den wirbelnden, finsteren Himmel schweifen. Ich untersuchte das Regenwasser und stellte fest, daß es Spuren von Asche und roter Erde enthielt, und schloß daraus, daß sich das unheilvolle Ereignis bereits zugetragen hatte — ein gewaltiger Vulkanausbruch, von dem wir noch nichts wußten, möglicherweise unser Ätna in Sizilien. Ich äußerte meine Vermutungen, aber nur Piero, Enzio und Federico von Antiochia schienen mir zu glauben. Das Bankett würde, wie geplant, stattfinden, sagte ich ruhig. Insgeheim seufzte ich, denn mir schienen Naturkatastrophen leichter erklärlich als die abergläubischen Vorstellungen, an denen die Menschen hingen.

Es war offensichtlich, daß die Festesfreude gestört war. Als die Gäste sich am Abend zu versammeln begannen, vernahm man weder Gelächter noch Unterhaltung. Trotz des Schweigens fingen wir wie immer an, indem wir unsere Hände in Becken wuschen, die von Dienern gebracht wurden. Ich gab der Kapelle das Zeichen zum Anfangen, in der Hoffnung, daß sich die Stimmung dadurch bessern würde; aber die Spielleute waren so nervös, daß sie nicht einmal Takt zu halten vermochten. Dann bemerkte ich, daß zwei Plätze, einer zu meiner Rechten und einer zu meiner Linken, frei waren. Ich runzelte die Stirn. Was mochte Tebaldo und Jacopo zugestoßen sein, daß sie sich derart verspätet hatten? Dann näherte sich ein Hofmeister und sagte im Flüsterton etwas zu Piero; dieser, der stets zu meiner Rechten saß, lehnte sich zu mir herüber und raunte mir etwas ins Ohr. Wir erhoben uns beide und begaben uns in ein Vorzimmer.

Ein erregter Eilbote erwartete uns. Er war auf einem Schnellsegler von meinem Schwiegersohn, dem Grafen Riccardo di Caserta gekommen und habe, wie er sagte, Geheimdokumente von solcher Wichtigkeit bei sich, daß er beauftragt sei, sie zu überbringen, wenn er sein Leben nicht verwirken wolle — sonst hätte er sich niemals in diese von Hexen zusammengebraute Nacht hinausgetraut. Wehklagend berichtete er von seinen Begegnungen mit Dämonen, während ich die Siegel aufbrach und die ersten Zeilen las.

Ich überflog das Gelesene noch einmal ... »Vatermörder!« rief ich laut. »Es kann nicht sein ...!«

Dann sah ich im Geiste die beiden leeren Stühle neben mir. Ich taumelte unter dem Schlag. Ich konnte es nicht fassen und glaubte es erst, als ich mit dem Stallknecht sprach, der die Pferde auf ihren dringenden Befehl gesattelt und gesehen hatte, wie sie durch den Schlammregen in Richtung Rom davonpreschten. Stunden waren vergangen; sie einzuholen war unmöglich. Wenn sie unschuldig waren, warum hatten sie dann bei den ominösen Zeichen am Himmel panikartig die Flucht ergriffen?

Unter ihren Dolchen hätte ich in dieser Nacht während des Banketts mein Leben lassen sollen. Und Enzio desgleichen.

Das war der Plan, der von einem an Gewissensbissen leidenden Verschwörer verraten wurde. Aber es war keine einfache Verschwörung. Von Bernardo di Rossi ausgeheckt, war auch Francesco in Parma als führender Organisator daran beteiligt, denn man hatte ihm das Königreich Sizilien als päpstliches Lehen versprochen. Gleichzeitig mit einer Invasion päpstlicher Seestreitkräfte sollte sich auf der Insel Sizilien Ruggero di Amicis erheben und auf dem Festland der vielgeliebte Andrea da Cicala. Vom Norden her sollten die päpstlichen Truppen unter Kardinal Raniero zur gegebenen Zeit eingreifen und vorstoßen. Der Bischof von Bamberg, gerade aus Lyon zurückgekehrt, hatte seinem Sprengel in Deutschland vorausgesagt, daß ich in Kürze von meinen eigenen Höflingen ermordet werden würde. Unzählige Personen waren in die Verschwörung verwickelt; und die Anführer waren die jungen Männer, die ich am besten gekannt und denen ich volles Vertrauen geschenkt hatte.

Zuerst weinte ich, zwischen Glauben und Unglauben schwankend. Dies konnte anderen unter Umständen zustoßen, aber doch mir nicht! Dolche in den Händen jener Knaben, die sich zu meinen Füßen getummelt hatten! Wir hatten zusammen gegessen, gejagt, geschwommen, hatten uns über Liebe, Leben und Philosophie unterhalten — wahrhaftig, ich kannte sie besser als meine eigenen Söhne. Dolche in ihren Händen? Unmöglich!

Eines Tages hatte mir der Marquis Malaspina ein Vollblutpferd geschenkt — aber es war ein gebrechlicher alter Zelter, der kaum noch traben konnte. Alle Zuschauer waren verwundert, aber ich begriff. Jetzt war dieser Marquis einer von den Verrätern. Meine jungen Männer hatten Angst. Sie fürchteten meinen Niedergang und das Emporkommen einer anderen Macht, an der sie keinen Anteil hatten. Sie wollten sichergehen und hielten es für ratsamer, sich dem Stärksten anzuschließen, ehe es zu spät war. Die Belohnungen waren so verlockend — so grandios und betörend. Versprechungen des Papstes. Die Schwächeren begannen abzufallen, und die Stärkeren fürchteten, ins Hintertreffen zu geraten. Feiglinge . . . !

Diese beiden, deren Hände mir den Dolch ins Herz bohren sollten — fürchteten sie sich mehr vor dem Himmel als vor mir? Doch wenn sie mich noch nicht fürchteten, so sollten sie mich fürchten lernen! Denn mit steigendem Zorn verwandelte ich mich tatsächlich in eine racheschnaubende, dem Meer entstiegene Bestie: nicht ruhen noch rasten würde ich, ehe sie nicht die Strafe ereilt hätte, die das römische Recht für Vatermörder vorsah. Als ich in jener Nacht endlich in unruhigen Schlummer fiel, träumte ich, daß ich an einer lieblichen Quelle rastete und daß zwei parallele Reihen von Tänzerinnen, die Arme schwingend, auf mich zukämen. Sie balancierten auf rollenden Kugeln, und als sie vorüberglitten, verwandelten sie sich in Raubtiere — Löwen, Leoparden, Panther. Dumpf knurrend schlugen sie mit ihren Pranken nach mir und wollten mich zerfleischen. Aber ich stieß die Kugeln unter ihnen weg, und brüllend stürzten sie und wanden sich auf dem blutgetränkten Boden. Keuchend erwachte ich. Seitdem trug ich tagsüber einen Kettenpanzer, und manchmal noch nachts. Mein Schwert war stets griffbereit.

Noch als ich im Begriff war, mich nach dem Königreich einzuschiffen, erreichte mich die Kunde, daß Kardinal Raniero, dem noch nichts vom Fehlschlag der Verschwörung zu Ohren gedrungen war, seine Invasion begonnen hatte — nur um eine völlige Niederlage zu erleiden. Aber die Nachricht davon eilte mir nach Sizilien voraus, wo die Verschwörer mich bereits totgesagt hatten. Die Aufstände waren zusammengebrochen, da die Bevölkerung sich ablehnend verhalten hatte, und die Nachricht meines Kommens war das Ende. Die Verräter hatten nur eine Stadt und zwei Festungen erobert. Nur die Zitadelle von Capaccio, nicht weit von Paestum unterhalb Salernos gelegen, hielt sich bis zu meinem Eintreffen. Aus Schuldbewußtsein zur Verzweiflung getrieben, lehnten die Verschwörer die Übergabe der Burg ab. Vielleicht wurden sie auch von päpstlichen Agenten zu der Annahme verführt, daß sie nicht allein dastünden; einen solchen Brief, in dem der Papst sie zum Ausharren ermutigte, fing ich ab. Wieder einmal sah ich mich zur Belagerung gezwungen. Obwohl ich die Wasserzufuhr abschnitt und mehr und mehr Wurfmaschinen zum Einsatz brachte, zog sich die Belagerung bis zum Hochsommer hin; aber am Ausgang zweifelte ich nicht. Ich war entschlossen, jeden Stein dieser Festung zu schleifen, selbst wenn es alle meine Leute und alle Schätze meines Königreichs kosten sollte! Mein Ungestüm kannte keine Grenzen. Ich würde die vierundzwanzig Türme, die den uneinnehmbaren steilen Felsen überragten, zu Staub zermalmen; notfalls würde ich die Steilabhänge unterhöhlen und den Berg dem Erdboden gleichmachen.

In den Kampfpausen ritt ich zu den großartigen antiken griechischen Tempeln in Paestum. In der Kirche von Capaccio war mir eine Madonna mit Kind und Granatapfel aufgefallen, genau wie die Hera, die mir die Griechin beschrieben hatte, als ich noch ein Knabe war. Capaccio selbst war von den Einwohnern Paestums gegründet worden, als die Todesfälle durch das Fieber im Flußtal überhandnahmen. Ich gedachte mich von den ermüdenden Tagen durch eine Besichtigung des Geländes zu erholen, wo Griechen die Göttin so lange vor der christlichen Ära angebetet hatten. Hier, an der Mündung des Flusses Sele, hatte Strabo geschrieben, war Jason mit den Argonauten vorbeigekommen, um der argivischen Hera eine Kultstätte zu stiften. Zu meiner Bestürzung fand ich einen Kalkofen in Betrieb und einige Tempel teilweise zerstört vor. Ich gab Anweisung, diese Barbarei sofort einzustellen. Aber wer kann die Steine ersetzen, die mit soviel Sorgfalt gewonnen wurden?

Gern saß ich in Betrachtung versunken zwischen den erhalten gebliebenen antiken Tempeln, die jetzt von Laubwerk überwuchert und von gelben Flechten getönt waren. Einst hatte ein Anhauch von sattem Rot und Blau über ihnen gelegen, und Lyraklänge und Chorgesang war von ihnen zurückgeworfen worden. Jetzt drangen nur Zikadengezirp, gelegentliche Vogelrufe und das Geplätscher naher Wellen, die auf Safransand zerschäumten, an mein Ohr. Meine Lieblingsstunde war bei Sonnenuntergang, wenn die Sonne die majestätischen dorischen Säulen vergoldete und hinter ihnen flammend in dem weindunklen Meer versank. So zog Apollos Wagen täglich in voller Pracht seine vorgeschriebene Bahn, und so würde auch ich es tun. Ich war jenen Göttern dankbar, deren Anbetung eine solche Harmonie und Schönheit hervorgebracht hatte; denn die Freude des Menschen und die Schönheit seiner Werke sind ganz gewiß die Hauptzwecke des Lebens. Alles andere war nichtig. Hier waren die Menschen der Vergänglichkeit anheimgefallen; aber die Werke blieben und strahlten den Geist — die Seele? — aus, die ihre Schöpfer ihnen eingehaucht hatten; ich bewunderte und liebte sie um ihrer Hinterlassenschaft willen. Auch ich hatte auf meine Art der Nachwelt Geschenke machen wollen; und vielleicht würden eines Tages Menschen zwischen den Ruinen meiner Paläste und Kastelle sitzen und ähnlich empfinden, wie ich jetzt empfand. Von allen Tieren können nur zartbesaitete Menschen die Jahrhunderte überspannen und miteinander in Verbindung treten. Wenn die Katastrophen der Gegenwart mich bitter stimmen, so kann ich doch vielleicht frohlocken, was die Zukunft angeht. Die griechischen Tempel sind zerfallen; aber deswegen sind sie nicht mißlungen.

So kam mein Leid meinem Zorn gleich. Doch nicht einen einzigen Augenblick ließ ich mich durch mein Leid von meinem Ziel abbringen. Strengste Bestrafung war vorgesehen, eine Bestrafung angebracht in Ländern, derart durchtränkt mit Grausamkeit, daß der Tod durch Erhängen oder die Axt des Scharfrichters als eine Gunst betrachtet wurde. Ein so verdammungswürdiges Verbrechen wie Vatermord mußte durch alle vier Elemente geahndet werden: Erde, Luft, Feuer und Wasser. Eine solche Strafe würde man begreifen, sich daran erinnern und sie fürchten. Den Menschen meiner Zeit gegenüber würde ich mich wie ein Mensch meiner Zeit benehmen: ich würde die Vergangenheit vergessen und aufhören, an die Zukunft zu denken.

In der drückenden Glut eines Julimorgens hißte man auf der Zitadelle eine weiße Fahne. Verschmachtet, verschmutzt, unrasiert und ausgehungert mußten die hundertfünfzig Verteidiger vor mir aufmarschieren. Zu meiner Überraschung befanden sich unter ihnen auch Tebaldo Francesco, Ruggero di Amicis, Andrea da Cicala. Sie wichen meinen verächtlichen Blicken aus. Ich sprach nicht zu ihnen, sondern ließ sie beiseite führen. Die anderen Rädelsführer der Verschwörung, die nach Rom geflüchtet waren, waren vom Papst reich belohnt worden; diese hier sollten eine andere Behandlung erfahren. Mit den bloßen Mitläufern machte ich kurzen Prozeß: einige wurden von Rossen über die steinige Erde zu Tode geschleift; einige wurden in der Luft gehängt; einige wurden verbrannt, die übrigen in Ledersäcke eingenäht und ins Meer geworfen. Ich schickte sie alle ohne Absolution in den Tod mit der spöttischen Bemerkung, daß ihre klerikalen Freunde sich ihrer im Jenseits schon annehmen würden.

Für die Häupter der Verschwörung, die ich einst geliebt hatte und jetzt haßte, behielt ich mir die Strafe der Verstümmelung ihrer kräftigen, jungen Körper vor; ihnen wurde eine Hand und ein Fuß abgehackt und Ohren, Nase und Zunge abgeschnitten. Ihre Augen schonte ich, damit sie das Entsetzen auf den Gesichtern ehrlicher Leute lesen könnten, wenn sie auf Eseln von Stadt zu Stadt durch alle Länder der Christenheit gezerrt wurden.

Tebaldo Francesco ging ein Schild mit der Inschrift voran:

›Laßt die Strafe dieses Verruchten durch des Auges Anblick Eure Geister und Sinne belehren — denn was man sieht, hinterläßt einen stärkeren Eindruck, als was durchs Ohr geht.

Kein Vergessen soll trüben, was Ihr gesehen: die gerechte Bestrafung eines Vatermörders.‹

An seine Stirn war eine päpstliche Bulle gebunden — die aller Welt offenbaren sollte, daß der eigentliche Urheber des Planes, mich zu ermorden, der Stellvertreter Christi war.

3.

Diese Ereignisse führten in Italien zu einem ungeheuren Zynismus der Kirche gegenüber und riefen in Deutschland tiefes Bedauern hervor. In Frankreich und England hielt die Verdrossenheit über die unverschämten Geldforderungen an. Aber die Machenschaften Papst Innozenz' IV. hatten kaum erst begonnen. Als Diplomat, Marionettenspieler und Intrigant gab es wenige seinesgleichen. Da er einen heiligen Zweck verfolge, wären ihm alle Mittel recht, erklärte er. Er fuhr mit seiner Hand genauso bequem in einen Panzerhandschuh wie in einen Samthandschuh. Sein Genie lag in der Fähigkeit, andere für sich zu gewinnen, sei es durch Bitten, Drohungen, Listen oder Gold. Er hatte jedoch nicht immer Erfolg.

Innozenz, der alle Ungläubigen so tief verabscheute, schreckte jedoch nicht davor zurück, mit dem Sultan von Ägypten in Verbindung zu treten und auf Bruch aller mit mir bestehenden Abmachungen zu drängen. Ich lachte, als mir der Sultan, der Sohn Al-Kamils, eine Abschrift seiner Antwort an den Papst schickte:

›Wir haben Eure Botschafter, Heiliger Vater der Christen, in Ehren empfangen. Sie haben von Christus gesprochen, den Wir besser zu schätzen wissen als Ihr, und von Eurem Verlangen, den Völkern Frieden zu bringen — ein Wunsch, der auch Uns ständig am Herzen liegt. Aber vergeßt nicht, daß zur Zeit des verstorbenen Sultans, Unseres Vaters (möge Allah ihn verklären), eine aufrichtige Freundschaft zwischen Uns und dem Kaiser der Römer bestand. Seine Zustimmung ist erforderlich, wenn Wir mit Euch in Verhandlung treten sollen; deshalb werden Wir Unseren Gesandten am kaiserlichen Hofe beauftragen, ihn von Euren Vorschlägen in Kenntnis zu setzen.‹

Der geriebene Papst, dem es mißlungen war, mir in Italien das Leben zu rauben, setzte jetzt alles daran, mich in Deutschland zu überflügeln. Durch Drohungen, Ausstoßungen und Neuernennungen wollte er sich einen größeren Einfluß auf die deutsche Kirche sichern. Anfangs hatten viele deutsche Geistliche wie der Bischof von Brixen reagiert, der den päpstlichen Abgesandten die Straßen versperrte, oder der Erzbischof von Salzburg, der ein päpstliches Schreiben unter seinen Füßen zertrat. Aber Dutzende von Absetzungen wendeten das Blatt sehr rasch; hinfort waren alle Wahlen streng verboten und nur päpstliche Kreaturen wurden ernannt. Die Laienfürsten waren ein Problem für sich; aber sie waren unter sich derart gespalten, daß ich mich offensichtlich nicht lange auf sie verlassen konnte.

Mit einer Rücksichtslosigkeit sondergleichen versuchte der Papst alsdann meinen Sohn Corrado zum Abfall zu bewegen. Aber Corrado war nicht Heinrich und widerstand den schmackhaftesten Angeboten des Papstes; und dafür werde ich ihn immer ehren. Dann sah sich der Papst nach einem neuen Kandidaten um, den man zum Kaiser wählen könnte, und fand ihn in jenem ewig hungrigen Heinrich Raspe von Thüringen, den ich zum Reichsverweser ernannt hatte, ehe Corrado mündig wurde. Landgraf Raspe, der ein sehr vorsichtiger Mann war, lehnte die Ehre jedoch ab und erklärte sich erst einverstanden, als der Papst ihm fünfundzwanzigtausend Mark Silber in den Schoß schüttete — genug, um ihn reich zu machen, ob er zum König gewählt wurde oder nicht. Dann machten sich drei Erzbischöfe und eine Handvoll anderer Kleriker — ohne einen einzigen weltlichen Kurfürsten — auf den Weg, trafen sich in der Nähe von Würzburg und wählten Heinrich Raspe zum Kaiser oder, wie das Volk spottend meinte: zum ›Rex Clericorum‹.

Dieser ›Rex Clericorum‹ trommelte ein Heer zusammen, denn der Papst war willens, die Kosten für das ganze Unternehmen zu tragen, und forderte Corrado in der Nähe von Frankfurt zur Schlacht heraus. Corrado, der über die größere Streitmacht verfügte, gedachte die Angelegenheit ein für allemal aus der Welt zu schaffen und nahm die Herausforderung an. Bei Beginn der Schlacht traten zwei Drittel von Corrados Heer zu Raspe über, angeführt von einem schwäbischen Edelmann, der sechstausend

Mark vom Papst erhalten und dem dieser außerdem das Herzogtum Schwaben versprochen hatte. Corrado wurde geschlagen, aber es gelang ihm, seine Kräfte zu sammeln, und die Schlacht entschied nichts. Zum großen Leidwesen und zum Ärger des Papstes starb sein ›Kaiser‹ bald darauf — und das kostspielige Ränkespiel fing von vorne an. Diesmal war es noch schwerer, Anwärter zu finden, und Innozenz mußte sich mit einem jungen Niederländer begnügen, der nichts als ein einfacher Graf war: Wilhelm von Holland. Er war ein Werkzeug des Erzbischofs Sigfrid von Mainz, ein hübscher kleiner Bursche, rotbackig, ein großartiger Meßgehilfe. Ich fürchtete sein Schwert so sehr wie seine Kerze.

Ich fand diese Kriegführung durch Zermürbungstaktik sehr ermüdend und nahm mir vor, einen Schlußstrich darunter zu ziehen. Ich selbst würde mit einem starken Heer nach Deutschland marschieren — und zwar auf dem Umweg über Lyon, um dem Papst meine Aufwartung zu machen. Die Aussicht, daß es ihm an den Kragen gehen könnte, machte den Papst immer leicht nervös, so daß er vielleicht aus Furcht Vernunft annehmen würde. Und wenn nicht —! Trotz aller Einfachheit war der Plan gewagt und gefährlich. Es war Piero, der den Vorschlag machte, daß Italiener die Alpen überschreiten sollten, zum erstenmal seit den Tagen des alten Rom. Ich hätte mich darauf verlassen, in Deutschland ein Heer aufzustellen, aber dieser Gedanke war viel verlockender. Um mir einen Weg über die Alpen nach Lyon zu sichern, traf ich eine Reihe von Abmachungen mit verschiedenen Edelleuten und verlobte meinen Sohn Manfredo mit der Tochter des Grafen Amadeus von Savoyen. Dann wandte ich meine Aufmerksamkeit Italien zu. Ich setzte meine Söhne und meinen Schwiegersohn Ezzelino da Romano zu Statthaltern ein. Ich traute niemand mehr, nur noch Blutsverwandten — mit einer Ausnahme: ich ernannte Pier della Vigna zum obersten Gerichtssekretär des kaiserlichen Hofes und unterstellte das gesamte Königreich Sizilien seiner Gerichtsbarkeit. In meiner Abwesenheit sollte er für mich handeln; seine Macht war fast so groß wie meine. Dennoch trug er keine Krone auf dem Haupt. Piero war endlich der apostolische Petrus geworden, auf den Bernardo di Rossi so zynisch angespielt hatte.

Alles war geregelt, alle Vorbereitungen getroffen. Im Frühjahr, das dem Anschlag auf mein Leben folgte, verließ ich mein

Erbland und zog in gemächlichen Etappen nach Turin. Von Turin aus setzte ich meine Vorhut über die Alpen in Marsch; ich selbst wollte in Kürze nachfolgen. Nachrichten erreichten mich, daß der Papst, von panischem Schrecken ergriffen, bei verschiedenen Königen Zuflucht suche — jedoch vergeblich. Schon waren die nach Lyon führenden Straßen dicht gesäumt mit Neugierigen, die den ›Hammer der Welt‹ vorüberziehen sehen wollten. Hinter mir in Italien schien alles ruhig, und ich atmete erleichtert auf.

Es war die unheilvolle Stille vor dem Sturm.

4.

Boten von Enzio trafen auf schaumgefleckten Pferden ein; mit dem größten Widerwillen öffnete ich die Depeschen. Mein Blick fiel sogleich auf den Namen Bernardo di Rossi, und ich stöhnte. Am Morgen des 16. Juni, eines Sonntags, war eine Gruppe von siebzig guelfischen Rittern unter Führung di Rossis in der Verkleidung von Pilgern, mit Waffen unter ihren Mänteln, in Parma eingedrungen. Mein *podestà*, der bekannte Dichter Arrigo Testa, befand sich zusammen mit führenden Ghibellinen auf einer Hochzeitsfeier. Man war in ausgelassener Stimmung und leicht berauscht. Auf ein Zeichen von di Rossi erhoben sich die städtischen Guelfen und machten meine Streitkräfte nieder. Arrigo Testa fiel, und Parma war verloren. Wie verabredet, strömten sogleich von allen Seiten Verstärkungen aus den guelfischen Städten herbei, einschließlich einer starken Hilfstruppe aus Mailand unter Führung meines alten Gegners, des päpstlichen Legaten Gregorio da Montelungo.

Charakteristisch für Innozenz, seine Brust zu verteidigen, indem er mir in den Rücken fiel; das waren meine Gedanken, als ich mich eilig mit Enzio zu vereinigen suchte, der sich in der Nähe Brescias aufhielt, um mit ihm zusammen gegen Parma zu marschieren. Der Abfall Parmas war ein schwerer Schlag in einem kritischen Augenblick; die Stadt kontrollierte den einzigen westlichen Paß über die Apenninen, der mir zur Verfügung stand, und sein Verlust zerriß meine Verbindungswege nach Sizilien. Ich konnte die Alpen einfach nicht überqueren, ohne Parma sicher im Rücken zu wissen. Innozenz hatte eine höchst verletzliche

Stelle getroffen. Doch noch schlimmer war, daß der Verlust Parmas das Zeichen zu einer allgemeinen Erhebung der Guelfen war. Wo wir uns auch hinwandten, loderten nachts überall Flammen auf. In jeder Stadt, in jedem Weiler hatten die Priester wiederum zu den Waffen gegriffen.

Am 2. Juli lagen wir vor Parma. Die Stadt war mit allen Mitteln befestigt worden, die den Guelfen zur Verfügung standen. Ich kletterte auf einen mit einer schildförmigen Schutzvorrichtung versehenen Beobachtungsturm und ließ meine Blicke über die Wälle schweifen. Selbst aus der Ferne war leicht zu erkennen, daß der *duomo* und das Baptisterium das militärische Hauptquartier der Stadt bildeten. Das romanische Baptisterium betrachtete ich mit einem gewissen ätzenden Widerwillen, da es von dem Bischof Obizzo Fieschi erbaut worden war, einem der vielen Verwandten des Papstes. Der achteckige Bau war von dem Bischof durch Säulen verschiedener Form abgeschwächt worden, denn dem klerikalen Sinn gilt Symmetrie als Symbol des Todes. Und jetzt hatte ein anderer Fieschi tatsächlich Tod und Verderben über Parma gebracht; ich konnte die Stadt einfach nicht den Guelfen überlassen. Ihre praktische und symbolische Bedeutung war zu groß. Mit ihren vielen Verstärkungen fühlten sich die Guelfen durchaus sicher vor einem Angriff, sicher vor dem Tode. Wir würden sehen . . .

Vor ihren Wällen und den Augen der erstaunten Verteidiger baute ich eine neue Stadt. Ich ging nach römischem Muster vor und legte Straßen an, Plätze, Märkte, Wälle, acht Tore, Zugbrükken über einen Graben, einen Bewässerungskanal und stellte schließlich eine kleine, sehr schöne griechische Bronzeplastik der geflügelten Siegesgöttin auf. Meine Astrologen wurden zu Rate gezogen, um die rechte Stunde des rechten Tages für den Konstruktionsbeginn zu errechnen; die guelfischen Astrologen verkündeten zur Hebung der gedrückten Stimmung in Parma, daß Krebs und Mars in enger Konjunktion stünden, ein deutliches Zeichen dafür, daß die neue Stadt dem Untergang geweiht sei. Ich ignorierte ihre Vorhersage und nannte meine Stadt ›Vittoria‹. Ich prägte Münzen mit ihrem Namen. Die Welt, die diese Dinge mit Interesse verfolgte — und ganz gewiß der Papst — waren nicht weniger erstaunt als die Verteidiger von Parma.

Ich war gefaßt darauf, in Vittoria bis zum Jüngsten Gericht auf den Fall von Parma zu warten. Ich zog mit Tierpark, Tänzerinnen, Staatskanzlei und der nötigen Ausrüstung dort ein. In Wirklichkeit konnte ich es mir nicht erlauben, die erforderlichen Streitkräfte zu einem Sturm auf die Stadt hier zusammenzuziehen, da meine Truppen überall in verzweifelte Kämpfe verwickelt waren. Sie mußten den Cisapaß und ein Dutzend Städte sichern, die heute ghibellinisch, morgen guelfisch und übermorgen wieder ghibellinisch waren. Ich ließ Parma abriegeln und unterband alle Zufuhren zu Lande und zu Wasser. Ich entsandte Truppen, um sämtliche Brückenköpfe am Po zu halten. Mit allen Mitteln versuchte ich die Bewegungen der guelfischen Streitkräfte zu lähmen und die einzelnen Abteilungen voneinander zu isolieren. Die Guelfen von Parma, die mit einem ständigen Zustrom von Verstärkungen und Nachschub gerechnet hatten, sahen sich einer langen Winterbelagerung ausgesetzt, ohne den nötigen Brennstoff und die nötigen Lebensmittel.

Ich verwüstete die Umgegend und brannte die Besitztümer ihrer Geistlichen und Adligen nieder. Ihre Kühe streunten ungemolken umher, ihre Schweine wurden geschlachtet, und ihre Gänse drehten sich an unseren Bratspießen. Das rote, aufgedunsene Gesicht Bernardo di Rossis würde jetzt, wie ich hoffte, ein mageres und hungriges Aussehen bekommen. Was Gregorio da Montelungo anging, so wünschte ich mir, daß er vor lauter Schwäche nicht mehr imstande sein möchte, einen Harnisch über seiner Soutane zu tragen. Mochte er seine Knochen klappern hören! Um sie allesamt an ihr bevorstehendes Schicksal zu erinnern, ließ ich täglich eine Anzahl von Gefangenen direkt vor den Augen der Stadt aufknüpfen. Langsam schwangen die Gehängten im Abendwind hin und her. Ich wurde wieder zuversichtlicher und empfand das Ganze nur als eine kleine Verzögerung meiner Expedition nach Lyon.

Endlich legten sich die Knochenfinger des Hungers auf die Einwohner von Parma. Sie hatten kein Salz; sie buken Brot aus Leinsamen; ihr Wein war verdünnt; sie fraßen Wurzeln und Ratten; ständig lagen sie im Streit miteinander; sie logen, stahlen und verführten hemmungslos. Meine Spione berichteten mir, daß der einst so rundliche Bruder Salimbene, dem ich als Jüngling den

Gefallen getan hatte, ihn zu seinem Vater nach Parma zurückzuschicken, eines Nachts mit der Absicht geflüchtet wäre, sich nach Lyon zu begeben. Ich befahl, ihn ungehindert passieren zu lassen; der Papst sollte ruhig einen Bericht aus erster Hand über die mißliche Lage seiner Freunde bekommen.

Die Unruhe wuchs. Das einfache Volk war der Terrorherrschaft der Papisten überdrüssig. Tag und Nacht war von nichts anderem die Rede als von Übergabe. Aber weder di Rossi noch Gregorio da Montelungo waren zur Übergabe zu bewegen. Einmal erschien auf einer Zusammenkunft von Städtern ein erschöpfter und schmutzbedeckter Bettelmönch. Er überbrachte einen Brief von einem General-Kardinal, der baldige Hilfe versprach, worauf es zu stürmischen Freudenkundgebungen kam. Arme Narren, sich derart von einem päpstlichen Legaten täuschen zu lassen — denn Montelungo selbst hatte den Brief erst am Abend zuvor geschrieben!

So vergingen zweihunderteinunddreißig Tage der Belagerung. Der 17. Februar war ein Montag, und ich verbrachte den kalten und regnerischen Abend vor einem warmen offenen Feuer, damit beschäftigt, Korrekturen und Zusätze in die Reinschrift meines Falkenbuches einzutragen. Ich fand die Illustrationen und den Einband großartig. Mein Sohn Manfredo, jetzt sechzehnjährig, half mir. Ich hatte Freude an meinem Werk (und er nicht minder), freute mich, daß die sich hinziehende Belagerung mir die Muße verschafft hatte, es fast zu vollenden. Etwas Gutes war also doch dabei herausgekommen! Wir begaben uns früh zur Ruhe, denn wir wollten schon bei Tagesanbruch mit meinen Falken hinaus ins Gelände. Es war ein erquickender Schlaf, denn ich hatte meine unzähligen Sorgen vergessen, erneutes Interesse an der Natur gewonnen und beim Schreiben Entspannung gefunden.

Beim ersten Hahnenschrei machten wir uns im Schutze des Flußnebels auf den Weg. Ich glaubte uns unbeobachtet. Enzio befand sich auf einem Streifzug, und ich hatte Manfredo Lancia den Oberbefehl übertragen. Da Piero in Sizilien geblieben war, hatte Taddeo da Suessa die Staatskanzlei unter sich. Auch Berard war in Sizilien. Der winterlichen Verhältnisse wegen und der starken Inanspruchnahme der Truppen anderswo war die Garnison von Vittoria auf ein Minimum reduziert worden. Ich hatte keinerlei

Bedenken deswegen; Parma befand sich in der Defensive, nicht Vittoria. Allmählich lichtete sich der Nebel, und meine Falken schwangen sich in den blauen Himmel empor. Die Jagd war gut; jeder Vogel erfüllte seine Pflicht, und ich überschüttete meine Falkner mit Lob.

Aber wie wenig wissen wir von den Schicksalsschlägen, die uns unmittelbar bevorstehen! Wir unternehmen eine Segelpartie bei ruhiger See: in einem plötzlich aufkommenden Sturm zerschellt unser Boot auf den Felsen. Wir bleiben im Schnee stehen, um eine Gebirgslandschaft zu bewundern: eine Lawine donnert herunter. Wir greifen nach einer Blume auf dem Feld: eine Schlange beißt uns in die Hand. So ist es auch mit dem Tode, es sei denn, wir wären eines Verbrechens wegen verurteilt und wüßten im voraus, wann wir sterben müssen.

Wir leben und leben nicht. Was für ein zerbrechlich Ding ist doch das Menschenleben!

Tief befriedigt, wenn auch erschöpft, traten wir den Heimweg an. Als wir uns der Ebene näherten, auf welcher Parma liegt, sahen wir gewaltige Rauchwolken zum Himmel emporsteigen. Ich ahnte sofort, was los war, denn ich hatte schon früher brennende Städte gesehen. Aber ich war in keiner Weise vorbereitet auf das, was sich zugetragen. Vorsichtig ritten wir weiter, mit einem kleinen Trupp Sarazenen als Vorhut, denn der Geruch von Gefahr lag in der Luft. Wir sahen, wie sie einen einzelnen Reiter abfingen und ihn dann passieren ließen. Es war Folco Ruffo, einer der jüngsten unter meinen Dichtern. Seine Jacke und sein Umhang waren naß, jedoch versengt und zerschlissen; sein Gesicht war verkrustet von dem Blut aus einem Ohr, das halb von seinem Kopfe abgetrennt war. Als er mich erblickte, konnte er die Tränen nicht zurückhalten; sie strömten über sein verschmiertes Gesicht. »Das Jüngste Gericht!« keuchte er. »Das Jüngste Gericht!« Seine Worte waren nur halb zu verstehen. »Vittoria ist ausgeplündert und niedergebrannt! Flieht, Herr, flieht — große Gefahr ...! Taddeo erschlagen — man hat ihm die Hände abgehackt ... Tausende gefallen, Tausende gefangengenommen ...! Ihr lebt, Gott sei Dank!«

In entsetztem Schweigen bogen wir von der Straße ab und verbargen uns in einem Pappelhain und stellten auf allen Seiten

Wachen auf. In Bruchstücken berichtete Folco, was geschehen war. Er war entkommen, indem er sich unter dem Stützpfeiler einer über den Parma-Fluß führenden Brücke verborgen hatte. Von dort hatte er genug gesehen und gehört, um uns einen fast vollständigen Überblick zu geben.

»Am Vormittag machten die Papisten einen Ausfall in entgegengesetzter Richtung von Vittoria«, sagte er, als er sich etwas beruhigt hatte. »Marquis Lancia preschte mit einer größeren Abteilung davon, um ihnen den Rückzug abzuschneiden — ich blieb zurück, da ich krank im Bett gelegen hatte. Es war eine Finte, doch das vermutete im Augenblick niemand. Ich verfluchte mein Pech, als ich plötzlich ein entsetzliches Gekreisch und Geschrei vernahm: die Porta dell'Olme wurde aufgestoßen und all die halbverhungerten Weiber und Kinder Parmas kamen herausgeströmt, eine menschliche Flutwelle. Sie überrannten unsere Posten und fegten alles beiseite. Waffen waren nutzlos gegen sie. Ihnen folgten ihre Männer sowie eine Kerntruppe von Rittern unter Montelungo, der in der einen Hand ein Kruzifix und in der anderen ein Schwert schwang. Es war ein Gemetzel — ein Blutbad. Unsere Leute wurden alle abgeschnitten: Taddeo in der Kanzlei, ich am Brückenübergang. Da ich keinen Harnisch trug, sprang ich ins Wasser, und die Menge raste heulend an mir vorüber. Weiber und Kinder stürzten sich auf die Lebensmittelvorräte; die Männer auf Beute und die Sarazenenmädchen, die Ritter drangen in die Kanzlei ein. Es war die Hölle! Inzwischen brannte es bereits überall, aber ich war naß und fror. Ich konnte die Schreie der Sarazenenmädchen hören, das Kreischen der Kamele, das Trompeten des Elefanten, der seine Fesseln sprengte und durch die Straßen stürmte. Überall herrschte Panik. Ich sah Weiber mit Schürzen voll Mehl, Männer, die sich die Taschen mit Geschmeide vollstopften, einen Priester mit einer Rolle des feinsten Purpurtuches, einen kleinen Jungen mit einem Winkelmesser, einen bärtigen Mönch, der ein an Armen und Beinen gefesseltes Sarazenenmädchen davonschleppte. Einen Ritter mit Eurem Falkenbuch. Dann Montelungo selber mit Eurer geflügelten Siegesgöttin in der Hand — an der Brücke überreichte er sie einem Pfaffen und hieß ihn gut darauf achtgeben, da es sich um die heidnische Göttin handele, die der Kaiser anbete ...!«

Ich stöhnte laut. Ich war derart benommen, daß mir das Ganze wie eine Abenteurergeschichte vorkam, die mein Dichter mir erzählte. Taddeo erschlagen? Nein! Aber das Blut war wirklich, und wirklich war die Wut, die aus den Augen meines Sohnes Manfredo sprühte. »Noch mehr —?« sagte ich und hatte Mühe, an mich zu halten, als ich an Taddeos schöne Hände dachte.

Jetzt starrte Folco zu Boden. »Eine solche Erniedrigung, daß ich kaum davon zu sprechen wage — aber es ist besser, Ihr erfahrt es von mir als durch andere. Ich vernahm ein lautes Getöse und spähte, was die Ursache sein mochte. Man rief sich gegenseitig zu: ›Schaut nur dort, Cortopasso, der Schuster!‹ Ich dachte — was für ein Spitzname für einen Mann — ›Kurzschritt‹! Und dann, Herr, sah ich einen Zwerg auf die Brücke treten, der sich die Kaiserkrone über die Hand gestreift hatte und sie herumwirbelte. Dann blieb er stehen und setzte sie sich aufs Haupt, während die Papisten höhnten und spotteten und ein Bettelmönch ausrief: ›Sieh da, der König der Dämonen!‹ Am liebsten hätte ich mich vor Scham und Elend auf der Stelle ertränkt...«

»Genug!« sagte ich. »Wir haben mehr als genug gehört. Du brauchst einen Arzt, und ich muß weiter —«

»Euer Arzt ist in Gefangenschaft geraten«, klagte Folco. »Auch er! Ich sah, wie man Maestro Guido in Fesseln über die Brücke führte.«

Ich küßte Folco zärtlich. »Du hast die Liebe deines Kaisers verdient«, sagte ich. Dann übergab ich ihn meinen Falknern, damit sie seine Wunden säubern und verbinden sollten.

»Komm, Manfredo«, sagte ich ingrimmig, »wir reiten nach Cremona. In vier Tagen sind wir mit einem Heer zurück.«

Ich wählte zwölf Männer und die besten Pferde. Bei Nacht und und Nebel preschten wir davon, von Haß angespornt. Der Qualm Vittorias lag mir in der Nase, seine Asche in meinem Herzen.

5.

Wir ritten die ganze Nacht hindurch und gönnten nur den Pferden hin und wieder eine kurze Rast. Als wir endlich die im Sonnenlicht glitzernde Spitze des Torrazzo, des höchsten Glockenturmes in ganz Italien, in der Ferne erblickten, wußten wir, daß unsere Strapazen bald ein Ende haben würden. Dann hörten wir die Glocken — für andere ein freudiger Klang; Trauergeläut für meine Ohren. Plötzlich mußte ich an das Glockengeläut beim Tode meiner Mutter denken. Obwohl ich vierundzwanzig Stunden im Sattel zugebracht hatte — und ich war jetzt über dreiundfünfzig — war ich körperlich keineswegs erschöpft. War mir der Friede auf ewig verwehrt...?

Wir betraten Cremona durch die Porta Romana — in kläglichem Gegensatz zu dem triumphalen Einzug nach der Schlacht bei Cortenuova. Die Frühaufsteher gingen bereits ihren Geschäften nach und wollten ihren Augen nicht trauen, als sie ihren schmutzbespritzten Kaiser mit einem so winzigen Gefolge erblickten. Die Nachricht verbreitete sich mit Schallgeschwindigkeit, und eine riesige Menschenmenge versammelte sich vor dem *duomo* um mich. Ich erklärte, was sich zugetragen hatte, bat sie jedoch, guter Dinge zu sein, da noch nicht alles verloren wäre. Sogleich traf ich Anstalten, ein neues Heer aufzustellen, und Hunderte meldeten sich freiwillig.

An dem Ort, wo ein Zusammentreffen mit Enzio verabredet war, stieg ich in meiner Eile nicht erst ab, sondern hielt nur zur Begrüßung an. Er hatte keinen Helm auf, und als er sich näherte, zerzauste der Wind sein langes blondes Haar.

»Ihr habt mein Versprechen, edler Vater«, rief er aus, »von jetzt ab mit verdoppelter Kraft zu kämpfen. Mein Schwert wird nicht ruhen, bis wir di Rossis Niederträchtigkeit geahndet haben!« Mit einer gepanzerten Hand versuchte er sich die Tränen der Wut aus den Augen zu wischen.

Wie ich erklärt hatte, kehrte ich am vierten Tag nach Parma zurück, und beim bloßen Gerücht meines Kommens gaben die Papisten ihre Brückenköpfe auf und verschanzten sich hinter den Stadtmauern. Ich vereinigte meine Streitkräfte mit denen Enzios und den Überbleibseln von Manfredo Lancias Truppen, und wir biwakierten neben den noch immer schwelenden Trümmern von Vittoria. Die Parmenser wollten ihren Augen nicht trauen, und es hieß, ich hätte mich auf meiner Flucht in einen Adler verwandelt. Das wurde um so bereitwilliger geglaubt, als sich unter den zweihundert Büchern, die sie gestohlen hatten, magische Zeichnungen, Himmelskarten und Darstellungen der Tierkreiszeichen befanden — durchweg für Zauberei angesehen — sowie ein schönes nacktes Weib, den Mond versinnbildlichend. Ich hätte Umgang mit ›Beelzebub und Asthoreth, den Konsuln der Finsternis‹, erklärten meine Feinde. Auch meine Sammlung von Seltsamkeiten war verschwunden, zu denen auch die Keramik eines Bischofs gehörte, der einen großen Fisch auf seiner Bibel trug; eine bronzene Öllampe (aus frühgeschichtlicher Zeit) in Form einer derart zusammengekrümmten nackten Gestalt, daß Docht und Flamme aus dem After kamen; die vergoldete Bronze eines nackten Mannes (ein Priapus aus dem griechischen Sizilien?) mit Erektion — sein Glied durch die Berührung frommer Anbeter derart glattpoliert, daß es mich an die vielgeküßte Zehe der Sankt-Peter-Statue erinnerte.

Zuerst trug ich mich mit dem Gedanken, die Belagerung wiederaufzunehmen; doch auf einem Kriegsrat beschlossen wir, statt dessen die Paßstraße durch den Apennin zu sichern und Parma in Ruhe zu lassen. Dieser Entscheidung lagen sowohl finanzielle als auch militärische Erwägungen zugrunde, da der gesamte Staatsschatz mit den Geldern zur Entlöhnung meiner Truppen verloren war — plus Edelsteinen von ungeheurem Wert. Ehe ich an eine Fortsetzung des Feldzuges denken konnte, mußte ich erst meine Finanzen sanieren. Ich sah mich genötigt, Geld zu achtzig Prozent Zinsen aufzunehmen und noch mehr Steuern aus dem völlig ausgesogenen Sizilien herauszuquetschen. Doch als eine der sizilischen Städte eine freiwillige Sammlung vorschlug, lehnte ich das Angebot dankend ab. Ich zog es vor, die Lasten gleichmäßig zu verteilen.

Als wir uns von den Mauern Parmas ins Gebirge zurückzogen, wurde mir noch ein große Genugtuung zuteil; in einem Scharmützel mit unserer Nachhut wurde Bernardo di Rossi vom Pferd geworfen und getötet. Diese selbstgefällige Fratze wurde in den Dreck getreten. ›Dieser berüchtigte, langjährige Verräter‹, erklärte ich, ›hat endlich ein unrühmliches Ende gefunden.‹ Ich dankte meinem eigenen stark angeschlagenen Geschick. Aus dem Himmel konnte di Rossi kein Unheil mehr anrichten.

Aber das Schlimmste an der Einnahme und Zerstörung Vittorias war nicht der Verlust des Staatsschatzes, nicht der Verlust an Menschen — sondern der Prestigeverlust. Die Legende meiner Unbesiegbarkeit war wie Glas zersprungen; niemand hätte sie für so zerbrechlich gehalten. Die Tatsache, daß Enzio hundert Nachschubschiffe auf dem Po gekapert hatte; daß Riccardo di Theate einen überwältigenden Sieg über einen führenden Papistengeneral errang; daß ich selbst ein mailändisches Heer zurückschlug — all das bedeutete wenig. Ich galt als verletzlich. Ich war zu schlagen. Man konnte mich vernichten. Und so stürzte ganz Norditalien immer tiefer in Bürgerkrieg und Chaos. Immer gewaltsamer gingen die Guelfen gegen die Ghibellinen vor, und die Ghibellinen übten Vergeltung. Das Leben war nur für solche Familien mit den höchsten Türmen sicher, und die Umrisse der Städte glichen sich immer mehr ihren mit Schießscharten versehenen Mauern an. So waren wir Zeugen von Kämpfen nicht nur zwischen Gruppen, Klassen und Städten — sondern auch von Fehden zwischen Türmen innerhalb einer einzigen Stadt. Ihre Herren überschütteten sich mit Steinen, Pfeilen und griechischem Feuer und gossen Teer oder kochendes Öl auf die Straße herunter. Die Straßen wurden so unsicher, daß sich niemand mehr getraute, sein Haus ohne eine bewaffnete Wache zu verlassen. Die Landhäuser lagen verlassen, die Felder waren, bis auf kleine Parzellen außerhalb der Stadtmauern, unbestellt. Kaufleute wagten sich nur noch in größeren bewaffneten Gruppen auf die Landstraßen, und selbst dabei schwebten sie in ständiger Gefahr, ausgeplündert oder als Geiseln ergriffen zu werden. So sah der Gottesfriede aus, den Papst Innozenz IV. gebracht hatte. Nur in Sizilien herrschten Ruhe und Sicherheit . . .

Für den Sommer kehrte ich jedoch nach Cremona zurück. Dort aber murrten meine Soldritter und wollten Geld sehen, und die ausgehobenen Stadttruppen zeigten sich widerspenstig und träge. Die einfache Bevölkerung war des Krieges überdrüssig, nur die Priester legten noch Begeisterung an den Tag. Es hieß, Fortuna zeige mir die kalte Schulter. Eines Tages, als ich mir die Zeit beim Würfelspiel vertrieb, warf ich dreimal eine Sechs. Meine Stimmung besserte sich ein wenig, ich gab mich leichtfertig und sagte zu einem der Hofnarren: »Messer Dallio« — und dabei legte ich meine Hand leicht auf den Höcker auf seinem Rücken — »wann beabsichtigt Ihr, dieses Geschmeidekästchen zu öffnen? Ihr kennt doch Unser Interesse an kostbaren Steinen . . .«

»Signore«, sagte er und klirrte mit seinen Schellen, »das dürfte nicht ganz einfach zu öffnen sein, weil der Schlüssel in Vittoria verlorengegangen ist.«

Ich nahm den Schlag hin, ohne mit der Wimper zu zucken.

6.

Es lag auf der Hand, daß ich die Dinge nicht länger in der Schwebe lassen durfte. Wiederum mußte ich zum Hammer greifen und Funken aus dem Amboß schlagen. So umgürtete ich meine Lenden, wie es geschrieben steht, und bereitete mich auf neue Kämpfe vor. Ich wollte die Alpen trotz allem überqueren und diesen Papst so lange pressen, bis entweder der Friede oder sein Lebenssaft aus seinen Adern rann.

Ich ließ Pier della Vigna kommen; ich brauchte seinen Rat, und er fehlte mir. Dann traf ich persönlich Vorkehrungen, um die jüngste Tochter des Herzogs Albert von Sachsen zu heiraten, denn am Niederrhein lag das Zentrum des deutschen Widerstandes gegen mich. Ich verheiratete Corrado mit Elisabeth von Bayern und beendete damit die Hohenstaufenfehde mit diesem Haus und sicherte gleichzeitig den Brennerpaß für den Notfall; ich verheiratete Manfredo mit Beatrice von Savoyen und sicherte mir damit nicht nur Piemont, sondern auch den Mont-Cenis-Paß nach Frankreich. Langsam erholte ich mich auch finanziell wieder. Selbst im Norden stabilisierten sich die Dinge etwas. Schon bald würde alles wieder in Ordnung sein.

Im Herbst begab ich mich nach Turin, um Manfredos Hochzeit zu feiern, und übertrug Piero, wie gewöhnlich, die Verantwortung. Auf Manfredo Lancia spielte ich öffentlich als auf ›Unseren geliebten Verwandten‹ an und gab damit einen Hinweis auf meine Ehe mit Bianca. Durch meine Erklärung erhielt der Marquis Lancia den Vorrang vor dem Brautvater. Es freute mich für Manfredo, daß seine Braut so jung war (fünfzehn, ein Jahr jünger als der Bräutigam), so hübsch und bezaubernd, und meine Gedanken schweiften zurück zu dem Mädchen Bianca. Aber ich fand kein rechtes Vergnügen an all den Lustbarkeiten und fühlte mich einsam. Ich beschloß, den Landsitz der Lancias im benachbarten Vercelli aufzusuchen und mich dort auszuruhen.

Da ich mich nicht wohl gefühlt und nur wenig Vertrauen zu den meisten Ärzten hatte, glaubte ich, jetzt die Mittel erübrigen zu können, meinen Leibarzt, Maestro Guido, aus der parmensischen Gefangenschaft loszukaufen. Ich schrieb daher an Piero, in Verhandlungen mit dem verhaßten Gregorio da Montelungo zu treten, und bat Piero gleichzeitig, die delikate Angelegenheit mit der üblichen Sorgfalt zu behandeln. Daraufhin erhielt ich die entrüstete Antwort: ›Imperatore, das Lob in Eurem Brief läuft genau auf das Gegenteil hinaus. Behandle ich Eure Angelegenheiten nicht immer sorgfältig und bedacht? War ich je unachtsam und nachlässig? Wie kommt Ihr zu der Annahme, daß sich mein Verhalten geändert haben könnte? Machen die Adligen wieder mit Verleumdungen ihren schädlichen Einfluß auf Euch geltend? Mein Herr und Gebieter, ich werde stets alles ausführen, was Ihr verlangt, aber bitte — bitte, beleidigt mich nicht!‹

Wie reizbar und schwierig er geworden war! Wie überempfindlich! Ich hatte ihn weiß Gott nicht kränken wollen. Oder war ich selbst weit reizbarer und schwieriger als ich ahnte? Ich antwortete ihm so beruhigend wie möglich: ›Was soll ich zu den lächerlichen Anschuldigungen sagen, die du gegen mich erhebst, lieber Piero? Du weißt genau, daß ich dir absolutes Vertrauen entgegenbringe. Wie konntest du nur glauben, daß ich einer anderen Stimme außer deiner, die mir so teuer ist, ohne Skeptizismus Gehör schenken würde . . .?‹ Damit hielt ich dieses Problem für gelöst und begab mich nach Vercelli, wo ich in mir selber Frieden zu finden hoffte.

Vercelli war kein großer Ort, und der Lancia-Palazzo hatte nichts Grandioses, war jedoch harmonisch angeordnet und behaglich. Mit seinem kleinen Park machte er den Eindruck einer Landvilla. Er war aus den langen flachen, schon von den Römern verwendeten Mauersteinen erbaut und mit Terrakottaziegeln gedeckt, die mit der Zeit eine leuchtende graugrüne und gelbe Färbung annehmen. Solche Häuser werden zu einem Bestandteil der Landschaft, als hätten sie immer existiert und würden immer existieren. Nicht weit entfernt, auf einem Innenhof, befanden sich die Stallungen und die Lagerräume für Holz, Reis und Wein. Über dem Ganzen lag eine Atmosphäre von Wohlstand und Frieden. Die Mehrzahl meiner Höflinge hatte ich in Turin zurückgelassen, und als ich mit Manfredo Lancia eintraf (Percivalle Doria befand sich ebenfalls in meiner Begleitung), hatte ich das seltsame Gefühl, heimzukommen.

Das kam wahrscheinlich daher, weil Bianca mir in müßigen Augenblicken von ihrer Kindheit erzählt, mir das Haus beschrieben hatte, in dem sie aufgewachsen war und ihre Sehnsucht nach einem Familienleben, das ich nie kennengelernt, mit mir geteilt hatte. Was für einen wunderbaren Schutz gegen Schmerz gewährt doch eine behütete Kindheit — wie förderlich ist sie der Heiterkeit und der Liebe! Eines Tages ging ich in Biancas Zimmer, das so lange leer gestanden hatte. Ich schaute aus ihrem Fenster, ich betrachtete ihr Kruzifix aus Elfenbein und Silber, ich schaute in ihre Schränke. Ich fand einige vermoderte Puppen, eine alte Schiefertafel, ein Exemplar der *Aeneis* mit den unterstrichenen Stellen. *›Sehr ungern von deinem Gestad', o Königin, schied ich . . .‹*

Ich richtete mich häuslich ein. Frühmorgens, wenn die Sonne über den Reisfeldern aufging und der Tau funkelte, ging ich auf Jagd mit meinen Falken. An den Spätnachmittagen beobachtete ich die Sonnenuntergänge hinter den fernen Alpen, großartig in ihrer goldenen Gletscherpracht. Abends saß ich mit Omar und anderen Hunden vor dem großen Steinkamin, manchmal in Unterhaltung mit meinen Freunden, aber meistens von den Flammen gefesselt. Nachts lauschte ich dem Wind, der im Laub der Pappeln raschelte und im Winter durch ihre Zweige pfiff.

Ich blieb und blieb. Aus Herbstnebeln wurde Winterschnee. Weihnachten kam und verging. Dann das neue Jahr, klar und kalt. Endlich raffte ich mich zusammen. Ich schrieb an Piero in Cremona, sich auf mich vorzubereiten. Ich kehrte in die Welt zurück.

Unglückseliger Tag, an dem ich diesen Entschluß faßte. Jetzt fielen Hammerschläge in rascher Folge auf mich nieder und betäubten mich — mich, der ich auf die Welt eingehämmert hatte. Ich hatte diese Schläge nicht verursacht und sie dennoch hervorgerufen — denn kein Mensch kann der Verantwortung für sein Schicksal völlig entgehen, so sehr er sich auch den Gestirnen unterwerfen mag. Wie hassenswert ist der Fluch der gedanklichen Rückschau, wie schmerzhaft die Redensart ›Wenn nur‹ — und wie bitter die Erinnerung an mißbrauchte Macht.

Der erste Schlag war der Tod meines Sohnes Riccardo di Theate. Sein Tod hinterließ eine empfindliche Lücke in der Befehls-
struktur meiner Heere, obwohl seine Begabung sicherlich nicht
auf militärischem Gebiet lag. Er war nie richtig gesund, aber sein
Tod erfolgte unter so geheimnisvollen Umständen, daß ich mich
fragte, ob uns nicht der Papst der Reihe nach vergiften wolle.
Weit schädlicher für meine Sache und für mein Herz war die
Gefangennahme Enzios. Bei einem Treffen, das als unbedeuten-
des Scharmützel begann, wurde sein Pferd unter ihm getötet. In
diesem Augenblick traf die Hauptstreitmacht aus Bologna ein,
und er wurde zusammen mit vierhundert Rittern und zwölfhun-
dert Fußtruppen gefangengenommen. Er wurde gefesselt und an
einer goldenen Kette in die Stadt geführt. Als mich diese Kunde
erreichte, machte mich die Befürchtung, daß man ihn hinrichten
könnte, halb wahnsinnig, und ich setzte alle Hebel in Bewegung,
um ihn zu retten. Um der Welt jedoch ein tapferes Gesicht zu zeigen, schrieb ich:

›Dieses Unglück — als solches müssen Wir es bezeichnen —
scheint wie in Fabel oder Angsttraum übertrieben groß; dennoch ist Unsere Sache nicht verloren. Wir nehmen diesen
Schicksalsschlag gleichmütig als unbedeutend, ja selbst als geringfügig hin. Das Kriegsglück wechselt schnell; aber Wir
haben viele Söhne. Deshalb bringt uns derartige Kunde nicht
aus der Fassung. Unser mächtiger Arm wird die Vernichtung
Unserer Feinde nur um so nachdrücklicher fortsetzen.‹

Mit den Bolognesern nahm ich einen anderen Kurs. Ich schlug
vor, Enzio gegen gewisse wichtige Gefangene auszutauschen, die
sich in meinem Gewahrsam befanden, aber mein Vorschlag wurde
abgelehnt. Ich bot Lösegeld: ich würde einen Silberring rings um
die Stadtmauern legen. Das Angebot stieß auf Ablehnung. Dann
wandte ich mich direkt an das Volk von Bologna:

›Mannigfaltigen Ausgang kennt Fortuna, so liest man in verschiedenen Schriften. Das Unglück, das den Menschen in
einem Augenblick zu Boden drückt, hebt ihn im nächsten in
die Höhen, und stürzt ihn von den Höhen, gegeißelt und von
unheilbaren Wunden durchbohrt, wieder in die Tiefe. Wenn

Euch also dieser Tage mit klarem Antlitz eine heitere Fortuna zu lächeln scheint, so müßtet Ihr nicht, wäret Ihr weise, Euch überheben. Je höher der Stand, um so härter der Fall. Fortuna macht glühende Versprechungen, erfüllt vieles davon und wartet am Ende mit vielerlei Mißgeschick auf.

Laßt Euch also warnen. Wenn Ihr Enzio, Unseren geliebten Sohn, Sardiniens und Galluras König, aus seinem Kerker befreit, dann wollen Wir Eure Stadt über die anderen Städte Lombardiens erhöhen. Unterlaßt Ihr es aber, Unserem Befehl zu gehorchen, dann erwartet Unser triumphierendes und unzählbares Heer. Die Verräter von Lyon werden Euch nimmer aus Unseren Händen befreien können!‹

Man hörte nicht. Man war jedoch bezaubert von Enzios Einfachheit, seinen Umgangsformen, seiner stattlichen Erscheinung, seinem wallenden goldenen Haar unter seinem blitzenden Helm. Man hielt ihn für einen antiken Jünglingsgott, der ihnen durch ein Wunder in die Hände gefallen war. Er hatte auch Freunde unter den Bolognesern, die sich unablässig für ihn einsetzten: den jungen Pietro Asinelli, den er sehr gut kannte, und die reizende Lucia Viadagola, die mit der Leidenschaft der Liebe für ihn bat. Schließlich wiesen ihm die Bologneser einen Saal im Palazzo del Podestà zu — in dem gleichen Palast, wo man mich bei meiner ersten Rückkehr aus Deutschland empfangen hatte, und sperrte ihn nur nachts ein. Dann legten sie einen Eid ab: daß sie ihn zwar nicht hinrichten, ihn aber auch nie wieder freilassen würden. Damit mußten wir, der Papst, der seinen Tod wünschte, und ich, der seine Freiheit wünschte, uns begnügen.

›Fortuna . . . wartet am Ende mit vielerlei Mißgeschick auf . . .‹ Ich hätte gut getan, meine eigenen Worte zu beherzigen.

7.

Eines Nachts in Cremona lief ich schlaflos auf und ab und grübelte über den Niedergang meines Sternes nach. Fast wie ein Wahnsinniger irrte ich ziellos durch den Palast, der nur von Öllampen und einfallendem Mondlicht erhellt wurde. Die Gänge und Marmorfliesen strahlten die feuchte Februarkühle aus; und ich war derart in einen wollenen Mantel vermummt, daß ich unerkennbar war. Mein dampfender Atem war mein einziger Gefährte, denn ich hatte meine sarazenische Leibwache aufgelöst. Ich sehnte mich nach der Wärme und der Sonne Siziliens.

Ich entsann mich, wie ich als Junge in Palermo in der Kapelle heimlich König gespielt, mich auf den Thron gesetzt und meine Blicke über eine eingebildete Menschenmenge hatte schweifen lassen. Ich seufzte den vergangenen Jahren und ihrer Fülle nach und wünschte, daß es mir vergönnt sei, noch einmal ganz von vorn anzufangen. Was lag denn vor mir? Nichts als Kampf, Kampf und wiederum Kampf. Ich war zu der Überzeugung gelangt, daß ein Sieg über den Papst so gut wie unmöglich war. In einem Ringen auf Leben und Tod mußte einer sterben: wer —?

Unter solchen Gedankengängen, den Weg meiner Kindheit gleichsam zurückverfolgend, gelangte ich in den Thronsaal. Es war kein prächtiger, glänzender Mosaiksaal wie in der Königlichen Kapelle, sondern ein Raum mit kurzen Säulen und Rundbögen, verziert mit horizontalen Lichtstreifen auf dunklem Gestein. Es war ein Raum voller Schatten, Stimmen und Geflüster, denn wie zu Großvaters Zeit schien er mit sich selbst zu reden. Kaltes Mondlicht rieselte durch die Bleiglasscheiben der Fenster und hing wie eingefroren in der Luft.

Und eine ähnliche Erstarrung befiel mich, denn auf dem schattenhaften Thron saß ein Mensch.

Meine erste Regung war, laut aufzuschreien vor Zorn; meine zweite, den Dolch zu ziehen und ihn zu werfen; meine dritte, zu sterben, denn jetzt erkannte ich Piero. Wie konnte das sein? Was bedeutete es? Ich rief ihn nicht an, ich gab keinen Laut von mir; wie ein Ehebrecher, der im Begriff steht, ertappt zu werden, schrumpfte ich in meinem Mantel zusammen und verschwand in der Dunkelheit.

Falls Piero mich sah, ließ er sich nichts anmerken. Erkannt hatte er mich gewiß nicht. Irgendeinen anderen Menschen, bis auf meine Söhne, hätte ich auf der Stelle getötet.

Jetzt verfiel ich erst recht ins Grübeln. Dieses Rätsel konnte nur eine Bedeutung haben: Piero saß auf dem Thron wie ein König, um nachzuempfinden, wie einem König zumute sein müsse. Warum?

Meine Eingeweide krampften sich zusammen, mein Mund brannte, mein Kopf schmerzte. Schließlich fiel ich gegen Morgengrauen in Schlaf, aber der Spielraum zwischen Schlaf und Wachen war so gering, daß ich nicht wußte, ob es mir etwas vormachte oder ob ich träumte. Ich war allein unterwegs, und als ich mich plötzlich umwandte, sah ich, daß mir eines jener phantastischen Geschöpfe nachfolgte, wie man sie an Kathedralen findet. Das Tier verhielt und duckte sich, und ich sah, daß es das Gesicht und die großen leidenschaftlichen Augen eines schönen Jünglings hatte. Es war schon lange hinter mir her und kannte all meine Geheimnisse. Während ich starrte, verwandelte es sich aus einem Hasen in eine Katze, aus einer Katze in einen Hund, aus einem Hund in einen Wolf; das schöne Gesicht verwandelte sich in eine finstere Maske mit leeren Augenhöhlen. Ich setzte meinen Weg fort und drehte mich dann noch einmal um; aber jetzt folgten mir nur Schatten.

Am Morgen fühlte ich mich krank und ließ meinen Arzt kommen. Piero war in seinen Bemühungen, ihn gegen Lösegeld loszukaufen, erfolgreicher gewesen als ich in den meinen, und Maestro Guido war vor kurzem aus dem Gefängnis in Parma an den Hof zurückgekehrt. Zu ihm hatte ich Vertrauen, denn er war Fiorentiner und hatte mich schon auf vielen Feldzügen begleitet. Er war ein ernster Mann, älter als ich, groß, glatzköpfig, bis auf ein Büschel dunkler Haare, mit hoher Stirn, dichten schwarzen Augenbrauen und sehr kurzsichtig. Da er kaiserlicher Leibarzt war, waren sein scharlachroter Mantel genau wie seine Mütze hermelinbesetzt. Sein vornehmes, würdevolles Auftreten erweckte Vertrauen; er schien sehr weise.

In ziemlich barschem Ton, als wäre er schuld daran, schilderte ich ihm meine Beschwerden.

Er schaute mir in den Mund, fühlte meinen Puls, horchte mir die Brust ab. »Ihr seid müde, Herr« sagte er, »Ihr müßt einmal richtig entspannen. Ich verordne einen Aderlaß, nichts weiter als ein bißchen Hühnerfleisch und einen Kräutertrank, den ich brauen werde. Bleibt tagsüber im Bett, zieht die Vorhänge zu und verhaltet Euch ruhig.«

»Keinen Aderlaß!« sagte ich eigensinnig. »Ich brauche mein Blut — bis zum letzten Tropfen.«

Das Huhn verzehrte ich ohne Behagen; mein Magen schmerzte und schien jegliche Nahrungsaufnahme zu verweigern. Aber mich störte weniger der Schmerz als die Schwäche, die mich befallen hatte. Ich schien bewegungsunfähig, und in meinem Gehirn herrschte völlige Leere. Was war das — Tod mitten im Leben?

Als ich gegessen hatte, erschien Maestro Guido mit seinem Trank. Die Flüssigkeit war heiß, graugrün wie manche Kräuter und roch nicht unangenehm. Als ich die Mixtur in den silbernen Pokal umfüllte, sagte ich wie im Scherz: »Guter Doktor, hoffentlich habt Ihr kein Gift für mich zusammengebraut.«

Er errötete. »Wie könnt Ihr so etwas sagen, Herr — selbst im Scherz?«

Er hatte meine Frage nicht beantwortet. Und seine Stimme klang höchst seltsam. Ich setzte den Pokal an und verschüttete dabei absichtlich etwas von seinem Inhalt auf die Bettkante und auf den Fußboden.

»Die Krankheit macht mich unbeholfen«, sagte ich. »Ruft einen Sklaven zum Saubermachen.« Und während er mit einem Diener sprach, faßte ich meine neuen Leibwächter ins Auge. Alle vier erstarrten unter meinem Blick. Meine beiden Getreuen, ›Pietro‹ und ›Paolo‹, waren in Vittoria gefallen.

Ich machte Konversation. »Glaubt Ihr, Messer Guido, daß ich zuviel von dem Trank vergossen habe? Ist dies noch genug?«

»Völlig ausreichend, Herr, völlig ausreichend. Aber Ihr solltet die Medizin zu Euch nehmen, ehe sie auskühlt.«

»Als ich sie zu Munde führte, fand ich sie zu heiß — daher hab' ich sie verschüttet. Lassen wir sie noch etwas abkühlen.«

Dann kehrte mein Diener mit einem Sklaven zurück — einem verschrumpften Greis, schon viel zu gebrechlich für diese Erde, wie mir schien. »Hier, *nonno*«, sagte ich. »Nimm einen Schluck hiervon — ich fürchte, es ist zu heiß für mich.«

»Nicht — Herr!« rief der Arzt mit hochrotem Gesicht.

»Trink!« sagte ich.

Der Alte trank und reichte mir dann den Pokal mit unsicherer Hand zurück; dabei zitterte er an allen Gliedern, sein Gesicht wurde bleich und nahm die grünliche Färbung des Todes an. Krämpfe befielen ihn, er stieß einen erstickten Schrei aus und starb. Ich winkte meinen Sarazenen zu und wies auf den Arzt.

»Herr!« murmelte der Doktor, fahl im Gesicht. »Jemandem muß ein Irrtum unterlaufen sein!«

»Ein geringfügiger Irrtum«, erwiderte ich, »leicht zu korrigieren. Wie wär's mit einem Trank davon für dich?«

»Ich kenne die Formel nicht!«

»Das Spiel ist aus, guter Doktor. Ich werde dich jetzt der Folter überantworten. Ich möchte gern erfahren, wo du Chemie studiert hast. In Parma etwa, unter dem Professor Gregorio da Montelungo? Oder in Lyon —?«

»Herr«, sagte er mit bebender Stimme. »Die Folter erübrigt sich. Wenn Ihr mein Leben schont, verrate ich Euch alles, was Ihr wissen wollt!«

»Mit Männern, denen ich nicht trauen kann, schließe ich keinen Handel ab.«

»Allergnädigster Herr«, rief er. »Ich bin nur das Werkzeug Pier della Vignas!«

»Wie freigebig ist der Papst mit den Thronen anderer Leute!« rief ich aus. Dann erst drang mir ins Bewußtsein, was der Doktor gesagt hatte.

Für einen Augenblick war ich wie benommen und glaubte, das Giftgebräu getrunken zu haben; dann wünschte ich, das wäre der Fall gewesen. Ich konnte das Leben nicht mehr ertragen. In meiner Verzweiflung rief ich laut: »Dieser Petrus, den ich für einen Fels gehalten habe und der mein halbes Leben war, hat mich ermorden wollen! Ich spüre es im tiefsten Inneren! Wo soll ich mich jemals wieder glücklich und sicher fühlen? Wem kann ich hinfort noch trauen . . .?« Ich schluchzte vor hoffnungsloser Qual.

Nach einer Weile sah ich durch schmerzende Augen, daß der Doktor auf den Knien neben meinem Bett herumkroch. Sabbernd bedeckte er meine Hand mit Küssen. »Mein Leben, Euer Majestät . . . Erbarmen . . . nur schont . . . mein Leben!«

Ich sprang aus dem Bett, stieß ihn mit einem Fußtritt beiseite und der wilde, heftige Zorn meiner besten Mannesjahre packte mich. »Du sollst dein Leben haben, wenn es dir noch etwas wert ist, aber unter Bedingungen, die ich vorschreiben werde«, sagte ich mit ätzendem Hohn. »Als Medizin verordne ich dir die Folter — langsame Folter, Tag um Tag, Nacht um Nacht, nicht genug, um zu töten — aber ohne Ruhepause!«

Ich wandte mich an die Sarazenen. »Nehmt diesen Mann. Sagt den Henkern, er soll nicht sterben, bis er um den Tod bittet — und selbst dann sollen sie noch eine Weile warten, um ganz sicherzugehen, daß er es auch wirklich meint.«

Zwei Wächter ergriffen ihn, und er hing rückgratlos in ihrer Mitte. »Und denkt daran, guter Doktor«, rief ich ihm nach, »daß Eure Tortur nichts ist im Vergleich zu meiner — denn Ihr habt mir Herz und Sinn vergiftet, und mit ihnen muß ich weiterleben . . .«

Aber weder mein Verstand noch mein Herz schienen zu funktionieren. In dem leeren, müden Ton eines Menschen, der alle Empfindung verloren hat, sagte ich auf arabisch zu meinen beiden zurückgebliebenen Sarazenen: »Verhaftet den ehrenwerten Pier della Vigna und blendet ihn. Keine sonstigen Körperverletzungen. Blendet ihn mit glühenden Eisen. Ich kann den Anblick seiner Augen nicht ertragen.«

8.

Schon quälten mich Zweifel. Ich wollte mehr über die Rolle Pier della Vignas erfahren, denn meine Spione hatten völlig versagt. So nahm ich, der ich die Tortur bisher scheel angesehen hatte, meine Zuflucht zum Rad, zur Folterbank, zu der eisernen Jungfrau, dem Nagelbrett, der Stahlhaube, der Geißel, zu Kneifzangen, Daumenschrauben, feurigen Kohlen, kochendem Öl und glühenden Eisen. Außer Piero ließ ich alle foltern, die an den Verhandlungen über die Freilassung meines Arztes beteiligt gewesen waren oder mit dem päpstlichen Legaten Gregorio da Montelungo in Verbindung gestanden hatten. Ich erfuhr nichts. Mit Piero zu reden, brachte ich nicht über mich. Ich wagte es nicht.

In einem letzten Bemühen, der Folter zu entgehen, bestätigte der Doktor, daß er seine Instruktionen von Innozenz erhalten hatte. Aber die eigentlichen Beweggründe für seinen Verrat blieben im dunkeln. Ohne die Hilfe Pier della Vignas setzte ich ein Manifest auf und teilte den Königen und Fürsten der Christenheit und den Völkern der Welt folgendes mit:

›Dieser Papst, dieser Innozenz, dieser Priester, dieser Hirte, dieser friedliebende Heilige Vater und Lenker Unseres Glau-

bens — er begnügt sich nicht mit zahllosen Anschlägen und
würdelosen Aufwiegelungen in seinem Bestreben, Uns Schaden zuzufügen. Dieser Tage — o Schande! — hat er versucht,
durch geheime Anschläge Unser Leben zu vernichten. Vom
Dolch in den Händen des Verräters hat er seine Zuflucht zu
einem Giftbecher in der Hand eines Arztes genommen. Möge
der Große Arzt ihn richten! Und mögen die Menschen ein
gottgefälliges Urteil fällen . . .!«

Über Pier della Vigna sagte ich kein Wort — anfangs. Schon
waren wilde Gerüchte über seine Schande und seine Verhaftung
in Umlauf, und überall stieß ich auf plötzliches entsetztes Schweigen. Überall löste die offenkundige Unsicherheit in meinem Lager
Beunruhigung und Schrecken aus. Für einige war ich ein Ungeheuer; andere lächelten und freuten sich über den Sturz meines
Favoriten. Aber alle fürchteten sich und fragten sich, wer der
nächste sein würde.
Ich wollte es nicht publik werden lassen, daß Piero, den ich
so geschätzt, mir nach dem Leben getrachtet hatte. Deshalb streute
ich selbst irreführende Berichte darüber aus, weshalb er in Ungnade gefallen sei. Ich schrieb verschiedene Briefe, in denen ich
andeutete, er habe riesige Unterschleife und Unterschlagungen
begangen; daß ich ihn für einen Betrüger hielte, der seine große
Macht zur Selbstbereicherung mißbraucht habe. Warum, so fragte
jemand, wurden ihm dann nicht die Hände abgehackt, wenn er
öffentliche Gelder damit veruntreut hatte? Oder vielleicht stecke
irgendein geschlechtliches Geheimnis dahinter, vielleicht wäre er
entmannt worden? Auf solche Anfragen setzte ich das Gerücht in
Umlauf, er habe versucht, sich an meiner bevorzugten Konkubine
zu vergehen. Doch das wurde dahin verdreht, daß ich Wüstling
die reizende Jungfrau verführt hätte, die er zur Braut erkoren,
und er mich daraufhin angegriffen hätte. Womit war sein Sturz
jetzt noch zu begründen — außer mit Verrat?
Die Cremoneser, erregt über den Anschlag des Arztes, richteten ihren Zorn jetzt auf meinen unglücklichen Exminister. Die
Menschenansammlungen vor seinem Kerker wurden täglich größer, und das Gerücht verbreitete sich, daß er mich jahrelang im
Solde des Papstes hintergangen habe. Ich verstärkte die Anzahl

der Wachen; aber die Menge verdoppelte und verdreifachte sich, warf mit Steinen und schrie: ›Verräter ... Verräter ... Verräter!‹ Noch vor Anbruch eines feuchten, schleimigen Tages, als die Menge sich zerstreut hatte, ließ ich ihn in das nahe Borgo San Donnino überführen, wo er sicher sein würde. Ich hatte andere Pläne mit ihm; doch für den Augenblick zog ich erst einmal einen Schleier über die ganze Affäre. Niemand außer mir und meinen Sarazenen wußte, wo Piero im Gefängnis war, ob er verstümmelt worden war, ob tot oder lebendig. Sein Name durfte, bei Androhung strengster Strafen, in meiner Gegenwart nicht mehr erwähnt werden. Der Name Pier della Vigna sollte in Vergessenheit geraten.

Nur ich konnte nicht vergessen. In jenen Tagen kam mir oft des Hiob Wort in den Sinn: ›Alle meine Getreuen haben Greuel an mir, und die ich liebte, haben sich wider mich gekehrt.‹

Ich litt an Verfolgungswahn. Hinter jedem dunklen Schatten vermutete ich einen Meuchelmörder; in jedem Becher Wein erblickte ich einen Totenschädel. Ich vervielfachte meine sarazenische Leibwache. Ich war nie allein. Ich aß nichts, was nicht vorher jemand aus meinem Gefolge probiert hatte; und so wurden die Mahlzeiten zu einer Qual für alle, da jedermann täglich um sein Leben bangte. Einige wagten es, sich zu beschweren; ich lachte ihnen ins Gesicht und nannte sie im Entstehen begriffene Verräter. Hatte ich nicht schon viele Menschen gut gekannt, die zum Verräter an mir geworden waren?

Meine Reizbarkeit machte mich unvernünftig und ungerecht. Niemand war sicher vor meinem Zorn; ich prügelte, schlug Zähne aus und ließ Leute wegen geringfügiger und lächerlicher Vergehen einkerkern. Meine sarazenischen Henkersknechte wurden wie Dämonen gefürchtet; man bekreuzigte sich, wenn die Sarazenen vorüberzogen. Ich hatte alles Interesse daran verloren, durch Gesetz oder die Handhabung von Gerechtigkeit zu regieren. Ich hatte aufgehört, das zu sein, was Aristoteles einen gerechten König nannte, und entsprach seiner Definition eines Tyrannen. Wer mich meiden konnte, mied mich; man überließ mich meinen Grübeleien.

Des Papstes Beschwörungen hatten mich endlich in einen Satan verwandelt.

Schließlich riß ich mich zusammen und beschloß, nach Sizilien zurückzukehren. Einmal dort, fand ich vielleicht meine Orientierung wieder — wie die unveränderliche Nordpolarität des geheimnisvollen Kompasses. Wieder daheim, fand ich mich vielleicht selbst wieder. Unerwartet gab ich meine Abreise nach dem Süden bekannt, und alles geriet in Verwirrung. Die lenkende Hand fehlte; Taddeo da Suessa und Pier della Vigna fehlten.

Im März war es endlich soweit. Ich vermißte das Parfüm der Tänzerinnen, das verschlagene Gelächter der Eunuchen, den schlurfenden, wiegenden Gang der Kamele, das Trompeten des Elefanten. Alle waren tot oder befanden sich in Parma in Gefangenschaft. Meine Karawane glich jetzt trotz aller Banner irgendeiner beliebigen Karawane, bis auf die starke Sarazenenwache, die sich um meine Person konzentrierte. Wir marschierten langsam, lustlos und waren schon nach der ersten Stunde müde.

In Borgo San Donnino machten wir kurz halt, um einen blinden, nur leicht gefesselten Gefangenen mitzunehmen. Bei all seiner Vorliebe für prächtige Gewänder war er wie ein Mönch gekleidet. Sein Name wurde nicht bekanntgegeben. Ich selber bekam ihn nicht zu Gesicht, befahl jedoch, daß er, auf einem *asino* reitend, im Troß mitgeführt werden sollte, an jeder Seite einen sarazenischen Posten und einen Trommler. Die Trommler erhielten Anweisung, ihre Trommeln jedesmal zu rühren, wenn der Gefangene zu sprechen versuche. Beim Durchzug von Städten sollten sie unaufhörlich trommeln, aber gedämpft.

Die Gipfel der Apenninen waren noch immer schneebedeckt, und schneidende Winde raubten uns den Atem. Als wir uns endlich im Arnotal befanden, hingen Tag für Tag dunkle Regenwolken über uns. Wieder mußte ich daran denken, welchen Tod man Piero und mir vorausgesagt hatte. Mein aus Fiorenza stammender Arzt hatte in der Tat etwas mit Tod und Blumen zu tun. *Sub flore:* ich mied jene Stadt, die die Italiener Fiorenza und die Deutschen Florenz nennen. Meine Gedanken waren nach innen gerichtet; ich nahm die verschlammte Straße kaum wahr. Doch nicht einen einzigen Augenblick ging mir der Gefangene aus dem Sinn, der gesenkten Hauptes im Troß mitritt.

Zur gegebenen Zeit gelangten wir nach San Miniato, doch lange bevor wir es erreichten, sahen wir den dunklen Turm, der sich von dem undurchlässigen Grau des Himmels abhob. Hier in diesem Turm, wo wir die Bahn eines leuchtenden Kometen verfolgt, die Sternbilder betrachtet hatten und uns so nahe gewesen waren wie noch nie — hier würde ich Piero für den Rest seines Lebens schmachten lassen. Wie steil es hinanging, wie hoch der Berg, wie schwindelerregend hoch der Turm! Mir war wie einem Menschen zumute, der sich dem Rand des Universums nähert. Doch konnte Piero weder wissen noch ahnen, wo wir uns befanden. Nur durch Worte konnte er es erfahren ... und die Worte würden Erinnerungen wachrufen. Dann würde er sehen, was seine Augen nicht sehen konnten. Und zurückdenken ...

Es war kurz vor dem Dunkelwerden, als wir den gewundenen Pfad zu dem Turm emporkeuchten. Das wellenförmige Flußtal tief unten war in Dunst, Nebel und die ersten Abendschatten gehüllt. Um die Turmspitze quirlten dunkle Wolken wie Geister, die die Erde verschlingen möchten. Aus der Kirche weiter unterhalb am Rande des Felsens erklang Vespergeläut. Aus dem Glockenstuhl schwangen sich ganze Scharen von Raben in die Luft, kreisend, krächzend, prophezeiend. Der Wind wehte heftig, kalt und feucht und peitschte die hohen Zypressen. Alles schien sich im Schwebezustand zu befinden.

Vor dem Hause des Kastellans mußte der Gefangene absteigen, umhertastend und unbeholfen; und der Kastellan, sich die Hände an seinem Lederwams abwischend, kam heraus, um den Blinden zu führen. Von der Tür her sahen die Frau des Kastellans und kleine Kinder mit weitgeöffneten Augen zu; drei graue Kätzchen spielten zu ihren Füßen, und Hühner pickten den Boden an. Als die Frau den Gefangenen erblickte, erschrak sie. »Gott sei ihm gnädig!« murmelte sie und bekreuzigte sich.

Ich wartete noch eine Weile und beobachtete die beiden Gestalten bei dem endgültigen Aufstieg. Stolpernd, mit den Füßen nach jeder Stufe tastend, bewegte sich der Blinde aufwärts. Ungeduldig stieß der Kastellan ihn an und sagte etwas dabei, doch der Wind trug seine Worte davon. Endlich erreichten sie die aus Backsteinen bestehende Plattform des Turmes, die einst weingetränkt erschienen war und jetzt blutgetränkt aussah. Am Fuß des Turmes blieben die beiden Männer schwankend und gegen den Sturm gebückt stehen.

Mit einer jähen, heftigen Bewegung, als sprenge er seine Fesseln, wandte der Gefangene sich um und warf seine Kapuze zurück. Im letzten Schimmer der Sonnenstrahlen sah ich das einst geliebte Antlitz. Voller Entsetzen starrte ich auf mein Werk, die leeren Augenhöhlen.

Mit einem Ärmel seiner Kutte wischte er sich die Tränen aus dem Gesicht und rief mit deutlicher, unvergessener Stimme: »Imperatore! Imperatore! Hör mich an, *caro* Federico . . .! Nie im Leben hab' ich dich mit Wort oder Tat verraten . . .!«

Mit einem einzigen Satz stürzte er sich in die Tiefe. Die Weissagung hatte sich erfüllt. Plötzlich lag alles im Schatten.

»Er ist verloren — er ist verloren!« schrie der Kastellan.

Narr! dachte ich; nicht er, ich bin verloren! Und in der Bitterkeit meiner Verzweiflung murmelte ich: »Aus dem Nichts ist er gekommen, ins Nichts ist er zurückgekehrt . . .«

9.

Überall folgten mir Horden von blinden Bettlern nach — vielleicht nicht mehr als sonst, aber ich war mir ihrer Gegenwart deutlicher bewußt. In Pisa vermochte ich sie nicht abzuschütteln, bis ich mich an Bord meiner Galeere begab und mich erleichtert in meiner Kabine verbarg. Als wir den verschilften Fluß hinter uns hatten und uns auf See befanden, kam ich an Deck — vorher nicht. Ich blickte zurück auf die rasch entschwindende Küste, noch immer von der Last niedrig hängender Wolken bedrückt. Auch ich fühlte mich bedrückt, und dieses Gefühl würde wohl nie mehr von mir weichen. Diese Abfahrt hatte etwas Endgültiges an sich. Mein Leben lag im wesentlichen hinter mir und ließ sich nicht mehr zurückbringen. Auch würde ich dieses Land kaum jemals wieder betreten.

Wir hatten hohen Seegang, und der ängstliche Kapitän befürchtete, das Schiff könnte sinken. Er wollte die Insel Montecristo anlaufen und auf besseres Wetter warten, aber ich bewog ihn zur Weiterfahrt. Ich hatte keinerlei Furcht vor einem Tod in den Wellen, und das Leben der Besatzungsmitglieder bedeutete mir gar nichts. Allmählich ließ der Sturm nach, und wir fuhren unter einem hellen, leuchtenden Frühlingshimmel in den Golf

von Neapel ein. Nie hatte der Hafen ein solches Schauspiel geboten — eine smaragdgrüne, mit Diamanten besäte See —, und mir
war, als sähe ich das Ganze mit den Augen des Odysseus. Weit
zur Rechten ragten die dunklen, zerklüfteten Massen von Capri
und der Halbinsel Sorrent auf: fast in der Mitte der harmonische
Bergkegel des Vesuv, schwache Rauchwolken ausstoßend. Zu unserer Linken lagen die Terrassen, die Weinberge und Kastelle der
vulkanischen Insel Ischia, und nicht weit davor die Insel Procida,
wo in einem der bunt schimmernden Häuser ein Arzt wohnte,
dem ich vertrauen konnte — und den ich in Kürze an den Hof be-
rufen würde. Dann, in der Ferne — Vomero, das Castel dell'Ovo,
die hohen, gefiederten Palmen der Nymphe Parthenope, und endlich daheim . . .

Endlich daheim! Auf dem *molo* wurde ich durch eine kleine
Gruppe von Höflingen und städtischen Beamten begrüßt, die sich
wichtig gebärdeten wie immer, wenn jemand eintraf, von dessen
Ankunft sie zu profitieren hofften. Sie alle waren mir völlig gleichgültig, bis auf Berard. Ich warf mich in seine gesegneten Arme.
Er küßte mich auf beide Wangen; und mit seinem weißen Bart
— er war jetzt fast fünfundachtzig — wirkte er wie Jehova.

»Willkommen daheim im Königreich, mein Sohn«, sagte er.

»Hòi, guter Vater Berard, ich freue mich, endlich wieder daheim zu sein — ich bin hundemüde und völlig zermürbt!«

»Ich habe im Augenblick nur eine einzige Frage«, sagte er
ernst. »Was habt Ihr für Pläne mit dem großen Capuaner Brük-
kentor?«

Ich begriff ihn sofort. »Es soll alles so bleiben, wie es ist:
meine Statue in der Mitte, Taddeo zu meiner Linken, Piero zu
meiner Rechten.«

Berard schöpfte so tief Luft, daß allmählich ein Aufstöhnen
daraus wurde. »Dann — war er also — unschuldig —?«

Berard gegenüber sah ich mich zu einem Geständnis gezwungen. »Er hat mich nicht verraten — ich habe ihn verraten — er war
unschuldig.«

Mit leiderfüllter, feierlicher Stimme sagte Berard: »Friede sei
mit dir, mein Sohn.«

Als ich zu Pferde stieg und Berard zitternd in seine Sänfte
kletterte, wurden wir von blinden Bettlern umringt. »Almosen,

gnädigste Herren«, riefen sie, »Almosen im Namen von Christi blutenden Wunden, gebt uns Almosen . . .!«

Ich warf Münzen unter sie und wischte mir mit dem Saum meines Ärmels die Tränen aus den Augen.

So war es überall, wo ich hinkam. Nirgends fand ich Trost. Stets standen blinde Bettler vor den Toren. Ich versuchte es mit dem mächtigen neuen Kastell bei Lagopesole und unternahm Jagdausflüge in die Wälder des Monte Vulture. Ich versuchte es mit dem intimen kleinen Kastell bei Gioia del Colle, aber froh wurde ich auch dort oben nicht. Ich kehrte nach Oria zurück, doch dort suchten mich quälende Erinnerungen an Balian heim. Etwas länger hielt ich mich in Melfi auf und gedachte meines einzigartigen Gesetzbuches und des Dichter-Juristen, der es in Worte gefaßt hatte. Ich tanzte mit den Schatten Biancas und las meine Liebeslieder noch einmal. Aber stets und überall blinde Bettler. Nur auf der kahlen Ebene der Murge, umschlossen von den achteckigen Mauern des Castello del Monte — ein Ebenmaß, den Tod symbolisierend, wie man sich erinnern wird —, fand ich Geborgenheit, wenn auch keinen Frieden.

Ein Jahr lang befand ich mich ständig auf der Flucht vor mir selber. Während dieser Monate waren meine Heere überall siegreich. Selbst der ranzige alte Kardinal Raniero wurde geschlagen und starb. Ein weiterer Versuch, in Sizilien einzufallen, wurde mit Leichtigkeit abgewehrt. Stadt um Stadt kehrte zu meiner Standarte zurück — einige willig, wie das verräterische Viterbo, dem die Priester mittlerweile den Kropf so mit Kies vollgestopft hatten, daß man bedient war. Auf See vernichteten meine Geschwader die genuesische Flotte; und die Flotten von Venedig hatten alles Interesse am Kampf verloren, denn ein genuesischer Papst hatte diesen Krämern nur wenig Vorteile gebracht. In Deutschland ging die Anarchie an sich selbst zugrunde, und mein Sohn behauptete sich; die Städte wandten sich an ihn um Beistand in ihren Bemühungen, sich von weltlichen und geistlichen Fürsten zu befreien.

Innozenz hatte wenig Neigung, den Kampf fortzusetzen. Seine Heere waren angeschlagen, seine Mittel ziemlich erschöpft. In allen Ländern stand die Kirche schwer in Verruf. Die gesamte Christenheit lachte über oder beklagte die Bemerkung, die der

Kardinal Hugh von St. Cher eines Tages nach der Messe in Lyon machte: ›Als wir hierherkamen, gab es nur drei oder vier Bordelle. Wenn wir abziehen, werden wir eine ganze, aus nichts als Huren bestehende Stadt zurücklassen.‹ Die Habgier des Papstes war jetzt offenkundig, denn alle Christen hatten unter seinen Erpressungen gelitten. Daß der Papst es unterließ, den Kreuzzug des heiligen Ludwig zu unterstützen, hatte nicht nur zur Katastrophe, sondern zur bittersten Verstimmung geführt; einmal hatte der Papst sogar Kreuzfahrer vom Heiligen Land abzulenken versucht, damit sie Sizilien angreifen sollten! Mir schien, es würde lange dauern, ehe das Papsttum sich von den Schäden erholte, die Gregor und besonders Innozenz ihm zugefügt; andere Zeiten, ein anderes Geschlecht brachten der Kirche vielleicht wieder die Ehrerbietung entgegen, die ihr gebührte. Gewaltige unversöhnliche Kräfte waren jetzt entfesselt worden, die weder er noch ich kontrollieren konnten. Noch gab es keine Reformation; aber sie war unausbleiblich. Durch ihr Tun zerstörte sich die Kirche selbst. So bin nicht ich es, sondern dieser Papst und seinesgleichen, die das Urteil der Jahrhunderte auf sich nehmen müssen. Mich braucht er nicht mehr zu fürchten; statt dessen sollte er sich vor der Zukunft fürchten. Ich selbst unterwerfe mich willig dem Urteil der Zeit . . .

Ich fühlte mich krank. Oft hatte ich Schmerzen im Unterleib. Ich ignorierte den Schmerz. Ich nahm ab. Meine Haut wurde gelb und juckte ständig. Meine Muskeln erschlafften, an meinem Hals und in meinem Gesicht bildeten sich Falten. Ich runzelte häufig die Stirn. Mein Brustkorb senkte sich; mein Haupthaar begann sich zu lichten; meine Schamhaare wurden grau. Sporadisch flakkerte mein Interesse an geschlechtlichen Dingen auf, aber ich konnte mir keinen begehrenswerten Partner vorstellen. Im Frühherbst dieses Jahres wurde ich bettlägrig. Jetzt gehe ich im Castello del Monte der Genesung entgegen.

In Kürze hoffe ich nach Foggia übersiedeln zu können und von dort nach dem Kastell in Lucera, denn nach diesen endlosen Kriegen mit den ›Christen‹ empfinde ich es als eine Wohltat, von Moslems umgeben zu sein. Die Sarazenen in meinem Gefolge sind stattlich, ruhig und voller Selbstbeherrschung, und ihre Weiber, wenn unverschleiert, haben gelassene, ernste und heimsucherische Gesichter. Das bedeutet jedoch nicht, wie der Papst oft behauptet hat, daß ich zum Islam übergetreten wäre. Für die Orthodoxen aller Sekten werde ich wohl immer der größte Ungläubige sein.

Ich bin mir selbst Gesetz und Glaubensbekenntnis gewesen. Und darin liegen Größe und Tragik meines Lebens.

10.

Endlich verstehe ich, wie ich glaube, Pier della Vigna ganz. Ich schreibe in Eile, denn ich bin sehr krank gewesen und liege in dem schäbigen kleinen Kastell Fiorentino, weil ich mich zu elend fühlte, nach Lucera zurückzukehren. Mitte November war ich auf Falkenbeize in den Ausläufern des Monte Gargano und wurde ruhrkrank. Seit vielen Tagen habe ich fast nichts zu mir genommen und leide unter Schwäche und Übelkeit. Obwohl ich Lucera auf seiner Anhöhe von meinem Fenster sehen kann, scheint es mir so weit entfernt wie die Sterne.

Vor kurzem habe ich die *Nikomachische Ethik* des Aristoteles erneut gelesen. Der Abschnitt über die Freundschaft ist mir besonders haftengeblieben. ›Ohne Freundschaft‹, schreibt er, ›möchte niemand leben — besäße er auch alle anderen Güter . . . Freundschaft spornt die Menschen in der Blüte ihrer Jahre zu edlen Taten an — zwei, *die zusammengehen* — denn mit Freunden sind die Menschen befähigter zum Denken und zum Handeln . . . vollkommene Freundschaft entsteht zwischen Menschen von gleichem Wert.‹ Aber ›im Falle von Königen erwarten Menschen, die tief unter ihnen stehen, nicht, Freunde zu sein . . . denn viel kann genommen werden und Freundschaft ist etwas Bleibendes — doch wenn ein Beteiligter in weite Ferne versetzt wird, wie es mit einem Gott geschieht, hört die Möglichkeit zur Freundschaft auf . . .‹ Und noch etwas: das eigentliche Wesen der Freundschaft bestehe mehr darin, zu lieben, als geliebt zu werden, sagte Aristoteles.

›Können zwei Ungleiche je gleich sein . . .?‹ sagte der Wahrsager. So war es also von Anfang an unmöglich und doch nicht unmöglich — weil wir in der Jugend die Kluft überbrückten, die die Königswürde auferlegte. Privatim waren wir, bildlich gesprochen, nackt, der Unterschied zwischen uns nur für Engel erkennbar. Nur langsam wurden wir durch das Gewicht einer Krone getrennt. Wahr ist auch, daß ich, als Piero älter und müder wurde, nicht mehr dieselbe Schönheit in ihm sah und nicht mehr das für ihn empfand wie früher. Das alles begriff ich nicht; Piero begriff es sehr wohl. Er fand sich damit ab, mehr zu lieben als geliebt zu werden. Wie schwierig, stets der Zweitbeste zu sein! Stets fast ein Sklave zu sein, auf jemandes Wink und Ruf bereit, nie das letzte Wort in irgendeiner Angelegenheit zu haben! Und als selbstverständlich hingenommen zu werden — wie ich ihn als selbstverständlich hingenommen hatte! Kein Wunder, daß er sich immer wieder beschwerte. Für mich war er so etwas wie ein Glied meines eigenen Körpers — ein anderes Gehirn, eine andere Hand, eine andere Stimme —, deren ich mich zu meinen eigenen Zwekken bedienen konnte. Sein Glück . . .? Nur zu Anfang nahm ich darauf Rücksicht.

Er war mein Freund; aber ich war seiner nicht. Ich verließ mich auf ihn, beutete ihn aus, schätzte ihn — dachte jedoch nie daran, was ich ihm bedeutete. Ehren, Reichtümer, Ruhm — damit überhäufte ich ihn. In der Tat, er war ehrgeizig. Dennoch wäre er mit Liebesglück besser entlohnt gewesen. Es ging ihm über alles. Wie konnte er mir noch ins Auge schauen — da er wußte, daß ich ihn nicht mehr wahrnahm?

Insgeheim saß er auf dem Thron in Cremona, ja: bestimmt hatte man ihn in Versuchung geführt, bestimmt hatten die päpstlichen Agenten in Parma ihm das sizilianische Königreich angeboten. Aber dieser Versuchung hatte er widerstanden. Seine einzige Schuld lag darin, daß er heimlich in der Dunkelheit auf dem Thron gesessen hatte, die Königswürde auskostend, die er nie kennenlernen würde — nur aus Liebe zu mir.

Und das Ende: wie gut mußte Innozenz begriffen haben, wie ich zu Piero stand! Wie grausam scharfsinnig! Erst vor kurzem habe ich von den Ländereien und den Geldern erfahren, die der Papst der Familie meines Arztes übermacht hat. Ich bin überzeugt, daß der Elende Anweisung hatte, Pier della Vigna hineinzuverwickeln, falls der Anschlag mißglückte. Auf diese Weise bekam die tödlichste Waffe des Papstes eine doppelte Schneide. Wenn ich überlebte, würde ich Piero und damit mich selbst zerstören. Denn im Augenblick von Pieros Untergang würde ich ihn wiederum lieben. ›Caro Federico!‹ hatte er mir noch zugerufen . . .

Zu spät. Zu spät, zu spät ...! Zwischen uns ist alles zu Ende; und auch mit mir geht es zu Ende. Was steht doch über meiner Statue auf dem großen Brückentor in Capua – IM ZORN WERDE ICH DEN MENSCHEN VERNICHTEN, DER SICH ALS TREULOS ERWEIST. Ah – so ...!

Ich weiß noch sehr wohl, daß man mich halb bewußtlos nach einem Ort namens *Fiorentino* gebracht hat. Ich habe die Weissagung nicht vergessen, und daß sie in Erfüllung gehe, ist bei mir schon fast zur fixen Idee geworden. Als ich mich nach dem versperrten Eingang zu dem nahen Turm erkundigte, amüsierte es mich nur, als der Kastellan mir erklärte, es handele sich um eine verrostete alte Eisentür zu einem nicht länger benützten Zugang. Alle Kastelle hätten verrostete alte Türen, hatte ich an jenem Morgen zu Piero gesagt, und Italien wäre ein blumenreiches Land. *Sub flore ...!* Wo sind die Blumen jetzt im Dezember? Man sieht nicht viele – aber bald; denn Weihnachten und an meinem Geburtstag tags darauf wird der riesige rote Storchschnabel wieder blühen, dessen Blütenblätter bei meiner Krönung vor so langer, langer Zeit auf Palermos Straßen niederregneten.

Dies ist das Jahr des Herrn 1250. Ich werde (vielleicht) sechsundfünfzig.

Gestern habe ich in aller Ruhe mein Testament gemacht. Ich habe viele Beamte kommen lassen und viele Anweisungen erteilt, denn bei mir muß alles – selbst der Tod – seine Ordnung haben. Zuerst habe ich über das Reich verfügt und es Corrado, dem gesetzmäßigen Erben, hinterlassen, und dem kleinen Enrico die Königreiche Arles und Jerusalem. Von allen meinen unehelichen Söhnen war Manfredo der einzige, der Berücksichtigung fand. Ich hinterließ ihm die Ländereien, die ich seiner Mutter Bianca geschenkt hatte, verlieh ihm den Titel ›Fürst von Tarent‹ und ernannte ihn zum Statthalter Siziliens. Für die anderen traf ich besondere Anordnungen. (Enzio bleibt eingekerkert, schreibt Gedichte, in der Gewalt der Bologneser.) Die Kirche erhielt alles zurück, was ihr zustand, aber nur, wenn sie die Rechte des Imperiums und des Königreiches respektierte. Viele Einzelpersonen erhielten Legate, und auch eine Brücke bedachte ich in meinem Testament, denn ich wollte sichergehen, daß eine gewisse Brücke vollendet werde, da sie für den Handel gebraucht wird.

Unter den Zeugen befanden sich mein Arzt Giovanni da Procida; jener bewunderungswürdige junge Dichter Folco Ruffo, der so süß singt; Graf Berthold von Hohenburg, der letzte und einzige Deutsche an meinem sizilianischen Hof; mein Schwiegersohn Graf Riccardo di Caserta; mein geliebter Sohn Manfredo, jetzt achtzehnjährig; und der verehrungswürdige, stets getreue Erzbischof Berard, der für mich wahrhaftig der Stellvertreter des Himmlischen Vaters auf Erden war.

Für meine Beisetzung hinterließ ich genaue Anweisungen. Ich möchte in dem Sarkophag aus dunkelrotem Porphyr ruhen, der seit Jahren im Dom zu Palermo meiner harrt — neben meiner Mutter, meinem Vater, meinem Großvater Roger und meiner ersten Gemahlin Konstanze. Ich bezweifle, daß selbst Innozenz es wagen dürfte, meine Gebeine anzutasten. Ich will in Gewänder gehüllt werden jenen gleichwertig, wie ich sie bei meiner Krönung zum Kaiser getragen habe, denn trotz des Papstes erhebe ich weiterhin Anspruch auf Titel und Thron. Man soll mir ein weißes Priestergewand anlegen, mit kufischen Inschriften auf Halsbändchen und Manschetten, und darüber die Tunika aus scharlachroter Seide streifen. Ein rotes Obergewand soll mit Perlen bestickt und durch einen kostbaren Edelstein zusammengehalten werden. Ich möchte Schuhe aus roter Seide tragen und an meiner rechten Hand einen goldenen Ring, in den ein großer Smaragd eingelassen ist. Mein Schwertgehenk ist mit Silber und Gold durchwirkt, und mein mit dünn gehämmerten Plättchen überzogenes und graviertes Schwert wird neben mir liegen. Ich werde eine einfache, kappenförmige Krone aus Bronze und Gold tragen; und der Reichsapfel, eine goldene, von Smaragden und vier großen Perlen eingefaßte Kugel, wird links von meinem Haupte liegen. Wer da glaubt, ich legte meiner Garderobe übertriebenen Wert bei, möge bedenken, wie lange ich sie tragen muß! Nirgends irgendein Symbol irgendeines religiösen Bekenntnisses — denn trotz der Handlungen der Menschen habe ich an den Menschen geglaubt.

Die Anweisungen sind von allen auf die leichte Schulter genommen worden; und selbst mein guter Doktor Giovanni da Procida verfällt der kollektiven Täuschung. Es ginge mir viel besser, behauptet er; vielleicht könne ich morgen schon aufstehen. »Wie Lazarus«, erklärte ich ihm. Und er gluckste mißbilligend.

Ein kalter Wind bläst von der Adria, und Wolken jagen landeinwärts wie verängstigte Schafe. Die Luft ist rauh und kalt, und ich kann mich nur mit Mühe warm halten. Soeben hat man mir heiße, in Honig gebackene Birnen gebracht, die gut gegen Magenverstimmungen sein sollen, wie man glaubt. Glücklicherweise gibt es jetzt reichlich Birnen; ich werde einen ganzen Birnbaum brauchen! Von Zeit zu Zeit befallen mich Krämpfe, so schmerzhaft, daß ich fast ohnmächtig werde. Ich ringe nach Luft, stöhne, beiße die Zähne zusammen. Meine Gesichtsfarbe kenne ich, und ich habe es abgelehnt, in einen Spiegel zu blicken. Dann läßt der Schmerz zeitweilig nach; mein Gesicht entspannt sich und wird ruhig. Für einen illusorischen Augenblick fühle ich mich fast wieder jung. Aber es ist unmöglich, den Schmerz in Worten zu schildern und einen Begriff davon zu geben. Ich entsinne mich meiner Beobachtungen auf dem Schlachtfeld, wo ich manchmal in aller Gemütsruhe die qualvollen Zuckungen Verwundeter mit ansah und nur Mitleid mit ihnen hatte, ohne ihren Schmerz zu spüren. Auch denke ich daran, daß beim Nahen des Todes der menschliche Geist glücklicherweise aufhört zu funktionieren. Ich darf deshalb nicht zu lange warten und muß meine Angelegenheiten zum Abschluß bringen.

Gern wiederhole ich mir die Zeilen des Kaisers Marcus Aurelius und wünschte, sie wären von mir, da sie meine Empfindungen so treffend ausdrücken:

>Alles ist mir süße Frucht, was, o Natur, deine Jahreszeiten mit sich bringen. Von dir ist alles, in dir alles, in dich kehrt alles zurück.<

Was wäre zum Leben, von mir aus, sonst noch zu sagen? Nur daß es gelebt werden sollte — bis zum Bersten! Ich habe das Leben leidenschaftlich umarmt, da eine Umarmung ohne Leidenschaft bedeutungslos ist. Jetzt hat mich die Leidenschaft verlassen, und der Kuß, den ich auf meiner Wange spüre, ist der Kuß des Todes.

Oft habe ich einen Priester mit der Hostie vorübereilen sehen und habe gedacht: >Wie lange soll dieser Unsinn noch weitergehen?< Jetzt bin ich an der Reihe! Selbst jetzt muß ich den guten Sitten noch gewisse Zugeständnisse machen, wie es sich für einen katholischen Fürsten schickt — nicht um meinetwillen, sondern um meiner Untertanen willen, die aufrichtig fromm sind, und aus Rücksicht auf die staatliche Autorität. Im allerletzten Augenblick (heute abend? — oder beim Morgengrauen, in der Todesstunde, morgen? — morgen ist, glaube ich, der dreizehnte Dezember — ich weiß immer noch, welches Datum wir haben!) — im allerletzten Augenblick sage ich, werde ich den Erzbischof Berard rufen lassen, damit er mir Absolution erteilt und mir die Sterbesakramente reicht. Das Heilige Abendmahl — meine erste Erinnerung an Berard, meine letzte Erinnerung an Berard. Er wird es mir spenden, wie vor so langer Zeit jenem anderen geliebten und bewunderten Freunde Guglielmo, von dem ich gelernt habe, wie man liebt.

Die letzten Riten der Heiligen Kirche! Aber selbstverständlich wird der Papst erklären, daß mir, als Exkommunizierten, dieses Ritual nichts nützen wird. Im päpstlichen Lager wird man frohlocken. Ich kann schon jetzt hören, wie man Gott dort für diese Rettung preist und der Welt gleichzeitig versichert, daß ich in den Flammen der Hölle schmore und brate. Was für ein Witz, daß ich im Gegensatz zum Papst keine Furcht vor der Hölle empfinde; deshalb werde ich im Gegensatz zum Papst auch ohne Seelenqualen sterben — wenn auch gewißlich mit schmerzlichem Bedauern. Da es im Nichtsein vor der Geburt keinen Schmerz gab, so kann es auch im Nichtsein nach dem Tode keinen Schmerz geben. Für mich wird das eine Erleichterung sein. Wahrhaftig, für die Ungeborenen und die Toten ist alles formlos und leer und existiert nicht...

Mich beschäftigt nur noch ein einziges Problem: was ich mit diesem Manuskript machen soll. Ich kann es nur den Händen eines einzigen lebenden Menschen anvertrauen: Berard. Ich werde ihn bitten, es in eine Truhe zu legen, die ich für diesen Zweck aufbewahrt habe — ein arabisches Kästchen aus kunstvoll geschnitztem Elfenbein, mit Löwen und Adlern verziert und mit Inschriften versehen, die die Herrlichkeit und Größe des Menschen preisen. Diese Truhe soll er in einer geheimen Nische in der Königlichen Kapelle von Palermo deponieren — einer Nische, die ich als Knabe entdeckt habe. Dort, so hoffe ich, wird sie für viele kommende Jahre geschützt sein ... während ich selber geborgen im behaglichen Schoß der Zeit ruhe.

Anmerkungen

Einige in diesem Werk auftretende Ortsnamen haben sich seit dem Mittelalter wie folgt gewandelt: Fiorenza in Firenze; Monte Malo in Monte Mario; San Germano in Cassino; Castrogiovanni in Enna; Agobio in Gubbio; Suessa in Sessa; San Felice in San Fele; Borgo San Donnino in Fidenza.

Eine Anzahl Goldmünzen, die Federico II. im Profil zeigen, befinden sich noch heute, gut erhalten, in verschiedenen Museen. Ein stilisiertes, symbolisches »Portrait« ist häufig aus dem illustrierten Manuskript des DE ARTE VENANDI CUM AVIBUS reproduziert worden. Im Museum von Capua gibt es eine Portraitbüste eines schönen Knaben — »Vielleicht Federico Secondo«. Der Stil jedoch weist wenig, wenn überhaupt irgendwelche Ähnlichkeit mit dem des dreizehnten Jahrhunderts auf. Ein imaginäres Ölportrait hängt in dem restaurierten Kastell von Oria. Von einer kürzlich entdeckten Büste im Museum von Barletta heißt es, sie stelle ein Portrait Federicos dar. Man ist geneigt, die Plastik für authentisch zu halten, da sie die entschlossenen Züge eines Mannes in besten Jahren trägt. Einige Experten behaupten, daß die eingemeißelte Inschrift (auf die sich die Identifizierung stützt) späteren Datums sei als die Plastik selbst. Nach Federicos Tode haben seine Gegner ganze Arbeit darin geleistet, alle bildlichen Darstellungen des Kaisers zu zerstören — obgleich Fragmente des Großen Tores von Capua erhalten blieben und noch den eindringenden Napoleonischen Truppen als Zielscheibe dienten.

Ein Wort über Federicos literarischen Stil ist hier vielleicht nicht unangebracht. In seinen meisten Schriften strebte er da-

nach, sich einfach, klar und unmittelbar auszudrücken — obschon
er, wenn er wollte, in die bombastische und verschnörkelte Sprache seiner Zeit verfallen konnte. In seinen Briefen kann er von
äußerster Förmlichkeit und Zurückhaltung sein und dann wieder
bis zur Schwatzhaftigkeit aus sich herausgehen. Er verwendet
nicht nur gern Maximen wie in seinem »Falkenbuch«, sondern
schwelgt in Redensarten wie: »Ich habe nie ein Schwein ge-
mästet«; »Eine Spitzhacke wäre nötig, um ihm Vernunft einzuhämmern«; »Kann eine Krähe nicht in einer Schüssel Milch erkennen«; »Soll er sich kratzen, wo es ihn juckt«. Alle sind authentisch. Vor allem besaß er die Fähigkeit, seinen Stil der jeweiligen
Gelegenheit anzupassen, wenn er nicht gerade absichtlich schok-
kieren wollte. Seine kraftvollen späteren Manifeste bedürfen keines Kommentars.

I. (1—8, 11) Über Federicos Kindheit wissen wir nur sehr wenig
Genaues. Vielleicht würde das Öffnen der vatikanischen Geheim-
archive viel Licht auf diesen Abschnitt seines Lebens werfen.
Die Briefe existieren sämtlich, wie zitiert. Federicos Erzieher
Guglielmo Franciscus hat tatsächlich existiert; seine anderen im
Roman auftretenden Freunde sind frei erfunden. Nach den wenigen überlieferten Fakten zu urteilen, muß er jedoch eine Kindheit
ähnlich der beschriebenen verlebt haben — da viel von seinem
späteren Verhalten auf Ideen beruht, die er als Knabe gefaßt.
Auch das Datum der Einsetzung Berards zum Erzbischof von Palermo ist ungewiß, obwohl es sich in früher Jugend Federicos zugetragen haben muß. Aus Gründen der Vereinfachung wird
Berard beim Abhalten des Gottesdienstes anläßlich der ersten
Krönung Federicos eingeführt. Berards Flucht aus Palermo sowie
seine Rückkehr sind historisch nicht verbürgt.
(13) Die Geschichte von den drei Ringen stammt aus dem *Novel-
lino*, einer Geschichtensammlung, die im dreizehnten Jahrhundert
erschien und starken Einfluß auf die Schriftsteller späterer Zeiten
ausgeübt hat. In weitesten Kreisen wurde die Geschichte von den
drei Ringen Federico zugeschrieben; deswegen ist sie aufgenommen worden. Federico selbst tritt als Figur in anderen Geschichten
auf, genau wie einige seiner Gefährten.
(14) Wann und wo Federico seine archäologische Betätigung aufgenommen hat, ist unbekannt. Da Sizilien eines der ergiebigsten
archäologischen Gebiete der Erde ist (seine Kulturen reichen zurück bis in die Altsteinzeit), kann man billigerweise annehmen,
daß Federicos Interesse frühzeitig geweckt wurde. Gleichwohl

sind die griechischen und römischen Überreste am augenfälligsten und können ihm kaum entgangen sein. Seine beachtlichste Leistung, die Bloßlegung des Mausoleums der Galla Placidia in Ravenna, fällt jedoch auf einen späteren Zeitpunkt. Ein derartiges Interesse an Altertümern war eines der Kennzeichen der beginnenden Renaissance, auf italienisch: *Rinascimento*.

II. (4) Zeit und Ort der ersten Begegnung Federicos mit Pier della Vigna und Bianca Lancia sind unbekannt. Durch den Brief, den Pier della Vigna an Erzbischof Berard richtete, wurde Federico zuerst auf Piero aufmerksam; das Datum ist ungewiß. Da Manfredo Lancia für Federico tätig war, während dieser sich in Deutschland aufhielt, besteht durchaus die Möglichkeit, daß Federico und Bianca sich erst bei einem Treffen mit ihm kennenlernten. Über Biancas und Manfredos Blutsverwandtschaft ist jedoch nichts bekannt; vielleicht waren sie Geschwisterkinder oder sogar Nichte und Onkel. Eine höhere Stellung am Hofe Federicos bekleidete Piero erst nach der Krönung in Rom; von Anfang an galt er als Günstling des Kaisers; im XIII. Gesang des *Inferno* läßt Dante Pier della Vigna sagen, daß kaum eine andere Seele an seinen (Federicos) geheimsten Gedanken Anteil hatte. Das Verhältnis mit Bianca bahnte sich erst um die Zeit der Verfassungsproklamation von Melfi an. Wie sich in dem Zueinander Federicos und Pier della Vignas etwas von dem Renaissance-Verhältnis Lorenzos des Prächtigen und Angelo Polizianos andeutet, so ist Bianca Lancia eine Vorläuferin der gebildeten und emanzipierten Frauen der Renaissance.

(9) Wahrscheinlich spielte sich der Vorfall am Schrein Karls des Großen nach und nicht vor Federicos Krönung in Aachen ab. Das ist die von den Chronisten angegebene Zeitfolge, die hier vertauscht wurde wegen der dramatischen Bedeutung von Federicos Kreuznahme.

(10) »Die Goldene Bulle von Rimini«, die Federico im Jahre 1226 erließ, war an Hermann von Salza, den Hochmeister des Deutschritterordens, gerichtet und ermächtigte die Deutschritter dazu, die heidnischen Preußen zu bekehren — die, in den Worten eines Chronisten, »weder schreiben konnten noch Bücher kannten.«

III. (4) Federicos Experiment, die Moslems umzusiedeln und ihnen Religionsfreiheit zu gewähren, hatte bewunderungswürdigen Erfolg, bis die papistischen Kräfte schließlich obsiegten. Danach wurden die Sarazenen niedergemetzelt, Lucera der Christenheit zurückgegeben. Bei neuerdings vorgenommenen Restaurationsarbeiten an den Wällen der Festung sind eine derartige Menge von Schädeln gefunden worden, daß man sie aufstapeln konnte wie die Rundsteine, die man einst als Wurfgeschosse benützte.

Obwohl die Festung von Charles de Anjou ausgebaut wurde, liegen die von Federico errichteten Teile heute zum größten Teil in Trümmern.

(5) Die Begegnung zwischen Federico und Francesco d'Assisi ist urkundlich nicht belegt und scheint mehr in das Reich der Legende als der Tatsachen zu gehören. Die Legende von der Versuchung des Heiligen hat sich jedoch beharrlich behauptet, und die Entdeckung einer Erinnerungsplakette aus dem Jahre 1635 bei kürzlich vorgenommenen Restaurierungsarbeiten an dem Kastell Federicos in Bari ist dazu angetan, sie als Tatsache zu bestätigen. Der Bericht über die Bekehrung des Wolfes von Agobio durch San Francesco findet sich unter Abschnitt XX in den *Fioretti di San Francesco*.

(6) Federicos Reise nach Norditalien fand nach und nicht vor seiner Hochzeit mit Jolanthe statt. Aus dramatischen Gründen ist die Reihenfolge verändert worden.

(7) Die Affäre mit »Balian «ist völlig in Geheimnis gehüllt. Selbst der wahre Name der Mutter Federicos von Antiochia ist unbekannt. Nach der Legende soll Federico die Gemahlin Walter de Briennes verführt und sich deshalb die bittere Feindschaft dieses Mannes zugezogen haben. Diese Feindschaft ging über das Grab hinaus, da Walter de Brienne sich den eindringenden Streitkräften Charles' de Anjou anschloß. Aus persönlichen Gründen scheint Federico alles unternommen zu haben, um die Angelegenheit geheimzuhalten, obwohl sein an »die Blume von Syrien« gerichtetes Liebesgedicht manches durchblicken läßt. Federico von Antiochia war in der Tat das einzige mit einem körperlichen Gebrechen behaftete Kind des Kaisers. Selbst Chronisten fanden diese Tatsache erwähnenswert.

(12) Verschiedene arabische Schriftsteller berichteten eingehend und ausführlich über Federicos Fahrt zu den Heiligen Stätten Jerusalems und zeichneten Gespräche und einzelne Vorkommnisse auf.

(13) Einzelheiten über Federicos Besuch beim »Alten vom Berge« sind nicht bekannt.

IV. (1) Von den beiden griechischen Bronzewiddern, die Federico auf dem Tor zu seinem Kastell Maniace in Syrakus aufstellen ließ, befindet einer sich heute im Museo Nazionale zu Palermo; der andere ist verschollen. Das Große Tor von Capua soll als Modell für die Triumphpforte des Castelnuovo in Neapel gedient haben — die sich noch heute in gutem Zustand befindet. Sie wurde von Alfons dem Großmütigen von Aragón errichtet, zum Andenken an seinen 1442 in Neapel errungenen Sieg über die Angevins (deren Herrschaft 176 Jahre gedauert hatte).

Johannes Maurus, der Sohn einer schwarzen Sklavin, bewies derartige Fähigkeiten, daß er unter Manfredo zum Großkämmerer und später zum Schatzkanzler des Reiches aufstieg.

(2) Weder das Datum der Ankunft Michaels des Schotten am Hofe Federicos noch der Zeitpunkt oder Ort seines Todes sind mit Sicherheit festzustellen — wahrscheinlich ist er in Deutschland gestorben. Die Michael dem Schotten von Federico vorgelegten Fragen sind sämtlich authentisch.

(3) Zu welcher Art der Vogel gehört, den Federico *praeneus* nennt, konnte bisher nicht ermittelt werden. Das Experiment mit dem Kuckuck wird im »Falkenbuch« beschrieben.

Die Fragen, die Federico an Gelehrte im Morgenland schickte, sind in Wirklichkeit erst ein paar Jahre nach der angegebenen Zeit verfaßt worden. Die wissenschaftlichen Experimente sind annähernd so wiedergegeben, wie beschrieben, mit Ausnahme des hinzugefügten Versuches mit dem Hund. Der ins Meer geworfene Becher bildet das Thema eines Gedichts von Schiller, betitelt »Der Taucher«.

(5) Wegen der historischen Bedeutung der Verfassung von Melfi will man eine Restaurierung des Kastells von Melfi vornehmen. Obwohl es unter Erdbeben gelitten hat, ist der Saal mit den Drei Kuppeln erhalten, ebenso der beschriebene Geheimgang.

(6) Obwohl die Erfindung des Knopfes von Historikern im allgemeinen dem dreizehnten Jahrhundert zugeschrieben wird, hat man in Pompeji Unmengen von Knöpfen gefunden. Es scheint sich hier um die Wiedererfindung einer Erfindung zu handeln.

(10) Der Landfriede von Mainz ging dem jüdischen Ritualmord-Prozeß nicht voraus, sondern wurde später geschlossen. Zur selben Zeit begab sich Federico auch nach Marburg, um an der Umbettung der Gebeine seiner Verwandten, der heiligen Elisabeth, und an ihrer Heiligsprechung teilzunehmen.

(11) »Sumer Is Icumen In« ist das älteste bekannte Lied mit englischem Text. Es stammt aus dem dreizehnten Jahrhundert. Matthew Paris hat Isabellas Bemerkungen über die Eunuchengesichter überliefert.

V. (1) Die berühmte »Konstantinische Schenkung« wurde durch die Nachforschungen Lorenzo Vallas im Jahre 1440 als eine der größten Fälschungen in der Geschichte entlarvt. Valla wurde daraufhin vor die Inquisition in Neapel zitiert, jedoch durch den Schutz gerettet, den König Alfons der Großmütige ihm angedeihen ließ.

(3) Die Verhandlungen, die Papst Gregor IX. führte, um eine Heirat zwischen seiner Nichte und Federicos unehelichem Sohn Enzio zustande zu bringen, sind in Dunkel gehüllt. Die Gründe für Federicos ablehnende Haltung sind geschichtlich nie geklärt worden.

(4) Alle außergewöhnlichen Naturereignisse wurden als Zeichen oder Wunder gedeutet, in gutem oder bösem Sinne, je nachdem, immer in bezug auf den Kampf zwischen Kaiser und Papst. Federicos Exkommunikation fand ein paar Wochen vor der Sonnenfinsternis statt, aber da die Exkommunikation erst eine ganze Weile nach ihrer Verkündung bekannt wurde (infolge der langsamen Nachrichtenübermittlung), brachte man Sonnenfinsternis und Exkommunikation in ominösen Zusammenhang. Man tut daher der Geschichte keine Gewalt an, wenn man es so darstellt, als hätte sich beides am selben Tage ereignet. Was das andere Naturereignis angeht, das mit einem besonderen Vorfall in Federicos Dasein in Zusammenhang steht, so erschien der Komet kurz vor seinem Vormarsch auf Rom, und blutroter Regen fiel kurz vor der Verschwörung gegen sein Leben durch seine Vertrauten.

(9) Die Freiheitsgarantie, die Federico den Männern aus Schwyz gab, war der Beginn des modernen Schweizer Bundes.

(10) Heute steht das Castel del Monte in einsamer Größe auf einer Anhöhe in der Apulischen Ebene. Obwohl es seiner Inneneinrichtung beraubt worden ist, seiner Plastiken, seiner Mosaik-Fußsteige, der meisten seiner Marmorbildwerke und selbst seiner Kamine, bleibt es eines der architektonischen Weltwunder.

(11) Federicos Buch *Über die Kunst mit Vögeln zu jagen* gilt als ein Markstein in der Geschichte der exakten Wissenschaften; man hat es den »Anfang der experimentellen Wissenschaft im Abendland« genannt. Seine Illustrationen zeichnen sich durch Genauigkeit aus; viele davon sind von persischen Zeichnungen beeinflußt. Vielleicht ist es sogar als Nachschlagewerk von Albertus Magnus benutzt worden; es galt bis vor kurzem als unübertroffen. Auch andere naturwissenschaftliche Werke sind davon angeregt worden, z. B. »Das Heilen von Pferden«, verfaßt von dem Kalabresen Jordanus Ruffus — die erste westeuropäische Abhandlung über Tierheilkunde.

(12) Die volkstümliche Fabel darüber, wie »Gianni« da Procida seine Restituta aus den Klauen Federicos errettete, findet man in Boccaccios »Dekameron«, die sechste Geschichte am fünften Tage. Dieser »Gianni« und Giovanni da Procida, der junge Arzt am Hofe Federicos, dessen Name später eine so hervorragende Rolle in der Geschichte Siziliens spielen sollte, sind zweifellos identisch. Bei Boccaccio jedoch ist Palermo der Schauplatz der beinahe geglückten Verführung Restitutas durch den König.

Die Ehe Federicos mit Bianca Lancia ist eine geschichtliche Hypothese. Rein äußerlich spricht viel dafür. Die Geschenke, die er ihr machte — höchst ungewöhnlich —, sind urkundlich belegt, genau wie seine Erklärung, daß Manfredo Lancia sein »geliebter Anverwandter« wäre. Als weiterer Beweis dafür ist die Tatsache anzusehen, daß Manfredo, der Sohn, den ihm Bianca gebar, das einzige uneheliche Kind war, das im endgültigen Testament erwähnt und berücksichtigt wurde. Es steht außer jedem Zweifel, daß Bianca Lancia die einzige Frau in Federicos Leben war, die ihn für eine derartige Zeitspanne zu fesseln vermochte. Zeit und Ort ihres Todes sind unbekannt.

Federicos Definition der Ehe, wie hier wiedergegeben, hält sich strikt an seine oft geäußerte Meinung.

(13) Die Päpstin Johanna soll den Heiligen Stuhl angeblich um das Jahr 1100 innegehabt und sich Ioánnis oder Johannis (auf italienisch Giovanni) genannt haben. Als junges Mädchen soll sie sich den Namen »Johannes Angelikus« zugelegt und sich als Mann verkleidet haben, um mit ihrem Geliebten in einem Benediktinerkloster zusammen sein zu können. Durch ihre Kenntnis des Griechischen und andere Fertigkeiten gelangte sie dann auf den Heiligen Stuhl. Ihr Geheimnis wurde erst entdeckt, als sie mitten in einer Prozession zum Lateran mit einem Kind niederkam. Zu Zeiten Federicos wurde ihre Existenz kaum in Zweifel gezogen. Im Jahre 1404, bei der Krönung Innozenz' VII. in Rom, will Adam von Usk noch eine Plastik der Päpstin Johanna mit ihrem Sohn auf einer Straße in der Nähe von St. Clements gesehen haben. Heute verweist die Kirche den Bericht in das Reich der Legende, obwohl Gelehrte bis ins achtzehnte Jahrhundert hinein an seiner Echtheit festgehalten haben.

(15) Aus Gründen der Einfachheit und Klarheit sind die Vorgänge auf dem Konzil von Lyon zeitlich zusammengerafft worden.

VI. (1) Das genaue Datum von Federicos berühmten »Reformationsbrief« ist ungewiß und hat zu beträchtlicher Diskussion unter Historikern geführt. Allgemein verlegt man ihn in die Zeit nach Federicos Exkommunikation durch Gregor IX.; Gewährsmann für diese Annahme ist der englische Chronist Matthew Paris, nach dem das Schreiben an den König von England gerichtet gewesen sein soll. Dieses Datum ist jetzt wegen des kräftigen, entschiedenen Tones, den der Brief aufweist, in Zweifel gezogen worden. Er steht im Widerspruch zu der gemäßigten Reaktion Federicos auf die erste Exkommunikation und erinnert vielmehr an die heftigen Angriffe, die Federico nach dem Konzil von Lyon gegen Innozenz IV. richtete. Deshalb erscheint er hier als einer späteren Periode zugehörig.

(2) Noch vorhandene Dokumente der Kardinäle lassen keinerlei Zweifel daran, daß Papst Innozenz IV. die Verschwörung gegen Federicos Leben höchstpersönlich organisiert hat.

(3) Wenn man den Brief des Sultans mit der Bemerkung über die Verherrlichung Christi durch die Moslems liest, darf man nicht vergessen, daß der Koran Jesus Christus als einen echten Propheten ehrt.

(4) Laut einigen Historikern wurde das in Vittoria erbeutete Exemplar des *Falkenbuches* später an Charles von Anjou verkauft.

(6) Die Gefangennahme Enzios und wahrscheinlich auch der Tod Riccardo di Theates erfolgten etwa ein Jahr nach der angegebenen Zeit. Das Datum wurde aus kompositorischen Gründen vorverlegt.

(7, 8) Der wahre Grund für den Sturz Pier della Vignas ist eines der Geheimnisse der Geschichte. Trotz der Behauptung vieler Historiker, er wäre an dem Anschlag des Arztes auf Federico beteiligt gewesen, gibt es keinen Beweis für diese Annahme. Viele andere sagen, er hätte zu einem kritischen Zeitpunkt Staatsgelder veruntreut, aber auch dafür gibt es keine Beweise. Die moderne Forschung hat nachgewiesen, daß er niemals mit dem Papst intrigiert hat. Viele zeitgenössische Gerüchte waren im Umlauf und später sind viele Theorien darüber aufgestellt worden, was sich wirklich zugetragen haben mag. Mit Gewißheit weiß man nur, daß Federico sich plötzlich zu einer Verschleierung der ganzen Angelegenheit entschloß. Dante, im »Inferno«, läßt Pier della Vigna seine Unschuld beteuern, ein Opfer des Neides. Die moderne Forschung hat auch festgestellt, daß der geblendete Pier della Vigna im Turm von San Miniato al Tedesco, an der Straße nach Pisa, Selbstmord verübt hat. Wegen seines Selbstmordes verweist Dante ihn in den siebenten Höllenkreis, verwandelt in einen Dornbusch, dessen Blätter von Harpyien gefressen werden.

(10) Der Sarkophag mit den Gebeinen Federicos II. in der Kathedrale von Palermo wurde 1781 in Gegenwart vieler Regierungsvertreter und eines Malers geöffnet. Der Inhalt wurde zu Protokoll genommen, während der Maler detaillierte Zeichnungen anfertigte, die heute noch zugänglich sind. Anfang 1926 wurde der Sarkophag noch einmal geöffnet. Nach einem Zeugenbericht war Federicos Gesicht außerordentlich gut erhalten — »wie das eines Heiligen«.